学术顾问 陈兴良

BRIBERY CRIME

贿赂犯罪

高巍 主编
赵春玉 副主编

北京大学出版社
PEKING UNIVERSITY PRESS

图书在版编目(CIP)数据

贿赂犯罪 / 高巍主编. — 北京：北京大学出版社, 2022.6
ISBN 978-7-301-32876-7

Ⅰ.①贿… Ⅱ.①高… Ⅲ.①贪污贿赂罪-研究-中国 Ⅳ.①D924.392.4

中国版本图书馆CIP数据核字(2022)第023538号

书　　　名	贿赂犯罪 HUILU FANZUI
著作责任者	高　巍　主编
责 任 编 辑	王建君
标 准 书 号	ISBN 978-7-301-32876-7
出 版 发 行	北京大学出版社
地　　　址	北京市海淀区成府路205号　100871
网　　　址	http://www.pup.cn　http://www.yandayuanzhao.com
电 子 信 箱	yandayuanzhao@163.com
新 浪 微 博	@北京大学出版社　@北大出版社燕大元照法律图书
电　　　话	邮购部 010-62752015　发行部 010-62750672 编辑部 010-62117788
印 刷 者	三河市北燕印装有限公司
经 销 者	新华书店
	650毫米×980毫米　16开本　36印张　455千字 2022年6月第1版　2022年6月第1次印刷
定　　　价	118.00元

未经许可，不得以任何方式复制或抄袭本书之部分或全部内容。
版权所有，侵权必究
举报电话：010-62752024　电子信箱：fd@pup.pku.edu.cn
图书如有印装质量问题，请与出版部联系，电话：010-62756370

前　　言

腐败问题是社会生活中的毒瘤,不仅会严重侵蚀国家机体,动摇政权根基,冲击社会稳定和人们的灵魂,而且会败坏社会风气,严重妨碍合理的分配制度的建立,阻碍经济社会的正常发展。为了应对日益严峻的腐败问题,自党的十八大以来,党中央把治理腐败提到了前所未有的高度,坚持"老虎""苍蝇"一起打的反腐高压模式,采取"无禁区、全覆盖、零容忍"的策略,形成"不敢腐、不能腐、不想腐"的强大政治和民意氛围。为了将十八大以来从严惩治腐败的实践成果制度化和常态化,《刑法修正案(九)》对贪污贿赂犯罪作了重大的制度性调整,以及2016年4月18日最高人民法院、最高人民检察院《关于办理贪污贿赂刑事案件适用法律若干问题的解释》的出台,使贪污贿赂犯罪的体系设置更为科学合理,进一步严密了贪污贿赂犯罪的刑事法网。

贿赂犯罪体系的完善是惩治贪污腐败犯罪的重要制度保障,自2006年《刑法修正案(六)》到2015年《刑法修正案(九)》,我国对贿赂犯罪的立法进行了密集的调整,对原有贿赂犯罪的构成要件进行修正,增设诸多特殊类型的贿赂犯罪,强化对贿赂犯罪的刑罚处遇,增加了灵活多样的评价标准,降低了入罪门槛,贯彻了对贪污腐败零容忍的刑事政策。尤其是《刑法修正案(九)》和2016年《关于办理贪污贿赂刑事案件适用法律若干问题的解释》的出台,亟须对贿赂犯罪进行深入研讨、凝聚共识。2016年8月30日至31日,由我国著名刑法学家陈兴良先生和陈子平先生发起,云南大学法学院承办的海峡两岸暨第十一届内地中青年刑法学者高级论坛以"贿赂犯罪"为主题的专题研讨会在美丽的云南边城腾冲举办,五十余位来自北京大学、中国社科院、武汉大学、吉林大学、东南大学、苏州大学、云南大学和台湾大学、高雄大学、成功大学、新竹"清华大学"、东吴大学的专家学者以及司法实务人士齐聚一堂,就贿赂犯罪的立法架构、受贿罪的相关议题、行贿罪的相关议题以及特殊类型的贿赂犯罪等问题展开了深入而热烈的探讨。此次研讨会共收到论文三十余篇,全面反映了理论界和实务界对贿赂犯罪中的重点、难点以及争议问题研究的最新进展。研讨会上,与会专家学者立足本土、交流对话、精彩论述、剖析深刻,激荡着思想的碰撞与交融,为贿赂犯罪的深入研究积极贡献智识。

为了将本次研讨会的成果反馈社会,以飨读者,我们精选了其中21篇论文结集出版。为了增强理论知识的体系性、逻辑性和可读性,本文集根据论文的内容重新编排,分为贿赂犯罪的立法述评、贿赂犯罪的保护法益、贿赂犯罪的构成要件、贿赂犯罪的具体展开、贿赂犯罪的实践面向五个栏目,并附录了贿赂犯罪的相关条文和司法解释。本文集汇聚了专家学者对贿赂犯罪的最新研究成果,内容充实、论述精辟,具有较高的理论意义和实践价值。其中,本文集中的部分论文已在专业期刊上发表,其内容与文集收录的内容或许不完全一致,但为了忠实反映作者对贿赂犯罪深入思考的动态历程,本文集以作者提交给会议组的原文进行编排。需要说明的是,虽然向会议提交的论文多数具有较高的学术价值,但囿于篇幅的限制,只能忍痛割爱,选择其中比较有代表性的论文出版,在此向所有提交会议论文、支持本次论坛的同仁表示真诚的敬意和感谢。若本文集的出版对贿赂犯罪的研究和实践有所助益,我们即感无比欣慰。

最后,本文集的顺利出版,要感谢北京大学法学院陈兴良先生、北京大学出版社蒋浩先生的大力支持;感谢北京大学出版社编辑提出的宝贵意见和辛勤付出。

编　者

2022 年 3 月

目录

法律、法规、司法解释及其他司法文件缩略语表 /001

贿赂犯罪的立法述评

贿赂犯罪最新司法解释总置评 陈兴良 /003
警惕刑法在反腐中的立场让步与功能衰退
——关于最新"贪腐司法解释"提升定罪量刑数额的反思
何荣功 /063

贿赂犯罪的保护法益

损害原则视域中中国贿赂犯罪法益立场之应然选择 魏昌东 /083
教义学视角下中国刑法贿赂犯罪法益追问及其展开 钱小平 /107
"职务行为不可收买性说"辩护
——对《教义学视角下中国刑法贿赂犯罪法益追问及其展开》一文的评议 钱叶六 /138

贿赂犯罪的构成要件

新常态下受贿罪若干问题再讨论
　　——以《刑法修正案(九)》和"两高"司法解释为视角
　　　　　　　　　　　　　　　　　　　　　　康均心 / 155
受贿罪中"为他人谋取利益"的体系地位与实务认定　　付立庆 / 184
评为他人谋取利益之混合的违法要素说　　　　　　　陈兴良 / 219
行贿罪之"谋取不正当利益"的教义学构建　　　　　　车　浩 / 233
论《刑法》第383条的解释　　　　　　　　　　　　　欧阳本祺 / 288
利用影响力受贿罪认定研究　　　　　　　　　　　　吴大华 / 306

贿赂犯罪的具体展开

特殊类型贿赂犯罪的体系性及具体问题展开　　　　　赵春玉 / 319
从单一正犯视角看贿赂罪中的共同犯罪疑难问题　　　刘明祥 / 372
贿赂犯罪资金追缴问题研究
　　——以洗钱犯罪为视角　　　　　　　　　　　　李　春 / 398
"半影"之周延:行贿犯罪规制中罚金刑易科的本土化探微
　　　　　　　　　　　　　　　　　　　　　　　　张　晴 / 412

贿赂犯罪的实践面向

以法治精神为引领
　　——职务犯罪侦查工作发展的应然向度　　　　　李世清 / 431
行贿罪司法控制策略实证考察　　　　　　　王志远　杨遇豪 / 453
性贿赂腐败行为犯罪化探析　　　　　　　　李晓明　尹文平 / 476

查办防控监狱系统贿赂犯罪问题研究 　　　　　　　黄春红 / 490
惩治与预防：大数据时代的高校腐败犯罪 　　　　　　　程　莹 / 502
刍议城乡拆迁领域"公共权力"的非公共使用及存在的问题
　　——以行受贿职务犯罪为样本调查分析 　　　　　盛　波 / 512

附　录

贿赂犯罪有关法律规定与司法解释 　　　　　　　　　　　　 / 533

法律、法规、司法解释及其他司法文件缩略语表

全　称	简　称
《中华人民共和国刑法》(2015年8月29日修正)	《刑法》
《中华人民共和国刑法修正案(九)》(2015年8月29日)	《刑法修正案(九)》
《中华人民共和国人民警察法》(2012年10月26日修正)	《人民警察法》
《中华人民共和国监狱法》(2012年10月26日修正)	《监狱法》
全国人民代表大会常务委员会《关于惩治贪污罪贿赂罪的补充规定》(1988年1月21日)	《补充规定》
最高人民法院、最高人民检察院《关于办理行贿刑事案件具体应用法律若干问题的解释》(2012年12月26日)	2012年《解释》
最高人民法院、最高人民检察院《关于办理贪污贿赂刑事案件适用法律若干问题的解释》(2016年4月18日)	2016年《解释》
最高人民法院、最高人民检察院《关于执行〈关于惩治贪污罪贿赂罪的补充规定〉若干问题的解答》(1989年11月6日)	《解答》
《全国法院审理经济犯罪案件工作座谈会纪要》(2003年11月13日)	《纪要》
最高人民法院、最高人民检察院《关于办理受贿刑事案件适用法律若干问题的意见》(2007年7月8日)	《意见》

(续表)

全　称	简　称
最高人民法院、最高人民检察院《关于办理商业贿赂刑事案件适用法律若干问题的意见》(2008年11月20日)	《意见(二)》
最高人民法院、最高人民检察院《关于适用刑事司法解释时间效力问题的规定》(2001年12月16日)	《时间效力规定》
最高人民法院《关于审理洗钱等刑事案件具体应用法律若干问题的解释》(2009年11月4日)	《洗钱解释》
最高人民法院《关于适用财产刑若干问题的规定》(2000年12月13日)	《财产刑规定》
《中华人民共和国惩治贪污条例》(1952年4月18日)	《条例》

贿赂犯罪的立法述评

贿赂犯罪最新司法解释总置评

警惕刑法在反腐中的立场让步与功能衰退
　　——关于最新"贪腐司法解释"提升定罪量刑数额的反思

贿赂犯罪最新司法解释总置评

陈兴良*

　　司法界翘首以盼的最高人民法院、最高人民检察院《关于办理贪污贿赂刑事案件适用法律若干问题的解释》终于在 2016 年 4 月 18 日正式出台。对于这个司法解释，引人注目的当然是贪污受贿案件定罪量刑的数额标准。自从《刑法修正案（九）》颁布，随着 1997 年《刑法》关于贪污受贿案件法定式的数额标准修改为盖然式的数额标准，其具体的数额标准有待于最高人民法院、最高人民检察院通过司法解释进行规定。在这种情况下，贪污受贿案件的数额标准面临重大调整。2016 年《解释》的正式出台宣告这种调整的最终完成。本文拟在对贿赂犯罪司法解释的沿革进行梳理的基础上，重点对 2016 年《解释》关于贿赂犯罪的数额、情节以及定罪量刑的其他规定进行刑法教义学的阐释。[①]

---

　　* 北京大学法学院兴发岩梅讲席教授、博士生导师。
　　① 2016 年《解释》对贪污受贿罪的数额和情节等问题一并加以规定，本文限于主题，只对受贿罪的规定进行论述，特此说明。

一、贿赂犯罪司法解释的沿革

在我国刑法中,司法解释具有准法律的功能。因为《刑法》规定相对来说是较为抽象的,尤其是在贿赂犯罪的定罪量刑主要依赖数额和情节的情况下,通常《刑法》都没有具体规定数额和情节,因此,司法解释就起到了提供法律细则的作用。随着《刑法》的修订,不断出台相应的司法解释,由此形成《刑法》与司法解释之间的配套,为司法实践提供了惩治贿赂犯罪的法律根据。由此可见,在我国司法实践中司法解释是贿赂犯罪定罪量刑的重要法律根据。

1979年我国《刑法》在渎职罪一章规定了受贿罪、行贿罪和介绍贿赂罪,在立法当时这些犯罪都还较为少见,因此,《刑法》规定相对简单,只是描述了这些贿赂犯罪的行为特征。此后,随着我国改革开放,经济领域的贿赂犯罪日益严重,在这种情况下,1988年全国人大常委会通过了《补充规定》,该《补充规定》对受贿罪和行贿罪以定义的方式作了规定,为司法机关正确认定受贿罪和行贿罪提供了较为明确的法律根据。尤其是,《补充规定》还对收受回扣、手续费等经济受贿行为作了明确规定,并且细化了受贿罪的量刑标准。为了执行《补充规定》,最高人民法院、最高人民检察院在1989年11月6日出台了《关于执行〈关于惩治贪污罪贿赂罪的补充规定〉若干问题的解答》,《解答》对贿赂犯罪的有关法律规定进行了具体的解释。例如,《解答》对受贿罪中利用职务上的便利进行了界定,指出:"受贿罪中'利用职务上的便利',是指利用职权或者与职务有关的便利条件。'职权'是指本人职务范围内的权力。'与职务有关',是指虽然不是直接利用职权,但利用了本人的职权或地位形成的便利条件。国家工作人员不是直接利用本人职权,而是利用本人职权或地位形成的便利条件,通过其他国家工作人员职务上的行为,为请托人谋取利益,而本人从中向请托人索取或者非法收受财物的,应以受贿论处。"这一解答对受贿罪中利用职务便利这一要件进行了较为具体的描述,将较为抽象地利用职务上的便利区分为以下三种情形:(1)利用本人职权;(2)利用本人职权或者地位形成的便利条件;(3)利用本人职权或者地位形成的便利条件,通过其他国家工作人员职务上的行为,为请托人谋取利益。这些司法解释的规定,不仅为司法机关认定贿赂犯罪提供了具体规则,而且还为此后贿赂犯罪立法奠定了基础。

及至1997年《刑法》修订,在参考贪污贿赂犯罪的单行刑法和司法解释的基础上,形成了《刑法》分则第八章贪污贿赂罪。该章规定的特点是将贪污罪和贿赂罪合并规定,列为一章。这样的立法体例明显受到《补充规定》的影响,可以说是《补充规定》的法典化。尤其是,1997年《刑法》在对受贿罪的处罚上采取了依照贪污罪的规定处罚的立法例,由此彰显了对受贿罪计赃论罪的特征。这种规定正是源自《补充规定》,因为《补充规定》对受贿罪依照贪污罪的规定处罚,在此基础上,又对根据受贿行为使国家利益或者集体利益遭受重大损失的后果进行了补充性的规定。在1997年《刑法》施行以后,最高人民法院、最高人民检察院多次颁布司法解释,对贿赂犯罪的定罪量刑问题作了具体规定。其中,较为重要的是以下四个司法解释。

1. 2003年11月13日最高人民法院《全国法院审理经济犯罪案件工作座谈会纪要》

严格来说,《纪要》不是正式的司法解释,但对于指导刑事审判工作具有重要意义,具有准司法解释的性质。《纪要》虽然是对经济犯罪的规定,但其中第3条专门对受贿罪作了规定,内容涉及对利用职务上的便利的认定;为他人谋取利益的认定;利用职权或地位形成的便利条件的认定;离职国家工作人员收受财物行为的处理;共同受贿犯罪的认定;以借款为名索取或者非法收受财物行为的认定;涉及股票受贿案件的认定。这些问题,都是受贿罪认定中的疑难问题,《纪要》对此的具体规定使对这些疑难问题的认定有法可依,从而在司法实践中发挥了重要的作用。

2. 2007年7月8日最高人民法院、最高人民检察院《关于办理受贿刑事案件适用法律若干问题的意见》

《意见》主要对各种新型受贿犯罪的认定问题作了具体规定,这些新型受贿行为是指:(1)以交易形式收受贿赂问题;(2)收受干股问题;(3)以开办公司等合作投资名义收受贿赂问题;(4)以委托请托人投资证券、期货或者其他委托理财的名义收受贿赂问题;(5)以赌博形式收受贿赂的认定问题;(6)特定关系人"挂名"领取薪酬问题;(7)由特定关系人收受贿赂问题;(8)收受贿赂物品未办理权属变更问题;(9)收受财物后退还或者上交问题;(10)在职时为请托人谋利,离职后收受财物问题等。《意见》对以上受贿罪认定中的疑难问题如何正确适用法律作了明确规定,对于惩治这些新型受贿犯罪提供了法律根据。

3. 2008年11月20日最高人民法院、最高人民检察院《关于办理商业贿赂刑事案件适用法律若干问题的意见》

在我国刑法中,商业贿赂是贿赂犯罪的一种特殊类型,除国家工作人员受贿罪,以及单位受贿罪、向国家工作人员行贿罪之外,还包括非国家工作人员受贿罪。商业贿赂主要发生在经济领域,其犯罪主体既包括国家工作人员,又包括非国家工作人员。为了惩治商业贿赂犯罪,《意见(二)》对商业贿赂的定罪量刑问题作了具体规定,内容涉及:(1)医疗机构中的国家工作人员,在药品、医疗器械、医用卫生材料等医药产品采购活动中的受贿犯罪;(2)学校以及其他教育机构中的国家工作人员,在教材、教具、校服或者其他物品的采购等活动中的受贿犯罪;(3)依法组建的评标委员会、竞争性谈判采购中谈判小组、询价采购中询价小组的组成人员,在招标、政府采购等事项的评标或者采购活动中的受贿犯罪。除上述规定以外,还对商业行贿犯罪等也作了规定。这些规定,对于惩治商业贿赂犯罪具有重要的指导意义。

4. 2013年1月1日实施的最高人民法院、最高人民检察院《关于办理行贿刑事案件具体应用法律若干问题的解释》

《解释(二)》是对行贿罪的较为系统的司法解释,因为在以往贿赂犯罪的司法解释中,虽然都涉及行贿罪,但由于这些司法解释规定的重点是受贿罪,因此,对行贿罪的规定较为简单和零碎。《解释(二)》则对行贿罪作了较为全面的规定,内容涉及行贿罪的定罪数额与量刑数额、行贿罪中的谋取不正当利益的认定等问题。

在关于贿赂犯罪的司法解释不断出台的同时,立法机关通过刑法修正案的方式,对贿赂犯罪作了修改和补充。例如《刑法修正案(七)》增设了利用影响力受贿罪;《刑法修正案(九)》增设了对有影响力的人行贿罪。此外,《刑法修正案(九)》还对贪污受贿罪的法定刑作了重大调整,这主要表现为以下方面:(1)贪污受贿罪数额标准的修改。在1997年《刑法》中,对贪污受贿罪规定了具体的数额标准,即5000元以下且情节较重、5000元以上不满5万元、5万元以上不满10万元、10万元以上,分别对应两年以下有期徒刑或者拘役、1年以上7年以下有期徒刑、5年以上有期徒刑以及10年以上有期徒刑、无期徒刑或者死刑。而《刑法修正案(九)》废除了贪污受贿罪的具体数额标准,而代之以数额较大、数额巨大和数额特别巨大,分别对应于3年以下有期徒刑、3年以上10年以下有期徒刑和10年以上有期徒刑、无期徒刑或者死刑这三个量刑档次。(2)对贪污受贿罪规定了特别的从轻、减轻或者免除处罚情节。我国《刑法》总则规定了自首、立功和坦白等从轻、减轻或者免除处罚的情节,对于所有犯罪都是适用的,对贪污受贿罪也不例外。《刑法修正案(九)》对贪污受贿罪的从轻、减轻或者免除处罚情节作了单独的规定。根据这一规定,凡是具有如实供述自己罪行、真诚悔罪、积极退赃、避免、减少损害结果的发生情节的,根据犯罪情节轻重分别可以从轻、减轻或者免除处罚。(3)对贪污贿赂罪判处死刑缓期执行期满依法减为无期徒刑后,终身监禁,不得减刑、假释的规定。以上三项内容的修改,充分体现了对贪污受贿罪的宽严相济的刑事政策。

《刑法修正案(九)》颁布以后,对于贪污受贿罪的修改亟待进行司法解释。尤其是《刑法修正案(九)》对贪污受贿罪的数额标准的修订,需要通过司法解释进一步明确贪污受贿罪的定罪量刑的数额标准。最高人民法院、最高人民检察院在《刑法修正案(九)》颁布以后,就紧锣密鼓地进行了司法解释的起草工作。因为这一司法解释不仅涉及对贪污受贿罪的定罪量刑标准的把握,而且同时还牵动其他相关职务犯罪的数额标准,因此需要慎重对待。正是在这种背景之下,2016年《解释》得以出台。2016年《解释》虽然还不能算是对贿赂犯罪全面系统的司法解释,它的重点是因应《刑法修正案(九)》对受贿罪定罪量刑数额立法方式的调整,还不能取代原有关于贿赂犯罪的所有司法解释,但2016年《解释》涉及对贿赂犯罪的惩处范围和刑罚严厉性程度的重要调整,因此具有十分重要的地位。

二、2016年《解释》关于受贿罪数额的规定

对受贿罪的数额进行明确的界定,这是2016年《解释》的最主要使命,也是关注的重心所在。我国刑法中的犯罪规定具有不同于其他国家刑法的一个重要特征,就是具有数量因素,笔者称为罪量要件。我国《刑法》不仅在总则关于犯罪的概念中规定了但书,由此明确地将犯罪情节显著轻微、危害不大的行为,从犯罪概念中予以排除。而且,我国《刑法》还在分则中大量规定了数额犯和情节犯,即以一定的犯罪数额或者犯罪情节作为入罪条件的犯罪。此外,我国《刑法》分则还规

定了数额加重犯和情节加重犯，即将一定的犯罪数额或者犯罪情节作为法定刑升格的条件。在数额与情节这两种定罪量刑要素中，数额具有单一性，情节具有综合性。换言之，数额只是单一的成立犯罪或者加重刑罚的条件，情节则可以容纳各种对定罪量刑具有影响的因素。例如，数额不能包括情节，但反之，情节则可以包括数额。由此可见，情节所具有的包容性是数额所不具备的。从以往我国《刑法》分则的规定来看，对于财产犯罪与经济犯罪一般都设置数额犯或者数额加重犯，对于其他犯罪则一般设置情节犯或者情节加重犯。但是，数额犯因其内容的单一性，具有较强的唯数额论的性质，逐渐被立法机关所摒弃。例如在1979年《刑法》中，财产犯罪一般都是数额犯，体现了计赃论罪的原则，即将财产犯罪的可罚性及其程度完全系之于数额，这种立法思想具有明显的唯数额论的痕迹。

及至1997年《刑法》，财产犯罪这种单一的数额犯的现象已经有所改变。例如，在1997年《刑法》分则第五章侵犯财产罪中，除抢劫罪、破坏生产经营罪没有数额与情节的规定以外，其他犯罪都有数额或者情节的规定，其中诈骗罪、抢夺罪、职务侵占罪、挪用资金罪、敲诈勒索罪是数额犯，挪用特定款物罪是情节犯。此外，盗窃罪、侵占罪、聚众哄抢罪、故意毁坏财物罪则采取了数额加情节的立法方式。其中，盗窃罪是数额加特定情节，即多次盗窃，此后又增加了扒窃、携带凶器盗窃等情节；侵占罪是数额加拒不退还或者拒不交出；故意毁坏财物罪是数额加一般情节，即其他严重情节。在1997年《刑法》施行以后，立法机关又进一步通过刑法修正案的方式，将财产犯罪中单纯的数额犯都修改为数额加其他情节的规定，例如，抢夺罪增设了多次抢夺、敲诈勒索罪增设了多次敲诈勒索的规定。笔者认为，这种数额加情节的立法方式是较为科学的，既能够以数额体现这些财产犯罪的性质，又能够包含其他对于财产犯罪的定罪量刑具有重大影响的情节。

然而，1997年《刑法》对受贿罪采取了较为极端的具体数额的立法方式，没有将其他情节在定罪量刑中的作用体现出来。1997年《刑法》对受贿罪采取具体数额的方法沿袭了1988年全国人大常委会《补充规定》，该《补充规定》对受贿罪的定罪起点数额规定为2000元。在1997年《刑法》修订过程中，对于是否维持这种规定具体数额的立法方式，存在两种不同的意见：第一种意见主张将《补充规定》确定定罪处刑具体数额的做法，改为在绝大多数犯罪的具体构成中采用的虚拟数额的做法。不赞成在法律中规定以人民币为单位的具体犯罪数额。因为人民币的币值在不断变化中，若为此而经常修改《刑法》，不利于法律的稳定和严肃。因此，这种意见建议采用不确定的笼统的"数额较大"等概念表述。司法中具体的定罪处刑标准，可以授权最高人民法院在司法解释中加以明确。第二种意见则认为，仍应沿用《补充规定》的做法，以便准确、严肃地认定和惩处犯罪，避免司法实践中可能任意理解执行法律，放纵犯罪的弊端。在以上两种意见中，笔者赞同第一种意见。在《刑法》条款中具体规定犯罪数额，虽然有明确之利，但难以适应社会发展与犯罪变动所带来的影响。至于那种认为如果不规定具体数额，就会导致司法实践中任意理解执行法律的担忧，也是完全没有必要的。因为《刑法》中绝大多数犯罪都没有规定具体数额，而是采用数额较大之类的盖然性规定的方式，但并不存在放纵犯罪的问题。

在《刑法修正案（九）》制定过程中，立法机关认识到数额规定过死，有时难以根据案件的不同情况做到罪刑相适应，在一定程度上影响了惩治与预防受贿犯罪的成效。司法实践中较为突出地体现在受贿数额在10万元以上的犯罪，由于《刑法》第383条明确规定，个人受贿数额在10万元以上的即处10年以上有期徒刑或者无期徒刑，对于犯罪数额为一二十万元的案件和一二百万元甚至数额更高的案件，往往只能判处刑期相近的10年以上有期徒刑，造成量刑不平衡，甚至失衡,无法做到罪刑相适应。在这种情况下,立法机关废除了对受贿罪的具体数额规定,采用数额较大、数额巨大、数额特别巨大的规定方式。与此同时,立法机关还考虑到受贿罪的社会危害性不仅仅体现在数额大小,还表现在国家工作人员滥用权力的情况或者给国家利益造成重大损失等情节。在有些案件中,行为人虽然贪污受贿数额可能不大,但却可能给国家和人民利益造成严重损害、对社会造成恶劣影响等。为此,立法机关在规定受贿罪的数额较大、数额巨大和数额特别巨大的同时,还相应规定了与之匹配的"其他较重情节""其他严重情节"和"其他特别严重情节"。这也就是所谓数额加情节的立法方式。在这种情况下,采取了以犯罪数额为主,辅之以情节的方法,对于保证受贿罪的量刑正确具有重要意义。

在制定2016年《解释》的过程中,如何对受贿罪的数额标准进行界定,当然是一个最为重要的问题,也是一个艰难的选择。这里涉及两个问题:一是定罪数额的确定;二是量刑数额的确定。

定罪数额是指作为入罪条件的数额,也就是数额较大的数额。定罪数额涉及受贿罪的犯罪圈,即处罚范围问题。1997年《刑法》第383条规定的受贿罪的定罪数额为5000元,但对于不满5000元,如果情节较重的,处两年以下有期徒刑。由此可见,在情节较重的情况下,定罪数额其实没有任何限制。当然,在司法实践中,基本没有发生受贿不满5000元而被追究刑事责任的案件。这个定罪数额,在1997年《刑法》修订时也许是合适的,因为在1988年《补充规定》中规定的受贿罪的定罪数额是2000元,及至1997年提高到5000元,这已经是考虑了币值变化等各种因素。从1988年到1997年,只不过9年时间,受贿罪的数额已经提高了一倍还要多。但从1997年到2016年,已经过去将近20年的时间,仍然维持5000元的定罪数额,确实明显落后于社会发展。这也正是在《刑法》中具体规定犯罪数额所带来的弊端,即不能随着时间的推移而保持法律的稳定性。事实上,早在十多年前,这个数额标准在某些经济发达地区就已经被突破。在 2016 年《解释》颁布之前，受贿 5000 元而被追究刑事责任的案件已经十分少见，甚至完全绝迹。那么，2016 年《解释》对受贿罪的定罪究竟如何设定数额标准呢？一定程度的提高，这是必然的，只不过是如何把握提高的幅度的问题。对此，还是存在意见分歧。一种较为激进的意见认为，应该一步到位地将受贿罪的定罪数额提高到 5 万元。对于不满 5 万元的，只有情节较重的，才追究刑事责任。没有达到情节较重程度的，可以进行党纪、行政处分。另一种较为保守的意见认为，受贿罪的定罪数额关系到惩治腐败犯罪的力度，存在一个社会公众的接受程度问题，还要考虑与其他财产犯罪的衔接，不能骤然提高太大幅度。应当先做较小幅度的调整，在将来条件具备以后或者社会情况发生变化，再通过司法解释的方法进行调整。在以上两种意见中，应该说第一种意见较为符合目前司法实际情况。因为现在受贿 5 万元以下的案件，已经很少进入司法程序，在经济发达地区这些案件有一部分消化在司法程序之外，以党纪、行政处分结案。但从与其他财产犯罪的衔接来说，第二种意见更为可取，而且也符合社会公众对惩治贿赂犯罪的诉求。因为，根据现在的司法解释，盗窃罪、抢夺罪的数额较大标准是 1000 元至 3000 元（具体数额标准由各地根据本地具体情况确定），诈骗罪的数额较大标准是 3000 元。如果将受贿数额较大标准确定为 5 万元，将是这些财产犯罪数额较大标准的 10 倍以上，导致它们之间的差距过大。在这种情况下，采取较为保守的做法，也许是更为合适的。2016 年《解释》确定的受贿罪的数额较大标准是 3 万元，并且在具有其他较重情节的情况下，数额标准下探到 1 万元。换言之，2016 年《解释》确定的受贿罪的定罪数额标准是 1 万元至 3 万元。就 1 万元这个数额而言，与受贿罪数额 5000 元的原标准，以及与其他财产犯罪的数额标准还是能够保持一定的衔接与对应，显得较为稳妥。如果仅仅从 2016 年《解释》规定的数额来看，从 5000 元到 3 万元，似乎存在较大幅度的提高,但考虑到司法实践中受贿5万元以下而被追究刑事责任的案件已经很少,因此,这种定罪数额的调整对于受贿罪的实际惩治其实不会发生太大的影响。也就是说,受贿罪的犯罪圈并不会骤然缩小。

量刑数额,是指作为加重法定刑的数额,也就是数额巨大和数额特别巨大的数额。不同于定罪数额,量刑数额是法定刑提升或者加重的数额。一定的数额只在相应的法定刑幅度内对量刑具有影响。但如果数额达到一定程度,则导致法定刑升格,即适用更重的法定刑幅度。从这个意义上说,量刑数额关系到刑罚资源在某一犯罪中的配置。如果这种刑罚资源配置不合理,同样也会带来消极影响。在1997年《刑法》中,受贿罪规定了以下几个量刑档次,即受贿5000元以下且情节较重的,处两年以下有期徒刑或者拘役;受贿5000元以上不满5万元的,处1年以上7年以下有期徒刑;受贿5万元以上不满10万元的,处5年以上有期徒刑;受贿10万元以上的,处10年以上有期徒刑、无期徒刑或者死刑。其中,最遭诟病的是10万元以上、10年以上有期徒刑、无期徒刑或者死刑的规定。根据10万元以上、10年以上有期徒刑、无期徒刑或者死刑的规定,10万元以下的受贿犯罪,基本上是每增加1万元,就增加1年有期徒刑。但10万元以上的受贿犯罪,在司法实践中可能会达到每增加10万元增加1年有期徒刑,在某些情况下,甚至是每增加100万元才增加1年有期徒刑。例如,受贿500万元而被判处15年有期徒刑的案例也是较为常见的。在这种情况下,就形成了受贿10万元以下和受贿10万元以上的刑罚处罚的不平衡与不合理的局面。2016年《解释》将受贿罪的数额巨大标准调整为20万元,数额特别巨大标准调整为300万元,即受贿数额在20万元以上不满300万元的,处3年以上10年以下有期徒刑;受贿数额在300万元以上的,处10年以上有期徒刑。就300万元判处10年以上有期徒刑这一规定而言,应该说,调整的幅度还是较大的,即从1997年《刑法》规定的受贿 10 万元判处 10 年以上有期徒刑,提高到 2016 年《解释》规定的受贿 300 万元判处 10 年以上有期徒刑,几乎提高了 30 倍。尽管调整的幅度较大,但这一数额标准还是较为合理的。

其实,完全以数额作为定罪量刑的标准,是存在缺陷的。因为数额并不是评价犯罪的唯一标准。对于受贿罪也是如此。我国对贪污罪和受贿罪采取了相同的数额标准,但贪污罪和受贿罪具有不同特征。相对来说,数额对贪污罪的定罪量刑影响较大,而对受贿罪的定罪量刑影响相对较小。虽然贪污罪是利用职务上的便利实施的,因此具有职务犯罪的特征,但其仍是较为单纯的财产性犯罪。受贿罪的保护法益是职务行为的廉洁性和不可收买性,更多地体现在权钱交易过程中,对于国家利益和人民利益所造成的严重损害。即使是以数额衡量,对于同一个犯罪也无法做到刑罚与数额的完全对应。例如,根据 2016 年《解释》对受贿罪规定的数额标准,当受贿数额在 3 万元以上 20 万元以下时,对应的刑罚是 3 年以下有期徒刑,因此,平均 5.7 万元对应 1 年有期徒刑;当受贿数额在 20 万元以上 300 万元以下时,对应的刑罚是 3 年以上 10 年以下有期徒刑,因此,在 20 万元和对应的 3 年有期徒刑基础上,平均每增加 40 万元对应增加 1 年有期徒刑。假如以 2000 万元作为判处无期徒刑的标准,那么当受贿数额在 300 万元以上 2000 万元以下时,对应的刑罚是 10 年以上 15 年以下有期徒刑,因此,在 300 万元和对应的 10 年有期徒刑基础上,平均每增加 340 万元对应增加 1 年有期徒刑。如此计算,5.7 万元对应 1 年有期徒刑、40 万元对应 1 年有期徒刑和 340 万元对应 1 年有期徒刑,显然是难以达至平衡的。从表象来看,似乎贪污受贿的数额越小,处罚越重;贪污受贿的数额越大,处罚越轻。因此,这种规定有利于重罪而不利于轻罪。对这种现象的合理解释,也许就在于当刑罚的严厉性到达一定程度时,刑罚的区分度就逐渐降低。例如,杀死 1 人判处死刑,杀死 10 人同样也只能判处死刑。在这种情况下,杀死 1 人与杀死 10 人的法律评价无法再进行区分。从表面现象来看,这似乎是不合理的,但因为受到人的生命只有一次这一事实的限制,因而刑法上的合理性是相对的。以数额作为定罪量刑的标准,同样存在这个问题。

在受贿罪的定罪量刑数额标准上,确定数额标准的根据问题,以及受贿罪的数额标准与其他财产犯罪的数额标准的平衡问题,也是值得思考的。这里所说的确定数额标准的根据,是指对于受贿罪的数额较大规定为3万元、数额巨大规定为20万元、数额特别巨大规定为300万元的决定性因素,尤其是是否存在实证性的事实依据。对于这个问题,在以往制定司法解释的时候,往往缺乏深入考虑。在一般情况下,规定数额时主要考虑与原有规定的衔接,即在原数额标准的基础上适当提高。但提高到何种程度才算是合理的,并没有进行充分的论证。与此相应的一个问题是:受贿罪的数额标准是否应当与其他财产犯罪的数额标准相协调,以及如何进行协调,这些问题在以往制定司法解释的时候,也是缺乏思考的。从刑法理论上来说,还是追求受贿罪的数额标准与其他财产犯罪的数额标准的对称性,使其保持一定的平衡。否则,就会带来刑罚不合理的后果。但为什么受贿罪的数额标准一定要与其他财产犯罪的数额标准相协调,其理由何在?对此并没有进一步的探讨。

从我国《刑法》规定来看,对于受贿罪和其他财产犯罪,在罪刑单位的设置上,一般都分为数额较大、数额巨大和数额特别巨大三个档次,与之对应的法定刑幅度分别是3年以下有期徒刑、3年以上10年以下有期徒刑和10年以上有期徒刑、无期徒刑(或者死刑)。也就是说,各种财物性犯罪,包括经济犯罪和财产犯罪,以及具有财物性的贪污受贿罪,都将犯罪分为较轻犯罪、较重犯罪和严重犯罪三个犯罪层次。与之对应,法定刑也相应地分为3年以下有期徒刑、3年以上10年以下有期徒刑和10年以上有期徒刑、无期徒刑(或者死刑)三个幅度。在一般情况下,每个犯罪的轻重各种形态应当正态分布,即将较轻犯罪按照一定比例分布在 3 年以下有期徒刑这个量刑档次;将较重犯罪按照一定比例分布在 3 年以上 10 年以下有期徒刑这个档次;将严重犯罪按照一定比例分布在 10 年以上有期徒刑这个档次。在 10 年以上有期徒刑、无期徒刑或者死刑这个档次中,根据犯罪的严重性程度的不同,严重犯罪又应当根据一定比例分布在 10 年以上有期徒刑、无期徒刑或者死刑这三种刑罚种类之间。

这样,立法上的刑罚资源才能通过司法活动合理地配置到具体犯罪当中,由此不仅实现立法上的刑罚均衡,而且实现司法上的刑罚均衡。假如在司法实践中某一犯罪的刑罚不是呈现为这种正态分布,而是或重或轻地畸形分布,那么这种刑罚分配显然既不均衡也不合理。例如受贿罪,虽然立法上规定了 3 年以下有期徒刑、3 年以上 10 年以下有期徒刑和 10 年以上有期徒刑、无期徒刑或者死刑这三个量刑档次,但如果受贿案件大多分布在 3 年以下有期徒刑、3 年以上 10 年以下有期徒刑这两个量刑档次,那么分布在 10 年以上有期徒刑、无期徒刑或者死刑这个量刑档次的案件就较为少见。在这种情况下,可以得出数额特别巨大的标准设定得过高的结论,10 年以上有期徒刑、无期徒刑或者死刑的刑罚就被虚置,这显然并不符合立法精神。反之,如果数额巨大和数额特别巨大的标准设置过低,那么判处 3 年以下有期徒刑的案件就较为少见,判处 3 年以上有期徒刑,甚至 10 年以上有期徒刑、无期徒刑或者死刑的受贿案件所占的比例就会过高,这就使 3 年以下有期徒刑的刑罚虚置,这同样不符合立法精神。因此,数额较大、数额巨大和数额特别巨大的标准应当科学设置,并且具有一定的实证根据。

那么,如何根据一定的数额将三个层次的犯罪加以切分呢?笔者认为,较为合理的根据是某种犯罪的实际状态。在一般情况下,较轻犯罪应当占到 50% 左右,较重犯罪应当占到 30% 左右,严重犯罪应当占到 20% 左右。这个比例是可以根据刑事政策调整的。如果这个比例是合理的,那么根据某一区域范围内 10 年前实施同种犯罪的数据,按照以上比例进行换算,就能确定三种数额标准。假如 10 万件受贿案件,根据数额大小进行排列,受贿 3 万元以上 20 万元以下的案件是 5 万件;受贿 20 万元以上 300 万元以下的案件是 3 万件;受贿 300 万元以上的案件是 2 万件。在这种情况下,将数额较大的标准确定为 3 万元以上 20 万元以下,将数额巨大的标准确定为 20 万元以上 300 万元以下,将数额特别巨大的标准确定为 300 万元以上,就是合理的。这样,就可以将受贿罪的刑罚按照一定的比例较为均衡地配置在相同犯罪的不同层次。这个数额标准在实行了若干年以后,当以上三个层次的犯罪之间的比例发生重大变动时,就应当对数额标准进行适当的调整,而调整的根据仍然是实际案件的分布与比例。调整的结果既可能是数额标准的下移,也可能是数额标准的上升,这完全取决于案件变动的实际状态。在这种情况下,只有刑罚分配的比例是人为确定的,因此也是可以商讨的。而具体数额标准不是主观设定的,而是根据案件的实际分布情况计算出来的。

以上受贿罪数额标准的确定公式,完全可以适用于其他数额性的犯罪。在这种情况下,受贿罪与其他犯罪在数额标准上也就没有必要强行追求平衡,而是根据各种犯罪案件的实际分布状态决定其数额标准。这样,我们就可以在定罪量刑数额的确定问题上摆脱仅凭主观想象的窘迫现状。

三、2016 年《解释》关于受贿罪情节的规定

如前所述,《刑法修正案(九)》对受贿罪采取了数额加情节的立法方式,具体而言,就是在规定数额较大的同时,规定有其他较重情节的;在规定数额巨大的同时,规定有其他严重情节的;在规定数额特别

巨大的同时,规定有其他特别严重情节的。由此而形成数额与情节的互相搭配,对于受贿罪的定罪量刑具有重要意义。

我国刑法中,在通常情况下,情节是独立于数额的罪量要素。但现在越来越多的立法规定,将数额与情节并列,表述为数额较大或者有其他(较重、严重或者特别严重)情节。在这种情况下,其他情节就不是完全独立于数额的罪量要素,而是对数额标准进行补充的罪量要素。应该说,在我国刑法中,以"其他"为措辞的法律规定是极为常见的。这种规定,在刑法理论上称为盖然性规定,例如,我国《刑法》第263条规定的抢劫罪,其行为是指以暴力、胁迫或者其他方法抢劫公私财物的行为。这里的"其他方法"当然是指暴力、胁迫以外的方法,对于其他方法的具体内容,虽然《刑法》没有规定,但并非可以随意解释,而应该受到法条所列举的暴力或者胁迫方法的限制。换言之,只有在性质上与暴力、胁迫相类似的方法,才能解释为其他方法,这也就是同类解释规则。但与数额并列的其他情节的解释则具有不同于上述对其他方法解释的规则。从字面上看,与数额并列的其他情节,当然是指数额以外的、对于量刑具有重大影响的各种要素。因此,这里的其他情节似乎与数额完全无关。但在这种财产性犯罪中,只有在个别情况下,才可以单独把某一情节作为定罪或者量刑的根据,例如盗窃罪,除数额以外,《刑法》将多次盗窃、携带凶器盗窃和扒窃作为入罪根据。但其他大多数犯罪,都还是要以一定的数额标准为基础,在此基础上,再设定一定的情节标准。2016年《解释》对于受贿罪的其他情节就采取了这种解释方法,即在一般数额标准的基础上下探50%,然后设定一定的情节,以此作为其他情节的标准。

根据2016年《解释》第1条第3款的规定,受贿数额在1万元以上不满3万元,具有下列情形之一的,应当认定为《刑法》第383条第1款规定的"其他较重情节":(1)曾因贪污、受贿、挪用公款受过党纪、行政处分的;(2)曾因故意犯罪受过刑事追究的;(3)赃款赃物用于非法活动的;(4)拒不交待赃款赃物去向或者拒不配合追缴工作,致使无法追缴的;(5)多次索贿的;(6)为他人谋取不正当利益,致使公共财产、国家和人民利益遭受损失的;(7)为他人谋取职务提拔、调整的;(8)造成恶劣影响或者其他严重后果的。

根据2016年《解释》第2条第3款的规定,受贿数额在10万元以上不满20万元,具有下列情形之一的,应当认定为《刑法》第383条第1款规定的"其他严重情节":(1)多次索贿的;(2)为他人谋取不正当利益,致使公共财产、国家和人民利益遭受损失的;(3)为他人谋取职务提拔、调整的。

根据2016年《解释》第3条第3款的规定,受贿数额在150万元以上不满300万元,具有下列情形之一的,应当认定为《刑法》第383条第1款规定的"其他特别严重情节":(1)多次索贿的;(2)为他人谋取不正当利益,致使公共财产、国家和人民利益遭受损失的;(3)为他人谋取职务提拔、调整的。

在以上受贿罪的情节解释中,部分受贿罪的情节与贪污罪是重合的,只有少部分情节是受贿罪所特有的。并且,每个规定最后都有造成恶劣影响或者其他严重后果的兜底性条款。以下,对这些规定进行具体解读。

(一)因特定违纪、违法行为受过处分

2016年《解释》将曾因贪污、受贿、挪用公款受过党纪、行政处分的,规定为受贿罪共同的其他情节。2016年《解释》在此所列举的贪污、受贿和挪用公款三种犯罪,都属于职务犯罪。对于这些腐败犯罪,不仅《刑法》规定为犯罪,而且对于那些数额较小、情节较轻、未构成犯罪的贪污、受贿和挪用公款行为,党纪和政纪都规定为违纪、违法行为。一经发现,就会对当事人进行党纪、行政处分。这不仅是对当事人的一种惩罚,而且也是一种警诫。如果当事人在受到党纪、行政处

分以后,仍不悔改,继续实施受贿犯罪,则应当受到较为严厉的刑事处罚。因此,2016年《解释》将曾因贪污、受贿、挪用公款受过党纪、行政处分的,规定为受贿罪的其他情节。

(二)犯罪前科

我国《刑法》并没有规定前科制度,只是对累犯作了规定。但在司法实践中,是否具有前科,往往对被告人的刑事责任具有较大的影响。这里的前科,是指曾经因为犯罪受过刑事追究,这一受过刑事追究的事实对于此后的定罪量刑都具有影响。2016年《解释》将曾因故意犯罪受过刑事追究,规定为受贿罪的其他情节,是具有法理依据的。值得注意的是,2016年《解释》将曾因故意犯罪作为前科的条件,如果是曾经过失犯罪,则不能成为受贿罪的前科,这是考虑到故意犯罪具有较大的主观恶意性和人身危险性,以此作为受贿罪的前科,更具有合理性。

(三)赃款赃物的用途

受贿罪具有财产性犯罪的属性,其法益侵害性主要表现为被告人收受一定的财物,这些财物就是受贿罪的赃款赃物。被告人通过受贿手段非法获取赃款赃物,当然是为了利用这些赃款赃物满足其私欲。但被告人使用赃款赃物,具有不同的情形。应该说,在大多数情况下,虽然受贿所得的赃款赃物是非法所得财物,但其用途一般都是合法的。例如用于个人消费、用于投资经营活动,极个别情况下也有用于公务开支等。但也不能排除,在少数受贿案件中,确实存在将赃款赃物用于非法活动的情形。例如,用于嫖娼、赌博、吸毒,用于买官,或者用于非法经营活动等。显然,将受贿的赃款赃物用于非法活动,要比用于合法活动,受到更为严厉的处罚。因此,2016年《解释》将赃款赃物用于非法活动的,规定为受贿罪的其他情节。

(四)赃款赃物的追缴

为了挽回国家损失,在对受贿罪的审理过程中,司法机关应当查明受贿的赃款赃物的去向,从而为对这些赃款赃物的处理创造条件。因此,查明受贿罪的赃款赃物的去向,是十分重要的一个工作环节。在司法实践中,存在着被告人拒不交待赃款赃物的去向,致使司法机关不能及时查明赃款赃物的去向的情形,这妨碍了对受贿罪的赃款赃物的处理,对此应当予以严惩。在查明赃款赃物的基础上,还存在一个赃款赃物的追缴问题。如果被告人不配合司法机关对受贿罪的赃款赃物的追缴工作,则无法追缴赃款赃物。为此,2016年《解释》将拒不交待赃款赃物去向或者拒不配合追缴工作,致使无法追缴的,规定为受贿罪的其他情节。这里应当指出,并不是只要被告人拒不交待赃款赃物去向或者拒不配合追缴工作,就属于其他情节,关键还要看是否具备致使无法追缴这一后果。换言之,如果被告人虽然拒不交待赃款赃物去向或者拒不配合追缴工作,但司法机关通过其他途径已将赃款赃物追缴的,就不能认定为具有其他情节。

(五)索贿次数

我国《刑法》中的受贿罪,其行为方式可以分为收受财物和索取财物两种情形。其中,索取财物也称为索贿,是受贿罪的法定从重处罚情节。例如,《刑法》第386条中明确规定"索贿的从重处罚"。索贿与收受贿赂相比,前者被告人处于积极主动的地位,并且由于是利用职务上的便利实施的,因此,在某些情况下具有敲诈勒索的性质。由此可见,索贿的法益侵害性较为严重,是刑法惩治的重点。而收受财物则具有一定的消极性,因而被告人的主观恶性较轻。2016年《解释》将多次索贿规定为受贿罪的其他情节,这是从受贿的手段、情节和次数上所作的规定。应当指出,这里的多次索贿,包含了索贿与多次两方面的内容,而且必须两者同时具备。在认定索贿的时候,要看到索贿本身也有轻重不同的情节。例如,前述职务上的敲诈勒索就是情节较重的索贿;而利用职务上的便利,主动提出贿赂的要求,这是情节较轻的索贿。至于多次,一般是指三次以上,而且每次都应该是独立的受贿。如果对一个人索贿,分多次交付,笔者认为这仍然属于一次索贿而非多次索贿。当然,也并不是说对同一个人就不存在多次索贿。如果基于不同的事由,在不同的时间,分数次向同一个人索贿的,还是可以认定为多次索贿。

(六)贪赃枉法造成损失结果

受贿罪可以分为两种情况:一是受贿不枉法;二是受贿枉法。这里所谓枉法或者不枉法,是指在收受他人财物以后,为他人谋利益的行为是违背职责还是不违背职责。受贿不枉法,是指受贿以后为他人谋利益的行为没有违背职责。例如,他人在完全符合招生条件的情况下,向负责招生工作的国家工作人员行贿,而国家工作人员在受贿以后按照规定为他人办理入学手续。在这种情况下,虽然受贿是违法的,但受贿以后为他人谋利益的行为没有违背职责。受贿枉法,是指受贿以后为他人谋利益的行为违背职责。例如,他人在不符合招生条件的情况下,向负责招生工作的国家工作人员行贿,而国家工作人员在受贿以后违反规定为他人办理入学手续。在这种情况下,不仅受贿是违法的,而且受贿以后为他人谋利益的行为也是违背职责的。在某些受贿罪中,甚至还存在受贿以后为他人谋利益的行为又触犯其他罪名的情形。例如,国家工作人员在受贿以后,挪用公款给他人使用,该为他人谋利益的行为构成挪用公款罪。对此,应当实行数罪并罚。

对此,2016年《解释》第17条明确规定:"国家工作人员利用职务上的便利,收受他人财物,为他人谋取利益,同时构成受贿罪和刑法分则第三章第三节、第九章规定的渎职犯罪的,除刑法另有规定外,以受贿罪和渎职犯罪数罪并罚。"这里的"刑法另有规定",是指《刑法》第399条第4款的规定,即司法工作人员收受贿赂,犯徇私枉法罪,民事、行政枉法裁判罪,执行判决、裁定失职罪,执行判决、裁定滥用职权罪,同时又构成受贿罪,依照处罚较重的规定定罪处罚。由此可见,受贿枉法是一种较之受贿不枉法更为严重的受贿犯罪类型。为此,2016年《解释》将为他人谋取不正当利益,致使公共财产、国家和人民利益遭受损失,规定为受贿罪的其他情节。这里的为他人谋取不正当利益,就是受贿枉法。作为受贿罪的其他情节,不仅要求受贿枉法,而且还要求这种枉法行为造成公共财产、国家和人民利益的损失。

(七)为买官而受贿

在现实生活中,吏治腐败现象最为人所不齿,也是《刑法》的惩治重点。为此,2016年《解释》将为他人谋取职务提拔、调整的,规定为受贿罪的其他情节,对于惩治腐败犯罪具有十分重要的意义。

(八)兜底规定

2016年《解释》还按照司法解释的惯例,在受贿罪的其他情节中,作了兜底性的规定,这就是造成恶劣影响或者其他严重后果。这里的恶劣影响是指无形的损害结果,而严重后果则是指有形的损害后果。

四、受贿罪定罪量刑的疑难问题

在2016年《解释》中,受贿罪的数额和情节是重点,这是毫无疑问的。但除此以外,2016年《解释》还对受贿罪的定罪量刑的某些疑难问题作了规定,以便对受贿罪的认定和处罚的司法实践活动起到指导作用。

(一)贿赂犯罪中的财物

我国《刑法》对受贿罪和行贿罪以及其他贿赂犯罪行为对象的表述都称为财物。对于这里的财物,在刑法理论上一般都作扩大解释,认为既包括有形物品,同时又包括财产性利益,甚至认为还包括非财产性利益。例如有学者指出:"根据实践的发展,为了更有利于同贿赂这一严重的腐败行为作斗争,切实维护国家工作人员职务行为的廉洁性和国家机关、单位的正常管理活动及声誉,有必要在条件成熟的时候修订法律,把贿赂的范围扩大到财产性利益甚至非财产性利益。"①在司法实践中存在收受财产性利益构成受贿罪的案例,例如被告人王某原是某县地矿局的副局长,主管采矿证核发工作。2005年9月,该县个体煤矿老板钟某找到当时主管这项工作的王某,要求办理某采区的采矿许可证。为了能顺利办到采矿许可证,钟某遂以考察为名义于2005年10月邀请王某夫妇到香港特区、澳门特区旅游,夫妇二人的旅游费用13000元全部由钟某支付。2006年1月,钟某如愿以偿办到了采矿许可证。8月底因人举报,王某被逮捕归案。在本案的审理过程中,对于王某接受免费旅游该如何定性的问题,讨论中形成了两种截然不同的意见:第一种意见认为,王某的行为不构成犯罪,其接受他人安排的免费旅游的行为,与接受吃请一样,只是违反了党纪政纪的相关规定,应受党纪政纪处罚。第二种意见认为,王某的行为构成受贿罪。因为,王某利用职务上的便利,接受他人安排的免费旅游,为他人谋取利益,实质上等同于非法收受他人财物,为他人谋取利益,且数额较大。我国《刑法》规定,国家工作人员利用职务上的便利,索取他人财物的,或者非法收受他人财物,为他人谋取利益的,构成受贿罪。故应以受贿罪追究王某的刑事责任。

---

① 王作富主编:《刑法分则实务研究(下)》(第五版),中国方正出版社2013年版,第162页。

对于本案,检察机关以受贿罪对王某接受免费旅游的行为提起了公诉,法院以受贿罪判处王某有期徒刑1年零8个月,并处罚金人民币1万元。值得注意的是,2008年11月20日"两高"《意见(二)》第7条明确规定:"商业贿赂中的财物,既包括金钱和实物,也包括可以用金钱计算数额的财产性利益,如提供房屋装修、含有金额的会员卡、代币卡(券)、旅游费用等。具体数额以实际支付的资费为准。"这一规定只是将贿赂犯罪的财物扩大到财产性利益,但并未扩大到非财产性利益。2016年《解释》沿袭了上述司法解释对贿赂犯罪中财物的解释,在第12条规定:"贿赂犯罪中的'财物',包括货币、物品和财产性利益。财产性利益包括可以折算为货币的物质利益如房屋装修、债务免除等,以及需要支付货币的其他利益如会员服务、旅游等。后者的犯罪数额,以实际支付或者应当支付的数额计算。"根据这一规定,贿赂犯罪的财物包括以下情形:

(1)货币。货币是贿赂犯罪中最为常见的权钱交易的媒介,因此,贿赂犯罪的数额也是根据货币数额计量的。这里的货币,既包括人民币,又包括外币。在通常情况下,外币应当折算为人民币,以便计算贿赂的数额。计算方法是受贿当日的外汇价格。

(2)物品。物品是指具有使用价值的各种用品,主要是指生活用品,也包括其他用品。物品是财物的本来之意,表现形态各种各样的物品,都可以作为贿赂的财物。应当指出,由于我国《刑法》对贿赂犯罪采取以数额作为定罪量刑根据的立法体例,因此,在司法活动中,对于贿赂犯罪中的物品都应当折算为一定的货币数额。

(3)财产性利益。这里的财产性利益是指具有财产价值的利益,以此区别于非财产性利益。因为我国《刑法》以一定的货币数额作为贿赂犯罪定罪量刑的根据,因此如果没有一定的财产性质,不能折算为一定的货币数额,就无法进行定罪量刑活动。在这种情况下,我国《刑法》以及司法解释将贿赂犯罪的财物限于财产性利益,是有一定道理的。当然,非财产性利益在逻辑上是可以成为贿赂犯罪的媒介的,国外一般都认同其为贿赂犯罪的媒介。在我国,一方面,因为以非财产性利益作为贿赂犯罪的媒介的案件极为少见,尚没有将其入罪的必要性。另一方面,如前所述,我国《刑法》对贿赂犯罪采取以赃论罪的处罚方法,在客观上也排斥了非财产性利益入罪。当然,如果对于此类贿赂案件确有惩治的必要,就需要通过《刑法》的特别规定加以解决。

2016年《解释》对财产性利益列举了以下情形:(1)房屋装修;(2)债务免除;(3)会员服务;(4)免费旅游。这些情形的共同特点是可以折算为一定的货币数额。对于那些虽然没有列举,但具有可以折算为一定货币数额这一特点的其他利益,也可以归入财产性利益。例如,出资为国家工作人员招妓,该出资款就可以直接认定为受贿数额,没有必要理解为性贿赂。那些直接提供性服务,由此获取一定的经济利益的情形,不构成行贿罪,而是一种性交易。如果这些人员利用与国家工作人员的特殊关系,利用国家工作人员职务上的便利,为他人谋取利益的,可以成为受贿罪的共犯或者单独构成利用影响力受贿罪。

(二)为他人谋取利益

如前所述,我国《刑法》中的受贿罪可以分为索贿和收受财物两种行为类型。根据《刑法》规定,索贿构成犯罪不以为他人谋取利益为要件。只有收受财物构成犯罪才以为他人谋取利益为要件。可以说,为他人谋取利益是国家工作人员收受财物构成受贿罪的重要条件之一。

以往我国司法解释和指导性案例,都对为他人谋取利益进行了规定。例如,2003年11月13日最高人民法院《纪要》第三部分"关于受贿罪"之(二)"'为他人谋取利益'的认定"中曾经规定:"为他人谋取利益包括承诺、实施和实现三个阶段的行为。只要具有其中一个阶段的行为,如国家工作人员收受他人财物时,根据他人提出的具体请托事项,承诺为他人谋取利益的,就具备了为他人谋取利益的要件。明知他人有具体请托事项而收受其财物的,视为承诺为他人谋取利益。"根据这一规定,为他人谋取利益可以分为以下四种情形:(1)承诺为他人谋取利益;(2)实施为他人谋取利益;(3)实现为他人谋取利益;(4)明知他人有具体请托事项而收受财物。从以上规定来看,虽然涉及为他人谋取利益的客观行为,但从明知他人有具体请托事项而收受财物,就可以推断被告人具有为他人谋取利益的规定来看,实际上还是把为他人谋取利益当作主观意图进行规定的,符合主观违法要素的特征。此外,有关指导性案例也涉及对受贿罪的为他人谋取利益这一要件的认定问题。例如,在指导案例3号潘玉梅、陈宁受贿案中,裁判理由认为:"请托人许某某向潘玉梅行贿时,要求在受让金桥大厦项目中减免100万元的费用,潘玉梅明知许某某有请托事项而收受贿赂;虽然该请托事项没有实现,但'为他人谋取利益'包括承诺、实施和实现不同阶段的行为,只要具有其中一项,就属于为他人谋取利益。承诺'为他人谋取利益',可以从为他人谋取利益的明示或默示的意思表示予以认定。潘玉梅明知他人有请托事项而收受其财物,应视为承诺为他人谋取利益,至于是否已实际为他人谋取利益或谋取到利益,只是受贿的情节问题,不影响受贿的认定。"由此,该指导性案例确立了以下裁判要点:"国家工作人员明知他人有请托事项而收受财物,视为承诺'为他人谋取利益',是否已实际为他人谋取利益或谋取到利益,不影响受贿的认定。"由此可见,指导性案例也是将受贿罪的为他人谋取利益视为主观违法要素而不是客观行为。

2016年《解释》承袭了上述规定,并且在此基础上作了进一步的规定。2016年《解释》第13条规定:"具有下列情形之一的,应当认定为'为他人谋取利益',构成犯罪的,应当依照刑法关于受贿犯罪的规定定罪处罚:(一)实际或者承诺为他人谋取利益的;(二)明知他人有具体请托事项的;(三)履职时未被请托,但事后基于该履职事由收受他人财物的。国家工作人员索取、收受具有上下级关系的下属或者具有行政管理关系的被管理人员的财物价值三万元以上,可能影响职权行使的,视为承诺为他人谋取利益。"以上规定,为受贿罪的为他人谋取利益要素的认定提供了较为明确的法律根据。根据上述规定,对为他人谋取利益要素的认定,应当从以下四个方面考虑。

1. 实际或者承诺为他人谋取利益

为他人谋取利益是我国《刑法》规定的受贿罪的成立条件之一,仅从条文表述来看,这一受贿罪成立条件更像是对客观行为的描述。因此,在该要件被《刑法》规定之初,将为他人谋取利益理解为客观行为的观点较为流行。根据这种观点,国家工作人员虽然收受了他人的财物,但没有为他人谋取利益,不构成受贿罪。[①] 这种观点称为客观说。显然,根据这种观点,只有国家工作人员为他人谋取利益而收受财物的,才构成受贿罪;如果国家工作人员没有为他人谋取利益,即使收受财物,也不构成受贿罪。可以说,这种观点在一定程度上限缩了受贿罪的范围。值得注意的是,张明楷教授将上述为他人谋取利益理解为客观行为的观点称为旧客观说,而将其所主张的观点称为新客观说。根据张明楷教授的新客观说,为他人谋取利益仍然是受贿罪的客观构成要件要素,其内容的最低要求是许诺为他人谋取利益。[②] 这种观点将承诺为他人谋取利益理解为为他人谋取利益的行为,显然是名不副实的。因为承诺为他人谋取利益并不等同于实施了为他人谋取利益的行为。更何况,《纪要》明确把明知他人有具体请托事项而收受财物的,视为为他人谋取利益。这种情况不仅没有为他人谋取利益的行为,而且也没有口头承诺,但同样被《纪要》推定为具备为他人谋取利益的要件。同时,如果把为他人谋取利益理解为受贿罪的客观要件,则还存在一个在受贿罪的构成要件中的体系性地位问题,即为他人谋

---

① 参见张瑞幸主编:《经济犯罪新论》,陕西人民教育出版社1991年版,第305页。
② 参见张明楷:《刑法学》(第四版),法律出版社2011年版,第1068页。

取利益行为与收受财物行为之间的关系问题。而对于这个问题,新旧客观说都未能给出合理的论证。

对于为他人谋取利益的理解,在客观说对立的意义上出现了主观说。主观说认为,为他人谋取利益,只是在行贿人与受贿人之间货币与权力互相交换达成的一种默契。就行贿人来说,是对受贿人的一种要求;就受贿人来说,是对行贿人的一种许诺或称为答应。因此,为他人谋取利益只是受贿人的一种心理状态,属于主观要件的范畴。[①] 在此,主观说将为他人谋取利益的承诺界定为为他人谋取利益这一主观要件的客观表征。就其实质而言,为他人谋取利益是受贿罪的主观要件而非客观要件。为他人谋取利益从客观要件到主观要件,这是理解上的重大变化。然而,只是将为他人谋取利益理解为主观要件还是未能彻底解决该要件的司法认定问题。因为这里还存在一个为他人谋取利益在受贿罪的构成要件中的体系性地位问题,即为他人谋取利益到底是受贿故意的内容还是主观违法要素?这个问题如果得不到解决,则对于为他人谋取利益这一受贿罪的要件在认识与理解上仍然难以到位。从受贿故意的内容来说,为他人谋取利益并不是受贿故意不可或缺的要素。因为受贿故意受到受贿罪的构成要件的规制,只有纳入受贿罪构成要件的要素才能成为受贿故意的认识对象。因此,如果要求受贿人认识到为他人谋取利益,则必然要把为他人谋取利益确定为受贿罪的构成要件要素,但主观说已经排除了这种看法。在为他人谋取利益不是受贿罪的客观构成要件要素的前提下,将其纳入受贿故意讨论是缺乏逻辑根据的。既然为他人谋取利益的意图不是受贿故意的内容,那么它只能是主观违法要素。也就是说,为他人谋取利益虽然是主观要素,但并不是主观责任要素,而是主观违法要素,应当在受贿罪的构成要件中进行讨论。为他人谋取利益具有限缩受贿罪的构

[①] 参见王作富、陈兴良:《受贿罪构成新探》,载《政法论坛》1991年第1期。

成要件的功能。将那些虽然收受他人财物但不具备为他人谋取利益要素的情形排除在受贿罪的构成要件之外。

我国司法解释对为他人谋取利益进行了规定,从而为司法机关认定为他人谋取利益这一要件提供了法律根据。例如《纪要》第三部分"关于受贿罪"之(二)"'为他人谋取利益'的认定"中规定,"为他人谋取利益包括承诺、实施和实现三个阶段的行为。只要具有其中一个阶段的行为,如国家工作人员收受他人财物时,根据他人提出的具体请托事项,承诺为他人谋取利益的,就具备了为他人谋取利益的要件"。在此,《纪要》把承诺、实施和实现这三种情形并列,认为只要具有这三种情形之一,就应当认为具备了为他人谋取利益的要素。承诺、实施和实现虽然被《纪要》表述为客观行为,但这只是为他人谋取利益这种主观违法要素的客观表征。尤其是在《纪要》将承诺规定为为他人谋取利益的客观表征的情况下,更表明构成受贿罪并不需要国家工作人员在客观上实施为他人谋取利益的行为。如果说《纪要》还只是一种准司法解释,其效力要低于严格意义上的司法解释,那么2016年《解释》正式将实际或者承诺作为为他人谋取利益的客观表征,对于正确认定受贿罪的为他人谋取利益具有重要意义。

2. 明知他人有具体请托事项

明知他人有具体请托事项,在《纪要》中推定为承诺为他人谋取利益。《纪要》中规定,"明知他人有具体请托事项而收受其财物的,视为承诺为他人谋取利益"。这里的"视为",就是一种推定。推定是英美法系中的一个概念,在其司法活动中被广泛采用。法官应该对陪审团作出这样的指示,即它有权从被告人已经实施的违禁行为的事实中,推定出被告人是自觉犯罪或具有犯罪意图,如果被告人未作任何解释,推断通常成立。① 应该指出,推定不是主观臆断,而是以客观事

---

① 参见〔英〕鲁珀特·克罗斯、菲利普·A. 琼斯:《英国刑法导论》,赵秉志等译,中国人民大学出版社1991年版,第56页。

实为根据进行推定,并且往往是能够证明被告人心理状态的唯一手段,因而在刑事司法中起着非常重要的作用。在英美法系国家法律中,推定可以分为立法推定与司法推定、法律推定与事实推定,对目的犯之目的的推定,属于司法推定中的事实推定。[①] 事实推定,可以理解为根据对某个事实的证明可以认定另外某个事实(通常称为推定事实)的存在。只要证明基础事实的存在,推定事实即可成立,除非有足够的反证。因此,推定是一种间接的证明方法,并且是允许反证的,当然,推定一经成立,即具有法律上的效果。可以说,推定为司法机关认定行为人的主观要素提供了一种科学方法,同时也减轻了控方的举证负担。对于某些无法通过直接证明方法证实的证明对象利用推定予以证明,可以有效克服诉讼证明的困境,降低诉讼证明成本,提高诉讼效率。例如,《联合国反腐败公约》第 28 条规定,作为犯罪要素的明知、故意或目的,可以根据客观实际情况予以推定。由此可见,推定是证明被告人主观要素的一种被普遍接受的司法技术。

《纪要》之所以将明知他人有具体请托事项而收受其财物视为承诺为他人谋取利益,是因为在这种情况下,国家工作人员与请托人之间虽然没有就权钱交易进行具体协商,只是达成口头协议,但双方心知肚明,存在默契。因此,在明知他人有具体请托事项的情况下,收受财物本身就是对为他人谋取利益的一种承诺。因此,《纪要》规定对于明知有具体请托事项而收受财物的情形,推定为具有为他人谋取利益的意图。

值得注意的是,在最高人民法院颁布的指导性案例中,涉及明知他人有具体请托事项的情形。在指导案例 3 号潘玉梅、陈宁受贿案中,包含以下受贿事实:2004 年上半年,被告人潘玉梅利用担任迈皋桥街道工委书记的职务便利,为南京某发展有限公司受让金桥大厦项目

[①] 参见陈兴良:《目的犯的法理探究》,载《法学研究》2004 年第 3 期。

减免100万元费用提供帮助,并在购买对方开发的一处房产时接受该公司总经理许某某为其支付的房屋差价款和相关税费61万余元(房价含税费121.0817万元,潘支付60万元)。2006年4月,潘玉梅因检察机关从许某某的公司账上已掌握其购房仅支付部分款项的情况而补还给许某某55万元。对于这起受贿事实,被告人潘玉梅及其辩护人提出潘玉梅没有为许某某实际谋取利益的辩护意见。法院经查,请托人许某某向潘玉梅行贿时,要求在受让金桥大厦项目中减免100万元的费用,潘玉梅明知许某某有请托事项而收受贿赂;虽然该请托事项没有实现,但"为他人谋取利益"包括承诺、实施和实现不同阶段的行为,只要具有其中一项,就属于为他人谋取利益。承诺"为他人谋取利益",可以从为他人谋取利益的明示或默示的意思表示中予以认定。潘玉梅明知他人有具体请托事项而收受其财物,应视为承诺为请托人谋取利益,至于是否已实际为他人谋取利益或谋取到利益,只是受贿情节问题,不影响受贿的认定。因此,法院判决这起受贿事实成立受贿罪。由此,指导性案例确立了以下裁判要点:"国家工作人员明知他人有请托事项而收受其财物,视为承诺'为他人谋取利益',是否已实际为他人谋取利益或谋取到利益,不影响受贿的认定。"①值得注意的是,在上述裁判要点中,表述为"有请托事项"而不是"有具体请托事项",因此与《纪要》的表述存在些微差异。笔者认为,这里的其他事项必须是具体的,以此区别于没有具体请托事项而交付财物的所谓感情投资的情形。从潘玉梅、陈宁受贿案的案情来看,许某某为南京某发展有限公司受让金桥大厦项目减免100万元费用而有求于潘玉梅,潘玉梅虽然没有明确承诺,但其收受财物本身就应当视为承诺为他人谋取利益。

2016年《解释》将明知他人有具体请托事项列为应当认定为为他

---

① 陈兴良、张军、胡云腾主编:《人民法院刑事指导案例裁判要旨通纂》(下卷),北京大学出版社2013年版,第1179—1180页。

人谋取利益的情形,对于认定受贿罪的为他人谋取利益提供了司法解释根据。但2016年《解释》不同于《纪要》,它没有像《纪要》那样表述为"视为承诺为他人谋取利益",而是直接认定为具有为他人谋取利益的要件。这就是说,明知他人有具体请托事项不再推定为承诺为他人谋取利益,而是直接推定为具有为他人谋取利益的主观意图。在此,笔者认为还是具有一种推定的性质。因为只有实际或者承诺为他人谋取利益才能直接认定为国家工作人员主观上具有为他人谋取利益的意图。在明知他人有具体请托事项的情况下,可以推定国家工作人员主观上具有为他人谋取利益的意图。但这种推定不以承诺为他人谋取利益为中介。因此,这是一种从间接的推定到直接的推定,并不改变推定的性质。

3. 履职时未被请托,但事后基于该履职事由收受他人财物

2016年《解释》第13条第1款第(三)项规定,履职时未被请托,但事后基于该履职事由收受他人财物的,认定为具有为他人谋取利益的要素。这里涉及事后受财的定性问题,而这个问题在我国刑法中始终存在较大的争议。

在我国刑法中,事后受财,是指国家工作人员事前没有与他人约定,在正常履行职务以后,他人为表示感谢而向国家工作人员交付财物,国家工作人员明知该财物系他人对此前履职行为的酬谢,并收受财物的行为。因此,这里的事后受财之"事",是指为他人谋取利益。在刑法理论上,一般认为,贿赂可以分为收买性贿赂与酬谢性贿赂。所谓收买性贿赂,是指请托人先向国家工作人员交付财物,国家工作人员在收受财物以后,再为请托人谋取利益。而所谓酬谢性贿赂,则是指国家工作人员先为请托人谋取利益,请托人在获取利益以后,再向国家工作人员交付财物。这种酬谢性贿赂通常都以事先约定为前提,即在国家工作人员为请托人谋取利益之前,双方已经就权钱交易达成合意。因此,事后交付的财物名曰酬谢,实则收买。因为,贿赂的

根本特征在于侵犯职务行为的不可收买性。而那种事先没有约定，事后以感谢名义交付财物的事后受财行为，并不能简单地定性为酬谢性贿赂。事后受财行为，是否构成事后受贿，关键还在于《刑法》有无明文规定，这也恰恰是本文所要讨论的焦点问题之所在。

这里应当指出，我国《刑法》中所讨论的事后受财，与日本刑法规定的事后受贿罪是两个完全不同的概念。日本刑法对受贿罪除规定单纯受贿罪以外，还规定了特殊类型的受贿罪，其中就包括事前受贿罪与事后受贿罪。根据《日本刑法典》第197条第2项的规定，事前受贿罪是指将要成为公务员或者仲裁员的人，就其成为公务员之后所要担任的职务，接受请托，收受、要求或约定贿赂的行为。根据《日本刑法典》第197条之3第3项的规定，事后受贿罪是指曾任公务员或者仲裁员的人，就其在任职期间接受请托而在职务上曾实施不正当行为，或者未曾实施适当行为，而收受、要求或约定贿赂的行为。由此可见，日本刑法中的事前受贿罪与事后受贿罪之所谓"事"，是指担任一定职务。而我国《刑法》中所讨论的事后受财之所谓"事"，不是指担任职务，而是指为他人谋取利益。

日本刑法对事后受财之所以没有专门规定，是因为不需要规定，可以直接按照单纯受贿罪论处。单纯受贿罪是《日本刑法典》中贿赂罪的基本罪名，根据《日本刑法典》第197条第1项的规定，单纯受贿罪是指公务员或者仲裁员有关其职务收受、要求或者约定贿赂的行为。由此可见，虽然日本刑法中的单纯受贿罪在其贿赂犯罪的罪名体系中的地位，相当于我国《刑法》中的受贿罪。然而，日本刑法中的单纯受贿罪的构成要件却与我国《刑法》中的受贿罪存在重大差异。日本刑法中的单纯受贿罪的成立仅要求与公务员或者仲裁员的职务相关，并不要求为他人谋取利益。公务员或者仲裁员只要基于其职务而收受请托人的财物，即可以构成该罪。而我国《刑法》第385条规定的受贿罪，是指国家工作人员利用职务上的便利，索取他人财物，或者收受他人财物,为他人谋取利益的行为。从以上规定可以看出,我国《刑法》中的受贿罪,在受贿行为上表述为索取或者收受财物,与日本刑法中的单纯受贿罪表述为收受、要求或者约定贿赂的行为特征存在较大的区别。此外,上述两个罪名之间最大的不同还在于:是否要求为他人谋取利益的主观要素。日本刑法中的单纯受贿罪并不要求为他人谋取利益,而我国《刑法》中的受贿罪则要求为他人谋取利益。

在日本刑法中,单纯受贿罪的成立并不要求为他人谋取利益,受贿故意表现为明知是贿赂而收受的主观心理状态。在这种情况下,只要明知他人交付的是贿赂而收受,主观上就具有受贿故意,就可以成立受贿罪,而不需要在受贿故意之外另行要求为他人谋取利益的主观违法要素。这里的贿赂是指作为公务员或者仲裁员的职务行为的对价的不正当的报酬。这里的职务是指交付财物与公务员或者仲裁员的职务行为之间具有关联性,这就是所谓职务关联性。① 就单纯受贿罪的认定而言,只要客观上所收受的财物具有职务关联性,那么,这种财物就属于贿赂。公务员或者仲裁员只要主观上对此具有认识,就具有受贿故意。在这种情况下,无论是先交付财物后为请托人谋取利益的收买性贿赂,还是先为请托人谋取利益后交付财物的酬谢性贿赂,公务员或者仲裁员主观上都具有受贿故意。对于所谓酬谢性贿赂来说,如果事先约定在公务员或者仲裁员为请托人谋取利益以后,再交付财物,主观上当然具有受贿故意。而且,即使在事先没有约定的情况下,公务员或者仲裁员明知对方交付财物具有与其职务行为的对价性因而属于贿赂而收受,则主观上同样具有受贿故意,对于这种情况完全可以按照单纯受贿罪论处。张明楷教授曾经援引日本学者论证事后受财行为的性质,指出:从行为性质而言,收受财物是"事前"还是"事后",并不影响行为的性质。正如日本学者在解释日本刑法中的单

---

① 参见〔日〕西田典之:《日本刑法各论》(第三版),刘明祥、王昭武译,中国人民大学出版社2007年版,第382—383页。

纯受贿罪的构成要件时所说:"所谓'收受',是指接受贿赂……不问收受的时间是在职务执行之前还是之后。"即使将受贿罪的本质理解为权钱交易关系,也没有必要限定为事前受财。因为事后受财也会存在权钱交易关系。换言之,事前有约定的事后受财与事前没有约定的事后受财只是形式上不同,没有实质区别。① 这一观点当然适用于日本刑法中的单纯受贿罪,但并不适用于我国《刑法》中的受贿罪。这是因为我国《刑法》中的受贿罪具有不同于日本刑法中的单纯受贿罪的构成要件。在这种法律语境不同的情况下,参照日本刑法学者的观点解释我国《刑法》规定,笔者认为存在违和之处。

事后受财在我国《刑法》中有所不同,因为我国《刑法》规定的受贿罪,不仅要求主观上具有受贿故意,而且要求具有为他人谋取利益的意图。这里的为他人谋取利益,如前所述属于主观违法要素而非客观要素,司法解释的规定也印证了这一点。在这种情况下,收买性贿赂,即先交付财物后为请托人谋取利益,因为国家工作人员在收受财物时就具有为他人谋取利益的意图,具备受贿罪的构成要件;而且,国家工作人员主观上具有受贿故意,因而构成受贿罪。此外,在国家工作人员履行职务之前,事先约定国家工作人员先为请托人谋取利益然后收受财物的情况下,国家工作人员在客观上实施的为他人谋取利益的行为已经印证了国家工作人员主观上所具有的为他人谋取利益的意图,而且主观上具有受贿故意,也可以构成受贿罪。而在事先没有约定的情况下,国家工作人员履行职务时并没有为他人谋取利益以作为对方交付财物的对价的意思,他人是因为国家工作人员正常履行职务行为而获得实际利益,为表示感谢而交付财物。在这种情况下,国家工作人员在客观上具有利用职务上的便利收受他人财物的行为,主观上具有明知该财物是其职务行为的对价而收受的主观故意,但却没

---

① 参见张明楷:《刑法学》(第四版),法律出版社2011年版,第1072页。

有为他人谋取利益并以之作为收受他人财物的对价的意图。这是因为,在收受财物的时候,职务行为已经实施完毕,而实施职务行为之时,并没有预想到以此作为他人交付财物的对价。因此,即使在客观上已经实施了为他人谋取利益的行为,国家工作人员的主观上也不可能产生为他人谋取利益以此作为交付财物的对价的意图。换言之,为他人谋取利益的要素,在所谓事后受财的情况下如何认定,是一个值得商榷的问题。对此,无论是在司法实践中还是在刑法理论上,都曾经展开过争论,陈晓受贿案就是这一争论的集中反映。①

被告人陈晓,1986年至1996年间担任中国电子物资公司安徽公司(以下简称"安徽公司")总经理。1992年年初,安徽公司正式下达公司各部门承包经营方案。1992年4月,下属单位能源化工处处长兼庐海实业有限公司(以下简称"庐海公司")经理李剑峰向被告人递交书面报告,提出新的承包经营方案,建议超额利润实行三七分成。被告人陈晓在没有通知公司其他领导的情况下,与公司党委书记、副总经理徐某(另案处理)、财务处长吴某某及李剑峰4人研究李剑峰提出的建议,决定对李剑峰承包经营的能源化工处、庐海实业有限公司实行新的奖励办法,由被告人陈晓亲笔草拟,并会同徐德臣签发《关于能源化工处、庐海实业有限公司试行新的奖励办法的通知》,以中电皖物办字(92)049号文件的形式加以明确。该办法规定超额利润70%作为公司利润上缴,30%作为业务经费和奖金分成,并由承包人支配。发文范围仅限于财务处、能源化工处、徐某及陈晓个人。

李剑峰依据中电皖物办字(92)049号、(93)019号文件的规定,于1992年提取超额利润提成21万余元,1993年提取超额利润提成160万余元。李剑峰为感谢陈晓为其制定的优惠政策及承包经营业务中给予的关照,于1993年春节前、1994年春节前后三次送给陈晓33

---

① 参见陈兴良、张军、胡云腾主编:《人民法院刑事指导案例裁判要旨通纂》(下卷),北京大学出版社2013年版,第1145—1146页。

万元人民币、15万元港币,陈晓予以收受。

检察机关认为,陈晓利用职务上的便利,为李剑峰谋取利益,收受李剑峰财物,其行为已构成受贿罪。

被告人陈晓及其辩护人辩称,陈晓的行为不构成犯罪。理由是:主持制定《关于能源化工处、庐海实业有限公司试行新的奖励办法的通知》、申请原油配额、协调李剑峰与财务部门之间的关系等行为,均是陈晓履行职务的正当行为;陈晓未利用职务之便为李剑峰谋取利益;没有受贿故意;李剑峰所送的33万元人民币、15万元港币,其中20万元是陈晓之子在庐海公司的工作所得,其余钱款系李剑峰馈赠。

合肥市中级人民法院经审理认为:被告人陈晓系由中国电子物资总公司任命的安徽公司总经理,是领导和管理国有企业相关事务的工作人员,其主持制定《关于能源化工处、庐海实业有限公司试行新的奖励办法的通知》,出发点是为了公司利益,不是为他人谋取利益。被告人陈晓帮助李剑峰承包的能源化工处向省计委申请并获得进口原油配额,是其正当的职务行为,不是为李剑峰谋取利益。现有证据无法证实被告人陈晓主观上具有权钱交易的受贿故意。陈晓的行为在客观上给李剑峰带来一定的个人利益,李剑峰在事后给付陈晓钱财表示感谢而陈晓予以收受,这是一种事后收受财物行为。故认定被告人陈晓的行为构成受贿罪的证据不足。起诉书指控的罪名不能成立。依照《刑事诉讼法》(1996年修正)第162条第(三)项的规定,于1998年10月8日判决被告人陈晓无罪。

一审宣判后,合肥市人民检察院认为,一审判决认定事实错误,适用法律不当,显系错判,提起抗诉。

安徽省高级人民法院经审理认为,原判认定事实不清,依照《刑事诉讼法》(1996年修正)第189条第(三)项的规定,于1999年12月10日裁定如下:(1)撤销合肥市中级人民法院的刑事判决;(2)发回合肥市中级人民法院重新审判。

合肥市中级人民法院依法重新组成合议庭,经重新审理以后认为:原审被告人陈晓身为国家工作人员,利用职务便利,根据下属部门承包经营人李剑峰建议,制定新的承包经营政策,协调、帮助李剑峰承包经营,在李剑峰获取巨额利润后,非法收受李剑峰所送33万元人民币、15万元港币,其行为侵害了国家工作人员公务活动的廉洁性,已构成受贿罪,依法应予惩处。公诉机关指控犯罪成立。依照《刑法》第12条第1款、第64条、第383条第1款第(一)项、第385条第1款、第386条的规定,于2000年1月10日判决如下:(1)原审被告人陈晓犯受贿罪,判处有期徒刑10年。(2)原审被告人陈晓以违法所得购买广东珠海市吉大园林花园房屋一套,予以没收。宣判后,原审被告人陈晓没有上诉,检察机关也未抗诉。

对于陈晓受贿案的事实本身,控辩审三方并没有分歧,关键是对陈晓的行为如何定性。我们看到,辩护方认为陈晓无罪的理由是陈晓实施的是履行职务的正当行为;未利用职务之便为李剑峰谋取利益;没有受贿故意。这一辩护意见存在值得推敲之处,陈晓履行职务的行为虽然是正当的,当然也存在程序上的瑕疵,但它在客观上给李剑峰带来好处,这就是为他人谋取利益的行为。不能认为,只要是正常履行职务就不存在为他人谋取利益的问题。因为,为他人谋取利益既可以是正当履行职务为他人谋取利益,也可以是违背职务为他人谋取利益。在该案中,辩护方同时还以没有受贿故意否定陈晓构成受贿罪。对于这一观点,法院在判决中予以采信。原一审判决认定:现有证据无法证实被告人陈晓主观上具有权钱交易的受贿故意。因此,陈晓无罪的理由主要是没有受贿故意。笔者认为,受贿故意和为他人谋取利益是两种性质完全不同的主观要素。毫无疑问,在陈晓受贿案中,辩护方和法院都将这两者等同起来,是难以成立的。

这里涉及为他人谋取利益在犯罪论体系中的体系性地位问题。如果认同为他人谋取利益是主观违法要素的观点,那么为他人谋取利益就是构成要件要素而不是责任要素,应当在三阶层犯罪论体系的第一阶层进行考察,其考察顺序是先于受贿故意的,因为受贿故意是在第三阶层进行考察的。在这种情况下,首先需要确定的是被告人是否具有为他人谋取利益的意图,而不是受贿故意。如果没有为他人谋取利益的意图,则受贿罪的构成要件不具备,也就不再需要讨论被告人是否具有受贿故意的问题。如前所述,陈晓在收受财物之前确实因为其正常履行职务而使李剑峰获得利益,这当然是为李剑峰谋取利益的行为。那么,陈晓在收受财物的时候是否具有为他人谋取利益的意图呢?换言之,能否将已经为李剑峰谋取利益作为认定陈晓主观上具有为他人谋取利益的事实根据呢?答案是否定的。问题在于:为他人谋取利益作为受贿罪的主观违法要素,并不是价值中立的履行职务行为,而是将职务行为作为收受财物的对价,具有主观违法的意思。这种意思,也可以说是出卖权力以换取对方财物,即权钱交易的主观心理状态。但在这种事后受财的情况下,履行职务行为时,并没有权钱交易的意思,因此没有为他人谋取利益的主观违法要素。由此可以得出结论,这完全不是一个受贿故意的问题,而是一个为他人谋取利益的问题。在检察机关抗诉以后,合肥市中级人民法院在重审中,对陈晓受贿案作出了完全不同于原一审的有罪判决。这也充分说明事后受财问题在我国司法实践中存在重大分歧。

当然,陈晓受贿案的情况较为复杂。如果仅是一次性的事后受财,则为他人谋取利益的要件就成为一个问题。但陈晓受贿案并不是一次收受财物,而是于 1993 年春节前、1994 年春节前后三次收受财物。第一次收受陈晓已经知道是为感谢自己的履行职务行为而交付的财物,在这种情况下,此后两次继续收受,就应当认为陈晓已经明知有具体请托事项而收受财物,因此可以推定陈晓主观上具有为他人谋取利益的意图。因此,经检察机关抗诉,最终法院认定陈晓构成受贿罪,还是具有事实根据与法律根据的。由此可见,对于类似陈晓受贿案这样的案件,需要真正吃透案情,在此基础上再进行法律上的判断。在这个意义上说,认定陈晓构成受贿罪,并不能就此认为事后受财行为在我国《刑法》中认定为受贿罪具有法律根据。

2016年《解释》第13条第1款在对为他人谋取利益的规定中,明确将履职时未被请托,但事后基于该履职事由收受他人财物的情形认定为具有为他人谋取利益的要素。根据2016年《解释》的规定,对于事后受财行为,应当按照受贿罪论处。这在司法解释的层面,统一了对事后受财行为的处理规则。当然,从刑法教义学上看,这一司法解释规定还是存在商榷的空间。按照2016年《解释》的这一规定,实际上是将《刑法》对受贿罪所规定的为他人谋取利益要件取消了,因而不适当地扩张了受贿罪的构成要件范围,与罪刑法定原则之间存在一定的抵牾。

4. 收受具有上下级关系的下属或者具有行政管理关系的被管理人员的财物,可能影响职权行使

2016年《解释》第13条第2款规定:"国家工作人员索取、收受具有上下级关系的下属或者具有行政管理关系的被管理人员的财物价值三万元以上,可能影响职权行使的,视为承诺为他人谋取利益。"对于这种收受具有上下级关系的下属或者具有行政管理关系的被管理人员的财物的情形,是以没有具体请托事项为前提的。如果具有具体请托事项,根据2016年《解释》就可以直接认定为具有为他人谋取利益的意图。只有在没有具体请托事项的情况下,才需要推定为承诺为他人谋取利益,由此间接认定为具有为他人谋取利益的意图。

在司法实践中,这种收受具有上下级关系的下属或者具有行政管理关系的被管理人员的财物的情形,一般称为感情投资。感情投资是一种十分形象的描述,意在说明在这种情况下,他人对国家工作人员虽然目前暂时无所求,但为了与国家工作人员建立亲密关系,以便在将来有所求时,能够利用国家工作人员职务上的便利为其个人谋取利

益,而事先给予国家工作人员财物。当然,感情投资是一个范围较为宽泛的概念,既包括 2016 年《解释》所规定的具有上下级关系的下属或者具有行政管理关系的被管理人员之间的经济往来,也包括不具有上下级关系的下属或者具有行政管理关系的被管理人员之间的经济往来。从 2016 年《解释》只是将具有上下级关系的下属或者具有行政管理关系的被管理人员之间的经济往来规定为构成受贿罪来看,还是对感情投资作了一定的限制。

应当指出,在 2016 年《解释》颁布之前,我国司法实践中对于这种收受具有上下级关系的下属或者具有行政管理关系的被管理人员财物的行为如何处理,是较为混乱的。在多数情况下,只要累计的数额较大,对于这种行为一般都直接认定为受贿罪。只有较少情况,未按受贿罪论处。因此,罪与非罪的界限处于一种模糊状态。《纪要》明确规定,对于明知他人有具体请托事项而收受财物的,视为具有为他人谋取利益的意图。因此,在我国司法实践中存在着将没有具体请托事项的收受财物行为,按照明知有具体请托事项视为承诺为他人谋取利益论处的情形。例如,刘爱东贪污、受贿案就是一个典型。[①] 被告人刘爱东,男,41 岁,原系四川省大邑县人民政府副县长。经法院审理查明的受贿事实如下:2000 年 4 月的一天,一建公司经理王志明在被告人刘爱东驾驶的汽车上,送给刘爱东 5 万元,请其多关照。2001 年 8—10 月间的一天,市政公司经理张映松(另案处理)到被告人刘爱东家,以装修房子"送礼"为名给其 5 万元,要其在今后承建工程等事情上多关照。刘爱东收下此款后,全部用于装修私人住宅。

成都市中级人民法院认为:控方的证据,只能证明王志明、张映松各给刘爱东送现金 5 万元,不能证明刘爱东收受这些钱财与其签字付款之间存在刑法上的因果关系,即不能证明刘爱东因收受这些钱财而

---

① 参见最高人民法院办公厅编:《中华人民共和国最高人民法院公报》(2004 年卷),人民法院出版社 2005 年版,第 328—335 页。

通过签字付款为二人谋取了利益。刘爱东及其辩护人关于"未给王志明、张映松实际谋取利益"的辩解和辩护意见,与查明的事实相符,应予采纳。《刑法》第385条第1款规定:"国家工作人员利用职务上的便利,索取他人财物的,或者非法收受他人财物,为他人谋取利益的,是受贿罪。"王志明、张映松是一建公司、市政公司的负责人,二人分别给当时分管建委和城建工作的刘爱东送钱并请刘爱东多关照,送钱的意图是明显的,即想在项目承建上得到刘爱东的照顾。刘爱东在供述中,承认其明白二人送钱的这一意图,但仍收取了这10万元现金,是以收钱的行为向送钱人承诺,要为送钱人谋取利益。刘爱东后来虽未实际给王志明、张映松谋取利益,但其收取二人钱财的行为,符合受贿罪中权钱交易的本质特征。该行为已触犯《刑法》第385条第1款的规定,构成受贿罪,未给行贿人谋取实际利益,可在量刑时酌情考虑。起诉书指控刘爱东犯受贿罪的事实清楚,证据充分,指控的事实和罪名成立。刘爱东及其辩护人认为,刘爱东未给王志明、张映松实际谋取利益,行为不构成受贿罪,该辩解和辩护意见不能成立。据此,成都市中级人民法院于2003年12月11日判处刘爱东有期徒刑10年。

一审宣判后,被告人刘爱东不服,向四川省高级人民法院提出上诉,请求从轻处罚。四川省高级人民法院认为:《刑法》第385条第1款规定的"为他人谋取利益",应当包括承诺、实施和实现三个阶段。行为人只要实施了其中一个阶段的行为,就构成"为他人谋取利益"这一要件。被告人刘爱东身为国家工作人员,明知他人因其具有能在建设工程方面给予关照的职务而送钱,仍利用职务之便接受所送的钱款,是承诺为他人谋取利益。事后,刘爱东虽然没有给送钱人谋取实际利益,但却否定不了收受这笔钱财时的权钱交易情形。刘爱东收受王志明、张映松所送钱款的行为符合受贿罪的本质特征,应依法处罚。刘爱东是自首,且受贿后没有给行贿人谋取实际利益,并已在案发后退清全部赃款,有悔罪表现。在此情况下,原判尽管是依照《刑法》第

383条第1款第(一)项规定的最低刑罚对刘爱东判刑,仍显过重。根据本案具体情节,对刘爱东可减轻处罚。刘爱东上诉请求从轻处罚一节,应酌情考虑。原判认定事实和定罪正确,审判程序合法,但量刑不当,应当改判。据此,四川省高级人民法院依照《刑事诉讼法》(1996年修正)第189条第(二)项的规定,于2004年2月4日判决上诉人刘爱东有期徒刑6年。

在刘爱东贪污、受贿案中,法院判决明确认定刘爱东没有给送钱人谋取实际利益,而且送钱人在当时也没有提出具体请托事项。判决认为:"被告人刘爱东身为国家工作人员,明知他人因其具有能在建设工程方面给予关照的职务而送钱,仍利用职务之便接受所送的钱款,是承诺为他人谋取利益。"笔者认为,送钱人仅仅抽象地提出予以关照但并没有提出具体请托事项,国家工作人员也没有提供实际帮助,就认定为承诺为他人谋取利益,这是对《纪要》规定的误解。《纪要》规定的承诺为他人谋取利益,是针对具体请托事项而言的。在没有具体请托事项的情况下,即使具有为他人谋取利益的职务,也不能认定为具有为他人谋取利益的意图。刘爱东贪污、受贿案中的情形,实际上就是所谓感情投资,即在没有具体请托事项的情况下,向国家工作人员交付财物,笼络感情,以期在将来有所求时,国家工作人员能够利用职务上的便利,为其谋取利益。

这种所谓感情投资,因为不具有为他人谋取利益的意图,因此在认定受贿罪上存在一定的法律障碍。对此,可以选择的做法有二:一是取消我国《刑法》中受贿罪的为他人谋取利益这一要件,这就相当于将我国《刑法》中的受贿罪修改为日本刑法中的单纯受贿罪,这当然就可以涵摄基于职务而收受他人财物的感情投资这种情形。二是在我国刑法中增设收受礼金罪。对于前一种做法,我国刑法学界早就有人提出。例如,在1997年《刑法》修订过程中,对于为他人谋取利益是否应当规定为受贿罪要件,存在两种不同的意见:一种意见主张删除"为他人谋取利益"要件,认为只要是利用职务上的便利,索取或者非法收受他人财物的,就构成受贿罪。这样规定,更能体现对国家工作人员的严格要求。另一种意见认为,"为他人谋取利益"应作为受贿罪的要件,这样规定才能体现权钱交易的特征。"索取"和"非法收受",都是受贿,都是权钱交易,因此,构成犯罪的条件不应有区别,即均应以"为他人谋取利益"为要件。① 其实,删除为他人谋取利益并不等于否定受贿罪的权钱交易的性质。无论是在事后受财还是感情投资的情况下,即使国家工作人员主观上没有为他人谋取利益的意图,但其收受财物的行为都具有权钱交易的性质。在事后受财的情况下,国家工作人员明知他人交付的财物系对先前职务行为的报偿,因而其予以收受就是事后认可了权钱交易,构成事后受贿。至于在感情投资的情况下,他人交付财物是意在将来国家工作人员利用职务上的便利,为其谋取利益。国家工作人员在收受财物时,因为没有具体请托事项,因此不具有为他人谋取利益的意图,但同样也不能排除权钱交易的性质。将为他人谋取利益规定为受贿罪的要件,其实是对犯罪成立限定了更为严苛的条件。只有具有为他人谋取利益的承诺,或者正在实施或者已经谋取利益的情形,才能具备这一要件。这就把受贿受财和感情投资等较为边缘的受贿行为排除在受贿罪的构成要件范围之外。在 1997 年《刑法》修订中,最终还是采纳了保留为他人谋取利益的意见。我国学者认为,感情投资型受贿犯罪是以人情往来为名,行权钱交易之实的新型受贿犯罪类型。随着感情投资型受贿罪逐渐成为当前最为常见多发的受贿罪类型,阻碍其司法认定的为他人谋取利益要件备受争议与批判。出于反腐败的现实需要,司法机关与理论界都在事实上采取了对该要件进行实质消解的策略,这是突破罪刑法定原则的危险行为。解决感情投资型受贿犯罪的司法认定难题,应当取消受

---

① 参见高铭暄:《中华人民共和国刑法的孕育诞生和发展完善》,北京大学出版社 2012 年版,第 608 页。

贿罪中的"为他人谋取利益"要件,这一方案比增设收受礼金罪更具合理性。①

在不能删除受贿罪的为他人谋取利益的要件的情况下,又要将感情投资行为入罪,不得已的选择就是在《刑法》中增设收受礼金罪。收受礼金中的礼金是我国司法实践中的一种表述,它是指国家工作人员基于其职务而收受的财物,因为这种收受财物没有形成与职务行为的对价关系,并且是以送礼的名义交付和以收礼的名义收受的,因此称为收受礼金。其实,这种行为称为收受赠贿更为合适。赠贿这一用语显然要比礼金更能反映国家工作人员收受行为的贿赂性。例如,我国有学者曾经指出:"赠贿是指送赠人在行贿时并没有当时谋求某项具体的、现实的利益,只是单纯的给予贿赂,在形式上类似'赠予',不是具体的对职务行为的'买卖'。正是由于送贿人没有提出谋利的要求,收贿人也无必要做出'利用职务行为为其谋取利益的承诺'。因此,收受赠贿罪有别于典型的受贿罪。"②

在《刑法修正案(九)》制定过程中,曾经将收受礼金罪纳入草案。但最终未能入罪,主要还是考虑到政策界限不好划分。确实,在现实生活中国家工作人员收受礼金的情形较为普遍而常见,如果一概入罪,可能会产生打击面过宽的副作用。当然,也还有些人士担忧设立收受礼金罪,而且其刑低于受贿罪,是否会出现对受贿罪降格为收受礼金罪处理,从而消减惩治贿赂犯罪的刑罚效果。

2016年《解释》对感情投资的情况作了一定的区分,将收受具有上下级关系的下属或者具有行政管理关系的被管理人员的财物的行为推定为承诺为他人谋取利益,因而以受贿罪论处。这是一种有条件的对情感投资行为入罪的方式,以此作为对情感投资问题处理的一种

---

① 参见李琳:《论"感情投资"型受贿犯罪的司法认定——兼论受贿罪"为他人谋取利益"要件之取消》,载《法学论坛》2015年第5期。

② 肖扬主编:《贿赂犯罪研究》,法律出版社1994年版,第318页。

解决方案。笔者认为,这个问题如果采取刑事立法的方式解决,则可以避免违反罪刑法定原则的责难。因为司法解释毕竟具有其限度,不能超出刑法规定的范围。我们可以看到,2016年《解释》对于这个问题是采取了一种拟制而非推定的解释方法。这里涉及推定与拟制之间的区别,值得从法理上加以探讨。

如前所述,推定是对主观要素的一种证明方法。因此,在推定的情况下,主观要素本来就是客观存在的,通过推定而使其获得证明。但拟制则有所不同,拟制是对不同行为赋予相同的法律后果。刑法中的拟制通常包括两种情形:一是对此种犯罪行为按照彼种犯罪行为处理;二是对非犯罪行为按照犯罪行为处理。拟制可以分为立法拟制与司法拟制。立法拟制是一种立法方式,例如我国《刑法》第236条第2款规定,奸淫幼女的,以强奸论,这就是一种典型的立法拟制。强奸是以暴力、胁迫或者其他方法强行与妇女发生性行为的犯罪。而奸淫幼女则包含并不采用暴力、胁迫或者其他方法,而是在幼女的同意之下与其发生性行为。由此可见,奸淫幼女与强奸在行为特征上是不同的,但立法机关将奸淫幼女拟制为强奸,适用强奸罪的法定刑。立法拟制是合法的,因为立法机关具有立法权,这种立法权就包括了法律拟制,既包括对此种犯罪行为按照彼种犯罪行为处理的权力,又包括对非犯罪行为按照犯罪行为处理的权力。例如,对于奸淫幼女行为立法机关完全可以单独规定为犯罪,并设置与强奸罪相同的法定刑。因此,立法机关将奸淫幼女拟制为强奸罪,适用强奸罪的法定刑只不过是一种立法规定方式上的变通。与立法拟制不同,司法拟制是指司法机关在法律解释或者法律适用中采用拟制的方法。因为拟制具有逻辑上的推导性,因此,在刑法的解释与适用中采用拟制方法,就会混淆或者扩张法律界限,尤其是采用不利于被告人的拟制,与罪刑法定原则的矛盾就不可避免。① 例如，在《刑法》已经明文规定为不同罪名的情况下，司法机关就不得对此种犯罪行为按照彼种犯罪行为处理。至于在刑法对某一行为没有明文规定犯罪构成要件的情况下，更不能对非犯罪行为按照犯罪行为处理。否则，就会违反罪刑法定原则。因此，在《刑法》明确将为他人谋取利益规定为受贿罪的构成要件的情况下，不能将不具备为他人谋取利益的行为拟制为具备为他人谋取利益。在刑法没有修改或者增设其他罪名的情况下，笔者认为不得虚化乃至于消解为他人谋取利益的意图在受贿罪的构成要件中的地位。

（三）特定关系人与国家工作人员的受贿共犯

2016年《解释》第16条第2款规定："特定关系人索取、收受他人财物，国家工作人员知道后未退还或者上交的，应当认定国家工作人员具有受贿故意。"这是关于特定关系人与国家工作人员的受贿共犯的规定，它涉及利用影响力受贿罪与受贿罪的关系以及界限。

如前所述，2007年7月8日"两高"《意见》对特定关系人以及其他关系人受贿问题作了专门规定。这里的特定关系人，根据《意见》第11条的规定，是指与国家工作人员有近亲属、情妇（夫）以及其他共同利益关系的人。至于其他关系人，虽然《意见》未作具体规定，但从逻辑上可以界定为除了特定关系人以外的其他人员。特定关系人与其他关系人的区分，就在于：特定关系人与国家工作人员之间具有共同利益关系，而其他关系人则没有这种共同利益关系。根据《意见》的规定，由特定关系人以及其他关系人受贿可以分为以下三种情形：第一种情形是国家工作人员利用职务上的便利为请托人谋取利益，授意请托人以本《意见》所列形式，将有关财物给予特定关系人的，以受贿罪论处。第二种情形是特定关系人与国家工作人员通谋，共同实施前款

---

① 参见李振林：《刑法中法律拟制论》，法律出版社2014年版，第31页。

行为的,对特定关系人以受贿罪的共犯论处。第三种情形是特定关系人以外的其他人与国家工作人员通谋,由国家工作人员利用职务上的便利为请托人谋取利益,收受请托人财物后双方共同占有的,以受贿罪的共犯论处。从以上三种情形来看,第一种情形是国家工作人员授意特定关系人收取财物,双方当然构成受贿罪的共犯。第二种情形是国家工作人员与特定关系人共谋收取财物,双方也构成受贿罪的共犯。第三种情形则是特定关系人以外的其他人与国家工作人员通谋收受财物,在这种情况下,因为其他人与国家工作人员之间并不存在共同利益关系,因此,只有在双方共同占有的情况下,才能构成受贿罪的共犯。如果只是其他人占有,则国家工作人员并不构成受贿罪。与此同时,其他人也不可能单独构成受贿罪。

从以上规定可知,特定关系人或者其他人都只有在与国家工作人员具有犯意联络的情况下,才能构成受贿罪的共犯。如果这些人没有与国家工作人员进行犯意联络,而是利用或者通过国家工作人员的职权或者职务上的便利为他人谋取利益,从而收受财物,因为在这种情况下国家工作人员并不知情,因此,国家工作人员不构成受贿罪,而特定关系人或者其他人也就不能构成受贿罪的共犯。为此,《刑法修正案(七)》在我国《刑法》第388条后增加一条作为第388条之一,设立了利用影响力受贿罪。根据这一规定,利用影响力受贿罪,是指国家工作人员的近亲属或者其他与该国家工作人员关系密切的人,通过该国家工作人员职务上的行为,或者利用该国家工作人员职权或者地位形成的便利条件,通过其他国家工作人员职务上的行为,为请托人谋取不正当利益,索取请托人财物或者收受请托人财物,数额较大或者有其他较重情节的行为。在这种情况下,特定关系人或者其他人就可能单独构成利用影响力受贿罪。当然,如果这些人与国家工作人员之间具有犯意联络,仍然构成受贿罪的共犯。

如前所述,特定关系人与国家工作人员构成受贿罪的共犯的前提是两者之间具有犯意联络。这种犯意联络主要表现为国家工作人员授意特定关系人或者国家工作人员与特定关系人共谋，在这种情况下，双方构成受贿罪的共犯是没有疑问的。反之，如果没有这种共谋，则国家工作人员不构成受贿罪，但特定关系人可以单独构成利用影响力受贿罪。但除以上两种界限较为明确的情形以外，还存在着这种情况，即特定关系人事先并没有与国家工作人员共谋，其利用国家工作人员职务上的便利为请托人谋取利益并收受请托人的财物，但在收受财物以后告知国家工作人员，国家工作人员知道以后并没有退还或者上交，对此应当如何处理呢？2016年《解释》明确规定，在这种情况下，应当认定国家工作人员具有受贿故意。因此，对于国家工作人员应当以受贿罪论处，与此同时，特定关系人也应当以受贿罪的共犯论处。当然，如果国家工作人员直至案发并不知情，则国家工作人员没有受贿故意，不能认定为受贿罪，对于特定关系人应当以利用影响力受贿罪论处。由此可见，2016年《解释》的规定，对于正确认定国家工作人员的受贿罪以及正确划分受贿罪共犯与利用影响力受贿罪之间的界限具有重要意义。

（四）受贿罪的赃款赃物去向

对于一般犯罪来说，赃款赃物去向不会影响犯罪的性质。例如，对于盗窃罪来说，无论赃物是用于个人消费还是用于非法活动，即使是用于治病，都不影响盗窃罪的成立，只是对量刑具有一定的影响。但在受贿罪中，却经常讨论受贿的赃款赃物用于公务开支或者社会捐赠，是否构成犯罪的问题。这个问题，在司法实践中始终存在争议。例如，张某系某市政府领导。一日，李某（系张某同学）找到张某请求张某帮助其子李某某找工作。起初张某以工作忙没有时间为由推托，李某见状找到张某以"张某帮李某某找工作辛苦了"为由送给张某10万元"辛苦费"，后张某将李某之子李某某安排进入自己分管的二级单位工作。事后,张某将收受李某的10万元"辛苦费"全部用于公务支出并有相关票据证明。张某的行为是否构成受贿罪,存在以下两种观点:第一种观点认为张某的行为不构成受贿罪。理由是,根据《意见》第9条"国家工作人员收受请托人财物后及时退还或者上交的,不是受贿"的规定,行为人虽然具有非法收取他人财物的行为,但是没有非法占有他人财产的故意,将收受的财物及时退还或者上交并未实际占为己有,不是受贿。在本案中,行为人张某虽然实施了收取他人财物的行为,但是其没有非法占有财物的故意并将收受的财物用于公务支出,其并没有实际占有收受的财物。故本案中,张某的行为也不构成受贿罪。第二种观点认为张某的行为构成受贿罪。理由是,根据受贿罪犯罪形态既未遂的标准来判断,自行为人收受他人财物并将财物置于自己实际控制之下的那一刻开始受贿过程已经完成,受贿行为已经侵害了国家工作人员的职务廉洁性,行为人的行为已经构成受贿罪。至于受贿款物的用途问题只是受贿人对受贿款物的事后处理方式而已,不影响受贿罪的成立。故本案中,张某利用职务便利收受他人财物的行为侵犯了国家工作人员的职务廉洁性,应当追究其受贿罪的刑事责任。在本案中,讨论的重点是被告人张某的行为是否属于及时上交的问题,其中一种观点认为如果属于及时上交没有个人占有,则不构成受贿罪。对于这种观点,并没有得到司法机关的认同,此类案件一般都认定为受贿罪成立,贪污罪也是如此。

上述案件存在争议,表明其中的法律界限还是有待于划清。虽然2016年《解释》明确规定受贿的赃款赃物用于公务开支或者社会捐赠的,不影响受贿罪的认定,只是在量刑的时候可以酌情考虑。但我们必须注意到,根据2016年《解释》的规定,只有当国家工作人员出于受贿的故意,非法占有公共财物或者利用职务上的便利收受他人财物之后,将赃款赃物用于单位公务开支或者社会捐赠,才不影响受贿罪的认定。因为,这是在受贿罪既遂以后,对于赃款赃物的处置问题,当然不影响犯罪的性质。换言之，在受贿的时候，没有将收受的他人财物用于公务开支的意思，但是在受贿既遂以后产生将赃款赃物用于公务开支的意思，也不影响受贿罪的成立。如果在收受他人财物之前，就有用于公务开支的意思，收受他人财物之前，就已经明确不是个人收受，而是以赞助给单位等名义收受，同样也不能认定为受贿罪。上述张某受贿案，就应当查明张某在收受他人财物之际是否具有用于公务开支的意思。如果其收受财物的时候就有用于公务开支的意思，则其行为不属于受贿，而是单位的不正当收入，甚至在某些情况下可以构成单位受贿罪而非个人受贿罪。至于用于社会捐赠，情况较为复杂，这里存在一个捐赠的名义问题。在受贿的情况下，只有要求他人以国家工作人员的名义捐赠，才不影响受贿罪的成立。如果是以他人名义捐赠，则国家工作人员不能成立受贿罪。例如，国家工作人员利用职务上的便利为他人谋取利益，他人送给国家工作人员 10 万元表示感谢。国家工作人员要求他人以自己的名义将 10 万元捐赠给自己儿子所在的学校作为办学资金。这一行为构成受贿罪，属于在受贿以后对赃款的处置。但如果国家工作人员要求他人以其单位或者个人的名义，将 10 万元捐赠给自己儿子所在的学校作为办学资金，则不能认为国家工作人员构成受贿罪。

（五）受贿罪的刑罚适用

受贿罪的刑罚适用，关系到对受贿罪的惩治，因此是一个值得关注的问题。2016 年《解释》多个条款涉及受贿罪的刑罚适用问题，需要从刑法理论上加以解读。

1. 受贿罪的死刑适用

2016 年《解释》第 4 条第 1 款规定："贪污、受贿数额特别巨大，犯罪情节特别严重、社会影响特别恶劣、给国家和人民利益造成特别重大损失的，可以判处死刑。"根据这一规定，受贿罪适用死刑，必须具备以下四个条件:一是数额特别巨大;二是犯罪情节特别严重;三是社会影响特别恶劣;四是给国家和人民利益造成特别重大损失。这四个条件只有同时具备,才能适用死刑。由此可见,2016年《解释》对受贿罪的死刑设立了极为严格的适用条件,这对于限制受贿罪的死刑适用具有重要意义。受贿罪从性质上说是一种非暴力犯罪,它与暴力犯罪相比,法益侵害性还是要小一些。因此,在严格控制死刑的背景之下,受贿罪的死刑还是要加以限制。因此,2016年《解释》对受贿罪设立的死刑适用条件十分严格,这是完全正确的。对于受贿罪来说,其死刑适用不能仅仅根据数额特别巨大,还要考察是否存在特别严重情节和特别恶劣社会影响,尤其是要考察是否给国家和人民利益造成特别重大损失。只有经过以上各种因素的综合考察,才能最终确定对某一犯罪人是否适用死刑。

2016年《解释》第4条第2款对受贿罪的死刑立即执行与死刑缓期执行之间的界限作了规定:"符合前款规定的情形,但具有自首,立功,如实供述自己罪行、真诚悔罪、积极退赃,或者避免、减少损害结果的发生等情节,不是必须立即执行的,可以判处死刑缓期二年执行。"2016年《解释》第4条第1款是对受贿罪的死刑适用条件的规定,我国《刑法》规定的死刑可以分为两种情形,即死刑立即执行和死刑缓期执行。这是根据死刑的执行方法对死刑的区分,但因为涉及生与死的差别,因而极为重要。对于受贿罪的死刑适用也是如此。在2016年《解释》第4条第2款中,明确规定了适用死缓的条件,包括自首、立功、坦白和退赃,以及避免、减少损害结果发生等情节。这些情节不是同时具备,而是只要具有其中之一,就可以适用死缓。当然,如果同时具有以上若干个情节,对于死缓是更为有利的适用条件。

2016年《解释》第4条第3款是对犯受贿罪被判处死缓的犯罪分子终身监禁的规定。《刑法修正案(九)》将终身监禁作为受贿罪的死刑替代措施作了规定,这里的终身监禁并不是一种独立的刑罚方法,而只是死缓的一种执行方法。2016年《解释》第4条第3款规定:"符合第一款规定情形的,根据犯罪情节等情况可以判处死刑缓期二年执行,同时裁判决定在其死刑缓期执行二年期满依法减为无期徒刑后,终身监禁,不得减刑、假释。"这一规定与《刑法修正案(九)》的表述基本相同,都是规定终身监禁是在判处死缓的时候裁判决定的,并且适用终身监禁的根据是犯罪情节。从逻辑上分析,在《刑法》对受贿罪规定终身监禁以后,受贿罪的死刑就不再像其他犯罪那样只是分为死刑立即执行和死刑缓期二年执行这两种情形,而是进一步细化为三种情形,即:(1)死刑立即执行;(2)死刑缓期二年执行并终身监禁;(3)死刑缓期二年执行。因此,适用死刑缓期二年执行并终身监禁的受贿罪犯罪分子,其实是原本应当适用死刑立即执行的犯罪分子。考虑到终身监禁本身所具有的严厉性程度,对于受贿罪终身监禁的适用也应当加以严格限制。从表面上看,对受贿罪规定终身监禁是加重刑罚之举,但从其具有替代原先应当适用死刑立即执行的功能来看,又是限制死刑适用之举,从而也是减轻之举。可以说是宽严相济的刑事政策的生动体现。对此,立法机关指出:"对受贿数额特别巨大、情节特别严重的犯罪分子,特别是其中本应当判处死刑的,根据慎用死刑的刑事政策,结合案件的具体情况,对其判处死刑缓期二年执行减为无期徒刑后,采取终身监禁的措施,不得减刑、假释。在立法上保留死刑的同时,司法实践中严格控制和慎重适用死刑的情况下,这一规定有利于体现罪刑相适应的刑法原则,维护司法公正,符合宽严相济的刑事政策。"鉴于以上立法精神,在司法活动中就不能将终身监禁适用于原本就应当适用死缓的受贿犯罪分子。

2. 受贿数额的累计计算

受贿罪是数额犯,其数额计算对于受贿罪的定罪量刑具有重大意义。受贿罪不仅是数额犯,而且是累计犯,只有极个别犯罪数额是一次性的受贿数额,绝大多数都是多次受贿累计的数额。因此,这里存在一个对受贿数额如何进行累计计算的问题。2016年《解释》第15条规定："对多次受贿未经处理的,累计计算受贿数额。国家工作人员利用职务上的便利为请托人谋取利益前后多次收受请托人财物,受请托之前收受的财物数额在一万元以上的,应当一并计入受贿数额。"这里涉及受贿数额的累计和请托之前的受贿数额的累计问题。

关于受贿数额的累计计算,主要涉及对未经处理的理解。这里的未经处理是指未经刑事处理还是也包括未经党纪、行政处理,这是需要讨论的。笔者认为,对于受贿罪的未经处理,应该是指两次以上的受贿行为,以前既没有受过刑事处罚,也没有受过行政处理,追究责任时,应当累计计算受贿数额。

除受贿罪的数额累计计算以外,2016年《解释》还对国家工作人员长期收受他人财物的行为进行了规定。对于发生在请托之后的收受他人财物的行为应当认定为受贿罪。那么,发生在请托之前的收受他人财物的数额是否应当累计计算呢?对此,2016年《解释》规定应当累计计算。因为请托前后的收受财物行为是一个具有连续性的整体,不能分割开来看待而是应当整体评价为受贿行为。当然,2016年《解释》对发生在请托之前的收受财物的数额作了某种限制,即只有1万元以上才累计计算。如果不满1万元,则不予累计计算,这主要是考虑人情往来的因素。

3. 对受贿罪的经济处罚

受贿罪具有财产犯罪和经济犯罪的某些特征,因此,在对受贿罪进行处罚的时候,不仅要课以人身处罚,而且要课以经济处罚。《刑法》第383条对受贿罪规定了罚金、没收财产等经济处罚措施。由于我国《刑法》对罚金的具体数额在《刑法》总则中并没有规定,而《刑法》第383条对受贿罪的罚金数额也没有规定,所以给司法实践中正确适用罚金刑带来一定的困难。为此,2016年《解释》第19条第1款对受贿罪的罚金数额作了以下规定:"对贪污罪、受贿罪判处三年以下有期徒刑或者拘役的,应当并处十万元以上五十万元以下的罚金;判处三年以上十年以下有期徒刑的,应当并处二十万元以上犯罪数额二倍以下的罚金或者没收财产;判处十年以上有期徒刑或者无期徒刑的,应当并处五十万元以上犯罪数额二倍以下的罚金或者没收财产。"在此,2016年《解释》对受贿罪的罚金数额规定了一定的幅度,在此幅度内,法官可以根据受贿案件的具体情节,进行酌情裁量。这里应当指出,犯受贿罪所判处的罚金和对受贿的赃款赃物进行追缴是两个不同的问题,不能混淆。2016年《解释》第18条对受贿罪的赃款赃物追缴问题专门作了规定:"贪污贿赂犯罪分子违法所得的一切财物,应当依照刑法第六十四条的规定予以追缴或者责令退赔,对被害人的合法财产应当及时返还。对尚未追缴到案或者尚未足额退赔的违法所得,应当继续追缴或者责令退赔。"因此,应当依法对受贿的赃款赃物进行追缴或者责令退赔,不能将其与对受贿罪的经济处罚混同。

五、行贿罪的数额以及定罪量刑

2016年《解释》除对受贿罪进行重点规定以外,考虑到受贿罪与行贿罪之间的刑罚平衡,对行贿罪的数额也作了调整,并且对行贿罪的其他定罪量刑问题一并作了规定。

最高人民法院、最高人民检察院在2012年《解释》中对行贿罪的数额和情节曾作出规定。值得注意的是,我国《刑法》第390条关于行贿罪的处罚,并没有规定数额与情节,而只是规定:"对犯行贿罪的,处五年以下有期徒刑或者拘役,并处罚金;因行贿谋取不正当利益,情节严重的,或者使国家利益遭受重大损失的,处五年以上十年以下有期徒刑,并处罚金;情节特别严重的,或者使国家利益遭受特别重大损失的,处十年以上有期徒刑或者无期徒刑,并处罚金或者没收财产。"将行贿罪的法定刑与受贿罪的法定刑相比,我们发现,受贿罪的法定最高刑是死刑,而行贿罪的法定最高刑是无期徒刑,因此受贿罪重于行贿罪。但就前两个罪刑单位的规定而言,行贿罪似乎要比受贿罪更重。因为受贿罪有数额较大或者有其他严重情节作为入罪门槛,但行贿罪在刑法条文上则无此限制。而且,受贿罪的前两个罪刑单位是3年以下有期徒刑和3年以上10年以下有期徒刑;而行贿罪的前两个罪刑单位则是5年以下有期徒刑和5年以上10年以下有期徒刑。在这种情况下,就需要通过司法实践,将行贿罪的定罪量刑条件与受贿罪的定罪量刑条件加以协调,使之保持一定的均衡。

虽然《刑法》第390条对行贿罪没有规定入罪的数额标准,但一如以往的司法解释,2016年《解释》还是对行贿罪规定了入罪的数额标准。2012年《解释》规定,行贿数额在1万元以上的,应当依照《刑法》第390条的规定追究刑事责任。因此,在2016年《解释》颁布之前,行贿罪的起刑数额是1万元,与1997年《刑法》规定的受贿罪的起刑数额5000元相比,要高出一倍。2016年《解释》第7条第1款规定:"为谋取不正当利益,向国家工作人员行贿,数额在三万元以上的,应当依照刑法第三百九十条的规定以行贿罪追究刑事责任。"这一规定将行贿罪的起刑数额提高到3万元,与受贿罪的数额保持一致。由此可见,立法机关具有对受贿罪与行贿罪课以相同之刑的立法精神,这明显加重了对行贿罪的处罚力度。

在2016年《解释》颁布之前,行贿罪主要是数额犯,对情节的规定较为简略。但2016年《解释》除对行贿罪规定入罪数额以外,还进一步详细规定了其他较重情节,与受贿罪保持一致,采取了数额加情节的入罪体例。根据2016年《解释》第7条第2款的规定,行贿数额在1万元以上不满3万元,具有下列情形之一的,应当依照《刑法》第390条的规定以行贿罪追究刑事责任:(1)向三人以上行贿的;(2)将违法所得用于行贿的;(3)通过行贿谋取职务提拔、调整的;(4)向负有食品、药品、安全生产、环境保护等监督管理职责的国家工作人员行贿,实施非法活动的;(5)向司法工作人员行贿,影响司法公正的;(6)造成经济损失数额在 50 万元以上不满 100 万元的。这一规定从行贿次数、行贿资金来源、行贿对象、行贿后果等方面作了规定,对于全面考察行贿罪的法益侵害性提供了法律根据。

根据《刑法》第 390 条的规定,对犯行贿罪,情节严重的,或者使国家利益遭受重大损失的,处 5 年以上 10 年以下有期徒刑,并处罚金。在此,刑法没有涉及行贿数额的要素。但数额显然是行贿情节严重的构成要素之一。对此,2016 年《解释》第 8 条第 1 款作了以下规定:犯行贿罪,具有下列情形之一的,应当认定为《刑法》第 390 条第 1 款规定的"情节严重":(1)行贿数额在 100 万元以上不满 500 万元的;(2)行贿数额在 50 万元以上不满 100 万元,并具有本解释第 7 条第 2 款第(一)项至第(五)项规定的情形之一的;(3)其他严重的情节。该条第 2 款还规定,为谋取不正当利益,向国家工作人员行贿,造成经济损失数额在 100 万元以上不满 500 万元的,应当认定为《刑法》第 390 条第 1 款规定的"使国家利益遭受重大损失"。以上对于行贿罪的情节严重的规定,主要还是以行贿的数额为主。我们对比受贿罪的数额巨大的标准就会发现,行贿罪的数额标准要高出受贿罪的数额标准数倍以上。受贿罪数额巨大的一般数额是 20 万元以上不满 300 万元,具有其他严重情节的特殊数额是 10 万元以上不满 20 万元;而与之对应的行贿罪的一般数额标准是 100 万元以上不满 500 万元,具有其他严重情节的特殊数额标准是 50 万元以上不满 100 万元。例如,被告人受贿 80 万元或者行贿 80 万元,对于受贿罪,根据上述规定,属于数额巨大,应当判处 3 年以上 10 年以下有期徒刑;而对于行贿罪,根据上述规定,应当判处 5 年以下有期徒刑。在这两个法定刑之间,存在一定的重合。在这种情况下,就不会出现受贿和行贿数额相同,受贿罪判处的刑罚低于行贿罪的情形。通过这种数额配比,在一定程度上消弭了《刑法》对受贿罪和行贿罪的法定刑规定所具有的不均衡性。

根据《刑法》第390条的规定,对犯行贿罪,情节特别严重的,或者使国家利益遭受特别重大损失的,处10年以上有期徒刑或者无期徒刑,并处罚金或者没收财产。在此,《刑法》没有涉及行贿数额的要素,但数额显然是行贿情节特别严重的构成要素之一。为此,2016年《解释》第9条第1款作了以下规定:犯行贿罪,具有下列情形之一的,应当认定为《刑法》第390条第1款规定的"情节特别严重":(1)行贿数额在500万元以上的;(2)行贿数额在250万元以上不满500万元,并具有本解释第7条第2款第(一)项至第(五)项规定的情形之一的;(3)其他特别严重的情节。该条第2款还规定,为谋取不正当利益,向国家工作人员行贿,造成经济损失数额在500万元以上的,应当认定为《刑法》第390条第1款规定的"使国家利益遭受特别重大损失"。

除对行贿罪的数额与情节作了具体规定以外,对于其他贿赂犯罪的数额,2016年《解释》规定参照执行。这些贿赂犯罪包括以下罪名:(1)利用影响力受贿罪,参照受贿罪的定罪量刑标准适用;(2)对有影响力的人行贿罪,参照行贿罪的定罪量刑标准适用;(3)非国家工作人员受贿罪中的数额较大、数额巨大的数额起点,按照受贿罪相对应的数额标准的2倍、5倍执行;(4)对非国家工作人员行贿罪中的数额较大、数额巨大的数额起点,按照行贿罪的数额标准的2倍执行。

六、2016年《解释》的适用问题

2016年《解释》颁布以后,存在一个如何适用的问题,需要从刑法理论上加以研究。在此,从三个方面对2016年《解释》的适用问题进行讨论。

(一) 2016年《解释》的溯及力

2016年《解释》是否具有溯及力,这是一个司法解释的时间效力问题。2016年《解释》第20条明确规定,"本解释自2016年4月18日起施行"。那么是否就可以认为司法解释不存在溯及力问题呢?笔者认为不能得出这一结论。2001年12月16日最高人民法院、最高人民检察院《时间效力规定》对这个问题作了规定,主要精神是:司法解释不具有独立于法律的溯及力,即司法解释效力及于法律施行期间。《时间效力规定》第2条指出:"对于司法解释实施前发生的行为,行为时没有相关司法解释,司法解释施行后尚未处理或者正在处理的案件,依照司法解释的规定办理。"从这个意义上说,司法解释具有溯及力,即司法解释采从新原则。对于司法解释施行前的行为都是适用的,这与刑法不具有溯及既往的效力的从旧原则是不同的。但《时间效力规定》第3条指出:"对于新的司法解释实施前发生的行为,行为时已有相关司法解释,依照行为时的司法解释办理,但适用新的司法解释对犯罪嫌疑人、被告人有利的,适用新的司法解释。"根据这一规定,司法解释又采从轻原则。在旧的司法解释对被告人有利的情况下,应当适用旧的司法解释。由此可见,我国刑事司法解释在溯及力问题上采取的是从新兼从轻原则。

当然,在溯及力问题的确定上,也存在值得研究的问题。当司法解释是对法律规定的正常解释的情况下,承认具有溯及力是正确的。但现在某些司法解释超越了法律规定界限,或者属于类推解释。这些司法解释规定本身对被告人而言是不利的,如果承认这些司法解释具有溯及力,就会导致不利于被告人的法律后果。例如,对于收受礼金行为,如果没有为他人谋取利益的意图,不符合受贿罪要件,不能认定为受贿罪。但2016年《解释》将具有上下级关系或者行政管理关系的情况下收受礼金的行为拟制为具有为他人谋取利益的意图,由此规定构成受贿罪,这是扩大了受贿罪的界限。对于这一司法解释适用于2016年《解释》施行前的行为,对被告人极为不利。当然,这些行为在2016年《解释》施行之前,各地做法并不统一:有些地方司法机关认定为受贿罪,有些地方司法机关则认为不构成受贿罪。这就为确定司法解释的溯及力问题带来了难度。对此,最高人民法院、最高人民检察院应当作出具体规定,予以统一规范。

(二)2016年《解释》的追溯时效

2016年《解释》实施以后,还会产生追溯时效问题。这主要是因为2016年《解释》对贪污受贿罪的定罪量刑数额进行了较大幅度的调整,因此贪污受贿一定数额但应当判处的刑罚却有所降低。在这种情况下,就会导致原先没有超过追溯时效的案件,在2016年《解释》施行以后,超过了追溯时效。例如,某国家工作人员被指控在2006年收受贿赂5万元,2014年对其刑事立案,目前在二审期间。根据2016年《解释》的规定,受贿5万元的,判处3年以下有期徒刑。根据《刑法》第87条的规定,法定最高刑为不满5年有期徒刑的,追诉时效为5年。因此,该案已经超过追诉时效,不能再继续追诉。

(三)2016年《解释》与此前司法解释的关系

2016年《解释》第20条规定,"最高人民法院、最高人民检察院此前发布的司法解释与本解释不一致的,以本解释为准"。这一规定涉及2016年《解释》与此前颁布的司法解释之间的关系问题。在2016年《解释》颁布之前,最高人民法院、最高人民检察院联合或者分别对贪污受贿罪作了一系列司法解释,对于各个时期贪污受贿罪的定罪量刑起到重要作用。这些司法解释中,较为重要的规范性文件包括:(1)2003年11月13日最高人民法院《纪要》;(2)2007年7月8日最高人民法院、最高人民检察院《意见》;(3)2008年11月20日最高人民法院、最高人民检察院《意见(二)》;(4)2012年《解释》等。那么,在2016年《解释》颁布以后,这些司法解释是否都失效了呢?答案是否定的。因为2016年《解释》只是对贪污受贿罪的部分内容作了重新规定,因此,只有此前发布的司法解释与本解释不一致的部分,根据新法优于旧法的原则,才被2016年《解释》的内容所取代。但对于其他2016年《解释》并未涉足的内容,此前颁布的司法解释仍然具有效力。例如,2007年7月8日,最高人民法院、最高人民检察院《意见》对各种新型受贿犯罪的定罪量刑问题进行了具体规定,这些规定至今仍然应当执行。

警惕刑法在反腐中的立场让步与功能衰退
——关于最新"贪腐司法解释"提升定罪量刑数额的反思

何荣功*

一、问题的提出

对于立法中可能出现的问题,孟德斯鸠指出:"常常有立法者,打算要纠正一个弊端,便只想着纠正这一点,它的眼睛只对于这个目标是睁着的,而对于一切弊害则是闭着的。"[①]孟氏所言的"立法者",在我国的法治体制下,也包括最高司法机关,因为最高司法机关的司法解释从来都具有"准立法"的性质。晚近,面对严峻贪腐形势的困扰,国家反腐立法反反复复地修改,司法解释陆陆续续地制定,由此导致贪腐犯罪处罚范围的不断扩张。毫无疑问,《刑法修正案(九)》和"两高"颁布的 2016 年《解释》是近年有关贪腐犯罪修改幅度最大、最为社会关注的法律和司法解释。笔者丝毫不否认《刑法修正案(九)》和 2016 年《解释》在整体推进贪腐犯罪法律完善方面的积极价值,本文只是围绕 2016 年《解释》提升贪污贿赂罪定罪量刑数额的做法是否符合法治理性、是否存在孟氏所言的"睁眼闭眼的问题"及其是否存在法

---

* 武汉大学法学院教授,博士生导师。
① 〔法〕孟德斯鸠:《论法的精神》(上册),张雁深译,商务印书馆 1961 年版,第 86 页。

治风险,提出一己之见。

论述之前,特别指出以下两点问题:(1)本文所言的贪腐犯罪主要是指贪污罪和受贿罪。根据《刑法》第 386 条的规定,犯受贿罪的,根据受贿所得的数额及情节,依照《刑法》第 383 条的规定处罚。贪污受贿两罪的行为类型和社会危害性存在很大差异,立法将二者一体化处罚,设置完全相同法定刑的做法,从立法科学性上讲,显然存在值得商榷之处。但为了避免讨论问题中心的转移,本文并不对该立法的科学性展开分析,本文所言 2016 年《解释》提升贪腐犯罪定罪量刑的数额,也主要是针对受贿罪。(2)贪污罪和受贿罪定罪量刑数额的提升具体包括两个方面,即"定罪数额"的提升(或称入罪门槛的提升)和"量刑数额"的提升,2016 年《解释》对两者都进行了重大修改,本文对两者都将予以关注,只是更多的笔墨集中于前者。

二、2016 年《解释》提升贪腐犯罪定罪量刑数额的主要理由与问题

(一)2016 年《解释》提升定罪量刑数额的主要理由

贪污贿赂罪的修改完善是《刑法修正案(九)》的闪亮之点。其中,立法将贪污受贿罪原来的单纯依据犯罪数额定罪量刑的模式修改为"概括数额 + 情节"定罪量刑模式的做法被认为更能全面地反映贪腐行为的社会危害性,得到社会的广泛赞许。① 但如果立法采取"概括数额 + 情节"的模式,那么犯罪具体数额和情节的确定这个棘手问题便不可避免地留给了最高司法机关。随着 2016 年《解释》的颁布,数月来为社会高度关注的有关贪腐犯罪定罪量刑数额和情节的问题,

---

① 参见赵秉志:《中国刑法的最新修正》,载《法治研究》2015 年第 6 期。

终于尘埃落定。2016年《解释》规定,贪污或者受贿数额在"三万元以上不满二十万元的""二十万元以上不满三百万元的"以及"三百万元以上的"分别属于《刑法》第383条第1款规定的"数额较大""数额巨大"和"数额特别巨大"。此外,2016年《解释》还规定,在具有特定情形的情况下,贪污或受贿"一万元以上不满三万元""十万元以上不满二十万元"和"一百五十万元以上不满三百万元"分别属于《刑法》第383条第1款规定的"其他较重情节""其他严重情节"以及"其他特别严重情节"。很明显,2016年《解释》不仅确立了贪污罪和受贿罪的定罪数额,还确定了两罪的量刑数额。根据2016年《解释》的规定,贪污罪和受贿罪的数额较大起点标准一般是3万元,在具有其他较重情节时,数额标准下探至1万元;贪污受贿罪数额巨大的起点标准一般是20万元,在具有其他严重情节时,下探到10万元;而数额特别巨大起点标准一般是300万元,符合法定情形的,下探至150万元。

我国特殊的国情和腐败犯罪的严峻态势,使得贪腐犯罪定罪量刑数额的设定从来都不是一个单纯的法律问题。数额标准设置过高,不利于对贪污受贿罪的惩治;反之,数额标准调整过低不到位,又无法解决实践中的量刑不合理问题,而且,贪污受贿罪定罪量刑标准的设定,还牵动与其他相关财产和职务犯罪的协调。① 单从历史发展看,贪污贿赂罪的定罪量刑标准一直处于上升中,以定罪数额为例,1988年《补充规定》将贪污受贿罪的定罪数额设定为2000元,1997年《刑法》修改时该数额被提升为5000元。对此,陈兴良教授写道:"从1988年到1997年,只不过九年的时间,贪污受贿罪的数额已经提高了一倍还要多。但从1997年到2016年,已经将近二十年时间,仍然维持五千元的定罪数额,确实已经落后于社会发展。"②

对于2016年《解释》提升贪污贿赂罪定罪量刑标准的原因,最高

---

① 参见陈兴良:《贪污受贿罪数额的合理确定》,载《人民法院报》2016年4月19日。
② 陈兴良:《贪污受贿罪数额的合理确定》,载《人民法院报》2016年4月19日。

人民法院在 2016 年《解释》新闻发布会上作有权威性说明:"随着经济社会的发展变化,1997 年《刑法》所确定的定罪量刑标准已不适应这种发展变化;在近年来的实践中,由于受地域差距等因素的影响,各地对贪污受贿移送追究刑事责任和定罪量刑的标准不尽统一,需要统一规范,一体遵循。"2016 年《解释》的制定始终坚持依法从严原则。依法从严是惩治贪污贿赂犯罪的一贯原则,2016 年《解释》通篇"严"字当头。① 很明显,官方对贪污贿赂罪定罪量刑数额提升做法的科学性,是充满自信的,认为 2016 年《解释》提高数额标准既是现实的需求,也仍然体现和贯彻了依法从严反腐的刑事政策精神。

学术界对 2016 年《解释》的做法,也多持积极褒扬立场。在 2016 年《解释》发布的次日,《人民法院报》便刊发了系列权威专家的专题解读论文,几乎每篇论文都涉及对定罪量刑数额提升这一敏感话题的论述。归纳肯定论者的理由,主要有以下几点。

第一,提升数额是社会现实的需要。比如赵秉志教授指出,贪污贿赂罪作为贪利型职务犯罪,犯罪数额是其行为社会危害性及其程度的重要衡量要素,贪腐违法犯罪的社会危害程度是一个变量,它会随着社会经济的发展而发生相应的变化。自 1997 年《刑法》将贪污受贿罪的入罪门槛设定为 5000 元至今,我国经济社会发生了巨大变化,人均 GDP 从 1997 年至 2014 年增长了约 6.25 倍,而适用了近 20 年的贪污受贿犯罪 5000 元起刑点并没有变,已严重不符合立法时国家掌握的社会危害程度。

第二,提升数额可以拉开不同量刑档次的级差,可以更好地做到区别对待,贯彻罪责刑相适应的刑法基本原则。《刑法修正案(九)》出台之前,根据《刑法》的规定,个人贪污或受贿数额在 10 万元以上的,处 10 年以上有期徒刑或者无期徒刑,该条款导致的罪刑失衡在我

---

① 参见最高人民法院网(http://www.court.gov.cn/zixun-xiangqing - 19562.html),2016 年 6 月 27 日访问。

国已成为共识。比如由最高立法机关同志参与撰写的著述中就曾明确指出该问题,"对于犯罪数量为一二十万元的案件和一二百万元甚至更多的案件,往往只能判处刑期相近的十年以上有期徒刑,造成量刑不平衡,甚至失衡,无法做到罪刑相适应"①。该问题更是被理论界和实务部门一致认可,赵秉志教授分析写道,1997 年《刑法》规定的贪污贿赂罪犯罪数额与刑罚相对应的量刑区间狭窄,轻重罪刑之间缺乏科学合理的幅度和梯次,该问题不仅体现在第一、第二量刑档次上,更突出体现在第三量刑档次(即 10 万元以上判处 10 年以上有期徒刑或者无期徒刑)的罪刑关系上……贪污受贿数额 10 万元、几十万元的案件与数百万元、数千万元的案件在量刑上差别不大,导致这一档次在实践中长期存在罪刑失衡、重刑集聚的不合理现象,严重违背了我国刑事法治中社会危害性理论的基本原理和罪责刑相适应刑法基本原则的要求,严重损害现代刑事法治的公平正义理念。②

肯定论者在褒扬司法解释提高数额做法的同时,还积极回答了社会上存在的因数额提升可能出现问题的疑虑和担心。比如,面对 2016 年《解释》提升贪污贿赂罪定罪量刑数额可能与我国刑事政策奉行的反腐"零容忍"立场相矛盾的问题,肯定论学者指出,对贪腐行为的"零容忍"绝不等于对贪污受贿犯罪要实行刑事犯罪门槛的"零起点"③,我国立法采取的是既定性也定量的模式,即便某种贪污贿赂行为没有达到司法解释所规定的数额标准,行为人也会受到党纪处分和行政法的处罚,所以,提高贪污受贿罪入罪门槛,与对贪腐犯罪零容忍

---

① 郎胜主编:《中华人民共和国刑法释义》(第六版),法律出版社 2015 年版,第 654 页。
② 参见赵秉志:《略谈最新司法解释中贪污受贿犯罪的定罪量刑标准》,载 http://www.xinhuanet.com/politics/2016-04/18/c_128906410.htm,2016 年 4 月 18 日访问。
③ 参见赵秉志:《略谈最新司法解释中贪污受贿犯罪的定罪量刑标准》,载 http://www.xinhuanet.com/politics/2016-04/18/c_128906410.htm,2016 年 4 月 18 日访问。

政策的精神并不矛盾①,不会导致对贪腐违法犯罪行为的放纵。

此外,肯定论者还强调,2016年《解释》将贪腐犯罪的定罪起点数额从5000元提升到3万元,似乎存在较大幅度的提高,但司法实践中贪污受贿5万元以下被追究刑事责任的案件已经较少,"由于经济社会的巨大发展变化,原来五千元的入罪标准在司法实践中已很难执行,即使低于三万元被追诉的,主要是因为其他犯罪案件被牵连出来的,且多被判处免于刑事处罚"②,2016年《解释》定罪数额的调整不会导致贪污受贿罪的犯罪圈的骤然缩小。③

(二)数额提升导致的法治难题

法律是社会生活的产物,必须适应社会关系变化,回应社会的需求与关切,解决实践提出的问题。面对1997年《刑法》关于贪腐犯罪定罪和量刑数额规定引起的犯罪入罪门槛过低、量刑区间狭小、重刑集聚以及罪刑失衡的问题,立法者和司法者当然不能置若罔闻、视而不见,正是在这个意义上,无论是《刑法修正案(九)》对贪腐犯罪定罪量刑模式的修改,还是2016年《解释》提升其定罪量刑数额的做法,对两者的积极意义都必须予以充分的肯定。但对任何法律、司法解释是否科学的判断,必须建立在全面、多角度认识的基础上。科学合理的法律,应当表现出适应各种情况的普遍性和系统性,而观察角度的单一性和过于仓促的表态往往导致认识的片断性。从另外一个角度来审视2016年《解释》,如果我们立足于法治的整体性和体系解释的立场,那么2016年《解释》存在或可能导致的问题,便会凸显出来。

首先,贪腐犯罪定罪量刑数额的提升,难以真正契合国家一再强

---

① 参见陈兴良:《贪污贿赂犯罪司法解释:刑法教义学的阐释》,载《法学》2016年第5期。
② 阮齐林:《依法从严惩治贪污贿赂犯罪》,载 http://www.xinhuanet.com/politics/2016-04/18/c_128906498.htm,2016年4月18日访问。
③ 参见陈兴良:《贪污受贿罪数额的合理确定》,载《人民法院报》2016年4月19日。

调的"严惩腐败"刑事政策的精神。现代民主社会,国家权力合法性的全部基础来源于公民的授权,国家和公权力机关作为公民的委托代理人承载着社会的信任,担负着履行公共福利的职能,其能否清廉高效行事,事关国民的福祉。关于贪腐行为的严重危害性,《联合国反腐败公约》在序言中强调,腐败"破坏民主体制和价值观、道德观和正义并危害着可持续发展和法治",正因为如此,世界各国对公权力的贪腐都无一例外地秉持非常严厉的态度,西方国家的刑法几乎都对贪腐(主要是贿赂)犯罪采取"零容忍"立场。笔者完全明白西方国家在反腐问题上刑法秉持"零容忍"的法治背景以及与我国存在差异的原因,其实,如果全面体系性地考察我国党纪、行政法和刑法的规定,我国对腐败也可以认为同样持的是"零容忍"态度。但这里的问题在于,肯定论者以经济社会发展引起的通货贬值、GDP 增长以及居民工资水平提升等为参照对象,认为 2016 年《解释》提升贪腐犯罪定罪量刑数额具有经济社会原因,进而指出 2016 年《解释》的做法并没有改变国家依法从严治理贪腐犯罪的基本立场,在笔者看来是难以站住脚的。因为通货贬值、GDP 增长以及居民工资水平提升并非我国特有现象,这几乎是世界任何一个国家在经济社会发展中都存在的问题,如果按照这样的逻辑,那么为何在全球物价和居民平均工资都普遍上涨的情况下,国际公约和其他法治国家几乎都没有调整刑法对贪腐犯罪的入罪门槛而仍然严守"零容忍"立场呢?而且,按照这种分析问题的思路,如果绝对考虑经济发展和物价因素,那么,我国有些地区(如上海、北京等发达地区)所采用的数额标准可能比 2016 年《解释》确定的数额标准更为严苛,这显然是背离常理的结论。贪腐犯罪(特别是贿赂犯罪)被世界各国公认为侵害了公务人员职务行为的廉洁性。在现代法治社会,公权力和公务人员职务行为的廉洁性是神圣的,并非可以通过贪腐的数额进行量化计算。正是基于此考虑,《刑法修正案(九)》才丢弃过去单纯依据犯罪数额定罪量刑而改采"概括数额+情节"的模式。以贪腐数额为主要标准计算和评价贪腐行为危害性及其严重程度的观点,偏离了此类犯罪的本质,存在将贪腐犯罪的法益庸俗化的危险。

其次,2016年《解释》的规定将导致贪腐犯罪与其他犯罪处罚的不协调,有违罪责刑相适应的刑法基本原则。罪责刑必须相适应,这是我国刑法的基本原则,也是刑法公正的要求。罪责刑是否相适应从来都要体系性考察,它要求国家在对作为犯罪后果的刑罚进行设置时不仅要考虑同一犯罪内部不同情节处罚上的平衡,也要充分考虑不同犯罪之间处罚上的协调。虽然社会危害性及其严重程度的认定具有浓厚的价值判断色彩,但在我国,无论是较之于盗窃罪、诈骗罪等纯粹财产犯罪,还是与职务侵占罪相比,贪污贿赂罪的社会危害性都要严重得多。根据司法解释的规定,盗窃罪[①]和诈骗罪的入罪门槛一般是1000元至3000元和3000元至1万元,而职务侵占罪的入罪门槛一般是5000元至1万元,它们都明显低于贪污贿赂罪的犯罪门槛。刑法的任务在于通过规范确认来实现法益保护,对于社会的法秩序而言,如果某种社会规范越重要,那么违反相应规范的后果也就越严重,作为犯罪回应手段的刑罚也就越严厉。[②] 2016年《解释》导致的结果是犯性质严重的贪污贿赂罪面临的处罚可能比犯性质较轻的盗窃罪、诈骗罪和职务侵占罪要轻得多,其中的不合理性,自无须赘言。按照2016年《解释》的规定,官员在犯贪污受贿罪的场合,极有可能获得刑事处罚上的优待,这无论如何都不能认为契合从严反腐刑事政策的立场。

再次,从解决问题的角度看,提高定罪量刑数额的做法,终究不是解困的长久之计。如前文指出,我国司法实践中,尤其是有些经济发

---

① 而且,需要注意的是,根据《刑法修正案(八)》的规定,盗窃罪的入罪门槛呈现下降趋势。在入户盗窃、扒窃和携带凶器盗窃的场合,立法取消了数额要件。

② 参见〔德〕乌尔斯·金德霍伊泽尔:《刑法总论教科书》(第六版),蔡桂生译,北京大学出版社2015年版,第27页。

达地区,低于3万元被追诉和判刑的贪腐案件已经很少。2016年《解释》将数额较大、数额巨大和数额特别巨大的起点标准分别确定为3万元、20万元和300万元,这不仅可以解决司法机关违反罪刑法定原则的难题,而且,数额巨大和数额特别巨大标准的分别提升使得每一档次内量刑数额空间的拉大,可以在一定程度上缓解量刑区间狭小、重刑集聚的问题。但这种所谓对问题的缓解也只具有暂时性,如果贪腐的严峻形势得不到根本改变,如果未来贪腐数额继续攀升,那么我们很快又将陷入同样的尴尬,那时我们是否还要把贪腐犯罪定罪量刑的门槛继续升高呢?如果这样不断地升高下去,刑法的底线在哪里?这是法治反腐需要慎重考量的问题。

最后,现实做法并非总是理性合理的。虽然实践中贪腐犯罪(主要是受贿罪)的入罪门槛早已突破了《刑法》规定,不少地方犯罪数额在5万元以下被追究刑事责任的贪腐案件已不多,如后文所分析,这种做法有现实的不得已性,但并非意味着其是值得肯定和提倡的。法律当然要回应实践需求,但法律对社会需求的回应要坚守法治的基本立场,不能是亦步亦趋的。2016年《解释》将实践中不合理的做法予以肯定并合法化,更多体现的是2016年《解释》对实践不正确做法的迎合和过度妥协,这不仅会模糊法律是非曲直的界限,也将使得国家彻底失去纠正实践中不正确做法的机会。

三、2016年《解释》提升数额的"不得已性"及法治风险

从以上分析可见,2016年《解释》提升贪腐犯罪定罪量刑数额的做法,虽然难以否认其具有积极意义,但并非完全值得褒扬,甚至可以认为,2016年《解释》导致的问题并不亚于已解决的问题,只是前者被忽视而已。两者问题具有一体两面和竞争性,在现行法治体制下,无

法兼容。在笔者看来,导致这种悖论和法治困境的真正原因在于当前国家腐败违法犯罪的严峻形势和倚重刑法反腐的刑事政策。面对严重贪腐犯罪,国家在治理能力有限、无法实现对所有贪腐案件都彻底查处的情况下,刑法只能采取"抓大放小"的策略,惩处其中贪腐数额大、情节严重的案件,这必然带来贪腐犯罪定罪量刑数额的提升。而贪腐犯罪泛滥引起的国民对腐败的感知适应,为2016年《解释》做法的正当性提供了社会心理基础。

(一)现实原因:反腐中的"抓大放小"与贪腐犯罪定罪量刑数额的提升

腐败是官僚政治的伴生物。一般来说,一切过渡社会才正好是官僚政治孕育发展的温床。① 改革开放后,我国在经济社会取得全面进步的同时,贪腐犯罪在我国转型体制的夹缝中获得了广阔的生存发展空间。哈佛大学傅高义(Ezra F. Vogel)教授在《邓小平时代》(*Deng Xiaoping and the Transformation of China*)一书中针对我国体制转型时期的腐败问题这样评价道:"政府官员、医生和国企领导人都经常收红包。掌握着土地和建设项目审批权的干部不但直接拿好处费,还以低于市场的价格购买股份和资产,参加宴请,享用豪车,无论地方干部还是部队干部,都会向有权提拔干部的人送好处。年轻的人要给征兵的人送钱才能入伍。高层干部面临的挑战是,这些做法现在已到处泛滥,众多干部或其家属牵涉其中,使克服这类问题变得极为困难。"② 党的十八大以来,新一届政府采取了前所未有的强度和力度推进反腐工作,国家的政治生态骤然清新起来。但客观地讲,在权力没有被关进笼子的背景下,在公权力运行尚缺乏有效制度规制和监督的体制

---

① 参见王亚南:《中国官僚政治研究》,中国社会科学出版社1981年版,第158页。
② 〔美〕傅高义:《邓小平时代》,冯克利译,生活·读书·新知三联书店2013年版,第658页。

下,腐败泛滥的形势在我国很难得到根本性遏制。透明国际最新发布的数据也显示,较之于2014年,虽然2015年我国清廉指数在全球排位提升了17位,但仍然居于全球第83位。2014年至2020年,虽然我国清廉指数逐渐提升,但截至2020年,我国清廉指数仍居于全球第78位,情况并不乐观。"腐败与反腐败呈现两军胶着状态""惩治腐败这一手必须紧抓不放,利剑高悬"等中央关于反腐形势的提法,也反映出当下我国反腐面临的巨大困难和障碍。

如果腐败案件体量大(包括存量和增量),那么,政府便不可能像其所宣称的那般对贪腐犯罪从严打击,也不可能对所有腐败案件都严格依照党纪国法毫不留情面地一查到底,实现中央强调的反腐"无禁区、全覆盖、零容忍"①。个中原因并不难理解:一则即便在今天科技和物质文明高度发达的情况下,社会资源有限性和人们社会需求之间的矛盾仍然是人类社会面临的基本矛盾,该问题在我国尤为突出。在执法和司法方面,囿于国家整体反腐执法和司法资源能力的有限性,国家没有办法全面应对和解决数量庞大的贪腐案件。二则当社会呈现体制性腐败时,当腐败成为官僚体制具有的普遍性痼疾时,国家不可能也难以全部查处。在这种进退两难的境况下,在立法或司法层面留给刑法的选择大体有二:一是固执地坚守"严厉反腐"的基本立场,立法或司法解释将贪污贿赂犯罪的定罪量刑数额标准确定得较低,以体现刑法对贪腐犯罪较低的政治宽容度。面对执法与司法资源的有限性,实践中司法机关则采取选择性司法(执法)。二是采取"抓大放小"查处策略,立法或司法解释相对提高贪污贿赂罪定罪量刑数额标准,通过提高犯罪门槛过滤实践中贪腐数额小、情节轻的案件,保证将刑法的打击集中于那些数额大、危害性严重的贪腐案件。

第一种反腐策略从表面上看,国家的刑法似乎保持了与贪腐犯罪

---

① 2016年1月12日习近平总书记在中国共产党第十八届中央纪律检查委员会第六次全体会议上的讲话。

势不两立的严正态度,更容易获得社会和民众的情感支持。但因国家刑事司法资源有限而不得不采取的选择性执法(司法),使得国家对腐败的惩罚带有"碰运气"的性质,在这种情况下,犯罪分子和社会民众都会将惩罚贪腐犯罪看作碰运气时可能会遇到的一种危险,这不仅会引起国家对腐败治理的道义难题,还将大大折损刑罚的有效性。① 相比之下,第二种选择虽然可能遭遇来自从严反腐刑事政策一贯性的难题,但"抓大放小"的反腐策略可以更有效地保证国家将有限的刑事司法资源集中于那些较为严重的违法贪腐案件,可以在一定程度上缓解国家在腐败治理上资源和能力"力不从心"的尴尬。② 2016年《解释》更多体现的是第二种反腐策略,即提升贪腐犯罪定罪量刑数额,这是国家在治理资源和能力有限情况下面对严峻反贪腐形势困扰的一种"不得已"选择。

(二)国民的感知适应:贪腐犯罪数额提升的社会心理基础

回顾《刑法修正案(九)》关于贪腐犯罪的修改和2016年《解释》的颁布过程,我们会发现一个值得关注和反思的现象。《刑法修正案(九)》颁行后,"两高"如何具体确定贪污受贿罪的定罪量刑数额,毫无疑问是个兹事体大的问题,最高司法机关背负着巨大社会压力,期间社会上也出现了种种猜测之声。但令人感到有些意外的是,2016年《解释》颁布后,对于其提升贪腐犯罪定罪量刑数额的做法,社会反应非常平静,几乎没有看到太多的质疑和批评声音。个中原因当然与主流媒体的正能量宣传有关,但在当前这样一个信息自由流动和自媒体的时代,社会对2016年《解释》反应平静的原因,恐怕不是主流媒体宣

---

① 参见〔美〕查尔斯·霍顿·库利:《人类本性与社会秩序》,包凡一、王源译,华夏出版社1999年版,第296页。
② 当然,需要指出的是,即便采取第二种策略,国家仍然存在采取选择性执法的风险,这主要取决于国家法治化反腐的程度。

传能够完全承载的。在笔者看来,长期以来我国贪腐犯罪泛滥导致的国民对贪腐犯罪的感知适应,为社会的平静反应提供了心理支撑。

人本质上是一种感知适应的动物,同一社会事象的反复,会使我们的反应牢固地变成我们的第二天性。[①] "见多不怪""入芝兰之室,久而不闻其香;入鲍鱼之肆,久而不闻其臭",这些都是对感知适应这一人类天性的朴素表达。在心理学上,"感知适应"具体分为感觉适应和知觉适应,是指由于外界刺激对感受器的持续作用从而使感受性发生变化的现象。感知适应既可引起感受性的提高,也可引起感受性的降低。关于感知适应的事例在生活中并不少见,比如当我们从亮处进入暗处,一开始不适应,什么也看不清,过一会儿,周围的事物开始变得可见了。日本心理学家关山薰通过学生戴四棱镜的眼镜证明人具有感知(知觉)适应的功能。四棱镜的眼镜能够对调左、右视野,初戴时学生们会迷失方向,但在几个星期内,学生们就能完成复杂的动作协调性任务。实验结束后,学生们又很快重新适应了正常视野。[②] 人作为一种兼具价值判断和感知性的动物,某种行为是否具有社会危害性及其严重程度,与特定时期国民的心理感受和容忍度有密切关系。所以,犯罪的严重程度以及与之匹配的刑罚的量,从来都是具有相对性的。而且这种相对性还会随着人的感知相应调整。在一个十分清廉的国家,即便偶尔发生的贪腐数额较小的案件,也可能引起社会的广泛关注和人们的强烈义愤。但随着该国清廉度的降低,腐败案件越来越多,违法犯罪数额越来越大,当政治变得不再洁净,当贪腐违法犯罪成为非常普遍的社会现象而人们受其耳濡目染时,国民对贪腐违法犯罪的义愤感就会慢慢降低,社会对此类违法犯罪的容忍度也会随之升高。眼下,虽然中央对贪腐犯罪的治理倾注了大量的心力,但现实

---

① 参见王亚南:《中国官僚政治研究》,中国社会科学出版社1981年版,第158页。
② 参见〔美〕阿比盖尔·A.贝尔德:《心理学:认识你自己》,宋玉萍主译,中国人民大学出版社2014年版,第84页。

社会的贪腐犯罪形势并不乐观,贪腐犯罪仍然具有相当的普遍性,触及国家政治和社会生活的各个角落,而且,涉及国家公职人员的级别越高,贪腐数额也越大,司空见惯的贪腐违法犯罪必然侵蚀国民的心理,导致民众对贪腐犯罪违法性感受度的降低,出现感知适应的问题。当社会民众对腐败产生感知适应的社会心理时,这种心理必然会延伸和影响到国家政治生活(包括立法和司法),因为任何立法者和司法者都是现实社会中的人,他们不可能完全超越其所处的生活和时代。2016年《解释》提升贪腐犯罪定罪量刑数额的做法,只不过是国家以司法解释的形式将这种社会心理予以陈述并合法化而已。

(三)国民贪腐感知适应与2016年《解释》做法的法治风险

法律是人类的作品,并且像其他的人类作品一样,只有从它的理念出发,才能被理解。一个无视人类作品价值的思考是不能成立的,因此对法律的,或者对任何一个个别的法律现象的无视价值的思考也都是不能成立的。法律只有在涉及价值的立场框架中才可能被理解。① 国家必须为国民创造理性的生存状态,刑法作为保障法,面对贪腐犯罪严峻态势,没有退却的余地,2016年《解释》体现出来的刑法在反腐中的立场让步的价值倾向以及由此折射的国民对贪腐的感知适应,存在严重的法治风险。

第一,腐败感知适应将导致国民反腐意识的钝化。人作为一种社会性存在物,需要在与他人的合作中共建和分享善的生活方式。法律的目的在于引导国民在规则的指导下寻求道德和善良的生活秩序。贪腐犯罪以非法的方式,排他性地追求个人利益,破坏了公民和政府之间的理想道德关系,损害了国民赖以生存的生存环境。国民心理对贪腐违法犯罪的适应,将会带来民众对腐败政治宽容度的升高和反腐

---

① 参见〔德〕古斯塔夫·拉德布鲁赫:《法哲学》,王朴译,法律出版社2013年版,第5页。

意识的钝化,久而久之,社会将失去对政治的信任和对善的生活理想的坚守。现代民主社会,政治需要国民的支持,当国民失去对政治的信心时,民主制度势必陷入危机。从社会秩序的构建和国家良性运转角度看,今日社会秩序的建立和维系早已摆脱了强制与暴力,而有赖于国民之间建立和形塑共享的价值。政府必须清廉就是其中的核心价值之一。现实社会泛滥的贪腐违法犯罪所导致的国民反腐意识的钝化,严重背离现代社会的共享价值和规范共识。再者,法律是使人的行为遵守规则治理的事业,亦如法学家富勒所言,我们的整个法律体系表现为一套规则的复杂组合,旨在将人们从盲目的随机行为中拯救出来,使他们安全地踏上从事有目的的创造性活动的道路。① 民主政治体制下,政府的权力来源于国民的委托,官员作为公权力的行使者必须严格按照法律的规定服务民众的福祉,这是现代社会公务人员必须信守的政治伦理,贪腐犯罪背后隐藏的钱权交易在根本上扭曲了政府的行为。民众对腐败的反感和排斥的社会心理,是国家反腐的精神动力,眼下无论是国民对腐败感知适应,还是由此导致的国民反腐意识的钝化,都将侵蚀现代民主社会最根本的政治伦理规则和法治原则,势必引起社会治理的深层次危机。

第二,国民对腐败的感知适应还将导致刑法在反腐中的功能衰退。习惯使用监狱解决社会问题,这是人类的天性。但对任何犯罪(包括贪腐犯罪)的治理,刑法的功能都是十分局限的,因为导致犯罪的原因在惩罚制度的管辖之外。② 眼下我国贪腐违法犯罪的泛滥有着浓厚的体制和社会转型原因。简单地说,我国腐败的产生是国家权力缺乏有效拘束的后果,是政府主导经济社会发展模式的伴生物,是市

---

① 参见〔美〕富勒:《法律的道德性》,郑戈译,商务印书馆 2005 年版,第 11 页。
② 参见〔英〕大卫·葛兰:《惩罚与现代社会》,刘宗为、黄煜文译,商周文化事业股份有限公司 2006 年版,第 465 页。

场经济发展中法治缺失和严重滞后的恶果。① 正如王亚男先生所言，一切存在的东西,在它取得存在的一般社会条件还在发生作用的限度内,我们是无法凭着一己好恶使它从历史上消失的。② 刑罚作为事后型严惩措施,无法触及贪腐滋生的原因,治理效果自然不可能是乐观的。另外,对包括贪腐犯罪在内的一切犯罪,刑法功能的发挥还依赖于多种因素,比如刑罚的确定性、及时性等。当国家对腐败的治理呈现出选择性执法或司法时,换句话说,当刑罚对贪腐犯罪惩处具有不确定性时,刑罚的实际功能还会再次大打折扣。承认刑法对违法犯罪治理功能的有限性,并不意味着认为刑法对犯罪治理没有任何效果。人是具有选择自由和趋利避害的动物,国家对贪腐犯罪严厉的刑事政策和刑罚措施,不可能不对贪腐犯罪分子产生心理上的强制力和威慑力。另外,刑罚通过对贪腐犯罪的惩罚,对国民远离贪腐也有一定教育意义。但问题在于:一旦国民对腐败变得感知适应,势必引起国家反腐决心的松弛,削弱刑法在反腐中的道义力量,甚至使国家在腐败问题上彻底减弱和丧失自我反省的机会与能力。随着国民法规范意识的钝化,接续而来的必然是刑罚对腐败效力的钝化,刑法功能的衰退便无法避免,最终导致在反腐问题上刑法原本极其有限的功能变得更加羸弱。在国家反腐刑事政策距离现代化还较远的情况下,在国家反腐手段和措施仍然很笨拙且倚重刑罚事后惩罚的情况下,刑法在反腐中的功能衰退,将使国家对腐败犯罪治理变得更加束手无策。

对于上述观点,反对的意见可能认为,我国对腐败的惩处从来都是多元体系的,并非单纯依靠刑法,还依靠党纪和行政法。即便出现国民对腐败的感知适应和刑法在反腐中钝化问题,只要党纪和行政法能够坚守底线,同样不会出现国家对贪腐治理的溃败。但现实社会,贪腐分子未必都会承受党纪约束和纪律处罚。另外,从严厉性和可感

---

① 参见何荣功:《"重刑"反腐与刑法理性》,载《法学》2014 年第 12 期。
② 参见王亚南:《中国官僚政治研究》,中国社会科学出版社 1981 年版,第 15 页。

触性而言,行政处罚与刑罚相比,不可同日而语,刑法立场的松懈,势必导致国民对贪腐犯罪严重性和国家严正立场的麻痹大意。而且,我们如何保证纪委和行政机关在办案中不出现同样的贪腐感知适应和规范意识钝化呢?

四、结语与反思:迫在眉睫的反腐刑事政策的法治转型

法律意味着秩序,只有善的立法才可能构建良好的社会秩序。国家的任何立法活动(包括司法解释),都要特别注意法律应如何构想,以免法律和事物的性质相违背。法律的制定是为了惩罚人类的凶恶悖谬,所以法律本身必须最为纯洁无垢。① 以上分析不难看出,2016年《解释》提升贪腐犯罪定罪量刑数额的做法,确实在很大程度上可以缓解眼前办案工作中的一些困境,但却带来了刑法在反腐问题上根本立场的让步,难以契合法治理性。提升贪腐犯罪定罪量刑数额既无法保证罪名体系之间处罚的协调平衡,也难以认为真正贯彻了党和国家一贯强调的严惩腐败的刑事政策精神。而且,可以预料,如果我国贪腐违法犯罪的根本形势得不到扭转,如果未来国家还是一如既往地倚重刑法,采取运动式反腐,那么,国民的反腐意识还将面临进一步钝化,刑法在反腐中的功能还可能陷入进一步衰退,最终国家将陷入骑虎难下的反腐复杂窘境。

明镜所以照形。2016年《解释》提升贪腐犯罪定罪量刑数额做法导致的法律尴尬,至少给我们以下启示:第一,在贪腐犯罪严峻的时期,倚重刑法反腐,国家必将陷入法治困境,2016年《解释》提升贪腐犯罪定罪量刑数额,对缓解司法机关办案难题只具有暂时性。国家反

---

① 参见[法]孟德斯鸠:《论法的精神》(下册),张雁深译,商务印书馆1961年版,第301—302页。

腐的法治转型迫在眉睫,反腐不能再继续交由时间解决。第二,刑法作为法律的底线,虽然它对犯罪治理效用并非乐观,但严惩腐败彰显着国家对腐败的严正立场和现代政治的形象,代表着社会的集体良知。刑法在反腐立场上的不适当退步,可能引起公民对政治信心的衰退。较之于贪腐违法犯罪本身,贪腐违法犯罪泛滥所引起的国民对腐败的感知适应和反腐意识的钝化问题,危害性更大、更深、更普遍,更需要国家和全社会的关注和警惕。

贿赂犯罪的保护法益

损害原则视域中中国贿赂犯罪法益立场之应然选择

教义学视角下中国刑法贿赂犯罪法益追问及其展开

"职务行为不可收买性说"辩护
　　——对《教义学视角下中国刑法贿赂犯罪法益追问及其展开》
　　一文的评议

损害原则视域中中国贿赂犯罪法益立场之应然选择*

魏昌东**

一、作为刑法干预基础的损害原则及其基本原理

现代国家如何确定刑法干预公民自由的范围,是自古典政治自由主义传播与盛行以来,为中西方政治国家所普遍关注的基本问题,否定刑法干预的恣意性,是对这一问题深入关注的驱动性力量。损害原则(harm principle)肇始于资本主义兴起时期的自由主义观念,并在新自由主义理论的导向下不断获得丰富与完善自我的力量,因其在限制公共权力、保障个人自由方面的重要功能,成为英美刑法的一项基本原则,发挥着评判立法正当性与司法合理性的作用。

(一)现代刑法之肇始:损害原则的产生与发展

损害原则最早来自欧洲启蒙运动中保障人权和自由的理念。贝卡里亚在《论犯罪与刑罚》一书中提出的犯罪"社会危害性"概念是刑

---

* 本文为国家社科基金一般项目"积极治理主义导向下的中国反腐败刑事立法问题研究"(15BFX055)项目的阶段性研究成果,并受司法部课题"职务犯罪研究"(14SFB20020)的资助。

** 上海社会科学院法学研究所研究员,刑法研究室主任。

法近代转型中关于犯罪化根据的最早表述,揭示了犯罪的本质,具有划时代的意义。① 贝氏提出,"如果刑罚超过了保护集体的公共利益这一需要,它本质上就是不公正的"②,即隐含了对刑罚边界止于损害公共利益的基本判断。其后,德国刑法之父费尔巴哈从实定法与罪刑法定主义原则的要求出发,将"权利侵害"设定为犯罪"社会危害性"实定化的具体标准,这一标准几乎支配了 19 世纪前半期的刑法学。

生活于资本主义生产已经获得巨大发展的英国,约翰·斯图尔特·密尔(John Stuart Mill,1806—1873)深刻探究了国家与社会所应当拥有的限制个人自由权限的范围问题,他在《论自由》一书中提出,"个人统治自己的主权又以什么为正当的限制呢?社会的权威又在哪里开端呢?人类生活中有多少应当派归个性,有多少应当派归社会呢?"③,并首次将"损害原则"用于作为限制权力干预个人行为的依据,"人类之所以有理有权可以个别地或者集体地对其中任何成员的行为自由进行干涉,唯一的目的就是自我保护。权力能够违背文明共同体任何成员的意志而对他进行正当干涉的唯一目的,便在于防止他对于他人的伤害"④,"情事一到对于个人或公众有了确定的损害或者有了确定的损害之虞的时候,它就被提在自由的范围之外而被放进道德或法律的范围之内了"⑤。尽管损害原则切中了限制国家权力及保障个人自治价值之要害,但是,对于什么是"损害"、如何评价"损害",密尔却并没有给出明确的界定,从而使得损害原则在英国现代立法发展中

---

① 参见魏昌东、刘志伟:《"虐童"入刑的正当根据与路径选择》,载《青少年犯罪问题》2013 年第 2 期。
② 〔意〕切萨雷·贝卡里亚:《论犯罪与刑罚》,黄风译,中国法制出版社 2002 年版,第 10 页。
③ 〔英〕约翰·密尔:《论自由》,程崇华译,商务印书馆 1959 版,第 89 页。
④ 〔英〕约翰·斯图亚特·密尔:《论自由》,于庆生译,中国法制出版社 2009 年版,第 14 页。
⑤ 〔英〕约翰·密尔:《论自由》,程崇华译,商务印书馆 1959 版,第 97 页。

的现实作用受到限制,但并不影响损害原则在西方世界的广泛传播。密尔的"损害原则"形成于由自由资本主义向国家干预资本主义的转型时期,其本身所要表达的是国家享有有限干预自由的权力,并对这一权力行使的边界作出了基本框定。20世纪60年代,自由主义与法律道德主义两个阵营之间发生了一场著名论战,哈特对德福林的胜利被认为是损害原则对另一个限制自由原则——法律道德主义原则的胜利[1],在犯罪化的标准上,出现了向多元复合标准转型的趋势,美国刑法学家帕克(Herbert L. Packer)提出的犯罪化标准具有代表性。帕克认为,犯罪化应符合以下六项基本要求:社会大部分人认为行为具有明显的社会危害且不可容忍;科处该行为符合刑罚目的;遏制该行为不会牵制并压制社会欢迎的行为;能够对该行为进行公正的、无差别的处理;通过刑事程序予以取缔该行为不会额外加重诉讼负担;没有刑罚以外的其他适当方法可以替代。[2] 帕克的犯罪化六项要求全面兼顾了刑法的现代品性、刑罚目的、立法与司法公正,以及刑法经济性要求,是一个递进性的标准体系,具有承前启后的重要作用。其后,损害原则在西方,特别是美国学术界获得了长期而广泛的支持,由密尔所倡导的"损害原则",还成为英美国家反对以刑法禁止酗酒、卖淫和同性恋的论据。[3]

20世纪80年代,美国法哲学家乔尔·范伯格(Joel Feinberg)对损害原则进一步完善,明确了损害的概念和类型。他认为,从结果意义上看,损害是指利益的受阻状态,该状态是他人实施不法作为或不作为的结果。从个人角度,利益包括即时需求、福利性利益与

---

[1] 参见方泉:《犯罪化的正当性原则——兼评乔尔·范伯格的限制自由原则》,载《法学》2012年第8期。
[2] Herbert L. Packer, The Limits of the Criminal Sanction, Stanford University Press 1968, p.296.
[3] 参见[美]哈伯特·L. 帕克:《刑事制裁的界限》,梁根林等译,法律出版社2008年版,第265页。

核心目标;法律主要保护福利性利益,即人类获得或维持生理或心理健康、物质来源、经济财产及政治自由的最低水平的利益;福利性利益具有最低限度性、稳定性、持续性等特征,并且彼此相互关联,其强度由当中最薄弱一环决定,对于我们达到更高的长远目标极其必要。① 此外,在具体的个人福利性利益基础上还存在抽象的公共利益。范伯格认为,公共利益就是为大量的难以计数的个人所拥有的某种特定利益的总和,包括社会群体利益和政府利益,这些利益作为整体并不必定属于每个人,却可以不加区分地属于任何人。② 为使得损害原则成为切实可用的立法原则,范伯格还对一些具体问题进行了分析,例如,既然损害通过利益来衡量,那么利益又如何衡量?现有利益的减少当然是损害,但未能获得本可获得的利益是否为损害?获得的利益小于本可获得的利益是否为损害?获得眼前利益而丧失长远利益是否为损害?等等。③ 由范伯格所提出的刑法限制自由标准包括两项基本内容:一方面,肯定危害性原则在犯罪化根据中的基础地位;另一方面,强调危害性原则不足以使基于冒犯他人、有害于行为人自身或固有的不道德性行为正当化。立基于此,提出除危害性原则外,冒犯原则(the offense principle)、法律父权主义与法律道德主义也构成刑事立法正当化的根据。其中,危害性原则与冒犯原则总是构成犯罪化的良好理由,而法律父权主义与法律道德主义构成支持犯罪化的"至少具有最小限度力量"的相关理由。④

---

① 参见〔美〕乔尔·范伯格:《刑法的道德界限》(第二卷),方泉译,商务印书馆2014年版,第58—66页。
② 参见〔美〕乔尔·范伯格:《刑法的道德界限》(第二卷),方泉译,商务印书馆2014年版,第248—251页。
③ 参见方泉:《犯罪化的正当性原则——兼评乔尔·范伯格的限制自由原则》,载《法学》2012年第8期。
④ 参见劳东燕:《危害性原则的当代命运》,载《中外法学》2008年第3期。

(二)损害原则的基本功能

1. 立法正当性的评价功能

作为现代公共权力限制的理论根基,损害原则与刑法立法及刑罚权行使的正当性紧密联系。损害原则对立法正当性的评价功能主要体现在:(1)作为刑事立法正当化的评判标准。损害原则在判断刑法立法的正当性及犯罪构成要素配置的合理性上发挥着重要作用,作为英美刑法的一项基本原则,被学术界所广泛承认。[1] 损害原则所强调的行为的实质社会危害性标准,"不再越位承担定罪标准的角色,而主要作为批判性原则而存在:它主要被纳入刑事政策学或犯罪学的范围,在应然层面对刑事立法进行指导与批评"[2]。(2)作为犯罪化的判断标准。帕克认为,损害原则的作用主要在于,使立法者确立"行为并不是单纯或主要地因为被认为是不道德而受到刑法的规制",行为不被刑法规制将产生何种恶的损害后果,才是立法者必须要精细地考虑的问题;同时,这种立法正当性的评价也应当同时适用于"行为受到刑法规制之后的效果质疑"[3]。(3)作为法定刑配置的判断标准。损害原则本身蕴含了对损害程度的判断,损害程度不仅是划分犯罪的质的界限,同样也是划分刑罚处罚程度的量的标准。犯罪人的刑事责任大小应当与行为所造成的损害或损害风险比例相适应,在犯罪严重性的评价上,不仅要考虑犯罪人的道德罪过,而且还应当充分考虑损害的总量,包括行为人实际、意图或期望所造成的损害[4],由此构建阶梯化且罪责均衡的刑罚体系。

---

[1] John C. Klotter, Joycelyn M. Pollock, Criminal Law, 8th, LexisNexis, 2006, p. 5; Andrew Ashworth, Principles of Criminal Law, 6th, Oxford University Press, 2009, p. 27.
[2] 劳东燕:《危害性原则的当代命运》,载《中外法学》2008 年第 3 期。
[3] Herbert L. Packer, The Limits of the Criminal Sanction, Stanford University Press, 1968, p. 262.
[4] David Ormerod, Smith and Hogan's Criminal Law, 13th, Oxford University Press, 2011, p. 11.

2. 规范合理解释的指导功能

损害原则首先是判断刑法立法正当性的立法原则,但同时也具有司法上的规范解释功能。明确性是罪刑法定原则的要求,但同时刑法又存在"明确性的困境":一方面,基于刑事法治要求需要确保刑事立法在相当程度上是明确的;另一方面,基于社会变迁又不得不大量引入概括性条款与需要填充价值的概念(即规范的构成要件要素),以使刑法体系具有适度的弹性。① 概括性条款在刑法中大量存在,例如,作为列举行为之外"其他严重情形"的兜底犯、以"情节严重""情节恶劣"为表征的情节犯等,均是需要进行价值填充的弹性规范。基于明确性的困境而对弹性规范进行解释时,除不得超出文义的应有范围之外,"支配解释结论的其实是价值判断"②。损害原则恰好为解释的合理性提供了价值判断,具体体现为:(1)损害原则提供了目的性解释的根据。"所有规范均是以对重要法益的积极评价为基础的,是人类社会在共同生活中必不可少的,因此,要通过国家强制力,借助刑罚来加以保护。"③法益是刑法立法的目的,解释法律要首先了解法律究竟欲实现何种目的,以此为出发点加以解释,始能得其真谛④,而损害则是法益另一个侧面的反映,"将法益理解为刑法的第一机能、目的,就会从客观的法益侵害这样的犯罪结果或者结果发生的危险来寻求处罚的根据、把握犯罪的本质"⑤。损害对象及其性质,是犯罪本质的体现,也是刑法立法及法益保护之初衷,所谓合目的性解释,就是以损害对象及性质为基础的解释方式,偏离了损害对象及其性质的解释,不

---

① 参见劳东燕:《罪刑法定的明确性困境及其出路》,载《法学研究》2004年第6期。
② 劳东燕:《刑事政策与刑法解释中的价值判断——兼论解释论上的"以刑制罪"现象》,载《政法论坛》2012年第4期。
③ 〔德〕汉斯·海因里希·耶赛克、托马斯·魏根特:《德国刑法教科书(总论)》,徐久生译,中国法制出版社2001年版,第10页。
④ 参见杨仁寿:《法学方法论》(第二版),中国政法大学出版社2013年版,第11页。
⑤ 〔日〕西田典之:《日本刑法各论》(第三版),刘明祥、王昭武译,中国人民大学出版社2007年版,第22页。

符合目的解释之要求。(2)损害原则也提供了合比例性解释的根据。宪法上的合比例原则在刑法中体现为罪刑关系设置的比例性,要求通过解释形成合理的罪刑关系,进而体现法的公平、正义的抽象价值理念。贝卡里亚认为,犯罪的"量"(大小)与刑罚的"量"(轻重)都是可以测量的,因此,存在着这种精确的、普遍的犯罪与刑罚的阶梯。① 损害原则划分出损害强度、损害可能性的判断标准,成为构建理性刑罚阶梯的重要工具:可能损害的"分量"越重,禁止性法律的正当性所需要的损害发生可能性就越低;损害发生的"可能性"越高,正当化强制所需要的损害强度就越小。② 因此,充分考虑到作为配置刑罚基础的损害原则及其相关规则,对于合理确定入刑标准及法定刑幅度,构建理性的罪刑结构关系,具有重要意义。

二、贿赂犯罪的损害解构:聚焦于法益的探究

"刑法目的在于保护法益"是大陆法系刑法理论的重要信条,法益是生活利益,而损害原则所判断的是对某种利益的损害是否达到了值得刑罚处罚的程度以及如何处罚的问题,就此而言,损害是法益之前提。③ 法益决定了刑法规制的必要性和规制范围,损害原则提供了刑法规制必要性之基础以及合理规制之标准。

---

① 参见〔意〕切萨雷·贝卡里亚:《论犯罪与刑罚》,黄风译,中国法制出版社2002年版,第67页。
② 参见〔美〕乔尔·范伯格:《刑法的道德界限》(第二卷),方泉译,商务印书馆2014年版,第241—242页。
③ 有观点认为,损害原则与法益一样,均是用于确定和限制刑法规范合法的适用范围的工具;对于他人具有请求权或某种权利的损害是损害原则的核心,同样也是法益概念的核心,因而具有实质相同性。参见〔英〕安德鲁·冯·赫尔希:《法益概念与"损害原则"》,樊文译,载陈兴良主编:《刑事法评论》(第24卷),北京大学出版社2009年版,第202—216页。

(一)贿赂犯罪的损害本质

在大陆法系中,基于罗马法和日耳曼法的不同立场,贿赂犯罪形成了"不可收买性说"和"职务行为的公正性说"两种关于贿赂犯罪法益的基本立场,前者认为只要收受贿赂即构成对不可收买性的侵害,无须考虑职务是否不公正行使的因素;后者认为在收受贿赂的基础上,还需要有职务行为的不公正行使,才构成对法益的侵害。现代欧陆国家基本采取了综合性的立场,进而又生成了"信赖说"的法益观念。德国的信赖说建立在职务行为的不可收买性基础上,认为贿赂犯罪的法益是"国民对职务行为的公正性的信赖,但不包括职务行为本身,因为即使职务行为是公正的,贿赂行为也会使得国民对职务行为的公正性产生怀疑"①。日本的信赖说认为,受贿罪的法益是职务行为的公正性以及社会对其的信赖。② 但是,日本对职务行为的公正性实际是采取了扩大解释的方法,即将其理解为由公正性受损风险而引发的公众信赖的损害结果:对于单纯受贿罪(《日本刑法典》第 197 条第 1 款前段)而言,收受与职务相关的贿赂即构成犯罪,是因为具有了公务被贿赂所左右之可能而使得公正信赖受到损害;对于受托受贿罪(《日本刑法典》第 197 条第 1 款后段)而言,在接受请托的场合,无论职务行为是否正当,均使得贿赂与职务行为的对价关系更为明确,"公务是否被贿赂所左右这种疑虑更深,因而对公务公正性的社会一般信赖的侵害程度也更为严重"③。英美国家尽管较少从理论上研讨贿赂犯罪的损害本质,但立法实质仍以信赖说为主。英国 2010 年《贿赂

---

① 张明楷:《刑法学》(第四版),法律出版社 2011 年版,第 1059 页。
② 参见〔日〕大谷实:《刑法讲义各论》(新版第二版),黎宏译,中国人民大学出版社 2008 年版,第 575 页;〔日〕西田典之:《日本刑法各论》(第三版),刘明祥、王昭武译,中国人民大学出版社 2007 年版,第 381 页。
③ 〔日〕西田典之:《日本刑法各论》(第三版),刘明祥、王昭武译,中国人民大学出版社 2007 年版,第 389 页。

法》认为,贿赂的本质是违反了立法所规定的正当行为义务,当行为人不当履行(improper performance)相关职责时,侵害了被赋予以诚实、公正或信任方式从事行为的期望①,不当履行建立在违反公众期望的基础上,即是对公众信赖的侵害。美国刑法学者对于贿赂本质的理解建立在自由竞争原理之上,认为"收受贿赂的公务员实际上是把市场要素注入到公共领域中去,从而向社会成员提供了一种有害的信息,侵蚀了政府的健康基础"②,其对贿赂犯罪本质的理解实际也带有明显的信赖说色彩。

信赖说的兴起,与自第二次世界大战以来福利国家政府责任转变有关,同时也是因为传统的不可收买性说和公正性说表明了法益外观继而引发行为类型的分歧,但却未能深入背后的损害利益,难以说明法益的实质内涵。信赖说从现代公共政治原理出发,提出了对国民信赖利益损害的基本立场,在一定程度上弥补了上述缺憾,但信赖说并没有解决以下问题:第一,信赖利益是主观利益,还是客观利益;第二,信赖利益与公共利益之间究竟是何种关系;第三,对信赖利益的损害是具体损害还是抽象损害,是现实损害还是情感损害。上述问题需要进一步深究。

贿赂犯罪属于非典型的法定犯,其可罚性的依据与范围并非来自传统的自然之恶,而是来自理性国家的管理要求。因而,对损害本质的探寻必须跳出规范本身,回归于宪制原理和政府道德伦理层面。"信赖"一词最早产生于私法契约领域,随着古典自然法理论的发展,使得信赖成为国家对社会契约信守的指导,由此信赖理念进入了公法领域,成为国家责任理论的重要内容。洛克提出契约政府法治原则是

---

① Bribery Act 2010, sec. 4.
② 王云海:《美国的贿赂罪——实体法与程序法》,中国政法大学出版社2002年版,第193—194页。

"为了人民的和平、安全和公众福利"①,即是国民信赖政府能够获得的抽象利益的验证。18世纪、19世纪资产阶级革命胜利以后,政治契约化逐步成为一种国家治理模式,信赖逐步成为现代西方社会法治的基础和国民行动的标准。在宪制领域,国民信赖是对国家和政府的信任,是对预期行为和利益的确定性判断,"显示信任就是为了预期未来"②。事实上,信任就是人们对于未来的一种积极参与,参与的动力在于信任本身是有利益附随的,即表现为一种"暗含的利益"(encapsulated interest),行为人有充分的理由认为与自己行为结果直接相关的另一方是守信的,并由此可以实现自己的期待利益。③ 期待利益是信赖利益的指向对象,具体表现为基于对公共权力的信赖而可以预期获得的利益,包括政治利益、商业利益、财产利益等与个人生活密切相关的利益。然而,以期待利益作为贿赂犯罪的损害本质,存在三个问题:一是将损害置于个人利益,忽略了公众信赖本身所具有的维持社会系统运行的价值;二是不确定的期待利益不具有损害的现实性,难以判断是否达到了值得刑法保护的程度,保护期待利益不符合刑法的比例原则和谦抑性要求,并容易导致与行政法保护的法益相混淆;三是期待利益的判断具有强烈的主观性,不符合利益及其损害的客观要求。因此,信赖利益不宜以期待利益作为内涵。既然如此,信赖利益就只能是现实利益。从现代责任政府和法治国角度而言,现实利益体现为公共权力正当行使所产生的公共利益。公共利益是建立在个人利益基础上的抽象利益,既与个人生活利益密切相关,同时又作为一个整体而独立于个人法益。公共利益是为大量的难以计数的个人所拥有的某种特定利益的总和,并不必定属于每个人,却可以最

---

① 〔英〕洛克:《政府论》(下篇),叶启芳、瞿菊农译,商务印书馆1964年版,第89页。
② 〔德〕尼克拉斯·卢曼:《信任:一个社会复杂性的简化机制》,瞿铁鹏、李强译,上海世纪出版集团2005年版,第12页。
③ 参见曾坚:《信赖保护:以法律文化与制度构建为视角》,法律出版社2010年版,第52页。

终落实于公民个人。① 然而,将贿赂犯罪的损害界定为与公共利益有关的损害,是否已经涵盖了损害的全部内容?贿赂犯罪导致国民对公共权力的不信任,这种不信任是否属于损害?若受贿人存在通过权钱交易滥用权力的想法,则贿赂导致的不信任就可以通过公共利益受到损害来实现;但若受贿人根本不打算滥用公共权力,公共利益就根本不存在受损的风险,此类贿赂犯罪的损害如何解释?对此,信赖说并不能给出答案。从损害原则角度,范伯格将不必然产生现实损害的现象称为"冒犯",冒犯引发公众的反感情绪,也是对利益的侵害,但只有对深度冒犯,刑法才有干预的必要性。所谓深度冒犯,通常是极为严重的、一旦过度极有可能造成损害的行为,同时也源自人们决定其高阶情感的某种本质原则,被冒犯的不是别的,而是因为确信行为就是不当的。② 冒犯原则是对损害原则的一种补充,是对严重侵害情感利益的保护。这种情感利益的保护与信赖说较为近似,国民对公共权力的不信赖,也是一种情感利益,且对这种情感利益的普遍冒犯,导致公共权力构建基础受到动摇,对公共利益的损害产生高度风险,但是若将情感利益作为贿赂犯罪的损害本质,不符合法益是人类生活利益的全部判断,也是信赖说难以自圆其说之处。对此,较为可行的解释是,基于情感冒犯而产生的损害风险虽非个人滥用权力所致,但却违反了责任政府的守信保证义务,因而,这种损害不以行为人的意志为转移,即使无任何滥用权力之意思,只要存在贿赂行为,即表明行为人对公共利益不受损害的公职承诺的违反,推定公共利益已经存在受损的风险。据此,可以认为,贿赂犯罪的损害本质是与正当权力行使相关的公共利益受到损害或损害的风险。当公职人员的不当行为或公共权

---

① 参见〔美〕乔尔·范伯格:《刑法的道德界限》(第二卷),方泉译,商务印书馆2014年版,第60—61页。
② 参见〔美〕乔尔·范伯格:《刑法的道德界限》(第二卷),方泉译,商务印书馆2014年版,第64—65页。

力的不当行使使得国民普遍受惠的公共利益产生损害或损害的风险时,刑法即产生了干预的正当性基础。

(二)贿赂犯罪的损害程度

贿赂犯罪的损害本质决定了贿赂的行为类型,而损害程度则是对责任大小的判断,关乎法定刑的合理配置。

1. 数额是否具备损害的评价能力

根据发生空间及获利对象的不同,贿赂犯罪中所涉及的数额,可具体划分为贿赂内容的交易数额(给付数额)、贿赂导致的损失数额以及贿赂的获利数额或期待的获利数额。交易数额(给付数额)通常发生于权钱交易过程中,代表了权钱之间的对价关系,会导致受贿方利益的不当增加;损失数额是贿赂导致的可计算的公共利益损失或者其他第三方的利益损失;获利数额或期待获利数额,通常是促使公共权力进行交易的动因所在,会导致行贿方利益的不当增加。尽管交易数额最为直观明确,但却无法真实反映交易权力的性质与客观损害,因为交易数额取决于交易双方的主观认识,作为交易增利的评价,交易数额与公共权力的抽象价值之间存在着难以逾越的鸿沟。相比交易数额,损失数额与获利数额更为接近公共权力的社会价值,对于贿赂损害程度的评价功能更为客观。美国在交易数额之外,将交易导致的获利数额或损失数额也作为贿赂犯罪损害程度的评价标准。根据《美国量刑指南》C 部分"公务员犯罪"第 1 节第 1 条"提供、给予、索取或收受贿赂"的解释,"如果贿赂的价值、作为贿赂的回报而获得的利益或将要获得的利益,或者由于犯罪而使政府蒙受的损失,其中最多在 2000 美元以上、5000 美元以下的,增加一个犯罪等级"[①]。

数额的不同是同一行为类型基础上的不法程度的变化,而非基于

[①] 美国量刑委员会编:《美国量刑指南——美国法官的刑事审判手册》,逄锦温等译,法律出版社 2006 年版,第 103 页。

行为类型变化而导致的不法程度变化,后者属于加重的犯罪构成。尽管数额对损害程度的评价有一定的影响,但是也有其无法克服的弊端。(1)数额难以准确评价损害本质。以数额作为社会危害性的评价标准,属于财产犯罪或经济犯罪的通常做法,但贿赂犯罪中出卖权力的行为本质上具有"渎职"特征,在德国、意大利、日本、法国等国刑法中,受贿罪莫不归入渎职罪或妨碍公共管理秩序罪中,因为其妨碍的主要是国家机关的正常活动、廉洁制度及其在公众中的威望与声誉,这种损害更多体现为政治秩序的扭曲、市场机会的剥夺和国民生活的影响,难以通过数额方式加以量化。因此,"以数额为基本依据对受贿行为进行定罪量刑,与渎职罪这一基本特征及其社会危害性不相符合"①。(2)数额只能反映有限的损害程度。数额域值与量刑精准度呈反比,数额域值越小,量化评估越准确,而数额域值越大,量化评估的准确性越模糊。对于10年以下有期徒刑,数额域值较窄而刑罚域值较宽(如3万元至30万元的数额对应3~10年的刑罚),可以作为损害程度变化的评价依据之一,但对于10年以上有期徒刑,数额域值跨度过大但刑罚域值较窄(如30万元至500万元的数额对应10~15年的刑罚),超过法定刑升格基准的数额不能准确评价损害程度的变化,存在评价能力的"饱和现象"。基于数额欠缺违法性的评价能力及对损害程度的有限评价能力,多数国家贿赂犯罪刑法立法并未将数额作为违法性的犯罪构成要素,最多是在量刑规则中加以规定。

2. 情节对损害程度的评价功能

贿赂犯罪情节是狭义上的情节,仅指在违法性行为之外用于评价损害程度的客观要素,在犯罪构成基础上具有加重损害的评价功能。损害本质决定了法益形态,法益形态决定了行为违法性的类型,而与

---

① 熊选国、刘为波:《论贿赂犯罪的立法完善——基于〈反腐败公约〉和国内反腐败实际需要的平衡考察》,载赵秉志、郎胜主编:《和谐社会与中国现代刑法建设》,北京大学出版社2007年版,第877页。

法定刑配置相关的损害程度则需要通过情节加以评价。情节较之数额更能准确反映贿赂犯罪的损害程度。作为一种交易性犯罪，人们不仅应当关心行贿人购买公权力花费了多少金钱，更应当关心公权力行使者出卖了什么样的公权力，职权的性质、违背职责的程度以及是否枉法等因素更能体现受贿犯罪的危害程度。① 根据贿赂情节所产生的损害程度的量的差异，可以形成阶梯化的刑罚裁量体系，以充分体现罪责刑相适应原则。尽管交易数额也能在一定程度上体现出贿赂犯罪中权力滥用的程度，但却无法解决因权力性质或类型不同而导致的损害程度差异，难以全面评价贿赂犯罪的损害程度，故而无法成为贿赂犯罪损害评价的主要变量。

　　基于政治体制、权力结构、科层制度等因素，不同权力在国家公共权力体系中所处的位阶与属性不同，对其收买所产生的社会危害性程度也不同，应当予以区分。通常而言，高位阶权力比低位阶权力更具影响力，其交易所产生的损害高于后者；宏观性权力关系国家、社会整体秩序，其交易所产生的损害高于微观性权力；司法权力关系公平正义，其交易导致的损害高于行政权力；权力生成环节的权力交易是腐败的源头，其损害高于权力运行环节的交易；支配公共安全、公共福利的社会管理权力关系到社会稳定，其交易所产生的危害高于普通社会管理权力。据此，贿赂犯罪中影响损害大小的情节应当包括：一是权力的位阶，高位阶权力交易所导致的损害大于低位阶权力；二是权力的属性，司法权、立法权的交易所导致的损害重于普通行政权；三是权力发生的环节，选举、人事任用环节的权力交易所产生的损害更易于扩散为群体性损害，其损害高于权力运行环节的交易；四是权力的内容，与公共安全直接相关的管理权力交易所导致的损害应重于其他社会管理权力。

---

① 参见孙国祥、魏昌东：《反腐败国际公约与贪污贿赂犯罪立法研究》，法律出版社2011年版，第302页。

根据情节与损害之间的对应关系而配置不同的刑罚,是国外贿赂犯罪立法的重要经验。例如,《俄罗斯联邦刑法典》第290条将担任国家职务或地方自治机关首脑、有预谋的团伙或有组织的集体实施、索贿、数额巨大等作为加重处罚情节。① 《保加利亚刑法典》第302条将重大职位(如法官、检察官)、以敲诈勒索方式实施、数额巨大、再犯等作为加重情节。② 《德国刑法典》第331—334条在贿赂犯罪之内特别规定了法官或仲裁人员受贿的加重情节,并在第335条进一步规定了针对所有贿赂犯罪的情节特别严重情形:行为所涉及利益巨大、行为人继续索要并接受利益,将来足以违反其职责的;行为人以此为职业或作为继续实施此等犯罪而成立的犯罪集团成员犯此罪的。③

三、中国贿赂犯罪法益之反思与更新

在中国进入全面反腐时代的背景下,扩大贿赂犯罪的法益内涵,加强刑法立法的预防功能,是提升刑法立法评价能力之前提。通过损害原则及其贿赂犯罪的损害解构,对于合理调整中国贿赂犯罪的法益范围,修正违法性的构成要素,具有重要的启发意义。

(一)中国贿赂犯罪法益保护的基本立场

中国刑法理论中贿赂犯罪的法益通说为"职务行为的廉洁性"④,在此之外,还有"职务行为的不可收买性及相关的国民信赖说"⑤、"国

---

① 参见《俄罗斯联邦刑法典》,黄道秀译,中国法制出版社2004年版,第158页。
② 参见《保加利亚刑法典》,陈志军译,中国人民公安大学出版社2007年版,第142页。
③ 参见《德国刑法典》,徐久生、庄敬华译,中国法制出版社2000年版,第227页。
④ 高铭暄、马克昌主编:《刑法学》(第四版),北京大学出版社、高等教育出版社2010年版,第255页。
⑤ 张明楷:《刑法学》(第四版),法律出版社2011年版,第1064页。

家机关秩序与廉政制度说"①、"职务以及职务行为不可交易性"②等其他观点。在实践中,通常强调贿赂犯罪的"权钱交易"本质,认为贿赂犯罪的实质是将职务行为商品化,通过出卖公共权力而获得对价财物,"交易性"是贿赂犯罪与其他渎职犯罪的重要区别。"两高"负责人在对2007年最高人民法院、最高人民检察院《意见》进行解读时,也强调认定受贿要"把握受贿的权力交易本质"③。有观点进一步强调"凡是符合权钱交易特征的,不管它采取了什么名义,都是变相的受贿,都是刑法可以惩罚的行为"④。

应当说,交易性是贿赂犯罪的典型特征,在违法性上体现为职务行为与贿赂的对价关系,即利用职务上的便利收取财产或财产性利益。将理论与实践的观点相结合,可以认为,"职务行为的廉洁性"主要体现为职务行为的不可收买性,但刑法立法又规定了"利用职务上的便利""为他人谋取利益"等构成要素,而按照传统罗马法的"不可收买性"立场,出卖行为只要与职务行为有关即可,无须考虑是否使用权力。因此,"职务行为的廉洁性"体现出的是一种限缩的"不可交易性"立场。

从损害原则角度,限缩的"不可交易性"体现为行为人收受贿赂,并利用职务便利、为他人谋取利益而导致政治、经济利益损害以及对国民最低程度福利性利益的损害。"如果职务行为可以收买,可以与财物相互交换,那么,职务行为必然只是为提供财物的人服务,从而损害到他人的利益。"⑤在政治领域,权力交易破坏了政治生态环境,

---

① 参见周道鸾、张军主编:《刑法罪名精释》(第三版),人民法院出版社2007年版,第822页。
② 参见孙国祥:《贿赂犯罪的学说与案解》,法律出版社2012年版,第102页。
③ 张立:《最高人民法院、最高人民检察院有关负责人就〈关于办理受贿刑事案件适用法律若干问题的意见〉答记者问》,载《检察日报》2007年7月9日。
④ 陈兴良:《惩治受贿罪,刑法需要实质判断——兼评〈关于办理受贿刑事案件适用法律若干问题的意见〉》,载《检察日报》2007年12月31日。
⑤ 张明楷:《刑法学》(第四版),法律出版社2011年版,第1063页。

导致国家与个人政治利益的损害;在经济或经济与政治交叉领域,权力交易破坏了国家对市场资源的有序分配或市场资源自发配置关系,损害了市场竞争者的经济利益;当上述损害危及政府系统正常有效运行时,又会衍生出对国民普遍性的经济财产、政治自由最低水平福利利益的损害,进而构成对国家机体健康运行的损害。

(二)中国贿赂犯罪法益之反思

尽管限缩的"不可交易性"作为中国贿赂犯罪的本质特征未引发过多争议,但并不意味其符合现代国家腐败治理的一般原理以及中国贿赂犯罪治理的现实需要。随着腐败治理的全面深化,中国贿赂犯罪立法亟待提高对腐败的评价能力,然而限缩的"不可交易性"法益立场显然不利于上述目的的实现,甚至会成为影响立法更新的主要障碍。具体体现为以下几个方面。

1. 损害对象的模糊性

无论是"职务行为的廉洁性",还是作为其基本立场的"不可交易性",均未能直接指向行为的损害对象,尤其是前者更因内容的不确定性和模糊性而饱受诟病。损害内容的模糊性导致法益内容的不明确,难以对立法的正当性进行深入批判,特别是基于限缩的"不可交易性"法益立场,无法对构成要件的不合理性进行驳倒性的质疑,是导致中国贿赂犯罪构成修正争议持久却始终无法获得实质性突破的关键原因。[①] 此外,损害内容的模糊性,容易导致贿赂犯罪的法益成为一种政治性宣誓,国民难以知晓贿赂犯罪的损害实质及与自身利益的密切相关性,仅以"仇富、仇权"的心态对待国家反腐,也不利于转变社会风气

---

① 在某次研讨会上,针对部分学者提出的取消"为他人谋取利益"的主张,最高人民法院的领导尖锐地指出:"该要件应当予以保留,这有利于突出受贿罪的权钱交易特征,更好地区分现阶段受贿罪与违反纪律收受礼金等行为的界限。"参见邢佰英、陈默:《对接〈联合国反腐败公约〉法律界人士热议刑法受贿罪修订》,载《21世纪经济报道》2007年9月21日。

和清廉文化的建设。

2. 损害范围的狭隘性

基于限缩的"不可收买性"立场,贿赂犯罪刑法规制的范围较为狭隘,多重叠加式的构成要件要素使得受贿罪成立仅以收受贿赂的后果——行为人作出为他人谋取利益的承诺作为判断条件,而无法对收受财物却无谋取利益意思的行为进行必要规制。立法或司法将"为他人谋取利益"的承诺或行为(关于该要素有主观要素和客观要素的定性之争)作为判断犯罪构成的最后要求,表明相关承诺或行为一旦做出,即构成对职务行为廉洁性的现实侵害,而不仅仅是一种损害风险,因为承诺或行为已经表明了职务行为廉洁性的受损特征。因此,中国贿赂犯罪法益中的损害,主要是对职务行为廉洁性的实质性损害,而不包括损害的风险,根本不考虑在收受贿赂而无任何为他人谋取利益的意思或者职务行为与贿赂的对价关系尚未形成的情形下,对职务行为廉洁性是否存在损害的高度风险。构建于限缩的"不可收买性"立场的法益判断,不仅使得既有立法介入迟滞化,难以发挥腐败风险的预防功能,而且也导致新法增设存在重重阻碍。在《刑法修正案(九)》起草过程中,曾有观点提出增设"收受礼金罪"(类似于日本刑法中的单纯受贿罪),扩大刑法的规制范围,最终却不了了之,无疑是受到了限缩性法益保护的消极影响。

3. 损害质量关系的颠倒性

基于损害原则的一般原理,贿赂犯罪的法益损害属于质的损害,数额或情节属于量的损害,前者属于犯罪构成的符合性问题,后者属于量刑的比例性问题,后者建立在前者的基础上。然而,中国刑法立法直接将作为损害程度评价(比例性要素)的数额与情节纳入法益评价范畴,作为犯罪构成的基本要素。1997 年《刑法》规定了 5000 元的最低数额标准以及不满 5000 元的情节较重的情形,2015 年《刑法修正案(九)》删除了具体数额,并提升了情节的地位,规定"数额较大或者有其他较重情节"的入罪条件。将数额与情节作为犯罪基本构成,或许被认为是符合中国刑法犯罪概念的"定性+定量"之特征。然而,犯罪概念中的定性与定量是辩证统一的关系,任何值得刑法处罚的行为首先是社会危害性风险的量的积聚过程,达到一定程度才符合刑法干预的质的标准,同时也会继续产生社会危害性的量的积累,但后者已经不再是犯罪基本构成问题,而成为量刑所要考虑的问题。换言之,损害程度在中国刑法语境中有不同含义:一是作为犯罪构成的损害程度;二是作为量刑标准的损害程度。前者隐含在犯罪概念之中,是刑法法益的内在要素;后者存在于法定刑的配置之中,是实现罪刑相适应原则的重要依据。对于贿赂犯罪而言,以犯罪概念的定量特征作为贿赂犯罪入罪标准和限缩法益立场合理性的证明,无疑混淆了两种不同损害的关系。如上文所述,数额与情节的主要功能在于评价量刑,不具有反映贿赂犯罪法益本质的评价功能,贿赂行为本身就可以直接反映出法益本质和刑法干预的必要性,而将数额与情节纳入犯罪构成之中,是对贿赂犯罪损害质与量的关系的混淆。这种认识源自限缩性的法益保护立场,因为只有将数额和情节作为犯罪构成要素,才能有效地缩小刑法的规制范围。但是,问题在于,贿赂犯罪刑法规制范围的极大限缩是否符合贿赂犯罪的治理原理?是否符合当下中国贿赂犯罪的治理需要?

(三)透过社会转型的理论更新:利益冲突原理的选择

显然,上述问题的解答无法在贿赂犯罪规范体系内得到答案,而必须将其置于社会发展的现实层面。法益不是来自法律,而是来自社会生活,并随社会发展变化而调整。"所有的法益,无论是个人法益,还是集体法益,都是生活利益,这些利益的存在并非法制的产物,而是社会本身的产物。生活的需要产生了法律保护,而且由于生活利益的不断变化,法益的数量与种类也随之发生变化。"①德国刑法环境法益的创新源自对人类社会法共同体健全的生活条件的价值判断,"应该从社会而非个人角度来考虑人类共同生活的最低条件以及如何通过刑法来保护这种条件,也就是找出能够提供(稳定)社会秩序的前提"②。当社会发展产生了新的损害或提升了人们对既有损害的危害性认识时,需要及时对法益观念与立场进行必要的修正与调整。

1. 经济转轨初期的客观选择:限缩的不可收买性立场

贿赂犯罪的法益保护同样也源自社会发展现实。中国贿赂犯罪刑法立法始于 1952 年 4 月 18 日《中华人民共和国惩治贪污条例》。为满足中华人民共和国成立初期严厉打击腐败、稳定社会秩序之需要,《条例》将受贿罪作为贪污罪的一种行为类型加以规定③,并且数额标准较低④,情节仅作为法定刑适用的评价要素。1979 年《刑法》实现了受贿罪与贪污罪的分立,受贿罪成为一个独立罪名被规定于《刑法》第八章"渎职罪"之中,并首次将"利用职务上的便利"引入犯罪构成要件。⑤ 这一时期的立法发展,一方面表明,立法者对贿赂犯罪的法益认识经历了从定位错误(与贪污混同)到逐步清晰(确立了交易性特征)的过程,另一方面也表明,在高度集中的计划经济时期,因资源占有与分配的特殊形式,导致交易机会匮乏,贿赂犯罪数量较少,相关

---

① 〔德〕李斯特:《德国刑法教科书》,徐久生译,法律出版社 2006 年版,第 6 页。
② 〔德〕冈特·施特拉腾韦特、洛塔尔·库伦:《刑法总论Ⅰ——犯罪论》,杨萌译,法律出版社 2006 年版,第 33 页。
③ 《条例》第 2 条规定:"一切国家机关、企业、学校及其附属机构的工作人员,凡侵吞、盗窃、骗取、套取国家财物,强索他人财物,收取贿赂以及其他假公济私违法取利之行为,均为贪污罪。"
④ 《条例》第 3 条规定:"……个人贪污的数额,不满人民币一千万元者,判处一年以下的徒刑、劳役或管制;或免刑予以开除、撤职、降职、记过或警告的行政处分。"1000 万为旧币,折合新币为 1000 元。
⑤ 1979 年《刑法》第 185 条第 1、2 款规定:"国家工作人员利用职务上的便利,收受贿赂的,处五年以下有期徒刑或者拘役。赃款、赃物没收,公款、公物追还。犯前款罪,致使国家或者公民利益遭受严重损失的,处五年以上有期徒刑。"

损害未能引起重视。

20 世纪 80 年代中国进入改革开放的新时期,为确保社会的稳定,国家采取了"渐进式"的转型模式,其核心就是在一定时期内允许计划与市场两种运行模式并行,政府对市场资源仍具有直接管理权。"渐进式"改革形成了新旧体制的交错与摩擦,以依托市场资源分配权进行公权交易为核心特征的"寻租型"贿赂犯罪成为经济转型时期腐败犯罪的典型形式。① 为了严厉打击爆发性增长的贿赂犯罪,1988 年全国人大常委会《补充规定》再次强调了"利用职务上的便利",并将"为他人谋取利益"正式规定为受贿罪的构成要素,情节与数额并列作为法定刑的选择条件。② 至此,中国受贿罪的基本构造已经定型,而关于受贿罪的法益认识也从早期的"国家机关正常活动"转向了"国家工作人员职务行为的廉洁性",强调"国家工作人员执行公务时廉洁自持毫无贪鄙之心,才能保证其职务行为的严明公正……严惩国家工作人员职务行为上的贪婪,也就是国家设置受贿罪的宗旨之所在"③。后者在 20 世纪 90 年代之后很快成为通说。

"职务行为的廉洁性"与限缩性法益立场的形成符合当时贿赂犯罪治理的现实。在 1978 年至 20 世纪 90 年代中期,国家治理的重点在于经济发展,政治的合法性依据从"以阶级斗争为纲"转向了追求经济增长及改善人民生活。邓小平在 1979 年强调:"经济工作是当前最大的政治,经济问题是压倒一切的问题。不止是当前,恐怕今后长期的工作重点都要放在经济工作上面。所谓政治,就是四个

---

① 参见魏昌东、钱小平:《当代中国"寻租型"职务犯罪衍生机理与控制对策》,载《社会科学》2006 年第 1 期。

② 《补充规定》第 5 条规定,"对犯受贿罪的,根据受贿所得数额及情节,依照本规定第二条的规定处罚;受贿数额不满 1 万元,使国家利益或者集体利益遭受重大损失的,处 10 年以上有期徒刑;受贿数额在 1 万元以上,使国家利益或者集体利益遭受重大损失的,处无期徒刑或者死刑,并处没收财产"。显然,这一规定较之《补充规定》第 2 条所规定的贪污罪法定刑幅度,犯罪情节对法定刑的选择具有了重要的影响。

③ 郝力挥、刘杰:《对受贿罪客体的再认识》,载《法学研究》1987 年第 6 期。

现代化。"①以经济建设为中心,是中国经济转型初期"摸着石头过河"的重要选择,贿赂犯罪的爆发性增长最早与经济改革相伴而生,决定了国家腐败治理的出发点必然是围绕经济而展开,因此,"双轨制"经济体制下以权钱交易为特征的寻租型腐败犯罪成为国家腐败治理的主要对象。然而,透过经济侧面并不能全面把握现代贿赂犯罪的损害本质,由此导致这一阶段国家将贿赂犯罪等同于其他普通犯罪而采取了相同的治理政策②,限缩性的法益保护立场得以产生。

2. "全面反腐时代"的方向选择:扩张的不可收买性立场

进入21世纪以来,为适应经济体制深刻变革、社会结构深刻变动、利益格局深刻调整、思想观念深刻变化的新形势,中国政府开始调整发展目标和公共政策,超出20世纪80年代以来的速度发展主义框架的范围,提出了以人为本的"科学发展观",追求以科学发展为目标的政治合法性。③ 这是一场以政府职能转变为核心的最大范围内的社会结构转型,政治的合法性不再单一依赖于经济要素,而是转向福利、公平、正义、可持续发展的现代国家治理的基本价值判断。然而,长期以来刑法规制能力不足而产生的腐败"黑利",使得腐败的损害程度较之以往更为严重,群体性腐败、家族式腐败、系统性腐败新型腐败类型已经严重影响到国家政治的稳定与国民对政府的信任。"诚实与信任——这两者在每一个国家、每一个时代都利益攸关、举足轻重,但是和其他情形下相比,它们在后社会转型时期显得更为重要,研究它们

---

① 《邓小平文选(第二卷)》(第二版),人民出版社1994年版,第194页。
② 1979年《刑法》与1988年《补充规定》分别增加"利用职务上的便利"和"为他人谋取利益"要件,客观上限制了受贿罪的处罚范围,体现惩罚少数、教育多数的"抓大放小"刑事政策思想。参见刘明祥:《规定"为他人谋取利益"系现实所需》,载《检察日报》2003年7月23日。
③ 参见吕志奎:《改革开放以来中国政府转型之路:一个综合框架》,载《中国人民大学学报》2013年第3期。

所面临的挑战也就更为艰巨。"①为有效应对腐败危机,中国自十八届四中全会以来进入了"全面反腐时代"。在此社会背景下,若仍将贿赂犯罪的法益定位为市场经济转型初期的限缩性的不可收买性立场,由于缺乏对损害风险的判断,刑法将难以通过其独特的预防性功能而遏制环境型、系统性腐败的发生,无法在克服政府信任危机上发挥其积极功能,而后者本身就是作为政府利益的公共利益的表征形式。此外,将贿赂的数额与情节作为违法性要素,也不符合其作为损害罪量要素的属性特征,并构成对刑法规制范围的二次限缩,应予以深入反思。国家治理转型与服务型政府构建的目的在于促进公共权力行使的公正性,促使善政符合社会的公正观念,由此需要加强对公共权力行使者的监督与约束。任何公共权力的托付均隐含着风险,只有当被信赖的对象特定化并受到有效监督之后,这种风险的等级才有可能降低。对公共权力行使的有效监督包括对行为的规制,也包括对行为人的约束,后者是前者的目的,前者是后者的手段。最大范围的行为规制,将有助于实现行为人的自我约束,并形成廉洁清明的政治风气。据此,应当确立"扩张的不可收买性"的法益立场,将防止利益冲突作为法益立场的基础,只要行为人收受与职权相关的贿赂,形成公共利益与私人利益的冲突状态,即构成受贿罪。正如有学者提出,防止利益冲突是腐败治理体系中极为关键的预防制度。尽管防止利益冲突目前尚未上升为国家立法,但将来在立法有了明确规定,且作为防止利益冲突基础的财产申报登记制度已建立的情形下,可增加"利益冲突型"受贿罪。② 一旦与职务相关的财物收受构成了利益冲突,即推定公职行为的不可收买

---

① 〔匈牙利〕雅诺什·科尔奈:《诚实与信任:后社会主义转轨时期的视角》,载吴敬琏主编:《比较》(第九辑),中信出版社2003年版,第1页。
② 参见魏昌东:《〈刑法修正案(九)〉贿赂犯罪立法修正评析》,载《华东政法大学学报》2016年第2期。

性受到侵害,对公共利益的损害风险已经产生。在"扩张的不可收买性"的法益立场上形成简洁化的犯罪构成,还原贿赂犯罪的罪质与罪量关系,合理发挥数额与情节量刑评价功能,提升立法的评价能力,以消除国民对公共权力疑惧不安的状态,是未来中国刑法立法发展的重要方向。

教义学视角下中国刑法贿赂犯罪法益追问及其展开*

钱小平**

  法益理论是德日刑法理论体系大厦之根基,更因其有效跨越了"李斯特鸿沟",实现了对刑法解释与体系批判两大功能的统一,而为刑法教义学和刑事政策学所共同关注。法益概念所具有的抽象性与可变性,既是人类社会普遍价值与经验规律凝练的体现,也是"在符合宪法的目的设定范围内,向历史的变化和经验性知识的进步开放的"规范性构想。① 贿赂犯罪的法益设定,是贿赂犯罪立法中带有基础性、关键性的问题,对贿赂犯罪构成要件的设计具有重要筛选功能,中国刑法学界对此所形成的"职务行为的廉洁性说",正因社会转型中贿赂犯罪治理的时代需要而渐受质疑。随着德日刑法理论在国内的广泛传播,就贿赂犯罪法益所形成的"职务行为的不可收买性说""职务行为的公正性说""社会信赖利益说"等代表性观点受到普遍关注。法

---

 * 本文为国家社科基金一般项目"积极治理主义导向下的中国反腐败刑事立法问题研究"(15BFX055)项目的阶段性研究成果,并受司法部课题"职务犯罪研究"(14SFB20020)的资助。
 ** 东南大学法学院副教授,博士生导师。
 ① 参见〔德〕克劳斯·罗克辛:《德国刑法学总论》(第一卷),王世洲译,法律出版社2005年版,第16页。

律是一种"自创生系统"(卢曼语),法律系统可以通过从环境中获取信息,转化为系统的自我更新与发展动力。作为法律抽象符号的法益,是否也存在从中国腐败治理的环境系统中获得本土化更新的可能? 在中国已步入"全面反腐时代"的社会背景下,"职务行为廉洁性"是否也走到了及时更新与完善之边缘,成为值得深入思考的现实问题。

一、贿赂犯罪法益教义学考察的多元化视角

(一)大陆法系贿赂犯罪法益学说之争议

贿赂犯罪的法益界定是一个古老的学术话题。基于罗马法和日耳曼法的不同立场,对于贿赂犯罪的法益形成了"职务行为的不可收买性说"和"职务行为的公正性说"两种基本立场。前者认为,职务行为不能以利益作为对价,收受贿赂即构成法益侵害。后者认为,只有在职务行为不公正行使的情形下,才构成贿赂犯罪的法益侵害。肇始于这两种基本立场,德日刑法学界逐步形成了不同的理论流派与学说。

德国刑法学界对贿赂犯罪法益的争论较为激烈,其中代表性观点主要包括:(1)"国家意志之阻扰与篡改"。该观点以"职务行为的公正性"为基础,认为贿赂会导致公职人员不能依法公平执行职务或产生相关风险。(2)"执行公务之纯洁与真实"。该观点是"职务行为的公正性说"的另一翻版。《德国刑法施行法》(EGStGB)草案中明确将贿赂犯罪的法益解释为"公务的纯洁性"。(3)"公务行为之无酬劳性"。该观点以"职务行为的不可收买性说"为基础,认为公职人员除有其固定的酬薪之外,对其执行职务的行为,不得收受任何报酬。(4)"社会大众对公职人员及其公务行为公正性之信赖"。该观点以

"职务行为的不可收买性说"为基础,认为公职人员收受或承诺收受贿赂,会导致民众形成职务行为可被收买的印象,损害社会公众对公职人员公正行事的信赖。①

在日本刑法学界,大谷实教授在总结归纳日本国内贿赂犯罪法益理论争议的基础上,将贿赂犯罪之法益概括为四种不同的观点:(1)职务行为的公正性以及社会对职务行为公正性的信赖;(2)职务行为的不可收买性;(3)职务行为的公正性和不可收买性;(4)公务人员的清廉义务。大谷实教授认为,考虑到公职行为对于立法、司法、行政秩序的正常进行是必不可少的,贿赂犯罪保护的法益首先是职务行为的公正性,但即使受贿之后公正地执行职务,也会损害到国民对公务的信赖,公务的正常展开就会受到侵害,或产生该种危险,因此,职务行为的公正性以及社会对职务行为公正的信赖说最为妥当。② 西田典之教授对此持相同立场,并认为职务行为的公正性以及社会对职务行为公正的信赖符合日本刑法立法对单纯受贿罪(信赖保护)和加重受贿罪(职务行为的公正性)的区分,前者可视为是后者的危险犯,而判例也采取了相同立场。③ "不可收买性说"和"清廉义务说"尽管也有其合理性的一面,但在日本未能成为主流学说,其原因在于:一是未触及法益保护的实质。山口厚教授认为,"不可收买性"仅是形式性说明,不可收买性的实质——信赖保护,才是需要解答的保护法益内容(也有观点认为,不可收买性与"保护信赖说"并无不同)④;"清廉义务说"较

---

① 参见林山田:《刑法各罪论》,北京大学出版社 2012 年版,第 49 页;熊琦:《刑法教义学视阈内外的贿赂犯罪法益——基于中德比较研究与跨学科视角的综合分析》,载《法学评论》2015 年第 6 期。
② 参见〔日〕大谷实:《刑法讲义各论》(第二版),黎宏译,中国人民大学出版社 2008 年版,第 537—538 页。
③ 参见〔日〕西田典之:《日本刑法各论》(第三版),刘明祥、王昭武译,中国人民大学出版社 2007 年版,第 380 页。
④ 参见〔日〕山口厚:《日本刑法各论》(第二版),王昭武译,中国人民大学出版社 2011 年版,第 718 页。

为模糊,不完全符合保护国家法益的目的。二是与立法现状不符。"不可收买性说"难以说明不以职务为利益对价的犯罪。①

(二)英美法系贿赂犯罪法益学说之争议

英国是世界上第一个颁布现代反腐败法律的国家,尽管法律传统的差异性阻却了英国法对法益的探究,但是,从立法的旨趣中仍可归纳出贿赂犯罪立法的基本治理方向。19世纪英国普通法中,贿赂犯罪是一系列罪名的组合,可被概括为:"任何具有公职的人接受不当酬劳或提供不当酬劳给任何具有公职的人,意图影响其公职行为并促使其做出违反诚实和正直规则的行为。"②1889年《公共机构腐败行为法》(Public Bodies Corrupt Practices Act)首次规定了成文法意义上的受贿罪,"本法所界定的公职人员通过自己或与之有关联的其他人,为自己或他人,腐败性地索取、收受或同意收受任何利益(礼物、贷款、小费、酬劳或好处),作为实施或不作为与公共组织有关的任何事项或交易的报酬或诱因条件"③。英国早期贿赂犯罪立法建立在"委托—代理"关系基础之上,贿赂犯罪本质是背信,行为人应以委托人的最大利益为行动指南,若收受贿赂,则行为人是以自己利益或行贿人的利益为行为导向,从而背叛了他人的信任④,但是,"腐败性"一词仍然隐约体现出"职务行为的公正性说"的基本立场。20世纪末,英国法律委员会着手修正贿赂犯罪立法,在贿赂犯罪的本质上采纳了双重标准,认为行为人的行为基于报酬或诱因条件,同时行为又违反了职责,必然构成贿赂犯罪;行为人的行为基于报酬或诱因条件,虽然目前尚不能

---

① 参见〔日〕大谷实:《刑法讲义各论》(第二版),黎宏译,中国人民大学出版社2008年版,第537—538页。

② Monty Raphael, Blackstone's Guide To The Bribery Act 2010, Oxford University Press, 2011, p. 11.

③ Public Bodies Corrupt Practices Act 1889, sec. 1(1).

④ Monty Raphael, Blackstone's Guide To The Bribery Act 2010, Oxford University Press, 2011, p. 21.

发现其违反了职责,但最终会破坏构成职责的基础,即既贪赃又违法的,也构成贿赂犯罪。"一元论"的观点认为,只要存在报酬或诱因条件而收受他人财物,即构成贿赂犯罪,而不管其行为是否违反了职责。① 显然,"双重标准"实质上仍是以职责违反作为唯一评价标准,属于"职务行为的公正性说",而"一元论"则属于"职务行为的不可收买说"。英国 2010 年《贿赂法》实际采取了折中立场,认为贿赂行为的本质是违反了成文法所规定的正当行为义务,即行为人不正当实施(improper performance)相关职责或行为,侵害了被赋予以诚实(good faith)、公正(impartiality)或信任(trust)方式从事行为的期望(expectation)。② 从"正当行为义务"出发,英国《贿赂法》第 1 条规定了普通受贿罪的四种情形:一是"意图型"受贿,行为人索取、同意收受或实际收受经济或其他利益,意图由本人或他人不正当履行相关职责或行为;二是"行为型"受贿,行为人索取、同意收受或实际收受经济或其他利益的行为,本身即构成不正当履行相关职责或行为;三是"事后型"受贿,行为人索取、同意收受或实际收受经济或其他利益,作为不正当履行相关职责或行为的事后酬谢;四是"斡旋型"受贿,出于对索取、同意收受或实际收受经济或其他利益的预期或后果,行为人要求、同意或默许第三人不正当履行相关职责或行为。第一种情形下须证明行为人对不正当行为的"明知"或"确信",而后三种情形无须证明行为人的主观意图。③ 上述第二种情形属于典型的"职务行为的不可收买性",适用于身份较为特殊的公职人员或其他人员;而在其他三种情形下"职务行为的公正性说"的色彩更为明显。

美国刑法学界对贿赂罪本质的理解建立在自由竞争的原理之上,

---

① G. R. Sullivan, Reformulating the Corruption Laws—the Law Commission Proposals, Criminal Law Review,1997, p. 731.
② Bribery Act 2010, sec. 4.
③ Monty Raphael, Blackstone's Guide To The Bribery Act 2010, Oxford University Press, 2011, pp. 35 - 36.

"美国的刑法学者基于'政府应与市场分离;公务行为应与市场经济分离'的原则,将贿赂视为违反这种分离的行为,从确保自由竞争的必要性去解释对贿赂进行刑事处罚的理由……收受贿赂的公务员实际上是把市场要素注入到公共领域中去,从而向社会成员提供了一种有害的信息,侵蚀了政府的健康基础"①。基于保障自由竞争之需要,美国贿赂犯罪偏向于"职务行为的公正性"立场,规定"作为公共官员或已经被选为公共官员的人员,直接或间接地,为自己或第三人腐败性地要求、索要、接受或同意接受任何有价值之物,以作为以下交换:(1)使其官方行为受到影响;(2)实施、帮助实施、共谋实施或允许实施任何针对美国政府的欺诈或制造欺诈机会;(3)被引诱实施或不实施任何违反其职责的行为"②。在普通贿赂罪之外,美国还规定了"利益冲突型"贿赂犯罪,将公职人员在申请、决定、合同、争议、控告等任何程序中涉及部分、直接或实质与美国利益有关的事项时,直接或间接地(同意)接受或索取报酬的行为犯罪化。③ 该罪与贿赂犯罪相比,无须特定的交易性犯罪目的,只要具有违反利益冲突的行为即可,由此达到"针对潜在的损害,在事件发生之前阻止罪恶发生"④的预防效果,显然又偏向于"职务行为的不可收买性"。

(三)中国贿赂犯罪法益学说之争议

中国贿赂犯罪的法益争议与贿赂犯罪的立法修正密切相关。1979年《刑法》首次将受贿罪纳入渎职犯罪,按照此立法体系,旧时通说认为,受贿罪的法益是国家机关的正常活动,受贿行为会侵蚀国家

---

① 王云海:《美国的贿赂罪——实体法与程序法》,中国政法大学出版社2002年版,第193—194页。
② 1962年《美国法典》第18主题第11章第201条第2款、第3款。
③ 参见1962年《美国法典》第18主题第11章第203条。
④ Robert N. Roberts, White House Ethics, the History of the Politics of Conflict of Interest Regulation, Greenwood Press, 1988, p. 17.

的机体,败坏国家机关的声誉,损害人民群众对国家机关及其工作人员的信赖,危害社会主义经济发展。① 当时还有另一种流行的观点认为,受贿罪既是一种严重的渎职犯罪,又是一种严重的经济犯罪,既侵害了国家机关的正常活动,也侵犯了公私财产所有权。② 将受贿罪定位为渎职犯罪,显然是采取了严格的"职务行为公正性"立场,将不违反职务的受贿排除在外,不仅从法益角度限缩了贿赂犯罪的范围,也与 1979 年《刑法》关于受贿罪的规定不符③,而将贿赂导致公私财产所有权的损害作为贿赂犯罪的法益,充其量只是贿赂犯罪的加重情节,并不能准确反映受贿罪的罪质特征。上述观点,体现了改革开放初期刑法学界对贿赂犯罪法益认识的起步阶段特征,即使是在 1997 年《刑法》修正时,这种将受贿罪作为典型的渎职行为而在渎职罪中加以规定的认识仍具有较强声音。④ 1988 年的三个稿本并没有将贪贿犯罪作专章规定,这些犯罪仍分散规定在侵害财产罪、渎职罪中,到了 1996 年 8 月 8 日的《刑法》分则修改稿时,立法工作机关才在《刑法》分则中设置了贪贿犯罪专章,在之后的研拟中,对于这种设置仍有争议,但最终审议通过的新《刑法》维持了这种格局。⑤

伴随 1997 年《刑法》的生效实施,以渎职为视角的法益观鲜再出现,"国家工作人员职务行为的廉洁性"成为新通说⑥,但究竟何为"廉洁性"? 有观点认为,廉洁奉公是国家工作人员的义务,索取或收受贿

---

① 参见高铭暄主编:《中国刑法学》,中国人民大学出版社 1989 年版,第 601 页。
② 参见吕继贵:《罪与罚——渎职罪的理论与实践》,上海社会科学出版社 1988 年版,第 23 页。
③ 1979 年《刑法》第 185 条第 1 款规定:"国家工作人员利用职务上的便利,收受贿赂的,处五年以下有期徒刑或者拘役。赃款、赃物没收,公款、公物追还。"
④ 参见高铭暄、赵秉志编:《新中国刑法立法文献资料总览》(下),中国人民公安大学出版社 1998 年版,第 2447 页。
⑤ 参见高铭暄:《中华人民共和国刑法的孕育诞生和发展完善》,北京大学出版社 2012 年版,第 598 页。
⑥ 参见高铭暄、马克昌主编:《刑法学》(第四版),北京大学出版社、高等教育出版社 2010 年版,第 709 页。

赂是对职务行为承担的廉洁义务的背叛和亵渎①;也有观点认为,公务人员的廉洁性本质上是人民政权的廉洁性②;还有观点将廉洁性表述为公务人员的廉洁制度③。上述观点,均对通说中的"廉洁性"进行了细化解释,属于"保守派"立场。另一派观点则属于"革新派",认为"廉洁性"的最大缺陷在于不明确性,不适宜作为贿赂犯罪的法益。其理由主要包括:(1)"廉洁性"本身含义不明确;(2)未能区分是职务行为的廉洁性还是公务人员的廉洁性;(3)不能说明是以纯洁性还是以不可收买性作为立场;(4)无法与贪污罪、巨额财产来源不明罪相区别④;(5)因违反廉洁义务而受到刑事处罚,属于循环论证,因为犯罪化的依据绝不是违反了义务,而是损害了某种权益;(6)斡旋受贿中行为人未实施职务行为,不存在对职务行为廉洁性的侵害。⑤ 对于如何重塑贿赂犯罪的法益,"革新派"又分为两种基本立场:一是"温和革新派",主张回到罗马法或日耳曼法的基本立场,提出"职务及职务行为的不可交易性说"⑥"职务行为的不可收买性说"⑦"职务行为的公正性说"⑧。"温和革新派"虽然提高了法益内涵的明确性,但其仍认为"不可收买性"或"公正性"是"廉洁性"的具体体现,只是对"廉洁性"进行了限缩解释,并非对"廉洁性"的彻底否定。二是"激进革新派",主张借鉴德日主流学说,提出"公众信赖说"⑨"以国民信赖为基础的

---

① 参见杨兴国:《贪污贿赂罪法律与司法解释应用问题解疑》,中国检察出版社2002年版,第176页。
② 参见卢建平:《贿赂犯罪十问》,载《人民检察》2005年第13期。
③ 参见赵长青:《经济犯罪研究》,四川大学出版社1997年版,第563页。
④ 参见张明楷:《刑法学》(第四版),法律出版社2011年版,第1063页。
⑤ 参见邹志宏:《斡旋受贿罪研究》,载于志刚主编:《刑法问题与争鸣》(第七辑),中国方正出版社2003年版,第109页。
⑥ 参见孙国祥:《贿赂犯罪的学说与案解》,法律出版社2012年版,第102页。
⑦ 参见刘艳红主编:《刑法学》(下),北京大学出版社2014年版,第408页。
⑧ 参见黎宏:《刑法学》,法律出版社2012年版,第950页。
⑨ 参见周光权:《刑法各论》,中国人民大学出版社2008年版,第493页。

职务行为不可收买性说"①"公正利益与信赖利益"②等观点。"激进革新派"认为贿赂犯罪的法益最终是作为公共权力运行基础的国民信赖,从公共政治角度深入贿赂犯罪的损害根源,将信赖作为独立法益,以区别于基于公职行为廉洁性的法益。

(四)基本评价:透过社会发展的学说争议

"法律发展的重心不在立法,不在于法律科学,而在于社会本身"③,两大法系代表国家立足于各自社会发展与法律传统,构建了以社会适应性为基本导向的贿赂犯罪法益理论体系,体现了理论研究与社会现状紧密结合之特征。

英国基于代议制的政治原理而将贿赂犯罪的本质定位为对"委托—代理"关系的破坏。但是,随着公共部门体系的复杂化和20世纪80年代撒切尔政府强力推行公共服务的私有化发展,公共部门中大部分情况并不存在"委托—代理"关系或对此关系存在很大争议,立法规制范围较窄,影响到犯罪的实际治理效果,最终使得法益包容性较强的"正当行为说"脱颖而出,并被立法所肯定。美国从其自由竞争型的社会经济形态角度出发,认为贿赂行为扭曲了市场供求关系,损害了其他市场竞争者的经济利益,破坏了市场经济的平等性和竞争性基础,需要给予更为严厉的处罚,因而独具特色地将保障市场竞争秩序作为腐败治理的重要目标,并通过1977年《反海外腐败法》将其反腐理念向全世界推广。此外,第二次世界大战后美国还掀起了"善治改革运动"(Good Government Reform Movement),确立了防止利益冲突规

---

① 参见张明楷:《刑法学》(第四版),法律出版社2011年版,第1064页。
② 参见魏昌东:《〈刑法修正案(九)〉贿赂犯罪立法修正评析》,载《华东政法大学学报》2016年第2期。
③ 〔美〕H. W. 埃尔曼:《比较法律文化》,贺卫方、高鸿钧译,生活·读书·新知三联书店1990年版,第9页。

则,以防止特定的利益集团对政府公共政策制定与执行的影响。① 20世纪 70 年代"水门事件"后,防止利益冲突已经成为美国政府伦理道德的基本原则。可以说,英美国家在贿赂犯罪法益上的独特视角与创新,是"功利主义"哲学观与反腐现实需要紧密结合的结果。

区别于英美的社会发展应对策略,德日将贿赂犯罪法益定位为超个人法益,重视国家法益的基本属性,倡导职务公正性的信赖保护,同样也与社会发展紧密联系。20 世纪 90 年代,德国的腐败在不长的时间已经"颇具规模",尤其是在公共服务领域的腐败案例对公众产生了极坏影响②,为此,1997 年颁布的《腐败防治法》对《德国刑法典》中的"公务员"概念进行了修正,不仅包括了涉及国家行政管理任务的完成,也包括了为大众生活供应目的而为之管理工作。为及早发现并遏制腐败初期的"送礼"现象,《腐败防治法》还将过去利益必须与具体的公务行为联系在一起,修正为与履行公务有关即可,因为这些行为将影响到公职人员工作的公正性和客观性。③ 第二次世界大战之后日本贿赂犯罪法益的争议,更多带有严肃公务员纪纲、重建政治伦理的色彩,并以重大案例为契机,推进贿赂犯罪法益主流学说的确立。例如,1958 年"昭和电工疑狱事件"导致了斡旋贿赂罪的增设,1980 年"洛克希德事件"使贿赂犯罪法定刑得到普遍提升,并在其判例中确立了贿赂犯罪法益的基本立场,即"贿赂罪"以公务员职务的公正性以及对此的社会一般信赖为其保护法益。④

较之域外法益研究之经验与实践,中国贿赂犯罪法益理论研究的观点交锋虽然激烈,但尚且仅局限于刑法体系内的规范解释层面,尚

---

① Robert N. Roberts, Marion T. Doss, Public Service and Private Hospitality: A Case Study in Federal Conflict-of-Interest Reform, Public Administration Review, Vol.52(1992), p. 263.
② 参见宁跃:《德国召开反腐败国际研讨会》,载《国外社会科学》1995 年第 9 期。
③ 参见〔德〕汉斯·海因里希·耶赛克:《为〈德国刑法典〉序》,载《德国刑法典》,徐久生、庄敬华译,中国法制出版社 2000 年版,第 32 页。
④ 参见〔日〕西田典之:《日本刑法各论》(第三版),刘明祥、王昭武译,中国人民大学出版社 2007 年版,第 379—381 页。

未与社会实践以及制度的建构和发展形成有力的良性互动局面,从而无论是"温和革新派"还是"激进革新派",在理论上均存在难以自圆其说之处,尚未找到最优解决方案。若采"温和革新派"的观点,将法益定位为职务行为的公正性,则无法解释公正性未受破坏时贿赂行为的可罚性依据;但若将法益定位为职务行为的不可收买性,又会遇到诸如斡旋贿赂、介绍贿赂、利用影响力贿赂中实施公职行为者并未成为收买对象的解释困境。若采用"激进革新派"的观点,将法益定位为公众信赖,则忽略了贿赂犯罪的交易性特征,存在将整个职务犯罪的法益视为贿赂犯罪法益之嫌,但若以国民信赖为基础来解释职务行为的不可收买性,实际上又将回到"不可收买性"的法益困境之中。此外,国民信赖说同样也难以准确揭示时代前进背景下的法益内涵需求。根据现代责任政府理论,国民信赖就是国民对政府的信任,行为人有充分的理由认为与自己行为结果直接相关的另一方是守信的,并由此可以实现自己的期待利益。[①] 信任本身并非一种利益,信任所产生的期望结果才是利益的归属。为跳出法益理论争议的困局,有观点借鉴法兰克福学派的理论,主张以"个人法益为起点,将超个人法益功能化",将贿赂犯罪法益定位为个人法益或准个人法益,即"因贿赂行为而被排挤的个人所拥有的,国家本应保障的参与社会交往活动的自由"[②]。然而,将贿赂犯罪法益定位为个人法益,试图回到传统的核心刑法模式,不符合现代社会抽象集体法益之客观现实,也与公众对贿赂犯罪社会危害性的普遍认识相去甚远,且任何超个人法益都在自由法益上找到共鸣,从而导致作为法益内容的自由概念过于泛化无法发挥区分功能。因此,这一观点似乎走得过远。"保守派"和"革新派"

[①] 参见曾坚:《信赖保护:以法律文化与制度构建为视角》,法律出版社2010年版,第52页。
[②] 熊琦:《刑法教义学视阈内外的贿赂犯罪法益——基于中德比较研究与跨学科视角的综合分析》,载《法学评论》2015年第6期。

基于各自的理论瑕疵,均难以充分说服对方,因而在 1997 年《刑法》颁布后,法益理论争议长期处于对峙与僵滞状态,近些年鲜有更新观点,对立法更新与司法实践几乎没有发挥任何影响,似乎沦为了贿赂犯罪理论研究的"鸡肋"。

二、法教义学导向下职务行为廉洁性批判之再批判

针对"职务行为廉洁性"的批判几乎都是围绕法规范解释学展开的,研究对象定位于规范本身,脱离了"社会中的法"而直接进行规范价值的推定判断,难以走出"自言其事"的逻辑怪圈,无法摆脱诘问之下难以自圆的论证困境。基于法益的自我更新原理,从中国社会发展及腐败犯罪治理现实中解读"职务行为廉洁性"的新内涵,是走出当下理论研究困境的重要一步。

(一)法益的自我更新:跨域实体法之可能

法益不是来自法律,而是来自社会生活。"所有的法益,无论是个人法益,还是集体法益,都是生活利益,这些利益的存在并非法制的产物,而是社会本身的产物。生活的需要产生了法律保护,而且由于生活利益的不断变化,法益的数量与种类也随之发生变化。"①希奈认为,对于法益概念必须将其作为存在的侧面与作为价值的侧面结合起来进行考察。② 作为存在层面,法益是立法者的价值判断选择的结果,体现在立法规范之中,司法者应当在规范适用过程中正确地解读立法者的价值选择;作为价值层面,法益是前实定法的概念,是社会良好共

---

① 〔德〕李斯特:《德国刑法教科书》,徐久生译,法律出版社 2006 年版,第 6 页。
② 参见〔日〕伊东研祐:《法益概念史研究》,秦一禾译,中国人民大学出版社 2014 年版,第 282 页。

同生活的选择条件,并受社会发展阶段与状态而调整,对于滞后于社会发展的立法具有应然性的批判功能。

作为前实定法的法益概念与实定法的法益概念相当于烟和火的关系,"在一定程度上是可以调和的,法益的内容是前实定的,但这种内容上升为法益还必须依靠实定法"①。实定法对前实定法的法益概念确认,本身也是法律系统自我更新的选择。卢曼认为,后现代社会的法律具有"自我生成"特征,在规范上,法律是循环封闭的,而在认知上,法律对环境又是开放的,这意味着"法律在各方面都得适应环境",当法律系统从外在社会环境(如政治、经济等)获知一些信息后,它会按照环境的需要和要求重新解释自己,通过自己的要素调整自己的程序安排,以对环境作出适应。② 然而,法律系统的自创新,又不是一个机械适用的过程,而是因时因地而不同,"法律系统有一套自己的逻辑来决定何时以及如何做出回应"③。这套逻辑在法益概念更新上体现为:社会发展——前实定法法益的适应性变化——立法作出选择——教义学上法益概念调整。以德国环境犯罪及环境刑法发展为例,20世纪70年代,随着环境污染的范围及影响力的急剧扩大,德国刑法学界对前实定法上的环境法益是属于个人法益,还是集体法益,以及两者之间的关系进行持续性讨论,最终替德曼教授实质的"超个人法益说"占据了主导地位,强调"每一种法益之保护,其最终保护的对象,皆为人类"④,"环境媒介和矿藏之保护是人类生命和经济生活的基础"⑤。在其影响下,1980年《惩治环境犯罪法》(《德国刑法典》第324条规定

---

① 张明楷:《法益初论》,中国政法大学出版社2003年版,第163页。
② 参见〔德〕卢曼:《社会的法律》,郑伊倩译,人民出版社2009年版,第38页。
③ 杜健荣:《法律与社会的共同演化——基于卢曼的社会系统理论反思转型时期法律与社会的关系》,载《法制与社会发展》2009年第2期。
④ 〔德〕替德曼:《一九八零年之西德环境刑法——兼论西欧其他国家相关之规定》,许玉秀译,载《刑事法杂志》1987年第31卷第5期。
⑤ 《西德经济刑法——第一和第二防制经济犯罪法之检讨》,许玉秀译,载《刑事法杂志》1988年第32卷第2期。

了水污染罪)直接将水质变化作为犯罪成立条件,而无须具有个人法益的损害事实,进而使得在教义学上形成了环境法益"不仅是人的生命健康应当通过环境得到保护,使之免受危险的威胁,而且保护植物和动物的多样性,以及保护一个完整的自然,也都是属于一个符合人类尊严的生活内容的,因此是能够融入一个与人类需要相关的法益概念之中的"的普遍意识。① 立法更新是推动价值层面的法益向存在层面法益转化的直接途径。然而,在立法未作出及时反应之前,存在层面的实然法益是否可以自动完成法益概念的自我更新? 显然,从刑法教义学本身无法得到答案。然而,法益是社会生活利益这一前提,决定了从法社会学角度分析法益更新原理之可能。在此方面,卢曼的自创生系统论具有一定的启发意义。卢曼将法律系统作为一个具有自创生性的独立系统,通过自我指涉的、递归的运作,法律系统与其他系统之间进行沟通与交流,推进本系统的进化发展。法律首先是一个封闭的系统,在法律系统中,只有法律才能决定法律,只有法律才能改变法律。但是,法律自创生的根源仍在于系统与外部环境的交流。法律系统必须注意到外部事实,即那些存在于其环境中的事实,因为法律系统的运作依赖于这些事实,法律系统必须保持一种开放的态度,从而对不断变动的社会事实进行学习。如何构建法律系统与外部环境的交流与联系? 卢曼提出了运作耦合(operational coupling)和结构耦合(structural coupling)两种方式。前者是偶发性、短暂的事件交集,如立法对议案的通过;后者是社会功能次系统之间,通过某些特定结构的媒介,使得不同功能系统能够在维持自身独立性的同时,保持较为紧密的联系,并互相影响。② 卢曼认为,运作耦合因其缺陷而不能成为一种在系统间建立有效的连接机制的模式,结构耦合是确保法律系统

---

① 参见〔德〕克劳斯·罗克辛:《德国刑法学总论》(第一卷),王世洲译,法律出版社2005年版,第18页。
② 参见〔德〕卢曼:《社会的法律》,郑伊倩译,人民出版社2009年版,第233—234页。

与外部环境稳定交流并保持更新的有效模式。

根据卢曼的系统论,刑法规范本身即是一个独立的自创生系统,基于法治和罪刑法定原则,刑法规范只能在本系统内进行更新。然而,影响刑法系统更新的并非系统内因素,而是来自系统之外的判断,如刑事政策、国民情感、生活利益等。法益是否受到侵害与威胁,应当独立于实体法之外进行判断。① 通过法益实现刑法系统与外部环境的结构性耦合,具有天然的优势条件:第一,法益是社会共同的价值取向。法益是"在立法者眼中作为法共同体健全的生活条件的法共同体价值"②,"应该从社会而非个人角度来考虑人类共同生活的最低条件以及如何通过刑法来保护这种条件,也就是找出能够提供(稳定)社会秩序的前提"③,以社会共同认定的价值作为依存基础,使法益具有了系统沟通之可能。第二,社会共同价值判断是法益解释的指导。刑法之于现实的关系是何等的敏感:刑法是否还胜任它制裁无法容忍的、此时此地被人们认为是他们共同生活不可放弃的基本准则的行为规范的违反行为的任务,并不取决于永恒的价值或者不变的认知观点,而是取决于具体社会在具体时点(常常是很难探索到的)细致微妙的心理现状。随着社会的发展,国民对于行为道德可谴责性的容忍程度也会发生变化,产生教义学上法益解释范围的变化。例如,对于侵害性决定权的猥亵而言,社会曾经确立的判断准则,可能会因人们的性观念的变化而发生变化。在当今时代,强行拉住妇女的手、趁机拍打妇女的腿,不可能属于强制猥亵。④ 第三,对某些法益的认识需要一个过程。通常来说,在一个既定的法律部门中,需要许多法官或其他官

---

① 参见张明楷:《法益初论》,中国政法大学出版社 2003 年版,第 39 页。
② 〔日〕伊东研祐:《法益概念史研究》,秦一禾译,中国人民大学出版社 2014 年版,第 68 页。
③ 〔德〕冈特·施特拉腾韦特、〔德〕洛塔尔·库伦:《刑法总论 I——犯罪论》,杨萌译,法律出版社 2006 年版,第 33 页。
④ 参见张明楷:《刑法学》(第四版),法律出版社 2011 年版,第 786 页。

员对相关的手段—目的关系进行长时间摸索后,理想的、确定的目的才会浮现出来。人们过去一直认为盗窃罪的保护法益是财产所有权,但现在发现盗窃罪的保护法益是对财物的占有,而不限于财产的所有权。① 第四,刑事政策层面的法益对于刑法解释具有重要指导作用。"建立刑法体系的主导性目的设定,只能是刑事政策性的。刑事可罚性的条件自然必须是以刑法的目的为导向。"②法律上的限制和合乎刑事政策的目的,这二者之间不应当互相冲突,而应该结合在一起③,将刑事政策引入刑法教义学的研究之中,代表着刑法理论发展的走向。④ "最好的社会政策是最好的刑事政策"(李斯特语),当以社会发展为导向的刑事政策被纳入刑法体系,应然层面的法益便成为指导与影响刑法教义学构建的重要准则,特别是对于犯罪构成中的弹性情节或兜底性条款的解读具有重要影响,促进应然到实然法益的自我更新。

(二)中国贿赂犯罪法益的自我更新:回归腐败治理之现实

通过社会发展的现实而获得法益的自我更新,决定了回归腐败治理的现实,将成为重新解读中国贿赂犯罪法益之前提。

1. "职务行为廉洁性"否定立场之再反思

目前批判职务廉洁性的主要观点集中在廉洁性概念的含义不明确、立场不清楚、对象不明确、缺乏罪名区分功能、循环论证,等等(见前文)。然而,上述理由也非充分而不可推翻:(1)关于法益含义不明的反驳。明确性不是抽象法益的必要条件。明确性是罪刑法定原则

---

① 参见张明楷:《"风险社会"若干刑法理论问题反思》,载《法商研究》2011年第5期。
② 〔德〕克劳斯·罗克辛:《德国刑法学总论》(第一卷),王世洲译,法律出版社2005年版,第133页。
③ 参见陈兴良:《刑法教义学与刑事政策的关系:从李斯特鸿沟到罗克辛贯通:中国语境下的展开》,载《中外法学》2013年第5期。
④ 参见劳东燕:《罪刑规范的刑事政策分析——一个规范刑法学意义上的解读》,载《中国法学》2011年第1期。

的要求,但这一要求并不适用于法益概念,因为法益并不是违法性的构成要素。正如英国将"正当行为"作为贿赂犯罪本质一样,对于某些抽象法益并不能直接从字面加以判断,而须根据刑事政策、立法修正精神与规范内容进行综合判断。(2)关于法益立场不清的反驳。贿赂犯罪的法益并不限于一元化类型。在德日刑法中,通过基本犯、加重犯的构造,使得"职务行为的不可收买性"与"职务行为的公正性"两类法益可以在贿赂犯罪中实现并存;而在英美刑法中,通过第三类的表述方式,也可以涵盖上述两种法益立场。同样,"职务行为的廉洁性"既可以立足于"不可收买性",并在此基础上附加"公正性"之要求,也可以超越上述概念,包容更广范围的新的法益类型。(3)关于法益缺乏罪名区分功能的反驳。贿赂犯罪与贪污犯罪在职务行为的廉洁性上是可以存在共同的法益类型的,贪污犯罪对公共财产法益的侵害才是其与贿赂犯罪的区分;巨额财产来源不明罪对于贪贿犯罪具有刑事政策意义上的兜底功能,具有同质的法益形态并无任何问题。(4)关于法益对象不明确的反驳。现代刑法的基本立场是行为刑法,而不是行为人刑法。即使认为廉洁性是行为人的廉洁性,也应当坚持以行为作为违法性的判断标准。行为不法是判断行为人廉洁性之标准,而行为规制的结果是将责任落实于个人,就此而言,行为的廉洁性与行为人的廉洁性的差别主要在于对行为的规制范围不同,却并无本质的区别。(5)关于循环论证的反驳。"职务行为的廉洁性"的最终指向不是违反了义务,而是损害了某种权益。"廉洁性"与抽象公共利益之间存在对应关系,侵害"廉洁性"最终损害公共利益或使公共利益具有损害的风险。公共利益包括两组利益:一是与个人福利紧密相关的社群利益,如公共卫生、公共安全、经济运行良好等;二是政府利益,即在政府管理活动(如征税、征兵、监狱管理等)中产生的利益。社群利益与政府利益是为大量的难以计数的个人所拥有的某种特定利益的总和,并不必定属于每个人,却可以最终落实于公民个人。① 与廉洁性相关的公共利益也具有双层性:一是基于"公权良治"而产生的政府利益;二是基于"公权良治"而产生的群体利益,例如,禁止公权对市场不当干预而给市场参与者带来的公平竞争的市场利益。

2. "职务行为的廉洁性"重释之社会现实

"职务行为的廉洁性"的质疑观点并非牢不可破,但"再反思"若仅限于概念或逻辑回应而无事实支撑,也仍只是一种文字游戏而缺乏意义,因此,只有首先回到中国腐败治理的社会现实及治理需求,才能为"职务行为的廉洁性"注入新的时代内涵。中国属于典型的"应激型"现代化国家,自20世纪80年代以来国家经济转型经历了三个阶段,与之相对应,腐败也出现了三次重大类型变化。首次类型变化出现在改革开放之初,"双轨制"的经济体制使得"官倒"成为腐败的代名词。20世纪90年代初,中国正式进入市场经济转型阶段,引发腐败类型的第二次调整,制度性腐败成为腐败的主要类型。如胡鞍钢所言,"现时的腐败主要是制度性腐败,腐败现象的产生主要根源于制度缺陷,即市场经济转型期的制度缺陷"②。进入21世纪以来,中国进入了经济体制转型的深化期,制度性腐败的长期积弊及维护腐败的既得利益共同发酵促使新一轮腐败类型的产生,"系统性腐败""寡头型腐败"成为新时期腐败的重要特征,腐败从个人腐败向群体腐败、从低层腐败向高层腐败、从单位腐败向行业体系内腐败转化,形成了"中国式"腐败的社会发展轨迹。面对腐败的增量爆发,国家早期采取了"运动式"治理模式,注重腐败的刑事法惩治,强调"从重、从快"的事后惩治。

1988年全国人大常委会《补充规定》在1979年《刑法》的基础上,

---

① 参见〔美〕乔尔·范伯格:《刑法的道德界限》(第二卷),方泉译,商务印书馆2014年版,第60—61页。
② 胡鞍钢、康晓光:《以制度创新根治腐败》,载《改革与理论》1994年第3期。

扩大了《刑法》的规制范围,构建起从自然人到单位的贿赂犯罪刑法体系,贿赂犯罪立法体系及构成模式基本确立。20世纪90年代之后,伴随腐败的第二次增长,中国在反腐战略上作出了由"运动性"治理向"制度性"治理转型的重大调整,强调对转型中权力监控区域的制度填补,腐败治理进入"制度化"反腐阶段。然而,由于刑事治理的理念仍然停留于传统的结果本位和选择性治理的层面,刑法立法的评价能力较弱,腐败衍生与繁殖速度远远超过反腐制度的供给速度,进而导致了21世纪初中国腐败治理的"怪圈"现象:一方面,《刑法》立法修正频繁。受《联合国反腐败公约》等国际公约影响,《刑法修正案(六)》之后的历次刑法修正案均涉及贿赂犯罪,新增了利用影响力受贿罪(2009年)和对外国公职人员、国际公共组织官员行贿罪(2011年)。另一方面,贿赂犯罪的犯罪率却不断攀升,居高不下。根据全国检察机关办理贿赂案件立案总量的统计,1998—2008年贿赂犯罪数量呈明显上升趋势。[①] 刑法立法难以有效解决国家现代化转型过程中的群体腐败、族群腐败和腐败"生态化"的问题,过度的犯罪化扩张导致了犯罪治理的边际效益递减。[②]

在"中国式"腐败暗流潮涌及腐败治理效果不彰的同时,中国现代化进程中的政府职能转变也正在如火如荼地展开。政府职能转变引发了最大范围内的社会结构转型,政治的合法性一改过去对经济增长率的单一依赖,而是转向福利、公平、正义、可持续发展的现代国家治理的基本价值判断,进而对公共权力的运行提出了预防性治理的基本要求。以腐败所赖以生存的本原性要素、内生性环境改造为重点,以权力监控体制为对象,进而实现腐败的根源性治理,成为中国当下腐

[①] 参见孙国祥、魏昌东:《反腐败国际公约与贪污贿赂犯罪立法研究》,法律出版社2011年版,第115页。
[②] 参见钱小平:《转型国家腐败治理刑法应对战略之选择——中匈贿赂犯罪立法考察与中国借鉴》,载《暨南学报(哲学社会科学版)》2015年第12期。

败治理之重要目标。尽管刑法属于后位法,必须坚守"谦抑性"的属性,但并不妨碍在刑法治理理念中融入预防性治理的价值判断,通过对犯罪构成和诉讼模式的积极改造,提升刑法规范的评价能力,加强刑法的一般预防效果。然而,生成于20世纪80年代末"双轨制"经济体制下的贿赂犯罪法益通说①因其内容的陈旧性,确实无法发挥对刑法立法的批判性构建功能,由此产生了通过重释进行内涵更新的现实需要。

3. "职务行为的廉洁性"的重释途径

"职务行为的廉洁性"的重释途径,必须回到腐败衍生与治理的基本原理。腐败的产生源自权力存在滥用的可能,权力之所以能够被滥用,又在于其缺乏防止利益冲突的制度。所谓利益冲突,是指国家公职人员在公共行政过程中,受其私人利益因素干扰,导致价值判断和政策取向偏离公共利益的要求,发生私人利益与公共职责的抵触。本质上,利益冲突是公共权力的非公共使用,包括公共权力的递延化和期权化,是公共权力发生腐败的重要根源。②"任何人无论有多么高的道德水平,都会受到私人利益的诱惑,当决策人的个人利益与公共利益存在潜在的冲突时,其决策可能与公共利益不符。"③利益冲突本质上是权力异化的方式④,是"一个非常重要的腐败根源"⑤。为防止权力滥用,就必须在发生利益冲突时予以及时控制。加强以防止利益冲突为核心的反腐机制构建,是现代国家腐败治理的重要发展方向。

《联合国反腐败公约》要求各缔约国均应当根据本国法律的基本

---

① 中国期刊网能够查到的最早研究贿赂犯罪法益的论文是郝力挥与刘杰于1987年在《法学研究》第6期上发表的《对受贿罪客体的再认识》一文,该文较早提出了受贿罪法益是"职务犯罪的廉洁性"的观点。

② 参见庄德水:《公共权力腐败的利益冲突根源》,载《中共中央党校学报》2011年第4期。

③ 周琪、袁征:《美国的政治腐败与反腐败》,中国社会科学出版社2009年版,第63页。

④ 参见程文浩:《中国治理和防止公职人员利益冲突的实践》,载《广州大学学报(社会科学版)》2006年第10期。

⑤ Seumas Miller, Peter Roberts, Edward Spence, Corruption and Anti-Corruption: an Applied Philosophical Approach, New Jersey: Pearson Education Inc., 2005, p. 46.

原则,努力采用、维持和加强促进透明度和防止利益冲突的制度。2010年1月,十七届中纪委五次全会上,中央正式提出,要建立健全防止利益冲突制度,形成有效预防腐败的长效机制。中共十八大进一步重申防止利益冲突,更加科学有效地防治腐败。可以认为,加强建构防止利益冲突制度,已经成为中国反腐刑事政策的重要指向,也使得"职务行为的廉洁性"的重释具有了可能。

在现代社会中,公共权力的存在,是为了维护和增进整个社会的公共利益(包括政府利益和群体利益),符合公共利益是公共权力行使正当性的判断标准。基于此,职务行为的廉洁性应以维护公共利益不受损害或损害的风险作为基本立场。然而,如何判断公共利益受到损害或具有高度的损害风险?有不同的判断标准。传统的"职务行为的廉洁性说"以权力交易作为判断标准,进而在构成要件上要求必须有具体的交易行为,在收取或索取财物与出卖权力之间必须产生对价关系。然而,以权钱交易为表征的损害判断,时间较为迟滞,在中国贿赂犯罪立法"行为+数额+情节"的层层过滤、择重打击的限缩模式之下,法益定位的滞后更容易产生腐败的"蓄水池",不利于形成清廉的社会文化。据此,应根据腐败衍生的一般规律、政府职能的转变以及腐败治理的现实需求,将因利益冲突而导致公共利益存在损害之可能,作为"职务行为的廉洁性"之更新内容,实现符合社会适应性的法益自我更新。

构建新"职务行为的廉洁性"法益概念的积极意义在于:一是有助于实现政治清明的治理目的。公职人员在职务履行过程中,直接或间接地收受或索取财物,即产生了损害公共利益之风险,而无须交易性目的存在,由此在腐败形成的进度链条上向前延伸了刑法的规制范围,降低了立法对腐败的容忍度,符合当今中国腐败治理的预期要求。二是有助于提升刑法规范的一般预防能力。旧"职务行为的廉洁性"关注的是刑罚厉度和犯罪主体类型,而非行为模式的调整,规范评价能力较弱的状况无法得以根治,难以摆脱立法边际效益递减的困境。

新"职务行为的廉洁性"强调以利益冲突为导向的行为模式调整,通过简化评价要素,使得刑法评价更为便捷,评价能力得以有效提升,从而能够加强刑法规范的一般预防效果。三是有助于形成统一的贿赂犯罪法益保护立场。在贿赂犯罪的刑法体系中,除典型的贿赂犯罪(涵盖自然人和单位)之外,还有非典型的贿赂犯罪,如利用影响力受贿罪、介绍贿赂罪和巨额财产来源不明罪,这些犯罪以传统贿赂犯罪的法益立场进行解释,存在诸多问题,但若以新"职务行为的廉洁性"进行评价,则可以得出合理的结论。例如,在利用影响力受贿罪中,犯罪主体并非国家工作人员,交易对象也非直接的公共权力,而是基于公共权力产生的影响力,实际支配公共权力的国家工作人员和实际利用公共权力为他人谋取不正当利益的其他国家工作人员对贿赂交易本身并不知情。因此,从教义学层面,无论是传统职务行为的廉洁性说,还是不可收买性说或公正性说,都难以合理地解释该罪的法益。但是,若采用新"职务行为的廉洁性"的解释立场,则可以认为,若公职人员身边"特定关系人"的行为导致私人利益与公共利益发生了冲突,则也会构成法益损害的事实,从而在刑事政策之外找到了行为可罚性的教义学依据。此外,新的"职务行为的廉洁性"也可以合理解释介绍贿赂罪和巨额财产来源不明罪的法益:前者在于行为人"牵线拉桥"的介绍行为使他人陷入了利益冲突的状态而具有了可罚性依据;后者在于公职人员的收入明显超过了公职行为的合法报酬而由此推定产生了利益冲突的结果。

三、新"职务行为的廉洁性"的教义学展开

法益概念的修正直接决定了规范解释方向与内容的调整。新"职务行为的廉洁性"法益概念的贯彻,要求刑法介入的提前和规制范围

的扩大,在既有立法规范尚未修正的前提下,需要对贿赂犯罪构成要素进行重新解释。

(一)廉洁性负担主体的范围

廉洁性的负担主体,是指承担保障公职行为廉洁性责任的主体。公职行为廉洁性的保障责任,既可源自法律规定的义务,如 2006 年施行的《公务员法》第 12 条第(七)项规定公务员应当"清正廉洁,公道正派";也可以源自社会一般观念的要求,如普通人不得以行贿方式损害公职行为廉洁性之负担责任。在中国"二元化主体"的贿赂犯罪立法体系中,廉洁性的负担主体既可以是自然人,也可以是单位。就自然人而言,廉洁性的负担主体为导致利益冲突的主体,包括:贿赂犯罪中的公职人员以及行贿人;利用影响力受贿罪中的特定利益关系人、近亲属以及其他关系密切的人及其行贿人;介绍贿赂罪中"牵线搭桥"的行为人;巨额财产来源不明罪中的国家工作人员。

值得讨论的问题是,是否可以将对公职行为廉洁性具有监督义务的主体作为负担主体?例如,上级公职人员是否可以成为下级公职人员廉洁性的负担主体?单位是否可以成为对单位自然人廉洁性的负担主体?国外贿赂犯罪立法已有类似规定。例如,2012 年《匈牙利刑法典》第 297 条对于"怠于报告贿赂行为罪"的规定,"公务人员应当知晓未被发觉的贿赂行为,却没有立刻向权力机关报告的,构成重罪,判处 3 年以下有期徒刑"[①];英国 2010 年《贿赂法》第 7 条"商业组织预防贿赂失职罪"(failure of commercial organization to prevent bribery),规定了商业组织疏于构建内部行贿预防制度而导致行贿行为发生所需要承担的刑事责任。上述两种情形下,特定主体不履行法定预防义务的,构成纯正的不作为犯,具有刑事可罚性。然而,我国

---

① 钱小平:《"积极治理主义"与匈牙利贿赂犯罪刑法立法转型——兼论中国贿赂犯罪刑法立法改革之方向抉择》,载《首都师范大学学报(社会科学版)》2014 年第 6 期。

《公务员法》等法律中尚未规定廉洁性的保证责任,而根据我国《刑法》的规定,包庇罪又必须是作为犯,排除了不作为犯的成立可能。

故而,目前贿赂犯罪中廉洁性的负担主体只能是作为犯的主体,贿赂犯罪的不作为犯只能通过立法修正的方式增加。另一个问题是,对于即将成为公职人员的主体,是否可以成为廉洁性负担主体?[①] 利益冲突原则强调个人利益与公共利益的冲突,在利益冲突状态尚未出现之前,缺乏犯罪化的正当性。因此,职前受贿的可罚性必须通过事后公职身份是否取得加以判断,若事后未能区分公职身份,则不构成廉洁性的负担主体,反之,则构成受贿罪的主体。

(二)廉洁性损害判断的行为要素

由于不同类型贿赂犯罪的构成要件存在差异,无法一一展开,此处仅以受贿罪和行贿罪的行为要素加以说明。

1. 关于"利用职务上的便利"的认定

作为受贿罪的犯罪构成要素,"利用职务上的便利"反映出受贿罪的"交易性"特征。最高人民法院2003年《纪要》列举了"利用职务上的便利"的具体形式,但却未概括"利用职务上便利"的核心特征。考虑到现代社会管理事务的复杂性以及公职范围的实际扩展,部分观点采取了"关联性说",认为只要公职人员索取或收受的财物与职务行为有关,就符合"利用职务上的便利"之要求。[②] 然而,在防止利益冲突的法益保护立场下,对职务要素需进一步淡化,对"利用职务上的便利"还需要进一步扩大解释,即公职人员索取或收受财物只要"可能"与职务行为有关,就符合"利用职务上的便利"之要求。例如,收

[①] 利用将来可能的职务收受财物在日本、泰国、巴西的刑法典以及我国台湾地区"刑法"中被明确规定为一种特殊类型的受贿罪。《美国模范法典》第18主题第11章第201条第1款也规定,"公共官员"是包括国会成员、居住地代表,包括具有资格之前或之后的情形。

[②] 参见张明楷:《刑法学》(第四版),法律出版社2011年版,第1070页;孙国祥:《贿赂犯罪的学说与案解》,法律出版社2012年版,第354页。

受与职权有隶属、监管、支配、服务或影响力等关系主体财物的情形。基于上述扩大解释的立场,也可以将职前受贿的情形涵盖进来(当然,前提仍是事后取得了公职身份)。

2. 关于"为他人谋取利益"的认定

"为他人谋取利益"是受贿罪的构成要素。① 关于该要素的属性,理论上有"客观要件说""主观要件说""双重要件说"以及"废除说"之争议。"为他人谋取利益"在立法上首次得到确认,是在1988年全国人大常委会《补充规定》之中。1997年修订《刑法》时,对于是否保留该要素有过争议,一种观点认为应当删除"为他人谋取利益"要素,以体现对国家工作人员的严格要求;另一种观点认为应当保留该要素,以体现受贿罪权钱交易的特征。② 1997年《刑法》采用了保留说。对此,司法也认为,保留该要素,本意在于将"感情投资"和亲友馈赠的现象排除在外。③ 然而,权钱交易与是否"为他人谋取利益"并无直接联系,即使是"感情投资"也是侵害了职务行为的廉洁性,立法导致了受贿罪的入罪范围被不当限缩,不符合当今中国腐败预防性治理之现实需要。但是,在现有规范尚未修正的前提下,"客观要件说"较为符合职务廉洁性的政治伦理要求,也更容易证明,较之"主观要件说"更为合理。2003年最高人民法院《纪要》将"为他人谋取利益"解释为包括承诺、实施和实现三个阶段,只要承诺为他人谋取利益的,就具备了为他人谋取利益的条件,实际是采取了"客观要件说"的立场。但是,两

---

① "谋取利益"是大部分贿赂犯罪的基本构成要素:"为他人谋取利益"是普通型受贿罪、单位受贿罪的构成要件要素;"为他人谋取不正当利益"是"斡旋型"受贿罪、利用影响力受贿罪的构成要件要素;"为谋取不正当利益"是行贿罪、向利用影响力受贿者行贿罪、对单位行贿罪、单位行贿罪的构成要件要素。不同罪名关于谋取利益的解释原理具有相通性,其中,以受贿罪最具代表性。

② 参见高铭暄、赵秉志编:《新中国刑法立法文献资料总览》(下),中国人民公安大学出版社1998年版,第2147页。

③ 参见熊选国、苗有水:《如何把握受贿罪之构成要件之为他人谋取利益》,载《人民法院报》2005年7月6日。

高 2016 年《解释》第 13 条第 1 款似乎又采取了"混同主义",一方面,从"客观要件说"角度规定"为他人谋取利益"包括"实际或者承诺为他人谋取利益"以及"履职时未被请托,但事后基于该履职事由收受他人财物";另一方面,又从"主观要件说"角度将"明知他人有具体请托事项"的情形也认定为"为他人谋取利益"。尽管司法解释意图扩大要件的适用范围,但在同一规范要素作出不同的性质评价,不符合合理性解释的基本原理。

有观点认为,"为他人谋取利益"是"利用职务上的便利"的自然延续,两者性质相同,通过推定方式可以将"为他人谋取利益"合并到"利用职务上的便利"之中。① 2016 年《解释》第 13 条第 2 款似乎也是采取了这一立场,规定"国家工作人员索取、收受具有上下级关系的下属或者具有行政管理关系的被管理人员的财物价值二万元以上,可能影响职权行使的,视为承诺为他人谋取利益"。"可能影响职权行使"是对"利用职务上的便利"的扩大解释,但扩大解释的程度尚不及利益冲突原则下与职务行为的"可能性"关联标准。"合并推定说"尽管注意到了贿赂犯罪的实质,但却无法合理解释"不打算为他人谋取利益"的受贿情形,若确实不具备为他人谋取利益的任何意思或行为,则会导致推定被推翻。

笔者认为,采取推定的方式,有助于虚化"为他人谋取利益"之要素,但推定规则的适用范围需要进行修正。根据利益冲突的法益保护原则,行为人只要索取或承诺收受贿赂,就已经产生了利益冲突,通过利益冲突的状态可以推定行为人具有为他人谋取利益之客观可能,至于是否谋取利益或谋利之意思,不在推定的评价范围之中。因此,推定的基点不是"利用职务上的便利",而是"(承诺)收受贿赂";"为他人谋取利益"是客观要素,但属于表面的构成要素,其存在不是"为了

---

① 参见孟庆华:《受贿罪研究新动向》,中国方正出版社 2005 年版,第 451 页。

给违法性提供依据,只是为了区分相关犯罪界限"。"表面的构成要件要素不是犯罪成立必须具备的要素,从诉讼法角度,也是不需要进行证明的要素"①,适用一般的推定规则即可,除非能够证明行为人没有收受贿赂,否则不能推翻该推定。

3. 关于"收受"和"给予"的理解

新"职务行为的廉洁性"法益概念之下对于受贿罪"索取"的解释与旧说并无不同,但对于"收受"行为,则存在一定区别。以"权钱交易"为基础的旧说认为,"收受"是指收取并接受他人财物,要求客观上有接受他人财物的行为,主观上有接受他人财物的故意,并且接受后将财物进行实际占有和控制。② 换言之,只有在实际接受并占有、控制贿赂的情形下,才能证明"权钱交易"关系的成立,若仅有取得财物的行为,但随即上交,则不构成"收受"。以"防止利益冲突"为基础的新说进一步认为,行为人没有实际收受他人财物,但若作出了收受财物的承诺,形成了贿赂关系的约定,也会导致利益冲突的产生,并使得公共利益具有损害的高度风险,也具有可罚性。简而言之,在新"职务行为的廉洁性"法益概念之下,"收受"包括了实际收受和承诺收受两种类型。实际上,承诺收受在国外贿赂犯罪立法中已有明确的规定。例如,英国《贿赂法》和《美国法典》第 18 章联邦贿赂罪均在受贿罪中区分了承诺收受和实际收受(agrees to receive or accepts),《欧洲委员会反腐败刑法公约》第 3 条受贿罪中也规定了接受非法利益的提议或承诺(acceptance of an offer or a promise of such an advantage)。承诺收受中包含了对财物的实际占有、控制意思的推定,但若事后有证据证明承诺并无对财物的占有意思时,则可以推翻承诺的推定。

"给予"是行贿罪的行为方式。以"权钱交易"为基础的旧说认为,"给予"实际上就是"交付"行为,即将财物交付给国家工作人员,

---

① 张明楷:《刑法学》(第四版),法律出版社 2011 年版,第 126 页。
② 参见孙国祥:《贿赂犯罪的学说与案解》,法律出版社 2012 年版,第 387 页。

"行求"(提议给予)或"期约"(约定给予)不是行贿罪的客观要件,只是两种程度不同的预备行为。① 以"防止利益冲突"为基础的新说认为,即使是"行求"或"期约",均已造成了私人利益与公共利益的冲突状态,对国家公职人员的廉洁性已经构成了损害,具有构成犯罪既遂的实质基础。反腐败国际条约也采取了扩张行贿行为的基本立场。《联合国反腐败公约》第15条"贿赂本国公职人员"中规定的行贿方式包括了"许诺给予、提议给予或者实际给予",《联合国反腐败公约实施立法指南》进一步指出:"一些国家立法中关于实施贿赂企图的条款可能涵盖承诺和提议。如果没有,则有必要特别涵盖承诺和提议。"

承诺收受、提议给予或约定给予,均属于贿赂犯罪的预备阶段行为,目前仍可以作为预备犯或未遂犯进行处罚,但是,在实践中,贿赂犯罪的预备和未遂事实上很少受到处罚②,贿赂行为的动议源头难以得到有效遏制,不符合严厉打击腐败犯罪的刑事政策。因此,有必要从新"职务行为的廉洁性"的法益角度对"收受"和"给予"进行扩大解释,将预备行为实行化,前移防卫阵线,提高规范的评价能力。

(三)廉洁性损害判断的情节要素

1997年《刑法》将犯罪数额确定为贪污贿赂犯罪社会危害性评价的基本依据,数额之外的情节仅处于次要地位。然而,"从实践的情况看,规定数额虽然明确具体,但此类犯罪情节差别很大,情况复杂,单纯考虑数额,难以全面反映具体个罪的社会危害性。同时,数额规定过死,有时难以根据案件的不同情况做到罪刑相适应,量刑不统

---

① 参见赵秉志主编:《渎职犯罪疑难问题司法对策》,吉林人民出版社2000年版,第240页;李希慧主编:《贪污贿赂罪研究》,知识产权出版社2004年版,第241页。
② 参见孙国祥、魏昌东:《反腐败国际公约与贪污贿赂犯罪立法研究》,法律出版社2011年版,第433页。

一"①。针对上述问题,《刑法修正案(九)》在删除具体数额的同时,确立了数额与情节并重的评价模式,规定了"数额较大或有其他较重情节的""数额巨大或有其他严重情节的""数额特别巨大或有其他特别严重情节的"三种不同情形。"两高"2016年《解释》对抽象数额进行了具体规定,并进一步规定了在未达到入罪数额标准的前提下,构成受贿罪的八种情节及构成行贿罪的六种情节。② 当然,2016年《解释》中数额及情节的设置是否合理、是否有助于提高刑法规范的评价能力、是否符合严厉打击腐败犯罪的刑事政策,已经超越了本文的主题范围,笔者将另行著文分析。此处仅从防止利益冲突的法益角度,对如何理解贿赂犯罪的入罪情节和加重情节,进行初步分析。

与国外贿赂犯罪立法仅在加重犯中规定情节不同,中国贿赂犯罪的基本犯构成及其量刑评价,均需要考虑情节因素。然而,基本犯的情节发挥着对行为社会危害性的质的评价,即用于说明是否达到严重的社会危害性程度,而加重犯中的情节主要承担着社会危害性的量的评价,即用于说明在构成犯罪的基础上从重或从轻处罚的理由。入罪情节与加重情节应当予以区分。(1)入罪情节的正当性判断。从利益冲突的法益角度出发,当冲突所涉及的公共利益更为特殊而需要给予特殊保护时,可以作为犯罪化的补强情节加以考虑。就2016年《解释》所规定的受贿罪的八种情节而言,未明确规定特殊公共利益的情节,但在行贿罪规定的六种情节中,却有两种涉及特殊的公共利益,分

---

① 《关于〈中华人民共和国刑法修正案(九)(草案)〉的说明》,载 http://www.npc. gov.cn/npc/lfzt/rlys/2014-11/03/content_1885123.htm,2016年5月20日访问。
② 2016年《解释》所规定的受贿罪八种减轻数额下的入罪情节分别是:曾因贪污、受贿、挪用公款受过党纪、行政处分的;曾因故意犯罪受过刑事追究的;赃款赃物用于非法活动的;拒不交待赃款赃物去向或者拒不配合追缴工作,致使无法追缴的;造成恶劣影响或者其他严重后果的;多次索贿的;为他人谋取不正当利益,致使公共财产、国家和人民利益遭受损失的;为他人谋取职务提拔、调整的。行贿罪减轻数额下的六种入罪情节分别是:向三人以上行贿的;将违法所得用于行贿的;通过行贿谋取职务提拔、调整的;向负有食品、药品、安全生产、环境保护等监督管理职责的国家工作人员行贿,实施非法活动的;向司法工作人员行贿,影响司法公正的;造成经济损失数额在50万元以上不满100万元的。

别是"向负有食品、药品、安全生产、环境保护等监督管理职责的国家工作人员行贿,实施非法活动的"以及"向司法工作人员行贿,影响司法公正的"。上述两项公共利益因为涉及国民生活及公共安全,或对国家政治秩序具有重要影响,因而有必要予以特殊保护,作为入罪情节的正当性依据。然而,遗憾的是,2016年《解释》仅在行贿罪中规定了这两项特殊公共利益情节,在受贿罪中并未加以同等规定,且其他的特殊公共利益情节也未涉及。(2)加重情节的正当性判断。与入罪情节功能不同,加重情节的功能在于评价权力滥用的程度及其损害后果,因此,在利益冲突之后的权力滥用可以作为加重情节加以考虑,如行为人是否实际为他人谋取利益,是否进一步实施了与职务相关的违法行为,是否存在着重复的侵害行为,等等。2016年《解释》规定受贿罪的四种情节具有法益侵害的加重特征,可以作为加重情节加以考虑,即"赃款赃物用于非法活动的""多次索贿的""为他人谋取不正当利益,致使公共财产、国家和人民利益遭受损失的""为他人谋取职务提拔、调整的"。"曾因贪污、受贿、挪用公款受过党纪、行政处分的""曾因故意犯罪受过刑事追究的""拒不交待赃款赃物去向或者拒不配合追缴工作,致使无法追缴的"三种情节,并未揭示出贿赂犯罪的法益损害程度,属于基于人身危险性的预防情节。预防情节与特殊预防目的有关,通常包括行为罪前与罪后的表现以及犯罪人的人格因素、家庭及社会环境、职业状况等影响到再犯的危险性的因素。预防情节基于个案的特殊性通常以司法自由裁量为主,属于酌定情节,无须在贿赂犯罪法定情节中加以规定,按照量刑的一般规则处理即可。总体而言,2016年《解释》关于贿赂犯罪情节的规定显得较为混乱,定罪情节与量刑情节相互混同、酌定情节过度法定化、受贿与行贿情节缺乏对应关系,将影响到刑法规范的评价能力和评价效果。据此,应当考虑按照利益冲突的法益原理,对情节进行重新梳理和调整,将涉及特殊公共利益的情节作为入罪情节,将利益冲突基础上的权力滥用情节作为加重情节。初步考虑,受贿罪的基本犯情节应当包括:(1)行为人是高级国家工作人员的;(2)行为人是司法工作人员的;(3)行为人是负有食品、药品、安全生产、环境保护等监督管理职责的国家工作人员的;(4)导致国家或他人经济损失数额较大的。受贿罪加重犯情节应当包括:(1)为他人实际谋取非法利益的;(2)为他人谋取职务提拔、调整的;(3)实施与贿赂相关的其他违法行为的;(4)多次受贿的;(5)导致国家或他人经济损失数额巨大的。

"职务行为不可收买性说"辩护

——对《教义学视角下中国刑法贿赂犯罪法益追问及其展开》一文的评议

钱叶六[*]

在刑法教义学上,要研究个罪,必须重视对该罪法益的研究。这是因为,一方面,"犯罪的本质在于侵犯法益",对具体犯罪所要保护的法益之正确界定和阐释,无疑有助于理解和把握刑法分则设定某一罪刑规范的实质根据;另一方面,法益具有解释论的机能,具体是指法益具有犯罪构成要件解释目标的机能。[①]"与行为客体不同,刑法条文大多没有明示保护客体,而需要通过解释推导出保护客体。对保护客体的解释不同,便影响对条文的解释。"[②]所以,对具体个罪罪刑规范所要保护法益的内容之不同理解,必然会导致对犯罪构成要件的不同解释。[③]

---

[*] 华东师范大学法学院教授,博士生导师。
[①] 参见张明楷:《法益初论》,中国政法大学出版社2003年版,第216页。
[②] 〔日〕平野龙一:《刑法概说》,东京大学出版社1997年版,第40页。
[③] 例如,就诬告陷害罪来说,如若认为刑法规定该罪所要保护的法益是个人法益即被诬陷人的人身权利,就意味着得到被害人承诺的诬告行为及诬告虚无人的行为便不构成犯罪。相反,假若主张刑法规定诬告陷害罪是为了保护司法秩序,或者说既是为了保护公民的人身权利,也是为了保护司法秩序,那么,上述两种行为虽然不可能造成对他人人身权利的侵害,但可能会导致启动司法程序从而浪费人力、物力,进而妨害司法秩序,因而应成立犯罪。

关于贿赂犯罪的法益,由于各国或地区立法体系的差异,刑法教义学上已发展出纷呈多样的学说。① 而如何从中国贿赂犯罪立法体系出发,准确地界定贿赂犯罪的法益,不仅有助于人们认识其犯罪的实质危害,而且与贿赂犯罪构成要件的解构存在内在关联。② 我国2007年《意见》也明确表达了这一旨趣:"依照本意见办理受贿刑事案件,要根据刑法关于受贿罪的有关规定和受贿罪权钱交易的本质特征,准确区分罪与非罪、此罪与彼罪的界限……"③

基于上述,钱小平教授以"教义学视角下中国刑法贿赂犯罪法益追问及其展开"(以下简称"钱文")为题所开展的对贿赂犯罪法益及相关问题的研究,无疑具有重要的理论意义和现实意义。应当说,"钱文"关于"廉洁性说"的全新解读和阐释让人耳目一新,展现了作者的深厚学养和非凡的刑法修为。由于本人才疏学浅,加上此前对本议题所涉问题较少关注,以下所作的评论也就难免肤浅和片面。不当之处,还请小平教授及各位专家批评指正。

一、贿赂罪保护法益之界定及评析

(一)"钱文"关于贿赂罪法益之学说的述评及主张

"钱文"在梳理两大法系关于贿赂罪的法益之学说纷争的基础上,着力结合中国贿赂犯罪立法体系的变迁和发展,就中国贿赂犯罪法益之学说进行了细致的梳理和评析。1979年《刑法》中,受贿罪被置于渎职罪一章中,鉴于此,传统刑法理论倾向于将受贿罪的法益界定为单一法益即"国家机关的正常活动",或复杂法益即"国家机关的正常

---

① 具体详见张明楷:《法益初论》,中国政法大学出版社2003年版,第612页以下。
② 参见孙国祥:《贿赂犯罪的学说与案解》,法律出版社2012年版,第89页。
③ 《意见》第12条。

活动和公私财产的所有权"。对此,"钱文"认为,将受贿罪定位为渎职犯罪,显然采取的是职务行为公正性的立场,这无法解释公正性未受到破坏时的贿赂行为(不违反职务的受贿)之可罚性依据,从而不当地限缩了贿赂罪的范围。而将贿赂导致公私财产所有权的损害作为贿赂犯罪的法益,充其量只是贿赂犯罪的加重情节,并不能反映受贿罪的罪质特征。①

随着1997年《刑法》将受贿罪移至"贪污贿赂罪"章中,在解释论上,以渎职为视角的法益观也就少为学者所主张,而主要是"职务行为的廉洁性说"和"职务行为的不可收买性说"之交锋和对立。就此,"钱文"认为,职务行为的不可收买性仅能解释部分贿赂犯罪的法益,而不能统辖所有类型贿赂犯罪的法益。析言之,对于诸如斡旋受贿、介绍贿赂、利用影响力受贿中实施职务行为者并未成为收买对象的情形,职务行为的不可收买性说便遭遇到解释上的困境。

"钱文"指出,在我国《刑法》关于贿赂犯罪构成要件未作修正的前提下,有关贿赂罪的法益应坚持职务行为的廉洁性说之立场,较为妥当。而对于何为"廉洁性","钱文"指出,不应仅仅停留于单纯的文字概念进行阐释,而应结合中国腐败治理之现实,将利益冲突纳入贿赂犯罪法益,重构廉洁性的内涵,实现符合社会适应性的法益自我更新。"钱文"进一步认为,从文义上看,廉洁是指清廉、清白,多指个体清白、正直而不为外部环境所玷污的状态。而对作为贿赂罪法益的"职务行为的廉洁性",则应与时俱进地作出符合社会发展现实的解释。具体言之,在现代社会中,公共权力的存在是为了维护和增进整个社会的公共利益,而公共利益是公共权力行使的正当性判断标准。基于此,职务行为的廉洁性,是指要求任何公职行为在履行或者未来

---

① 虽说在索贿的场合,确实可能侵害了被索贿者的财产所有权,但在行贿者主动给付贿赂的场合,并不存在侵犯他人的财产权的问题。所以说,贿赂罪未必侵犯了请托人的财产所有权。

履行过程中,不得损害公共利益或者具有损害公共利益的可能性。在法益侵害上具体表现为两个方面:一是因利益冲突而导致公共利益之损害,如公职人员因职务而收受贿赂的,此时无须交易性目的的存在;二是因权力交易而导致公共利益之损害,此时需要有具体的交易性行为,在收取或者索取财物与出卖权力之间能产生对价关系。

"钱文"强调,将贿赂罪的法益扩大到利益冲突的范畴,可以合理地解释其他相关贿赂犯罪的实质处罚根据。如就利用影响力受贿罪而言,行为人应予受处罚的根据在于"特定关系人"制造了私人利益与公共利益的冲突状态;至于介绍贿赂罪,则是行为人"牵线搭桥"的介绍行为使他人陷入了利益冲突的状态;巨额财产来源不明罪的法益在于公职人员收入明显超过了公职行为的合法报酬而推定产生了利益冲突的结果。

(二)评析及私见

应当说,"钱文"关于贿赂罪法益的思考较为深入,对"廉洁性"的重新解读或者诠释颇有新意,笔者也颇受启迪。以下,以"钱文"的相关论述为基础,结合个人的思考谈谈自己的看法。

的确,在1979年《刑法》将贿赂犯罪规定在渎职罪章之立法框架下,将"国家机关的正常活动"作为贿赂犯罪的法益,确实有一定的依据。诚如我国传统通说所言,作为腐败行为的典型形式之受贿行为,"会侵蚀国家的肌体,败坏国家机关的声誉,损害人民群众对国家机关及工作人员的信赖,危害社会主义经济的发展"[①]。但是,传统通说就贿赂犯罪法益的这一界定过于抽象和笼统,缺乏精确性,并不妥当。

第一,该说混淆了类罪和个罪法益之界限。所谓国家机关的正常

---

① 高铭暄主编:《中国刑法学》,中国人民大学出版社1989年版,第601页。

活动,是指国家机关代表国家实现对内对外基本职能的活动,其具体表现形式多种多样,行为人实施的某种具体渎职犯罪往往只会危害到国家机关正常活动的某一方面(如国家的保密制度、税收征管制度、对人犯的监管制度、环境保护监管制度、传染病犯罪制度、食品安全监管制度、环境监管制度、公正审判制度,等等),笼统地将受贿犯罪的法益称为国家机关的正常活动,无疑混同了渎职罪类罪的保护法益和具体渎职犯罪的保护法益之界限。①

第二,如"钱文"所言,国家机关正常活动的损害应以行为人违背职责为前提。在受贿人的职务行为未违背职责的要求——在行为人收受他人贿赂之后尚未实际利用职务之便为他人谋取利益或者依据职责为他人谋取正当利益——情况下,认为其行为危害了国家机关的正常活动在逻辑上也难以说得通。

第三,即便说"国家机关的正常活动说"在一定意义上能说明1979年《刑法》中的贿赂犯罪之法益,但在1997年《刑法》将贿赂犯罪调整到贪污贿赂罪章中,并将受贿罪主体确定为国家工作人员的情况下,该说也就不再具有解释论上的现实意义。

"廉洁性说"认为,国家工作人员作为人民的公仆,肩负着党和人民的重托,代表国家行使政治、经济、文化及社会各方面的管理权。因此,国家工作人员必须忠于职守、廉洁奉公、全心全意为人民服务,这既是起码的公务道德,也是有关法律、法规对国家工作人员提出的义务和要求。而国家工作人员以权谋私,收受贿赂,正是对该义务的严重违反,是对国家廉政制度的严重破坏。在此意义上说,将职务行为的廉洁性作为贿赂犯罪的保护法益存在一定的合理性。但该说也存在以下三个方面的缺陷。

第一,廉洁对应的是腐败,很显然,以权钱交易、权"利"交易为特

---

① 参见孙国祥:《贿赂犯罪的学说与案解》,法律出版社2012年版,第97页。

征的贿赂犯罪固然违反了国家工作人员应当清正廉洁的义务,侵犯了职务行为的廉洁性,但同时也应当看到,贿赂犯罪以外的腐败犯罪行为也同样违反了公职人员应当清正廉洁的义务,破坏了"廉洁奉公、执政为民"这个为政之本。有基于此,将廉洁性作为贿赂犯罪的法益,并不能发挥法益之构成要件解释机能,并不能使受贿罪与贪污罪、巨额财产来源不明罪区别开来。[①]

第二,依照"廉洁性说"的逻辑,受贿罪的成立,并不要求受贿行为与职务行为之间有关联,换言之,只要国家工作人员基于职务收受了他人财物,不论是否为他人谋取利益,都侵犯了公务员应当奉公守法、廉洁从政的义务,从而也就构成受贿罪。如此一来,便与实定法上关于"收受贿赂的场合,须以为他人谋取利益"这一规定相抵牾,从而不当地扩大了受贿罪的成立范围。

第三,按照"钱文"的逻辑,所谓的"廉洁性"指的是一种公共利益与个人利益的冲突状态。而且,唯有将贿赂犯罪所保护的法益之"廉洁性"扩大到利益冲突范畴,才能合理地解释其他非典型的贿赂罪。但是,这一解释明显存在缺陷。因为,包括腐败、渎职犯罪等在内的所有以权谋私、假公济私、滥用职权的犯罪行为,都会使得公共利益与个人利益处于一种冲突状态,而不只是贿赂犯罪制造了这种利益冲突。因此,要说明贿赂犯罪的法益,必须进一步地将这种"利益冲突"的内涵予以明确化和具体化。

笔者认为,作为导致个人利益与公共利益冲突之贿赂犯罪,其保护法益应是国家工作人员职务行为的不可收买性及民众对职务行为不可收买性的信赖。理由如下:

第一,从作为对向犯之贿赂犯罪行为的具体表现形式来看,不外乎是国家工作人员将公权力作为谋取个人私利的筹码,与请托人进行

---

① 参见张明楷:《刑法学》(第四版),法律出版社2011年版,第1063页。

权钱交易、权"利"交易。但是,国家机关和国家工作人员作为人民利益的代表,其权力来自人民,由人民所赋予,这就决定了其职务行为的宗旨应当是为人民服务,而不能滥用权力、以权谋私,将权力当作商品与其他利益进行交换,否则必然会影响到职务行为的公正性、合法性,从而最终会损害其他人的利益。从此种意义上说,《刑法》规定受贿罪主要旨在防止国家工作人员被收买,防止权力与其利益进行交换,进而维护民众对职务行为不可收买性的信赖。相较于"廉洁性说","职务行为的不可收买性说"的表述不仅具体、明确,而且准确地揭示了贿赂犯罪的本质特征——交易性。

第二,受贿犯罪的"权钱交易"、权"利"交易中的"职权",不仅包括本人职权,也包括其他人的职权。这具体表现在,在间接受贿的场合,行为人虽然不是基于(自己的)职权而收受贿赂,但也是基于职权、地位或者其他关系对国家工作人员的影响力而收受贿赂,这种影响力的存在和利用会使得其他国家工作人员职务行为的公正、合法执行受到影响,这在本质上依然是利用"公权"和"私利"进行交易。而在介绍贿赂的场合,由于其属于行贿、受贿的居间行为,其侵害的同样是依附于行贿、受贿犯罪。① 由此,"职务行为的不可收买性说"亦能就非典型的贿赂犯罪作出合理的解释。

二、基于"职务行为的不可收买性说"之解释论

如既述,法益具有构成要件的解释机能。所以,对受贿罪的构成要件的描述和解释,都必须说明收受财物的行为与职务行为之间存在对价关系,即侵犯了国家工作人员职务行为的不可收买性这一法益。

---

① 参见孙国祥:《贿赂犯罪的学说与案解》,法律出版社2012年版,第89页。

(一)"职前受贿"与"职后受贿"

"钱文"认为,"利用职务上的便利"这一要件要素反映出受贿罪的交易性特征,只要公职人员索取或收受财物"可能"与职务行为有关,就应成立受贿罪。从这一立场出发,"钱文"认为,对于职前受财的,应成立受贿罪。笔者赞同这一观点,进一步分析如下。

所谓职前受财,是指不具有国家工作人员身份者利用其将来可能从事某种公务活动收受或者索要贿赂,并允诺将来会利用其职务上的便利为请托人谋取利益的行为。鉴于我国《刑法》未就利用将来之职务便利收受财物的行为作出明确规定,因而,职前受财的行为是否成立受贿罪,应根据受贿罪的构成要件和本质特征加以具体分析。笔者以为,职前受财成立受贿罪应具备以下两个条件:(1)事后取得了国家工作人员身份。如果行为人原本不具有国家工作人员身份,只是利用将来可能从事某种公务活动而收受贿赂,但后来并未实际担任国家工作人员,"皮之不存,毛将焉附",此种情况下,由于行为人事后未实际担任国家工作人员,其收受贿赂的行为也就实际上未与职务行为发生关联,因而自然就不能成立受贿罪。(2)利用职务上的便利为对方谋取了利益。如果行为人取得国家工作人员身份后并没有利用职务上的便利为请托人谋取利益,就表明事前收受财物、允诺为请托人谋取利益的行为与国家工作人员身份、职务行为未实际发生关联,因而也不成立受贿罪。基于上述分析,原本不具有国家工作人员身份的人,在其后来实际取得了国家工作人员身份,并利用该身份兑现了为请托人谋取利益的许诺,即所谓的"期权"成为现实的场合,就应当认为其行为具备了受贿罪所要求的权钱交易、权"利"交易的特征,应以受贿罪定罪处罚。①

---

① 参见孙国祥:《贿赂犯罪的学说与案解》,法律出版社2012年版,第350页。

与职前受财相对,所谓职后受财,是指国家工作人员在职时利用职务上的便利为请托人谋取利益,离职后收受请托人财物的行为。对此,2000年7月21日施行的最高人民法院《关于国家工作人员利用职务上的便利为他人谋取利益离退休后收受财物行为如何处理问题的批复》中规定,"国家工作人员利用职务上的便利为请托人谋取利益,并与请托人事先约定,在其退休后收受请托人财物,构成犯罪的,以受贿罪定罪处罚"。2007年7月8日最高人民法院、最高人民检察院《意见》中亦采取了同样的立场。① 由此,职后受财要成立犯罪,须具备职前与请托人就职后收受财物作出约定这一要件。但是,从受贿罪的刑法规范保护目的来看,受贿罪所关注的是行为人的职务行为有无被出卖,作为谋取个人利益的筹码。所以,尽管行为人在职时没有受贿的故意,即就职后未收受财物与请托人达成约定,但只要行为人在离职后,明知请托人所给付的财物系对在职时的职务行为的答谢而予以收受,那么,二者的对价关系就已形成,从而也就符合受贿罪的犯罪构成。如此说来,上述批复和意见实际上不当地限缩了职后受财成立受贿罪的范围,应予修正或摒弃。

另外,需要注意的是,在受贿罪的认定上,要注意区分事后受贿与职后受财的界限。所谓事后受贿,是指在国家工作人员履职(为他人谋取利益)之时不存在受贿的故意,但在履职之后,请托人出于酬谢而给付财物,国家工作人员予以收受。此种场合,虽然国家工作人员在履职时不具有收受对方财物的故意,但事后行为人明知对方给付的财物是基于对自己职务行为的酬谢而予以收受,由此,请托人事后所送财物与职务行为之间的对价关系已经形成(行为人主观上也明知这一点,从而受贿罪的故意由此形成),这完全符合受贿罪中的权钱交易、权"利"交易的本质,因而应认定成立受贿罪。2016年4月18日最高

---

① 《意见》第10条规定,国家工作人员利用职务上的便利为请托人谋取利益之前或者之后,约定在其离职后收受请托人财物,并在离职后收受的,以受贿论处。

人民法院、最高人民检察院《解释》第 13 条第 1 款亦就此予以了明确："具有下列情形之一的,应当认定为'为他人谋取利益',构成犯罪的,应当依照刑法关于受贿犯罪的规定定罪处罚:……(三)履职时未被请托,但事后基于该履职事由收受他人财物的。"

(二)"为他人谋取利益"的体系地位

在解释论上,关于"为他人谋取利益",学理上一直存有"主观构成要件要素说"和"客观构成要件要素说"的对立和分歧。"钱文"认为,为他人谋取利益系客观要素,且属于表面的构成要件要素,其存在不是为了给违法性提供依据,只是为了区分相关犯罪的界限。从诉讼法的角度来看,也是不需要进行证明的要素。

的确,刑法分则规范中存在着相对于真正的构成要件要素、不为违法性或者责任提供根据的表面构成要件要素。例如,从我国《刑法》第 236 条第 1 款和第 2 款关于强奸罪的规定来看,该条全文所要处罚的行为包括所有以暴力、胁迫或者其他手段强行奸淫女子的行为,而不论女子是否已满 14 周岁。[①] 质言之,只要是采用暴力、胁迫或者其他手段强行与女子发生性交的,便属于强奸。[②] 由此,第 236 条第 1 款关于强奸罪(强制性交)之对象必须是已满 14 周岁之女性的规定,显然不是为强奸罪的违法性提供根据的要素,而是属于表面的构成要件要素,仅仅旨在区分同一犯罪之轻重情节,从而影响是否需要适用该条第 2 款关于"以强奸论,从重处罚"的规定。基于上述分析,即便行为人误以为幼女是妇女(不明知对方是幼女)并且利用暴力、胁迫等手段进行奸淫的,也应适用《刑法》第 236 条第 1 款关于强奸罪的处罚

---

① 当然,对于采用非暴力、胁迫等非强制性手段与女子性交的,要成立强奸罪,则必须要求对象为不满 14 周岁的幼女。

② 至于是否构成奸淫幼女型强奸罪,则需要进一步考察行为人对所强奸的对象系幼女这一点是否存在明知。

规定。

虽说《刑法》分则规范中存在表面构成要件要素这一现象,但能否说《刑法》第385条规定的"为他人谋取利益"就属于表明的构成要件要素,恐怕还有待进一步讨论。按照"钱文"所主张的"为他人谋取利益"属于表面的构成要件要素之逻辑,只要国家工作人员收受了贿赂,便成立受贿罪。至于受贿人是否"为他人谋取利益",并不影响受贿罪的成立,而仅仅具有区分不同犯罪的界限的机能。但问题是,从我国关于贿赂犯罪的规定来看,由于缺乏对单纯受贿的明文规定,从而"为他人谋取利益"这一要素就并非属于区分相关犯罪或者同一犯罪的不同情节之标志。换言之,在我国贿赂犯罪的立法体系中,"为他人谋取利益"这一要素并不具有表面的构成要件要素特质。由此,对于"为他人谋取利益"这一要素,宜解释为影响犯罪成立的构成要件要素。只是该要素究竟属于犯罪成立的客观构成要件要素还是主观构成要件要素,在我国学界一直存有激烈的争议。

就此,笔者认为,如若将"为他人谋取利益"视为主观构成要件要素,便意味着只有当行为人主观上确实具有为他人谋取的意图时,才成立受贿罪。但事实上会存在着受贿人收受了贿赂,主观上、根本上不具有"为他人谋取利益"的意图之情形,所谓的基于职权收受贿赂而进行"虚假许诺"的场合即是适例。学界一般认为,当请托人基于谋取利益的意图而向国家工作人员行贿,而国家工作人员基于职权而收受贿赂并作出将要通过职务行为为他人谋取利益的许诺时,即便是"虚假的许诺",也使民众产生了职务行为可以被收买的认识和印象,从而不再信赖国家工作人员的职务行为,亦即职务行为的不可收买性已经受到侵害,因而理当成立受贿罪。

在解释论上,笔者更倾向于赞同"客观构成要件要素说",其内容的最低要求是许诺为他人谋取利益,至于是否实际为对方谋取利益,则在所不问。需要注意的是,许诺"为他人谋取利益"不要求必须明确表示出来，默示的许诺也是一种许诺，我国相关司法解释及指导案例便采取了这一立场。例如，《纪要》第三部分之（二）中规定："为他人谋取利益包括承诺、实施和实现三个阶段的行为。只要具有其中一个阶段的行为，如国家工作人员收受他人财物时，根据他人提出的具体请托事项，承诺为他人谋取利益的，就具备了为他人谋取利益的要件。明知他人有具体请托事项而收受其财物的，视为承诺为他人谋取利益。"2016年《解释》第13条同样就此予以了明确，具有下列情形之一的，应当认定为"为他人谋取利益"，构成犯罪的，应当依照《刑法》关于受贿犯罪的规定定罪处罚：（1）实际或者承诺为他人谋取利益的；（2）明知他人有具体请托事项的……这里的"明知他人有具体请托事项"而收受他人财物的，至少可以解释为是对请托人做了"默示的许诺"。

最高人民法院指导案例3号关于潘玉梅、陈宁受贿案的判旨中指出，"请托人许某某向潘玉梅行贿时，要求在受让金桥大厦项目中减免100万元的费用，潘玉梅明知许某某有请托事项而收受贿赂；虽然该请托事项没有实现，但'为他人谋取利益'包括承诺、实施和实现不同阶段的行为，只要具有其中一项，就属于为他人谋取利益。承诺'为他人谋取利益'，可以从为他人谋取利益的明示或默示的意思表示予以认定。潘玉梅明知他人有请托事项而收受其财物，应视为承诺为他人谋取利益，至于是否已实际为他人谋取利益或谋取到利益，只是受贿的情节问题，不影响受贿的认定"。

三、立法论上的两点思考

（一）贿赂标的应扩大到非财产性利益

现行《刑法》第385条第1款规定："国家工作人员利用职务上的

便利,索取他人财物的,或者非法收受他人财物,为他人谋取利益的,是受贿罪。"据此,贿赂的标的或者内容只能是财物。至于"财物"的内涵及具体范围,刑法通论采取了扩张解释的态度,即不仅包括具有价值的、可以管理的有体物、无体物(即狭义的财物),还包括能用金钱衡量价值的财产性利益,如提供房屋装修服务、出钱供他人旅游、免除债务、给付购物卡,等等。特别值得一提的是,类似在请托人出钱雇请卖淫者供受托人嫖宿的场合,由于能够认为国家工作人员实际上是收受了财产性利益的,因而也可以解释为受贿。但对于不能体现为财产性利益之其他利益贿赂,诸如请托人直接为国家工作人员提供性贿赂,或者提供一定地位或荣誉、提供升学机会等,就不能解释为"财物",否则就属于超出国民预测可能性的类推解释,有违罪刑法定原则。

但是,从近些年来的司法实践来看,贿赂犯罪形式不断发生变化、花样亦日益翻新,已不再像以往社会那样大多只是表现为权钱(物)交易,非财产性利益贿赂(尤其是性贿赂)现象已是屡见不鲜,而且愈演愈烈。笔者以为,不论是何种形式的贿赂,本质上都是国家工作人员"以权换利"、权"利"交易,都是对国家工作人员职务行为不可收买性的亵渎和侵犯。所以,从立法论上,有必要立足于贿赂犯罪的新特点、新情况及反腐败斗争的现实需要,参照《联合国反腐败公约》,将贿赂的范围扩张至非财产性利益,以解决现行《刑法》对贿赂犯罪的规制不足之问题。实际上,早在 2002 年 3 月,就有 36 名全国人大代表联名提出议案,指出:以非财物行贿尤其是性贿赂的现象越来越多,其危害性不亚于财物贿赂,而按我国《刑法》不能给予定罪,这极不利于反腐败斗争,因而建议再次修订《刑法》时应将"非财物贿赂"予以入罪。①由此看来,非财产性利益贿赂的入罪时机已经成熟,而是否入罪只不

---

① 参见梁根林:《贪污受贿定罪量刑标准的立法完善》,载《中国法律评论》2015 年第 2 期。

过是立法者抉择的问题而已。实际上,《刑法修正案(九)》在某种意义上说已经为"非财产性利益贿赂"入罪做好了准备,亦即在受贿罪的定罪量刑标准上,《刑法修正案(九)》一改"数额中心论"或者"计赃论罪量刑"的立法模式,将其他情节与数额同等看待,使之可独立决定受贿罪之成立及刑罚轻重的因素,这样一来,未来"非财产性利益贿赂"入罪就不存在认定上的障碍了。

(二)单纯受贿应予入罪

单纯受贿与普通受贿相对,是指因职务关系而收受他人财物,但并未为他人谋取利益。从解释论上看,由于我国《刑法》关于受贿罪的成立要求具备"为他人谋取利益"这一要件,所以单纯受贿不能构成受贿罪。而就"为他人谋取利益"在受贿罪犯罪构成中的地位而言,如前所述,在解释论上,笔者赞同"客观构成要件要素说",即认为要成立受贿罪,其内容的最低要求是许诺为他人谋取利益,而不要求谋取利益的实际行为与结果。但在立法论上,主张取消"为他人谋取利益"这一要件的观点相当有力[①],笔者认同"取消论",理由如下。

从利益的性质来看,这里的利益可能是正当利益,亦可能是不正当利益。首先,在将为他人谋取"正当利益"作为受贿罪的构成要件时,就意味着将国家工作人员应当履行的职责视作犯罪成立要件之一,这不仅在理论上是一个悖论,而且,在客观上会促使官员为规避法律漏洞而干脆"收钱不办事",懈怠职责,从而使得行贿人无法得到其应得的利益。这种行为比受贿后履行了自己的职责即为他人谋取了正当利益的危害性更大,性质更为恶劣,因而,仅处罚后者而不处罚前者,显然不公允,亦不合理。其次,如若认为这里的利益仅指不正当利益,这无异于是说,只要国家工作人员谋取的是正当利益,收钱便是

[①] 参见李洁:《为他人谋取利益不应成为受贿罪的成立条件》,载《当代法学》2010年第1期;朱建华:《受贿罪"为他人谋取利益"要件取消论》,载《现代法学》2001年第4期。

"天经地义"之事,这亦有变相鼓励受贿犯罪之嫌。

笔者以为,国家工作人员除基于依法获得应得的工资、薪金或者其他正当的报酬之外,不应当得到其他任何利益。因此,只要国家工作人员基于职权收受了他人钱财,便会在客观上使民众产生职务行为可以被收买的认知,从而造成对职务行为的不可收买性的侵犯,认定受贿罪的成立。① 至于其在客观上是否有为他人谋取利益的打算以及是否实际为他人谋取利益,并不影响其行为的不法性。有鉴于此,从严密贿赂犯罪刑事法网,健全和完善腐败犯罪体系的角度来看,将单纯受贿行为入罪,并将"为他人谋取利益"这一要素作为受贿罪的从重或者加重刑罚情节对待,较为妥当。

---

① 当然,如果确实是非基于职务而是缘于亲友之间的礼尚往来而接受他人馈赠的礼金、财物,则不能作为犯罪处理。

贿赂犯罪的构成要件

新常态下受贿罪若干问题再讨论
　　——以《刑法修正案(九)》和"两高"司法解释为视角

受贿罪中"为他人谋取利益"的体系地位与实务认定

评为他人谋取利益之混合的违法要素说

行贿罪之"谋取不正当利益"的教义学构建

论《刑法》第383条的解释

利用影响力受贿罪认定研究

新常态下受贿罪若干问题再讨论

——以《刑法修正案(九)》和"两高"司法解释为视角

康均心[*]

自1997年《刑法》以来,经济社会的空前发展促使大量巨额贪污贿赂犯罪案件的出现。与以往相比,作为传统型职务犯罪的受贿罪已逐渐进入一个"新常态"时期。在这一时期,受贿罪已发生较大的变化,并呈现出诸多新特点。为了有效惩治贪污贿赂犯罪,在现行"先治标后治本"的反腐败治理理念和宽严相济刑事政策指导下,刑事立法给予了积极的回应。《刑法修正案(九)》和2016年《解释》的相继出台,从宏观与微观层面对贪污贿赂犯罪进行了全方位的调整和修正,从而使得司法机关在惩治贪贿犯罪特别是贿赂犯罪时有了更为有效、合理的法律依据。刑事法规范的持续修正不断调整着对受贿罪的规制方式,治理受贿罪的刑事法网日益精细化。如何在把握受贿罪长期要保持和延续下去的"常态"基础上,以问题为导向,以立法为依托,以理论服务实践为路径,平和理性地讨论受贿罪的若干问题,是社会新常态下面临的重要挑战。基于此,本文拟以《刑法修正案(九)》和2016年《解释》的相关规定,对受贿罪的犯罪对象范围、罪与非罪的界

---

[*] 武汉大学法学院教授,博士生导师;中南财经政法大学刑事司法学院教授,博士生导师。

限、定罪量刑模式等问题展开再讨论。

一、犯罪对象范围:从财物到货币、物品和财产性利益

(一)理论解释贿赂的观点厘清

受贿罪的犯罪对象是贿赂,贿赂是权力的滋生物,是公权与私利的交换媒介;贿赂也是受贿罪的构成要件之一,是贿赂犯罪行为必要的行为媒介;贿赂直接连接着受贿人与行贿人,受贿之于受贿者而言,贿赂的接受是其目的;受贿之于行贿者而言,贿赂的支出是其实现特定目的的中介,因此,贿赂成就了受贿罪的对向性特质。随着社会的发展,贿赂犯罪的形式不断演变,贿赂犯罪的对象范围也呈现出纷繁复杂的特点,而贿赂犯罪的对象范围直接决定着贿赂犯罪的犯罪圈大小,反映着惩治贿赂犯罪的力度,是一个重要的标尺,对受贿罪的认定及裁量起着重要作用,需要予以准确规划与界定。

依照我国《刑法》第385条第1款的规定,受贿罪的犯罪对象为财物。因此,传统刑法理论一直理解贿赂即为财物,这就是传统的贿赂即财物说理论。在我国几千年的历史传统中,绝大多数法律都把金钱和财物当作贪污贿赂犯罪的对象,因而认为贿赂犯罪的对象是指金钱和其他财物。传统财物理论观点坚守贿赂的范围必须稳定地限制为财物,坚持财物量化的便利性,坚持只有财物才能有效反映"权钱交易"的特征,而且有利于司法实践操作。① 传统财物理论具有的优势非常明显,但是把贿赂解释为财物,却一直饱受着来自以下方面的挑战:一是经济社会快速发展带来的"钱权交易"多元化的挑战。二是公共权力非公共运用中的法律泛道德化的挑战。受贿与腐败在当下的

---

① 参见高铭暄、张慧:《论贿赂犯罪的贿赂"范围"问题》,载《法学杂志》2013年第12期。

语境下,往往同义同语,但事实上前者主要是个法律概念,后者则是道德评价范畴,将两者同义理解容易导致法律道德化,失却制定法的规范性,导致司法的摇摆、不稳定。三是理论解释自身逻辑顺序不畅的挑战。到底是把受贿罪的犯罪对象直接解释为贿赂,还是直接解释为财物?或者是把受贿罪的犯罪对象解释为贿赂,再把贿赂解释为财物?在这一点上,理论一直疏忽,简单化地把受贿罪的犯罪对象直接解释为贿赂,再把贿赂解释为财物。正因为如此,在传统财物观点之外,还有几种解释贿赂的观点。

第一,贿赂即物质利益观点。该观点认为,贿赂含财物是应有之义,设定债权、免除债务等可以用金钱具体折算的利益也应是贿赂。在司法实践中,利用物质利益去收买国家工作人员,从而谋取不正当利益的行为屡见不鲜,这种行为与直接给付国家工作人员财物的行为没有本质上的区别。

第二,贿赂即利益观点。该观点主张,非财产不正当利益也应该被包括在贿赂内,因为在现实中大量充斥着用解决住房、迁移户口、调动工作、提拔职务、出国留学等手段去收买国家工作人员,使国家工作人员能够得到用金钱也无法获得,或者用金钱也很难获得的实际利益。因此,凡是能够满足人的物质或精神需求的一切有形或者无形的、物质或非物质的、财产或者非财产性的利益,都应该视为贿赂。①

第三,贿赂即财产利益观点。该观点认为,社会的发展使得人们对于利益的认识有了变化,现实的受贿犯罪中财产利益的贿赂越来越多,其危害性也愈加明显,国际社会主要国家都不再将贿赂限制在财物的范围内,将财产性利益纳入其范围予以规制。因而主张,贿赂不应局限于财物,还应包括其他的财产性利益,这些利益可以用金钱予以衡量,例如免除债务、提供劳务,以及提供住房权等。

---

① 参见周振想主编:《公务犯罪研究综述》,法律出版社2005年版,第196页。

在理论解释贿赂范围的各种争议观点中,显著的力量有两派:一派基于问题导向,着眼于腐败犯罪治理长远发展的学者提出,参照国际公约的规定,将贿赂范围扩大至"任何好处",认为贿赂犯罪在本质上是制度缺失下的权力寻租,以权谋私,只要符合权力寻租的行为都可以认定是受贿行为,基于此考虑,从应然角度来说,贿赂范围可以扩大到任何好处。《联合国反腐败公约》也将贿赂范围界定为"任何好处",因而,为了在国际反腐活动中掌握主动权和话语权,实现与国际社会无障碍对接,贿赂范围应该扩大到"任何好处"①。另一派基于国内目前腐败犯罪的客观状况,力图从治标的角度回应反腐现实需求的学者主张将"财产性利益"纳入贿赂中。

无论哪种观点和主张,上述关于受贿罪犯罪对象的理解,基本遵循着两条主线:一是遵循受贿罪的犯罪对象是贿赂,再对贿赂的范围进行解释;二是对贿赂进行的解释一直呈现扩张的倾向。第一条主线反映了对传统刑法理论成果的坚持,第二条主线反映了刑法理论力图回应客观现实需求的渴望和努力。

(二)司法解释贿赂的规范确定

从规范的角度而言,将贿赂范围认定为"财物",始于1952年《条例》,定制于1979年《刑法》,延续于1988年《补充规定》。《补充规定》还将经济受贿条款纳入其中。自20世纪50年代开始,由规范而引发的针对贿赂范围认定的理论争议一直没有停止过,但是对于理论的声音,立法者一直持审慎的态度,直到《刑法修正案(九)》和2016年《解释》的出台。

《刑法修正案(九)》和2016年《解释》明确扩大了受贿罪的对象范围,突破了以往"财物"的限定,延伸至"财产性利益"。根据2016

---

① 高铭暄、张慧:《论受贿犯罪的几个问题》,载《法学论坛》2015年第1期。

年《解释》第 12 条的规定,贿赂犯罪中的财物,包括货币、物品和财产性利益。财产性利益包括可以折算为货币的物质利益如房屋装修、债务免除等,以及需要支付货币的其他利益如会员服务、旅游等。后者的犯罪数额,以实际支付或者应当支付的数额计算。该条明确规定,受贿罪犯罪对象范围的"财物",除货币和其他有体物之外,还包括财产性利益,并列举了四种情形:(1)房屋装修;(2)债务免除;(3)会员服务;(4)旅游。

就 2016 年《解释》规定的内容而言,其在某种程度上借鉴吸收了 2008 年《意见(二)》的有关规定,进一步明确了"财产性利益"的内涵。这既是对以往司法解释和司法经验的梳理和总结,也是贯彻落实党的十八届四中全会《关于全面推进依法治国若干重大问题的决定》中关于完善惩治贪污贿赂犯罪法律制度的精神和要求,回应了广大人民群众要求从严打击贿赂犯罪的呼声。2016 年《解释》虽然在形式上是对《刑法》第 385 条第 1 款关于贿赂范围以及相关的司法解释进行的梳理和修正,但是透过 2016 年《解释》,可以看出立法和司法机关对受贿犯罪对象范围之财产性利益理论解释的立场倾向。从刑法教义学的角度来看,受贿罪对象范围的确定应当与贿赂犯罪的性质直接相关,贿赂的本质在于受贿人与行贿人围绕公权力而展开的买卖交易,其本质是对国家公务人员的职务行为的廉洁性的亵渎,既然贿赂实质就是关于公权力的买卖交易,那么买卖的支付方式和对价则可以是多样的,而不应当局限于财物。另外,受贿犯罪作为典型的贿赂犯罪,其必然与国家公职人员的职务行为相关,行贿人以贿赂交换受贿人的职务行为,贿赂则需要能够满足受贿人的需求,而这需求既可以是生活物质上的也可以是精神欲望上的,并能够让受贿人的职务行为被行贿人所收买。由是观之,受贿罪对象范围之财产性利益的观点应当得到肯定,而国家司法机关在司法实践中对贿赂范围的调整和修正也基本上是在该观念之下进行的,具有积极意义。

第一，2016年《解释》的规定进一步提升和强化了受贿罪犯罪客体在犯罪构成中的地位和作用，有力地回应了我国犯罪构成理论模型和犯罪构成实际评价中犯罪客体被虚化的质疑。对于国家公职人员而言，无论是收受财物，还是收受如解决住房、出国留学、户口迁移等不正当利益，都是损害了国家公职人员清正廉洁的形象，这正是我国《刑法》规定的贿赂犯罪的犯罪客体的核心和本质所在。

第二，2016年《解释》的规定进一步突显和强化了法治反腐在惯常的政治反腐和运动反腐中的地位和作用，极大地推进了反腐败法治化的进程，有利于实现反腐败从政治优势向法治优势的转变。当司法实践中出现了大量以财产性利益去收买国家工作人员，谋取不正当利益的行为时，那么法律应该紧随其后作出回应，以法治思维和法治方式而不是以惯常的政治思维和运动式的方式去处理，这样才能保证在实践中能够更加有序、可持续、稳定有力、彻底地打击贿赂犯罪行为。

第三，2016年《解释》的规定进一步理顺了党法关系的界限，提升了党法关系的契合度，全面贯彻落实了党的十八届三中、四中全会重要会议精神，将腐败的治理置于法治国家建设的战略体系中，与时俱进地更新法律，适时地划定贿赂犯罪的对象范围，加快了反腐败法治体系建设的进度。

第四，2016年《解释》的规定进一步提升和强化了我国在世界反腐败阵营中的地位和影响力。《联合国反腐败公约》规定："各缔约国均应当采取必要的立法措施和其他措施，将下列故意实施的行为规定为犯罪：（一）直接或间接向公职人员许诺给予、提议给予或者实际给予该公职人员本人或者其他人员或实体不正当好处，以使该公职人员在执行公务时作为或者不作为；（二）公职人员为其本人或者其他人员或实体直接或间接索取或者收受不正当好处，以作为其在执行公务时作为或者不作为的条件。"该公约中的"好处"大约相当于我国刑法理论中解释的"利益",远远超出了"财物"的范畴。① 我国作为《联合国反腐败公约》的缔约国,将公约的有关内容转化为国内刑事立法,不仅是履行国际义务的要求,而且有着急迫的国内现实需要,在立法技术上将财产性利益纳入贿赂犯罪对象也没有太大的障碍。2016年《解释》的出台,极大地提升了我国在世界反腐败体系中的话语地位。

(三)性入贿赂的可行性考量

2016年《解释》关于贿赂的扩容是否意味着贿赂范围存在进一步延展和扩张的空间和容量?这个假定的提出实际上是为了将讨论的视角引向性贿赂。

众所周知,为获取不正当利益或正当利益而提供不正当性行为、性服务的现象屡见不鲜。随着经济社会的发展,"性贿赂"事件的发生逐渐增多已是不争的事实,由此而引发的"性贿赂"是否入罪的讨论一直处于进行时。主张性贿赂入罪的观点普遍认为,性贿赂本质上符合贿赂犯罪的特性,而且基于当前性贿赂有大肆泛化之势,急需用《刑法》予以约束规制,性贿赂入罪还具有广泛的民意基础;否定论者则主要是从《刑法》的谦抑性和司法实践角度入手,认为"性贿赂"是属于道德范畴的一种社会失范行为,这种失范行为应该与犯罪行为有所区分。

虽然在当下的社会中"性贿赂"行为较为泛化,但《刑法修正案(九)》和2016年《解释》都未涉及"性贿赂"的问题。在目前的刑事法律框架下,性贿赂应当被纳入贿赂范围。

首先,性贿赂具有严重的社会危害性。刑法古典学派创始人贝卡里亚认为,衡量犯罪的真正标尺是犯罪对社会的危害,即严重的社会危害性是犯罪的本质特征,如果没有严重的社会危害性,性贿

---

① 参见《贿赂犯罪对象应有更广内涵》,载 http://opinion.people.com.cn/n/2015/0222/c1003-26586781.html,2016年5月14日访问。

赂入罪就无从谈起,性贿赂的社会危害性表现在方方面面。性贿赂不仅会诱发职务犯罪,给国家、社会造成巨大经济损失,严重破坏经济秩序,还会导致官德沦丧,一些官员在美色的诱惑下早已将国家工作人员的身份和职责抛至九霄云外,导致政府形象毁损和公信力下降。

其次,性作为贿赂不违背刑法精神。性作为贿赂并不违反《刑法》的谦抑性精神。① 《刑法》的主要目的是预防犯罪,将性贿赂入罪能够达到遏制或者减少贿赂犯罪的效果。有观点认为,性是个人的隐私,法律不应该加以调整。我们知道,隐私权是公民自己的不会危及他人或社会利益的一些信息或行为,性贿赂中的性已经突破隐私权的保护网,成为可以和权力交易的筹码,是商品化了的性行为,已经不仅仅只有自然属性,在某种程度上可以说性贿赂中的性已经变成了一种具有社会属性的交换物,将其纳入《刑法》规制的视野,与《刑法》的谦抑性并不相悖。

最后,性作为贿赂契合国际反腐败潮流。《联合国反腐败公约》第15条、第16条将贿赂罪的对象规定为"好处",这自然包括非物质利益,性贿赂亦当然在其范围之内。意大利、印度、德国、日本等许多国家都将非物质性利益纳入贿赂罪的规范之下,进一步扩大贿赂所包含的内容是国际反腐败发展的趋势。我国作为公约的缔约国之一,有必要结合国情考虑讨论向该立法趋势迈进的可行性。

如何从制度上设计出性入贿赂的路径?支持性入贿赂的观点提出了三种解决思路:第一种思路是把"性贿赂"从现有的贿赂罪中独立出来,单独成立一个新的罪名——"性贿赂罪"。第二种思路是通过修改立法将现行《刑法》的贿赂罪的贿赂范围扩大,将现行贿赂的内容"财物"扩大到"财产性利益和其他不正当利益",这样性贿赂自然就

---

① 参见康均心:《新问题还是老问题:性贿赂的入罪与出罪》,载《法治研究》2013年第2期。

可以归入贿赂的范围了。第三种思路是采取增设条款的方式,在《刑法》第 385 条增设一款:国家工作人员利用职务上的便利,索取与他人发生不正当的性关系或第三人提供的性服务,或接受与他人发生不正当性关系或第三人提供的性服务,为他人谋取不正当利益的,依照前款规定定罪处罚。

立足于我国现行的立法框架和司法环境,一是可以考虑通过司法解释将现有贿赂犯罪的对象范围扩充至"其他不正当利益",这样性贿赂自然就可以被纳入贿赂的范围。二是可以考虑将性贿赂作为贿赂罪的量刑情节,归入现有的贿赂犯罪中,通过司法解释调整行贿罪和受贿罪的量刑起点和刑度,对性贿赂适用行贿罪和受贿罪的基本量刑档次,从而弥补我国暂无约束性贿赂行为法律规定的漏洞。①

二、为他人谋取利益:从主客观之争到主观违法要素

(一)理论纷争的勾勒

认定受贿罪,必须解决两个核心问题,即"利用职务上的便利"和"为他人谋取利益"两个构成要件要素。按照现有的立法规定、司法解释、理论成果认定"利用职务上的便利"较为确定清晰,而认定"为他人谋取利益"则模糊不清,由此直接引发了关于"为他人谋取利益"在认定受贿罪成立与否的过程中的地位和作用的讨论。讨论的结果之一,是要求取消作为犯罪构成要件要素的"为他人谋取利益"在认定受贿罪中的位置。

取消派认为,从语义学上理解,"为他人谋取利益"与认定国家工

---

① 参见康均心:《新问题还是老问题:性贿赂的入罪与出罪》,载《法治研究》2013 年第 2 期。

作人员所收财物之间是否具有职务关联性并无直接关系,亦即"为他人谋取利益"这一要件原本就与受贿罪的本质不符,刑法理论对该问题的争论也表明在司法实践中,以"为他人谋取利益"作为认定受贿罪的条件不具有说服力,不能很好地回应反腐败的实践需求。因而,取消"为他人谋取利益"在犯罪构成中的位置是解决争议的根本出路。① 取消派主张将受贿罪的"为他人谋取利益"剔除出犯罪构成,司法机关在认定受贿罪时不需要考虑受贿行为中是否存在"为他人谋取利益",只需判断国家工作人员是否收受了财物或者相关的利益即可,这样将会使得司法机关的证明困难迎刃而解,司法便利得到实现。

与取消派相对应的是,要求保留"为他人谋取利益"在受贿罪犯罪构成中的地位。保留派中又因为对立法和司法解释的观照角度和逻辑路径有异而又分为主观保留派和客观保留派两种。

主观保留派认为,受贿罪的成立应当以"为他人谋取利益"为目的或承诺,如果行为人收受他人财物前后没有为他人谋取利益的目的或承诺,或只是虚假表示为他人谋取利益,但实际上并没有此真实意思,就不构成受贿罪。主观保留派主张将"为他人谋取利益"作为主观要件理解,与受贿罪的本质有所抵牾。受贿罪的本质是国家工作人员利用职务便利收受他人的财物,外在行为表现为国家工作人员收受了他人的财物,就受贿人而言,其目的是获取财物。基于此,受贿人则需要以"为他人谋取利益"为代价,所以,在受贿罪中犯罪行为与谋取利益是手段与目的的关系。从行为对象考察,受贿罪是对向犯,行贿人与受贿人常常处于攻守同盟的地位,司法机关要想证明受贿人的主观目的是"为他人谋取利益"是很困难的,主观保留派的主张增加了司法机关在司法实践中惩治贿赂犯罪的难度。

---

① 参见李琳:《论"感情投资"型受贿犯罪的司法认定——兼论受贿罪"为他人谋取利益"要件之取消》,载《法学论坛》2015 年第 5 期。

客观保留派认为,"为他人谋取利益"仅是一种具体行为,行为人在收受财物时只要作出"为他人谋取利益"的"许诺",也就是以某种行为方式将"为他人谋取利益"的主观意图表达出来,即构成受贿犯罪,因而,"为他人谋取利益"仍然是受贿罪的客观构成要件要素,其最低要求是许诺为他人谋取利益。① 客观保留派主张将"为他人谋取利益"视为一种客观行为,受贿罪在客观方面需要满足"非法收受财物"与"为他人谋取利益"两个犯罪构成的必要要件,对于司法实践中仅收受财物,但对没有为他人谋取利益的行为的认定将出现司法疏漏,并可能放纵犯罪。

(二)司法解释的立场

2016年《解释》第13条规定,具有下列情形之一的,应当认定为"为他人谋取利益",构成犯罪的,应当依照《刑法》关于受贿犯罪的规定定罪处罚:(1)实际或者承诺为他人谋取利益的;(2)明知他人有具体请托事项的;(3)履职时未被请托,但事后基于该履职事由收受他人财物的。国家工作人员索取、收受具有上下级关系的下属或者具有行政管理关系的被管理人员的财物价值3万元以上,可能影响职权行使的,视为承诺为他人谋取利益。

根据2016年《解释》第13条的规定,认定"为他人谋取利益"需要从四个方面把握。

首先,实际或者承诺为他人谋取利益。这一规定基本上包括了承诺为他人谋取利益、实施为他人谋取利益,以及实现为他人谋取利益的情形。这里的"承诺",更多的是一种主观性的行为表示。

其次,明知他人有具体的请托事项。"明知"是刑法中的犯罪构成中的主观要件,其可以较为明确地表现出行为人主观心理态度,即内

---

① 参见张明楷:《刑法学》(第四版),法律出版社2011年版,第1068页。

心的故意心理,承诺是以语言表示同意的,明知则是在实施具体的请托事项之后而收受他人财物,并心照不宣,因而,可以推定为承诺为他人谋取利益,由此可见,该犯罪构成要件表现出了浓厚的主观性色彩。

再次,履职时未被请托,但事后基于该履职事由收受他人财物。这一规定实质上是肯定了事后受贿行为构成受贿罪。2016年《解释》确立的是,只要是在行使公务职权的情况下,收受了他人财物,就应当认定为具有为他人谋取利益的目的,这是一种对行为人主观意图的法律拟制。

最后,行为人索取或收受具有上下级关系的下属或者具有行政管理关系的被管理人员的财物价值在3万元以上,可能影响职权行使的。2016年《解释》明确规定,国家工作人员索取、收受具有上下级关系的下属或者具有行政管理关系的被管理人员的财物价值3万元以上,可能影响职权行使的,视为承诺为他人谋取利益。这一规定实质上是一种法律拟制,即将该行为作为一种"谋取利益"的行为对待,立法者以主观判断的方式使得"为他人谋取利益"之要件的主观性色彩愈加浓厚。

2016年《解释》关于"为他人谋取利益"的规定,较为明显地反映出立法和司法机关对于"为他人谋取利益"作为犯罪构成要件的主观违法性要素的观点倾向性。

(三)司法解释的检视

从《刑法修正案(九)》和2016年《解释》关于受贿罪的立法修正和司法解释的立场和倾向可以看出,立法者和司法者对于"为他人谋取利益"在受贿罪犯罪构成要件中的地位,秉持的是主观保留派的立场。根据现行《刑法》的规定,立法机关和司法机关是从解释论的角度对受贿罪进行了修正和解释,刑法理论界对于该问题的研究也大多从解释论的角度出发,并寻求解决受贿罪在实践中所面临的各种挑战。但从刑法教义学的层面来看,对于受贿罪犯罪构成中"为他人谋取利益"这一要件的地位问题,可以跳出解释论的思路限制,从受贿罪的本质及其违反的法益探究其基本犯罪构成要件,进而明确受贿罪之罪与非罪的界限。因此,从受贿罪所维护的是国家工作人员职务行为的廉洁性和不可收买性的立场出发,行为人只要对国家工作人员的职务行为的廉洁性和不可收买性造成侵犯就应当成立受贿罪。

依照上述分析,"为他人谋取利益"对受贿罪的构成并无任何影响。但就现行受贿罪的立法和司法而言,"为他人谋取利益"作为受贿罪的构成要件之一,其主观违法要素的性质定位已经在司法实践中得到了贯彻,同时也在理论和实务界取得了支配性的地位,遵循2016年《解释》对受贿罪之"为他人谋取利益"的具体思路,司法机关可以将"为他人谋取利益"中的"利益"立法或司法具体化,从而在司法实践中为颇受争议的事后受贿和感情投资等问题提供临时性的明确解决路径。但如上文所分析的,2016年《解释》第13条所列举"国家工作人员索取、收受具有上下级关系的下属或者具有行政管理关系的被管理人员的财物价值三万元以上,可能影响职权行使的,视为承诺为他人谋取利益"以及"履职时未被请托,但事后基于该履职事由收受他人财物"的情形,皆是司法者采取的一种法律拟制。此种司法造法方式在一定程度上使得不属于法定事项的情形也按照法律规定处理,已然超越了解释论的范畴,涉嫌类推解释,并与罪刑法定原则相悖。

因此,跳出解释论的思路限制,从更为宏观的立法论(司法造法)出发,在受贿罪中摒弃"为他人谋取利益"之要件,会使得司法实践中出现的事后受贿或感情投资型受贿认定的难题迎刃而解,受贿罪的罪与非罪的界定围绕"利用职务上的便利"之要件独立展开判断。以此为出发点,虽然受贿罪之犯罪构成要件中排除了"为他人谋取利益"这一要件,但是作为一项重要的内容,立法机关可以从立法论的角度将"为他人谋取利益"作为一种重要的量刑情节予以考虑。

三、定罪量刑模式:从数额到"数额+情节"

(一)罪质数额的提升

根据 2016 年《解释》第 1 条的规定,贪污、受贿数额在 3 万元以上不满 20 万元的,应当认定为受贿罪的"数额较大",依法判处 3 年以下有期徒刑或者拘役,并处罚金。受贿数额在 1 万元以上不满 3 万元,具有下列情形之一的,应当认定为受贿罪的"其他较重情节",依法判处 3 年以下有期徒刑或者拘役,并处罚金:(1)曾因贪污、受贿、挪用公款受过党纪、行政处分的;(2)曾因故意犯罪受过刑事追究的;(3)赃款赃物用于非法活动的;(4)拒不交待赃款赃物去向或者拒不配合追缴工作,致使无法追缴的;(5)造成恶劣影响或者其他严重后果的;(6)多次索贿的;(7)为他人谋取不正当利益,致使公共财产、国家和人民利益遭受损失的;(8)为他人谋取职务提拔、调整的。

由此可见,受贿罪的一般罪质数额为 3 万元以上不满 20 万元(例外罪质数额为 1 万元以上不满 3 万元),较之以前的入罪数额标准,是大幅度提高了。有观点认为,受贿罪入罪最低数额提升过高与严惩受贿犯罪行为的法治理念相违背。也有观点认为,受贿罪入罪最低数额的变化是我国《刑法》与时俱进的表现,是合乎情理与法理的。事实上,对贪腐行为的零容忍并不等于对贪污受贿犯罪要实行刑事犯罪门槛的零起点[①],2016 年《解释》关于受贿罪罪质数额的规定变化,并没有超出 2016 年《解释》出台前理论界和实务界对受贿罪入罪数额预测的区间。

---

① 参见《贪污受贿万元以上或追究刑责》,载 http://news.sina.com.cn/o/2016-04-19/doc-ifxriqri6830675.shtml,2016 年 5 月 29 日访问。

就《刑法修正案(九)》和2016年《解释》而言,受贿罪入罪数额的变化考虑了以下方面。

第一,充分考虑了正义的程序性。《刑法修正案(九)》取消了原受贿罪定罪量刑中的"数额较大""数额巨大""数额特别巨大"的具体数额标准,以及"较重情节""严重情节""特别严重情节"的具体内涵表征。因此,要确保司法实务能准确适用修订后的法条,2016年《解释》根据立法授权,在广泛调研、征求意见和充分论证,并征得立法机关同意的基础上,对受贿罪的入罪数额标准予以明确规定,充分体现了程序正义的力量。

第二,充分考虑了正义的发展性。2016年《解释》关于受贿罪入罪数额的规定顺应经济社会的发展,坚持了正义的发展性。正义作为一种社会意识,其具体内涵是随着社会现实的发展而发展的,而入罪数额的变化正体现了我国司法对正义发展性的追求。以起刑点为例,1980年以来,我国受贿犯罪起刑点数额标准曾调整过三次。1986年最高人民检察院制定的贪污罪、受贿罪立案追究刑事责任的标准是1000元,当时我国城镇居民人均可支配收入为828元。1988年《补充规定》对贪污罪、受贿罪规定的起刑点数额标准是2000元,与之对应当时我国城镇居民人均可支配收入为1181元。[①] 1997年《刑法》对贪污罪、受贿罪规定的起刑点数额为5000元,当时城镇居民人均可支配收入为5160.3元。2015年我国城镇居民人均可支配收入为31195元[②],因此,按照以往的规定,贪污受贿犯罪的起刑点调整为3万元较符合现实情况,而且从司法实践看,这种入罪数额的调整对于受贿罪的实际惩治不会产生太大影响,也不会让受贿罪的犯罪圈骤然

[①] 参见《贪污受贿罪定罪量刑标准》,载 http://www.lawtime.cn/zhishi/a3333724.html,2022年4月20日访问。

[②] 参见《2015年国民经济运行稳中有进、稳中有好》,载 http://www.stats.gov.cn/tjsj/zxfb/201601/t20160119_1306083.html,2016年5月28日访问。

缩小。

第三,充分考虑了正义的普遍性。2016 年《解释》统一了各地受贿犯罪的数额标准,坚持了正义的普遍性,能够让人民群众在每个案件中感受到司法正义。近年来,司法实践中由于受地域差距等因素的影响,各地对受贿移送追究刑事责任的标准不尽统一。2016 年《解释》对受贿罪既施行统一的入罪数额标准,又保持一定的幅度,不搞地区差别,充分体现了司法公正理念,体现正义所要求的无差别对待。

(二)罪责数额的调整

就受贿罪而言,上述入罪数额又是起点刑数额和量刑数额,即罪责数额。从刑事责任的角度而言,罪责数额的合理规划设计有助于实现罪刑均衡。根据我国《刑法》的规定和刑事责任的一般理论,刑罚的轻重不仅要与犯罪行为的社会危害性相适应,同时也要与行为人的人身危险性相适应。人民法院根据犯罪行为人行为责任的大小,衡量犯罪行为的社会危害程度,在法律规定的刑罚幅度内,判处轻重适度的刑罚,避免畸轻畸重,确保罪责刑相适应,从而实现罪刑均衡。从这个意义上讲,2016 年《解释》关于受贿罪罪责数额的调整,体现了罪质与罪责的均衡。1997 年《刑法》第 383 条明确规定:(1)个人贪污数额在 10 万元以上的,处 10 年以上有期徒刑或者无期徒刑,可以并处没收财产;情节特别严重的,处死刑,并处没收财产。(2)个人贪污数额在 5 万元以上不满 10 万元的,处 5 年以上有期徒刑,可以并处没收财产;情节特别严重的,处无期徒刑,并处没收财产。(3)个人贪污数额在 5000 元以上不满 5 万元的,处 1 年以上 7 年以下有期徒刑;情节严重的,处 7 年以上 10 年以下有期徒刑。个人贪污数额在 5000 元以上不满 1 万元,犯罪后有悔改表现、积极退赃的,可以减轻处罚或者免予刑事处罚,由其所在单位或者上级主管机关给予行政处分。(4)个人贪污数额不满5000元,情节较重的,处两年以下有期徒刑或者拘役;情节较轻的,由其所在单位或者上级主管机关酌情给予行政处分。根据《刑法》第386条的规定,上述起刑数额和法定刑同样适用于受贿罪。从上述规定的起刑数额和刑期分布上来看:(1)数额5000元以下,情节较重的,刑期两年以下;(2)数额5000元至5万元的,刑期1~7年;情节严重的,刑期7~10年;(3)数额5万元至10万元的,刑期5年以上,可以并处没收财产;情节特别严重的,处无期徒刑,并处没收财产;(4)数额10万元以上的,刑期10年以上,或者无期徒刑,可以并处没收财产;情节特别严重的,处死刑,并处没收财产。四档刑期相互交叉,真空大。受贿数额一旦达到10万元以上,如十几万元、几十万元、几百万元、几千万元,甚至上亿元的,在最后判处的刑期上差别并不大,在没有法定从宽的情况下,十几万元的、几十万元的、几百万元的、几千万元的,判决结果大致都在10~14年之间,犯罪数额的巨大悬殊并没有体现在量刑的差距上。产生这种现象的原因很多,但从立法上来讲,主要在于没有重视刑罚结构在司法中的功能。这样既不利于司法操作,容易导致量刑不平衡,也易滋生司法腐败。

《刑法修正案(九)》之后的2016年《解释》第2条规定,受贿数额在20万元以上不满300万元的,应当认定为"数额巨大",依法判处3年以上10年以下有期徒刑,并处罚金或者没收财产。受贿数额在10万元以上不满20万元,具有下列情形之一的,应当认定为"其他严重情节",依法判处3年以上10年以下有期徒刑,并处罚金或者没收财产:(1)多次索贿的;(2)为他人谋取不正当利益,致使公共财产、国家和人民利益遭受损失的;(3)为他人谋取职务提拔、调整的。2016年《解释》第3条第1、3款规定,受贿数额在300万元以上的,应当认定为"数额特别巨大",依法判处10年以上有期徒刑、无期徒刑或者死刑,并处罚金或者没收财产。受贿数额在150万元以上不满300万元,具有下列情形之一的,应当认定为"其他特别严重情节",依法判处

10年以上有期徒刑、无期徒刑或者死刑,并处罚金或者没收财产:(1)多次索贿的;(2)为他人谋取不正当利益,致使公共财产、国家和人民利益遭受损失的;(3)为他人谋取职务提拔、调整的。第 4 条规定,贪污受贿数额特别巨大,犯罪情节特别严重、社会影响特别恶劣、给国家和人民利益造成特别重大损失的,可以判处死刑。但具有自首、立功,如实供述自己罪行、真诚悔罪、积极退赃,或者避免、减少损害结果的发生等情节,不是必须立即执行的,可以判处死刑缓期两年执行。根据犯罪情节等情况可以判处死刑缓期两年执行的,同时裁判决定在其死刑缓期执行两年期满依法减为无期徒刑后,终身监禁,不得减刑、假释。

(三)"数额+情节"量刑模式的确立

1997《刑法》所确立的受贿罪的量刑模式为"单一数额"模式,以"具体数额"为标准,5000 元、5 万元、10 万元为分界点明确规定了轻重不同的四个档次法定刑,并辅之以"情节轻重"作为加重刑罚的因素。此种"单一数额"的量刑模式在司法实践中由于其过于具体和刚性而日益显现出其缺陷和不足,不能较为全面反映犯罪行为的社会危害程度,更不能很好地贯彻罪责刑相适应的原则。

面对司法的困境,《刑法修正案(九)》对受贿罪的定罪量刑标准及时进行了较为合理的调整,明确采用了"不确定数额+情节"的定罪量刑标准。《刑法修正案(九)》在第 44 条中针对贪污罪规定但却可以适用于受贿罪的三个量刑档次[①],在《刑法修正案(九)》第 45、46 条中规定了行

---

① 《刑法修正案(九)》第 44 条将《刑法》第 383 条进行了修改和调整,对贪污罪的定罪数额从 5000 元以下、5000 元~5 万元、5 万元~10 万元、10 万元以上四个量刑档次修改为"数额较大""数额巨大"以及"数额特别巨大"三个量刑档次。

贿罪的三个量刑档次。① 在受贿罪的罪刑体系中,摒弃了"单一数额"的模式,采纳了"概括数额+情节"的模式,同时,根据"其他情节"所表征的行为的不同违法程度,"其他情节"可以划分为其他较重情节、其他严重情节、其他特别严重情节以及数额特别巨大,并使国家和人民利益遭受特别重大损失四个层次,并配置了轻重不同且相互衔接的法定刑,由此也使得"数额"和"情节"成为受贿罪的量刑中的核心考量要素,"情节"取得了与"数额"同等的地位。② 为了配合《刑法修正案(九)》,2016年《解释》对受贿罪的概括数额和情节进行了具体的量化规定,较好地体现了《刑法修正案(九)》的修法精神,落实了罪刑相适应的原则,由此实现了受贿罪量刑模式从"单一数额"向"概括数额+情节"的转变。

受贿罪量刑模式的转型,彰显了受贿罪立法与司法的精细化。就立法精细化而言,它是在立法准备时、内容选择时、程序设定时,以及立法技术上做到精致细化,从而实现正当的立法目的、科学的立法内容、民主的立法程序以及立法实施有效的目的。③ 2016年《解释》不仅提高了受贿犯罪的起刑点,而且针对未达到3万元犯罪数额标准的犯

---

① 《刑法修正案(九)》第45条将《刑法》第390条修改为:"对犯行贿罪的,处五年以下有期徒刑或者拘役,并处罚金;因行贿谋取不正当利益,情节严重的,或者使国家利益遭受重大损失的,处五年以上十年以下有期徒刑,并处罚金;情节特别严重的,或者使国家利益遭受特别重大损失的,处十年以上有期徒刑或者无期徒刑,并处罚金或者没收财产。行贿人在被追诉前主动交待行贿行为的,可以从轻或者减轻处罚。其中,犯罪较轻的,对侦破重大案件起关键作用的,或者有重大立功表现的,可以减轻或者免除处罚。"《刑法修正案(九)》第46条在《刑法》第390条后增加一条,作为第390条之一:"为谋取不正当利益,向国家工作人员的近亲属或者其他与该国家工作人员关系密切的人,或者向离职的国家工作人员或者其近亲属以及其他与其关系密切的人行贿的,处三年以下有期徒刑或者拘役,并处罚金;情节严重的,或者使国家利益遭受重大损失的,处三年以上七年以下有期徒刑,并处罚金;情节特别严重的,或者使国家利益遭受特别重大损失的,处七年以上十年以下有期徒刑,并处罚金。单位犯前款罪的,对单位判处罚金,并对其直接负责的主管人员和其他直接责任人员,处三年以下有期徒刑或者拘役,并处罚金。"
② 参见钱叶六:《贪贿犯罪立法修正释评及展望——以〈刑法修正案九〉为视角》,载《苏州大学学报(哲学社会科学版)》2015年第6期。
③ 参见郭跃:《论立法精细化的标准与实现路径》,载《学术界》2016年第2期。

罪行为也有明确的特殊规定,内容精确客观,便于司法实践适用,充分展示了立法技术的进步,表明我国刑法已经开始重视"数额+情节"的量刑模式。

就司法精细化而言,主要表现在法官对适用法律规范的正当解释上,以及在定罪的准确化和量刑的细致化上。在体现立法精细化的前提下,"数额+情节"量刑模式为司法精细化做了铺垫,法官在司法实践中适用该模式量刑时,可以更加科学合理地对案件进行准确和细致的量刑,"数额"限制自由裁量权,"情节"赋予自由裁量权,这种模式使法官的自由裁量权能在更小的范围内合理合法地行使,不至于偏离司法正义的轨道,较之以往唯数额论①的量刑方式,该模式极大地推进了受贿罪立法与司法精细化的进程。

(四)"数额+情节"量刑模式检视

从一方面看,受贿罪"数额+情节"量刑模式的确立,在一定程度上改变了之前过度依赖于数额定罪量刑的弊端,特别是改变数额成为法官机械量刑工具的状况。从另一方面看,"数额+情节"量刑模式在克服"单一数额"量刑模式弊端的同时,提升了"情节"的量刑地位,契合了罪刑相适应原则理念,但是,情节的多元性也会增加量刑的不确定性。具体表现为《刑法修正案(九)》确立的量刑标准为三个档次,三个档次的量刑标准,既可以选择适用,也可以合并适用。一般量刑时,数额与情节可选择,而无期徒刑或死刑,其标准则是单独的,即"数额特别巨大,并使国家和人民利益遭受特别重大损失",这一标准是固定的不可选择的。另外,三个档次的量刑标准都是不统一的,既可以是"数额特别巨大或者有其他特别严重情节",也可以是"数额特别巨大,并使国家和人民利益遭受特别重大损失",数额与情节既可以选择

---

① 唯数额论者将数额作为受贿罪定罪量刑的唯一标准。

也可以并列。

"数额+情节"量刑模式所确立的数额和情节是多样的,不同档次的数额和情节,既可以选择适用,也可以同时适用,不同的标准对应不同的法定刑,造成了受贿罪的定罪量刑标准的不统一,进而会使得司法实践中受贿案件的处理出现不平衡的情况。此外,在司法个案中,当受贿罪的数额和情节较为复杂时,出现了多个量刑标准及其相关的情节因素时,司法实践的处理将会颇感棘手而不能规范处理。"数额+情节"的量刑模式弱化了数额在定罪量刑中的绝对统治地位,情节的要素受到重视,但是情节的多元化和不可穷尽的特性将使得量刑标准面临更多的选择,由此使得受贿罪量刑的弹性空间愈加明显,而规范的固定性则被弱化,进而使得司法裁量权有着更大的空间而存在有损量刑公正的可能。由此可见,"数额+情节"量刑模式的确弥补了以往诸多立法的缺陷,但存在风险,在司法实践中,要尽量避免唯数额论和重数额轻情节的错误倾向。

第一,"数额+情节"这种不同的标准适用于不同的法定刑幅度,会让人觉得量刑标准不协调、不一致,影响司法的协调与统一,导致司法无所适从。既然2016年《解释》确立了"数额+情节"的量刑模式,必然会出现二者失衡的隐性风险,尤其可能会由于以往唯数额论的适用习惯,导致在司法实践中忽视2016年《解释》关于"数额+情节"的规定而惯性地沿袭唯数额论或者失衡地偏重于数额进行案件处理,稍有偏差,便无法恰当地适用"数额+情节"的量刑模式。

第二,"数额+情节"模式缺乏理论根据,数额与情节之间的等价转换其实并不能实现。数额与情节的等价如何衡量,又如何实现,是刑罚始终没有解决的问题。受贿中同一法定刑幅度内的数额与情节的对等,只是立法者的人为拟定,而这种人为拟定必然是立法者主观价值选择的产物。价值是一种关系范畴,表示价值主体与价值客体之间的相互联系,是一种人与物之间的需要与满足的对应关系,价值不是客体的性质,而是主体的判断,而且价值主体的需要和变化决定着价值客体的价值及变化。① 这种将数额与情节等价的主观价值选择,将会过度强化量刑的灵活性与弹性,进而纵容司法自由裁量权的滥用②,并且这样的自由裁量受到认知水平的限制,以及主观价值选择时的倾向性会排除正义的但不符合立法者喜好的内容,以至于这种拟定的刑罚量的等价是否符合刑罚正义,不得而知。例如,受贿1万元加多次索贿情节的,为何可以与受贿3万元判处同一法定刑,多次受贿与受贿2万元的刑罚等价性根据又是什么?

(五)"数额+情节"量刑模式的调和

如前所述,《刑法修正案(九)》确立的"数额+情节"的量刑模式是对以前"单一数额"量刑模式的修正,其最大亮点在于《刑法修正案(九)》重新确立了情节在量刑中的重要性,情节取得了与数额共同影响受贿罪定罪量刑的地位。因此,在受贿罪中如何处理数额与情节的关系,在数额与情节同时具备的情形下,二者在量刑时如何选择和考量是司法实践中需要予以认真对待的问题。从立法论的角度看,"数额+情节"量刑模式也存在着其固有的弊端与不足,如何处理数额与情节的关系及权重是受贿罪量刑中所要权衡的永恒的命题,直接影响着量刑的公正与否。基于此,有必要对"数额+情节"模式予以调和,缓解当前受贿罪在数额与情节之间反复较量的困境。

如何进行调和?在遵循《刑法修正案(九)》和2016年《解释》的精神的前提下,可以考虑,在司法实践中确立定量数额标准为主、酌定情节为辅的量刑模式。其中的数额应当是可以量化的,同时考虑特定

---

① 参见何柏生:《论法律价值的数量化》,载《法律科学》2011年第6期。
② 参见蒋太珂、彭文华:《量刑应实行定量与自由裁量并行——以贪污、受贿罪量刑标准的修改为视角》,载《华东政法大学学报》2016年第2期。

化的情节因素,赋予法官一定程度的自由裁量权。① 一般情况下,该模式要求在刑法中针对受贿罪设立较为固化的量刑标准。对于特定化的情形,司法对于酌定情节享有自由裁量权,通过原则化的固化标准和特定化的自由裁量的结合,最大限度地避免量化标准与不确定标准的缺陷与不足,使量刑的原则性与灵活性、刚性与弹性得以充分体现,最大限度地实现司法公正与量刑公正。定量数额标准为主、酌定情节为辅的量刑模式可以在《刑法修正案(九)》确立的定罪量刑标准之下综合考虑数额与情节的作用。

首先,数额标准在受贿罪的定罪量刑中是居于主导地位的。如前所述,受贿罪之对象范围应当包括财产、财产性利益,受贿罪必然与财产有着先天性的联系,财产或财产性利益均是可以量化并以数额的形式表现出来的,而数额在表现受贿罪之社会危害性方面也有着较为直观的优势,因此,在考虑受贿罪量刑时,数额是需要首先考虑的。

其次,在数额不确定或者对于受贿罪成立影响不大时,情节可以作为量刑标准,个别化的情节需要与数额共同成为认定犯罪成立而成为影响量刑的因素,由数额决定在某一法定刑幅度内量刑时,可以根据情节在上一档或者下一档的法定刑幅度内量刑。

最后,2016 年《解释》对于受贿罪之量刑的情节进行了细致的规定,并将之前的酌定情节法定化,无论是从宽的还是从严的,量刑情节的多样性也使得受贿罪的量刑体现出罪刑相适应的原则。

因此,在以定量数额标准为主、酌定情节为辅的量刑模式之下,要求司法裁量充分考虑受贿罪中的各种情节,除法定量刑情节之外,还应当考虑特定的酌定情节,除从宽情节之外,还应当考虑从严情节。作为贪利型犯罪,受贿罪是对国家工作人员公务行为廉洁性的侵犯,

---

① 参见简基松:《防范量刑偏差之理路》,载《中国法学》2009 年第 6 期。

其社会危害性较为显著,基于加大惩治贪污贿赂犯罪的刑事政策考量,在受贿罪量刑时,还需要法官在法定从宽情节之下,把受贿的频繁性、时间持久性以及贪利的程度作为其从严量刑的情节予以自由裁量,进而在保持量刑标准固定化的基础上,增强定罪量刑的灵活性,彰显量刑的弹性空间。

四、贿赂犯罪体系:从失衡到独立

(一)贿赂犯罪体系内部的失衡

从《刑法》体系出发,不难发现贿赂犯罪体系具有较强的包容性。以是否侵犯公务行为的廉洁性为标准,可分为国家工作人员贿赂罪和非国家工作人员贿赂罪;以自然人和单位为标准,可分为自然人贿赂罪和单位贿赂罪。这个体系包括受贿罪、单位受贿罪、行贿罪、单位行贿罪、介绍贿赂罪等多个罪名。当然,这里主要讨论的是《刑法》分则第八章所规定的贿赂犯罪。因此,《刑法修正案(九)》和2016年《解释》在对贿赂犯罪修订完善时,应当把握整个犯罪体系的平衡性。然而,《刑法修正案(九)》和2016年《解释》却留下了些许失衡的缺憾。

首先,受贿罪与行贿罪的量刑标准失衡。受贿罪与行贿罪是贿赂犯罪的两种表现形式,在犯罪学上,受贿和行贿二者具有对向性。国际公约和世界上大多数国家基于对贿赂犯罪性质的认识,将行贿与受贿同罪同罚,在犯罪构成要件上差别较少甚至是对应性规定,在刑罚上也没有区别对待(如德国、意大利、法国),但在我国刑法中,行贿和受贿不仅不同罪,而且在待遇上也极其不对称。二者的不协调具体表现在:(1)量刑情节标准不均衡。仅对职务廉洁性法益的侵害而言,受贿与行贿具有同等的侵害性。受贿者是从体制内部予以侵害,而行贿者则是从体制外部予以侵害,当然索贿与被勒索给予财物的情形除外。虽然二者在2016年《解释》的规定中达到了入罪数额已经趋于平衡,但是行贿罪的"数额巨大""数额特别巨大"分别是100万元、500万元,这远远超过受贿罪相对应的20万元、300万元,而且仍然要求"为谋取不正当利益"这一要件,而受贿罪则无此限制(斡旋受贿形式除外),该要件仍然相较于受贿罪的定罪量刑有些许不协调。(2)就外国关于受贿与行贿的规定而言,我国关于受贿罪与行贿罪的刑罚也存在不均衡的局面。国外对行贿和受贿基本都是同罪同罚,而我国在刑罚上行贿罪的最低刑是"五年以下有期徒刑或者拘役,并处罚金";而受贿罪则是"三年以下有期徒刑或者拘役,并处罚金"。对行贿罪,我国还规定了特别自首制度,虽然2016年《解释》对该制度加以严格的限制,要求犯罪较轻且对侦破重大案件起关键作用的或者重大立功表现的才有可能免除处罚,说明该特别自首制度还是存在的,但该制度却不存在于受贿罪中。行贿罪与受贿罪在定罪量刑上的这些不协调,反映了我国对"重受贿,轻行贿"的立法价值取向仍持保留态度,不利于从源头上预防和惩治贿赂犯罪。

其次,单位受贿的定罪量刑标准没有作同步调整。2016年《解释》将受贿罪"数额较大""数额巨大""数额特别巨大"的数额起点由原先的5000元、5万元、10万元调整为3万元、20万元、300万元,分别提升至原数额的6倍、4倍、30倍。由于受贿罪既有自然人犯罪又有单位犯罪。如果单位受贿,依照《刑法》的明确规定,要按单位受贿罪定罪处罚,这就导致虽然同为受贿行为,但自然人受贿罪与单位受贿罪原先的量刑标准便相互分离,而现在2016年《解释》对受贿罪的两项标准进行了较大幅度的调整,但却对单位受贿的定罪量刑标准只字未提,导致两种受贿行为的罪刑严重不均衡,甚至可能产生处罚的漏洞和悖论。

针对上述存在的问题,应从以下两个方面着手改进。

首先,平衡受贿与行贿的量刑标准。逐渐消除受贿与行贿之间立法上不平等的规定,充分体现二者对向性的关系,借鉴吸纳西方立法观念,对行贿与受贿作相同处理。在2016年《解释》规定行贿和受贿的入罪门槛逐渐相同的基础上,确保与量刑情节相对应的数额相互一致,同时在行贿罪中删除"为谋取不正当利益"的规定,最终促使行贿与受贿在入罪门槛方面除逐渐趋于平衡,从而更好地遏制行贿罪,直至降低受贿犯罪发生的可能性,从根本上限制贿赂犯罪。

其次,尽快在司法解释中同步调整受贿罪的定罪量刑标准。受贿罪与单位受贿本身就是由于同一受贿行为而导致的犯罪,主要区别是二者的犯罪主体不同,但是2016年《解释》对受贿罪单独的大幅度调整势必导致了整个犯罪体系的立法构造失衡,因此,下一步应当与时俱进地尽快制定出有关单位受贿的最新量刑标准,通过对受贿罪量刑标准调整的司法实践效果的检验和评价,从而加以借鉴,结合单位受贿犯罪的具体情况进行调整,修订出合法合理的单位受贿的量刑标准。

(二)受贿罪定罪量刑标准之独立考量

在现行刑法框架下,贪污罪和受贿罪属于同一个量刑标准,在《刑法》分则中,凡是单独定罪的犯罪行为均有其单独的法定刑,只有贪污罪和受贿罪共用法定刑,这种立法实为罕见。有观点指出,尽管贪污罪与受贿罪都属于贪污贿赂类犯罪,都侵犯了国家工作人员职务的廉洁性,但两罪在犯罪构成要件等多方面都存在差异,不应适用同一量刑标准。① 在这样的混同标准下,难以全面适时地反映贪污受贿个罪的社会危害性,个罪的社会危害性主要通过行为侵犯的客体、行为的手段、后果以及时间、地点、行为人的主观方面等因素来体现。尽管数

---

① 参见赵秉志:《贪污受贿犯罪定罪量刑标准问题研究》,载《中国法学》2015年第1期。

额在贪污受贿犯罪定罪量刑标准中占有核心地位,数额大小也能在相当程度上反映贪污受贿犯罪个罪的社会危害性,但因为贪污受贿犯罪尤其是受贿犯罪情节差别很大,情况复杂,如受贿数额相同,有无为他人谋取不正当利益、谋取了何种不正当利益、给国家和人民利益造成的损失会有巨大差异,若单纯考虑受贿数额,显然是无法全面、准确、客观地反映行为的社会危害程度的。虽然2016年《解释》已经将"数额+情节"作为量刑标准,但依其规定,贪污与受贿二者皆适用该量刑模式,却未具体区分二者哪个应当以"数额"为主,哪个应当以"情节"为主,从而体现不出二者个罪的社会危害性,而且还难免会给司法裁判者滥用自由裁量权的空间。

有鉴于此,大多数观点对这种立法模式持否定态度,主张受贿罪与贪污罪的定罪量刑标准应分离。

首先,二者侵犯的犯罪客体存在差异。贪污罪的犯罪客体是复杂客体,不但侵犯了国家工作人员职务的廉洁性,也侵犯了公共财产的所有权;而受贿罪的犯罪客体仅包括国家工作人员职务的廉洁性。因为二者的犯罪客体存在差异,即使现行《刑法》将二者都归入贪污贿赂罪一章中,但这并未改变二者的犯罪属性,仍然存在重大的差别。

其次,犯罪数额在两罪社会危害程度的评价中所起的作用和所处的地位不一样。贪污罪的社会危害性在很大程度上是通过贪污数额来体现的,及时退还或退缴赃款也能在客观上降低贪污行为的社会危害程度;而受贿罪的社会危害性是受贿数额难以完全反映的,其更多的是要通过受贿的情节、危害后果、违法的程度等因素来体现,即赃款(受贿)的数额大小并不能全面反映赃罪的社会危害程度,对赃罪的定罪科刑,除要衡量赃款的数额外,更多的是要考虑是否枉法、枉法之轻重、危害后果等因素。《刑法修正案(九)》和2016年《解释》之所以调整了贪污受贿罪的"数额+情节"的量刑标准,正是考虑到了该因素,但在情节方面的规定,贪污罪和受贿罪是明显不同的。因此,二者更应该分别适用不同的量刑标准。

具体应该如何分别确定贪污罪与受贿罪的量刑标准呢?在我国现行《刑法》和司法解释的"数额+情节"的量刑模式下,应当对贪污罪秉持"数额为主,情节为辅"的量刑标准,对受贿罪则适用"情节为主,数额为辅"的量刑标准①,之所以这样考虑,是因为贪污罪不仅侵犯了公共财物的所有权,还侵犯了国家工作人员职务行为的廉洁性。由此可见,贪污罪侵犯的法益首先是公共财物,而公共财物在量刑标准中对应最贴切的便是"数额"。因此,"数额"在贪污罪的量刑标准中处于相对重要的地位;对于受贿罪所保护的法益,一般认为是国家工作人员职务行为的不可收买性以及公正性、纯洁性,那么评判受贿犯罪违法性程度主要应聚焦于"职务行为",而非"贿赂数额",从而暗示了"情节"的重要参考性,而"数额"只是其量刑参考的标准之一,并非决定贿赂行为危害性程度的唯一变量。情节与数额在贪污罪和受贿罪的量刑标准中所处的地位并不相同。

结　语

在当前全力开展反腐工作和强调健全惩治贪腐犯罪的制度体系建设的背景下,立法机关秉持罪刑相适应的原则和量刑公正的基本精神,通过《刑法修正案(九)》和2016年《解释》以刑事立法和司法解释的形式对受贿犯罪进行了全面的修正和调整,及时回应社会的需求,刑法理论及时跟进,展现出积极进取的法治精神,值得肯定。2016年《解释》对贿赂犯罪的规定较之以往的相关规定有诸多进步之处:在罪

---

① 参见熊亚文:《贪污受贿犯罪定罪量刑标准探究——以〈刑法修正案(九)〉为背景的思考》,载《山西高等学校社会科学学报》2016年第3期。

刑法定原则的基础上减少了遏制贿赂犯罪的障碍;尽最大努力维持贿赂犯罪体系的立法平衡性;尽量平衡各罪名的关系并予以同步调整;重视受贿罪与贪污罪的量刑标准的界分等。《刑法修正案(九)》和2016年《解释》的施行及所获得的经验必将有助于推动反腐败治理"由治标走向治本",实现法治反腐的常态化。

受贿罪中"为他人谋取利益"的体系地位与实务认定

付立庆*

1979年《刑法》第185条第1款规定,"国家工作人员利用职务上的便利,收受贿赂的,处五年以下有期徒刑或者拘役"。其中并没有"为他人谋取利益"的要求。直到1988年《补充规定》第4条第1款规定,"国家工作人员、集体经济组织工作人员或者其他从事公务的人员,利用职务上的便利,索取他人财物的,或者非法收受他人财物为他人谋取利益的,是受贿罪"。至此,"为他人谋取利益"的表述才正式出现在关于受贿罪的立法之中。此后虽经历了"为他人谋取利益"的全面取消说和全面规定说的争论[1],但是最终,1997年《刑法》维持了《补充规定》的基本写法,只是简化了犯罪主体的表述方式。

1997年《刑法》第385条第1款规定:"国家工作人员利用职务上

---

* 中国人民大学法学院教授、博士生导师。

[1] 当时,围绕"为他人谋取利益"应否作为受贿罪的要件展开了争论。一种观点认为,只要是利用职务上的便利,索取或者非法收受他人财物的就应构成受贿罪,这样更能体现对国家工作人员的严格要求,因而应取消"为他人谋取利益"的要件(可称为完全取消说);另一种观点则认为,无论是"索取"还是"非法收受",都是权钱交易,两者构成犯罪的条件不应有区别,均应以"为他人谋取利益"为要件,因此立法需要修改为"国家工作人员,利用职务上的便利,为他人谋取利益,索取或者非法收受他人财物的,是受贿罪"(可称为全面规定说)。参见高铭暄:《中华人民共和国刑法的孕育诞生和发展完善》,北京大学出版社2012年版,第608页。

的便利,索取他人财物的,或者非法收受他人财物,为他人谋取利益的,是受贿罪。"在如此规定之下,索贿型受贿罪不要求,而被动收受型受贿罪则要求"为他人谋取利益"(可称为区分说),这样的理解在学说上并无争议①,且获得了全国人大常委会法工委刑法室所谓"立法理由"②和最高人民检察院司法解释的认同③。问题是,被动收受他人财物的场合,"为他人谋取利益"的要件该如何理解。

一、传统提问方式及其反思

(一)"客观要件还是主观要件"的传统提问方式

针对"为他人谋取利益"在被动型受贿罪中的体系地位,有论者主张"非要件说",认为不应该将"为他人谋取利益"作为构成要件,而应该将其作为量刑情节。④ 尽管论者为此列举了诸多理由,但其实际上是混淆了立法论和解释论的界限,并最终沦为立法论上的"取消说"。在现行立法规定之下,即便借助"客观处罚条件"等概念,也无法径直消解《刑法》成立被动收受型受贿罪所要求的"为他人谋取利益"要件,问题终归在于其理解本身。

在肯定成立被动型受贿需要"为他人谋取利益"的前提下,理论上的争论主要围绕其到底是被动受贿的主观要件还是客观要件展开,对此存在着客观要件说与主观要件说的基本对立,且客观要件说的主张

---

① 参见张明楷:《论受贿罪中的"为他人谋取利益"》,载《政法论坛》2004年第5期。
② 参见全国人大常委会法制工作委员会刑法室编:《中华人民共和国刑法条文说明、立法理由及相关规定》,北京大学出版社2009年版,第780页。
③ 根据1999年9月16日最高人民检察院《关于人民检察院直接受理立案侦查案件立案标准的规定(试行)》第一部分之(三)的规定,索取他人财物的,不论是否"为他人谋取利益",均可构成受贿罪。
④ 参见赵辉:《龚建平受贿案法理研究》,载赵秉志主编:《中国疑难刑事名案法理研究》(第三卷),北京大学出版社2008年版,第117页。

也不尽相同。

1. 谋利行为说（即旧客观要件说）

早在前述《补充规定》刚通过之后，就有学界观点认为，所谓为他人谋取利益，是指受贿人为行贿人谋取某种非法的或者合法的利益，这是受贿人与行贿人之间的一个交换条件。为他人谋取利益是否实现，不影响受贿罪的成立，但是，如公务人员收受了财物而实际上没有为他人谋取利益的行为，则不构成受贿罪。① 还有时任最高人民法院副院长主编的、主要由实务人士完成的著作也持同样观点，并明确提出为他人谋取利益是受贿罪的客观要件要素。② 在上述观点看来，所谓"为他人谋取利益"，是指客观上具有为他人谋取利益的行为，而不要求具有为他人实际谋取了利益的结果。在1997年《刑法》施行之后，由全国人大常委会法工委刑法室编写的著作在所谓"条文说明"中也认为，"为他人谋取利益"，是指受贿人利用职权为行贿人办事，即进行"权钱交易"，至于为他人谋取的利益是否正当，为他人谋取的利益是否实现，不影响受贿罪的成立。③ 其中的"利用职权为行贿人办事"，应该也意味着至少开始实施为他人谋利的行为。学界也有不少人仍持这样的立场。④ 以上观点可称为"谋利行为说"⑤，或者旧客观要件说。

一般认为，谋利行为说存在诸多问题，因此目前已经较少有人主张。(1)存在较为明显的处罚漏洞。例如，在行为人存在为他人谋利的意图但并未作出承诺时，按谋利行为说难以处罚。(2)会造成不均

---

① 参见高铭暄主编：《中国刑法学》，中国人民大学出版社1989年版，第604页。
② 参见林准主编：《中国刑法教程》，人民法院出版社1989年版，第640—641页。
③ 参见全国人大常委会法制工作委员会刑法室编：《中华人民共和国刑法条文说明、立法理由及相关规定》，北京大学出版社2009年版，第779—780页。
④ 例如许发民、王明星：《事后受贿行为如何认定》，载赵秉志主编：《中国刑法案例与学理研究》(第六卷)，法律出版社2004年版，第150页。
⑤ 需要说明的是，类似的概括是以成立"为他人谋利益"所要求的最低条件(而非唯一条件)为要素提炼而成的，较为准确的概括应该是"至少要求谋利行为说"。

衡。在为他人谋取的是正当利益的场合,履行了法定义务的是犯罪,而真诚或虚假许诺为他人谋取该正当利益但并未实际实施的,即未履行法定义务的场合,因欠缺"谋利行为"而无法认定为受贿罪,显然无法令人接受。① (3)与犯罪既遂的刑法原理不符。从犯罪既遂的角度而言,通说认为,受贿罪的既遂标准是行为人实际收受了财物,旧客观要件说也认可这一点。这样,在收受贿赂后尚未实施为他人谋取利益行为的场合,根据旧客观要件说,犯罪已经既遂但还没有完全符合犯罪构成要件。这违背了刑法的基本理论,因为没有完全符合犯罪构成要件的行为并不构成犯罪,更不可能成立犯罪既遂。② 为解决这一问题,有坚持谋利行为说的论者认为,在没有实施为他人谋取利益的行为的情况下,可以认定行为人为受贿罪未遂,同时在量刑时可不从轻处罚,这样既不会造成对犯罪分子的放纵,也不会不符合刑法的理论。③ 这种理解实际上是将被动型受贿理解为像强奸、抢劫这样的复行为犯了,但如此理解存在两个疑问:一是"收受他人财物"和"为他人谋取利益"两个行为间显然不属手段行为与目的行为的关系,其难以回答二者究竟是何种关系? 二是受贿罪具体法益如何姑且不论,作为侵犯国家作用的犯罪(这一点没有争议),何以在利用职务便利收受他人财物时仅是未遂,而在开始"为他人谋取利益"之行为时迅速既遂?

2. 承诺行为说(即新客观要件说)

与此不同,更为常见的观点要求至少具有承诺为他人谋利的行

---

① 参见胡东飞:《论受贿罪中"为他人谋取利益"构成犯罪的罪数问题——兼论刑法第399条第4款的性质及其适用范围》,载《中国刑事法杂志》2006年第1期。顺带指出,张明楷教授曾在文章中指出,如将开始"为他人谋取利益"理解为受贿罪的客观要件,会出现收受贿赂后实施了为他人谋取合法利益的行为的,不构成受贿罪,而收受贿赂后没有实施为他人谋取合法利益的行为的,反而构成受贿罪这样的不可思议的情况。参见张明楷:《论受贿罪中的"为他人谋取利益"》,载《政法论坛》2004年第5期。这一论断与本文的判断正好相反,令人费解。

② 参见张明楷:《论受贿罪中的"为他人谋取利益"》,载《政法论坛》2004年第5期。

③ 参见许发民、王明星:《事后受贿行为如何认定》,载赵秉志主编:《中国刑法案例与学理研究》(第六卷),法律出版社2004年版,第152页。

为,才能肯定"为他人谋取利益"。较早的通说认为,"为他人谋取利益",始自许诺,终自实现,是一种行为,把为他人谋取利益理解为客观要件更为适当。① 最新的有力学说亦支持这种立场,该说认为,"'为他人谋取利益'仍然是受贿罪的客观构成要件要素,其内容的最低要求是许诺为他人谋取利益"②。在以"为他人谋取利益"为要件的受贿罪中,只要行为人有为他人谋取利益的承诺就足够,即使其最终未为请托人谋取到利益,也足以构成受贿罪的既遂。③ 这种观点强调许诺(承诺)谋利行为在认定"为他人谋取利益"时的独立意义,可称为"承诺行为说";对照于要求开始实施谋利行为的传统客观要件说,又可称为新客观要件说。

3. 意图谋利说(即主观要件说)

与以上强调"为他人谋取利益"的行为性、客观性特征不同,主张"为他人谋取利益"是主观要件的见解在《补充规定》之后现行《刑法》之前就已经存在。如有论者指出,"'为他人谋取利益'只是行贿人与受贿人之间货币与权力互相交换达成的一种默契。就行贿人来说,是对受贿人的一种要求;就受贿人来说,是对行贿人的一种许诺或者答应。因此,为他人谋取利益只是受贿人的一种心理态度,属于主观要件的范畴"④。在现行《刑法》之后,主观要件说更是认为,为他人谋取利益在受贿罪的构成要件中只是行为人主观上的一种意图,为他人谋取利益并不能由受贿行为本身实现,而有赖于将这一意图付诸实施。⑤ 此外,还有观点认为,将"为他人谋取利益"解释为主观要件更多应从

---

① 参见高铭暄、马克昌主编:《刑法学》,中国法制出版社1999年版,第1139—1140页。
② 张明楷:《刑法学》(第五版),法律出版社2016年版,第1208页。
③ 参见肖中华:《论受贿罪适用中的几个问题》,载《法学评论》2003年第1期。
④ 王作富、陈兴良:《受贿罪构成新探》,载《政法论坛》1991年第1期。类似的理论界主张,参见喻伟主编:《刑法学专题研究》,武汉大学出版社1992年版,第508页;可代表实务部门的主张,参见肖扬主编:《贿赂犯罪研究》,法律出版社1994年版,第205页。
⑤ 参见陈兴良:《受贿罪研究》,载陈兴良主编:《刑事法判解》(第3卷),法律出版社2001年版,第40—41页。

公共政策的角度考虑。"在腐败成为社会主要问题的情势下,限制受贿罪的成立范围实际上是对腐败的纵容。因此,现行解释立场的正当性根据,与其说是规范性的法益不如说是政治性的政策。"①以上观点将"为他人谋取利益"理解为受贿人的一种主观意图,可称为意图谋利说或主观要件说,现在亦获得了较多的支持者。也可以说,当下的学术争论,主要是围绕着意图谋利说和承诺行为说展开。

(二)传统提问方式的争点及其反思

1. 学说之间的争论焦点

学说上围绕着谋利行为说(旧客观要件说)、承诺行为说(新客观要件说)和意图谋利说(主观要件说)的争论,主要集中于三个方面,法网的严密程度、与法条表述的契合程度以及操作的便利程度。其中,法网的严密程度关涉是否容易放纵犯罪,背后的价值目标是法益保护;与法条的契合程度关乎相应结论是否超出了法条表述的语义射程,背后的依托是罪刑法定主义及其体现的(被告人)权利保障思想;操作的便利程度关系的是证明的可能性及其成本,可大致归结为效率问题。这样说来,学说争点可概括为法益保护、人权保障(两者结合凝结成"公正"诉求)以及效率考量。围绕以上争点,结合具体事案类型对不同学说所得出结论予以揭示,有助于判断客观要件还是主观要件这种提问方式本身的利弊及其界限,进而反思这样的提问方式本身。

2. 法益保护维度的较量

在笔者看来,在已经利用职务便利收受了他人财物的情况下,与"为他人谋取利益"相关的事案类型包括:(1)因无具体请托事项从而不需要为他人谋取利益;(2)明确拒绝为他人谋取利益;(3)虚假承诺;(4)默示或明示的真实承诺;(5)开始实施为他人谋利的行为;(6)已经

---

① 劳东燕:《公共政策与风险社会的刑法》,载《中国社会科学》2007年第3期。

为他人谋取到部分（正当或者不正当的）利益；（7）完全为他人谋取到（正当或者不正当的）利益。以上各种事案类型总体上呈阶段性、递进性推进。同时，如后所述，上述分类中并未专门强调意图，而是认为传统理解中的意图，其实就是默示的承诺。

采取谋利行为说（旧客观要件说），要求只有已经开始为他人谋取利益的行为时才属于"为他人谋取利益"，则只有进展到上述第（5）阶段之后［即在上述（5）—（7）类型的场合］才能肯定这一要件并进而肯定受贿罪的成立。采取承诺行为说（新客观要件说），只要求具有"承诺"为他人谋取利益的行为；即便这种承诺是虚假的，但只要是以明示或默示方式体现于外部，就可以认为是"承诺为他人谋取利益"。这样，在前述事案中，只要进展到第（3）阶段之后［即在上述（4）—（7）类型的场合］，即可肯定"为他人谋取利益"要件进而肯定受贿罪的成立。采取意图谋利说（主观要件说），要求只要"意图"为他人谋取利益即属于"为他人谋取利益"，从而，在前述事案中，在第（1）以及第（2）阶段自然会否定，即便是在第（3）阶段，也会因虚假承诺不能称为"意图"，而能否定构成要件的充足。只有到了第（4）阶段及其之后［即在上述（4）—（7）类型的场合］才可肯定"为他人谋取利益"要件进而肯定受贿罪的成立。

通常的印象是，意图谋利说（主观要件说）比承诺行为说（新客观要件说）更有助于弥补处罚漏洞。但上述分析却显示，在（3）虚假承诺的场合，意图谋利说会否定而承诺行为说则肯定"为他人谋取利益"，后者反而更胜一筹。由于并不存在意图谋利说肯定，而承诺行为说否定"为他人谋取利益"的情形①，虽将承诺理解为"客观行为"，但在对其规范理解、肯定默示承诺也是承诺的意义上，传统的主观要件

---

① 这是因为，并不存在"虽无承诺但却有为他人谋取利益意图"的场合。尽管存在无明确承诺但确属心照不宣、心有灵犀、心领神会的场合（无疑是"意图"为他人谋取利益），但这种场合同样可理解为一种默示的承诺。

说并不比新客观要件说在严密法网和法益保护的问题上更为有效,反而可能略逊一筹。而且,尽管各种学说(特别是承诺行为说和意图谋利说)在弥补处罚漏洞上付出了努力,但在收受财物者明确拒绝的场合,以及在对方并无任何请托事项的场合,即在上述(1)与(2)的场合之下,无论持何种解释论立场,肯定"为他人谋取利益"的要件都有困难,由此,也可以看出解释论的界限。总体上说,从尽可能填补受贿罪的法网漏洞以周延保护法益的角度讲,尽管都有缺陷,但相对而言,承诺行为说得分反而更高,意图谋利说次之,谋利行为说得分最低。意图谋利说之所以顶着"带有明显的为处罚而处罚的功利主义色彩"①的批判却未能在严密受贿罪法网的问题上比承诺行为说更进一步。一方面是因为对承诺行为说中的"承诺"做了规范理解、肯定了不作为意义上的默示承诺;另一方面也是因为意图谋利说过于强调"意图"的真实性,反而被束缚了手脚。

3. 法条解释、罪刑法定及其背后的权利保障

对意图谋利说(主观要件说)较为常见的批评是,这种理解不符合刑法用语的表述习惯。如有论者指出,从字面上理解,在"为他人谋取利益"中,"为他人"是补充成分,"谋取利益"是中心语,它是一个动宾结构短语,表明的是一种行为。主观说把"为他人谋取利益"理解为目的犯的"目的",似乎解释不通,受贿罪犯罪行为人的目的应该是收受财物,而"为他人谋取利益"显然不是本罪的目的。② 更有论者明确指出:"对'为他人谋取利益'的表达难以理解为'为了为他人谋取利益'。"③这种针对意图谋利说的批评实则认为,将"为他人谋取利益"

---

① 游伟、谢锡美:《"为他人谋取利益"在受贿罪构成中的定位》,载《法学》2001 年第 8 期。
② 参见游伟、谢锡美:《"为他人谋取利益"在受贿罪构成中的定位》,载《法学》2001 年第 8 期;李邦友、黄悦:《受贿罪法益新论——以"为他人谋取利益"为切入点》,载《武汉理工大学学报(社会科学版)》2013 年第 2 期。
③ 张明楷:《刑法学》(第五版),法律出版社 2016 年版,第 1207 页。

这一指向动作、行为的客观要件解释为主观要件,在既有立法表述之中强塞进"意图"一词,有超出"为他人谋取利益"的语义射程从而侵害行为人(收受财物者)权利之嫌。

不过,如果认为将"为他人谋取利益"解释为"意图为他人谋取利益"超出了其语义射程,那么也可以认为将其解释为"承诺为他人谋取利益"存在着同样性质的问题,只是程度上存在差异而已。应该认为,这样的解释结论虽超出了语词的核心含义,但未超出边缘含义、可能含义,属于不利于被告人的扩大解释,可为罪刑法定原则所接纳。这样看来,认为主观谋利说有违反罪刑法定原则之嫌的批判,承诺行为说是否有批判的资格本身就有疑问;而谋利行为说虽有批判的资格,但却缺乏批判的武器,从而其批判也就可以被从容化解。

相对而言,论者所说的"受贿罪犯罪行为人的目的应该是收受财物,而'为他人谋取利益'显然不是本罪的目的",具有较强的针对性乃至杀伤力。确实,说国家工作人员利用职务上的便利收受他人财物的"目的"是"为他人谋取利益",这样的结论难以让人接受。但是,这也只是说明"为他人谋取利益"这一要件与通常的目的犯中的目的要件并不一致,并不能导致直接否定这一要件为主观要件的结论本身。因为,完全可能认为,这里所理解的"主观要件"是目的之外的其他的主观内容,因此也就无须称为目的犯。① 至于这种主观内容、主观心态究竟是何意蕴、此种犯罪应该如何命名,有赖于研究者对于这种犯罪类型的细致洞察和语言概括能力。笔者认为,应将被动型受贿罪理解为短缩的二行为犯,其中的"二行为",一是指收受财物行为,二是指为他人谋取利益的行为,前一行为是本罪实行行为,后一行为仅是本罪

---

① 这样理解,也就化解了"主观说难以解释行为人在不具有为他人谋取利益的目的时仍非法收受他人财物行为的可罚性"[李邦友、黄悦:《受贿罪法益新论——以"为他人谋取利益"为切入点》,载《武汉理工大学学报(社会科学版)》2013年第2期]这样的质疑。

的主观内容(不等于目的),不需要有与之相对应的客观要件。①

总体上,尽管直接断定将"为他人谋取利益"解释为主观要件违反了罪刑法定原则过于武断,但从刑法的表述来看,也还不能直接断定"为他人谋取利益"是主观要件②,这样的主张需要更多理论根据和实际效果的支持——恰恰在这两方面,意图谋利说的展开都是乏力的。

二、传统提问方式的放弃

(一)在实体上区分"意图"与"承诺"存在疑问

以上围绕主观要件说与客观要件说的争论,一个基础性的问题是,其建立在将"意图"与"承诺"("许诺")予以明确区分的基础上。"承诺"可能真实也可能虚假,而"虚假的意图"在文字上虽然可能,但在将"意图"界定为"希望达到某种目的的打算"③、赋予"意图"以意志因素的意义上,意图就是真实意愿的对称。在这个层面上,区分"承诺"和"意图"多少还是有意义的。

不过,承诺行为说认为承诺属于客观要素,必须体现为行为;意图谋利说则认为,意图是行为人的一种主观心态,而承诺(许诺)则是一种客观行为,由此方能体现出二者的不同。但是,仔细想来,所谓"'意图'是主观的、'承诺'是客观的"之理解,值得推敲,因为其仅是针对明示承诺而言的。如果认为"明示的承诺"是积极的作为,则"默示的承诺"就是一种"消极的不作为",即在对方已经提出明确请托事项时

---

① 关于被动型受贿属于短缩的二行为犯,参见付立庆:《主观违法要素理论:以目的犯为中心的展开》,中国人民大学出版社 2008 年版,第 211—212 页。
② 参见张明楷:《论受贿罪中的"为他人谋取利益"》,载《政法论坛》2004 年第 5 期。
③ 中国社会科学院语言研究所词典编辑室编:《现代汉语词典》(第五版),商务印书馆 2005 年版,第 1618 页。

应该拒绝接受财物而没有拒绝,这种义务①的不履行,规范看来就是"默示的承诺"②。而这种不作为意义上的默示承诺,规范上看来也可认定为就是真实意愿的体现(否则就应该拒绝),从而,也就是"意图"。这样看来,默示的真实承诺与"意图"无法区分,或者说从规范判断来说就是一回事。只要从规范上而不是纯粹事实的角度上理解"承诺"的含义,即只要是肯定默示的承诺、暗示的许诺,那么,尽管"不作为也是一种行为",在此意义上仍可坚持认为"承诺"无论明示默示均属客观要件,但是这种不作为意义上的客观"承诺",其与主观要件之间的差别,已经极其暧昧了。对此,早有学者指出,承诺为他人谋取利益的意思表示虽然属于客观范畴,实际上与行为人为他人谋取利益的主观意思之间只有一步之遥,彼此之间除分属客观范畴和主观范畴外,已经没有什么实质性区别。这种适用解释也可能导致模糊受贿罪犯罪构成主观要件与客观要件界限的后果,因而不是解决受贿罪法网疏漏的最佳办法。③ 因此可以说,由于"默示的承诺"和"意图"之间难以甚至无法区分,因此,承诺行为说(新客观要件说)和意图谋利说(主观要件说)的争论,缺乏实体上的依托,其更多是一种概念上的游戏而已。

(二)在实务上证明"意图"与"承诺"存在困难

无论是意图谋利说(主观要件说)还是承诺行为说,在"意图"或"承诺"的证明上也都存在困难。针对承诺行为说,有观点认为,法律设置的实体内容不具有程序上的可操作性,"承诺"常常是在双方当事

---

① 这里的作为义务并非不去实施为他人谋利之行为的义务(因为存在为他人谋取正当利益的场合),而是不接受无理由接受之财物的义务。
② 肯定承诺"既可以是明示的,也可以是暗示的","虽未明确承诺,但只要不予拒绝,就应当认为是一种暗示的承诺"的,参见张明楷:《刑法学》(第五版),法律出版社2016年版,第1208页。
③ 参见梁根林:《受贿罪法网的漏洞及其补救——兼论刑法的适用解释》,载《中国法学》2001年第6期。

人之间作出的(特别是当事人为了规避法律,通常都不会在公开场合作这样的承诺),因此在多数情况下,根本找不到相关证据。因此,把"为他人谋取利益"理解为双方当事人之间的一种承诺,对它的证明只能借助于法官的自由心证,这与我国《刑事诉讼法》要求的确实充分的证明要求显然是相背离的。① 这种疑问也同样适用于意图谋利说,批评者同样认为,将"为他人谋取利益"理解为主观意图,司法实务中对其证明往往只能求助于法官的自由裁量,这不符合我国《刑事诉讼法》要求确信的证明要求。② 还有论者进一步指出,主观意图必须表现为客观内容,如果没有相应的客观表现,则无法判断其主观方面;如果认为"为他人谋取利益"并不能由受贿行为本身实现,而有赖于将这一意图付诸实施,又使人难以确认它与客观说之间到底存在着哪些差别。③

无论是"意图"还是"承诺",都难以证明这一点确是事实。从逻辑上讲,"证明难"属于程序性、证据性问题,与某种要件在实体上属于"客观要件"还是"主观要件"属于不同层次,后者是前提性、基础性的。原本,如果这里的前提和基础是扎实、可靠的,则证明上的难题也只能容忍。但是,如前所述,在"意图"与"(默示)承诺"在实体上难以区分的情形之下,证明困难的问题无疑会强化新客观要件说和主观要件说的困境。自然,已经不能退回到谋利行为说(旧客观要件说)这种几乎已成过去时的学说上了。后面(旧客观要件说)是悬崖壁立,前面(新客观要件说及主观要件说)是荆棘丛生,所以只能另辟蹊径了。

---

① 参见刘生荣、邓思清:《共同受贿罪过的推定研究》,载《检察日报》2000年12月6日。
② 参见游伟、谢锡美:《"为他人谋取利益"在受贿罪构成中的定位》,载《法学》2001年第8期。
③ 参见游伟、谢锡美:《"为他人谋取利益"在受贿罪构成中的定位》,载《法学》2001年第8期。

(三)"准备为他人谋利说"的不合理性

有学者提出,刑法上的故意行为大多有一个从开始准备、着手实行到最终完成的过程,"为他人谋取利益"的行为也不例外,将为他人谋取利益做准备的行为包含于"为他人谋取利益"之中,不仅符合立法原意,而且可以克服"主观要件说"和"承诺行为说"无法避免的证据难以搜集、认定带有主观随意性的弊病。①

但是,这种观点仍值得商榷。首先,认为"准备"为他人谋取利益的行为也属于"为他人谋取利益",与客观说的基本框架和思考方法能否兼容,存在疑问。因为,只要坚持客观说,即认为"为他人谋取利益"是客观构成要件要素,就意味着,在被动收受型的受贿罪中,"为他人谋取利益"是受贿罪的实行行为(即认为此种场合是复行为犯,收受他人财物和为他人谋取利益都是实行行为),那么,将"准备"为他人谋利的行为也界定为是"为他人谋取利益",就可能超出了实行行为的定型性,将预备行为当作了实行行为。退一步讲,即便认为分则中构成要件要素中的行为要素不限于实行行为,也可以包括预备行为,上述主张也有问题。因为,在将"准备"为他人谋利的行为也界定为"为他人谋取利益"行为时,那种已经收受财物但并未在客观上实施准备为他人谋取利益行为的场合——例如,仅在头脑中有为他人谋取利益的想法但尚未诉诸行动的,或者是否会为他人谋取利益举棋不定的,或者是根本未打算为他人谋取利益而只是虚与委蛇的,都会因为欠缺客观上的"准备"行为而难以处罚,但这样的结论是否合理,仍有疑问。

(四)传统提问方式的放弃

讨论"为他人谋取利益"是客观要件还是主观要件,这是四要件犯

---

① 参见刘明祥:《也谈受贿罪中的"为他人谋取利益"》,载《华中科技大学学报(社会科学版)》2004年第1期。

罪论体系下的提问方式。前述分析表明,在这种提问方式之下,无论得出何种结论,都在法益保护、权利保障、诉讼证明等问题上存在疑问,而且,在实体上"意图"与"(默示)承诺"也在规范判断的意义上难以区分。因此,就只能放弃这样的提问方式本身,即不再纠缠于、纠结于"为他人谋取利益"到底是客观要件还是主观要件。

三、"为他人谋取利益"是受贿罪的违法要素

(一)提问方式的转换

犯罪是符合构成要件、违法且有责的行为,构成要件则是违法(或违法且有责)的行为类型。在考察受贿罪中的"为他人谋取利益"这一要件的性质及其认定时,真正要问的是,这一要件是否对该罪的违法性或有责性产生影响。有观点认为,"为他人谋取利益"要件对上述两个方面均不产生影响,其本身就是多余的,删除即可。[①] 诚然,在承诺也包括虚假许诺、谋取的利益也可能是正当利益的情况下,说具有"为他人谋取利益"之要件的场合较之欠缺这一要件的场合更具作为受贿罪的可谴责性,存在明显困难。因此,应该承认,"为他人谋取利益"这一《刑法》规定与受贿罪的有责性无关,不属于该罪的责任要素。

问题是,"为他人谋取利益"是否对受贿罪的违法性产生影响?对此,主观要件说主张,"为他人谋取利益应被理解为主观违法要素"[②]。但是,这一观点并非不言自明,其不但需要细致论证,而且还需要予以修正。

[①] 参见李立众教授的观点。
[②] 陈兴良:《贪污贿赂犯罪司法解释:刑法教义学的阐释》,载《法学》2016年第5期。

(二)"为他人谋取利益"这一要素对受贿罪的法益侵害产生影响

曾有论者指出,(传统)客观说和主观说的根本错误在于,没有以受贿罪的法益为指导,脱离了财物和职务行为之间的对价关系这一受贿罪的不法类型,单纯对"为他人谋取利益"作文字上的形式解释,从而使得该要件丧失了其应有的真实含义,导致最终无法合理地确定受贿罪的处罚范围。① 这一论断较为中肯,其指引我们思考:为他人谋取利益的心理状态或者实际行为,如何对受贿罪的违法性产生影响?

在同样规定了受贿罪(日文汉字为"收贿罪")的日本,学说上就此类犯罪属于"针对国家作用的犯罪"这一点达成了共识,分歧在于如何具体理解该罪的法益,对此,主要存在着职务行为的不可收买性说、职务行为的公正性说、职务行为的不可收买性与公正性说、清廉义务说的基本对立。② 在我国,学说状况也大体如此,需要细致分析。受贿罪当然以违反公务人员的清廉义务为要素。但是,"清廉"的含义过于含糊、宽泛,有必要进一步限定该义务的内容。而且,"这种观点导致不要求受贿行为与职务之间具有关联"③,从而可能会混淆单纯违反党纪政纪与违反《刑法》的行为。进一步说,从应然角度来说,只要是国家工作人员无正当理由而收受了他人的财物,就是对其身份的玷污,进而是对国家廉政制度的破坏。所以,在理想状态下,应该坚持国家工作人员的职务廉洁性属于贪污贿赂犯罪的基础法益。我国学者所理解的"受贿罪的本质是侵害国家工作人员的职

---

① 参见李邦友、黄悦:《受贿罪法益新论——以"为他人谋取利益"为切入点》,载《武汉理工大学学报(社会科学版)》2013年第2期。
② 参见〔日〕大塚仁:《刑法概说(各论)》(第三版),中国人民大学出版社2003年版,第626页;另可参见张明楷:《法益初论》,中国政法大学出版社2003年版,第612页。
③ 张明楷:《刑法学》(第五版),法律出版社2016年版,第1201页。

务廉洁性"①,也应该是在这种应然语境下而言的。同时,既然《刑法》把贿赂的收受等行为规定为受贿罪的基本类型,作为其结果,无论国家工作人员的职务行为是否缺乏公正,都要认为是犯罪,而在侵害了职务行为的公正性时要酌定从重处罚(《日本刑法典》第 197 条之三规定为加重处罚类型)。所以,职务行为的公正与否并非受贿罪所着力保护的法益。认为"国家工作人员在职务关系上收受他人财物的行为并不一定都构成受贿罪,只有在这种收受财物行为可能对其职务行为的公正性产生影响的场合,才能成立犯罪"②,会导致将受贿罪理解为危险犯而非实害犯,进而会因为是否可能影响公正性的判断缺乏明确标准,而导致犯罪的成立范围过于流动化。同样,认为,"不可收买性说"本质上还是"职务公正性说"③,也缺乏足够的说服力。

(三)"为他人谋取利益"是担保职务行为不可收买性这一法益遭受侵害的联结要素

将职务行为的不可收买性作为受贿罪的法益,最有说服力。④ 或者也可以说,在现有的立法规定之下,认为受贿罪的法益是职务行为的不可收买性,是一种(虽然无奈然而)理性的选择。⑤ 不可收买性至少包括"职务行为的不可收买性本身"和"国民对职务行为不可收买

---

① 陈兴良:《贪污贿赂犯罪司法解释:刑法教义学的阐释》,载《法学》2016 年第 5 期。事实上,尽管在表述上略有差异(有的表述为"职务行为的廉洁性",有的表述为"公务人员的廉洁制度"),但廉洁性说已经成为学界的通说。
② 黎宏:《刑法学各论》(第二版),法律出版社 2016 年版,第 525 页。
③ 黎宏:《刑法学各论》(第二版),法律出版社 2016 年版,第 525 页。
④ 参见张明楷:《刑法学》(第五版),法律出版社 2016 年版,第 1203—1204 页;类似主张,参见周光权:《刑法各论》(第三版),中国人民大学出版社 2016 年版,第 476 页。
⑤ 事实上,关于贿赂罪的性质,一直有两种立场:起源于罗马法的立场是,贿赂罪侵犯的是职务行为的不可收买性;起源于日耳曼法的立场是,贿赂罪侵犯的是职务行为的公正性。根据前一立场,只要公务人员收受、索取与职务有关的不正当报酬,就构成受贿罪;根据后一立场,只有当公务人员实施违法或不公正的职务行为,从而因此收受、索取贿赂时,才构成受贿罪。现代各国都采取第一种立场,但公务人员实施了不公正行为时,加重处罚。参见〔日〕大塚仁:《刑法概说(各论)》(第三版),中国人民大学出版社 2003 年版,第 626 页。

性的信赖"两个方面。① 在国家工作人员利用职务便利索贿的场合,已然侵犯了公众对其职务行为不可收买的信赖,从而直接侵犯了职务行为的不可收买性。而在国家工作人员利用职务上的便利收受了他人财物的场合,已经侵犯了职务本身的廉洁性;但在其并未同意为他人谋取利益时,该财物收受行为("钱")与其职权行使("权")之间并未建立起对价关系,权钱交易的性质并未体现出来,公众对国家工作人员职务行为的信赖并未受到侵害,从而国家工作人员职务行为的不可收买性也就并未被现实侵犯。受贿罪是实害犯而非危险犯,只有在国家工作人员不但收受了财物还至少同意为他人谋取利益时,"钱"与"权"之间的联系纽带才搭建起来,社会公众才会现实地认为职务行为被收买,受贿罪的法益才受到侵害。

由上可见,在已经开始为他人谋取利益甚至实现了为他人谋取利益的场合,由于"为他人谋取利益"的行为而使得国家工作人员职务行为被现实收买;而无论是真实的还是虚假的为他人谋取利益的"同意",都摧毁了社会公众对国家工作人员的最后信赖,这种"同意",同样足以使得国家工作人员的职务行为类型从单纯的"不廉洁"上升为"被收买"。从这个意义上说,在将国家工作人员职务行为的不可收买性界定为受贿罪的法益的前提下,应该看到,正是(客观的行为或者主观的同意)"为他人谋取利益"这一要件,联结其国家工作人员的廉洁义务和其职务本身,使得对于相应行为类型的否定评价从违反党纪提升至违反《刑法》(而构成犯罪)。"为他人谋取利益"这一要件,正与受贿罪的法益侵害相关,是这一犯罪的违法要素。就受贿罪的构成要件解释来说,一方面认为"廉洁性"是法益,另一方面又认为破坏廉洁性法益的行为(比如单纯受贿)可能因欠缺构成要件要素而不成立犯罪,是人为制造体系性混乱。一方面认为"受贿罪的本质是侵害国家

---

① 参见张明楷:《刑法学》(第五版),法律出版社2016年版,第1204页。

工作人员的职务廉洁性",另一方面又认为"为他人谋取利益是受贿罪的主观违法要素",存在自相矛盾的重大疑问。

四、"为他人谋取利益"是混合的违法要素

(一)将"为他人谋取利益"称为"主观要素"仅是底线宣誓

认为"为他人谋取利益"是主观要件,实际上强调的是"为他人谋取利益"这一要件"至少需要是"国家工作人员的一种主观心理活动,即宣示的是"只要达到了同意为他人谋取利益之程度就够了"这样一种底线要求,而不意味着其不能体现为外部行为,否则的话,所有对主观构成要件要素的要求就都会面临同样的问题。因此,在"宣示底线要求"的意义上,主张"为他人谋取利益"是一种主观要素不能算错。不过,与绑架罪中的"以勒索财物为目的"明确被规定为主观要素不尽相同,受贿罪中的"为他人谋取利益"在其规定本身以及实际体现上,都既可能表现为客观行为也可能体现为主观心理。在国家工作人员已经开始为他人谋取利益甚至已经谋取到利益时,"为他人谋取利益"这一要件以客观形式体现;在行为人明确承诺或者默认为他人谋取利益时,这种承诺仍然可以认为是行为从而属于客观要件;而在不置可否等场合,则只能认定为"意图"或"同意"为他人谋取利益,从而体现为财物收受者的主观心理活动。而且,在司法实践中,对于受贿罪的认定而言,"为他人谋取利益"体现为客观行为的场合更为常见。在这个意义上,不再强调"底线宣示"的意义,而是着眼于"为他人谋取利益"的典型表现并照顾全局,称其为"混合要素"可能更为适当。

(二)"为他人谋取利益"是一种混合要素

按照传统的思维方式,是违法要素还是责任要素,与"是主观要素

还是客观要素"是不同的问题。换言之,在强调"为他人谋取利益"是关乎受贿罪法益的"违法要素"的前提下,仍需判断,其具体体现为客观要素还是主观要素。前文表明,这两种情形都可能存在——既然如此,称其为"'主观的'违法要素"就并不准确。那种认为为他人谋取利益的行为,不过是主观意图之体现的观点,值得商榷:客观上的谋利行为与主观上的谋利意愿毕竟不同,某物的"体现"也并不等于就是某物本身。尽管笔者也主张受贿罪属于短缩的二行为犯,但这是指在"为他人谋取利益"体现为主观要素时,不需要存在与之对应的客观行为(在此意义上,其属于"主观的超过要素"),而不意味着,在客观上存在为他人谋取利益的行为时,这种行为仍然是"主观"的。需要看到,《刑法》第385条"为他人谋取利益"的规定毕竟有别于《刑法》第239条中"以勒索财物为目的"的规定方式。认为"承诺或者实际为他人谋取利益"也是"为他人谋取利益"这一"主观"要件的体现,既在语言逻辑上存在疑问,也可能有违反罪刑法定原则之嫌。

事实上,在主观与客观的对应关系上,"为他人谋取利益"在实务中可能体现为以下三种情形。第一,典型受贿的场合,既有为他人谋取利益的意愿,也有为他人谋取利益的行为。这是客观说,特别是旧客观要件说所经营的阵地。第二,默契型受贿的场合[1],主观上有为他人谋取利益的(真实或虚假的)同意而客观上欠缺具体的谋利行为,这是主观说的出发点。尽管由于证据证明等原因,实务上对这一场合未必一定处理,但从法益侵害的角度而言,确有处理的必要。第三,事后受贿的场合,客观上虽有为他人谋取利益的行为,但主观上未必有"为他人谋取利益"的同意——事后"基于该履职事由收受他人财物"并不等于就具有了"为他人谋取利益"的主观心态。若坚持"为他人谋取利益"是主观要素,则在此等事后受贿的场合能否论证具备该主观

---

[1] 这一命名为笔者创造,是否妥当还可进一步讨论。

心态存在疑问、面临困难;而如果淡化这一要素的主观属性,主张其属于"混合"要素,则上述疑问和困难即可轻松化解。

需要对"混合"一词予以必要说明。这里的"混合",强调的是客观要素与主观要素杂糅在一起,无须区分。自然,从"为他人谋取利益"既可以体现为客观上的谋利行为也可以体现为主观上的谋利心态的意义出发,称为"择一"或"选择"的要素也许更为合适。不过,为了突出既有主观心态又有谋利行为的典型受贿情形是受贿罪的主要体现,也因为承诺和同意(或意图)究竟是客观要件还是主观要件,区分标准含混暧昧,甚至能否区分都存在疑问,同时也为了强调"提问方式的转换",本文将"为他人谋取利益"称为"混合"的要素①,以突出其是客观要素与主观要素杂糅在一起,即使能够区分也无须区分。

(三)"为他人谋取利益"的主观体现应是"同意"而非"意图"

由于"虚假承诺"也有纳入处罚范围的必要,而"意图谋利说"在此问题上存在缺陷②,所以,当"为他人谋取利益"体现为客观要件时自不必说,在其体现为主观要件时,不应界定为"意图",而应界定为"同意"为他人谋取利益——这样,在语词的意义上,就不同于强调"希望达到某种目的的打算"这种"意图",而包括了"虚假的同意",从

---

① 与"混合"相关,此前刑法学界曾提出"复合罪过"的概念,认为现行《刑法》中的一些犯罪(如滥用职权罪与玩忽职守罪)既可以由故意构成,也可以由过失构成(参见储槐植、杨书文:《复合罪过形式探析——刑法理论对现行刑法内含的新法律现象之解读》,载《法学研究》1999年第1期)。除此之外,笔者还认为,我国《刑法》第15条所规定的过失,也并非单纯的主观要件,而应该称为"混合的要件"或者"主客观择一的要件"——在有认识过失的场合,其属于主观要件,受到谴责的是"(已经预见而)轻信能够避免的主观心态";而在无认识过失的场合,受到谴责的,并不是"(应当预见而)没有预见的主观心态"("没有预见"是客观事实而非主观心态),而是"应当预见"的前提即预见可能性这一客观事实。如此来说,"犯罪过失"既可能是主观的,也可能是客观的,是"择一"的、"选择"的,在本文的意义上,也就是一种"混合"的罪过形式。

② 认为在虚假承诺的场合不成立受贿罪而成立诈骗罪的观点,会导致"送财物的一方反而成了诈骗罪的被害人"的结局,并不妥当。

而也就可以将虚假承诺(即虚假同意)的场合涵盖进现行受贿罪的法网之内了。有批评认为,为他人谋取利益的承诺可以是虚假的,即使国家工作人员并没有为他人谋取利益的意图,但仍应作为犯罪处理,这也说明为他人谋取利益不是主观要件。① 在将"意图"与"同意"明确加以区分,否定后者需要符合真实意愿和存在目的性要求的前提下,虚假的承诺也会被理解为"(虚假的)同意",这样,就仍可顺畅地充足"为他人谋取利益"的要件,从而化解上述批判。

五、"为他人谋取利益"的实务认定

在将"为他人谋取利益"理解为混合的违法要素之后,其在实务中如何认定也需要考察。在国家工作人员已经开始为他人谋取利益甚至是已经谋取到部分乃至全部利益[前文事案类型中,(5)—(7)的阶段]的场合,其认定较为容易把握;在把握上存在问题的是(4)及其之前阶段的场合。对此,向来的司法解释或者指导性案例有所涉及,而2016年《解释》更是表明了态度。对此等予以观察剖析,能够梳理出这些场合对"为他人谋取利益"的认识立场,概括出其认定的实务路径,并且适当予以反思。

(一)2003年《纪要》

2003年《纪要》第三部分之(二)就受贿罪的法律适用问题指出,"为他人谋取利益包括承诺、实施和实现三个阶段的行为。只要具有其中一个阶段的行为,如国家工作人员收受他人财物时,根据他人提出的具体请托事项,承诺为他人谋取利益的,就具备了为他人谋取利

---

① 参见张明楷:《论受贿罪中的"为他人谋取利益"》,载《政法论坛》2004年第5期。

益的要件。明知他人有具体请托事项而收受其财物的,视为承诺为他人谋取利益"。《纪要》实际上采取了前述"承诺行为说",这一点值得关注;而其之所以提出"明知他人有具体请托事项而收受其财物的,视为承诺为他人谋取利益",是因为承诺是通过语言表示同意的,明知他人有具体请托事项而收受他人财物属于心照不宣的情况,尽管没有语言同意,但其性质与语言同意相似,因此推定为承诺为他人谋取利益。并且,当时之所以这样规定,可能还是把为他人谋取利益向具有客观外在表现上尽量靠拢。① 这样的主张随后被 2011 年 12 月 20 日最高人民法院发布的第一批指导性案例中的指导案例 3 号即潘玉梅、陈宁受贿案所确认。② 在该案例的裁判要点 2 中,有两点值得注意:一是其并未突出在《纪要》中强调的"明知他人有具体请托事项"中的"具体",而只是称为"明知他人有请托事项"。但是,不应该就此认为,该指导案例改变了《纪要》"明知他人有具体请托事项"的要求。二是在《纪要》有关规定的基础上,该指导案例明确提出"是否已实际为他人谋取利益或谋取到利益,不影响受贿的认定",从而进一步明确了"为他人谋取利益"的具体含义。如果说《纪要》初步体现了承诺行为说的思想,则指导案例 3 通过彻底否定将《纪要》的立场解释为谋利行为说,从而坐实了承诺行为说。

(二)2016 年《解释》的基本规定

在上述《纪要》之后,随着 2015 年的《刑法修正案(九)》的施行,贪污受贿罪的处罚规定作了较大调整。结合立法的最新修正,最高人民法院、最高人民检察院联合发布了 2016 年《解释》。2016 年《解释》关于"为他人谋取利益"的理解尽管不涉及立法修改本身,但其中所体

---

① 参见陈兴良:《贪污贿赂犯罪司法解释:刑法教义学的阐释》,载《法学》2016 年第 5 期。
② 参见陈兴良、张军、胡云腾主编:《人民法院刑事指导案例裁判要旨通纂》(下卷),北京大学出版社 2013 年版,第 1179—1180 页。

现出的立场仍令人瞩目。该《解释》第13条规定:"具有下列情形之一的,应当认定为'为他人谋取利益',构成犯罪的,应当依照刑法关于受贿犯罪的规定定罪处罚:(一)实际或者承诺为他人谋取利益的;(二)明知他人有具体请托事项的;(三)履职时未被请托,但事后基于该履职事由收受他人财物的。国家工作人员索取、收受具有上下级关系的下属或者具有行政管理关系的被管理人员的财物价值三万元以上,可能影响职权行使的,视为承诺为他人谋取利益。"

1. 2016年《解释》第13条第1款第(二)项

考察上述规定可以看出:其第(一)项明显体现了"至少要求承诺行为"的所谓"承诺行为说"立场。值得注意的是其第(二)项规定。来自最高人民检察院的相关人士认为,这一项的核心内容是"明确收受财物与职务相关的具体请托事项有关联的,即应当以受贿处理"①。同时,其第(二)项放弃了《纪要》中的"明知他人有具体请托事项而收受其财物的,视为承诺为他人谋取利益"的态度,即不是将"明知他人有具体请托事项"的场合"视为承诺为他人谋取利益",而是直接与第(一)项的"承诺为他人谋取利益"(以及"实际为他人谋取利益")并列,意味着即便没有明确的承诺行为甚至是没有可视为承诺的场合,也可能单纯因为"明知他人有具体请托事项"而直接肯定"为他人谋取利益"。事实上,这样的处理方式自然也非2016年《解释》首创,以前的司法实践中早有先例。如在著名的"黑哨"(龚建平受贿案)中,辩方提出,龚建平作为足球裁判虽然收受了对方财物,但赛前未达成任何利用职务之便为他人谋取利益的协议,在比赛中按照规则公平执法,没有利用担任主裁判的职务便利为他人谋取利益,不具备受贿罪的客观要件。对此,一审法院认为,龚建平在担任足球联赛主裁判期间,利用职务之便,"明知他人有让其在比赛中予以关照的请托,在比

---

① 万春等:《办理贪污贿赂刑事案件要准确把握法律适用标准》(下),载《检察日报》2016年5月24日。

赛前或比赛后非法收受他人给予的钱款……无论其在比赛中是否公平执法，均不影响对其受贿行为性质的认定"，二审法院也认为，"龚建平……明知他人有具体的请托事项而多次收受他人给予的钱款，其行为符合受贿罪……为他人谋取利益的构成要件"。该案表明，早在前述《纪要》之前，司法实践之中即将"明知他人有具体请托事项而收受他人财物"的场合直接认定为符合"为他人谋取利益"的要件，在《纪要》将此种情形"视为承诺为他人谋取利益"之后，2016年《解释》则明确将"明知他人有具体请托事项"规定为为他人谋取利益的表现之一。尽管2016年《解释》并非首创了这一规则，其不过是对实务中既有做法的一种确认，但也可以说是"更大程度上认同为他人谋取利益是一种主观违法要素"①。不过，仍然不能回避的问题是，2016年《解释》虽将这种"明知他人有具体请托事项"而收受财物的场合直接"认定为为他人谋取利益"，但其与以暗示方式进行的承诺（默示的承诺）是否一回事？实践中，已有判决对此持明确的肯定回答。如在王小石受贿案中，裁判要旨明确认为，从证据上看，不能直接得出王小石给予了请托人以谋取利益的承诺这样的结论。"但是，林碧和凤竹公司的人请王小石帮助凤竹上市一事时，王小石虽没有明确许诺帮忙，但是从其接受钱财并联系审核员出来吃饭的行为上可以得出王小石是同意帮忙的，这就是一种暗示的许诺。"②在"明知有具体请托事项而仍收受财物就等于默示的承诺"的意义上，再说2016年《解释》已经改变了承诺行为说的立场而改为倾向于主观要件说，可能也并不那么理直气壮。由此进一步证明，在"默示承诺"与"意图"难以明确区分的前提下，纠缠于此时究竟是客观行为还是仅属于主观心态，实在是理论研

---

① 参见陈兴良：《贪污贿赂犯罪司法解释：刑法教义学的阐释》，载《法学》2016年第5期。

② 王小石受贿案，参见陈兴良、张军、胡云腾主编：《人民法院刑事指导案例裁判要旨通纂》（下卷），北京大学出版社2013年版，第1164—1165页。

究者的作茧自缚——此时,统称为"混合要件",简洁明快,也不会造成什么混乱,何乐而不为呢?

2. 2016年《解释》第13条第1款第(三)项

2016年《解释》第13条第1款第(三)项,实则为解决实践中存在的事后受贿问题所作的规定。对此,有论断认为,由于业已履行完职务行为,在事后收受财物之时,不可能再具有为他人谋取利益的主观目的,因此,2016年《解释》确立的,只要基于履职事由收受他人财物,就应当认定为具备为他人谋取利益的要素的规定,"显然是对为他人谋取利益主观意图的一种拟制"①。但在笔者看来,这样的观点是将"为他人谋取利益"主观要件说的标准绝对化了。前文已述,"为他人谋取利益"是一种主观要件,此命题应理解为是最低要求而非绝对条件。换言之,只有至少具备了同意为他人谋取利益的主观心态,才可能被认为是"为他人谋取利益",而不意味着"为他人谋取利益"只能体现为主观心态而无从客观化。事实上,无论是《纪要》中的"实施和实现",还是2016年《解释》第13条第1款第(一)项中的"实际"为他人谋取利益,都清楚地体现了这一点:"为他人谋取利益"既可能以主观态度的方式体现,也可能以客观行为的方式直接展现(此正所谓"混合要素"之真意也)。在履职时虽未被请托,但该职务行为客观上给他人带来了(正当或不正当的)利益(正因如此,获利者才会事后赠送财物)时,就可以肯定为是"实际为他人谋取了利益"。在此意义上,该第(三)项并未超出第(一)项的实质内容,而不过是从事后受贿这一特殊类型出发,对于"实际"为他人谋取利益的一种注意规定,即一种提醒。由于实际上已经通过职务行为为他人谋取了利益从而完全符合"为他人谋取利益"的要求,也就并不意味着其对于"为他人谋取利益"的实质判断标准进行了何种改变。在最高人民检察院有关人士看

---

① 陈兴良:《贪污贿赂犯罪司法解释:刑法教义学的阐释》,载《法学》2016年第5期。

来,"第3项的核心内容是,明确事后受贿可以构成受贿罪。基于惩治贪腐犯罪的现实需要考虑,事前受贿和事后受贿没有实质不同,均是钱权交易"①。笔者认为,此处第(三)项对"为他人谋取利益"判断标准构建的意义,仅在于其可能改变了通常的"先拿钱后办事,即为他人谋取利益"的印象,明确将"先办事(即为他人谋取利益)后拿钱"的情形也纳入行为类型之中,从而确立了"为他人谋取利益的实质就是权钱交易"这一标准。事实上,上述问题概括起来就是,在国家工作人员利用职务上的便利为他人谋取利益之时或者之前并未收受财物,在为他人谋取利益之后收受对方财物,没有充分证据证明在利用职务便利为他人谋取利益时就意在以后收受对方的财物,但事后收受对方财物时,却明知对方送的财物是因为自己的职务行为的场合,肯定其与事前受贿的本质相同,也满足"为他人谋取利益"的要求从而也成立受贿罪。需要指出的是,这样的判断并非始于2016年《解释》,早在现行《刑法》施行不久,即已经有陈晓受贿案的裁判先例且获得了最高人民法院的认可。② 2016年《解释》第13条第1款第(三)项不过是以司法解释的形式对这样的裁判规则予以确认而已。这也说明,2016年《解释》不过是对实务中既有做法的一种"合法性"确认,即以有权解释的方式再次明确,《刑法》中表述的"非法收受他人财物,为他人谋取利益",将受贿行为置于谋利行为之前,只是表述问题,即其仅是表述了典型的受贿方式,而并不意味着只有先收受财物后谋取利益才是受贿,从而也就并未凭空创设、"拟制"出一个关于"为他人谋取利益"的新的判断规则。

---

① 万春等:《办理贪污贿赂刑事案件要准确把握法律适用标准》(下),载《检察日报》2016年5月24日。不过,该文将受贿罪的法益理解为"公职行为的廉洁性和国家廉政建设制度"值得讨论,如果这样的话,拿钱不办事或者纯粹感情投资的场合,其也同样侵犯了相应法益,因此,需要按照犯罪处理?
② 陈晓受贿案,参见中华人民共和国最高人民法院刑事审判第一庭编:《刑事审判参考》(2000年第3辑),法律出版社2000年版,第47—54页。同样值得注意的是,在这一案件的裁判中,合肥市中级人民法院也认为受贿罪的法益是"国家工作人员公务活动的廉洁性"。

受贿罪作为故意犯罪,其故意体现在明知对方送财物的目的与自己的职务有关而予以收受,在事后取财的场合,虽然履职时未被请托,但只要是"事后基于该履职事由收受他人财物"(2016年《解释》的要求),就体现出了受贿罪的故意,按照受贿罪处理是不存在障碍的。①没有必要一方面将"为他人谋取利益"固定为主观要件,另一方面又强调事后受贿场合属于对"为他人谋取利益"主观意图的拟制——这等于承认了在2016年《解释》作出拟制之前,事后受贿按照受贿罪处理是不妥当的。

3. 2016年《解释》第13条第2款

2016年《解释》第13条第2款规定:"国家工作人员索取、收受具有上下级关系的下属或者具有行政管理关系的被管理人员的财物价值三万元以上,可能影响职权行使的,视为承诺为他人谋取利益。"

(1)适用条件上的"推定"和最终效果上的"拟制"

在并未要求"明知他人有具体请托事项"的情况下,2016年《解释》第13条第2款规定,从具有上下级关系的下属或者具有行政管理关系的被管理人员处收受财物价值3万元以上,"可能影响职权行使的","视为承诺为他人谋取利益"。对于这里的"可能影响职权行使",存在两种不同理解:一种理解是只要具备从上述特定关系人处收受了达到3万元数额财物的,即推定"可能影响职权行使";另一种理解是该款所规定的"视为承诺为他人谋取利益",需要具备三个独立的条件,取财对象是"具有上下级关系的下属或者具有行政管理关系的被管理人员"、财物价值3万元以上、实质标准是"可能影响职权行使"。如果采取第二种理解,就会认为"可能影响职权行使是一个具有

---

① 对此,有论者指出,行为人明知利用自己职务的便利为对方谋取了利益,事后接受对方赠送的明显超过友情馈赠数量的钱财数量时内心必定(不可能不)与先前的用权行为建立联想,这种内心联系便形成了权钱交易的受贿故意。参见姜伟主编:《刑事司法指南》(2000年第2辑),法律出版社2000年版,第176—177页。

实体内容的入罪条件,在诉讼过程中控方应当对此承担举证责任"①。但是,要求公诉机关积极、独立地证明"可能影响职权行使",不但在实务上存在较大困难②,造成诉讼资源的巨大浪费,而且一旦证明了"可能影响职权行使",也就相当于实质性证明了"职务行为的不可收买性",如此就使得该款规定变得完全重复、多余。

笔者认为,尚且不知他人有明确请托事项也"视为承诺为他人谋取利益",而一旦属于"承诺为他人谋取利益",最终就是"认定为'为他人谋取利益'",在这个意义上,确实是"对为他人谋取利益的一种拟制"③。但是,这并不意味着对于是否"可能影响职权行使"也要公诉机关积极证明。在具有上下级或者行政管理关系这样的隶属制约关系且财物达到3万元的场合,就已经推定排除了正常的人情往来而"可能影响职权行使",这时,控方就不需要再额外提供其他证据证明影响职权行使之风险的存在,而推定"可能影响职权行使"。如果辩方能够通过具体证据,证明双方间的经济往来属于正当馈赠、职权的行使并未实际受到隶属制约关系与利益输送的影响④,那也并非"从而截断'为他人谋取利益'的推定链条,反证并不存在'为他人谋取利益'的意思"⑤,而是因为其本就不符合该第13条第2款的适用条件(并未"可能影响职权行使"),从而不能"视为承诺为他人谋取利益"。

---

① 陈兴良:《贪污贿赂犯罪司法解释:刑法教义学的阐释》,载《法学》2016年第5期。
② 论者所说的根据上下级关系和行政管理关系的紧密程度是否"直接而密切"来认定是否"可能影响职权行使"(参见陈兴良:《贪污贿赂犯罪司法解释:刑法教义学的阐释》,载《法学》2016年第5期),并不具有太大的操作性:何谓"直接"?是否"密切"的标准又是什么?"直接"和"密切"是否不同时具备也"可能影响职权行使"?都仍是不确定的。
③ 陈兴良:《贪污贿赂犯罪司法解释:刑法教义学的阐释》,载《法学》2016年第5期。
④ 有裁判指出,区分亲友间经济往来是正当馈赠还是受贿,应当从双方关系、经济往来的价款和事由等方面予以判断。参见万国英受贿、挪用公款案,中华人民共和国最高人民法院刑事审判第一庭、第二庭编:《刑事审判参考》(2002年第6辑),法律出版社2002年版,第54—57页。
⑤ 谢杰:《贪污贿赂犯罪治理的制度优化与规则补充——基于对最新司法解释的法律与经济双面向反思》,载《政治与法律》2016年第6期。

可以说,该款关于是否"可能影响职权行使"这一条件采用的是推定技术,而最终判断是否"为他人谋取利益",则是将并不具有明确的为他人谋取利益的主观意思的场合也赋予了"为他人谋取利益"的效果,确属拟制无疑。

在探讨2016年《解释》第13条第2款规定时,姜杰受贿案具有一定代表性,有必要加以分析。时任江苏省淮安市公安局清浦区分局局长的被告人姜杰于1998年和1999年春节前的一天,先后两次收受时任清浦公安局闸口派出所所长唐卫东所送的共计人民币1800元,以及于2000年和2001年春节前的一天,先后两次收受时任清浦公安局盐河派出所所长陈明中所送共计人民币2500元。最终法院未将该笔"慰问金"数额认定为受贿数额。① 在上述案件中,人民法院认为这些款项系基层派出所经集体研究在春节之际慰问干警家属时将时任局长的姜杰一并作为慰问对象所发放的"慰问金",同时,"相关基层派出所在送钱给姜杰时并无特定的目的和动机,仅仅是出于一般的联络感情的考虑,不具有权钱交易性质",从而未将其认定为受贿。在2016年《解释》之前的刑事司法如此认定属于自觉限缩受贿罪法网的理性体现,有助于将人情往来与行贿受贿予以区分。而且,上述案件的裁判理由还认为,"仅仅出于人情往来,不具有为他人谋取利益的意图及行为,属于不正之风,应按一般的违纪处理,不应认定为受贿犯罪;如借逢年过节这些传统节日之机,明知他人有具体请托事项,或者根据他人提出的具体请托事项、承诺为他人谋取利益而收受他人财物的,则不管是单位还是个人,均应认定为受贿行为"②。该理由强调"为他人谋取利益的意图及行为",虽不甚明确,仍可理解为早在

---

① 姜杰受贿案,参见中华人民共和国最高人民法院刑事审判第一庭、第二庭编:《刑事审判参考》(2002年第6辑),法律出版社2002年版,第58—61页。
② 姜杰受贿案,参见中华人民共和国最高人民法院刑事审判第一庭、第二庭编:《刑事审判参考》(2002年第6辑),法律出版社2002年版,第61页。

《纪要》之前的司法实务中已经重视"意图"在判断"为他人谋取利益"中的重要意义,从而也就具有了采纳主观要件说的意蕴。尤其值得注意的是,该理由中将"明知他人有具体请托事项"和"根据他人提出的具体请托事项、承诺为他人谋取利益"相并列,作为"借逢年过节这些传统节日之机……收受他人财物""不管是单位还是个人,均应认定为受贿行为"的两种情形,即在"承诺为他人谋取利益"之外强调"明知他人有具体请托事项"的独立效果,这同样也已经不是承诺行为说的立场(并未强调"视为承诺为他人谋取利益"),而具有主观要件说的意味。司法实务中的如许倾向,正式在2016年《解释》中得到了确认。

不过,针对上述案件的结论仍值得思考。在2016年《解释》之后,类似于上述案件的场合,来自下级机关以及下级个人的"慰问金"如达到3万元时,即便"并无特定的目的和动机",也应该推定为"可能影响职权行使",从而原则上肯定受贿罪的成立。同时,就具体解释适用而言,2016年《解释》第13条第2款中的"下属"或者"被管理人员"也不应将下级单位或者被管理单位排除在外。这些都可看作这一案件带给我们的启示。

(2)值得探讨的问题

针对该第2款,还有以下几个问题值得指出。①该款中明确将"索取"与"收受"并列,作为财物的获得方式,进而说明何种情况下"视为承诺为他人谋取利益",给人的印象是,即便在"索取"的场合也需要"为他人谋取利益"。但这显然不符合前文"区别说"的共识。因此,应该认为,司法解释在此处是无意识地将"索取"纳入,并不意味着其认为索贿的场合也要求"为他人谋取利益"。②司法解释试图通过双方之间是否具有上下级关系或者行政管理关系而限制规制范围,但这种限制是否合理,是否和其他的场合之间足以保持均衡,不无疑问。例如,虽不具有上下级关系和行政管理关系(如一位是财政局局长,一位是交通局局长),但收受的财物达到3万元时,是否就不可能"影响职权行使"进而侵犯"职务行为的不可收买性"？③由于实践中"感情投资"的情况比较复杂，不区分情况，可能会造成打击面过宽。因此，该款规定除强调行为性质是权钱交易即可能影响职权行使之外，还强调了财物价值在 3 万元以上。"本款规定体现了刑法从严惩治腐败，划清了贿赂犯罪与正常人情往来、收受礼金违反党纪、政纪行为的界限，为党纪、政纪处理和发挥作用留下了合理空间。"①这里的 3 万元的标准是否合理，3 万元是仅指从特定人处获得，还是也包括从多人处获得等，都还值得进一步讨论。为避免将人情往来过度纳入刑事法网，笔者初步认为，不应包括从多人处获得但包括从一人处多次总计获得超过 3 万元的情形。

(3) 认定与推定

需要说明的是，2016 年《解释》第 13 条第 1 款规定的是"应当认定为"为他人谋取利益。也就是说，相应场合并非"推定为"为他人谋取利益，即并不允许再经由辩方的反驳而否定"为他人谋取利益"要件的存在。而且，在将该第 2 款在效果（结局）上理解为拟制的前提下，"应当认定为"的效果也应及于第 2 款。

不过，2016 年《解释》的规定合理与否姑且不论，不管怎么说，其不过是有限列举了具有何种情形"应当认定为'为他人谋取利益'"，而并未也不可能穷尽判断是否存在"为他人谋取利益"的所有情形。在理论上对 2016 年《解释》所提供的四种情形仍可批评质疑，在实务上即便"遵循司法解释的要求"已成为司法机关的义务，但也应该明确，只要是国家工作人员利用职务上的便利收受了他人财物，就应该一般性地推定为"同意为他人谋取利益"，这时，公诉机

---

① 万春等：《办理贪污贿赂刑事案件要准确把握法律适用标准》（下），载《检察日报》2016 年 5 月 24 日。不过，其将受贿罪的法益理解为"公职行为的廉洁性和国家廉政建设制度"值得讨论，如果这样的话，拿钱不办事或者纯粹感情投资的场合，其也同样侵犯了相应法益，因此，需要按照犯罪处理？

关即已经完成了对"为他人谋取利益"这一要件的证明责任,接下来,就根据辩方能否通过"没有任何请托事项""纯属礼尚往来"等理由来反证,从而否定推定的成立了。

不批评立法进而也尽量不批评司法解释已经成为专注于刑法教义学的学者们的信条。同时,也确实有学者认为2016年《解释》中的上述规定"直击司法实践中常见的认定受贿罪的疑难之处,将会有效提高指控受贿犯罪的成功率、扩大成功指控受贿犯罪的范围,同时还能有效节省司法资源,成为从严惩处受贿犯罪的利器"[①]。但尽管如此,仍然应该认为,2016年《解释》的做法在体现功利主义、实用主义的同时,即便在主张混合违法要素说的本文看来,也蕴含着突破罪刑法定主义的危险,因此部分值得肯定,部分值得反思和警惕。[②]

六、罪刑法定的边界与刑法适用解释的责任

(一)"为他人谋取利益"的价值评判

笔者并不否认,学说上的多数意见都对受贿罪中的"为他人谋取利益"要件持否定态度,认为其应予取消。如有观点认为,"为他人谋取利益"是有关犯罪现象的描述,没有抓住犯罪行为的本质,其属于不必要规定的要件,受贿罪的构成与该要件之间没有必然和必要的联系,受贿罪行为的本质不在于为他人谋取利益,而在于索取或者收受

---

① 阮齐林:《依法从严惩治贪污贿赂犯罪》,载http://www.xinhuanet.com/politics/2016-04/18/c_128906498.htm,2016年4月18日访问。
② 梁根林教授认为,无论是2003年《纪要》,还是2016年《解释》,对作为受贿罪法定构成要件要素的"为他人谋取利益"进行如此过度扩张的界定与解释,尽管迎合了从严惩治非典型受贿行为的需要,却始终面临着是否超越受贿罪构成要件要素文义边界、不当扩张受贿罪的定罪范围、违反罪刑法定原则的质疑。参见梁根林:《中国反贿赂刑法的发展与〈联合国反腐败公约〉:对接错位与评估检讨》(未刊稿)。

贿赂以作为其在执行公务时作为或者不作为的条件。① 还有学者指出:"在'利用职务之便'之外增加规定'为他人谋取利益'的条件,除了为一些老奸巨猾的受贿行为提供便宜的解脱借口,为司法机关查证受贿犯罪增加证据上的困难,使其侦查、起诉、认定有违罪刑法定原则之嫌之外,只能是画蛇添足、作茧自缚。"② 从立法论角度讲,取消受贿罪"为他人谋取利益"的构成要件、截短受贿罪的犯罪构成,在有效打击犯罪、减少证明难度等方面具有相当程度的合理性。③

不过,"为他人谋取利益"的要件可能也并非一无是处。这样的规定可能会使得党纪和国法的分工更加明确,"将规矩挺在前面",以党纪、政纪等处理那些单纯受贿等情形,而在"权钱交易"的情况下再动用《刑法》。在既要尊重现有规定、承认解释的边界和罪刑法定的底线要求,又要看到"为他人谋取利益"这一要件可能的积极价值的前提之下,细致探讨其体系地位,进而为其实际证明提供明确路径,这是本文研究的初衷和基本价值诉求。

(二)解释者的应有态度

在"为他人谋取利益"要件实属多余、应予取消的观点看来,尽力淡化这一要件在犯罪成立中的作用是学者们的责任,而能够通过解释将这一要件消弭于无形的,就是高手。笔者也承认,由于立法者认识的差异甚至局限,确实存在一些立法规定不尽合理的场合。此时,法律适用者当然不是只有忠实于法律条文的义务而无任何能动施展的

---

① 参见高铭暄、赵秉志主编:《新中国刑法立法文献资料总览》(第二版),中国人民公安大学出版社 2015 年版,第 1528 页。
② 朱建华:《商业贿赂犯罪的司法认定若干问题探讨》,载《深圳大学学报(人文社会科学版)》2007 年第 3 期。
③ 类似观点,参见陈兴良主编:《法治的界面》,法律出版社 2003 年版,梁根林教授主讲的"受贿罪的法网漏洞及其补救"中的相关评论,尤其是张文教授的观点;游伟、肖晚祥:《论受贿罪构成要件中的"为他人谋取利益"——现行立法及其与理论、司法的冲突研究》,载《政治与法律》2000 年第 6 期。

空间；相反，尽可能弱化不合理规定的辐射范围、使其负面影响降到最低，这样的努力值得赞赏。但问题的关键在于，在法律未作修改之前，是否可以秉持"恶法非法"的理念而完全将某一不尽合理的规定"解释掉""解释死"？这样的努力即便在解释技术上是可能的，其是否违反罪刑法定原则，仍有重大疑问。自然，罪刑法定主义已经从绝对罪刑法定阶段进化到相对罪刑法定时代，罪刑法定实质侧面中的刑罚法规适正原则越来越得到强调，适用者被赋予了越来越大的裁量空间。但是，在法治初兴的当下中国，既缺乏违宪审查制度，又没有一个高素质的追求能动、敢于负责的法官职业群体，这样的现实之下，对于法律的信仰和尊重，进而法律本身的权威培植还应该是主要的追求目标。这样的话，就应该明确意识到法官解释法律（也包括"两高"所作的司法解释）的权力边界，不可随意突破。

固然，解释者面对"为他人谋取利益"的规定费尽心思，却总有力所不逮之处，适用解释有难以逾越的边界而非万能。在这样的背景之下，适当松缓立法者所设置的紧箍咒，在对"为他人谋取利益"的解释采取相对宽泛的态度以便尽可能严密受贿罪的刑事法网，同时在受贿罪刑事责任的具体承担上适当轻缓[①]，正可和"严而不厉"思想合拍。这样，既可体现对于贪污贿赂犯罪的低度容忍乃至"零容忍"，从而迎合公众对于腐败问题的惩处要求，又能保持国家刑罚资源投入总量的大致均衡，从而保持国家机器的正常运转。正如有论者指出，在2016年《解释》实质性提升定罪量刑数额标准的背景下，腐败犯罪刑事司法规则应当在财物的定性与定量、"为他人谋取利益"要件的解释等入罪条件层面作出真正意义上的扩张性解释，进一步地限缩数额标准提升后对腐败犯罪惩治效率可能带来的负面影响。2016年《解释》设置的"为他人谋取利益"推定规则充分体现出了刑法严格规制贪污贿赂犯

[①] 与1997年《刑法》的规定相比，《刑法修正案（九）》对受贿罪处罚的变更，即体现出刑法轻缓的总体效果。

罪的精神,有利于充分中和数额标准上升的效应。① 在这个意义上,本文的研究首先就是在适用解释上探寻解释的边界,并且为其寻找理论阐释,进而谋求在现行立法之下,受贿罪的法网严密("严")与量刑适当("不厉")之间的最佳组合方式。

---

① 参见谢杰:《贪污贿赂犯罪治理的制度优化与规则补充——基于对最新司法解释的法律与经济双面向反思》,载《政治与法律》2016年第6期。

评为他人谋取利益之混合的违法要素说

陈兴良[*]

受贿罪是贿赂犯罪中的一个核心罪名,也是争议问题较多的罪名。在我国《刑法》规定的受贿罪的认定中,如何理解利用职务上的便利、如何理解财物以及如何理解为他人谋取利益等问题,都存在不同程度的争议。其中,为他人谋取利益是争议最大的一个问题。对此,我国司法解释和指导性案例都作过说明,但在刑法理论上仍然聚讼不一。付立庆教授《受贿罪中"为他人谋取利益"的体系地位与实务认定》一文(以下简称"付文")选择以为他人谋取利益问题,作为受贿罪理论探讨的切入口,笔者以为是完全正确的。当然,这里不能不指出,为他人谋取利益是一个极具我国刑法特色的理论问题。因为只有在我国刑法中才将为他人谋取利益规定为受贿罪的成立要件。

付文对受贿罪的为他人谋取利益问题进行了具有新意的探讨,在为他人谋取利益的性质上提出了混合的违法要素说,这对于深化对为他人谋取利益这一受贿罪要件的认识提供了可能性。纵观付文,对于为他人谋取利益的理论演变过程的脉络梳理十分清晰,对于各种观点的评论也都是极为到位的。尤其是在结合司法实务中的具体案例进行理论阐述方面,付文做到了以理释案、融理入案,这对于《刑法》分则

---

[*] 北京大学法学院兴发岩梅讲席教授,博士生导师。

问题的讨论是极为重要的。付文的语言流畅,叙述引人入胜,这也是一个特色。

在付文中,付立庆教授对受贿罪的为他人谋取利益的理论解读,归纳了旧客观说(谋利行为说)、新客观说(承诺行为说)和主观说(意图谋利说),在此基础上,付立庆教授提出了混合的违法要素说。那么,这里的混合的违法要素说究竟是主观说还是客观说,抑或是主客观统一说?对于混合的违法要素说,付立庆教授在文中作出了以下说明:受贿罪中的为他人谋取利益在其规定本身以及实际体现上,都既可能表现为客观行为也可能体现为主观心理。因此,付立庆教授提出的混合的违法要素说,实际上是主客观统一说。这里的主客观统一,并不是说主客观要素同时具备,而是主客观要素择其一具备。付立庆教授形象地把主观说称为底线立场,即至少要求具备为他人谋取利益的意图。由此可见,如果不仅具备为他人谋取利益的意图,而且具备谋利行为,甚至已经为他人谋取实际利益,根据主观说,都是可以构成受贿罪的。但根据旧客观说,即谋利行为说,只有当实施了为他人谋取利益的行为,才具备为他人谋取利益的要素。如果仅仅具备为他人谋取利益的意图,而并未实施为他人谋取利益的行为,则并不具备为他人谋取利益的要素,因而不构成受贿罪。根据以上界定,付立庆教授的混合的违法要素说在结论上与主观说完全相同,而与客观说则相悖。至于新客观说,即以承诺作为认定为他人谋取利益的根据,因为承诺是为他人谋取利益之前的表现,并不是具体的谋利行为,在这个意义上它不能等同于以谋利行为为内容的客观说。与此同时,承诺只是为他人谋取利益的主观意图的外在表现,由此可以将所谓承诺行为说归入主观说。在这个意义上,将承诺行为说称为新客观说并不合适。对此,付立庆教授提出在实体上区分"意图"与"承诺"存在疑问,是完全正确的。换言之,承诺只不过是意图的征表,两者之间并不存在实体上的区分。

其实，将受贿罪的为他人谋取利益理解为承诺的观点，是笔者最先提出的，在1991年笔者和王作富教授合著的《受贿罪构成新探》一文中，对传统刑法教科书将为他人谋取利益理解为客观行为的观点表示质疑，提出了为他人谋取利益是受贿罪的客观条件还是主观条件的问题，进而指出："为他人谋取利益，只是行贿人与受贿人之间货币与权力互相交换达成的一种默契。就行贿人而言，是受贿人对行贿人的一种许诺或曰答应。因此，为他人谋取利益只是受贿人的一种心理状态，属于主观要件的范畴，而不像通行观点所说的那样是受贿罪的客观要件。"①从这一论述中可知，承诺说一开始就是作为主观说提出的，而并非客观说。应当指出，在提出承诺说的当时，还没有采用主观违法要素的理论，因此，对于为他人谋取利益这一要件在受贿罪的构成要件中的体系性地位问题仍然是不明确的。

及至2001年，笔者在《受贿罪研究》一文中将承诺表述为意图。就承诺与意图的关系而言，意图的主观色彩更为明显，而承诺容易被理解为客观要素。但在承诺只不过是意图的外化的意义上，还是应当将承诺解读为主观要素。对此，下文还将进一步讨论。在为他人谋取利益是受贿罪的客观要件还是主观要件问题的基础上，笔者进一步提出了为他人谋取利益在主观要件中属于什么性质的问题，指出："为他人谋取利益，在受贿罪的构成要件中只是一种主观上的'意图'。由具有这种特定的主观意图而构成的犯罪，在大陆法系的刑法理论中称为目的犯。目的犯之目的，通常超越构成要件的客观要素的范围，所以也叫作超越的内心倾向。受贿罪由为他人谋取利益之意图而构成，是短缩的二行为犯。这里的二行为，一是指受贿行为，二是指为他人谋取利益的行为。为他人谋取利益并不能由受贿行为本身实现，而有赖于将这一意图付诸实施。但为他人谋取利益这一行为又不是受贿罪

---

① 王作富、陈兴良：《受贿罪构成新探》，载《政法论坛》1991年第1期。

的构成要件之行为,因而称为短缩的二行为犯,以与纯正的二行为犯相区别。"①在以上论述中,笔者采用了目的犯理论,而目的犯之目的就是主观违法要素。因此,上述论述虽然没有直接采用主观违法要素一词,但意在其中。

随着目的犯理论在我国的流传,将受贿罪纳入目的犯进行研究,把受贿罪的为他人谋取利益解释为目的犯之目的,亦即主观违法要素,也就成为逐渐被接受的观点。笔者在2004年《目的犯的法理探究》一文中认为,《刑法》中没有写明"目的"或者"意图",但规定了该意图支配下的行为的,也是目的犯。笔者以受贿罪的为他人谋取利益为例进行了论证,指出:"为他人谋取利益应当理解为意图为他人谋取利益,承诺、实施和实现都是这一意图的客观表现。对于受贿罪来说,只要具有为他人谋取利益的意图即可。因此,为他人谋取利益是受贿罪的主观要件,受贿罪应当理解为目的犯。"②在此,笔者将为他人谋取利益的意图与行为加以区分,认为虽然《刑法》条文规定的是为他人谋取利益,似乎可以解释为客观行为,但作为构成要件要素的只是为他人谋取利益的意图,该意图属于主观违法要素。

付立庆教授在博士论文中,将目的犯提升到主观违法要素的高度进行研究,极大地推进了主观违法要素理论在我国的应用和普及。在非典型的法定目的犯下,付立庆教授对受贿罪的为他人谋取利益问题进行了讨论。在该文中,付立庆教授是认同为他人谋取利益是受贿罪的主观要件这一观点的,指出:"如果将'为他人谋取利益'理解为本罪的客观要件的话,那么,只有至少要求国家工作人员已经实施为他人谋取利益的相应行为才可以构成本罪,而在意图为他人谋取利益的情况下,则不能构成。可是,从法益侵害的角度而言,只要是收受了他

---

① 陈兴良:《受贿罪研究》,载陈兴良主编:《刑事法判解》(第3卷),法律出版社2001年版。

② 陈兴良:《目的犯的法理探究》,载《法学研究》2004年第3期。

人的财物,并且意图为他人谋取利益的时候,本罪所保护的法益——国家工作人员职务行为的不可收买性(职务行为与财物的不可交换性)这一法益就已经受到了完整的侵犯,就应该属于本罪的既遂。"① 当然,在只是承诺但并没有具体实施为他人谋取利益的行为的情况下,职务行为的不可收买性是否已经受到侵犯,也还是存在不同意见。例如,欧阳本祺教授对只要有承诺行为而不需要谋取行为,就能够侵犯职务行为的不可收买性的观点持否定态度。② 付文提出的混合的违法要素说,与付立庆教授先前的观点稍微有些不同,当然并没有完全否定过去的观点,而是在此基础上的发展。

笔者认为,对于为他人谋取利益的解释,存在两个不同层次的问题,应当分别讨论。第一个层次是为他人谋取利益的含义,即为他人谋取利益到底是行为还是承诺;第二个层次是为他人谋取利益的性质,即为他人谋取利益到底是客观要素还是主观要素。当然,这两个层次的问题之间是存在密切联系的。

就为他人谋取利益的含义问题而言,谋利行为说是按照该规定的字面含义加以理解的,也就是理解为是一种为他人谋取利益的行为。而承诺行为说和主观说,即意图谋利说都是将为他人谋取利益理解为谋利之前的表现,这种表现是承诺还是意图,是可以讨论的。从这个意义上说,以是否要求实际实施为他人谋取利益的行为为标准,可以区分为两种不同的理解。这里涉及法律解释的方法论问题。为他人谋取利益是《刑法》规定,其含义如何,这是对它的解释问题。解释当然是以法条为本的,不过,解释又具有自身的逻辑。在此,需要在法条规定与解释结论之间进行某种调和。一味地墨守法条的字面含义,并不是解释的最高境界。当然,与法条含义相去甚远,也不是解释的应

---

① 付立庆:《主观违法要素理论——以目的犯为中心的展开》,中国人民大学出版社2008年版,第212页。

② 参见欧阳本祺:《目的犯研究》,中国人民公安大学出版社2009年版,第191—192页。

有之义。

从法条表述出发,单纯地从字面上来看,将为他人谋取利益这一短语解释为谋利行为确实更为合乎语义。因为该短语的中心词是谋取利益,而为他人只不过是限定词而已。因此,将为他人谋取利益解释为承诺为他人谋取利益,是在一定程度上偏离法条的字面含义的解释结论。严格地按照字面意思将为他人谋取利益理解为谋利行为,没有实施谋利行为的,就否定为他人谋取利益之要件的成立,当然是对受贿罪的构成要件更为严格的限制。而将为他人谋取利益理解为意图为他人谋取利益或者为他人谋取利益的意图,都是对被告人不利的扩张解释,因而有些学者提出了是否违反罪刑法定原则的问题。如果仅从字面规定来看,这一质疑还是有道理的,因为对《刑法》规定的严格解释对被告人是更为有利的。

就受贿罪的为他人谋取利益而言,如果解释为谋利行为,则受贿罪就成为双行为犯,即必须同时具备收受财物行为和为他人谋取利益行为才能构成受贿罪。例如,欧阳本祺教授就持这一观点,他指出:"'为他人谋取利益'是受贿罪客观方面的行为,收受型受贿罪客观方面由两个行为构成:收取财物的行为和为他人谋取利益的行为。受贿罪是复合行为犯而不是短缩的二行为犯。"① 显然,这就在一定程度上限缩了受贿罪的构成要件范围。即使是将收受财物以后,只有为他人谋取利益的意图而没有客观行为的情形,认定为受贿罪的未遂,也还是对被告人有利的一种解释。如果从形式解释论出发,确实是应当坚持对被告人有利的客观解释。然而,将为他人谋取利益理解为已经实施谋利行为,与我国惩治腐败犯罪的刑事政策之间存在一定的背离,而且与我国司法实践对受贿罪的构成要件的掌握存在较为明显的抵牾。正如付立庆教授在文中引用的劳东燕教授的论述:"在腐败成为

---

① 欧阳本祺:《目的犯研究》,中国人民公安大学出版社2009年版,第193页。

社会主要问题的情势下,限制受贿罪的成立范围实际上是对腐败的纵容。因此,现行解释立场的正当性根据,与其说是规范性的法益不如说是政治性的政策。"①从刑事政策和公共政策的角度对为他人谋取利益的扩张解释辩护,其所具有的是一种法外的正当性。

当然,此后这种理解也获得了司法解释的支持。开始是2003年《纪要》指出,"为他人谋取利益包括承诺、实施和实现三个阶段的行为。只要具有其中一个阶段的行为,如国家工作人员收受他人财物时,根据他人提出的具体请托事项,承诺为他人谋取利益的,就具备了为他人谋取利益的要件。明知他人有具体请托事项而收受其财物的,视为承诺为他人谋取利益"。在此,不仅将承诺认定为为他人谋取利益,而且将明知他人有具体请托事项而收受其财物的,推定为承诺为他人谋取利益。这是对以承诺解释为他人谋取利益的一种肯定,当然,承诺究竟是行为还是意图,这是另外一个值得推敲的问题。2003年《纪要》在此将承诺描述为行为,或多或少地受到《刑法》规定的制约。及至2016年《解释》第13条规定:"具有下列情形之一的,应当认定为'为他人谋取利益',构成犯罪的,应当依照刑法关于受贿犯罪的规定定罪处罚:(一)实际或者承诺为他人谋取利益的;(二)明知他人有具体请托事项的;(三)履职时未被请托,但事后基于该履职事由收受他人财物的。国家工作人员索取、收受具有上下级关系的下属或者具有行政管理关系的被管理人员的财物价值三万元以上,可能影响职权行使的,视为承诺为他人谋取利益。"该司法解释又在一定程度上扩张了为他人谋取利益的范围,甚至扩大到事后受财的情形,在很大程度上是对"为他人谋取利益"这一要件对受贿罪的限制功能的消解。可以说,在受贿罪的"为他人谋取利益"的解释上,从一开始我国刑法学界的主流观点就更倾向于承诺说。

---

① 劳东燕:《公共政策与风险社会的刑法》,载《中国社会科学》2007年第3期。

2003年《纪要》明确地把承诺表述为一种行为,也许这就是张明楷教授提出承诺行为说的规范根据。然而,把承诺称为行为,就很难将明知他人有具体请托事项而收受财物这种情形包含进去。因为在这种情况下,并没有外在的承诺行为,即使以不作为也难以对此进行合理的解释。这里涉及将承诺视为对为他人谋取利益的推定,还是一种不作为的承诺问题,如果从2003年《纪要》将明知他人有具体请托事项而收受财物这种情形与承诺行为相提并论的叙述方式来看,更接近于是一种推定,而不是不作为的承诺。笔者虽然开始以承诺解释为他人谋取利益,但后来改为以意图进行解释。因为只有意图才能够准确地反映该要件的实质内容,而且也能够把明知他人有具体请托事项而收受财物这种情形包含进去。在这种情况下,虽然行为人没有言语上的承诺,但主观上的为他人谋取利益的意图是能够确认的。而且,以意图取代承诺,也更加符合主观违法要素的特征。

值得注意的是,付文认为,应当以同意取代意图,作为对为他人谋取利益的解释。付立庆教授指出:在为他人谋取利益体现为主观要件时,不应界定为"意图",而应界定为"同意"为他人谋取利益——这样,在语词的意义上,就不同于强调"希望达到某种目的的打算"这种"意图",而包括了"虚假的同意",从而也就可以将虚假承诺(即虚假同意)的场合涵盖进现行受贿罪的法网之内。由此可见,付立庆教授之所以将同意取代意图,主要是解决虚假承诺问题。其实,同意和承诺的含义是相同的,都是指对于某一事项的认可与赞同,由此相互之间达成某种默契。对于虚假的承诺或者同意,是否认定为具备为他人谋取利益的问题,如果从刑法教义学上分析,虚假承诺以此使他人以贿赂的名义交付财物,是一种诈骗行为,这是没有问题的。但收受财物以后,虚假承诺为他人谋取利益,是否具备为他人谋取利益的要件,根据张明楷教授的观点,不能因为承诺是虚假的而否定为他人谋取利益,因此同样构成受贿罪。但在这种情况下,根据2016年《解释》的规定,只要明知他人有具体请托事项而收受财物,就已经认定具备为他人谋取利益的要件。在这种情况下,虚假承诺并不影响受贿罪的成立。因此,讨论虚假承诺问题已经没有意义。

那么,在将为他人谋取利益解释为意图的情况下,是否难以容纳虚假承诺呢？根据付立庆教授的说法,意图具有目的性,而在虚假承诺的情况下,意图难以包含这种目的。在此,需要对刑法中的目的这个概念进行较为深入的分析。在刑法理论上,存在两种目的：一是直接故意所包含的目的;二是目的犯的目的,这两种目的是有所不同的。直接故意的目的是与一定结果相联系的,而目的犯的目的有两种：一是短缩的二行为犯的目的;二是断绝的结果犯的目的。其中,短缩的二行为犯的目的,是指实施第二个行为的意图;而断绝的结果犯的目的,是指希望一定结果发生,它与直接故意的目的在内容上是相同的,只不过在断绝的结果犯的情况下,立法者并不要求该结果实际发生。对于断绝的结果犯的目的与短缩的二行为犯的目的之间功能上的差别,欧阳本祺教授正确地指出："断绝的结果犯的目的不是故意之外的主观超过要素,而是故意意志因素的一部分,其功能在于明确故意的内容;短缩的二行为犯的目的是故意之外的主观超过要素,其功能在于影响行为的违法性。"① 这里的是否属于主观超过要素,其意义就在于是故意的内容还是故意之外的内容。如果是故意的内容,那么就是责任要素;反之,就是主观违法要素。如果把为他人谋取利益理解为意图,则受贿罪就是短缩的二行为犯,因此其意图是实施为他人谋取利益行为的内心倾向。就此而言,意图与承诺或者同意并没有根本区别。只不过意图更侧重于对行为人内在心理的描述,而承诺或者同意是在与他人合意的意义上的意志活动。如果说,承诺可以界定为虚假,意图也同样可以界定为虚假。因此,在笔者看来,如果仅仅是为解

---

① 欧阳本祺:《目的犯研究》,中国人民公安大学出版社2009年版,第43页。

决虚假承诺问题,就并没有把意图改为同意的必要。

就为他人谋取利益的性质问题,即是客观要素还是主观要素而言,除了明确将为他人谋取利益解释为一种谋利行为,如果没有实施这一行为,受贿罪的构成要件除不充足的客观说以外,主要是围绕承诺到底是一种行为还是一种意图而展开的。在付文中,付立庆教授认为,从刑法的表述来看,还不能直接断定"为他人谋取利益"是主观要素,并且其援引张明楷教授的观点,以此否定受贿罪的为他人谋取利益是主观要素。张明楷教授在《论受贿罪中的"为他人谋取利益"》一文中,确实否定为他人谋取利益是主观要素,而是认为为他人谋取利益是受贿罪的客观要素,但对其内容应重新界定。[1] 对作为受贿罪客观要素的"为他人谋取利益"解释为只要国家工作人员具有为他人谋取利益的许诺即可,而不要求客观上有为他人谋取利益的实际行为与结果,并将这种观点称为新客观说,这也就是所谓的承诺行为说。如前所述,笔者和王作富教授较早地将为他人谋取利益理解为承诺,但并没有把承诺说成是一种行为,因此将以承诺为内容的为他人谋取利益界定为主观说。而张明楷教授也同样以承诺解释为他人谋取利益,但却将承诺理解为一种行为,因此将以承诺为内容的为他人谋取利益界定为客观要素。由此可见,在将受贿罪的为他人谋取利益解释为承诺这一点上,笔者和张明楷教授之间并没有区别,区别在于对承诺性质的理解,即承诺究竟是主观要素还是客观要素。

争论承诺是客观要素还是主观要素的焦点,并不是承诺的具体内容是客观要素还是主观要素。例如,在受贿罪中,承诺内容是为他人谋取利益,这是客观行为,当然不会有问题。争议焦点在于:承诺本身是客观要素还是主观要素。这里涉及客观要素与主观要素之间的区分,而这种区分本身又是相对的。以意图和承诺的关系而言,意图存

---

[1] 参见张明楷:《论受贿罪中的"为他人谋取利益"》,载《政法论坛》2004 年第 5 期。

在于行为人的内心,理所当然是主观要素。而承诺表露于外,容易被理解为客观要素。但对承诺和意图来说,并不是客观地评价谁是客观要素、谁是主观要素的问题,而是立法上所要求的是客观要素还是主观要素的问题。笔者认为,从立法上来看,受贿罪的成立所要求的是为他人谋取利益的主观意图,至于承诺,甚至已经实施的谋利行为,都只不过是这种主观意图的外在表现而已。在此,笔者认为不能把承诺是客观要素还是主观要素视为一个存在论的问题,而是应当作为一个规范论的问题来看待。

在对受贿罪的为他人谋取利益的内容和性质进行界定的基础上,再来评价付立庆教授的混合的违法要素说,我们就会发现,付立庆教授是同时将为他人谋取利益的主观意图和客观行为认定为违法要素。换言之,在行为人已经实施了为他人谋取利益行为的情况下,就是客观要素;而在行为人没有实施为他人谋取利益的行为,只是具有为他人谋取利益的意图的情况下,则是主观要素。如果这样理解受贿罪的为他人谋取利益要件,当然可以适应不同的案件情况。但这种混合的违法要素说,还是立足于实际案情所提出的解释,而不是针对构成要件所进行的分析。笔者认为,实际案件的事实与构成要件的要素还是有所不同的。前者面对的是具体案件,案件事实是各色各样的。后者面对的是构成要件,哪些要素纳入构成要件,这是一个犯罪类型的塑造问题。对于受贿罪来说,确实存在大量已经实施为他人谋取利益的案件,但由此并不能得出为他人谋取利益就是受贿罪的客观要素的结论。关键还是在于,立法者所要求的是主观要素还是客观要素。如果立法者所要求的只是主观意图,则已经实施的为他人谋取利益的行为,只不过是这种主观意图的外在表现,对于主观意图的认定具有证据价值。

例如潘玉梅、陈宁受贿案。2004年上半年,被告人潘玉梅利用担任迈皋桥街道工委书记的职务便利,为南京某发展有限公司受让金桥大厦项目减免100万元费用提供帮助,并在购买对方开发的一处房产时接受该公司总经理许某某为其支付的房屋差价款和相关税费61万余元(房价含税费121.0817万元,潘支付60万元)。2006年4月,潘玉梅因检察机关从许某某的公司账上已掌握其购房仅支付部分款项的情况而补还许某某55万元。对此,裁判理由在评论被告人潘玉梅及其辩护人提出潘玉梅没有为许某某实际谋取利益的辩护意见时指出:"经查,请托人许某某向潘玉梅行贿时,要求在受让金桥大厦项目中减免100万元的费用,潘玉梅明知许某某有请托事项而收受贿赂;虽然该请托事项没有实现,但'为他人谋取利益'包括承诺、实施和实现不同阶段的行为,只要具有其中一项,就属于为他人谋取利益。承诺'为他人谋取利益',可以从为他人谋取利益的明示或默示的意思表示予以认定。潘玉梅明知他人有请托事项而收受其财物,应视为承诺为他人谋取利益,至于是否已实际为他人谋取利益或谋取到利益,只是受贿的情节问题,不影响受贿的认定。"潘玉梅、陈宁受贿案是最高人民法院公布的指导性案例,该起受贿的成立重申了《纪要》确立的以下规则:明知他人有具体请托事项而收受其财物,视为承诺为他人谋取利益,是否已实际为他人谋取利益或谋取到利益,不影响受贿的认定。在这一裁判理由中,以承诺、实施和实现解释为他人谋取利益。虽然是以三个阶段的行为描述承诺、实施和实现,但其中只有实施是行为,而承诺则并没有着手实施为他人谋取利益的行为,至于实现则是为他人谋取利益的结果已经发生。因此,将以上三项内容并称为行为有所不妥。裁判理由认定本案被告人潘玉梅为他人谋取利益表现为明知他人有请托事项而收受其财物,以此视为承诺为他人谋取利益。据此,笔者认为还是可以得出结论,受贿罪的为他人谋取利益只是主观意图,并不需要客观行为。至于在已经实施为他人谋取利益的客观行为的情况下,这里的客观行为也只不过是表明被告人主观上具有为他人谋取利益的意图的客观证据而已。在这个意义上,笔者认为,不能因为在许多案件中都存在为他人谋取利益的客观行为,就将该谋利行为确定为是受贿罪的客观要素。

如果把谋利行为确定为受贿罪的客观要素,则还会带来一个无法解决的难题,即如何理解该客观行为在受贿罪的构成要件中的体系性地位。因为把为他人谋取利益理解为主观意图,我们就可以将该主观意图确定为主观违法要素:它不是主观责任要素,而是主观违法要素,属于构成要件的要素。但如果采用混合的违法要素说,当为他人谋取利益是主观意图的时候,我们当然可以说这是主观违法要素。但当为他人谋取利益是客观行为的时候,它是所谓客观违法要素。那么,这一客观违法要素与收受财物行为之间又是一种什么关系呢?对于这一点,付文并没有进一步明确。对此,解释为二行为犯,显然是不能接受的。只有将该客观行为视为主观意图的客观显现,才能得到合理的说明。其实,在法定的目的犯中,目的是实现行为,在具体案件中也是经常出现的,但根据目的犯理论,并不将其认定为违法的客观要素。例如,我国《刑法》第239条规定的勒索型的绑架罪。《刑法》明确规定以勒索财物为目的,就是法定的目的犯。在现实生活中,也有些案件中被告人已经实施了勒索财物的行为,但这一行为只对量刑产生影响,对于定罪则没有影响。因为根据《刑法》的规定,勒索财物只是主观目的,并不要求客观行为。即使存在客观行为,也不能在构成要件范围内予以评价。在此,还是存在一个如何区分构成要件要素与非构成要件要素的问题。对于受贿罪来说,《刑法》明确规定以为他人谋取利益为要件,如果我们把为他人谋取利益解释为主观意图,那么无论在具体案件中是否存在谋利行为,都不应当在定罪的时候,将谋利行为纳入构成要件进行评价。正是在这个意义上,混合的违法要素说将谋利行为纳入违法要素范畴,在受贿罪的定罪过程中予以考量,是难以成立的。

最后回到潘玉梅、陈宁受贿案,裁判规则认为,是否已实际为他人谋取利益或谋取到利益,不影响受贿的认定。那么,这里的不影响受贿的认定仅是指在没有实施或者实现为他人谋取利益的案件中,还是在已经实施或者实现为他人谋取利益的案件中,都不影响受贿的认定？笔者认为,答案应当是后者而不是前者。一种不影响定罪的要素是不可能成为违法要素的,这就是否定为他人谋取利益可以成为受贿罪的客观违法要素的根据。

行贿罪之"谋取不正当利益"的教义学构建

车 浩*

我国《刑法》第389条规定:"为谋取不正当利益,给予国家工作人员以财物的,是行贿罪。在经济往来中,违反国家规定,给予国家工作人员以财物,数额较大的,或者违反国家规定,给予国家工作人员以各种名义的回扣、手续费的,以行贿论处。因被勒索给予国家工作人员以财物,没有获得不正当利益的,不是行贿。"

行贿罪中关于"谋取不正当利益"的认定,一直困扰着刑法理论与司法实践。从比较法的层面来看,国外刑法典大多没有类似"谋取不正当利益"的规定,而是规定了国家工作人员违背职务的要件。从司法实践的经验来看,一系列司法解释和判例在不断地校正和改变"谋取不正当利益"的边界和含义。本文结合域外刑法理论和本国司法实践提供的经验素材,反思通说和"两高"关于"不正当利益"的司法解释的逻辑困境,进而尝试以司法解释的文本为基础,对其重新进行理论塑造和教义学化,提出"违反规则—违背原则"的二元论的"新违背职务说"。此外,用类型化的方法,区分"谋取不正当利益"在行贿罪构成要件中存在的多种可能形态。

---

* 北京大学法学院教授、博士生导师。

一、"谋取不正当利益"的解释困局

1979年《刑法》第185条第3款规定:"向国家工作人员行贿或者介绍贿赂的,处三年以下有期徒刑或者拘役。"但是,行贿的具体构成要件是什么,则付之阙如。1985年在"两高"发布的《关于当前办理经济犯罪案件中具体应用法律的若干问题的解答(试行)》中,"为谋取非法利益"作为行贿罪的构成要件首次出现。1988年《补充规定》又以法律文件的形式明确规定,"为谋取不正当利益"必须包含在行贿犯罪的构成要件之中。1997年《刑法》将"谋取不正当利益"明文写入行贿罪法条,此后若干年中,刑法理论和司法实务部门一直在努力澄清"谋取不正当利益"的含义,对"谋取不正当利益"作出尽可能明晰的解释。

在刑法理论界,对"谋取不正当利益"向来存在不同解读。概括起来,大致有下列几种观点:第一种观点是"非法利益说"。认为不正当利益就是非法利益,即违反法律、法规和政策所取得的利益。[1] 这种观点实际上直接来自1979年《刑法》的规定,将不正当利益等同于非法利益。[2] 根据该观点,法律、政策所禁止的,就是不正当的,由此取得的利益自然是不正当利益。第二种观点是"不应得利益说"。该说与非法利益说具有一定的相似性,都是着眼于利益的正当性,而不讨论获得利益的手段。该说认为,不正当利益既包括非法利益又包括其他不应得的利益。其中,其他不应得利益是指违反社会道德而获取的利益。[3] 此说

---

[1] 参见黄太云、滕炜主编:《〈中华人民共和国刑法〉释义与适用指南》,红旗出版社1997年版,第231页。

[2] 参见黄道诚、赵辉:《论行贿罪》,载《河北法学》1998年第3期。

[3] 参见卢雪勇:《行贿罪"不正当利益"规定存在天然缺陷》,载《检察日报》2004年10月7日。

进一步扩大了"谋取不正当利益"的范围。第三种观点是"手段不正当说"。该说主要着眼于行为人获取目标利益的手段,认为谋取不正当利益是指行为人在获取请托的利益之时所采取的手段、方式方法不正当。① 根据该观点,只要是采取行贿手段谋取利益,都可直接认定为谋取不正当利益,而不再考量利益的合法与非法性。② 第四种观点是"不确定利益说"。该说认为,解释"不正当利益"的关键问题是"不确定利益"。这是一种介于"应得利益"与"禁止性利益"之间的"可得利益",即依据法律法规、政策命令等,任何人可通过合法且正当之方式取得的利益,只是此种利益的取得具有竞争性或国家工作人员对其拥有裁量权。③

在司法实践中,最高司法机关也一直在努力为"谋取不正当利益"提供标准。1999 年"两高"联合发布《关于在办理受贿犯罪大要案的同时要严肃查处严重行贿犯罪分子的通知》,首次对"谋取不正当利益"的含义进行界定。该通知第 2 条明确规定,"谋取不正当利益"是指谋取违反法律、法规、国家政策和国务院各部门规章规定的利益,以及要求国家工作人员或者有关单位提供违反法律、法规、国家政策和国务院各部门规章规定的帮助或者方便条件。2008 年"两高"出台了《意见(二)》,对"谋取不正当利益"作出了新的解释。《意见(二)》第 9 条规定:"在行贿犯罪中,'谋取不正当利益',是指行贿人谋取违反法律、法规、规章或者政策规定的利益,或者要求对方违反法律、法规、规章、政策、行业规范的规定提供帮助或者方便条件。在招标投标、政府采购等商业活动中,违背公平原则,给予相关人员财物以谋取竞争优势的,属于'谋取不正当利益'。""两高"2012 年《解释》是迄今为止

---

① 参见赵秉志主编:《疑难刑事问题司法对策》,吉林人民出版社 1999 年版,第 1848 页。
② 参见郭晋涛:《论行贿罪中的"为谋取不正当利益"》,载《中国刑事法杂志》2000 年第 6 期。
③ 参见邹志宏:《论行贿罪中不正当利益的界定》,载《人民检察》2002 年第 3 期。

最高司法机关对此问题作出的最全面、最权威的规定。2012 年《解释》第 12 条规定:"行贿犯罪中的'谋取不正当利益',是指行贿人谋取的利益违反法律、法规、规章、政策规定,或者要求国家工作人员违反法律、法规、规章、政策、行业规范的规定,为自己提供帮助或者方便条件。违背公平、公正原则,在经济、组织人事管理等活动中,谋取竞争优势的,应当认定为'谋取不正当利益'。"一方面,在《意见(二)》的基础上,2012 年《解释》将办理商业贿赂刑事案件中的"不正当利益"标准推广到全体行贿犯罪中;另一方面,2012 年《解释》把"谋取竞争优势"的外延从"招标投标、政府采购等商业活动"扩充为"经济、组织人事管理等活动"。①

尽管有上述各种澄清"谋取不正当利益"含义的努力,但是,取消"不正当利益"这一要件的主张,也从未停止。

一方面,在刑法理论上,从犯罪本质和比较法的角度,很多学者主张取消"谋取不正当利益"的要件。主要理由是,行贿罪保护的法益是国家工作人员职务行为的不可收买性和廉洁性,因此其危害并不取决于有无谋取不正当利益,只要行为人给予国家工作人员以财物,就侵害了行贿罪保护的法益。行贿人所谋取的利益是否正当,不能作为定罪的一个条件,它只是反映行贿人的主观恶性,不影响其行为的本质。此外,从比较法的角度来看,《联合国反腐败公约》中的"向本国公职人员行贿罪",并没有包括"谋取不正当利益"的要件。有的学者进一步提出,"外国刑法以及旧刑法也均未要求行贿罪出于为谋取不正当利益的目的,现行刑法的规定已经限制了行贿罪的打击面,不应再进一步缩小。因此不正当利益实际上可以表现为任何性质和形式"②。这种观点实质上相当于在解释层面取消了"谋取不正当利

---

① 参见陈国庆、韩耀元、宋丹:《〈关于办理行贿刑事案件具体应用法律若干问题的解释〉理解和适用》,载《人民检察》2013 年第 4 期。
② 张明楷:《刑法学》(第四版),法律出版社 2011 年版,第 1082 页。

益"的要件。还有学者认为,取消这一要件之后,对于确实并非谋取不正当利益、情节显著轻微危害不大的,可运用"但书"的规定不作为犯罪处理。①

另一方面,在司法实践中,从刑事政策、侦查取证和案件说理的角度,废除"谋取不正当利益"的观点也很有市场。很多人认为,恰恰是因为谋取正当利益而行贿不受惩罚,我国实践中才会大量地产生"合法行贿"这一情况,行贿人抱有侥幸心理,犯罪数量不减反增。而且,行贿犯罪与受贿犯罪历来都是一一对应的,因为行贿行为的泛滥,才会导致越来越多的受贿现象发生。在侦查取证方面,"不正当利益"的设置对司法实践打击行贿犯罪起到很大的阻碍作用。废除这一要件可以避免实践中对行贿者主观认定的不确定性,从而可以简化侦查机关的查证。在实践中,由于是否属于"不正当利益"很难认定,在判决书中往往就会省略为何该行贿人所获取的利益为不正当利益,这因此也经常成为案件的争议焦点。缺乏正当详细的解释而判定该利益为"不正当",很容易使得案件的判决缺乏说服力。②

总结学界和实务界关于"谋取不正当利益"的各种纷争,可以得出以下结论:第一,目前坚持对"不正当利益"进行解释的观点,主要是着眼于行贿人谋取利益的角度去展开解释,试图为利益的"不正当性"提供标准。第二,关于利益之"不正当"的解释方向,并没有消除行贿罪侵害法益与行贿人所得利益是否正当的无关批评。第三,关于利益之"不正当"的解释效果,未能提供既具有理论一般性又具有实践操作性的标准。

---

① 参见卢勤忠:《〈刑法修正案(六)〉视野下我国商业贿赂犯罪的立法完善》,载《华东政法学院学报》2006 年第 5 期。

② 参见徐胜平:《行贿罪惩治如何走出困境》,载《人民检察》2012 年第 16 期。

二、困局突破：透过国家工作人员违背职务去解释"不正当"

笔者认为，上述各种理论纷争与实践困扰的症结在于，一味地站在行贿人的角度，顺着"不正当利益"的字面意思去解释，搞错了行贿罪的思考方向和问题的重点。暂且搁置立法论上的纷争，从解释论的层面来看，笔者认为，对"谋取不正当利益"这一要件的解释，不能仅仅围绕法条规定的文字本身展开，而是必须把该部分文字内容放在行贿罪的保护法益和整个构成要件结构中来理解和把握。概言之，要实现解释思路的方向性转换，摆脱就行为人"谋取不正当利益"的字面意思进行解释的惯性，透过国家工作人员"违背职务"去功能性地解释"不正当"的内涵。

明确行贿罪的保护法益，对于正确地理解"谋取不正当利益"具有重要意义。对此，日本学者山口厚教授指出："规定贿赂犯罪的目的在于，防止通过将职务行为与贿赂置于对价关系之下，而'将职务行为置于贿赂的影响之下，不公正地行使裁量权'。贿赂犯罪的保护法益，正是这种理解之下的'职务行为的公正性'。因而可以说，贿赂犯罪的处罚对象，是由收受贿赂这种手段行为所引起的对保护法益的侵害及其危险。"[①]由此可见，从将职务行为的公正性作为贿赂犯罪的保护法益出发，职务行为与贿赂之间的对价关系，是认定受贿罪和行贿罪的关键问题，也是整个构成要件结构的重心。就行贿罪的设立而言，不是为了禁止行为人谋取利益，而是为了禁止行为人以财物换取国家工作人员违背职务的方式来谋取利益。行为人给予国家工作人员财物，作为对价，国家工作人员违背职务，至此，行贿罪就已经成立并既遂。至

---

① 〔日〕山口厚：《刑法各论》（第二版），王昭武译，中国人民大学出版社2011年版，第719页。

于行为人谋取的不正当利益,仅仅是国家工作人员违背职务行为的一个盖然性结果而已。甚至说,行为人最终是否通过这种违背职务行为获得了不正当利益,并不影响行贿罪的成立和既遂。

进一步而言,在讨论行贿罪相关问题时,首先要从行贿罪与受贿罪的关系入手。追逐利益是人的本性。对于普通人而言,其想方设法地追求利益最大化,这是人性的体现,本身无可厚非。行为人逐利的手段,包括用自己的行为直接逐利与通过他人帮助间接逐利两种方式。在第一种情形下,如果行为人直接逐利的行为(是指行为在自然意义上直接导致获利的结果)构成违法或者犯罪,那么就依照法律惩罚行为人。例如,行为人通过盗窃、诈骗、抢劫、侵占等方式直接逐利,这主要体现在各类财产犯罪和经济犯罪中。在第二种情况下,行为人的行为本身不能直接导出获利的结果,而是需要通过他人的帮助,此时,如果他人的帮助行为是违法的,那么行为人间接逐利的行为随之非法化。在受贿罪和行贿罪的问题上就是如此。行为人基于欣赏、友情或者爱慕,单纯地给国家工作人员财物而无所求,这本身没有任何违法之处,更不能被评价为行贿。但是,如果这种馈赠与国家工作人员的职务行为联系在一起,就会影响到公权力行使的公正性。特别是在国家工作人员违背职务去帮助行为人获利的情况下,行为人相当于一个诱使国家工作人员违背职务的出价者,是国家工作人员违背职务的教唆犯。也正是由于这种对国家工作人员违背职务的诱使和教唆作用,才形成了行贿罪的不法内涵。因此,行贿罪的不法结构,就是以特定手段教唆(有时候表现为屈从)国家工作人员违背职务。具体分解开来,基本的构成要件有两个:一是教唆的特定手段,即给予国家工作人员财物;二是教唆的特定内容,即国家工作人员违背职务。行为人与国家工作人员之间形成权钱交易的对价关系的约定,就是教唆成功的表现。

因此,关于行贿罪各个要素的解释,必须围绕给予财物与违背职务这一特定的对价关系来展开,而不能脱离违背职务去孤立地评价行为人谋取的"不正当利益";否则,就会陷入南辕北辙或者无所依归的窘境。

例如,在王某某行贿案中,针对"辩护人认为被告人王某某给谢光明送的钱中,有四次合计 69000 元,是为了尽快收回药款,系正当利益,不应计入行贿数额"的意见,法院认为,王某某想尽快收回药款,获取的利益本身是合法的,但是其通过不正当手段即行贿手段要求国家工作人员为获取该利益提供帮助或者方便条件是违反法律法规的,也应当认定"谋取不正当利益"。故辩护意见不成立,法院不予采纳。① 法院判决背后的理论支撑,是用行贿手段的不正当来论证不正当利益。对这种理论观点,有学者提出了批评,"若按照这种观点,则《刑法》规定行贿罪以谋取不正当利益为要件就没有任何意义了。因为行贿显然是一种不正当的手段,如果不正当利益就是指以不正当手段获得的利益,那么只要是通过行贿手段获得的利益,都属于不正当利益,再规定行贿罪以谋取不正当利益为构成要件,就是多此一举了……不能根据获得利益的手段是否正当来判断,否则便会陷入标准不一、逻辑混乱之中"②。上述批评无疑是正确的。法院的说理确实存在逻辑混乱之处——行为人为什么构成行贿罪?因为他为了谋取不正当利益而送钱。为什么他谋取的利益是不正当的?因为他行贿。——这就陷入首尾相连的循环论证之中。之所以会出现上面的认知偏差,究其原因,就是在于论者搞错了重点:行为人用行贿手段寻求帮助当然是违反法律法规的,这个问题根本不需要去判断;需要判断的问题在于国家工作人员提供帮助的具体方式是否违背职务。由此,才能确立

---

① 王某某行贿案,新疆维吾尔自治区高级人民法院生产建设兵团分院(2015)巴刑初字第 4 号刑事判决书。
② 赵秉志:《商业行贿犯罪中"谋取不正当利益"的认定与修改》,载《人民检察》2006年第 13 期。

行贿人与受贿人之间是否存在对价关系。

再如,A 得知国家工作人员 B 将去某企业内部实验室参访,遂给予 B 财物,让 B 趁企业人员不备时,偷拍一些涉及商业秘密的数据信息后转发给 A。在这个案例中,根据以往的刑法理论和司法解释的规定,着眼于行为人所谋取的利益这个角度,这在实体上当然属于"不正当利益"。在这种情况下,该案看起来既符合"谋取不正当利益"的要件,也符合"给予国家工作人员财物"的要件,但是由于 B 的帮助行为并不是国家工作人员违背职务的行为,行贿罪所要求的特定的对价关系是不成立的,因而不构成行贿罪。

不明确贿赂与违背职务之间的对价关系在贿赂犯罪中的核心地位,无论是认定行贿罪还是认定受贿罪,都会出现逻辑混乱、说理不明的问题。例如,在陈金荣受贿案[①]中,法院认定的基本事实为:被告人陈金荣于 1988 年 12 月至 1991 年 4 月期间,从本厂资料室借阅了由本厂向沈阳水泵研究所购买的三种技术图纸,上述图纸均是由沈阳水泵研究所组织水泵行业联合设计的,如生产单位需要上述图纸,均可通过正当途径向沈阳水泵研究所购买,上述图纸属于公开的、无密级的、非专利性的技术图纸。被告人陈金荣在完成本职工作的情况下,参考了上述图纸,经过其本人的劳动,改型设计出六种型号的技术图纸,提供给无锡县深水潜水泵厂,并为该厂拟写了安装使用和产品说明书,还提供了技术咨询等服务,以此收取了无锡县深水潜水泵厂给付的报酬(人民币 4 万元)。

基于上述事实,上海市闸北区人民法院认为,上海市闸北区人民检察院对被告人陈金荣利用职务便利,复制本厂图纸供外单位使用谋利,从而收受贿赂,犯受贿罪的指控不能成立。理由如下:被告人陈金荣在完成本职工作的情况下,运用所掌握的知识,经过他本人的劳动,

---

① 参见赵秉志主编:《中国刑法典型案例研究》(第五卷),北京大学出版社 2008 年版,第 122 页以下。

参考了公开的技术资料,为乡镇企业设计出派生产品图纸,并提供了一定的技术咨询服务,帮助乡镇企业发展生产,显然,其行为不具有社会危害性,其从中收取的报酬(人民币4万元)是正当的,被告人陈金荣及其辩护人的无罪辩护,应予采纳。

在该案中,按照法院判决的认定,被告人陈金荣对图纸进行了改型设计,并提供了技术咨询,因此其行为不能构成受贿罪。对于不构成受贿罪的理由,有学者指出,"被告人的行为并没有利用职务上的便利。行为人研制出来的产品是耗费了自己的脑力和体力劳动研制出来的,没有以权换利,其所得属于合法收入。而且被告人借阅的图纸是公开发行的,任何人都能够通过合法途径购买,并不属于专利秘密,被告人也就无须利用其职权获得"[1]。也有学者在对无罪结论表示赞同的同时,提出了不同的理由:本案之所以不构成受贿罪,不是因为没有利用职务上的便利,而是因为收受的财物与职务行为之间不存在对价关系。应当说,这个论证的角度是正确的。如果国家工作人员虽然从他人那里获取了某种利益,但这种利益并非其职务行为的对价,该国家工作人员就不构成受贿罪。同理,如果他人给予国家工作人员财物,并不是为了与其职务行为交换,他人也不构成行贿罪。

上述例子说明,认定贿赂犯罪(包括受贿罪与行贿罪)的关键,在于行贿人与受贿人形成一种对价关系的约定。对行贿罪而言,这种对价关系,不是在给予财物与谋取不正当利益之间形成对价,而是在给予财物与国家工作人员违背职务之间形成对价。这才是行贿罪的危害性所在,也是理解行贿罪构成要件的逻辑主线。但是,传统的各种观点和司法解释,要么是没有以对价关系作为核心,要么是把对价关系错误地理解为财物与谋取不正当利益之间形成对价,于是在解释行贿罪的"不正当利益"时,仅仅着眼于行贿人一端,顺着"不正当利益"

---

[1] 赵秉志主编:《中国刑法典型案例研究》(第五卷),北京大学出版社2008年版,第128页。

的表面字义,将其惯性地解释为"非法利益""不应得利益"或者"不确定利益"等含义。然而,依托这些解释含义的"不正当利益",与"给予财物"组合在一起时,形式上的构成要件要素看起来都齐备了,但事实上却不能得出构成犯罪的结论。原因只有一个,那就是对构成要件的解释出现了疏漏,行贿罪的核心问题——给予财物与违背职务之间的对价关系——被漏掉了。

明乎此,再回来解释我国《刑法》中行贿罪的规定,就会有新的理解。在行贿罪中没有明文规定国家工作人员违背职务的情况下,笔者主张,应当根据构成要件结构完整性的要求,对"谋取不正当利益"进行功能性的解释,使其承担起表征国家工作人员违背职务的功能。解释思路上,要从行贿人一端转换到国家工作人员一端,摆脱顺着"不正当利益"的字面意思解释的惯性,把国家工作人员违背职务这一贿赂犯罪的根本特征,解释为"谋取不正当利益"中的"不正当"。这样一来,在立法上应当规定但却没有规定的"违背职务与给予财物之间的对价关系",就在解释论上被构建起来,补充到行贿罪的构成要件结构中。只有如此,行贿罪的法益保护目的才能突显,其构成要件结构上才是完整的,功能上才是健全的。同时,围绕"不正当利益"的各种争议和困扰,也自然地得到整体性的克服。

在学说史上,从违背职务的角度去理解"不正当利益",很早就出现在中国大陆学界和实务界的视野中。在《贿赂犯罪研究》以及《刑法疏议》中,论者都主张"谋取不正当利益"应以受贿人为行贿人谋取利益是否违背职务的要求加以限定。[①] 根据这种观点,谋取的利益是否正当,应以受贿人是否违背其职务的要求为标准,违背的为不正当利益,不违背的为正当利益。遗憾的是,这种观点并未得到足够的重视和广泛的赞同。在此后的 20 年中,始终处于少数说和边缘说的地

---

① 参见陈兴良:《刑法疏议》,中国人民公安大学出版社 1997 年版,第 640 页;肖扬主编:《贿赂犯罪研究》,法律出版社 1994 年版,第 273 页。

位,甚至几乎销声匿迹。考察这段理论兴衰史,可能一个主要原因在于,这些年来,在最高人民法院出台的关于贿赂犯罪的多个司法解释中,针对"谋取不正当利益"的解释,基本上都是如上文所说,站在行贿人的角度,仅仅是顺着"不正当利益"的表面含义去展开,没有重视国家工作人员违背职务的因素。司法解释的巨大影响力,引导了学界和实务界也顺着这一方向纵马驰奔,几乎没有人再去深入思考"违背职务说"的合理性,这个理论也逐渐衰落。

三、重新解释"谋取不正当利益":"新违背职务说"的展开

传统的"违背职务说"的式微,也有其自身原因。这种观点虽然提出的时间较早,但是,后续没有深入的研究进展,基本上滞留在提出之初的论证层次上,更重要的是,未能对之后的多个新司法解释的具体规定作出回应,给人造成与时代发展脱节、与新的司法解释格格不入的印象。

笔者赞成"违背职务说"的基本立场,同时认为,应当结合贿赂犯罪中出现的各种新的犯罪形式,特别是要透过司法解释的文字规定,理解和把握最高司法机关想要针对和解决的问题,丰富和更新旧的"违背职务说"的内涵,构建一种"新违背职务说"。"两高"2012年《解释》第12条第1款规定,"行贿犯罪中的'谋取不正当利益',是指行贿人谋取的利益违反法律、法规、规章、政策规定,或者要求国家工作人员违反法律、法规、规章、政策、行业规范的规定,为自己提供帮助或者方便条件"。该条第2款规定,"违背公平、公正原则,在经济、组织人事管理等活动中,谋取竞争优势的,应当认定为'谋取不正当利益'"。与2012年《解释》的规定相对应,笔者主张构建一种二元形式的"违背职务说",即国家工作人员违背职务,包括违反规则与违背原

则两种形式,分别是对 2012 年《解释》第 12 条第 1 款规定和第 2 款规定的理论化。

(一)"新违背职务说":违反规则与违背原则二元论

2012 年《解释》第 12 条第 1 款和第 2 款都属于违背国家工作人员的职务规范。进一步区分,第 1 款属于违反规则,第 2 款属于违背原则。

国家工作人员如何履职,应当遵守规范的义务要求。通常情况下,这种规范要求往往具有明文规定的规则体系。但是,仅仅是明确具体的规则,还不能涵盖现实中的职务行为的所有特征。由于职务行为的复杂性和多样性,在规则体系之外还存在留给国家工作人员酌情决定的空间。当然,这种自由裁量权是有限度的,必须受到公平、公正等原则的限制。因此,国家工作人员的履职规范,既包括规则也包括原则。

一般说来,法律规则与法律原则之间的区分,主要体现在以下几个方面。第一,区分标准在于确定性/模糊性。法律规则是具有确定性的规范,一旦规则中规定的条件得到满足,法律规则就会指向一个确定的结果;而法律原则则相反,并不能确定地给出一个法律答案,它可能指向多个均具有合理性的答案。第二,出现差异的原因,有的观点认为是法律规则规定得比较具体明确,而法律原则大多用语抽象,当这些抽象的原则运用到个案时,只能排除一部分答案,但是剩下的答案依靠法律原则是无法区分的。也有观点认为,出现差异的原因在于是否具有价值维度。规则相对比较中立客观,而原则往往具有价值维度,因而充满争议。例如,什么是"公正""公平",可能会存在很多的答案,这是原则适用时具有不确定性的根源。第三,从适用方式来看,法律规则的适用相对而言更加直截了当,由于其具有确定性,适用与否很容易判断;而法律原则的适用则没有那么直接,由于其结果的不确定性,需要在多个答案间进行"衡量"或者"权衡",最终给出一个相对合理的答案。第四,从适用空间来看,法律规则一般对适用者有着更严格的约束,而法律原则更多地与自由裁量权联系在一起。①

在2012年《解释》第12条第1款中,针对行为人的请托事项,国家工作人员如何履职,均有明确规则。这些规则的表现形式包括"法律、法规、规章、政策、行业规范"。在国家工作人员的职责范围之内,(行为人请托所涉及的)相关事务如何处理,存在着法律、法规、规章、政策、行业规范的具体指引和约束。对于国家工作人员应当如何履职,这些规则具有比较明确的规定,国家工作人员只要依照规定办理即可,不需要个人再进行价值方面的权衡。相反,在2012年《解释》第12条第2款中,国家工作人员如何履职,没有具体明确的规定,但是要求其按照公平、公正的原则酌情处理。在一些涉及经济活动和人事管理活动的领域,(行为人请托所涉及的)相关事务如何处理,没有具体而明确的规定,而是留给了国家工作人员自由裁量、酌情决定。此时,国家工作人员违背职务的形式,不是违反了法律、法规、规章、政策、行业规范的具体规定,而是在酌情处理时违背了公平、公正原则。

综上,2012年《解释》第12条第1款与第2款的差别,在于违反规则与违背原则之别。行为人请托的事项,落在了不同层次的规范领域,因而国家工作人员违背职务的表现形式不同。进一步而言,在解释和适用2012年《解释》第12条第1款和第2款时,还有以下诸多问题需要注意。

---

① 关于上述总结的进一步展开分析,可参见舒国滢:《法律原则适用的困境——方法论视角的四个追问》,载《苏州大学学报(哲学社会科学版)》2005年第1期;陈景辉:《原则、自由裁量与依法裁判》,载《法学研究》2006年第5期;陈林林:《基于法律原则的裁判》,载《法学研究》2006年第3期;刘叶深:《法律规则与法律原则:质的差别?》,载《法学家》2009年第5期。

(二)违背职务之一:(法定履职)违反具体规则

国家工作人员违背职务的第一种形式,是在应当履行明确的法定职责的场合,违反关于职责的具体规定。这是对2012年《解释》第12条第1款规定的类型化和理论提炼。该款规定,"行贿犯罪中的'谋取不正当利益',是指行贿人谋取的利益违反法律、法规、规章、政策规定,或者要求国家工作人员违反法律、法规、规章、政策、行业规范的规定,为自己提供帮助或者方便条件"。这款规定的精华在"或者"之后。在行贿的场合,行为人给予国家工作人员财物的对价,就是国家工作人员违反这些具体规则。至于行为人所要谋取的不正当利益,不过是违反规则的一个大概率结果。因此,在适用2012年《解释》第12条第1款时,认定行贿罪的关键,就在于检验国家工作人员在履职过程中,是否违反了法律、法规、规章、政策或行业规范的规定。除此之外,违背职务还包括违反一般的工作细则或者程序规定。①

2012年《解释》第12条第1款中"或者"之前的规定,是没有意义的。以往学界多数观点,往往是将第1款中"或者"前后的规定归纳为实体违法利益和程序违法利益。实体违法利益,是指贿人最终要实现的目的本身违反法律、法规、政策等规定,即利益本身具有非法性。实体违法利益包含三种情况:一是对任何人在任何情况都是非法的利益,如贩毒等,这种利益的非法性是具有普遍意义的;二是行为人因不具备某种获得利益的条件,如不具备生产经营资格,却违法获得这种资格;三是减免行为人依法应当承受的负担,如纳税人获得不合法的

---

① 在行为方式上,一个应当实施的行为的不作为,与一个违反义务的实施行为并无差异。在德国法院的判例中,违反义务的具体情形还包括,执法人员在未得到批准的情况下,为囚犯输送信件、违反保守秘密的义务,以及没有采取本应当采取的监督措施等。Kindhäuser/Neumann/Paeffgen/Kuhlen,Strafgesetzbuch, 2013, § 332, Rn. 8.

减免税款的待遇。程序违法利益,是指行贿人最终所要实现的利益本身不违法,但是要求国家工作人员违反法律等规定,为行贿人提供帮助或者便利条件,通过违法途径实现合法利益。

但是,实体违法与程序违法的区分并无实益。从法秩序的规范层面来看,如果行为人通过国家工作人员的公务行为的帮助,获得的利益本身是违法的,那么该国家工作人员的公务行为,也必然是违反法律、法规、规章、政策、行业规范对国家工作人员提出的义务要求。在一个法治国家,不可能想象存在国家工作人员通过合乎规范的履职,为他人谋取到(实体上)非法利益的情形。反过来说,如果国家工作人员帮助他人谋取到了(实体上)非法的利益,那必然是其履职行为本身即违反了关于职责义务的具体规范。难以接受的结论是,国家工作人员通过合法合规的职务行为,为他人谋取到了毒品、枪支,或者让不具备生产经营资格的商户取得了资格,让不应享受减免税款待遇的纳税人减免税款。这些结论既难以接受,也不可能出现。退一步讲,万一出现了这种情形,必然是规定国家工作人员职责的法律规范本身丧失了"合法性"。那么,在对国家工作人员和行贿人追究责任之前,先要解决的是"恶法"的问题。

进一步而言,所谓实体违法的利益,其实是没有必要的概念。2012年《解释》第12条第1款"或者"前规定的"'谋取不正当利益',是指行贿人谋取的利益违反法律、法规、规章、政策规定",这种与国家工作人员职务无关的表述,属于在行贿罪的构成要件语境之外,纯粹就"不正当利益"进行孤立解释,缺乏实际意义。一方面,对行贿罪的认定而言,这种实体违法利益的解释远远不够。例如,A给予国家工作人员B报酬,要求B帮助自己入户盗窃,A谋取的利益当然属于"违反法律、法规、规章、政策规定"、在实体上违法的利益。但是,这种情形显然不能构成行贿罪。按照这种理解来认定"谋取不正当利益",脱离了对国家工作人员是否违背职务的关注,这对满足行贿罪的构成要件来说是远远不够的。另一方面,对行贿罪的认定而言,这种实体违法利益的解释,又完全多余。例如,A 给予看管实验室的国家工作人员 B 报酬,要求 B 违反监管要求让自己入内,进而趁机盗窃实验室财物。在该案例中,虽然 A 谋取的利益是"违反法律、法规、规章、政策规定"、在实体上违法的利益,但是要想取得这个实体违法的利益,前提是要求 B 在程序上违反规定才可能办到。对此,只要认定 B 工作程序违法就足够了,至于说 A 所谋取的利益在实体上是否违法,对于认定 A 的行贿罪而言,是多余的。

综上,2012 年《解释》第 12 条第 1 款"或者"之前关于实体违法利益的规定,是多余的、也没有实益的说明。在行贿罪的语境中,没有必要区分实体违法与程序违法。对行贿罪而言,所有的实体违法都是程序违法,都是以国家工作人员违反职责要求的具体规定为前提,否则,对认定行贿罪毫无助益。因此,2012 年《解释》第 12 条第 1 款前段规定完全可以忽略,只有后段规定才有助于认定"谋取不正当利益"这一要件,即要求国家工作人员违反法律、法规、规章、政策、行业规范的规定,为自己提供帮助或者方便条件。这就是从违背职务的角度去解释"谋取不正当利益"的第一种形式,即在国家工作人员履行法定职责的场合,违反了关于职务行使的具体规则。

(三)违背职务之二:(酌定履职)违背公平、公正原则

国家工作人员违背职务的第二种形式,是在酌定履职的场合,违背公平、公正原则。这是对 2012 年《解释》第 12 条第 2 款规定的类型化和理论提炼。如前所述,2012 年《解释》第 12 条第 1 款规定针对的是那些有明确具体规则的、因而不存在什么可替代和可辩解性的职务行为,这种违背职务,比较容易认定也没什么争议(即这个事情只能这样决定,如果没有这样决定,那就是违反了义务)。但是,第 2 款规定针对的,则是一些没有具体规则而涉及公平、公正原则的职务行为(即既可以这样决定,也可以那样决定)。相对于第 1 款,第 2 款规定因抽象和模糊而更不易把握,是本文讨论的重点。接下来,笔者从规范对象、酌情决定与违背原则三个角度,对第 2 款的适用展开详细探讨。

1. 规范对象的错位与回归

2012 年《解释》第 12 条第 2 款规定:"违背公平、公正原则,在经济、组织人事管理等活动中,谋取竞争优势的,应当认定为'谋取不正当利益'。"这一规定的思路,正如上文所批评的,仍然是从行贿人的角度出发去解释"谋取不正当利益"。通常而言,"谋取竞争优势"是一个中性用语,任何人参与到竞争性活动中,都要谋取竞争优势。因此,"谋取竞争优势"这一说法,本身并不能给"谋取不正当利益"之"不正当"提供有效的解释。这样一来,解释的关键就落在了"违背公平、公正原则"上面。按照该款规定的用语和逻辑,违背公平、公正原则的问责对象,是行贿人。很多论者也是从这一角度展开的讨论。例如,"由于行为人在竞争活动过程中没有违反公平、公正原则……"①大多数判决也是遵循这样的逻辑。例如,"吴某某的行贿行为违背了市场公平、公正原则,其是为了在招投标活动中谋取竞争优势,应认定为谋取不正当利益"②。"被告人谢某违背公平、公正原则,在襄阳广播电视台与襄阳市人力资源和社会保障局面向社会公开招聘电视台工作人员时,为其女儿赵某甲谋取竞争优势。"③

笔者认为,上述理论和判决的逻辑存在疑问。在经济、组织人事管理等活动中,规范上要求不得违背公平、公正原则的问责对象,应当是国家工作人员,而非普通公民。司法解释中问责对象的错位,会导

---

① 王萧:《行贿罪构成要件中"谋取竞争优势"的理解》,载《人民法院报》2013 年 12 月 25 日。
② 吴某某行贿、受贿案,南昌铁路运输中级法院(2015)南铁中刑终字第 8 号刑事裁定书。
③ 谢某行贿案,湖北省谷城县人民法院(2015)鄂谷城刑初字第 00135 号刑事裁定书。

致规范呼吁的低效性,以及解释上的自我循环。一方面,普通公民参与到经济、组织人事管理等竞争性活动中来,虽然也有公平、公正参与竞争的要求,但是,如果其没有明确地违反针对参与者的相关规范,这种要求参与者不得"违背公平、公正原则"的说法,只能是停留在道德层面,法律规范中的这种规定容易与情理相悖,也缺乏实际效力。例如,在罗泽中行贿案中,法院认为,"其(指上诉人罗泽中)在承建工程时没有经过招投标、竞争性谈判等公平竞争程序,在取得工程时违背了公平、公正的原则,其行贿的目的系为了谋取竞争优势,应当认定为谋取不正当利益"①。显然,裁定书的表述逻辑,是将行贿人罗泽中作为违背公平、公正原则的主体,但是,认定一个想要取得工程的承建商"在承建工程时没有经过招、投标、竞争性谈判等公平竞争程序",指控其因此违背了公平、公正原则,这个说法是不妥当的。是否设置招投标的竞争程序,决定权不在想要取得工程的承建商手中,而在负责相关工程建设的国家工作人员手中。如果不设置招投标的竞争程序的决定本身不存在问题,那么承建商直接取得工程的行为,并没有违背公平、公正原则。所以,需要判断是否违背公平、公正原则的,是国家工作人员不设置招投标的竞争程序的决定,而不是承建商没有经过招投标程序就取得工程的行为。正是由于僵硬地套用了司法解释的规定,才导致裁定书中出现了这种判断对象的错位和逻辑的颠倒。另一方面,如果按照司法解释的逻辑,进一步追问如何认定行为人"违背公平、公正原则",那么答案只能是,行为人采用了行贿手段谋取竞争优势。但是这样一来,就陷入了一个解释上的死循环——问:什么是行贿?答:行为人为谋取不正当利益而给予国家工作人员财物。问:什么是谋取不正当利益?答:行为人违背公平、公正原则,谋求竞争优势。问:怎样做是违背公平、公正原则?答:行贿。——从这个问答

---

① 罗泽中行贿案,四川省宜宾市中级人民法院(2015)宜刑终字第95号刑事裁定书。

中,并不能对"谋取不正当利益"得出更进一步的、更加具体和深入的理解,而只能是停留在同一层面的循环论证中。

综上,2012年《解释》第12条第2款指向的实质问题是客观存在的,但是,司法解释用来描述这一问题的文字表达存在疑问。规范对象出现了错位,对此,应当从刑法理论上加以整合,使规范对象正确回归。按照笔者主张的新违背职务说,对第2款改善过的表达是:(行为人)要求国家工作人员违背公平、公正原则,在经济、组织人事管理等活动中,为自己谋取竞争优势。这样一来,第2款就能够与第1款规定的"要求国家工作人员违反法律、法规、规章、政策、行业规范的规定,为自己提供帮助或者方便条件",既在结构上区分出层次,又在语词和逻辑上前后对应,由此形成"违反规则—违背原则"之双层次新违背职务说。

2. 酌情决定与任意处置

从2012年《解释》第12条第2款的规定来看,在经济活动和组织人事管理活动等领域,国家工作人员违背职务的形式,主要表现为违背公平、公正原则。但是,一方面,"经济、组织人事管理等活动"的规定过宽,其意义包罗万象,几乎包括了所有的国家工作人员的职务行为,而且难以区分第1款与第2款的适用范围;另一方面,"违背公平、公正原则"的规定过于模糊,法理内涵不清,也为司法实践的理解和适用带来了不少问题。

例如,在孙某甲行贿案中,针对上诉人孙某甲及其辩护人认为孙某甲在经营太湖围网的过程中未谋取不正当利益的上诉理由和辩护意见,法院认为,"孙某甲在经营太湖围网过程中,长期超面积无证经营,并通过将自己水面挂靠在原吴江市水产局的方式,少缴数年的渔业资源赔偿费。同时,在与原吴江市水产局联营850亩水面的过程中,孙某甲亦将依照协议约定本应分给水产局的经营收益占为己有,以上利益的取得均违背了太湖渔业养殖的相关规定,是其与庞某、董某二人通过权钱交易手段排斥竞争对手,使自己获得的非法竞争优势"①,因而法院认为其上诉理由和辩护意见不能成立。就该案的基本事实来看,孙某甲通过给予国家工作人员庞某和董某财物,换取庞某和董某违背职务为其谋取利益,这种利益形式表现为长期超面积无证经营、少缴数年的渔业资源赔偿费以及将本应分给水产局的经营收益占为己有等。显然,这些利益都是国家工作人员违反具体、明确的规定而帮助行为人获得的,是典型的违反规则的行为。对此,应当适用 2012 年《解释》第 12 条第 1 款,属于国家工作人员违反具体规定。但是,裁定书一方面认定"违背了太湖渔业养殖的相关规定",另一方面又认定"获得非法竞争优势",这就把案件事实指向了适用第 1 款还是第 2 款的适用混乱之中。究其原因,还是对于第 2 款的含义和所应当适用的场合缺乏正确把握。

又如,在王某某行贿案中,法院认为"王某某想尽快收回药款,获取的利益本身是合法的,但是其通过不正当手段即行贿手段要求国家工作人员为获取该利益提供'帮助或者方便条件'是违反法律法规的,也应当认定'谋取不正当利益'。故辩护意见不成立,本院不予采纳"。又如,在范海金行贿案中,法院认定,"被告人范海金送涉案相关人员财物的目的,一是为了感谢他们将业务交给其做,二是为了顺利结算工程款。范海金的上述行为,违背公平、公正原则,在经济活动中谋取了竞争优势,应认定为刑法规定的'谋取不正当利益'"②。对于这种涉及所谓"加速费"的问题,由于理论上缺乏明晰的说法,实践中认定起来也比较混乱。

基于 2012 年《解释》第 12 条第 2 款规定本身存在的各种问题,本

---

① 孙某甲行贿案,江苏省苏州市中级人民法院(2015)苏中刑二终字第 00009 号刑事裁定书。
② 范海金行贿、单位行贿案,浙江省杭州市中级人民法院(2015)浙杭刑终字第 30 号刑事裁定书。

文尝试从法教义学上构建酌情决定的概念,在法理上对第 2 款进行修整和澄清,从教义学角度提供一个理论模型,为司法实践准确理解和把握第 2 款提供指引。①

(1)酌情决定意味着允许国家工作人员有实质不同的决策选择

与 2012 年《解释》第 12 条第 1 款指向的有具体规则约束的职务行为不同,第 2 款涉及的职务行为,实际上并无外部的明文标准,而是由国家工作人员自己的内心来决定其"违背职务性"②。这种在缺乏明确的规范指导下直接做出来的职务行为,就涉及本文所说的酌定履职的问题。

刑法上的酌情决定的特征,是行政法上的自由裁量的概念不能覆盖的,包括如下各种情形:只要官员处在一种具体的待决定状态,其中至少有两种合法的决策选择,这就是酌情履职。换言之,酌情决定的前提条件是,这个国家工作人员"至少是有两个可选择的行为"③。这个概念所要解决的问题是,在一种难以用明确的法律概念去区分各种不同具体情形的场合,容忍国家工作人员在个案中具体考虑和审查决定。④ 因此,刑法上的酌情,不能技术性地理解为行政法上的术语。毋宁说,它指向一种允许国家工作人员作出不同决定的情境。⑤ 由此可见,只有当国家工作人员对于个案在法律上有一个具体化的空间范围时,才能说,他具有了刑法意义上的酌情履职的权力。

一个没有独立的价值判断空间,仅仅是为其他人的酌情决定纯粹

---

① 《德国刑法典》第 332 条和第 333 条中规定了 "Ausübung des Ermessen" 的情形,这里借鉴了德国学者对于这一问题的学理分析。参见 Fischer Rn. 9; LK/Sowada Rn. 13. MüKo/Korte Rn. 31; Rengier II § 60, Rn. 33; Krey BT 1 Rn. 677。

② S/S/Heine Rn. 15. 人们在讨论《德国刑法典》第 332 条第 1 款与第 3 款的区别时,也会提到这一点,即第 1 款中的职务行为是较为明确的,而第 3 款的行为不适合具体化,因而认为第 3 款是有独立的构建性、创设性的作用,而不是第 1 款的简单推演或包含。Kindhäuser/Neumann/Paeffgen/Kuhlen,Strafgesetzbuch, 2013, § 332, Rn.15.

③ LK/Sowada, § 332, Rn. 13.

④ Kindhäuser/Neumann/Paeffgen/Kuhlen,Strafgesetzbuch, 2013, § 332, Rn.9.

⑤ Rengier II § 60, Rn. 33.

提供资料的人,不具有刑法意义上的酌情决定的权力。① 但是,在某些场合,一个国家工作人员虽然没有独立的管辖权和决定资格,不是独立的决策者,但是根据他的职权范围,在决策的过程中,他也必须被包括和参与进来,此时,至少在实际的影响可能性层面,他对这个酌情决定发挥了作用。② 换言之,该国家工作人员作为一个协助者,对于他人的酌情决定,能够发挥"事实上的影响力"。这种所谓事实上的影响,不是说仅仅给他人的决策编排一些缺乏行为人个人价值活动范围的资料,而是说,他能够给之后的决策者提供专业上或法律上的建议。在这个范围之内,该国家工作人员具有一个实施合法的行为可能性的回旋空间。处在这个空间内,怎么做都不算违法。这种情况,也属于具有酌情处理的权力。③

(2)加速履职不包含实质的决策选择,属于任意处置而非酌情决定的范围

以下情形不属于酌情决定的范围:如果这个国家工作人员手里的权力空间,仅仅是可以作出一个时间上加快与否的替代性选择,例如是抓紧时间尽快办理还是正常操作,也就是通常所说的"加速(费)"。④ 但是,在司法实践中,对这一点的认识往往很模糊。例如,在王某某行贿案中,法院认定的基本事实如下:经审理查明,2008 年 5 月至 2014 年 10 月,被告人王某某作为新疆九州通药业有限公司及江苏康生药业有限公司的销售员在向新疆生产建设兵团第十师一八一团医院销售药品过程中,为了多销售药品并及时收回药款,被告人王某某先后向时任一八一团医院院长的谢光明(另案处理)、内科主任谭某某(另案处理)行贿,贿赂款共计 256000 元。

---

① Schönke/Schröder/Heine Rn. 19.
② MK-Korte, 2014, § 332, Rn. 32.
③ LK/Sowada, § 332. Rn. 13; Fischer StGB § 332. Rn. 9.
④ 这也是国外刑法学界在讨论贿赂犯罪时的理论共识。Fischer Rn. 9; MüKo/Korte Rn. 33; LK/Sowada Rn. 13; NK/Kuhlen Rn. 10.

该案辩护人提出,被告人王某某给谢光明送的钱中有四次合计69000元,是为了尽快收回药款,系正当利益,不应计入行贿数额。对此,法院在判决理由中指出:最高人民法院、最高人民检察院《解释(二)》第12条明确规定,行贿犯罪中"谋取不正当利益",是指行贿人谋取的利益违反法律、法规、规章、政策规定,或者要求国家工作人员违反法律、法规、规章、政策、行业规范的规定,为自己提供帮助或者方便条件。违背公平、公正原则,在经济、组织人事管理等活动中,谋取竞争优势的,应当认定为"谋取不正当利益"。王某某想尽快收回药款,获取的利益本身是合法的,但是其通过不正当手段即行贿手段要求国家工作人员为获取该利益提供"帮助或者方便条件"是违反法律法规的,也应当认定"谋取不正当利益"。故辩护意见不成立,法院不予采纳。

对该案例,上文已经指出,判决书的逻辑是适用2012年《解释》第12条第1款"提供帮助或者方便条件"的规定,但是,根据行为人采取行贿手段要求国家工作人员提供帮助这一点来认定行为人谋取不正当利益,属于没有说理的循环论证。与该案类似,由于希望尽快结款而给予国家工作人员"加速费"(或"润滑费")的案件,实践中所在多有。在何某甲行贿案中,一审法院认定:被告人何某甲挂靠四川煤矿基本建设工程公司承揽到神华宁夏煤业集团有限责任公司灵新煤矿六采区2013年度矿建工程。为了矿建工程的顺利进行及能及时结算工程款,被告人何某甲于2013年中秋节前及2014年春节前先后两次,到时任灵新煤矿矿长的荀某某(另案处理)的办公室,送给荀某某人民币共计30万元。与王某某行贿案相似,法院承认被告人何某甲行贿是"为了矿建工程的顺利进行及能及时结算工程款",并将此认定为谋取不正当利益。宣判后,何某甲不服提出上诉,请求二审法院撤销原判,依法对其适用缓刑,理由如下[①]:一审法院认定上诉人谋取不

---

① 参见何某甲行贿案,宁夏回族自治区中卫市中级人民法院(2015)卫刑终字第28号刑事判决书。

正当利益,属于错误认定。在矿建工程合同履行过程中,因灵新煤矿矿建工程在具体施工中需要涉及不同作业层面和范围,矿建工程因地质、水文条件复杂致使工程施工难度较高,且存在多项工程交叉进行,作为发包人的宁夏煤业集团有限公司需要对各承包人、基础施工条件(包括道路、运输、供电、供水)、各作业层面、作业环节进行协调工作,且在案涉施工合同中明确约定发包人有责任向上诉人提供施工场地,统一协调管理各施工单位,协调交叉作业,合理安排施工顺序,上诉人有权要求作为发包人的宁夏煤业集团有限责任公司完成各项协调工作,证人荀某某作为灵新煤矿矿建工程管理人员,有义务履行管理职责,完成施工合同义务。

宁夏煤业集团有限责任公司未按约定向上诉人支付工程进度款,导致上诉人无奈只能对外进行大量借款,用于支付人工工资及各类机械、设备费用,从而导致上诉人工程建设施工成本大幅提高,对外形成大量债务,上诉人要求宁夏煤业集团有限责任公司依约支付工程款的请求完全合法。截至目前,宁夏煤业集团有限责任公司仍欠上诉人大量应付工程进度款,上诉人请求作为直接管理者的荀某某按时、足额拨付工程款项并未违法也未违反工程合同约定。证人荀某某在其证言中明确陈述案涉工程的验收、工程款的结算均由宁夏煤业集团有限责任公司参与,其没有给上诉人提供任何利益上的帮助。上诉人的行为并未导致违反公平、公正原则,更未在经济活动中谋取竞争优势,上诉人所要求的权益符合法律规定、合同约定,并未违反法律、法规、规章、政策规定。上诉人请求证人荀某某按时支付工程进度款项,对施工现场各承包人、基础施工条件、各作业层面、作业环节进行协调,上述请求并未超出证人荀某某的职责范围,符合法律规定、合同约定,上诉人自始至终并未谋求法律规定及合同约定之外的利益,也未谋求证人荀某某超出其职责范围以外的利益,证人荀某某也未向上诉人进行任何非法、超出合同约定及其职责范围以外的利益输送。

被告人的上诉理由可谓详尽。如果上述情况属实,那么被告人何某甲向国家工作人员荀某某请托的事项包括:第一,请求荀某某对施工现场各承包人、基础施工条件(包括道路、运输、供电、供水等)、各作业层面、作业环节进行协调。第二,请求荀某某按时支付工程进度款项。就第一项事务而言,符合法律规定、合同约定,也符合矿建工程施工实际,要求荀某某提供的帮助,并未违反法律、法规、规章、政策规定,也未向上诉人进行任何非法、超出合同约定及其职责范围以外的利益输送。就第二项事务而言,涉及工程建设中常见的拖欠应付款项的问题。相对于款项拖欠而言,要求对方按时支付工程款,也属于一种变相的"加速办理"的请托。

对上诉人的辩解,二审法院一方面并未否认基本事实,另一方面又未对法律适用问题作出明确的回应,仅仅认为上诉人何某甲在施工过程中向身为国营企业矿长的荀某某行贿人民币 30 万元,是为了谋求时任灵新煤矿矿长的荀某某在其已中标的灵新煤矿矿建工程中给予帮助,意欲谋取竞争优势,上诉人何某甲的行贿行为应认定为谋取不正当利益。显然,既然是"已中标的工程",那么就不涉及招投标过程中的行贿。至于在中标之后的工程建设中给予帮助,以及谋取竞争优势等,这些上诉人自己也承认,但并不能由给予帮助和谋求竞争优势,就推导出不正当利益的结论。问题的关键在于这些帮助是否违背职务。对于国家工作人员荀某某提供的协调以及加速等方面的帮助,是否违反规则或违背原则,法院本应当作出明确的说明和评述,但是法院却未置可否,甚至未置一词。

显然,这又是一起涉及"加速费"正当与否的糊涂案。上述案例说明,彻底澄清"加速费"的法律意义和后果,对于司法实践中正确处理相关案件具有重要意义。所谓的加速费,通常是指行为人为了方便和加快日常的公务行为的流程而给予国家工作人员财物。例如,为尽快取得许可证、营业执照或其他批文,为应付与履行合同有关的例行检查、款项结算等而给予的费用。① 那么,这种"加速费"的情形能否适用 2012 年《解释》第 12 条第 2 款进而认定为行贿罪？有的观点认为,"支付目的仅在于加速官员例行职权行使的加速费时,行贿人能否获得加速是不确定的,受贿人对是否加速也有自由裁量权,但如果一概以行贿罪追究刑事责任显然畸重,也有违社会公众的一般认识"②。有学者提出,行贿行为的本质是"不但侵犯了职务行为的不可收买性,而且会造成权力被滥用或者市场秩序等社会秩序被破坏的后果",从这一点出发,有学者认为"加速费"是合法的。③

笔者赞成"加速费"不属于"不正当利益"。但是,以往观点在说理上并不透彻,有进一步澄清的必要。按照本文对 2012 年《解释》第 12 条第 2 款的解读,之所以将"加速费"排除在不正当利益之外,教义学上的关键点在于,国家工作人员在自己的职务行为上是否加速,不属于酌情决定的范围。如上文所述,所谓酌情决定,要求国家工作人员有两种以上的合法的决策选择,且选择过程中包含了价值裁量。但是,国家工作人员在履行行政职责的时候,是按照正常速度进行还是加快办事流程,这并不存在决策选择的问题。因为国家工作人员加速与否的决定,对于该职务要求而言,并不会产生两个有不同价值内涵和法律意义的决策结果,也不会对决策结果发挥事实上的影响力。因此,涉及"加速费"的场合,不属于国家工作人员可以作出不同决策的酌情决定的范围,而是国家工作人员在既定的规则和决策的框架之内展开的日常性事务。

比较法的视角也能支持本文观点。例如,美国国会 1988 年对《反

---

① 参见鲁建武、覃俊:《行贿罪之"不正当利益"认定中的疑难问题》,载《中国检察官》2014 年第 19 期。
② 夏伟、王周瑜:《对行贿罪中不正当谋取利益的理解》,载《人民司法》2015 年第 13 期。
③ 参见赵秉志:《商业行贿犯罪中"谋取不正当利益"的认定与修改》,载《人民检察》2006 年第 13 期。

海外贿赂法》(FCPA)进行了修订。在这次修订中,将美国公司向国外政府官员的支付分成两类:一种称为腐败性支付(corrupt payment),其目的在于诱导该官员滥用职权或偏离其职责,从而获得或者保留某些合同、特权等;另一种称为加速费(facilitating or expediting payment),其目的仅在于完成或加快政府日常行为的进度。在修订案中,前者被认为是非法的,而后者被认为是合法的。法条中列举的政府日常行为包括:取得许可、执照或其他官方证件;处理政府文件,如签证和工作通知单;提供警察保护;邮件接送;与履行合同有关的列表检查、电信服务;水电服务;装卸货物;保鲜;越境运输等。① 当然,一件行政事务能否加速办理,可能对于行政相对人而言有着至关重要的意义,甚至是决定其后续事务发展的关键一环。但是,对于国家工作人员的职务要求而言,既没有违反具体规定,也不属于酌情决定,因而也就不构成对于行为人的不正当利益。这个地方恰恰再一次说明,在解释"不正当利益"时,应当从国家工作人员而非行为人出发,前者有无违背职务,决定了后者有无不正当利益。

除了"加速费"之外,还有一些情形,也不属于酌情决定,而是完全留给国家工作人员个人进行任意处置。例如,国家工作人员 A 出差时,都要通过一定渠道订票,并选择乘坐航空公司的航班。有的地方将机票纳入政府采购的范围,在这种情况下,A 通过什么渠道订票,选乘什么公司的航班,就属于酌情决定的事项。相反,在未纳入政府采购范围之前或其他未纳入政府采购范围的地方,就属于 A 完全自由决定的事项。从比较法的层面来看,在德国刑法中,这种不属于酌情决定而是属于任意处置的公务行为,被认为不是《德国刑法典》第 332 条或第 334 条规定的违背职务,而是属于第 331 条或第 333 条所规定的

---

① 关于《反海外贿赂法》的更详细资料,可参见维基百科网(https://en.wikipedia.org/wiki/Foreign_Corrupt_Practices_Act,2021 年 10 月 8 日访问。

正当履职的范围之内。① 在法律后果上,对国家工作人员按照第331条的收受利益罪论处,对给予国家工作人员利益的人,则按照第333条的给予利益罪(而非行贿罪)论处。② 但是,在中国刑法语境下,行贿罪明确规定以"谋取不正当利益"为要件,因而仅限于国家工作人员违背职务的情形。因此,当国家工作人员在属于完全自由决定的职务行使的过程中,即使受到了他人给予财物的影响,也不能认定该国家工作人员违背职务;相应的,对财物给予人也不能按照谋取不正当利益的行贿罪论处。

(3)通过"酌情决定"来把握和限定"经济、组织人事管理活动"的含义和范围

从比较法的角度考察,在国外司法判例中,如下情形可以归入刑法意义上的酌情决定的范围:城市规划评估;确立一个施工安排或者建筑计划③;在招投标过程中,在评估标准的基础上评价投标书,决定哪个公司能够中标;决定在何种条件下,不经由公开招标而将合同订单给予某个公司④;决定在公共采购上的追加费用。⑤ 此外,同样适用的还有:预选投资对象,以及为一项产品定位。⑥ 在官方指令或者任务的范围之内,具有一个一般性(抽象性)的行政授权或代表授权的官员所作出的决定,也属于酌情决定。⑦

在中国司法实践中,酌情决定的范围,经历了一个逐渐扩展的过程。"两高"在2008年出台《意见(二)》时,仅仅将"谋取竞争优势"局限于招标投标、政府采购等商业活动领域。因为在这两个领域,国家

---

① S/S/Heine Rn. 12; SK/Stein/Rudolphi Rn. 8; MüKo/Korte Rn. 33.
② BGHSt 3, 143 f.; NK/Kuhlen Rn. 10; Schönke/Schröder/Heine Rn. 12.
③ BGH v. 21.3.2002 – 5 StR 138/01, BGHSt 47, 260 (262 f.) = NJW 2002, 2257.
④ BGH v. 1.11.1988 – 5 StR 259/88.
⑤ BGH v. 23.10.2002 – 1 StR 541/01, BGHSt 48, 44 (46, 50) = NJW 2003, 763 (765 f.); Kuhlen JR 2003, 231 (235).
⑥ BGH v. 9.7.2009 – 5 StR 263/08, BGHSt 54, 39 = NJW 2009, 3248 (Rn. 55).
⑦ BGH v. 26.5.2011 – 3 StR 492/10, wistra 2011, 391 (Rn. 8).

工作人员酌情履职的特征最为典型和明显。招标投标是在货物、工程和服务的采购行为中,运用竞争机制的作用,有组织地开展的一种择优成交的方式。《招标投标法》第 17 条第 1 款规定:"招标人采用邀请招标方式的,应当向三个以上具备承担招标项目的能力、资信良好的特定的法人或者其他组织发出投标邀请书。"这就意味着,对于邀请哪些人以及多少人参与投标,招标人有酌情决定的空间。《招标投标法》第 18 条第 2 款规定:"招标人不得以不合理的条件限制或者排斥潜在投标人,不得对潜在投标人实行歧视待遇。"这就意味着,招标人可以设置合理的条件限制或者排斥潜在投标人。而哪些条件合理或不合理,往往是留给招标人酌情决定的。《招标投标法》第 37 条规定,"评标由招标人依法组建的评标委员会负责。依法必须进行招标的项目,其评标委员会由招标人的代表和有关技术、经济等方面的专家组成"。显然,在选择哪些(可能有利于行贿人或不利于其他竞标者的)专家进入评标委员会这个问题上,相关的国家工作人员有着合法的选择空间。① 正是由于招投标领域存在巨大的酌情履职的空间,在履职过程中违背原则的决定,较之一般的直接违反规定的违背职务更难以被发现和察觉,因而成为贿赂犯罪的重灾区。2015 年最高人民检察院、国家发展和改革委员会专门下发了《关于在招标投标活动中全面开展行贿犯罪档案查询的通知》,强调行贿犯罪记录应当作为招标的资质审查、招标代理机构资质认定、评标专家入库审查、招标代理机构选定、中标人推荐和确定、招标师注册等活动的重要依据。

值得注意的是,招投标场合的酌情决定,不仅包括在招投标过程中的决定,而且从一开始决定是否招投标,有时候也是由国家工作人员酌情决定的。例如,在罗泽中行贿案中,法院认为,在承建工程时没有经过招、投标、竞争性谈判等公平竞争程序,在取得工程时违背了公平、公

---

① 德国学者也认为,在招投标的问题上,聘请哪个专家或者是否聘请专家,都属于可以自由裁量的范围。MK-Korte, Münchener Kommentar zum StGB, 2014, § 332, Rn.33.

正的原则,其行贿系为了谋取竞争优势,应当认定为谋取不正当利益。①显然,国家工作人员在这里违反的不是必须经过招投标程序的具体规定,而是在酌情决定是否招投标的问题上,违背了公平、公正原则。

除了招标投标,2008年"两高"《意见(二)》同时对政府采购进行了规定。同招标投标活动一样,国家机关、事业单位和团体组织中的工作人员,在使用财政性资金采购制定的集中采购目录以内的或者采购限额标准以上的货物、工程和服务时,往往有着巨大的酌情履职的空间。因此,在司法实践中,政府采购领域也往往是贿赂犯罪的高发区。例如,在林某行贿案中,法院认为,被告人林某为了其经营管材的业务,先后五次送给时任平阳县水利局饮水办主任张某(已判刑)现金总计人民币7万元,并通过张某在平阳县饮用水工程项目上的管理职权,向多个乡村推荐使用其管材,最终以不正当竞争优势获取平阳县多个乡村的农村饮用水管道采购及安装工程项目。2011年,被告人林某在承接平阳县顺溪镇下顺溪村饮用水管道采购及安装工程过程中,找到时任中共平阳县顺溪镇下顺溪村党支部书记陈某(已判刑)请求帮助,后在陈某利用职务便利排除其他竞争优势的帮助下,其提供的饮用水管道优先获得采购。事后,被告人林某以"业务提成"名义送给陈某人民币1万元。② 类似这种案件,政府部门向哪些个人或单位采购商品,也属于相关部门的国家工作人员酌情决定的事项。符合资质条件的商户可能很多,在众多符合条件者中间进行选择,国家工作人员的选择,是根据自己对供应商的竞争条件的具体情况的判断来酌情决定的。在这种情况下,何种行为人本来没有竞争优势,通过给予国家工作人员财物,以取得国家工作人员的关照,从而获取了优于别人的竞争条件,谋取竞争优势的目的性比较明显,客观上认定比较容易。

与上述案件不同的是,在有些场合,行为人已经具备了竞争优势,

---

① 参见罗泽中行贿案,四川省宜宾市中级人民法院(2015)宜刑终字第95号刑事裁定书。
② 参见林某行贿案,浙江省平阳县人民法院(2014)温平刑初字第1499号民事判决书。

但是为了保持住该优势而给予国家工作人员财物,对此能否认定为谋求竞争优势?例如,在王海波行贿案中,一审法院在判决书中,表现出了对于这种维持竞争优势如何认定的犹豫和矛盾的心态。一方面,法院认定被告人的行为性质属于行贿,被告人王海波在取得由国有公司潞安集团控股的一缘煤业公司煤(混)矸石处理业务后,根据从煤矸石中分拣出炭块的数量按一定比例通过其个人的银行账户分八次给具有国家工作人员身份的一缘煤业公司总经理苗田个人汇款3025985元,其行为性质已构成了行贿罪。但是,另一方面,法院又认为,被告人在资源整合前后,向两任老总都交纳了相关费用,属于维持原来的经营模式,难以认定为不正当利益。①

该案中王海波在资源整合前即已经开始经营煤矸石分选业务。王海波称其根据出炭量的多少在资源整合前向原来的老总陈来贵交纳有相关费用和在资源整合后仍沿用原来的模式向一缘煤业公司交纳相关费用。陈来贵在给控方提供的证言中未提及整合前王海波向其交纳费用,但在陈来贵给辩护人提供的证词中有证明王海波向其交纳了500万元至600万元之内容。向陈来贵交纳费用虽无相关书证、证言等证据材料予以佐证,但就交纳相应费用的事实,综合王海波的供述和陈来贵的证言亦没有办法予以有效排除,同时王海波亦依照协议约定履行了其应承担的义务。王海波沿用原有模式经营期间的行贿行为是否属于法律规定的谋取了不正当利益,现有证据材料实难以证明,不能机械地套用最高人民法院、最高人民检察院2012年《解释》规定的行贿数额超过100万元就属于"情节特别严重",依法仍应在5年以下予以惩处。

一审宣判后,检察院提起抗诉认为:王海波为保证持续长久承揽业务而向国家工作人员行贿,损害了他人可能承担该业务的竞争利

---

① 参见王海波行贿案,山西省高级人民法院(2015)晋刑二核字第1号刑事裁定书。

益,可以认为谋取了竞争优势,根据最高人民法院、最高人民检察院2012年《解释》第12条的规定,"违背公平、公正原则,在经济、组织人事管理等活动中,谋取竞争优势的"系"谋取不正当利益"。原审判决认定"王海波不属于为谋取不正当利益向国家工作人员行贿"有误,且量刑畸轻。

二审法院支持了检察院的抗诉,认为原审上诉人王海波在经济活动中,违反公平、公正原则,谋取竞争优势的行为,依法应当认定为"谋取不正当利益",最后撤销原判,发回重审。在这个案件中,一审法院的认定确实存在自相矛盾之处。既然不能证明"是否属于法律规定的谋取了不正当利益",那就不应当得出构成行贿罪的结论。但是法院在认定行贿罪的同时,又以难以认定不正当利益为由轻判,这显然是和稀泥的做法,被发回重审也是在所难免的。

从一审法院的判决逻辑中可以看出,法院之所以作出这个判决,主要是由于王海波在资源整合前,就一直根据出炭量的多少向原来的老总陈来贵交纳相关费用,在资源整合之后,王海波仍沿用原来的模式向一缘煤业公司交纳相关费用。对于这种看起来仅仅是在维持原有模式的做法,一审法院认为不属于谋取竞争优势。但是检察院认为,这种为了"保证持续长久承揽业务而向国家工作人员行贿,损害了他人可能承担该业务的竞争利益",也可以认为谋取了竞争优势。这里就涉及如何理解维持竞争优势的问题。一般认为,竞争是指个人或群体在一定范围内为谋求他们共同需要的利益而进行比较和争取的过程。优势则是指在竞争中所具有的超过对手的有利条件和情势。"竞争优势本身是动态的,所谓行为人在竞争过程中的本有竞争优势,实际上也可能是不可靠与不确定的。"[①]从这个角度来看,只要竞争状态存在,那么维持既有优势与谋求初始优势,即使仅仅在文义解释的

---

① 孙国祥:《行贿谋取竞争优势的本质和认定》,载《中国刑事法杂志》2013年第7期。

层面上去论证,也可以认为,两者都属于谋求竞争优势,本质上是一样的。

"两高"在2012年《解释》中,将2008年《意见(二)》的"招标投标、政府采购等商业活动领域"进一步扩展到"经济、组织人事管理等活动"。如果说经济活动是在之前的"商业活动"的基础上的适当延展,那么组织人事管理活动则是一个新确定下来的酌情决定的领域。一般来说,组织人事管理活动与培养、考察、选拔干部,即干部的录用、任免、调配、奖惩、升降、培养等有关。国家机关公务员招录、公务员职务调整、职务晋升等,各级人大代表、政协委员选举和提名推荐,都具有一定的竞争性,属于典型的"组织人事管理活动"。国有单位的职称评聘,中科院的院士、国务院特殊津贴者的遴选等,不但具有较强的竞争性,而且也与相关人员的工资待遇等直接挂钩,也应属于"组织人事管理"的一个组成部分。① 在这些领域,掌握人事权力的国家工作人员,对于他人的职位、职务、职称的取得、变动、提拔和晋升等,往往有着酌情裁量决定的权力。通常所说的"买官、卖官",就是一种比较典型的在组织人事管理活动中谋取职务的提拔和调整的贿赂犯罪。

例如,在崔文健行贿案②中,法院认为,在潍坊市科学技术局科室负责人竞争上岗期间,被告人崔文健为谋取晋升单位部门正职、正科级实职,向时任潍坊市科学技术局局长的李某己(另案处理)行贿人民币4万元。针对上诉人崔文健及其辩护人提出的"其没有谋取不正当利益,不构成行贿罪"的上诉理由和辩护意见,二审法院认为本案属于违背公平、公正原则,在经济、组织人事管理等活动中,谋取竞争优势,应认定为"谋取不正当利益"。可见,对于"买官、卖官、跑官现象"的

---

① 参见孙国祥:《行贿谋取竞争优势的本质和认定》,载《中国刑事法杂志》2013年第7期。
② 参见崔文健受贿、行贿案,山东省潍坊市中级人民法院(2015)潍刑二终字第177号刑事裁定书。

打击,不仅仅限于一般舆论关注的较高级别的领导干部,也不能说基于反腐对刑事政策的临时性影响,即使是涉及一些基层单位的较低级别的职位职称等人事组织管理活动,启动刑法规制也有明确的法律依据。2016年《解释》进一步明确和强化了对组织人事管理领域中的贿赂犯罪的打击力度。这个关于惩处贪污贿赂犯罪的最新的司法解释的第7条明确规定,行贿数额在1万元以上不满3万元,"通过行贿谋取职务提拔、调整的",按照行贿罪论处。由此可见,谋取职务的提拔和调整,属于各种谋取不正当利益中较为严重的情节,具有补强行贿数额的功能。

有的学者提出,"'组织人事管理活动'也是一个需要界定的场域。诸如单位的年度考核、评优评先等日常性的人事管理活动,是否属于'组织人事管理活动',值得进一步研究"①。笔者认为,界定"组织人事管理活动"的场域,关键是要有一个教义学上的理论标准。毫无疑问,单纯从文义上来看,组织人事管理活动的范围极广,但是否属于2012年《解释》第12条第2款规定的"组织人事管理活动",首先要看相关活动是否具有酌情决定的特征。在此前提上,还应当从以下两个方面进一步考虑。一方面,可以看相关的年度考核、评优评先等活动的结果,是否会进入当事人的人事档案,成为后续组织人事管理活动的一个参考因素和决策指标。有些单位组织的年度考核、评优评先活动,会将结果进入人事档案,对于当事人的职务提拔、调整有重要影响,此时,就可以将其评价为第2款意义上的"组织人事管理活动",当事人为此而给予财物的,可以按照行贿罪论处。另一方面,可以看相关的年度考核、评优评先等活动的结果,是否与经济利益直接挂钩。有些单位组织的评优评先活动,虽然其结果不进入人事档案,但是会给当事人直接带来物质奖励。在这种激励下,不排除有些当事人为了

---

① 孙国祥:《行贿谋取竞争优势的本质和认定》,载《中国刑事法杂志》2013年第7期。

获取较大的经济利益,而将较小的利益给予有酌情决定权的国家工作人员,这种情况也可以认定为 2012 年《解释》第 12 条第 2 款意义上的"组织人事管理活动",涉嫌构成行贿罪。

3. 违背原则与竞争优势

2012 年《解释》第 12 条第 2 款中规定了"违背公平、公正原则"与"谋取竞争优势"。较直接的理解是,在经济、组织人事管理活动中,具有酌情决定权的国家工作人员,应当根据参与竞争者在客观上的优势和劣势情况进行实事求是的评比和判定,让客观上确实有竞争优势的人胜出,让缺乏竞争优势的人失败。这种理解,的确能够应对很多案件。在这些案件中,与其他竞争者相比,客观上不具有优势的行为人,因为给予国家工作人员财物而得到照顾,反而胜过了那些具有竞争优势的人。这种情形明显违背了公平、公正原则,适用第 2 款既无疑问也无难点。

但是,在某些案件中,行为人与其他竞争者相比,其自身条件在客观上的确是具有竞争优势的。在这些场合,国家工作人员酌情作出有利于行为人的决定,能否认定为违背公平、公正原则?

例如,在刘某某行贿案中,一审法院认定,2013 年中秋节前后,被告人刘某某为给其儿子在神华宁夏煤业集团有限公司找工作等事项,送给孔某某现金 10 万元。期间,孔某某承诺为被告人刘某某儿子安排工作等事项提供支持帮助。法院据此认定刘某某构成行贿罪。上诉人提出的辩解是:神华宁煤集团与其儿子签订就业协议的原因是其儿子向该集团人力资源部投递了个人简历,所学专业符合报名条件,并参加了面试,而非孔某某利用职务之便为其儿子就业谋取了竞争优势。① 实践中与之类似的案例很多。在人事招聘过程中,应聘人的学历、履历,以及工作能力等方面足以胜任拟聘岗位的工作,客观上有竞

---

① 参见刘某某行贿案,宁夏回族自治区中卫市中级人民法院(2015)卫刑终字第 58 号刑事裁定书。

争优势。只是为了确保获得该职位,而送给负责招聘的国家工作人员财物。或者在工程招投标过程中,投标人的资质和实力具有竞争优势,但为了保险起见,送给负责的国家工作人员或评委财物。在这些场合,行为人本来在客观上已经具有竞争优势,胜出的概率很高,只是为了降低或消除风险而向国家工作人员送礼,这种情况是否符合2012年《解释》第12条第2款的规定,构成行贿罪?

  理论和实践中对此存在争议。有的观点持否定态度,认为招投标法与政府采购法属于反不正当竞争法律规范体系,其法益在于保护公开竞标的合理竞争秩序。故投标单位采用给付贿赂手段具有违背公认的商业道德与公平原则、扰乱竞争秩序、损害竞争参与者合法权益的法益侵害性,推定符合"谋取不正当利益"要件。但是,投标单位证明其符合投标条件,尽管其向招标单位负责人、评标小组成员等送去了财物,但如果职务人员并没有泄露投标秘密,或者没有暗中提供帮助,或者没有实施倾向性的投票行为,行贿单位在竞标中符合最优中标条件,投标单位就不属于2008年《意见(二)》第9条第2款中所指的"给予相关人员财物以谋取竞争优势",因为在竞争优势是客观存在的。如果行贿行为与中标结果没有因果关系,行贿目的并非在于投标单位意图妨碍竞争,而是因社会不良风气的客观存在而求得心理安稳,则中标结果不能认定为不正当商业利益。① 对此,有学者反驳,"虽然贿赂客观上没有取得实际的效果,但只要行为人在行贿过程中表达出顺利获得不确定竞争利益的愿望,就反映行为人主观上有谋取竞争优势的故意……竞争优势本身是动态的,所谓行为人在竞争过程中的本有竞争优势,实际上也可能是不可靠与不确定的"②。这个批评意见是有道理的。所谓"求得心理安稳",本身就已经表明行为

---

  ① 参见陈为钢、谢杰:《商业贿赂犯罪刑法适用若干疑难问题研究》,载《中国刑事法杂志》2009年第3期。
  ② 孙国祥:《行贿谋取竞争优势的本质和认定》,载《中国刑事法杂志》2013年第7期。

人认识到竞争优势的不确定性,即使存在明显优势,仍然不等于确定的结果,因而要进一步谋求稳定住优势,这也可以视作一种"谋取竞争优势"。

不过,这种反对理由仍然流于表面的文字解释。更进一步的论证,需要观念改变和思路转换。上述否定或肯定的观点,在逻辑上都是从行为人出发,评价行为人的客观优势。但是,按照本文主张的"新违背职务说",行贿罪认定的关键在于国家工作人员违背职务。这是由贿赂犯罪的侵害法益——职务行为的公正性——所决定的。具体在适用2012年《解释》第12条第2款时,经常遭遇的问题是:如果行贿人本来在客观上就有竞争优势,国家工作人员收受财物以后,只是按照这种竞争优势行使了职务行为,在这种情况下,能否认定国家工作人员违背了公平、公正原则?对此,首先还是要从贿赂犯罪所保护的法益入手。日本学者山口厚教授认为,"即使职务行为本身是合法的,但就此职务行为收受贿赂,仍成立贿赂犯罪,其理由就在于,由此会产生'将职务行为置于贿赂的影响之下的危险',进而出现'在执行职务的过程中不当行使裁量权的危险'。这样一来,就应该在也包括执行职务过程中切实行使裁量权在内的意义上,来理解'职务的公正性'"①。由此可见,即使看起来是合法的职务行为,国家工作人员作出的决定也与客观上的竞争优势状况相符合,但是仍然存在由于收受了贿赂而"将职务行为置于贿赂的影响之下的危险",这就构成了对贿赂犯罪的法益——国家工作人员的职务公正性——的侵害。

那么,具体来说,"将职务行为置于贿赂的影响之下的危险"是怎样体现出来的呢?

在酌情决定的场合,对于认定"违背原则"这一要素而言,行贿罪与受贿罪的认定思路是一样的。如果在酌情决定时,一个国家工作人

---

① 〔日〕山口厚:《刑法各论》(第二版),王昭武译,中国人民大学出版社2011年版,第718—719页。

员不是完全地、唯一地从客观的角度出发,而是在决定过程中,考虑到自己从他人处获得的财物或者从他人处得到的给予财物的承诺,那么,就可以说,这个国家工作人员接受了财物,在内心决策过程中起到了重要的影响和作用。此时,尽管该国家工作人员作出的有利于财物馈赠人的决定,处在由他酌定裁量的范围之内,而且,从客观上来看也具有合理性(例如,行贿单位在竞标中符合最优中标条件),但是这种决定仍然"有悖于一个国家工作人员职务行为的要求"①,因此可以认为是违背了公平、公正原则。

之所以这样说,是因为当那个有酌情决定权的国家工作人员,在收受了(或约定收受)他人财物的情况下,就产生了一种处在负担下的承载状态(或者可以称为"负重状态"?),而这种内心负担,在这个国家工作人员作酌情决定时,往往带有一种指引和导航的效果。② 由此产生的效果是,他很难无偏私地、没有先入之见地、完全从客观中立的观点出发,而是会在负重状态下被挤压出空间,考虑自己收受的财物,并且在酌定天平的托盘一端上加入了这种考量,带着内心的负担和欠债感去作一个决定。此时,就可以说,他已经不可能做到像没有承受这种负担的状态一样,在没有任何外部因素干扰下,纯粹客观中立地去酌情决定了。这两种状态之间的差异,就是对公平、公正原则的背离。此时,已经不需要再去考虑,是否这个决定在结果上是有道理或属于合理选项之一,以及是否其他的国家工作人员可能也会作出同样的决定了。

因此,2012 年《解释》第 12 条第 2 款中的"竞争优势",不需要考虑行为人自身在客观上是否具有竞争优势,而是指国家工作人员受到贿赂的影响而在负重状态下的酌情决定,形成了有利于行为人的竞争优势。

---

① Kindhäuser/Neumann/Paeffgen/Kuhlen,Strafgesetzbuch, 2013, § 332, Rn. 11.
② MüKo/Korte Rn 36. LK/Sowada Rn. 17.

(四)"新违背职务说"的具体适用

本文关于"违背职务"的阐述,同样适用于行贿罪与受贿罪。但是,对于行贿罪的成立而言,实际上并不需要国家工作人员确实违背了职务。换言之,客观上确实违背了职务,并不是行贿罪成立的必要条件。关键的问题是,行为人与国家工作人员之间,就违背职务形成了事前约定,或者至少,行为人要在事前向国家工作人员寻求违背职务的确认。① 这里的"事",指的就是违背规则或原则的职务行为。只要存在事前约定即可,至于这个"事"实际上有没有实施,并不重要。

针对未来的职务行为,行为人向国家工作人员提出违背职务的非分要求(即提出关于不正当利益的请托事项),这一点必须是外部可识别的。换言之,必须存在一个可确证的不法约定。② 特别是在适用2012 年《解释》第 12 条第 2 款"违背公平、公正原则"的场合,行为人要向国家工作人员寻求确认:他会在酌情决定的场合,允许利益考量发挥影响。寻求确认时,行为人必须要有一个对外的沟通表达。表达的实质意思,是诱使教唆国家工作人员就财物与职务行为之间的对价关系进行确认。至于诱使教唆对方达成共识的方式,是一种明确表达的方式,还是一种隐性的含蓄的方式,甚至是假性的故意切断财物与违背职务对价关系的方式,并不重要。例如,A 向 B 请托事项,同时送给 B 3 万元,并一再说明该钱款与办事无关,只是 A 作为长辈给 B 的小孩的压岁钱。对此,不能简单地根据 A 的说法就否定对价关系,而是要将该 3 万元放在 A 与 B 的整个交往过程中去判断。行为人沟通表达之后是否被拒绝,或者给予的财物是否被退回,属于是否认定行贿未遂的

---

① 后文将会探讨,根据 2016 年《解释》的规定,是否存在"事后行贿"的问题。
② Schönke/Schröder/Heine/Eisele,Strafgesetzbuch, 2014, §334, Rn. 6.

问题。① 此外,国家工作人员实际上是否真有能力去违背职务②,以及国家工作人员的内心保留条件,即未来是否会真的违背职务,任由自己受到所收财物的影响,都是不重要的。③

尽管行贿罪的成立,要求行为人要向国家工作人员确认其行为会违背职务,但是,国家工作人员的行为本身是否具有"违背职务性",这一点则需要从客观层面加以判断。④

第一,如果国家工作人员的行为本身并不违反规则或违背原则,但行为人错误地以为其违背职务,对行为人不能以行贿罪论处。例如,A 给了税务局的 B 一笔钱,希望 B 能给自己加快速度办理相关手续。A 误以为这是在让 B 违背职务,但实际上,加速办理这件事,客观上既不违反规则,也不属于酌情决定的范围,谈不上违背原则,因此,A 不构成行贿罪。第二,如果行为人想要寻求确认的国家工作人员的行为,在客观上是违背职务的,但是,国家工作人员在随后的办理过程中,实际上并没有实施违背职务的行为,而是按照规范处理,此时,行为人仍然构成行贿罪。例如,A 为了能够在第二天上午就办理手续,因此给了国家工作人员 B 一笔钱,想要通过让 B 把自己的材料造假或减少审查的方式来提高速度,在客观上,这种方式的确也是违反规范的。但是,B 由于业务娴熟,加快了办理速度,在没有特殊照顾 A 给其

---

① 多数德国学者认为,《德国刑法典》第 334 条中的"zubestimmenversucht"和第 30 条中的"zubestimmenversucht"没有区别,都是诱使教唆对方确认某事的意思。Schönke/Schröder/Heine/Eisele, Strafgesetzbuch, 2014, §334, Rn. 7; Rengier BT Ⅱ 60/34.

② Fischer 8, L-Kühl3, Sowada LK 9.

③ S/S/Heine Rn. 16; LK/Sowada Rn. 16; L-Kühl Rn. 5; Fischer Rn. 12. 我国《刑法》要求行贿罪的成立,必须是有实际给予财物的行为,但是在有的国家,却不是必要条件。例如,《德国刑法典》第 334 条规定,行为人承诺给予国家工作人员财物,也可以构成行贿罪。在这种情况下,行为人是否心里真的打算兑现他所承诺给予的利益,并不重要。

④ LK/Sowada Rn. 8, 10; NK/Kuhlen Rn. 5 f.; SK/Stein/Rudolphi Rn. 5 f; MK/Korte Rn. 19, 20; Schönke/Schröder/Heine Rn. 10; Schmidt, 139 f. 也有少数德国学者认为,在给予未来的职务行为以利益的场合,具有决定性的因素是,是否利益给予者认为这个职务行为是违反义务的。S/S/Cramer Rn. 10.

造假或减少审查的情况下,第二天上午就给 A 办理了手续。A 仍然构成行贿罪。第三,如果行为人误以为国家工作人员的行为没有"违背职务性",但实际上是违背的,则在我国刑法语境下,属于为了谋取正当利益而给予财物,应当按无罪论处,尽管这种错误在实践中往往不被接受。①

在 2012 年《解释》第 12 条第 2 款的场合,由于没有具体明确的规则,因此,双方对于未来的"事"也只能是"大致勾勒"。但是,对于未来的职务行为的违背原则性,或者说,财物对于酌情决定的影响,则必须是明显地可以判别的。例如,当国家工作人员表示了某些意思,类似于自己至少会"留意"或"关注"等,对于会把采购合同给予一个确定的竞争者,或者在人事竞聘中会支持行为人而言,这种表示就足够了。或者说,面对行为人关于招投标或竞聘应聘等事项的请托表示,诸如请国家工作人员"留意"或"关注"等,国家工作人员在认识到或应当认识到这一请托要求的情况下,仍然收受了行为人给予的财物,即使他没有积极地回应,也可以认为该国家工作人员已经以默许的方式,表明了自己会受到贿赂影响而违背原则的态度,与行为人之间形成了约定。至于国家工作人员只是假意应允行为人,但实际上并没有实施职务行为(例如没有参加投票),或者行为实际上没有违背职务(例如投票时仍然投给了他人),在这种情况下,行为人仍然构成行贿罪。② 总之,对未来的职务行为给予财物作为行贿处罚,与以下情形无关,即国家工作人员后来是否确实违背了职务,还是仅仅有违背职务的意愿。

---

① 这种情形在德国刑法中,则按照《德国刑法典》第 333 条给予利益罪论处。参见 Kindhäuser/Neumann/Paeffgen/Kuhlen,Strafgesetzbuch, 2013, § 334, Rn. 5。

② 当然,如果采取纯粹的结果无价值的立场,就会得出无罪的结论。

四、"谋取不正当利益"之构成要件地位的类型化

(一) 普通行贿:"为(了)谋取不正当利益"作为行贿的主观超过要素

本文所说的普通行贿,是指行贿人与国家工作人员之间存在事前约定,且行贿人是主动而非被动给予国家工作人员财物。这里的"事前",是指国家工作人员违背职务行为之前。"不法约定"的内容,是国家工作人员违背职务为行贿人谋取利益,行贿人给予对方财物作为对价和回报。主动行贿是相对于《刑法》第 389 条第 3 款的因被勒索给予财物而言,在国家工作人员没有索贿的情况下,主动给予对方财物。

在普通行贿的场合,"为谋取不正当利益"是成立犯罪的必备要件。而且,首先是表现为一种主观要素。"为谋取不正当利益"的"为",表示一种主观上的意欲,其含义是"为了"。这种情况下的"不正当利益",对应的是国家工作人员未来将会实施的违背职务的行为。换言之,为了国家工作人员将来的违背职务行为,行为人给予对方财物作为对价。1986 年发布的《人民检察院直接受理的经济检察案件立案标准的规定(试行)》(已失效)第 2 条第 2 款对这种期待未来利益的主观目的表达得很清楚,"行贿罪是指使国家工作人员利用职务上的便利,为谋取利益,而非法给付财物的行为",即"为了让对方办事,所以给对方钱"。普通行贿案件是行为人主动送财物。对此,适用的法条是《刑法》第 389 条第 1 款规定的"为谋取不正当利益,给予国家工作人员以财物"。此时,"为谋取不正当利益"表示一种目的,作为纯粹的主观上的超过要素,客观上不必有对应物。

例如,在张某甲行贿案中,上诉人张某甲及其辩护人在二审时提出,"上诉人对原判认定上诉人的行为构成行贿罪不持异议,但认定上

诉人属行贿既遂错误。上诉人送钱给张某乙的目的是争取被提任为和平县国土局局长,但张某乙在收受上诉人的钱财后并没有为上诉人谋取和平县国土局局长一职提供帮助,最后上诉人也未能达到担任和平县国土局局长的目的。上诉人虽已着手行贿,但由于其意志以外的原因并未得逞,其行为属于行贿未遂,应比照既遂犯从轻或者减轻处罚"①。针对上诉人及其辩护人认为上诉人虽给予了国家工作人员钱财,但其谋求能被提任为和平县国土局局长的目的并未实现,其行为应属行贿未遂的上诉理由和辩护意见,二审法院认为,"上诉人为了其能谋取被提任为和平县国土局局长的竞争优势,分别两次给予国家工作人员张某乙贿赂,并请求希望得到关照的事实。上诉人主观上存在谋取不正当利益(即利用非法手段谋取有关职位的升迁机会)的目的,客观上实施了向国家工作人员张某乙给付财物的行为,张某乙也实际得到并接受了该财物。上诉人的行贿行为已实行完毕,应属行贿既遂。上诉人及其辩护人此上诉理由和辩护意见不成立,本院不予支持"。法院的结论和说理都是正确的。只要行为人主观上有谋取不正当利益的目的即可,客观上不要求行为人实际上获得了不正当利益。或者说,国家工作人员是否实际上为其实施了违背职务的行为,不影响行贿罪的成立,也不影响行贿罪的既遂。

(二)被动行贿:谋取不正当利益作为主观要素+获得不正当利益作为客观(结果)要素

本文所说的被动型行贿,是指行贿人与国家工作人员之间存在事前约定,但行贿人不是主动约定,而是因为国家工作人员索贿而被动给予财物。在法律适用上,对于行为人因被索贿而送财的案件,不仅要适用《刑法》第 389 条第 1 款,而且,同时要适用第 389 条第 3 款,即

---

① 张某甲行贿案,广东省河源市中级人民法院(2015)河中法刑二终字第 42 号刑事裁定书。

"因被勒索给予国家工作人员以财物,没有获得不正当利益的,不是行贿"。

在被动行贿的场合,勒索的内容是:如果行为人不给予财物,国家工作人员就不会为其违背职务。至于具体的勒索方式,可能是国家工作人员在索要财物的同时,明确地表达出"若不给钱就不办事"的威胁,也可能就是仅仅索要财物,但是在特定语境下已经足以让行为人感觉到这种暗示的威胁。就文义范围来看,因国家工作人员索贿而被动送财物,可以没有疑问地被《刑法》第 389 条第 1 款的"为谋取不正当利益,给予国家工作人员以财物"完整地涵摄。因为,如果国家工作人员索财的价码是利用其职务行为帮助行为人谋取利益而非其他威胁手段①,那么,对于行为人而言,能够对其形成制约力量而不得不给予对方财物的原因,与其在主动送财物的情况下是一样的,都是想让国家工作人员违背职务,即"为了谋取不正当利益"。因此,从法理上来看,被动送财物与主动送财物没什么区别,可以同样适用我国《刑法》第 389 条第 1 款的规定。由此可见,即使没有《刑法》第 389 条第 3 款,因索贿而送财物的案件,也完全可以适用第 1 款解决。在这个意义上,第 389 条第 3 款的设立,并不是因为第 1 款无法涵摄因索贿而送财物的情形才另外专门设定的。那么,第 3 款的立法目的何在?

在笔者看来,《刑法》第 389 条第 3 款的地位和功能,是立法者专门针对这里所说的被动行贿型案件,即因索贿而送财的特殊情形,在第 1 款足以涵摄的基础上,进一步增加了一个入罪的门槛,或者说,开放了一个出罪的后门。

如果《刑法》第 389 条没有规定第 3 款,那么被动行贿与普通的主动行贿一样,同样适用第 1 款,因此当然也要对"为谋取不正当利益"的地位作出相同的解释。无论是主动送财物,还是被动送财物,都属

---

① 如果国家工作人员以职务行为所及范围之外的其他价码(如个人隐私)作为索财的威胁手段,则涉嫌构成敲诈勒索罪。

于主观上为了谋取不正当利益而给予国家工作人员财物。在这种情况下,"谋取不正当利益"被理解为一种主观上的超过要素,客观上不必有对应物。只要行为人主观上有谋取不正当利益的目的即可,客观上不要求行为人实际上获得了不正当利益。按此逻辑,在行为人因被勒索而给予国家工作人员财物的场合,只要其主观上是"为了谋取不正当利益",那么,无论行为人在客观上是否获得了不正当利益,都不影响受贿罪的成立。在这一点上,被动行贿与主动行贿,本来并无二致。

但是,既然《刑法》第389条规定了第3款,它就将被动行贿与主动行贿区别开来,为前者提供了一个专门的出罪通道。这个出罪通道的设置,在立法技术上,是通过第1款与第3款的合作,调整"为谋取不正当利益"的主客观含义和体系性地位来实现的。一方面,针对行为人主动送财物的普通行贿,只要单独适用第1款即可;另一方面,针对行为人因被索贿而被动送财的情形,则需要将第1款和第3款结合起来,形成一个新的构成要件结构。在这个新的构成要件结构中,除了在主观层面要具备"为谋取不正当利益"的意图,而且在客观层面上,还必须有与之对应的实体内容,即行为人必须在客观上获得了不正当利益。如果不具备这个客观要素,整个构成要件就没有满足。正如第3款规定的,"没有获得不正当利益的,不是行贿"。

问题是,获得不正当利益,到底是一种什么性质的客观要素?从形式上来看,它是一个结果要素,但不是一个影响未遂或既遂的结果要素,而是一个影响罪或非罪的结果要素。在有些构成要件中,结果未出现,并不影响构成要件行为的定性。例如,实施杀人行为但人未死的,是杀人未遂,亦非不构成杀人罪。但在另一些构成要件中,结果未出现,不是未遂的问题,而是不成立犯罪。例如,国家机关工作人员滥用职权的,如果没有出现"致使公共财产、国家和人民利益遭受重大损失"的结果,就不成立滥用职权罪,亦非滥用职权的未遂。在被动行贿的场合，根据《刑法》第389条第3款的规定，"没有获得不正当利益的"，结论不是未遂，而是"不是行贿"。所以，获得不正当利益，是一个影响罪或非罪的结果要素。与之相对，行为人因被索贿而被动给予财物，并获得了不正当利益的，构成行贿罪。

综上，《刑法》第389条第3款规定的"因被勒索给予国家工作人员以财物"，属于被动行贿。针对这种情形，《刑法》附加了"获得不正当利益的"的客观入罪条件。在被索贿而提供财物的场合，只有在客观上获得了不正当利益的，才构成行贿罪；客观上没有获得不正当利益的，不构成犯罪。

但是，反对意见认为，这会有扩大刑罚的打击面之虞，"行为人在被勒索的情况下获得了不正当利益，不构成行贿罪，但鉴于其也有一定的社会危害性，所以可以按一般违法行为处理"①。按此观点，如果行为人是因被索贿而给予财物，那么无论其是否获得了不正当利益，都不应认定为行贿罪。在笔者看来，这里的关键问题是：面对国家工作人员的索贿，为了谋取不正当利益而给予对方财物，这种行为的不法程度和可谴责性到底有多高？如果认为程度很低，那么无论是否得到利益，都够不上犯罪。如果认为程度已经不低了，再加上获得不正当利益，就够上了犯罪的门槛。显然，对《刑法》第389条第3款如何理解，首先涉及一个针对被动行贿如何评价的问题。

笔者认为，可以通过搭建"规范上的自由"与"事实上的自由"的框架来展开分析。

首先，从规范的层面来考察，对行为人而言，这种因为要谋取不正当利益而被动接受对方索贿的"被迫状态"，与在敲诈勒索罪和抢劫罪中的被迫状态是不同的。在敲诈勒索罪和抢劫罪的场合，在规范意义上，由于被胁迫人没有权利瑕疵和其他过错，是一个法律上的无辜者，

---

① 赵翀：《行贿罪中"谋取不正当利益"之要件》，载《华东政法学院学报》2005年第2期。

因此规范上完全承认被胁迫人的意思决定自由处于被挤压状态,并认为这种挤压状态值得保护。但是,在为了谋取不正当利益而接受索贿的场合,被胁迫人是要追求一个规范不允许的结果(不正当利益),因此而陷入的被迫状态。从规范的角度来看,这种对不正当利益的追求本身就是不对的,更不应该受到鼓励和保护。一个尊重规范的人,完全可以也应当摆脱来自国家工作人员的勒索,这种勒索根本就不应该对他造成影响,也不会在规范上影响行为人的自由。概言之,在规范上根本不承认存在一个意思自由受到压迫的状态,这种所谓的被动行贿,与主动行贿在意志自由决定的程度上是完全一致的。行为人是基于充分的意思决定自由而行贿。按照这种规范性理解,法律上根本没必要设置《刑法》第 389 条第 3 款,主动行贿和被动行贿都应该按照第 1 款的规定处理。

  相反,如果从事实的层面来考察,就会承认,被动行贿是意思决定不完全自由的产物。从本心上来讲,行为人是希望在没有给予国家工作人员财物的情况下也能获得利益,所以他才没有主动行贿。但是,面对国家工作人员的勒索,行为人陷入了一个两难选择。要么他拒绝给予对方财物,但是就得不到利益;要么就为了得到利益,给予对方财物。行为人最终选择了后者。不从规范层面评价这种选择,仅仅从事实层面上来看,相对于既不给予财物又能得到利益的本心而言,行为人在国家工作人员的勒索下作出的这个决定,显然是在受到逼迫情况下作出的,意思决定自由的空间在事实上受到了一定程度的挤压。行为人会主张自己行贿也是逼不得已,其行贿意志是不自由的。如果暂且搁置行为人获得不正当利益的问题,仅仅从基于选择困境而处分财物这一点来考虑,那么,行为人与敲诈勒索罪中的被害人,似乎并无差异:一方面,行为人的财产处分自由受到了外在的压迫,并基于这种压迫而作出了原本不会作出的财产处分决定;另一方面,行为人也没有完全丧失选择自由,他并非像抢劫罪中的被害人那样毫无选择余地,但是他最终仍然选择了服从勒索者的要求。按照这种逻辑思考下来，就会得出像有的学者所主张的无罪结论：被动行贿人本身也是逼不得已的被害人，其行为的不法程度和可谴责性都比较低，因此，即使"行为人在被勒索的情况下获得了不正当利益，也不构成行贿罪"。

按照"规范上的自由"与"事实上的自由"的分析框架，我们可以看到：如果是基于规范的自由概念，就会认为行为人的意思决定在规范层面上是完全自由的，进而否认被动行贿人与主动行贿人的差异。如果是基于事实的自由概念，就会认为被动行贿人的行贿决定与其他被勒索的被害人作出的财产处分一样，事实上都受到了逼迫，因而是不自由的。从现行立法的选择来看，既没有坚持完全的规范自由，也没有主张纯粹的事实自由，而是站在这两种自由概念之间，通过设立《刑法》第389条第3款，赋予被动行贿人一个"半犯罪人半被害人"的形象。之所以称为"半犯罪人半被害人"，是因为被动行贿人的位置，仿佛站在一个典型的主动行贿人与一个纯粹的被害人中间。既不完全等同于主动行贿人的形象，也不与敲诈勒索罪中的被害人形象重合，而是既有前者的成分，又有后者的色彩。

一方面，被动行贿人与那些积极主动地与国家工作人员建立不法约定、通过交易寻求不正当利益者有些不同。他是在国家工作人员的勒索下，由于事实层面的意志自由受到某种逼迫而实施行为。对此，立法者专门设立了《刑法》第389条第3款，特别赋予"没有获得不正当利益的，不是行贿"的优惠，与对主动行贿人"是否获得不正当利益不影响定罪"相比，明显放宽了惩罚的力度。另一方面，被动行贿人不是完全没有拒绝勒索的可能，但他终究是为了获得不正当利益而选择了给予对方财物。这就违反了规范对公民的期待。在法律规范上，一个公民被期待，即使他受到"得不到不正当利益"的威胁，也不应担心这种失去而选择服从——因为这种不正当利益，本来就不是他在规范上的应得之物。如果在法律上把被动行贿人完全等同于其他的敲诈勒索的被害人,就相当于承认他追求不正当利益的自由不受威胁,这显然与法规范对公民"勿取不应得之物"的基本期待相悖。因此,如果被动行贿人因为其给予对方财物的行为最终获得了不正当利益,那么,他就用自己违反规范期待的交易行为树立了一个反面榜样,他必须要为此付出代价,承受和主动行贿人一样的法律评价。所以,对《刑法》第389条第3款的正确理解是:因被勒索而给予国家工作人员财物,因而获得了不正当利益的,构成行贿罪。

上述观点也能够得到司法实践中相关判例的支持。例如,在倪金龙行贿案中,原审判决认定:2007年至2010年期间,被告人倪金龙为使其经营的沈阳万泰建筑装饰工程有限公司、沈阳尚佳建筑装饰工程有限公司能够承揽沈阳城市通有限公司(原沈阳天龙金卡有限公司)的网点装修改造工程,先后多次给予城市通公司总经理刘某、行政部部长王某某好处费,共计人民币22.9万元。

一审宣判后,原审被告人倪金龙不服,上诉理由主要为,"对方是索贿,我是迫于无奈才给的好处费,不应认定我是行贿"。对于上诉人倪金龙及其辩护人提出的倪金龙是由于被勒索而给予国家工作人员以财物,没有获得不正当利益,不是行贿的上诉理由和辩护意见,二审法院指出,"上诉人倪金龙在招标投标活动中,违背公平原则,给予相关人员财物,以谋取竞争优势,其行为属于'谋取不正当利益',且其已在之后的多次招标投标活动中承揽到相关工程,并获得了不正当利益,故不论其是否因被勒索而给予国家工作人员以财物,均应认定为行贿犯罪,对上诉人及其辩护人的该项上诉理由和辩护意见,本院不予支持"[①]。对于上诉人倪金龙是否因为被勒索而给予国家工作人员财物的事实问题,二审裁定书没有去查证。法院认为这并不妨碍对其认定为行贿罪。显然,这里的逻辑是,因被勒索而被动给予财物,只有

---

① 倪金龙行贿案,辽宁省沈阳市中级人民法院(2015)沈中刑三终字第8号刑事裁定书。

在未获得不正当利益的情况下,才有出罪功能。既然行为人已经获得了不正当利益,那么,即使是被勒索而给予财物,也仍然构成行贿罪;如果没有被勒索,那就是主动给予财物,客观上获得的不正当利益足以证明行为人具备谋取不正当利益的主观要件,也构成行贿罪。因此,本案中上诉人是否被勒索,均不影响行贿罪的成立。

(三)事后行贿:"(因)为谋取(到)不正当利益"作为行贿的客观(原因)要素

上述两种行贿罪类型,无论是普通行贿,还是被动行贿,其共同特征是行贿人与受贿人之间存在事前约定。在受贿人违背职务为行贿人谋取利益之前,双方形成了一个以财物回报违背职务行为的约定。

除了上述两种事前约定的行贿类型,还有一种行贿罪类型,可能会存在较大争议,这就是没有事先约定的"事后行贿"。在事前,行为人并没有与国家工作人员之间形成不法约定,但是,在国家工作人员违背职务为行为人谋取到不正当利益之后,也就是在事后,行为人才决定,为表示酬谢而给予对方财物。对此,能否认定为行贿罪?以往中国刑法理论基本上不承认事先没有约定的"事后受贿",即在双方事先没有约定的情况下,国家工作人员事后受贿的,不认定为受贿罪。与之相应,当然就更不承认所谓"事后行贿"。例如,有学者指出,"行为人为表感激而给予财物,发生在结果出现之后,人的思想没有溯及既往的效力,不能以一定事实出现后才形成的某种思想或意念来定罪,也不能认为行为赋予'权'与'财'的对价性,侵犯了职务行为的无报酬性或不可收买性"[①]。

但是,2016年"两高"出台的《解释》第13条明确规定,"履职时未被请托,但事后基于该履职事由收受他人财物的",应当认定为"为他

---

① 孙国祥:《贿赂犯罪的学说与案解》,法律出版社2012年版,第641页。

人谋取利益",按照受贿罪论处。该司法解释在法律上明确肯定了"事后受贿"的成立。按照该规定,即使国家工作人员在履职之前或之中,未受到他人请托,与他人没有任何不法约定,但是,在履职之后,基于该履职事由收受他人财物的,属于受贿罪中的"为他人谋取利益"。从逻辑上来看,既然事后基于履职事由而收钱的构成受贿罪,那么,事后基于履职事由给钱的,也应当构成行贿罪。更重要的理由是,按照该司法解释开辟出的语义解释空间,"为他人谋取利益"中的"为",不限于主观目的上的"为了",而且也包括客观原因上的"因为"(司法解释使用了"基于"的表述)。这样一来,事后行贿的成立,不仅是与事后受贿的成立之间建立起对应关系,而且是因为在构成要件的理解上,透过司法解释,实际上已经为基于所得利益而在事后形成的行贿故意,挖掘出了新的语义空间和逻辑通道。

这样一来,《刑法》第389条第1款除可以适用于普通行贿之外,还出现了一条新的通往事后行贿的解释渠道。在普通行贿的场合,为谋取不正当利益是一种主观的超过要素。"为"的含义是"为了",表示一种面向未来的主观目的。而在事后行贿的场合,"为谋取不正当利益"是客观要素。"为"的含义是"因为"(或基于),表示一种面向现实的客观原因。行为人之所以给予国家工作人员财物,是因为对方已经给自己谋取到了不正当利益。这种情况下的"不正当利益",对应的是受贿人已经实施的违背职务的行为。换言之,因为国家工作人员已为行为人谋取到利益,双方才在事后形成约定,行为人给予对方财物作为回报。此时,行为人已经获得了不正当利益,因而给钱不是"为了"谋取未来的不正当利益,而是"因为"已经谋取到的不正当利益,给予对方的回报。即"因为对方办了事,所以才决定给钱"。这种将"为谋取不正当利益"解释为"因为谋取到不正当利益"的解释,专门适用于事前无约定的事后行贿的情形。

值得注意的是,事后行贿最多只能适用2012年《解释》第12条第

1款的违反规则,但是不能适用第2款的违背原则。因为在没有违反具体规则的情况下,违背公平、公正原则的酌情决定,只能出现在国家工作人员已经收受财物,或者至少是约定收受财物的情况下,才能形成一种心理负担,才会出现本文所说的违背原则的负重履职。因此,在第2款的场合,行为人与国家工作人员之间的不法约定,总是指向一个未来的职务行为。简言之,违反规则可以有事后约定,但是违背原则必须有事前约定。

此外,要把事前无约定的事后行贿,与事先有约定而在事后兑现承诺的情形区别开来。后者在实践中也很常见。2000年7月13日最高人民法院《关于国家工作人员利用职务上的便利为他人谋取利益离退休后收受财物行为如何处理问题的批复》中规定,"国家工作人员利用职务上的便利为请托人谋取利益,并与请托人事先约定,在其离退休后收受请托人财物,构成犯罪的,以受贿罪定罪处罚"。该批复就是专门回应双方事先约定但事后兑现约定的情形。事前承诺给予财物,事后兑现承诺,这是一个给予财物的整体行为。与事前形成约定相比,什么时候兑现约定,也就是事前给钱还是事后给钱,并不是关键问题。这种情形并不属于事后行贿,而仅仅是普通行贿的一种表现形式。

四、结论

第一,关于行贿罪中的"谋取不正当利益",现有通说和司法解释始终未能提供明晰有效的标准。症结在于,一味地站在行贿人的角度,顺着"不正当利益"的字面意思去解释,搞错了行贿罪的思考方向和重心。对"谋取不正当利益"这一要件的解释,应当放在行贿罪的保护法益和整个构成要件结构之中来理解和把握。贿赂犯罪的保护法益是职务行为的公正性。因此,无论是受贿罪还是行贿罪,构成要件的核心问题,都是行贿人给予财物与受贿人违背职务这一特定的对价关系。对"谋取不正当利益"的解释,必须围绕这一对价关系来展开,而不能脱离违背职务去孤立地评价行为人谋取的"不正当利益";否则,就会陷入南辕北辙或者无所依归的窘境。

第二,应当根据构成要件结构完整性的要求,对"谋取不正当利益"进行功能性的解释,使其承担起表征国家工作人员违背职务的功能。解释思路上,要从行贿人一端转换到国家工作人员一端,摆脱顺着"不正当利益"的字面意思的解释惯性,而是把国家工作人员违背职务这一贿赂犯罪的根本特征,解释为"谋取不正当利益"中的"不正当"。这样一来,那个在立法上应当规定但却没有规定的"违背职务与给予财物之间的对价关系",就在解释论上被构建起来,补充到行贿罪的构成要件结构中。只有如此,行贿罪的法益保护目的才能突显,其构成要件结构上才是完整的,功能上才是健全的。同时,围绕"不正当利益"的各种争议和困扰,也自然地得到整体性地克服。

第三,结合2012年《解释》的相关规定,本文主张构建一种二元形式的"违背职务说",即国家工作人员违背职务,包括违反规则与违背原则两种形式,分别是对2012年《解释》第12条第1款规定和第2款规定的理论化。在适用第2款时,应当注意规范对象由行贿人回归到国家工作人员,注意酌情决定与"加速费"等任意处置的职务行为的区分,注意违背公平、公正原则与竞争优势的关系。

第四,结合2016年《解释》的相关规定,本文主张"谋取不正当利益"在行贿罪中的构成要件地位具有多种可能性,应当以类型化的方式加以区分。①在普通行贿的场合,为谋取不正当利益是一种主观的超过要素。"为"的含义是"为了",表示一种面向未来的主观目的。行为人之所以给予国家工作人员财物,是为了对方将来给自己谋取不正当利益。这种情况下的"不正当利益",对应的是国家工作人员未来会实施的违背职务的行为。②在被动行贿的场合,谋取不正当利益是主观要素,获得不正当利益作为客观要素,而且是一种决定罪与非罪的结果要素。只有在两者均齐备的情况下,因被勒索而给予国家工作人员财物,才构成行贿罪。在欠缺获得不正当利益的客观要素的情况下,不构成犯罪。③在事后行贿的场合,为谋取不正当利益是一种客观要素。"为"的含义是"因为"(或基于),表示一种面向现实的客观(原因)要素。行为人之所以给予国家工作人员财物,是因为对方已经给自己谋取到了不正当利益。这种情况下的"不正当利益",对应的是国家工作人员已经实施的违背职务的行为。此时,行为人已经获得了不正当利益,因而给钱不是"为了"谋取未来的不正当利益,而是"因为"已经谋取到的不正当利益,给予对方的回报。

论《刑法》第 383 条的解释

欧阳本祺*

《刑法修正案(九)》对《刑法》第 383 条作出了重大修正:废除了具体数额和数额一元标准,而采用概括数额与"数额或情节"①二元标准;扩大了特别宽宥制度的适用范围;增设了终身监禁制度。这些修正是宽严相济刑事政策在贪污受贿罪立法上的具体体现,反映了立法对贪污受贿罪有限容忍的态度。

一、数额与情节的地位

《刑法》修正前第 383 条以数额"十万元以上""五万元以上不满十万元""五千元以上不满五万元""不满五千元"四个具体标准将贪污受贿罪的法定刑划分为四个不同的档次;同时,在每一档法定刑中又有情节的规定。但是,这种立法模式导致司法实践中出现不少问

---

* 东南大学法学院教授,博士生导师。

① 通说认为,我国《刑法修正案(九)》对《刑法》第 383 条的修改采用了"数额+情节"的二元标准。参见赵秉志:《贪污受贿犯罪定罪量刑标准问题研究》,载《中国法学》2015 年第 1 期。但是,这种表述是否确切尚值得商榷。修正后《刑法》第 383 条用来连接数额与情节的词语是"或者",而不是"并且";只有在适用无期徒刑或者死刑的场合,才要求"数额特别巨大,并使国家和人民利益遭受特别重大损失"。

题:难以全面适时地反映贪污受贿个罪的社会危害性;难以根据案件的不同情况做到罪责刑相适应;小案不立难以让公众在贪污受贿案件司法中感受到公平正义;罪刑不均衡不利于刑罚对贪污受贿犯罪预防作用的发挥。① 修正后《刑法》第383条不再规定具体数额,而是采用三种概括数额的表述方式——"数额较大""数额巨大""数额特别巨大";在三种不同数额后面分别规定了"较重情节""严重情节""特别严重情节"三种不同的情节标准以供选择,形成"数额或情节"的二元量刑标准。需要注意的是,修正前《刑法》第383条并非没有规定情节,只是所规定的情节标准对量刑的影响从属于数额标准;修正后《刑法》第383条将情节标准与数额标准并列起来。《刑法修正案(九)》对第383条的这种修正"凝聚了近年来各界要求修改贪污受贿犯罪定罪量刑标准的思想共识和智慧,必将对更加科学有效地治理贪污受贿犯罪产生重大而深远的影响"②。

(一)情节与数额对贪污受贿罪量刑的影响

修正前《刑法》第383条在两处规定了"情节特别严重":一是数额在10万元以上,"情节特别严重的,处死刑,并处没收财产";二是数额在5万元以上10万元以下,"情节特别严重的,处无期徒刑,并处没收财产"。修正后《刑法》第383条只有一处规定了"情节特别严重",即"数额特别巨大或者有其他特别严重情节的,处十年以上有期徒刑或者无期徒刑,并处罚金或者没收财产"。可见,修正前后《刑法》第383条所规定的"情节特别严重"对于量刑的影响有着巨大的差异:修正前"情节特别严重的"有两处规定,且都只能处绝对确定的法定刑;修正后"情节特别严重的"只有一处规定,且处相对

---

① 参见赵秉志:《贪污受贿犯罪定罪量刑标准问题研究》,载《中国法学》2015年第1期。
② 赵秉志:《贪污受贿犯罪定罪量刑标准问题研究》,载《中国法学》2015年第1期。

确定的法定刑。

从最高刑死刑的适用来看,虽然修正前后《刑法》第383条的表述不同,但实际上两者适用的差异不大。修正前《刑法》第383条规定,死刑的适用条件是数额在10万元以上,情节特别严重的。但是,对这里的"情节特别严重""主要是指重大贪污集团的首要分子,贪污数额特别巨大的,致使国家造成特别重大经济损失的,等等"①。从之前的实际操作来看,一方面,只有数额达到一定的量才能认定为情节特别严重。"即使受贿已经达到了10万元以上,也具有其他严重情节,但数额没有达到一定的量,法院也不会轻易认定'情节特别严重'";"目前认定情节特别严重的案件一般都是案值在500万元以上的贪污贿赂案件"。另一方面,在数额达到一定量以后,判断是否情节特别严重的主要依据在于是否给国家和人民利益造成重大损失。例如,原上海新长征(集团)有限公司党委书记王妙兴贪污受贿上亿元仅被判处无期徒刑,而原国家食品药品监督管理局局长郑筱萸之所以受贿600万元被判处死刑,主要原因是其行为"危害人民群众的生命、健康安全,造成了极其恶劣的社会影响"②。

修正后《刑法》第383条规定,死刑的适用条件是"数额特别巨大,并使国家和人民利益遭受特别重大损失"。对此,最高人民法院、最高人民检察院2016年4月18日发布的《解释》第4条规定:"贪污、受贿数额特别巨大、犯罪情节特别严重、社会影响特别恶劣、给国家和人民利益造成特别重大损失的,可以判处死刑。符合前款规定的情形,但具有自首,立功,如实供述自己罪行、真诚悔罪、积极退赃,或者避免、减少损害结果的发生等情节,不是必须立即执行的,可以判处死刑缓期二年执行。符合第一款规定情形的,根据犯罪情节等情况可以判处

---

① 张明楷:《刑法学》(第四版),法律出版社2011年版,第1049页。
② 皮勇、王肃之:《论贪污罪的数额与情节要件——兼评〈刑法修正案(九)〉相关立法条款》,载《刑法论丛》2016年第1期。

死刑缓期二年执行,同时裁判决定在其死刑缓期执行二年期满依法减为无期徒刑后,终身监禁,不得减刑、假释。"

从最低刑的适用来看,修正前后《刑法》第383条所规定的"情节较重"的含义具有较大的差异。修正前的"情节较重"依附于数额不满5000元。从司法实践来看,贪污数额不满5000元,但具有贪污救灾、抢险、防汛、防疫、优抚、扶贫、移民、救济款物及募捐款物、赃款赃物、罚没款物、暂扣款物,以及贪污手段恶劣、毁灭证据、转移赃物等情节的,属于"情节较重"。受贿数额不满5000元,但具有下列情形之一的属于"情节严重":(1)因受贿行为而使国家或者社会利益遭受重大损失的;(2)故意刁难、要挟有关单位、个人,造成恶劣影响的;(3)强行索取财物。①

修正后的"数额较大或者有其他较重情节"在具体量刑标准上与修正前有很大区别,根据2016年《解释》第1条的规定,贪污或者受贿数额在3万元以上不满20万元的,应当认定为"数额较大"。贪污数额在1万元以上不满3万元,具有下列情形之一的,应当认定为"其他较重情节":(1)贪污救灾、抢险、防汛、优抚、扶贫、移民、救济、防疫、社会捐助等特定款物的;(2)曾因贪污、受贿、挪用公款受过党纪、行政处分的;(3)曾因故意犯罪受过刑事追究的;(4)赃款赃物用于非法活动的;(5)拒不交待赃款赃物去向或者拒不配合追缴工作,致使无法追缴的;(6)造成恶劣影响或者其他严重后果的。受贿数额在1万元以上不满3万元,具有前款第(2)项至第(6)项规定的情形之一,或者具有下列情形之一的,应当认定为"其他较重情节":(1)多次索贿的;(2)为他人谋取不正当利益,致使公共财产、国家和人民利益遭受损失的;(3)为他人谋取职务提拔、调整的。

从情节与数额的关系来看,在修正前《刑法》第383条中,情节依

---

① 参见1999年9月16日最高人民检察院《关于人民检察院直接受理立案侦查案件立案标准的规定(试行)》第1条。

附于数额,先判断数额再判断情节。修正后《刑法》第383条采用的是"数额或情节"的立法模式,情节独立于数额。根据修正后《刑法》第383条的规定,数额较大"或者"情节较重时,处3年以下有期徒刑或者拘役;当数额巨大"或者"情节严重时,处3年以上10年以下有期徒刑;当数额特别巨大"或者"情节特别严重时,处10年以上有期徒刑或者无期徒刑。问题是,当行为人具有相应数额"并且"具有相应情节时怎么量刑?有的学者认为,应当区分"数额或情节"与"数额且情节"。当行为人仅仅具有数额或者情节之一时,则分别按照三档法定刑的本刑处罚;但是当行为人既具有数额且具有情节时,应当在各自本刑基础上加重1/2,当然拘役或者有期徒刑不得超过法定最高额度。① 笔者认为,这种理解值得商榷。我国《刑法》条文中的"或者"在不同的场合具有不同的含义。有的场合,"或者"意味着"排斥关系"。《刑法》关于法定刑规定中的"或者",属于这种。例如,"处三年以下有期徒刑或者拘役""十年以上有期徒刑或者无期徒刑"中的"或者",意味着二选一的排斥关系,实践中要么选择前者,要么选择后者,不可能两者同时选择。但是在有的场合,《刑法》条文中的"或者"并不是指排斥关系,而是指"并列关系"。《刑法》关于构成要件要素的规定属于此类。例如,《刑法》第6条规定,"犯罪的行为或者结果有一项发生在中华人民共和国领域内的,就认为是在中华人民共和国领域内犯罪"。没有人会认为,当犯罪行为与结果两项都发生在中国时,反而不能认为是发生在中国领域内。再如,《刑法》第151条规定:"走私武器、弹药、核材料或者伪造的货币的,处……"没有人会认为,当行为人同时走私武器、弹药、核材料以及伪造的货币时,反而不适用该法条。同样道理,修正后《刑法》第383条中数额或者情节中的"或者",并不是排斥关系而是并列关系,所以行为人既具有数额且具有情节时,同样适

---

① 参见梁根林:《贪污受贿定罪量刑标准的立法完善》,载《中国法律评论》2015年第2期。

用本刑的规定,而不能加重处罚。

(二)情节与数额对贪污受贿罪定罪的影响

关于《刑法》第 383 条所规定的数额与情节是否影响贪污受贿罪的定罪,即数额与情节是否犯罪的构成要件要素,之前刑法学界存在分歧,在《刑法修正案(九)》施行之后有必要重新反思这个问题。

之前,对于数额与情节是否构成要件要素,即能否影响定罪,刑法界学存在否定说与肯定说两种不同看法。否定说认为,贪污受贿罪的成立不需要数额或者情节,只要行为人实施了相应的行为即构成犯罪。例如,有的学者认为《刑法》第 382 条和第 385 条分别规定了贪污罪与受贿罪的概念。在这两条规定中,《刑法》对于犯罪的成立并没有要求特定的数额或情节要件,只要行为人实施了上述行为,即构成犯罪。同时,《刑法》第 383 条和第 386 条分别规定"对犯贪污罪的""对犯受贿罪的",根据数额和情节进行处分。根据这两条的规定,数额或者情节只是在已经"犯贪污罪"或者已经"犯受贿罪",即已经构成犯罪的情况下,应该考虑的量刑情节。① 张明楷教授认为,根据《刑法》的规定,"贪污数额不满 5000 元且情节较轻的,也构成贪污罪,只是免除处罚、给予非刑罚处罚而已……仅以贪污数额大小作为区分罪与非罪唯一标准的做法,并不可取"②。肯定说认为,数额或者情节是贪污受贿罪的构成要件,只有具备一定数额或者情节时才能成立犯罪。例如,有学者认为,贪污受贿罪作为"纯正的数额犯,即按刑法规定必须达到法定的数额要求才能成立该罪。也就是说,数额成为犯罪构成不可或缺的要素"③。"即使看似没有数额的下限(如受贿罪),但实务中

---

① 参见吴学斌、史凤琴:《贪污受贿犯罪数额起点辩析》,载《中国刑事法杂志》1998 年第 3 期。
② 张明楷:《刑法学》(第四版),法律出版社 2011 年版,第 1048 页。
③ 唐保银:《贪污论》,中国检察出版社 2007 年版,第 244 页。

仍是有数额标准的。可以说,在司法运作中,贿赂犯罪的定罪依据主要反映在数额上。换言之,司法对贿赂犯罪的定罪从来没有撇开数额标准于不顾,硬要分析数额不是构成要件,完全脱离了我国司法的实践。所以,应当肯定数额标准是我国现行刑法贿赂犯罪的定罪要件。"①赵秉志教授也认为,数额或情节既是量刑情节,也是定罪情节,统称为"定罪量刑标准"②。

笔者认为,《刑法修正案(九)》施行以前,数额或情节不是贪污受贿罪的构成要件;《刑法修正案(九)》施行以后,数额或情节成为贪污受贿罪的构成要件。理由如下。

第一,判断某一要素是否为犯罪构成要件的标准是《刑法》规定,而不是司法实践。比较《刑法》第 384 条与第 382 条、第 385 条的关系可以看出,立法对贪污罪与受贿罪犯罪构成的规定,只有定性而没有定量。第 384 条规定,"国家工作人员利用职务上的便利,挪用公款归个人使用,进行非法活动的,或者挪用公款数额较大、进行营利活动的,或者挪用公款数额较大、超过三个月未还的,是挪用公款罪"。可见,数额或者情节是挪用公款罪的构成要件,只有具备相应法定的数额或者情节时,才能成立犯罪。而与此相对,第 382 条第 1 款规定:"国家工作人员利用职务上的便利,侵吞、窃取、骗取或者以其他手段非法占有公共财物的,是贪污罪。"第 385 条第 1 款规定:"国家工作人员利用职务上的便利,索取他人财物的,或者非法收受他人财物,为他人谋取利益的,是受贿罪。"显然,《刑法》对于贪污罪与受贿罪的犯罪构成并没有数额或者情节的规定。犯罪的构成要件是法定要件,既然刑事立法没有要求特殊的要件,就不能认为该要件是构成要件。

也许有人认为,构成要件要素不限于法律的规定,还存在某些超法规的构成要件要素。例如,对于"伪造货币罪""虚开增值税专用发

---

① 孙国祥:《贿赂犯罪的学说与案解》,法律出版社 2012 年版,第 187—188 页。
② 赵秉志:《贪污受贿犯罪定罪量刑标准问题研究》,载《中国法学》2015 年第 1 期。

票罪"之类的非法定目的犯,虽然《刑法》没有规定"特定目的",但司法实践都认为这些犯罪的成立需要具备特定目的。因此,特定目的成为这些犯罪的超法规的构成要件要素。既然如此,那也应当认为贪污受贿罪中的特定数额或者情节是超法规的构成要件,因为司法实践对于贪污受贿罪的定罪"从来没有撇开数额标准于不顾"①。但是,上述理解是存在问题的。构成要件要素都是法定的,只是法律规定的方式有多种。但不存在非法定的构成要件要素,司法实践不能创制构成要件要素,否则就是司法造法。对于上述非法定目的犯,不能认为是司法实践创造了该罪的构成要件要素;正确的解释逻辑是,《刑法》没有规定该目的属于法律漏洞,司法实践发现并填补了该漏洞。② 但是,对于修正前《刑法》第382—386条,并不存在需要用数额或者情节来填补的法律漏洞。司法实践之所以只处罚具有一定数额或情节的贪污受贿罪,纯粹是出于"抓大放小""案多人少"等刑事政策的现实考量。因此,对于修正以前的贪污受贿罪规定来说,犯罪的成立并不需要特定的数额或者情节要件。从这个意义上来说,笔者赞同前述否定说。

第二,犯罪是应当追究刑事责任的行为。在修正之前,《刑法》第382条、第385条关于贪污罪、受贿罪概念的规定,与第383条、第386条关于贪污罪、受贿罪刑事责任的规定是一致的。如前所述,犯罪概念并没有要求数额与情节;而第383条、第386条对刑事责任的规定也没有要求数额与情节。即使是数额不满5000元并且情节较轻的也应当追究刑事责任,只不过刑事责任实现的方式是"构成犯罪,免除刑罚,给予行政处分"③。但是,《刑法修正案(九)》对于贪污罪、受贿罪的刑事责任进行了较大的修改:只有数额较大或者情节较重及以上的

---

① 孙国祥:《贿赂犯罪的学说与案解》,法律出版社2012年版,第188页。
② 参见欧阳本祺:《论真正非法定目的犯的解释适用——兼论刑法漏洞的补充》,载《法学论坛》2008年第1期。
③ 高铭暄、马克昌主编:《刑法学》(第四版),北京大学出版社、高等教育出版社2010年版,第214页。

贪污受贿行为,才应当追究刑事责任。这就意味着,没有达到数额较大或者情节严重的贪污受贿行为不应被追究刑事责任;既然不应被追究刑事责任,那么也就不能说构成犯罪。于是,问题就出现了:《刑法》第382条、第385条关于贪污受贿罪概念的规定并没有被修正,据此一切贪污受贿行为都是犯罪;而第383条的规定已经被修正,据此只有数额较大或者情节较重的贪污受贿行为才应当追究刑事责任。于是,似乎在犯罪概念与犯罪的刑事责任之间出现了不一致:数额较小或者情节较轻的行为虽然符合犯罪概念的规定,但不能追究刑事责任。解决这个问题的方法是对第382条、第385条进行重新解释。在笔者看来,在《刑法修正案(九)》生效之前,第382条、第385条既是对贪污罪、受贿罪行为性质的规定,也是对两罪行为构成的规定,因而是关于贪污罪与受贿罪犯罪概念的规定,在《刑法修正案(九)》生效以后,第382条、第385条中所规定的"是贪污罪""是受贿罪"仅仅是对贪污受贿罪行为性质的规定,而不再包括对行为构成的规定,只有将这两条关于行为性质的规定与修正后《刑法》第383条关于行为刑事责任的规定结合起来,才能得出贪污罪与受贿罪的概念。因此,在《刑法修正案(九)》施行以后,数额或情节成了贪污罪与受贿罪犯罪概念与犯罪构成的一个要件。从这个角度来说,在《刑法修正案(九)》施行以后,采纳上述肯定说是合适的。

二、特别宽宥制度

修正后《刑法》第383条第3款修正了特别宽宥制度:犯贪污受贿罪,"在提起公诉前如实供述自己罪行、真诚悔罪、积极退赃,避免、减少损害结果的发生,有第一项规定情形的,可以从轻、减轻或者免除处罚;有第二项、第三项规定情形的,可以从轻处罚"。修正前《刑法》第

383 条规定,"个人贪污数额在五千元以上不满一万元,犯罪后有悔改表现、积极退赃的,可以减轻处罚或者免予刑事处罚"。①《刑法修正案(九)》对贪污受贿罪特别宽宥制度的修正主要有:第一,扩大特别宽宥制度的适用范围,无论行为人贪污受贿的数额与情节达到何种程度,都可以适用该制度而从宽处罚。而修正前的特别宽宥制度只适用于数额在 5000 元以上不满 1 万元的贪污受贿罪(根据当然解释,也适用于数额不满 5000 元的情形),而对于个人贪污数额为 1 万元以上的,即使行为人犯罪后有悔改表现、积极退赃,也不得从宽处罚。② 第二,细化了从宽处罚的效果,数额较大或者情节较重的,可以从轻、减轻或者免除处罚;数额巨大或者特别巨大,情节严重或者特别严重的,只是可以从轻处罚。第三,细化了宽宥制度的内涵:一是把"悔改表现、积极退赃"修改为"如实供述自己罪行、真诚悔罪、积极退赃,避免、减少损害结果的发生"(前半句表明行为人的人身危险性减少,后半句表明行为的客观危害性减少);二是把悔罪退赃的时间由"犯罪后"修改为"提起公诉前"。

　　问题是,修正后《刑法》第 383 条第 3 款中的特别宽宥制度是否与《刑法》第 67 条规定的自首、坦白制度存在冲突? 第 67 条规定,"对于自首的犯罪分子,可以从轻或者减轻处罚。其中,犯罪较轻的,可以免除处罚""犯罪嫌疑人虽不具有前两款规定的自首情节,但是如实供述自己罪行的,可以从轻处罚;因其如实供述自己罪行,避免特别严重后果发生的,可以减轻处罚"。有学者认为,第 383 条第 3 款所规定的特别宽宥制度,在性质上属于对《刑法》总则自首、坦白制度的补充规定,或许可以发挥补强自首、立功制度的政策功能,但是"在总体上不具有必要性和妥当性"。因为,第一,如果行为人在提起公诉前,如实供述

---

① 该宽宥制度最早产生于 1988 年全国人大常委会《关于惩治贪污罪贿赂罪的补充规定》(已失效)第 2 条的规定,"个人贪污数额在 2000 元以上不满 5000 元,犯罪以后自首、立功或者有悔改表现、积极退赃的,可以减轻处罚,或者免于刑事处罚"。

② 参见张明楷:《刑法学》(第四版),法律出版社 2011 年版,第 1049 页。

自己罪行,构成自首的,则直接按照自首的规定从宽处罚;不构成自首的,则可以直接按照坦白的规定从宽处罚。第二,这种制度还与坦白制度存在冲突。第 67 条规定,坦白的可以从轻处罚;因坦白而避免特别严重后果发生的,可以减轻处罚。而第 383 条第 1 款规定,在第(一)项即"数额较大或者情节较重"情形下,特别宽宥制度比坦白制度从宽处罚的力度更大(可以从轻、减轻或者免除处罚);而在第(二)项、第(三)项情形下,特别宽宥制度则比坦白制度从宽处罚的力度更小(仅仅可以从轻处罚)。这种规定导致与《刑法》总则关于坦白的规定不协调。①

　　笔者认为,上述观点值得商榷。《刑法》第 383 条第 3 款关于贪污受贿罪的特别宽宥制度,并不是对第 67 条坦白制度的重复。根据第 67 条第 3 款的规定,坦白的成立只需要"如实供述自己罪行"即可;而根据第 383 条第 3 款的规定,特别宽宥制度的成立除了要求"如实供述自己罪行",还要求"真诚悔罪、积极退赃,避免、减少损害结果的发生"。坦白中的"如实供述自己罪行"只是表明行为人的人身危险性减少;特别宽宥制度中的"如实供述自己罪行、真诚悔罪、积极退赃"表明行为人的人身危险性得到了较大程度的减少,而且"避免、减少损害结果的发生"表明行为的客观危害性减少了。因此,对于第一档数额与情节的贪污受贿罪的犯罪人,特别宽宥制度的效果是"可以从轻、减轻或者免除处罚",从宽的幅度大于坦白"可以从轻处罚"。对于第二档与第三档数额与情节的贪污受贿罪的犯罪人,特别宽宥制度从宽的效果与坦白相同。当然,如果贪污受贿罪的犯罪人不仅"如实供述自己罪行、真诚悔罪、积极退赃,避免、减少损害结果的发生",而且"避免了特别严重后果发生",则不论其数额与情节的程度都可以直接适用坦白制度"可以减轻处罚"。可见,第 383 条第 3 款所规定的特别宽宥

---

① 参见梁根林:《贪污受贿定罪量刑标准的立法完善》,载《中国法律评论》2015 年第 2 期。

制度与第 67 条所规定的坦白制度并没有不协调之处。

当然,由于贪污罪与受贿罪在侵害客体上各有侧重,"前者主要侵犯的是公共财产关系,退赃对此具有一定的恢复、补偿作用;后者主要侵犯的是职务廉洁性或者职务不可收买性,退赃对此不具有补救作用"①。因此,两罪适用特别宽宥制度的条件与效果也不同。由于贪污罪存在具体的被害人,因此将赃物退还给被害单位,可以认定为积极退赃。而受贿罪则不一样,不能将行贿人认定为被害人,因此行为人在案发后将贿赂退给行贿人的,不能认定为积极退赃;受贿罪中的退赃主要是指案发以后,犯罪人将赃物、赃款交给司法机关。② 从司法实践中的从宽效果来看,在贪污案件中赃款赃物全部或者大部分追缴的,一般应当考虑从轻处罚;受贿案件中赃款赃物全部或者大部分追缴的,视具体情况可以酌定从轻处罚。③

三、终身监禁制度

修正后《刑法》第 383 条第 4 款设立了终身监禁制度,"犯第一款罪,有第三项规定情形被判处死刑缓期执行的,人民法院根据犯罪情节等情况可以同时决定在其死刑缓期执行二年期满依法减为无期徒刑后,终身监禁,不得减刑、假释"。增设终身监禁制度的立法理由是,"对贪污受贿数额特别巨大、情节特别严重的犯罪分子,特别是其中本应当判处死刑的,根据慎用死刑的刑事政策,结合案件的具体情况,对其判处死刑缓期二年执行依法减为无期徒刑后,采取终身监禁的措

---

① 陈国庆、韩耀元、王文利:《〈关于办理职务犯罪案件认定自首、立功等量刑情节若干问题的意见〉理解与适用》,载《人民检察》2009 年第 7 期。
② 参见孙国祥:《贿赂犯罪的学说与案解》,法律出版社 2012 年版,第 751 页。
③ 参见 2009 年 3 月 12 日最高人民法院、最高人民检察院《关于办理职务犯罪案件认定自首、立功等量刑情节若干问题的意见》第 4 条。

施,有利于体现罪刑相适应的刑法原则,维护司法公正,防止在司法实践中出现这类罪犯通过减刑等途径服刑期过短的情形,符合宽严相济的刑事政策"①。因此,"终身监禁的适用对象为,判处死刑立即执行偏重,单纯判处死刑缓期执行偏轻,适用终身监禁罚当其罪的贪污受贿犯罪人"②。但是,《刑法修正案(九)》增设终身监禁制度,从立法程序到制度内容都受到了学界的批判。

从程序上来看,在《刑法修正案(九)》草案二次审议稿中尚没有出现终身监禁制度,而在《刑法修正案(九)》草案三次审议稿中突然新增了终身监禁制度,并且在 5 天以后就获得全国人大常委会的通过。这种只经过一审就通过的做法是否合适值得推敲。因为我国《立法法》第 29 条第 1 款规定:"列入常务委员会会议议程的法律案,一般应当经三次常务委员会会议审议后再交付表决。"

从内容上来看,反对终身监禁制度的理由主要有两条:第一,终身监禁违背教育改造之刑罚目的。例如,高铭暄教授认为,"不得假释的终身监禁不符合'人总是可以改造的'的基本理念,也不符合'废除或限制死刑'的目的"③。张明楷教授认为,"终身刑是侵害人格尊严,比死刑更为残酷的惩罚方法,不应成为死刑的替代刑"④。第二,贪污受贿犯罪不属于最危险、最严重的犯罪,不宜规定终身监禁。《刑法》第50 条规定了限制减刑制度,"对被判处死刑缓期执行的累犯以及因故意杀人、强奸、抢劫、绑架、放火、爆炸、投放危险物质或者有组织的暴力性犯罪被判处死刑缓期执行的犯罪分子,人民法院根据犯罪情节等情况可以同时决定对其限制减刑"。对于这些严重暴力犯罪的犯罪人

---

① 转引自黄京平:《以法治原则实施制度化的刑事政策》,载《法制日报》2015 年 9 月 9 日。
② 黄京平:《终身监禁的法律定位与司法适用》,载《北京联合大学学报(人文社会科学版)》2015 年第 4 期。
③ 高铭暄、楼伯坤:《死刑替代位阶上无期徒刑的改良》,载《现代法学》2010 年第 6 期。
④ 张明楷:《死刑的废止不需要终身刑替代》,载《法学研究》2008 年第 2 期。

规定的尚且是"限制"减刑,而对于人身危险性和社会危害性较小的贪污受贿罪的犯罪人规定的反而是"不得"减刑、假释。这种规定"至少在常理上难以令人信服"①。

当然,在《刑法修正案(九)》生效之后,再去批判立法已经意义不大,而应该着力去研究终身监禁制度的理解与适用。下文主要讨论终身监禁制度的三个问题。

第一,如何理解终身监禁制度的性质?终身监禁并非一种全新的刑罚制度,也不是一个新的刑种,而是在我国《刑法》总则确定的既有刑罚体系和刑罚制度的基础上,充分调度死刑缓期执行制度、无期徒刑执行制度的实有功能,仅适用于特定贪污受贿犯罪的刑罚裁量和刑罚执行特殊措施。其特点有三:首先,它是依附于死刑缓期执行制度而存在的特殊刑罚措施,是介于死刑立即执行与纯粹死刑缓期执行之间的刑罚。其次,终身监禁是依附于无期徒刑执行制度而存在的特殊刑罚措施。《刑法修正案(九)》施行以后,我国无期徒刑的执行方式包括四类:可以减刑、假释的无期徒刑;可以减刑、不得假释的无期徒刑;不符合减刑、假释条件而事实上终身监禁的无期徒刑;不得减刑、假释而必须终身监禁的无期徒刑。最后,终身监禁既是一种刑罚裁量制度,又是一种刑罚执行制度。②

第二,对于《刑法修正案(九)》生效前实施的贪污受贿罪能否适用终身监禁?对此,应该分两种情况:对于 2015 年 10 月 31 日以前实施贪污、受贿行为,罪行极其严重,根据修正前《刑法》判处死刑缓期执行不能体现罪刑相适应原则,而根据修正后《刑法》判处死刑缓期执行同时决定在其死刑缓期执行两年期满依法减为无期徒刑后,终身监

---

① 车浩:《刑事立法的法教义学反思——基于〈刑法修正案(九)〉的分析》,载《法学》2015 年第 10 期。
② 参见黄京平:《终身监禁的法律定位与司法适用》,载《北京联合大学学报(人文社会科学版)》2015 年第 4 期。

禁,不得减刑、假释可以罚当其罪的,适用终身监禁的规定;根据修正前《刑法》判处死刑缓期执行足以罚当其罪的,不适用终身监禁的规定。①也就是说,修正前贪污受贿罪死刑的执行方式只有两种(死刑立即执行、死刑缓期执行),修正后贪污受贿罪死刑的执行方式有三种(死刑立即执行、终身监禁、单纯死刑缓期执行)。因此,对于《刑法修正案(九)》施行前后的贪污受贿罪,终身监禁的适用对象是有所不同的:对于《刑法修正案(九)》施行前实行的贪污受贿罪,终身监禁只适用原本应当被判处死刑立即执行者;对于《刑法修正案(九)》施行后实行的贪污受贿罪,终身监禁既适用于原本应当判处死刑立即执行者,也适用于部分原本应当判处死刑缓期执行者。② 可以预见,以后的司法实践将会严格限制死刑立即执行的适用,终身监禁将事实上取代死刑立即执行。

第三,被依法决定适用终身监禁者,在其死缓减为无期徒刑以后,如果又有重大立功的,能否减为有期徒刑而不适用终身监禁? 对此,有的学者持肯定态度,理由如下:首先,《刑法》第78条规定,被判处无期徒刑的犯罪分子,在执行期间如果有重大立功表现的,"应当减刑"。《刑法》第384条第4款并不是第78条的例外规定,因此也应该适用第78条。其次,被判处死缓的犯罪分子,在死刑缓期执行期间有重大立功表现,依据《刑法》第50条减为有期徒刑的,不适用终身监禁。在死缓减为无期徒刑以后的执行期间的重大立功,与死缓执行期间的重大立功,只是发生的时间与阶段不同,但内涵与性质是一致的;既然后者不适用终身监禁,那么前者也应当不适用终身监禁。③

但是,笔者不赞同这种观点。首先,修正后《刑法》第383条第4

---

① 参见2015年10月29日最高人民法院《〈中华人民共和国刑法修正案(九)〉时间效力问题的解释》第8条。
② 参见黄京平:《终身监禁的法律定位与司法适用》,载《北京联合大学学报(人文社会科学版)》2015年第4期。
③ 参见黄京平:《终身监禁的法律定位与司法适用》,载《北京联合大学学报(人文社会科学版)》2015年第4期。

款规定"终身监禁,不得减刑、假释",就是对第78条减刑制度的排除,是第78条的例外规定。① 其次,发生在死缓执行期间的重大立功与发生在死缓减为无期徒刑以后的执行期间的重大立功,反映犯罪人具有不同的人身危险性:前者犯罪人被改造的时间短于后者,因此前者犯罪人的危险性小于后者。所以,被适用终身监禁的犯罪分子在死缓执行期间因有重大立功表现而被减为有期徒刑的,不再适用终身监禁;但是,被适用终身监禁的犯罪分子在死缓执行期间没有重大立功表现,即使在死缓减为无期徒刑以后,有重大立功表现的,也不能改变终身监禁的适用。

四、修正《刑法》第383条所反映的刑事政策

《刑法》第383条之修正明显反映了宽严相济的刑事政策:扩大宽宥制度的适用范围体现了刑事政策"宽"的一面,设立终身监禁制度反映了刑事政策"严"的一面。其中最重要的一点是,《刑法》第383条的修正表明了我国刑事政策对贪污受贿的态度从"立法零容忍、司法有限容忍"转变为"立法有限容忍"。

党的十八大以来,习近平总书记多次提出对腐败要采取"零容忍"的态度。② 据此,有的刑法学者提出,"刑法应当对贪污受贿实行'零

---

① 同样道理,《刑法》第50条第2款所规定的"限制减刑",是对第78条减刑制度的限制适用。
② 2014年1月,习近平总书记在十八届中央纪委三次会议上指出,"反腐败的高压态势必须继续保持,坚持以零容忍态度惩治腐败";2014年10月,在中共十八届四中全会第二次全体会议上指出,"深入推进反腐败斗争,继续保持高压态势,做到零容忍的态度不变,猛药去疴的决心不减、刮骨疗毒的勇气不泄、严厉惩处的尺度不松,发现一起查处一起,发现多少查处多少,不定指标、上不封顶,凡腐必反,除恶务尽"。2015年1月,在第十八届中央纪委五次会议上指出,"我们党从关系党和国家生死存亡的高度,以强烈的历史责任感、深沉的使命忧患感、顽强的意志品质推进党风廉政建设和反腐败斗争,坚持无禁区、全覆盖、零容忍,严肃查处腐败分子"。

容忍',只要性质确定,一律以罪论处"①。有的学者甚至认为,货币可以贬值,但反腐败的力度不能贬值,一分钱的腐败也是腐败。②但是,也有的学者认为缺乏现实可能性。因为,第一,刑事司法的实践从来就没有做到对贪污受贿的"零容忍"。一些地方内部规定,贪污受贿5万元以下的不予查处;在检察机关查办的贪污受贿案中,大案率不断提高,例如江苏的大案率从 2008 年的 95.1% 上升到 2012 年的 98.9%。第二,我国对贪污受贿实行"二元化"规制模式:根据危害性程度将贪污受贿行为分为一般违法违规行为以及犯罪行为,前者由党纪政纪进行规制,后者才由刑法进行规制。③

笔者认为,在辨析是应该"零容忍"还是应该"有限容忍"时,首先得分清容忍的客体与容忍的主体。从容忍的客体来看,应该区分"对腐败犯罪的零容忍"与"对腐败的零容忍"。在外延上,腐败犯罪范围的扩大将导致一般腐败行为范围的缩小,反之亦然。当腐败犯罪的范围扩大到和一般腐败行为的范围一致的时候,就不存在一般的腐败行为,所有的腐败行为都构成犯罪。此时,对腐败的零容忍,就等于对腐败犯罪的零容忍。④ 从容忍的主体来看,应该区分党纪政纪的容忍度以及刑法的容忍度。就党纪政纪而言,对腐败实行"零容忍"无疑具有必要性与合理性;但是就作为最后保障法的刑法而言,对贪污受贿实行"零容忍"的合理性就值得商榷。"理由很简单,一方面犯罪是严重的违法行为,刑罚只能对严重违法者适用;另一方面反贪污贿赂,除了刑罚手段外,还有行政手段和政治手段。"⑤

---

① 张绍谦:《我国职务犯罪刑事政策的新思考》,载《华东政法大学学报》2013 年第 4 期。
② 参见高斌:《零容忍:"一分钱"的腐败也是腐败》,载《检察日报》2013 年 3 月 26 日。
③ 参见孙国祥:《腐败定罪"零容忍"之审思》,载《江海学刊》2013 年第 4 期。
④ 参见张磊、车明珠:《反腐败零容忍政策的应有内涵及其贯彻》,载李少平、朱孝清、卢建平主编:《法治中国与刑法发展》(上卷),中国人民公安大学出版社 2015 年版,第 448—449 页。
⑤ 李克杰:《反腐"零容忍"与提高起刑点》,载《检察风云》2009 年第 23 期。

从我国的实际情况来看,修正前的刑事立法试图对贪污受贿实行"零容忍",把所有的贪污受贿行为作为犯罪来处理,追究所有贪污受贿行为的刑事责任。如前所述,修正前《刑法》第383条对于贪污受贿数额不满5000元,且情节较轻的行为也作为犯罪处理。这种试图用刑事立法把所有贪污受贿行为一网打尽的刑事政策,在司法实践中不可避免地遇到了很大困难。例如,2009年时任最高人民法院副院长的张军在一次学术讲演中提到,在目前的司法实践中,许多贪贿涉案金额为几万元的案件,并没有被移送到法院;但一旦移送过来,法院又得依法判处。这本身就缺乏社会公正性。① 因此,可以将《刑法修正案(九)》施行之前,我国《刑法》对贪污受贿的容忍程度概括为"立法零容忍、司法有限容忍"。但是,修正后《刑法》第383条并不追究所有贪污受贿行为的刑事责任,而只是处罚贪污受贿数额较大或者情节较重的行为;对于之前数额不满5000元且情节较轻的贪污受贿行为,修正后的第383条不再追究刑事责任。这反映了我国刑事立法对于贪污受贿已经明确采取"有限容忍"的态度。

---

① 转引自赵秉志:《贪污受贿犯罪定罪量刑标准问题研究》,载《中国法学》2015年第1期。

利用影响力受贿罪认定研究

吴大华[*]

从利用影响力受贿罪的历史发展来看,自 2009 年颁行《刑法修正案(七)》时起,我国刑法对利用影响力受贿行为进行了规制。同年,最高人民法院、最高人民检察院《关于执行〈中华人民共和国刑法〉确定罪名的补充规定(四)》确定了利用影响力受贿罪这一罪名。2016 年出台的最高人民法院、最高人民检察院《解释》提出,《刑法》第 388 条之一规定的利用影响力受贿罪的定罪量刑适用标准,参照该解释关于受贿罪的规定执行。鉴于此,我国刑法在惩治利用影响力受贿犯罪行为上,应该说取得了前所未有的进步。然而,客观地看,目前的刑法规定以及相关司法解释,对利用影响力受贿罪的犯罪构成要件中一些要素界定不够明晰、解释不够清楚,例如"近亲属"的范围有哪些,何为"关系密切人","不正当利益"如何界定和区分,以及"影响力"具体是指什么,等等。理论和实务上都不同程度地存在一些分歧,由此,加强相关问题的研究,有助于为实践中认定利用影响力受贿罪提供一些指引。

---

[*] 贵州省社会科学院院长、研究员,博士生导师。

一、关于"近亲属"的认定

从《刑法》第388条之一①的规定来看,我国刑法中利用影响力受贿罪的主体包括五种:一是国家工作人员的近亲属;二是与国家工作人员关系密切的人;三是离职的国家工作人员;四是离职国家工作人员的近亲属;五是其他与离职国家工作人员关系密切的人。从这里可以看出"近亲属"和"关系密切的人"在本罪主体的认定中处于十分重要的地位,清楚地确定"近亲属"和"关系密切的人"的范围是对本罪正确定罪量刑的重要前提。在此,先谈"近亲属"的范围确定。"近亲属"在我国法律中主要有三种规定:一是《刑事诉讼法》的规定,"近亲属"包括夫、妻、父、母、子、女、同胞兄弟姊妹。② 二是《民法通则》的规定,"近亲属"包括配偶、父母、子女、兄弟姐妹、祖父母、外祖父母、孙子女、外孙子女。三是关于《行政诉讼法》的解释的规定,"近亲属"包括配偶、父母、子女、兄弟姐妹、祖父母、外祖父母、孙子女、外孙子女和其他具有扶养、赡养关系的亲属。③ 至于利用影响力受贿罪中的"近亲属"该如何界定,学界有各种不同意见:其一,赞成使用《刑事诉讼法》

---

① 《刑法》第388条之一规定:"国家工作人员的近亲属或者其他与该国家工作人员关系密切的人,通过该国家工作人员职务上的行为,或者利用该国家工作人员职权或者地位形成的便利条件,通过其他国家工作人员职务上的行为,为请托人谋取不正当利益,索取请托人财物或者收受请托人财物,数额较大或者有其他较重情节的,处三年以下有期徒刑或者拘役,并处罚金;数额巨大或者有其他严重情节的,处三年以上七年以下有期徒刑,并处罚金;数额特别巨大或者有其他特别严重情节的,处七年以上有期徒刑,并处罚金或者没收财产。离职的国家工作人员或者其近亲属以及其他与其关系密切的人,利用该离职的国家工作人员原职权或者地位形成的便利条件实施前款行为的,依照前款的规定定罪处罚。"

② 2012年修正的《刑事诉讼法》第106条第(六)项规定:"'近亲属'是指夫、妻、父、母、子、女、同胞兄弟姊妹。"

③ 2000年3月8日最高人民法院《关于执行〈中华人民共和国行政诉讼法〉若干问题的解释》第11条第1款规定:"行政诉讼法第二十四条规定的'近亲属',包括配偶、父母、子女、兄弟姐妹、祖父母、外祖父母、孙子女、外孙子女和其他具有扶养、赡养关系的亲属。"

规定的学者认为,《刑事诉讼法》是保障刑法实施的程序法,《刑事诉讼法》的相关规定都在一定程度上符合《刑法》的立法目的,而且刑事责任比民事责任和行政责任更加严厉,依照《刑法》的谦抑性理论,在确定刑事责任的承担主体范围的时候,应该比《民法通则》和《行政诉讼法》的范围更严,对于那些不包含在《刑事诉讼法》所规定的近亲属范围内的主体,完全可以包含在"其他关系密切的人"之中。① 其二,赞同《民法通则》规定的学者认为,"近亲属应当包括配偶、父母、子女、兄弟姐妹、祖父母、外祖父母、孙子女、外孙子女"。这些学者认为《民法通则》的立法理念源自我国传统的亲属伦理观念,具有一定的现实合理性。② 其三,赞成《行政诉讼法》规定的学者认为,《行政诉讼法》中的"近亲属"范围能够包括与岳父母形成赡养关系的丧偶的女婿、与公婆形成赡养关系的丧偶的儿媳,因为在实践中这二者的关系也非常密切,并且《民法典》继承编也规定这二者是岳父母和公婆的第一顺序的继承人,同时,执此观点的学者还认为应当包括女婿与岳父母、儿媳与公婆,因为从司法实践来看,这两种关系也是易发权钱交易关系的。③

在笔者看来,上述第二种观点相对较为合理。对利用影响力受贿罪中的"近亲属"范围的界定不能脱离我国社会的实际情况。自古以来,亲缘关系就是我国社会的一个重要属性,我国社会本质上是一个亲缘社会,在中华法系里面,亲缘关系也一直是中华法系的一个重要

---

① 参见袁剑波:《如何界定"利用影响力受贿罪"中"关系密切的人"》,载《中国检察官》2010年第22期。

② 参见高铭暄、陈冉:《论利用影响力受贿罪司法认定中的几个问题》,载《法学杂志》2012年第3期;赵秉志:《反腐新罪名不会成为贪官的"免罪符"》,载《法制日报》2009年4月2日;王田海:《论受贿罪的补充完善与缺憾——〈刑法修正案(七)〉第13条解读》,载赵秉志、陈忠林、齐文远主编:《新中国刑法60年巡礼》(下卷),中国人民公安大学出版社2009年版,第1546页。

③ 参见雷安军:《利用影响力受贿罪若干问题研究——兼谈刑事判例制度》,载《湖北社会科学》2010年第2期。

特征。在我国社会,每个人都置身于一定的亲缘关系之中。每个人都是亲属网中的一个结。费孝通先生认为:"社会关系是逐渐从一个一个人推出去的,是私人联系的增加,社会关系是一根根私人联系所构成的网络。"我国社会中的这种人与人之间的社会关系网络是以亲属关系为基础而形成的,亲属关系就像向水里丢石头形成的波纹一圈圈推出去,愈推愈远,也愈推愈薄,从而形成类似同心圆的波纹。因此对"近亲属"的认定不能仅仅限定于血缘,而且要将姻亲也包含进去。同时,对"近亲属"的认定除对法条和社会关系的考虑外,也不能脱离立法本意。我国对利用影响力受贿罪的立法目的就在于惩治贪污贿赂类犯罪、惩治国家公务人员的腐败犯罪。2006年施行的《公务员法》第68条第1款关于公务员的交流与回避规定:"公务员之间有夫妻关系、直系血亲关系、三代以内旁系血亲关系以及近姻亲关系的,不得在同一机关担任双方直接隶属于同一领导人员的职务或者有直接上下级领导关系的职务,也不得在其中一方担任领导职务的机关从事组织、人事、纪检、监察、审计和财务工作。"这一规定不仅包括夫妻关系、直系血亲,甚至已将范围延伸至三代以内旁系血亲和近姻亲关系,这个范围比较广泛,笔者认为更加符合我国的社会现实及立法意图。

二、关于"关系密切人"的认定

人际关系就像一张与生俱来的网,将我们每一个个体都联结起来,从而构成我们所赖以生存的社会。我们每一个人都是社会的一分子,都是社会这个大群体的组成部分,我们生活在社会这个群里面,会有着许许多多的人与我们产生联系,从而影响我们的生活。基于社会生活的一般情理,当社会生活中关系密切人的要求与国家工作人员的职责要求相冲突时,国家工作人员为维持或平衡该密切关系,可能会背离职责要求,实施一定的不法行为,进而危害国家机关的正常管理秩序。①

"关系密切的人",顾名思义,首先是"关系",其次是"密切"。从关系的程度来说,"密切"是对"关系"程度上的限制。② 何为关系?关系反映了社会中的个人或群体寻求满足其社会需要的心理状态,这种心理状态在现实生活中表现为熟悉、相互认识等,同时,人们通过这种熟悉和认识来寻求自我在群体中的安全感以此来寻求自我价值的体现,从而得到他人的认同。何为密切?密切,是指彼此之间关系的亲近,是一个十分笼统的概念,对密切的考察离不开对亲近的理解,而亲近是指亲密接近,亲近是一个人和他人的关系达到密切的前提,同时,这种亲近必须是能对相对人产生积极引领作用的价值预期,在本罪中主要是指能对国家工作人员产生积极作用的方面,同时这种积极作用还应当达到一定程度。通过以上分析,本罪中的与国家工作人员关系密切的人包括两个方面:首先,关系密切的人必须是与国家工作人员在日常生活中比较亲近的人。关系不够亲近是不能达到密切的,如几年没有联系的远亲或同学等,这类人在某种程度上也有可能对国家工作人员产生一定的影响,但由于其关系不够密切,因此不被包含在关系密切的人的范围内。其次,关系密切的人对国家工作人员产生的影响或作用必须是能对国家工作人员的心理产生积极的价值导向或引领作用。对其有不利影响的人,比如仇人等,不符合上文"密切"的含义,这类人虽然在某种程度上也会在日常生活中与国家工作人员"亲近",但此种"亲近"显然是不符合其心理价值预期的,如果行为人实施这类影响力为请托人谋取不正当利益,是不能对行为人以利用影

---

① 参见高锋志、豆忠娟:《刍议利用影响力受贿罪的几个问题》,载《河南社会科学》2013年第10期。
② 参见高铭暄、陈冉:《论利用影响力受贿罪司法认定中的几个问题》,载《法学杂志》2012年第3期。

力受贿罪来定罪的,而应以诈骗罪或其他罪来定罪。

在《刑法修正案(七)》之前,还有一个"特定关系人"的概念,体现在最高人民法院、最高人民检察院2007年《意见》中。《意见》第11条规定,"本意见所称'特定关系人',是指与国家工作人员有近亲属、情妇(夫)以及其他共同利益关系的人"。该条对特定关系人的规定十分宽松,从这条解释中关于特定关系人的概念的规定可以看出,特定关系人实际上只是关系密切的人的一个浓缩,尽管两者都要求"具有亲近密切关系"和"具有共同利益关系",但"特定关系人"与国家工作人员的亲近范围特别"限定",其与国家工作人员的关系可以理解为一种"同呼吸、共命运"的休戚相关的利益关系,而"关系密切的人"只要达到一般密切程度即可,通过以上论述可以知道,"关系密切的人"已经将特定关系人包含在内了。因此,《刑法修正案(七)》并没有采纳"特定关系人"这一概念,而适用了"关系密切的人"。

综上所述,笔者赞同,判断"关系"是否"密切",主要是看双方平时的关系如何。① "关系密切的人"应当包括两个部分:第一是感情关系,感情关系包括内圈感情和外圈感情,内圈感情是指血缘关系和地缘关系,在中国传统社会,血缘和地缘都是一种特殊的密切关系,中国人骨子里对亲缘和老乡具有很高的认同度,这是我国社会中每一个个体从出生起就具有的一个小圈子,是个体融入社会这个大范围的第一步。而外圈感情是指具有一定的客观事物联系,比如同学、朋友、同事等基于共同学习、生活、工作而培养的感情基础。第二是利益关系,利益关系是个体在融入社会这个群体后,通过其后天的交往和努力所形成的获得社会所承认的关系,比如债权债务关系、情人关系等。

---

① 参见赵秉志:《反腐新罪名不会成为贪官的"免罪符"》,载《法制日报》2009年4月2日。

三、关于"不正当利益"的认定

"不正当利益",是指违反法律、法规、国家政策和国务院部门规章规定的利益,以及要求国家工作人员或者有关单位提供违反法律、法规、国家政策和国务院各部门规章规定的帮助或者便利条件。在认定利用影响力受贿罪过程中,理论上对于谋取的"不正当利益"如何界定,一直是理论界和司法实务界争论的焦点。对于不正当利益,可以将其分为实体性不正当利益和程序性不正当利益。①

对于实体性不正当利益,主要考量的是当事人之间的实体性权利,正如 2008 年 11 月 20 日最高人民法院、最高人民检察院联合发布的《意见(二)》的规定精神,"不正当利益"包括:第一,违反法律、法规、规章或者政策规定的利益,即非法利益。这里的违反法律、法规、规章或者政策规定的利益,指的就是实体性利益。对于实体性利益,根据该利益涉及的内容不同,可以进一步区分为国家的实体性利益、社会集体的实体性利益和个人实体性利益。由于利用影响力受贿罪当事人往往谋取的都是个人的实体性利益,若谋取国家的和社会集体的实体性利益是否能构成本罪,在理论界并没有讨论,究其原因在于,个人具有私利性,往往不会为了国家和集体利益而放弃个人利益,即使果真有这样的人存在,基于国家利益和社会利益高于个人利益之上的原则,个人放弃他人的利益而顾全国家和社会的利益也是被民众所认可的,产生的社会危害性几乎没有,这样刑法也就没有惩罚的必要性。因此,在实体性不正当利益中,基于利益的私利性来说,这里的实体不正当性往往指的是谋取当事人的非法的个人利益。

---

① 参见覃祖文:《论利用影响力受贿罪谋利要件的司法认定》,载《广西政法管理干部学院学报》2013 年第 5 期。

对实体性不正当利益的内容进行区分之后,为了更好地界定实体性不正当利益的范围,根据实体性不正当利益的行为方式,还可以更深入地将实体性不正当利益划分为以作为方式谋取的实体性不正当利益和以不作为方式谋取的实体性不正当利益。作为方式谋取的不正当利益,是指行为人通过积极的作为方式为对方谋取非法的不正当利益,比如利用自身的影响力迁就对方,让对方为第三人谋取特定的职权。这种作为的方式,往往是当事人的一种积极的心态,通过一种积极行动的方式,借用他人或者自身的行政职权的影响力,来帮助其他人谋取非法的不正当利益。除此之外,当事人之间还可以采取消极的不作为方式来谋取不正当利益,比如某个当事人存在偷税、漏税,或者是虚假报税的行为,行为人通过其他关系密切的人的影响力来放任其纳税行为,导致税务机关工作人员采取消极的态度,放任当事人的不纳税行为,从而促使纳税人获得非法不正当利益。这种以消极的方式谋取的不正当利益,虽然其社会危害性没有采用积极方式的影响大,但是它依旧侵犯了国家和社会或者个人的利益,仍然需要得到制裁。

我国一直都被视为"重实体、轻程序"的国家,随着我国法治进程的逐步推进,在司法与行政程序中,也逐渐地重视程序的正当性了。在重视实体性利益的过程中,也重视程序的正当性。实体性利益的实现在某种程度上需要通过程序进行演变,在西方国家,即使实体性利益具有正当性,但是在获得实体性利益的程序缺乏正当性的情况下,实体性利益最终也被否决。笔者和许多学者的观点一致,实体价值和程序价值具有同等重要性,不可偏废。

对于利用影响力受贿罪,不正当利益的谋取人在借用影响力的过程中,除谋取自身的实体性利益之外,往往还会谋取程序性利益,通过谋取程序性利益来间接获得自身的实体性利益。根据2008年11月20日最高人民法院、最高人民检察院联合发布的《意见(二)》的规定精神,"程序性不正当利益"包括:要求国家工作人员或者有关单位违反法律、法规、规章、政策、行业规范的规定提供帮助或方便条件,即非法程序利益。以及,在招标、政府采购等商业活动中,违背公平原则,给予相关人员财物以谋取竞争优势的,属于"谋取不正当利益"。可以看出,本罪中的程序性不正当利益,往往是指当事人通过自身的影响力违反法律规定的行政或者司法程序,来获得自身的某种非法利益。最为典型的例子就是,在招标投标中,通过自身的影响力来控制招标人员,违反法定程序,为自身创造中标条件,从而获得非法不正当利益。对于不正当利益的谋取中程序不正当利益的违反,在我国法学理论界都认可将其纳入刑事规范范畴。在进行程序性不正当利益的评价过程中,往往要求正当程序的违反,最终还需要归结到谋取利益人的非法利益中。

通过上文的分析可以看出,结合司法解释的规定,不正当利益,主要是指非法利益。在《联合国反腐败公约》中,行为人故意直接或间接索取或者收受不正当好处,被认为滥用本人的实际影响力或者具有影响力的行为,为交易的另一方从行政部门或者公共机构中获取不正当好处。不管是《联合国反腐败公约》里面的"不正当好处",抑或我国《刑法》规定的"谋取不正当利益",在实践认定中都缺乏一定的标准。从这两个法规条文的表述来看,"不正当好处"与"不正当利益"只是意译的不同,其内涵并无实质区别。从司法实践来看,行为人在替请托人谋取正当利益的同时,其自身也会捞取一些不正当利益,此种情形《刑法》并无具体规制条文,但其危害性却是不言而喻的。从此方面来看,笔者认为,无论是"利用影响力受贿罪"还是"利用影响力交易罪",都不能靠利益的合法与不合法来界定。因为法无规定不为罪,在法律条文中对"不正当利益"进行明确的规定,实践上就等于说通过利用影响力的行为来谋取正当利益是合法的,而这一解释明显是不合理的,不能不说是我国刑法立法上的一个漏洞。

四、关于"影响力"的认定

影响力,是指人与人之间通过客观上所具有的联系,通过主观上的意识反馈到他人意识中,使得他人去执行行为人所希望的行为。顾名思义,影响力产生的一个必要条件就是人与人之间必须具有某种联系,只有在联系的基础上才能具备影响他人的行为。这种联系从某种意义上来讲,就是对某种共同利益的追求,从而产生相互之间利益与利益的交换。从某种意义上来说,利用影响力受贿罪中的请托人与行为人产生联络的基础,全部来自行为人与其关系密切的国家工作人员之间的"影响力",这种"影响力"恰恰就是行为人能够实施犯罪行为的关键,因而,是"影响力"作为一个"桥梁"来建立起请托人与国家工作人员之间的联系。① 在本罪的实践中体现为请托人利用行为人对国家工作人员的影响力,通过国家工作人员不正当的职务行为,来为自己谋取不正当利益。这样在本罪中,行为人通过所具有的"影响力"来实施犯罪行为是认定本罪的一个关键。

尽管我国的刑法条文中并没有具体写明何为"影响力",不过,这并不影响司法工作人员在认定犯罪构成时对影响力的关注,相反,正确地认定"影响力"的内涵,对正确地定罪量刑也是极为重要的。根据《联合国反腐败公约》以及我国《刑法》对影响力的阐述,大致上可以将"影响力"分为权力性影响力和非权力性影响力。权力性影响力可以看作该公职人员因其公职人员的特殊身份而获得的法律赋予的职务性权力,继而形成对第三人的影响力;与此相反的是非权力性影响力,即该公职人员虽然因其职位或地位形成的便利条件而直接具备一

---

① 参见孙国祥:《利用影响力受贿罪比较研究》,载《政治与法律》2010年第12期。

定的权力,但并非通过此权力来实施影响;通过以上对权力性影响力和非权力性影响力的解读可以看出,在我国刑法中,权力性影响力的根源来自国家法律对公权力所赋予的影响力,有国家机关作后盾,对影响力相对人具有限制性或约束性的作用,是国家法律权威的体现,主要存在于一般的受贿行为中,而非权力性影响力源自私人之间的共同利益关系,体现的是普通公民情感上的交流,对影响力相对人并没有限制性或约束性的作用,我国刑法中主要以斡旋受贿和利用影响力受贿为主。通过上述分析,本罪中的影响力在我国立法背景下指的是非权力性影响力,体现的是人情和自然属性。

此外,利用影响力受贿罪中对离职国家工作人员的影响力也进行了明确的规制,即离职的国家工作人员利用其原职权或者地位形成的便利条件实施有影响力的交易行为的情况。例如,在曾经掌握职权时提拔过自己的下属,从而对其下属享有"知遇之恩"型的影响力;又或是曾经身居要职时所把握的资源、人脉对自己的同事或其他部门的国家工作人员给予过一定的帮助,从而具有的延续性影响力;抑或曾经在位时与现任国家工作人员形成利害关系,而对其具有的利害性影响力,等等。同时,通过某种共同利益而具备的对离职的国家工作人员的影响力也属于非权力性影响力情况的一种,也可以称为间接影响力,这在本罪条文中也有着明确的规定。

贿赂犯罪的具体展开

特殊类型贿赂犯罪的体系性及具体问题展开

从单一正犯视角看贿赂罪中的共同犯罪疑难问题

贿赂犯罪资金追缴问题研究
　　——以洗钱犯罪为视角

"半影"之周延：行贿犯罪规制中罚金刑易科的本土化探微

特殊类型贿赂犯罪的体系性及具体问题展开

赵春玉*

党的十八大以来,党和政府把治理腐败提到了前所未有的高度,坚持"老虎""苍蝇"一起打的反腐高压模式,采取"零容忍、全覆盖、无禁区"的策略,形成"不敢腐、不能腐、不想腐"的强大政治和民意氛围。在法治社会,为了避免运动反腐、政治反腐的片面性和局限性,必须依靠法治的手段,完善包括刑法在内的反腐败的法律制度,实现反腐的常态化和治理腐败的制度化。

一、特殊类型贿赂犯罪的立法模式及问题的提出

贿赂犯罪作为腐败犯罪中最主要的类型之一。以1952年4月18日中央人民政府公布施行的《中华人民共和国惩治贪污条例》为开端,我国草创了"普通贿赂犯罪"和"特殊贿赂犯罪"二元的贿赂犯罪体系,即"受贿罪—行贿罪—介绍贿赂罪"[1]。我国此后的贿赂犯罪的立

---

* 云南大学法学院教授,法学博士。
[1] 当时的贿赂犯罪是作为贪污罪的一种具体类型存在的,而非作为独立的犯罪类型。

法基本上沿袭了这一模式,在普通贿赂犯罪基础上[1],不断扩张特殊类型的贿赂犯罪。1988 年的《补充规定》在受贿罪的基础上增加了单位受贿罪,即"全民所有制企业事业单位、机关、团体,索取、收受他人财物,为他人谋取利益,情节严重的,判处罚金,并对其直接负责的主管人员和其他直接责任人员,处 5 年以下有期徒刑或者拘役"[2],基本确立了普通类型受贿罪与特殊类型受贿罪的模式。1997 年《刑法》基本沿袭这一立法格局,并在《刑法修正案(七)》第 13 条(《刑法》第 388 条之一)中增设了"利用影响力受贿罪"。在 1997 年《刑法》第 391 条、第 393 条中分别增加"对单位行贿罪"和"单位行贿罪",开启了普通类型行贿罪和特殊类型行贿罪的立法模式,为了避免"利用影响力受贿罪"的对向行为存在处罚漏洞,《刑法修正案(九)》第 46 条(《刑法》第 390 条之一)增设了"对有影响力的人行贿罪"。至此,在我国刑法中形成了一套相对完整的贿赂犯罪(普通类型贿赂犯罪和特殊类型贿赂犯罪)体系。

为了应对日益严峻的腐败问题,2006 年至今,我国对贿赂犯罪的修改和调整进入一个相对密集的立法周期,尤其是特殊类型贿赂犯罪的增设。例如,《刑法修正案(六)》修改了非国家工作人员受贿罪、对非国家工作人员行贿罪的规定;《刑法修正案(七)》增设了利用影响力受贿罪;《刑法修正案(八)》增设了对外国公职人员、国际公共组织官员行贿罪;《刑法修正案(九)》增设了"对有影响力的人行贿罪"。在近十年中,最高人民法院、最高人民检察院也制定了大量的关于贪

---

[1] 普通贿赂犯罪的范围也呈现出不断扩大的趋势,例如,在 1952 年的受贿罪中仅有收受型受贿,没有索取型受贿。在 1982 年全国人民代表大会常务委员会《关于严惩严重破坏经济的罪犯的决定》中增加"国家工作人员索取、收受贿赂的,比照刑法第一百五十五条贪污罪论处"。在 1988 年《补充规定》中进一步扩充了受贿和行贿的内容,增加了受贿共犯、收受回扣型的受贿以及给予回扣型的行贿、被勒索给予财物的不成立受贿的规定,在行贿中增加特殊自首的规定,在这一补充规定中确立了普通贿赂犯罪的基本格局。

[2] 1997 年《刑法》将该罪的主体修订为"国家机关、国有公司、企业、事业单位、人民团体"。

污贿赂犯罪的相关司法解释,尤其 2016 年 4 月 18 日"两高"制定通过的 2016 年《解释》,在一定程度上宣告了贿赂犯罪体系的正式形成。

从形式上来看,立法和司法解释对大量特殊类型贿赂犯罪的增设、构成要件的改变、法定刑的修正和对定罪量刑标准的修改,使得治理贿赂犯罪的刑事法网更加严密,加大了惩治贿赂犯罪的力度[①],更加符合治理贿赂犯罪的"零容忍"的刑事政策的具体要求,实现了立法的意图,为法治反腐奠定了坚实的基础。主要表现在:其一,在受贿罪中,立法改变了"唯数额论"的立法体例,采用"数额+情节"的模式,这种模式更加符合刑事立法的类型化要求,克服了立法具体化可能引起的僵化,给司法实践预留了更大的裁判空间,除了通过数额判定行为侵害法益的大小,还可以通过其他的损害情节对侵害法益大小作出评估。因为,在有些案件中,受贿的数额可能不大,但给国家和人民造成的损害、恶劣的社会影响等其他情节远远超过该数额所产生的危害。[②] 为了避免在某些个案中产生无法接受的结果,法律规定的某种弹性以及伴随而来的不明确,显然是必要的。[③] 因此,采取犯罪数额为主、辅之以情节的方法,对于保证受贿罪的定罪正确、量刑均衡具有重要意义。[④] 其二,贿赂犯罪立法伊始,立法上一直在扩充其内容,修改构成要件,尤其是从介绍贿赂罪到对有影响力的人行贿罪等一系列特殊贿赂犯罪的增设,扩大了打击贿赂犯罪的半径,一定程度上有效避免了法律漏洞的出现。例如,《刑法修正案(七)》增设的利用影响力

---

① 参见缪树权:《反贪污贿赂立法的一次重要修订——〈刑法修正案(九)〉对贪污贿赂犯罪的修改和完善》,载《中国检察官》2015 年第 19 期。
② 参见陈兴良:《贪污贿赂犯罪司法解释:刑法教义学的阐释》,载《法学》2016 年第 5 期。
③ 参见[德]英格博格·普珀:《法学思维小学堂》,蔡圣伟译,北京大学出版社 2011 年版,第 31 页。
④ 参见陈兴良:《贪污贿赂犯罪司法解释:刑法教义学的阐释》,载《法学》2016 年第 5 期。

受贿罪,将与国家工作人员关系密切的人纳入贿赂犯罪打击的范围,将受贿类型的犯罪主体范围扩张至非国家工作人员。由于贿赂犯罪属于典型的对向犯,《刑法修正案(七)》仍然存在规制的漏洞,并未将与之对向的行贿行为纳入刑法规制范围,于是《刑法修正案(九)》增设了"对有影响力的人行贿罪",实现了受贿与行贿双向构罪的"对合性犯罪",堵塞了立法上的一个漏洞。① 其三,严格了行贿从宽处罚的条件。《刑法修正案(九)》将《刑法》第390条规定的"行贿人在被追诉前主动交代行贿行为的,可以减轻或者免除处罚"修改为"行贿人在被追诉前主动交代行贿行为的,可以从轻或者减轻处罚。其中,犯罪较轻的,对侦破重大案件起关键作用的,或者有重大立功表现的,可以减轻或者免除处罚",从而通过提高从宽的条件和门槛,强化了对行贿犯罪的处罚。其四,增加了财产刑的适用。1997年《刑法》在行贿罪的法定刑中没有规定财产刑,《刑法修正案(九)》在行贿罪各个档次的法定刑上都增加了"并处罚金"的规定。在对单位行贿罪、介绍贿赂罪、单位行贿罪的法定刑中也增加了"并处罚金"的规定,加大了对各种行贿行为的处罚力度,提升了行贿的犯罪成本。其五,增加贿赂犯罪适用保安处分的可能。《刑法修正案(九)》第1条在刑法总则中增加了"因利用职业便利实施犯罪,或者实施违背职业要求的特定义务的犯罪被判处刑罚的,人民法院可以根据犯罪情况或者预防再犯罪的需要,禁止其自刑罚执行完毕之日或者假释之日起从事相关职业,期限为三年至五年"的规定。为利用职务之便实施贿赂犯罪的人适用该种保安处分措施提供了可能,强化了贿赂犯罪的处遇措施。其六,减少了法定刑的交叉,控制了死刑的适用和增加了终身监禁。《刑法修正案(九)》第44条将受贿罪的四档法定刑调整为三档法定刑,并将法定刑由之前"从重到轻"修改为"从轻到重"的排列方式,避免了法定

---

① 参见孙国祥:《贪污贿赂犯罪刑法修正的得与失》,载《东南大学学报(哲学社会科学版)》2016年第3期。

刑的交叉与重合,理顺了法定刑之间的相互关系。将"情节特别严重的,处死刑"修改为"数额特别巨大,并使国家和人民利益遭受特别重大损失的,处无期徒刑或者死刑"。在2016年《解释》第4条中进一步明确限制死刑立即执行的适用,对于符合判处死刑,但具有自首、立功,如实供述自己罪行、真诚悔罪、积极退赃,或者避免、减少损害后果的发生等情节,不是必须立即执行的,可以判处死刑缓期两年执行。明确了预防刑情节在死刑适用中的限制,一定程度上改变了司法实践中自首、立功等对于特别严重的犯罪不起任何作用,不当限制了减少的预防刑情节适用范围的做法,区分了责任刑和预防刑,发挥减少的预防刑情节在死刑适用中的作用。①《刑法修正案(九)》增加了对判处死刑缓期执行的,人民法院根据犯罪情节等情况可以同时决定在其死刑缓期执行两年期满依法减为无期徒刑后,终身监禁,不得减刑、不得假释。在保留死刑的同时,严格控制死刑的适用和慎用死刑的死刑政策。通过增加终身监禁缩小了死刑立即执行和死刑缓期两年在实际执行效果上的差距,终身监禁后必须"牢底坐穿",不受执行期间服刑表现的影响。②

虽然《刑法修正案(九)》和2016年《解释》对贿赂犯罪做了相当程度的修改和完善,在一定程度上严密了贿赂犯罪的刑事法网,明确了新时期贿赂犯罪的定罪量刑标准,理顺了一些贿赂犯罪中存在的体系性问题。但是,特殊类型贿赂犯罪中固有的结构性积弊、体系性冲突并未得到恰当的回应,相反,刑事法网并没有因为增设了特殊类型贿赂犯罪得到严密,反而形成了更多的体系性漏洞。对于特殊类型的贿赂犯罪,《刑法修正案(九)》和2016年《解释》仅作了一些局部性的修复。例如,在《刑法修正案(九)》中增设了"对有影响力的人行贿

---

① 参见张明楷:《论预防刑的裁量》,载《现代法学》2015年第1期。
② 参见万春等:《办理贪污贿赂刑事案件要准确把握法律适用标准》(上),载《检察日报》2016年5月23日。

罪",对特殊类型行贿罪(对单位行贿罪、单位行贿罪)和介绍贿赂罪增设"并处罚金"的规定,这种罪名和法定刑的增设仅意味着在一定程度上扩大了打击范围和强化了刑罚处罚,除在2016年《解释》第16条第2款中通过规定"特定关系人索取、收受他人财物,国家工作人员知道后未退还或者上交的,应当认定国家工作人员具有受贿故意",划分了受贿罪共犯与利用影响力受贿罪之间界限问题之外①,对特殊类型贿赂犯罪存在的体系性问题几乎没有触及。整体而言,《刑法修正案(九)》和2016年《解释》更多关注的是普通类型贿赂犯罪的完善之策,对特殊类型贿赂犯罪的体系性和结构性问题的考虑是严重不足的,与之前特殊类型贿赂犯罪存在的体系性和结构性问题交织在一起,使得特殊类型贿赂犯罪存在的问题更加突出。因而,一种应急式的立法是难以消解固有的体系性矛盾和结构性积弊的。

特殊类型贿赂犯罪作为贿赂犯罪一种特有的表现形式,从立法的角度来看,其不仅需要与整个法治反腐的大环境保持协调,对相应的刑事政策作出恰当的回应,还需要与普通类型贿赂犯罪以及其他的治理腐败的法律相协调。② 但由于立法者难以预见所有行为,试图通过立法完全消解其矛盾和避免漏洞是难以实现的。从解释的角度来看,由于特殊类型贿赂犯罪与普通类型贿赂犯罪以及其他相关犯罪不可避免地存在着一些交叉与重合,在解释时不仅需要解释各种特殊类型贿赂犯罪的内涵和适用范围,还需要保持解释结论之间具有一致性,尽量减少对立和防止漏洞。只有使刑法条文之间没有矛盾、保持协调,才能实现刑法的正义。

---

① 参见陈兴良:《贪污贿赂犯罪司法解释:刑法教义学的阐释》,载《法学》2016年第5期。
② 参见张旭:《也谈〈刑法修正案(九)〉关于贪污贿赂犯罪的修改》,载《当代法学》2016年第1期。

二、特殊类型贿赂犯罪存在的体系性问题

(一)特殊类型贿赂犯罪对刑事政策回应的缺失

罗克辛指出:"只有允许刑事政策的价值选择进入刑法体系中去,才是正确之道,因为只有这样,该价值选择的法律基础、明确性和可预见性、与体系性之间的和谐、对细节的影响,才不会倒退到肇始于李斯特的形式—实证主义体系的结论那里。"①但特殊类型贿赂犯罪的立法和司法解释并未使相关的刑事政策真正地进入其中。换言之,特殊类型贿赂犯罪并没有对刑事政策作出有效的回应。

1. 对具体刑事政策回应的缺失

自从在受贿类型犯罪中开启受贿罪与单位受贿罪的模式以来,在治理模式上就采取了"分而治之"的路径。为了避免实践中唯数额论或重数额轻情节的错误倾向,《刑法修正案(九)》变更了定罪量刑的模式,将"具体数额"模式修改为"概括数额+弹性情节"模式,没有将数额作为唯一的定罪量刑标准,而是并重地考虑弹性情节,使得刑事法网更为紧密。② 随之出台的2016年《解释》将受贿罪的起刑数额从5000元提升到3万元,将法定刑升格的数额分别提升为20万元以上、300万元以上,大幅度提高了具体数额的标准。于是有学者认为,废除刚性的入罪数额标准以后,小额的受贿行为入罪的可能性不大了,等同于提高了受贿罪的实际门槛,使得入罪范围更窄、法网更疏,直接降低了对贿赂犯罪的刑罚供应总量,从而降低了刑法的惩治力度,不符合从严惩治腐败的期待,与目前反腐败的严峻形势

---

① 〔德〕克劳斯·罗克辛:《刑事政策与刑法体系》,蔡桂生译,中国人民大学出版社2011年版,第15页。
② 参见刘宪权:《贪污贿赂犯罪最新定罪量刑标准体系化评析》,载《法学》2016年第5期。

不契合。① 提高定罪量刑的数额标准与"零容忍"严厉惩治贪腐犯罪的政策趋向相违背,"零容忍"政策应当要求贪污贿赂犯罪的起刑点调低或者大幅度降低,甚至取消现行起刑点,将任何形式的小贪小贿行为均视为犯罪。② 笔者认为,这种看法仍是以"唯数额论"作为出发点,刑事法网的严密并不单纯地取决于起刑数额的高低,而在于评价方式单一导致的相应漏洞的出现。"概括数额 + 弹性情节"模式与"零容忍"的刑事政策并不冲突。虽然 2016 年《解释》提高了起刑点,但也绝非对 3 万元以下的案件一律不追究刑事责任,并且僵化的数额规定也已落后于社会的发展,受贿 5000 元而被追究刑事责任的案件已经十分少见,甚至完全绝迹,这种起刑点的调整对受贿罪的实际惩治并不会发生太大的影响,"零容忍"并非一律入罪③,而是需要根据案件的实际情况和刑事政策的需要作出调整。④ 因此,"概括数额 + 弹性情节"模式更有利于对案件作出全面客观的判断,更适应社会发展的现实需要,更有助于案件的正确处理和刑法适用的平衡,恰当地回应了当前严峻的反腐形势和从严治吏的政策。

但是,《刑法修正案(九)》和 2016 年《解释》在特殊类型贿赂犯罪中并未对相关的政策作出恰当的回应。例如,在单位受贿中,不管索取贿赂还是收受贿赂,都必须同时具备为他人谋取利益的条件,且是情节严重的行为,才能构成单位受贿罪。其一,在犯罪构成要件上采取比受贿罪更为严格的成立条件,单位索取贿赂要求必须是为他人谋取利益且情节严重的行为。其二,受贿罪采用"概括数额 + 弹性情节"

---

① 参见孙国祥:《贪污贿赂犯罪刑法修正的得与失》,载《东南大学学报(哲学社会科学版)》2016 年第 3 期。

② 参见孙道萃:《论"零容忍"反腐作为具体刑事政策及其展开》,载《河南师范大学学报(哲学社会科学版)》2015 年第 5 期。

③ 在我国对贪污腐败行为除刑事规制外,还存在党纪处分和政纪处分,"零容忍"并不意味着将所有的贪腐行为都作为犯罪处理,需要给其他的处罚措施预留一定的空间。

④ 参见陈兴良:《贪污贿赂犯罪司法解释:刑法教义学的阐释》,载《法学》2016 年第 5 期。

模式,单位受贿罪采用了"情节严重"模式,在一定程度上确保了单位受贿与受贿在起刑评价上可以在数额之外采用情节来评价,但是两者采用情节进行评价的内容却有天壤之别。例如,"致使国家或者社会利益遭受重大损失的"这一情节在单位受贿罪中可能仅仅是定罪的条件(情节严重),但在受贿罪中却可能成为法定刑升格为死刑的条件。其三,虽然2016年《解释》没有提高单位受贿的起刑数额,但在司法实践中,单位受贿的数额即使超出受贿的几十倍,甚至上百倍,其最高的法定刑也只能是5年。有学者通过实证研究得出,在单位受贿的场合,受贿的平均数额为378705元,免于刑事处罚的高达63.2%,缓刑适用率高达58.8%,被判处平均刑期不足6个月。① 因此,《刑法修正案(九)》和2016年《解释》在一定程度上无意识地缩小了受贿罪与单位受贿罪的差距,但整体上而言,单位受贿罪与受贿罪存在的体系性问题并未得到协调,忽略它们之间的均衡性,并未对"零容忍"的刑事政策做出回应,影响了反腐政策的落实和治理腐败的实际效果。

2. 对基本刑事政策回应的缺失

宽严相济的刑事政策是我国刑事立法、司法所应坚持的基本刑事政策,也理所当然地成为我国贿赂犯罪立法的重要指针,是衡量贿赂犯罪立法是否科学、是否符合我国司法实际的重要标准。②《刑法修正案(九)》第45条将《刑法》第390条第2款修改为"行贿人在被追诉前主动交代行贿行为的,可以从轻或者减轻处罚。其中,犯罪较轻的,对侦破案件起关键作用的,或者有重大立功表现的,可以减轻或者免除处罚"。与刑法总则中的自首相比,对行贿的自首设置了更为严格的适用条件,加大了对行贿行为的打击力度。本文暂且不论该规定是否合理。在我国刑法中,除了普通行贿罪之外,还存在对有影响力

---

① 参见尹明灿:《单位受贿罪的司法实践考察》,载《中国刑事法杂志》2012年第5期。
② 参见王志祥、黄云波:《论基本刑事政策视域下贿赂犯罪立法的应然走向》,载赵秉志主编:《新形势下贿赂犯罪司法疑难问题》,清华大学出版社2015年版,第171—172页。

的人行贿罪、对单位行贿罪和单位行贿罪三个特殊类型的行贿罪,但是《刑法修正案(九)》和 2016 年《解释》都未涉及特殊类型行贿是否可以参照适用特殊自首制度。周光权教授认为,在单位行贿罪等特殊类型行贿罪中,可以比照《刑法》第 390 条第 2 款的规定处理,这是有利于被告人的类推适用,应当允许。① 这种观点其实忽视了总则与分则之间的相互关系,看似有利于被告人,实则不然。如果比照适用特殊自首制度,实际上限制了特殊类型行贿罪适用总则的自首制度和立功制度的规定,严格了特殊类型行贿适用自首和立功的条件。在罪刑法定原则的背景下,特殊类型行贿罪是不能比照特殊自首制度适用的。因为,在对有影响力的人行贿罪、对单位行贿罪、单位行贿罪中,如果出现行贿人符合上述特殊自首的条件,除了可以适用《刑法》第67 条关于自首的规定外,还有可能适用《刑法》第 68 条关于立功的规定,使得对有影响力的人行贿、对单位行贿、单位行贿从宽处罚的条件远远低于特殊自首制度。从《刑法修正案(九)》的规定来看,在行贿罪中,行贿人需要同时具备自首和(重大)立功才可以减轻或免除处罚,根据规定,可以减少基准刑 40% 以上或者免除处罚。但在特殊类型行贿罪中,行贿人在具备自首和(重大)立功等量刑情节时,如果根据"同向相加、逆向相减"的调节方法,就需要将自首和(重大)立功两个量刑情节的调节比例进行相加。行为人具有自首情节的,一般可以减少基准刑的 40% 以下;如果具有自首情节且犯罪较轻的,可以减少基准刑的 40% 以上或者免除处罚。行为人具有一般立功的,可以减少基准刑的 20% 以下;有重大立功的,可以减少基准刑的 20%—50%;有重大立功且犯罪较轻的,可以减少基准刑的 50% 以上或者免除处罚。② 并且 2016 年《解释》第 14 条第 1 款规定:"根据行贿犯罪的事实、情节,可能被判处三年有期徒刑以下刑罚的,可以认定为刑法第三

---

① 参见周光权:《刑法各论》(第三版),中国人民大学出版社 2016 年版,第 493 页。
② 参见熊选国主编:《量刑规范化办案指南》,法律出版社 2011 年版,第 82—86 页。

百九十条第二款规定的'犯罪较轻'。"因而,除了对有影响力的人行贿的法定刑升格和少数严重的单位行贿的情形外,如果行为人具有特殊自首的情形,特殊类型行贿罪几乎都可以免除处罚。所以,从有利于被告人的角度出发,对特殊类型行贿罪不应当比照适用行贿罪关于特殊自首制度的规定,而应当适用刑法总则关于自首和立功的规定。但是从刑法体系的角度而言,这不仅没有改变"重打击受贿轻打击行贿"这一突出问题,加大对行贿的打击力度[①],反而使得特殊类型行贿罪可能免遭打击,既不符合"零容忍"的具体刑事政策的要求,也严重背离了宽严相济的基本刑事政策的要求。当然,这一问题主要是由于特殊自首制度规定本身的不合理所导致的。

(二)特殊类型贿赂犯罪存在结构性积弊

1. 身份差异作为判断标准

将贿赂犯罪分为受贿型犯罪和行贿型犯罪是当代各国的通行做法。其中,许多国家将受贿罪分别规定,将行贿罪统一规定。例如,《德国刑法典》《瑞士联邦刑法典》将受贿分为"接受利益"和"索贿"两种受贿类型,而对行贿仅规定了"提供利益"一种类型。[②]《奥地利联邦共和国刑法典》将受贿分别规定为"官员收受礼品""公司企业负责雇员收受礼品""鉴定人收受礼品"和"同事和咨询顾问收受礼品",将与不同的受贿行为相对的行贿行为统一规定为一个"行贿罪"。[③]《日本刑法典》将受贿分别规定为"受贿、受托受贿和事前受贿""向第三者提供贿赂""加重受贿和事后受贿"和"斡旋受贿",将与不同的受贿

---

① 参见万春等:《办理贪污贿赂刑事案件要准确把握法律适用标准》(上),载《检察日报》2016年5月23日。
② 参见《德国刑法典》(附德文),冯军译,中国政法大学出版社2000年版,第205—206页;《瑞士联邦刑法典》,徐久生、庄敬华译,中国方正出版社2004年版,第101页。
③ 参见《奥地利联邦共和国刑法典》,徐久生译,中国方正出版社2004年版,第115—117页。

行为相对的行贿行为统一规定为一个"行贿罪"。① 我国刑法虽然整体上也是采取受贿与行贿的模式,但是我国不仅在受贿的内容上扩充贿赂犯罪,也在行贿的内容上扩充贿赂犯罪,将受贿类型犯罪分为"受贿""单位受贿""利用影响力受贿";将行贿类型犯罪分为"行贿""对有影响力的人行贿""对单位行贿"和"单位行贿"。

与国外刑法不同,我国刑法是以犯罪主体的身份差异和犯罪对象的身份差异为依据来建构受贿犯罪和行贿犯罪的罪名体系。在我国,由于受到传统政治体制的影响,习惯性地将贿赂犯罪的罪名体系划分为利用国家公权力的受贿犯罪(国家工作人员的受贿犯罪)和没有利用公权力的受贿犯罪(非国家工作人员受贿犯罪),这种二元划分模式已经被人们广泛接受。② 但我国《刑法》中对贿赂犯罪罪名的设置并不止于此,而是在二元模式的基础上再次掺入自然人与单位的次级二元划分模式。在我国贿赂犯罪中开启自然人和单位二元划分模式的是1988年的《补充规定》,其中规定,"全民所有制企业事业单位、机关、团体,索取、收受他人财物,为他人谋取利益,情节严重的,判处罚金,并对其直接负责的主管人员和其他直接责任人员,处5年以下有期徒刑或者拘役",1997年《刑法》沿袭了这一模式,只是对犯罪主体作了一定的修订和调整。③ 在当时的计划经济体制下,这样的规定,符合当时对全民所有制单位特殊保护的历史背景,具有一定的合理性。④ 诚如魏德士所言:"在任何法律规范后面都隐藏着服从特定目的与目标的、立法者的、法政策学的形成意志。"⑤所以当时立法的初衷是重点保护国有单位的正常秩序,确保国家工作人员的职务廉洁性,在整

---

① 参见《日本刑法典》(第2版),张明楷译,法律出版社2006年版,第73—74页。
② 参见于志刚:《中国刑法中贿赂犯罪罪名体系的调整——以〈刑法修正案(七)〉颁行为背景的思索》,载《西南民族大学学报(人文社科版)》2009年第7期。
③ 1997年《刑法》将该罪的主体修改为"国家机关、国有公司、企业、事业单位、人民团体"。
④ 参见张智辉:《单位贿赂犯罪之检讨》,载《政法论坛》2007年第6期。
⑤ 〔德〕魏德士:《法理学》,丁晓春、吴越译,法律出版社2005年版,第310页。

个刑法中都体现了对国有财产、国有单位秩序的特殊保护。① 但是,这一陈旧的立法价值标准已经发生了变化,其独特的历史背景已经不复存在,那么,将贿赂犯罪分为自然人贿赂犯罪和单位贿赂犯罪的做法也就丧失了其存在的客观基础。因此,"客观地讲,应当绝对避免由于某个犯罪中存在单位犯罪,就将该罪名拆分为自然人犯罪和单位犯罪两个罪名的错误做法。就像合同诈骗罪不能拆分为'合同诈骗罪(自然人犯罪)'和'单位合同诈骗罪'一样,受贿罪也不能拆分为'受贿罪'和'单位受贿罪',否则就会严重干扰和扭曲确定罪名的一般标准,导致所有规定了单位犯罪主体的犯罪都要拆分为两个罪名"②。

同样,行贿罪的罪名体系的设计标准仍然是按照行为主体身份差异和行为对象的身份差异,根据行为主体的身份差异将行贿罪分为"自然人行贿"和"单位行贿",根据行为对象的差异将行贿罪分为"对自然人行贿(包括行贿罪、对有影响力的人行贿)"和"对单位行贿罪"。从特殊类型受贿和行贿的罪名设计来看,我国刑法通过身份关系来区分受贿和行贿犯罪,缺乏一个统一和稳定的确定罪名体系的标准,对犯罪的评价依据是身份关系的差异,而不是法益侵害的程度。这一依据不仅在立法上得到体现,在司法解释和司法实践中也被发挥得淋漓尽致。自然人从贿赂犯罪规范体系中被驱逐出来,成为受鄙视的人。这种经验式的立法模式只能说明"强者事实上的优越地位被粗率地推定为一种正当地位。有更多权力者,就有更正当的权利。权利不是以平等为基础,而是以天然的不平等为基础"③,而难以说明或者根本不说明其正当性。

---

① 参见李莹、杨陈炜:《刑法中单位受贿罪规定存在三个不足》,载《检察日报》2011年2月18日。
② 于志刚:《中国刑法中贿赂犯罪罪名体系的调整——以〈刑法修正案(七)〉颁行为背景的思索》,载《西南民族大学学报(人文社科版)》2009年第7期。
③ 〔德〕莱因荷德·齐佩利乌斯:《法哲学》,金振豹译,北京大学出版社2013年版,第5页。

2. 内容构造上缺乏对应性和一致性

除了引入多级的身份标准判断外,特殊类型贿赂犯罪在构成内容上也存在结构性的积弊。贿赂犯罪属于典型的对向犯,互以对方的存在为前提,"从世界范围来看,对于贿赂行为的定罪,基本采取的是对称模式,但对于贿赂行为的配刑,则既有采取对称模式的,也有采取不对称模式的"①。我国对贿赂犯罪的惩治采取的是典型的不对称模式。一是犯罪构成上的不对称。根据《刑法》第385条的规定,国家工作人员索取他人财物的,或者收受他人财物,"为他人谋取利益的",成立受贿罪。但根据《刑法》第389条的规定,行贿人"为谋取不正当利益",给予国家工作人员财物的,才成立行贿罪。二是法定刑上的不对称。《刑法修正案(九)》对受贿犯罪规定了三档法定刑且最高刑为死刑,对行贿犯罪规定了三档法定刑且最高刑为无期徒刑。当然,选取对称模式还是非对称模式与立法习惯和惩治贿赂犯罪的实际需要有关。无论采取何种模式都需要在体系和结构上是相互协调的,避免漏洞的出现。由于受贿本身存在收受型和索取型两种类型,难以实现受贿犯罪和行贿犯罪的完全对称,但是可以在收受型受贿和行贿之间形成对应。在受贿罪中要求"为他人谋取利益",至于谋取的利益是否正当并不影响受贿的成立,而行贿则要求"谋取不正当利益",如果行贿人是为了谋取正当利益而行贿,则不成立行贿罪,进而限制了行贿罪的成立范围。1979年《刑法》将受贿罪和行贿罪规定在同一条文中,在构成要件的设置上完全对称。但1988年《补充规定》在行贿罪的构成要件中增加"为谋取不正当利益"这一要素,1997年修订《刑法》时予以保留,形成了受贿犯罪与行贿犯罪不对称的模式。立法上之所以作出这样的规定,是因为"考虑到实践中一些国家工作人员以权谋私的影响,利用手中职权对当事人'吃拿卡要',个人捞不到好处就对该

---

① 叶良芳:《行贿受贿惩治模式的博弈分析与实践检验——兼评〈刑法修正案(九)〉第44条和第45条》,载《法学评论》2016年第1期。

事不予办理或拖延办理,迫使一些群众为达到正当目的也要行贿。一些群众这样的做法虽然不对,但不应当作为犯罪处理。在行贿的构成要件中增加了'为谋取不正当利益'"①。有观点认为,如果受贿行为与行贿行为在犯罪上完全对称,就会导致行贿人与受贿人之间自然而然地形成相互信任的关系,产生囚徒困境,进而导致贿赂案件难以侦破,而且也使得受贿者肆无忌惮,贿赂犯罪愈演愈烈。将谋取正当利益而给予国家工作人员以财物的行为不作为犯罪处理,可以破除行贿人与受贿人之间的信任关系,行贿一方在行贿之后即使得到了利益也往往痛恨受贿人,进而主动交代贿赂事实且不构成犯罪。② 这种内容不对称性不仅在普通类型贿赂犯罪中存在,在特殊类型贿赂犯罪中也普遍存在,甚至更为突出。除了行贿罪之外,对有影响力的人行贿、对单位行贿和单位行贿罪都要求"为谋取不正当利益",这不仅造成贿赂案件在查处上的不平衡,还会培养起一种与现代法治思维背道而驰的不良风气和潜规则意识,将其作为"为谋取不正当利益"存在的理由是不妥当的,其更多是一种治标不治本的权宜之计。从本质上来看,贿赂犯罪的本质是职务行为的不可收买性和国民对职务行为不可收买性的信赖,任何给予国家工作人员以财物的行为都会对这一本质造成侵害,并不会因为利益正当与否而有所不同。

特殊类型贿赂犯罪在内容上也缺乏一致性。在受贿罪中,成立收受型受贿必须要求受贿人"为他人谋取利益",在索取型受贿中仅要求受贿人向他人索取财物或财产性利益,而不要求为他人谋取利益。然而,在单位受贿中,受贿单位不管是收受贿赂还是索取贿赂,都要求受贿单位"为他人谋取利益",这也意味着,受贿单位索取贿赂,没有"为他人谋取利益"的,不能成立单位受贿罪。虽然"为他人谋取利益"只

---

① 全国人大常委会法制工作委员会刑法室编:《中华人民共和国刑法条文说明、立法理由及相关规定》,北京大学出版社 2009 年版,第 791 页。

② 参见张明楷:《置贿赂者于囚徒困境》,载《书摘》2004 年第 8 期。

需要许诺为他人谋取利益,不要求为他人谋取到利益,但仍然不能避免处罚漏洞的存在,为国家机关、国有公司、企业、事业单位、人民团体在其具有管理权限和影响力的范围内敛财打开方便之门,为"吃拿卡要"留下空间。在利用影响力受贿罪中,立法上改弦更张,限制了贿赂对价的范围,不管是索取财物还是收受财物的,都要求"为请托人谋取不正当利益"才能成立利用影响力受贿罪。虽然利用影响力受贿罪的主体不是国家工作人员本人,而是国家工作人员的"身边人",但究其实质而言,其侵犯的仍然是国家工作人员职务行为的不可收买性,只是其程度比国家工作人员直接利用职务进行犯罪的要轻一些,或者说其只是违法性的程度的问题,而不是违法性有无的问题,与为请托人谋取的利益正当与否并没有必然的关系。实际上,立法对受贿罪和利用影响力受贿罪给予不同的法定刑已经体现了这种法益侵害程度的差异性。如果将利用影响力受贿罪的对价限定为"为请托人谋取不正当利益",一方面也就间接地认可了为请托人谋取正当利益而利用影响力受贿的合法性[①];另一方面,"一些贪官可能会因变应变:只要利用一些'特定关系人'来经手受贿,就可以确保自身的安全——对于'特定关系人'而言,虽然他或者她将面临牢狱之灾的风险,就能够实现'亏我一个人,幸福全家人'"[②]。

(三)特殊类型贿赂犯罪的定罪量刑标准混乱

《刑法修正案(九)》对贿赂犯罪的修正以及2016年《解释》对贿赂犯罪定罪量刑标准的明确,消除了一些贿赂犯罪中存在的矛盾和问题,为司法实践提供了一些可操作性的标准。但是,《刑法修正案(九)》和2016年《解释》修正和调整的重心主要是普通类型贿赂犯罪,对于特殊类型贿赂犯罪的关注则微乎其微。例如,2016年《解释》

---

① 参见孙国祥:《利用影响力受贿罪比较研究》,载《政治与法律》2010年第12期。
② 王琳:《新增〈利用影响力受贿罪〉要两面看》,载《广州日报》2009年10月17日。

仅对利用影响力受贿罪、对有影响力的人行贿罪的定罪量刑标准做出了调整,但对于单位受贿罪、单位行贿罪、对单位行贿罪、介绍贿赂罪等特殊类型贿赂犯罪只字未提。对于原本就存在体系性问题的特殊类型贿赂犯罪,由于调整上的顾此失彼,进一步加剧了其体系上的不协调。①

1. 忽视不同犯罪之间的差异性

在解释论层面,刑罚的严厉程度制约着对构成要件的解释,如果某个解释结论导致罪刑不相适应,它的有效性就应当遭受质疑,因为其不仅不能发挥必要的预防功能,反而还会成为刺激犯罪发生的动因。②《刑法修正案(七)》增设利用影响力受贿罪的主要动因在于打击受贿行为的空白,防止国家工作人员及其亲属、情妇、关系密切人为规避法律而采取类似手段收受请托人贿赂。虽然在本质上本罪仍然不能离开国家工作人员的身份、地位所产生的影响,侵犯国家工作人员职务行为的不可收买性以及国民对职务行为不可收买性的信赖,但是,利用影响力受贿罪的社会危害程度要低于一般受贿罪。③

2016 年《解释》第 10 条第 1 款规定:"刑法第三百八十八条之一规定的利用影响力受贿罪的定罪量刑适用标准,参照本解释关于受贿罪的规定执行。"虽然 2016 年《解释》采用"参照"(任意性规范)一词,但在司法实践中却将其理解为"依照、按照"(强制性规范),这也就意味着在司法实践中受贿罪和利用影响力受贿罪采取完全相同的定罪量刑标准。然而,《刑法》第 383 条规定了受贿罪三个档次的法定刑,即"三年以下有期徒刑或者拘役,并处罚金""三年以上十年以下有期徒刑,并处罚金或者没收财产""十年上有期徒刑、无期徒刑(无期徒

---

① 参见刘宪权:《贪污贿赂犯罪最新定罪量刑标准体系化评析》,载《法学》2016 年第 5 期。
② 参见劳东燕:《刑事政策与刑法解释中的价值判断——兼论解释论上的"以刑制罪"现象》,载《政法论坛》2012 年第 4 期。
③ 参见刘方:《贪污贿赂犯罪的司法认定》,法律出版社 2016 年版,第 281—283 页。

刑或者死刑,并处罚金或者没收财产)"。《刑法》第 388 条之一规定了利用影响力受贿罪三个档次的法定刑,即"三年以下有期徒刑或者拘役,并处罚金""三年以上七年以下有期徒刑,并处罚金""七年以上有期徒刑,并处罚金或者没收财产"。在上述两罪的法定刑中,除了第一档法定刑相同之外,后两档的法定刑存在很大的差异。根据 2016 年《解释》,在受贿罪和利用影响力受贿罪法定刑相同的场合需要采用完全相同的定罪量刑标准,在法定刑不同甚至存在很大差异的场合也需要采用完全相同的定罪量刑标准。由于利用影响力受贿罪具有明显"间接性",其法益侵害程度低于普通受贿罪,在二者法定刑相同的场合,利用影响力受贿罪的起刑标准应当高于普通受贿罪。但是 2016 年《解释》对受贿罪和利用影响力受贿罪在法定刑相同的场合,采取同样的打击力度和调整方针,似乎有意抹杀二者之间的差异性。[①] 两罪在第二档和第三档的不同法定刑的场合,也采取了完全相同的定罪量刑标准,一方面表明两罪在法益侵害程度上存在差异性,维护了二者在评价上的平衡;另一方面也说明了在法定刑相同的场合采用相同的定罪量刑标准的不合理性。

2016 年《解释》规定的利用影响力受贿罪的定罪量刑标准,其不仅在与普通受贿罪的关系中不协调,而且在 2016 年《解释》的体系内也未获得协调。例如,在行贿罪与对有影响力的人行贿罪中,2016 年《解释》第 10 条第 2 款规定:"刑法第三百九十条之一规定的对有影响力的人行贿罪的定罪量刑适用标准,参照本解释关于行贿罪的规定执行。"虽然立法上对两罪规定的法定刑都是三个档次,但是在三个档次的法定刑中,行贿罪的每一个档次的法定刑都高于对有影响力的人行贿罪的法定刑,如果对二者采取相同的定罪量刑标准,实际上提高了对有影响力的人行贿罪的定罪量刑的门槛,正好反映出二者法益侵害

[①] 参见刘宪权:《贪污贿赂犯罪最新定罪量刑标准体系化评析》,载《法学》2016 年第 5 期。

程度的差异性。2016年《解释》在利用影响力受贿罪和对有影响力的人行贿罪的定罪量刑标准中,虽然都采用了"参照"规定,但是却忽视了这两对犯罪(受贿罪、利用影响力受贿罪和行贿罪、对有影响力的人行贿罪)在法益侵害程度和法定刑配置上的差异性。因此,这种刻意抹杀差异性的做法,值得商榷。

2. 缺乏整体性考量

"在比利牛斯山那边是对的事,在山的这边则是错的。"[①]从发生学上来看,受贿与行贿是典型的对向犯,但我国在受贿罪与行贿罪上则采取了不对称模式,即"重打击受贿,轻打击行贿"[②]。受贿罪不仅在入罪门槛上高于行贿罪,而且在法定刑的配置上也高于行贿罪。尽管这一立法模式本身不尽合理,但是自1979年《刑法》以来,我国就坚持了这种立法模式,虽然后来经过1988年《补充规定》和1997年《刑法》逐渐缩小了二者的差距,但是二者还是呈现一种不对称的模式。就从这一逻辑本身出发,在两个相互对向的受贿罪与行贿罪上都应当反映出这种不对称的格局,但事实并非如此,我国在单位受贿罪与单位行贿罪上则背离了这一不对称的立法模式。根据我国《刑法》第387条、第393条的规定,单位受贿罪与单位行贿罪规定了完全相同的法定刑,即"对单位判处罚金,并对其直接负责的主管人员和其他直接责任人员,处五年以下有期徒刑或者拘役"。尽管二者在犯罪的成立范围上稍有不同,但对二者所配置的法定刑完全相同。从应然的角度来看,这种模式应当成为今后贿赂犯罪的立法方向,但从现实的立法模式出发,其反映出立法者在同一问题上采取相互冲突和抵触的不同评价标准。在自然人贿赂犯罪的场合,受贿行为的法益侵害程度大于行贿的法益侵害程度;在单位贿赂的场合,受贿的法益侵害程度等于

---

① 〔德〕考夫曼:《法律哲学》,刘幸义等译,法律出版社2004年版,第87页。
② 这一模式是否合理,学界也存在不同的看法,本文主要从体系和逻辑的一贯性上展开论述,对这种模式本身是否合理姑且不论。

行贿的法益侵害程度。① 就刑法本身的内在逻辑而言,对相同的情况应当同等对待,这也是最基本的正义原则的要求。因而,单位受贿罪和单位行贿罪配置相同的法定刑,不仅违背了立法一贯性的要求,而且还严重亵渎了刑法正义的基本要求。

司法解释在特殊类型贿赂犯罪的定罪量刑标准上也缺乏一贯性。在2016年《解释》出台以前,单位受贿罪的起刑数额为10万元,自然人受贿的起刑数额为5000元;单位行贿的起刑数额为20万元,自然人行贿的起刑数额为1万元。单位贿赂的起刑数额是自然人贿赂犯罪起刑数额的20倍,行贿的起刑数额是受贿起刑数额的2倍。然而,2016年《解释》将自然人受贿的起刑数额调整为3万元,将自然人行贿的起刑数额也调整为3万元,将自然人受贿和行贿的起刑数额分别提升了6倍和3倍,但并未对单位受贿和行贿的起刑数额做出任何调整。到目前为止,我国对贿赂犯罪的定罪量刑数额做了四次调整,其调整的依据是经济社会的发展变化,尤其是城镇居民的人均可支配收入。② 由于在贿赂犯罪上采取自然人贿赂犯罪和单位贿赂犯罪的二元模式,使得单位贿赂犯罪的定罪量刑标准并未随着自然人贿赂犯罪的定罪量刑标准的调整而调整,而依旧原地不动。最高人民检察院政策研究室就2016年《解释》未对单位贿赂的数额作出调整作了说明:一是已有司法解释规定了较高的立案标准,且由于单位贿赂犯罪只有一档法定刑,目前这些标准仍然有效,应当继续适用。二是案件较少,2016年《解释》作出规定的条件不成熟。③ 但笔者认为,上述的第一个理由根本不能成为不调整的理由,因为调整的依据不是因为已有规定和一档法定刑,而是社会经济的发展。第二个理由也显得牵强,虽然

---

① 参见张智辉:《单位贿赂犯罪之检讨》,载《政法论坛》2007年第6期。
② 参见万春等:《办理贪污贿赂刑事案件要准确把握法律适用标准》(上),载《检察日报》2016年5月23日。
③ 参见万春等:《办理贪污贿赂刑事案件要准确把握法律适用标准》(上),载《检察日报》2016年5月23日。

作出调整需要受制于一定的案件样本,但作为规范性的解释,还必须具有前瞻性。社会经济发展水平不仅对自然人贿赂的起刑数额有影响,也应当对单位贿赂的起刑数额形成影响。单位贿赂犯罪与自然人贿赂犯罪相比,除行为主体之外,根本不存在行为上的异质性。就刑法和司法解释的内在逻辑而言,只提升自然人贿赂犯罪的起刑数额而对单位贿赂犯罪的起刑数额视而不见,是不符合刑法和司法解释调整的一贯性思路的。当然,如果2016年《解释》是考虑到单位贿赂犯罪与自然人贿赂犯罪在社会危害程度上相当,而有意缩小二者之间在评价上的差异性,拉近二者的距离,那么这样的做法或许是值得期许的。

同样的问题也存在于介绍贿赂罪上。由于受《苏俄刑法典》的影响,我国在1952年《条例》中规定受贿罪和行贿罪之外,还规定了介绍贿赂罪。根据《刑法》第392条的规定:"向国家工作人员介绍贿赂,情节严重的,处三年以下有期徒刑或者拘役,并处罚金。"立法上规定介绍贿赂罪的初衷是将在行贿和受贿之间牵线搭桥的行为予以犯罪化,设立轻缓的刑罚。以区别行贿罪和受贿罪。① 当然,介绍贿赂罪是否有存在的必要,在理论上存在很大的争议,有学者认为应当彻底废除介绍贿赂罪②,有学者主张修改介绍贿赂罪③,还有学者主张保留介绍贿赂罪④。就介绍贿赂罪是否合理,后文将进一步展开。根据1999年最高人民检察院《关于人民检察院直接受理立案侦查案件立案标准的规定(试行)》的规定,介绍贿赂罪的起刑数额为2万元,受贿罪的起刑数额为5000元,行贿罪的起刑数额为1万元。换言之,介绍贿赂罪的入罪门槛高于受贿罪和行贿罪,进而可以得出介绍贿赂罪对法益的侵

---

① 参见周光权:《修改介绍贿赂罪,从源头上遏制腐败》,载《检察日报》2016年3月8日。
② 参见陈志军:《我国贿赂犯罪罪名体系完善之建议》,载《中国人民公安大学学报(社会科学版)》2016年第2期;黄云波:《论"对称式"贿赂犯罪罪名体系之立法构建》,载《暨南学报(哲学社会科学版)》2016年第2期。
③ 参见周光权:《修改介绍贿赂罪,从源头上遏制腐败》,载《检察日报》2016年3月8日。
④ 参见于志刚:《中国刑法中贿赂犯罪罪名体系的调整——以〈刑法修正案(七)〉颁行为背景的思索》,载《西南民族大学学报(人文社科版)》2009年第7期。

害程度低于受贿和行贿的法益侵害程度。但2016年《解释》将受贿罪和行贿罪的起刑数额都调整为3万元,而对介绍贿赂罪未做任何调整,依然维持了2万元的起刑数额,使得介绍贿赂罪与受贿罪和行贿罪之间的罪与非罪的关系完全颠倒。如果介绍贿赂者介绍行贿人向受贿人行贿2万元以上不满3万元,且行贿人与受贿人不具有其他严重情节的,行贿人和受贿人不成立犯罪,而起居间介绍作用的介绍人却成立介绍贿赂罪,进而改变了整个贿赂犯罪的格局,使得法益的侵害程度和犯罪的成立条件发生逆转。但从介绍贿赂罪设置的初衷来看,介绍贿赂者仅仅起到牵线搭桥的作用,其行为对法益侵害程度低于受贿和行贿行为,不应该承担更重的惩罚。2016年《解释》没有对介绍贿赂罪的定罪量刑标准作出同步调整,其实已经隐性地篡改了介绍贿赂的成立条件,使得现状与初衷完全背离,缺乏整体性的考量。

三、特殊类型贿赂犯罪的具体问题展开

(一)特殊类型贿赂犯罪中的"为谋取不正当利益"

在整个贿赂犯罪体系中,普通受贿罪中除索取型受贿不要求为他人谋取利益外,收受型受贿要求为他人谋取利益,单位受贿罪中索取和收受两种类型都需要为他人谋取利益。除介绍贿赂罪不要求为他人谋取利益之外,在特殊类型受贿中,利用影响力受贿罪要求"为请托人谋取不正当利益",在普通行贿罪和特殊类型行贿罪中,都要求"为谋取不正当利益"才能成立犯罪。与"为他人谋取利益"不区分正当利益和不正当利益不同,在"为谋取不正当利益"的场合,只有谋取的利益为不正当利益时才能成立犯罪,如果谋取的利益为正当利益则否定犯罪的成立。因此,除了介绍贿赂罪之外,特殊类型的贿赂犯罪必须界定何为"不正当利益"以及"为谋取不正当利益"的性质为何以及

它的体系性地位,才能恰当划定其适用范围。

1. 不正当利益的范围

何为不正当利益,在理论和司法实践中存在分歧。目前大致存在如下观点。第一种观点认为,不正当利益是指非法利益。① 第二种观点认为,不正当利益是指非法利益或其他不应当得到的利益,其中,非法利益是指违反法律和政策所取得的利益;其他不应得到的利益主要为违反社会主义道德而取得的利益。② 第三种观点认为,凡是通过非正式途径获得的利益均属于不正当利益。③ 第四种观点认为,不正当利益不仅包括非法利益,还包括不正当行贿手段获得的利益和不确定的合法利益。④

不正当利益的理解和界定对贿赂犯罪的处罚范围有重大影响。为了对不正当利益的认定提供依据,1999年最高人民检察院《关于人民检察院直接受理侦查案件立案标准的规定(试行)》规定:"本规定中有关贿赂罪案中的'谋取不正当利益',是指谋取违反法律、法规、国家政策和国务院各部门规章规定的利益,以及谋取违反法律、法规、国家政策和国务院各部门规章规定的帮助或者方便条件。"这一规定虽然明确了"不正当利益"的范围,但其范围明显较窄,不当地限制了处罚范围。因而有必要进一步扩大不正当利益的范围,2008年《意见(二)》规定:"在行贿犯罪中,'谋取不正当利益',是指行贿人谋取违反法律、法规、规章或者政策规定的利益,或者要求对方违反法律、法规、规章、政策、行业规范的规定提供帮助或者方便条件。在招标投标、政府采购等商业活动中,违背公平原则,给予相关人员财物以谋取

---

① 参见赵秉志主编:《新刑法全书》,中国人民公安大学出版社1997年版,第1265页。
② 参见马克昌主编:《百罪通论》(下卷),北京大学出版社2014年版,第1202页。
③ 参见王作富主编:《刑法分则实务研究(下)》(第四版),中国方正出版社2010年版,第1821页。
④ 参见郭立新、黄明儒主编:《刑法分则典型疑难问题适用与指导》,中国法制出版社2011年版,第663页。

竞争优势的,属于'谋取不正当利益'。"从这一规定来看,不正当利益包括:一是非法利益;二是非法手段获取的利益,或者非法过程利益①;三是不确定的利益。这一规定进一步扩大了不正当利益的范围,为认定不正当利益提供了依据。

但目前似乎争议不大的是,行为人通过不正当手段获取确定的正当利益,不属于不正当利益。例如,有观点认为,公民个人应得报酬、工资,符合条件的结婚登记,符合审批条件的营业执照等,这些对于公民来说,这种利益是应得的,属于正当利益②,因为这些利益本身具有法律、法规、政策上的依据,具有确定性,确属合法、合理的本人应得利益。③ 此时相关部门对这些确定的事项并没有自由裁量的空间,由于有关部门故意刁难、推诿、扯皮等,行为人出于某种考虑,采取行贿的手段取得此种利益,不宜认定为不正当利益。但是如果将这些利益完全排除在不正当利益之外,就意味着需要在一种潜规则中培养公民的非法治意识,也不符合当前加大对行贿犯罪打击的要求。事实上,行为人为了谋取应当得到确定的利益而采用行贿手段,仍然侵犯了职务行为的不可收买性以及国民对职务行为不可收买性的信赖,也属于一种权钱交易。④ 在行贿罪和特殊类型行贿罪中,根据《刑法》第389条第3款的规定,因被勒索给予国家工作人员以财物,没有获取不正当利益的,不是行贿。从该款的规定中可以看出,只有行贿人在被勒索给予国家工作人员以财物的场合,获取了应当得到的确定的正当利益时,才否定行贿罪的成立,进而否认行贿人"为谋取不正当利益",承认该种利益的正当性。如果行贿人主动给予国家工作人员以财物,获取了应当得到的确定的正当利益,仍然应当成立行贿罪,进而可以肯定

---

① 参见陈兴良主编:《刑法各论精释》(下),人民法院出版社2015年版,第1214页。
② 参见黎宏:《刑法学》,法律出版社2012年版,第964页。
③ 参见于志刚、鞠佳佳:《贿赂犯罪中"不正当利益"的界定》,载《人民检察》2008年第17期。
④ 参见张明楷:《刑法学》(第四版),法律出版社2011年版,第1082页。

"为谋取不正当利益",承认该种利益的不正当性。所以,在行贿罪和特殊类型行贿罪中,并非所有获取应当得到的确定利益都不成立犯罪。只有在被勒索给予国家工作人员以财物,获取了应得的确定利益时,才否认"为谋取不正当利益"。除此之外的谋取任何性质、任何形式的不正当利益,都属于"为谋取不正当利益"。但是,在利用影响力受贿罪的场合,并不受上述条件的限制,"为请托人谋取不正当利益",不管是为请托人谋取任何性质、任何形式的不正当利益,都属于为请托人谋取不正当利益。因为特定关系人并不存在被勒索的情形,只存在收受和索取财物的行为,甚至是勒索的行为。因此,在利用影响力的受贿罪中,即便特定关系人为请托人谋取的利益是应当得到的确定的利益,但如果行贿方向特定关系人采用不正当手段谋取这种利益时,特定关系人不管是收受还是索取财物的,都属于为请托人谋取不正当利益。

本文之所以作出这种更为扩大的解释,主要考虑如下:第一,在行贿罪和特殊类型贿赂犯罪中,为谋取不正当利益明显不当地缩小了行贿罪和特殊类型贿赂犯罪的打击范围。在行贿罪和特殊类型行贿罪中,其意在于改变"重打击受贿,轻打击行贿"的传统观念,虽然不能实现行贿和受贿并重,但可以逐步地消除二者的差距;在利用影响力受贿罪中,其意在于避免特定关系人利用影响力为请托人谋取应当得到的确定利益时被认定为合法,至少是不违法,以及国家工作人员因变应变,利用特定关系人受贿来保全自己。第二,从本质上来说,即便为谋取应得的确定的利益,只要采取了不正当手段获取了这种利益,也仍然侵犯了职务行为的不可收买性和国民对职务行为不可收买性的信赖,也属于权钱交易。第三,从比较的角度而言,国外刑法对于整个贿赂犯罪的认定都没有要求"为他人谋利益"这一要件,更不用说"为谋取不正当利益"这一要件。对不正当利益作出扩大解释,在行贿和特殊类型行贿中,可以消除我国打击范围原本就很窄的困境;在利用影响力受贿罪中,可以一定程度上消解普通受贿罪与利用影响力受贿罪之间存在的结构性积弊和内容不一致性的矛盾。第四,对不正当利益作出扩大解释,严密了贿赂犯罪的刑事法网,呼应了反腐"零容忍"的刑事政策。简而言之,对不正当利益作出扩大解释,是为了尽量消解和克服贿赂犯罪的矛盾和不协调,避免更多漏洞的出现。

2. 为谋取不正当利益的性质

对于"为谋取不正当利益"或者"为请托人谋取不正当利益"属于主观要件还是客观要件,在理论上存在很大的分歧。当然,理论上的探讨主要是围绕着普通受贿罪中"为他人谋取利益"这一要件展开的,但其探讨对于认识"为谋取不正当利益"仍然具有意义。

旧客观说认为,"为他人谋取利益"是受贿罪客观方面的要件,是指具有为他人谋取利益的具体行为与结果。如果国家工作人员收受他人财物但事实上并没有为他人谋取利益,则不构成受贿罪;同时认为,为他人谋取利益是否实现,不影响受贿罪的成立。[1] 旧客观说认为只有国家工作人员客观上为他人谋取利益的行为才构成受贿罪。一方面,强调受贿人只有已经着手实行为他人谋取利益的行为,才可能构成受贿罪,会过于缩小受贿罪的范围[2];另一方面,将为他人谋取利益的行为与收受财物行为作为受贿的双重行为结构,将受贿人实际上收受了财物作为既遂的标准,产生收受贿赂后没有实施为他人谋利益的行为成立既遂但没有完全充足犯罪构成要件的矛盾,违背了刑法既遂需要充足犯罪构成要件理论的基本要求。[3]

主观说认为,"为他人谋取利益"不是客观要件,而是主观要件,应当将"为他人谋取利益"理解为"意图为他人谋取利益"。受贿罪是非

---

[1] 参见林准主编:《中国刑法教程》,人民法院出版社 1989 年版,第 640—641 页,转引自张明楷:《论受贿罪中的"为他人谋取利益"》,载《政法论坛》2004 年第 5 期。

[2] 参见刘明祥:《也谈受贿罪中的"为他人谋取利益"》,载《华中科技大学学报(社会科学版)》2004 年第 1 期。

[3] 参见张明楷:《论受贿罪中的"为他人谋取利益"》,载《政法论坛》2004 年第 5 期。

典型的目的犯,受贿罪除了收受财物的故意外,还必须具有为他人谋取利益这一主观超过要素。① 主观说认为只有当主观上确实具有为他人谋取利益的意图时,才构成受贿罪。在国家工作人员收受他人财物并虚假表示通过职务行为为他人谋取利益时,由于缺乏为他人谋取利益的意图,不成立受贿罪,以及在国家工作人员实施了某种职务行为之后,他人主动交付财物的,同样没有为他人谋取利益的意图,也不成立受贿罪。② 但是不管是虚假的承诺还是事后受贿,只要就职务行为索取与收受财物的,就可以认定存在对价关系,"为他人谋取利益"旨在说明国家工作人员收受财物与职务行为之间具有对价关系,如果脱离对价关系这一内涵理解"为他人谋取利益",同样会不当地缩小受贿罪的范围。

新客观说,也称为许诺说,认为"为他人谋取利益"是受贿罪的客观要件,只要求国家工作人员具有为他人谋取利益的许诺,而不要求谋取利益的具体行为与结果,因为为他人谋取利益的许诺本身是一种行为,许诺的行为不仅在客观上形成了职务行为与财物相互交换的约定,使许诺的职务行为与对方的财物形成对价关系,同时使人们产生以下认识:国家工作人员的职务是可以收买的,只要给予财物,就可以使其为自己谋取利益。这本身就是对职务行为的不可收买性的侵犯。③

笔者认为,新客观说或者许诺说将"为他人谋取利益"理解为客观要件是妥当的,为他人谋取利益作为客观要件,只是一种最低的要求,即一种承诺的行为,而不要求行为人具有实施为他人谋取利益的具体行为和结果,关键在于职务行为与不正当的报酬之间是否具有对价关系,是否侵犯职务行为的不可收买性和国民对职务行为不可收买性的

---

① 参见陈兴良主编:《刑法各论精释》(下),人民法院出版社2015年版,第1154—1157页。
② 参见陈兴良主编:《刑法各论精释》(下),人民法院出版社2015年版,第1160页。
③ 参见张明楷:《论受贿罪中的"为他人谋取利益"》,载《政法论坛》2004年第5期。

信赖。不管是收受财物后虚假承诺为他人谋取利益,还是在实施职务行为,为他人谋取利益后,他人主动提供财物作为职务行为的不正当报酬,国家工作人员收受的,都成立受贿罪。新客观说认为承诺是一种行为,不是主观心理状态,从受贿罪的本质出发对受贿罪的犯罪构成范围作出恰当的界定,避免了冲突和矛盾。2016年《解释》第13条第1款规定:具有下列情形之一的,应当认定为"为他人谋取利益",构成犯罪的,应当依照《刑法》关于受贿犯罪的规定定罪处罚:(1)实际或者承诺为他人谋取利益的;(2)明知他人有具体请托事项的;(3)履职时未被请托,但事后基于该履职事由收受他人财物的。笔者认为,2016年《解释》实际上是将为他人谋取利益作为客观要件来对待的,与新客观说的立场一致,进一步肯定了"为他人谋取利益"是职务行为与财物之间的对价关系,在职务行为和财物之间存在权钱交易关系,尤其是第(3)项的规定,表明了对于行为人为他人谋取利益并事后收受财物的,事前没有约定,并不是本质问题,只要行为与财物之间形成了对价关系,就可以肯定为他人谋取了利益,侵犯了职务行为的不可收买性。

在特殊类型贿赂犯罪中,利用影响力受贿罪中的"为请托人谋取不正当利益"理解为一种最低要求的,承诺为请托人谋取不正当利益的客观行为,当无疑问。但是在理论上,对于行贿罪、对有影响力的人行贿罪、对单位行贿罪、单位行贿罪中的"为谋取不正当利益"却存在不同的看法。有的观点在受贿罪中将"为他人谋取利益"理解为客观要件,在行贿罪和特殊类型行贿罪中将"为谋取不正当利益"理解为主观要件。认为将其理解为客观要件违背了行贿罪的构成要件的明确规定。① 也有观点认为,不管是"为他人谋取利益"还是"为谋取不正当利益",都是主观要件。

---

① 参见马克昌主编:《百罪通论》(下卷),北京大学出版社2014年版,第1174—1202页。

笔者认为,行贿罪与受贿罪作为对向犯,可谓行贿者收买职务行为,受贿者出卖职务行为。由于贿赂犯罪的保护法益都是职务行为的不可收买性和国民对职务行为不可收买性的信赖,意味着职务行为与财物之间的不可相互交换性和职务行为无报酬性。行贿者的收买行为,是行贿者向国家工作人员的职务行为给付不正当报酬;受贿者的出卖行为,是受贿者收受不正当报酬的利益。① 前者是一种"钱权交易",后者是一种"权钱交易",两者并无本质的不同。作为对向犯(必要共犯)存在的贿赂犯罪,并不是客观与主观的对应,而是两种行为的对应,犯罪的成立需要以存在相对方的行为为前提,只是在受贿罪中其范围不仅包括为他人谋取正当利益,也包括为他人谋取不正当利益,而在行贿罪和特殊类型行贿罪中只包括谋取不正当利益的情形。不仅在受贿罪和特殊类型受贿罪的构成要件中需要说明贿赂犯罪侵犯了职务行为的不可收买性,在行贿罪和特殊类型行贿罪的构成要件中也需要说明贿赂犯罪侵犯了职务行为的不可收买性。因而,在行贿罪、对有影响力的人行贿罪、对单位行贿罪、单位行贿罪中的"为谋取不正当利益"也旨在说明行贿人(自然人和单位)给予的财物与相对方的职务行为之间具有对价关系,如果不突出这种对价关系可能就会导致行贿犯罪处罚范围的不当扩大或者不当缩小。行贿犯罪中"为谋取不正当利益"与受贿罪中为他人谋取利益存在部分重合,后者是一种最低要求的承诺行为,前者是一种请托行为,即行为人请求国家工作人员和单位做出违背职务或者不违背职务以谋取某种不正当利益的行为。不正当利益是否能够实现取决于相对方的行为。因此,行贿罪和特殊类型行贿罪中的"为谋取不正当利益"仍然是一种客观要件,它是与相对方的承诺行为相对应的一种请托行为,给予相对方以财物是谋取不正当利益行为的方式,表明职务行为也是可以收买的。至于

---

① 参见张明楷:《论受贿罪中的"为他人谋取利益"》,载《政法论坛》2004年第5期。

请托行为方式,并不需要行为人做出明确的表示,只需要对向双方达成某种默契即可。由于行贿犯罪是故意犯罪,要求行为人认识到自己请求相对方为自己或者第三人谋取不正当利益的行为,以及认识到交付财物的行为是给予相对方职务行为的不正当报酬。因而,在行贿罪和特殊类型行贿罪中,行为人只需要认识到自己在请求相对方为自己或者第三人谋取不正当利益,并给予相对方财物,至于不正当利益是否实现,相对方是否接受财物,并不影响行贿罪和特殊类型行贿罪的成立;不管是在谋取不正当利益之后,才给予相对方财物的,还是先给予相对方财物,之后才提出谋取不正当利益请求,都不影响行贿罪和特殊类型行贿罪的成立。

如果认为"为谋取不正当利益"为主观要件,必然要求行为人在给予财物同时,必须具有谋取不正当利益的意图,那么就会使得先给予相对方财物,或者先进行感情投资,之后才请托谋取不正当利益的行为必然无罪。然而,在 2016 年《解释》第 13 条第 2 款已经将"国家工作人员索取、收受具有上下级关系的下属或者具有行政管理关系的被管理人员的财物价值三万元以上,可能影响职权行使的,视为承诺为他人谋取利益"的背景之下,如果将具有上下级关系的下属或者具有行政管理关系的被管理人给予国家工作人员以财物,之后才请托谋取不正当利益,影响职权行使的行为认定为无罪并不妥当。不仅因为"为他人谋取利益"与"为谋取不正当利益"之间存在共同的部分,还因为这种感情投资的行为影响了职权的行使,在职务行为与财物之间形成了对价关系。所以,将"为谋取不正当利益"理解为主观要件,必然会不当地缩小行贿罪和特殊行贿罪的成立范围,从而进一步加剧了受贿犯罪与行贿犯罪之间的体系性矛盾和冲突,强化了"重打击受贿,轻打击行贿"的传统观念,与加大打击行贿的力度之基本理念抵牾。尤其是将"为他人谋取利益"理解为承诺行为,将"为谋取不正当利益"理解为主观要件的看法①,会进一步扩大贿赂犯罪之间的体系性矛盾和冲突,形成更多的处罚漏洞。鉴于此,笔者认为,将"为他人谋取利益"与"为谋取不正当利益"解释为一种相互对向的客观要件或者行为,即前者为承诺行为,后者为与承诺行为相对应的请托行为,可以在很大程度上消解贿赂犯罪之间的体系性矛盾和冲突,减少对立,防止更多的处罚漏洞。

(二)特殊类型贿赂犯罪的共同犯罪

由于我国刑法在贿赂犯罪中采取以自然人和单位为行为主体的二元划分模式,分别规定了自然人实施的受贿罪、行贿罪和对单位行贿罪,与此相对,还规定了由单位实施的单位受贿罪、单位行贿罪和对单位行贿罪(自然人和单位均可以实施对单位行贿罪)。这种二元的立法模式,也使得共同犯罪的认定具有特殊性。在我国刑法中,一般情况下,单位与自然人犯罪共用一个罪名。在贿赂犯罪中,对单位行贿罪可以由自然人和单位共同实施,二者成立对单位行贿罪的共同犯罪。然而,除了对单位行贿罪以外,其他类型的受贿罪和行贿罪,自然人和单位构成的罪名各不相同,即自然人构成受贿罪和行贿罪,单位构成单位受贿罪和单位行贿罪,这也带来了共同犯罪认定上的难题。

1. 自然人与单位共同实施(单位)受贿

在自然人和单位共同受贿的场合,应当如何认定。第一种观点认为,单位是作为具有特殊身份的身份犯而构成单位受贿罪,而在身份犯与非身份犯构成共同犯罪的场合,应当以身份犯成立的犯罪追究非身份犯的责任,因此,在自然人与单位共同受贿的场合,对个人行为的定性,应当依据单位所从事的行为进行处罚,即对个人不再另定受贿

---

① 参见马克昌主编:《百罪通论》(下卷),北京大学出版社 2014 年版,第 1174—1202 页。

罪和行贿罪。① 第二种观点认为,对上述情形,主要看究竟是单位还是个人利用职务便利的行为对受贿起到关键作用,如果单位起主要作用,则全案以单位受贿罪论处;如果自然人起主要作用,则全案以受贿罪论处;如果彼此作用难以区分,则应当以单位受贿罪论处。② 第三种观点认为,单位和个人共同受贿的,虽然在事实意义上属于共同犯罪,但是由于刑法在贿赂犯罪中做了特别规定,因而,自然人与单位均无法成立规范意义上的共同犯罪。③ 第四种观点是由周光权教授提出来的"义务重要者正犯说",该说认为在不同身份者之间存在身份竞合时,当某种身份所对应的义务相对而言显得特殊和重要时,违反该义务的行为就是正犯行为;根据其身份不可能直接违反该重要义务者,只能成立共犯。决定正犯的标准不是国家工作人员等身份,也不是某种抽象资格,而是法律所设定的特别义务,基于这种特别重要义务,行为人的身份成为"真正的保证人身份"。只有违反特别重要义务的人,才能成为正犯,其他违反不重要义务的有身份者,其身份和义务相对于义务重要者,在规范评价的意义上并不重要,是"不真正的保证人身份"。④ 并认为对于重要的保护法益而言,义务次要者实质上等于没有身份。据此,在自然人与单位共同受贿的场合,如果自然人的义务重要,自然人就构成受贿罪的正犯,同时构成单位受贿的共犯;如果是单位的义务重要,单位就构成单位受贿罪的正犯,同时构成受贿罪的共犯,并按照想象竞合犯原理处理。

上述第一种观点将受贿罪作为非身份犯对待,进而将自然人和单位的共同受贿的按照无身份者与有身份者的共同犯罪处理是不妥当

---

① 参见于志刚主编:《惩治职务犯罪疑难问题司法对策》(上册),吉林人民出版社2001年版,第451页。
② 参见赵秉志、许成磊:《贿赂罪共同犯罪问题研究》,载《国家检察官学院学报》2002年第1期。
③ 参见肖中华:《论单位受贿罪与单位行贿罪的认定》,载《法治研究》2013年第5期。
④ 参见周光权:《刑法总论》(第三版),中国人民大学出版社2016年版,第365页。

的。在受贿罪和单位受贿罪中,前者要求必须具有国家工作人员的身份,是对受贿罪的正犯而言的;后者要求必须具有国有公司、企业、事业单位、人民团体的身份,是对单位受贿罪的正犯而言的。退一步言之,即便将受贿罪作为非身份犯,在自然人和单位共同受贿的场合,对自然人只认定为单位受贿罪也是错误的,会导致罪刑的不均衡。因为在自然人与单位共同受贿时,自然人既有可能成为单位受贿的教唆犯和帮助犯,也可能成为受贿罪的正犯。根据想象竞合犯的原理,不能只认定为单位受贿罪。简而言之,这种观点不仅没有正确理解身份犯与非身份犯的共同犯罪,而且在结论上也犯了简单化的错误,因而是不能成立的。第二种观点同样是不可取的。因为,在我国刑法中,作用的大小只是确定共犯人种类的依据,并不是认定犯罪的依据。并且在不能区分彼此作用大小时,只按照单位受贿罪(轻罪)定罪量刑也是没有任何法理依据的。第三种观点也存在疑问,虽然承认二者在事实上属于共同犯罪,但否认不同身份者之间可以成立规范意义上的共犯是不妥的,是从完全犯罪共同说的立场出发的,否认共同犯罪可以认定为不同的罪名。但是不管是基于部分犯罪共同说抑或行为共同说,各参与者成立共同犯罪,对其认定的罪名都可以各不相同。因此,该观点将不同身份者之间分别定罪量刑与共同犯罪混为一谈。事实上,国家工作人员既可以成为单位受贿罪的帮助犯或教唆犯,也可以成为受贿罪的正犯,表明了国家工作人员的行为可以同时触犯单位受贿罪和受贿罪,择一重处罚,即应当认定为受贿罪,但并不意味着不能成立共同犯罪。第四种观点也存在疑问,身份犯与义务犯并不是同一的概念,或者身份犯与义务犯不能等同,在我国很多身份犯很难说是义务犯,如职务侵占罪和贪污罪。[①] 将义务犯与身份犯等同具有偷换概念之嫌,并且,诚如陈兴良教授所言:"义务之有无是一个决定性质的问

---

① 参见张明楷:《刑法的私塾》,北京大学出版社2014年版,第175页。

题,而义务之大小(重要者与次要者)则是一个程度或者数量的问题。因此,按照义务是重要还是次要这个标准作为界定是否构成对方的共犯的根据,是存在疑问的。"①

在自然人和单位共同受贿的场合,自然人为国家工作人员,单位为国家机关、国有公司、企业、事业单位、人民团体。国家工作人员由于具有自身的职权和地位(公权力),不需要任何其他主体的介入就可以独立侵害职务行为的不可收买性和国民对职务行为不可收买性的信赖,因而,受贿罪属于真正的身份犯。同样,国家机关、国有公司、企业、事业单位、人民团体属于掌握公权力的主体,具有独立的职权和地位,不需要介入任何其他主体就能够独立地侵害国家职务行为的不可收买性和国民对职务行为不可收买性的信赖,因而,单位受贿罪同样属于真正的身份犯。在国家工作人员与单位共同实施(单位)受贿行为时,实质上是不同身份者之间的共同犯罪(身份竞合)。在该场合,不应当简单地决定案件以重罪或者轻罪处罚,也不应当单纯地否认共同犯罪的成立,分别定罪,而应当以具有身份者在实施行为时是否利用该身份来决定案件的性质。只有具有身份者利用了自己的身份实施行为才能按照身份犯定罪量刑②,没有利用身份实施行为的只能成为身份犯的狭义共犯。

其一,在没有利用对方的身份场合,即自然人没有利用单位的身份和单位没有利用自然人的身份,而是各自分别利用自己的身份共同实施受贿行为。对于自然人而言,由于利用了本人的身份实施受贿行为,成立受贿罪的正犯当属无疑,但是对于单位实施的受贿行为,自然人并未利用国家工作人员这一身份,国家工作人员等同于无身份者,只能作为单位受贿的共犯存在;同样,对于单位而言,其只利用了本单位的职权和便利条件,没有利用国家工作人员的职务便利,成立单位

---

① 陈兴良:《身份犯之共犯:以比较法为视角的考察》,载《法律科学》2013年第4期。
② 参见张明楷:《刑法的私塾》,北京大学出版社2014年版,第177页。

受贿罪的正犯,但是对于自然人实施的受贿而言,单位这一身份并未起任何作用,单位等同于无身份者,只能成为受贿罪的共犯。按照想象竞合犯原理,自然人可以成立受贿罪正犯或单位受贿罪的共犯,单位可以成立单位受贿罪的正犯或者受贿罪的共犯。但是,由于受贿罪和单位受贿罪的起刑数额和法定刑都存在较大差距,在不同的情形下,对各自的罪名认定有所不同。例如,如果自然人与单位各自利用自己的身份共同受贿的数额在3万元以上10万元以下的,自然人成立受贿罪的正犯当无疑问,但是由于单位受贿罪的起刑数额为10万元(不具有故意刁难、要挟单位、个人,造成恶劣影响的;强行索取财物的;致使国家或者社会遭受重大损失的情形),单位不能认定为单位受贿罪的正犯,只能认定为受贿罪的共犯。如果否认共犯的成立,则意味着单位必然无罪。如果自然人和单位共同受贿的数额在10万元以上20万元以下的,对于单位而言,应当认定为单位受贿罪的正犯;对于自然人而言,应当认定为单位受贿的共犯。如果自然人和单位共同受贿的数额在20万元以上的,对于自然人而言,应当认定为受贿罪的正犯;对于单位而言,应当认定为受贿罪的共犯。

其二,在单一利用身份的场合,即自然人和单位只利用一方的身份共同实施受贿行为。一是自然人与单位仅利用自然人的身份,单位由于没有利用其身份,实际上等同于无身份者[1],自然人成立受贿罪的正犯,单位成立受贿罪的共犯。例如,在不考虑情节的场合,只要共同受贿的数额在3万元以上,不仅可以追究自然人受贿的刑事责任,亦可以追究单位的刑事责任。二是自然人与单位仅利用了单位的身份,自然人由于没有利用其身份,所以只能成立单位受贿罪的共犯,不能成立受贿罪的正犯;单位成立单位受贿罪的正犯,不能成立受贿罪的共犯。所以,单位成立单位受贿罪的正犯,自然人成立单位受贿罪的

---

[1] 参见林维:《真正身份犯之共犯问题展开——实行行为决定论的贯彻》,载《法学家》2013年第6期。

共犯。此时,在不考虑情节的场合,如果共同受贿的数额在 3 万元以上 10 万元以下的,单位和自然人都应认定为无罪;如果共同受贿的数额在 10 万元以上的,单位成立单位受贿罪的正犯,自然人成立单位受贿罪的共犯。

2. 自然人与单位共同实施(单位)行贿

然而,在自然人和单位共同实施行贿行为或者共同实施单位行贿行为的场合,是否也应当与上述(单位)受贿的场合作同样的处理?在学界似乎并没有太多的争论,也尚未深入展开探讨。目前主要的看法是将自然人与单位共同受贿的以及自然人与单位共同行贿的两种情形等同处理。例如,赵秉志教授等学者认为:"单位与自然人共同实施贿赂犯罪,在他们单独实施的情况下,所触犯的罪名不同。在单位和自然人共同实施的受贿、行贿行为中,单位构成单位受贿罪、单位行贿罪,而自然人则构成受贿罪、行贿罪。"[①]又如,肖中华教授认为,自然人与单位共同贿赂的,在事实意义上属于共同犯罪,但是由于《刑法》对自然人与单位分别规定了专门的罪名,因而均无法成立规范意义上的共同犯罪,应当分别认定罪名。[②]

但是,将自然人和单位共同实施受贿行为与自然人和单位共同实施行贿行为等同对待存在疑问。首先,虽然在立法上以自然人和单位这种次级的二元身份来划分自然人贿赂和单位贿赂,但是并不意味着自然人必然成为规范意义上的身份犯。前者属于立法论的考量,后者属于司法论的考量。其次,受贿行为和行贿行为虽然属于对向犯,但事实上,对向犯中的"对向"是指行为的对向性(必要共同性),即出卖职务的行为和收买职务的行为,或者说是权钱(钱权)交易行为。在行为主体上则不必强调这种必要的共同性。再次,自然人贿赂中的"自

[①] 赵秉志、许成磊:《贿赂罪共同犯罪问题研究》,载《国家检察官学院学报》2002 年第 1 期。

[②] 参见肖中华:《论单位受贿罪与单位行贿罪的认定》,载《法治研究》2013 年第 5 期。

然人"是就人的本质属性而非规范属性而言的,意在强调其与拟制的"法人(单位)"的不同,侧重从责任能力和责任意志角度评价的。诚如凯尔森所言:"虽然法人并没有肉体,但如果将个人所表现的有形行为归属于法人是可能的话,那么虽然法人没有灵魂,但将精神行为归属于它也一定是可能的。……对法人的归责是一个法律上的构造,而不是自然现实的描述。所以没有必要徒然企图论证法人是一个真正的人而不是一个法律拟制(legal fiction),以便证明不法行为,尤其是犯罪行为可以归责法人。"①在立法上划分自然人和单位主要是为了解决刑事责任问题,与违法和责任没有必然的内在联系,这与我国长期以来对自然人和单位采取不同的处罚策略的态度有关。最后,在规范意义上,自然人是否是一种身份(包括违法身份和责任身份)不能停留在自然属性层面上,还必须进入规范的领域,即自然人这种身份进入违法或责任之中,否则所有的自然人和单位实施的犯罪都会成为身份犯。然而事实并非如此,自然人和单位是否是身份犯必须结合具体的犯罪具体判断。在自然人受贿和行贿的场合,受贿的行为主体只能是自然人中的国家工作人员,行贿的行为主体则是没有任何限制的自然人。在受贿罪中,国家工作人员这一身份是判断是否侵害职务行为不可收买性和国民对职务行为不可收买性的信赖的基础和核心,其属于违法身份。在行贿罪中,任何人为谋取不正当利益给予国家工作人员以财物的行为都会侵害职务行为的不可收买性和国民对职务行为不可收买性的信赖。或者说,行贿行为对法益的侵害是通过国家工作人员这一特定的身份表现出来的,任何人都可以通过国家工作人员侵害这一法益,因而,行贿罪不属于身份犯。因此,将自然人和单位共同实施贿赂的行为完全等同看待是不妥当的。在自然人与单位共同实施(单位)受贿行为时,实质上属于不同身份者的共同犯罪(身份竞

---

① 〔奥〕凯尔森:《法与国家的一般理论》,沈宗灵译,中国大百科全书出版社1996年版,第118页。

合);在自然人与单位共同实施(单位)行贿行为时,实质上属于无身份者与有身份者的共同犯罪。

在自然人和单位共同实施(单位)行贿的场合,同样存在两种情形:其一,自然人和单位共同实施行贿行为的,属于无身份者与有身份者共同实施无身份者的犯罪;其二,自然人与单位共同实施单位行贿行为的,属于无身份者与有身份者共同实施的真正身份犯。笔者认为,在上述两种情形下,也应当以是否利用了身份来判断案件的具体性质,而不是简单地以主犯、重罪、轻罪来判断,更不应当与自然人和单位共同实施(单位)受贿的情形等同对待。对于这种情形的共同犯罪,具体如何判断,下文进一步展开,毋庸赘述。

3. 特定关系人与国家工作人员共同受贿

在《刑法修正案(七)》出台之前,如果国家工作人员与特定关系人具有犯意联络的情况下,索取或者收受他人财物,为请托人谋取不正当利益的,特定关系人与国家工作人员成立受贿罪的共犯并无问题,但是,如果特定关系人没有与国家工作人员进行犯意联络而收受财物的,由于国家工作人员并不知情,国家工作人员不构成受贿罪,特定关系人也不能构成受贿罪的共犯。此时出现了刑事政策上的处罚性漏洞。① 鉴于此,《刑法修正案(七)》"突破了在非共同犯罪的情况下受贿罪主体只能是国家工作人员的传统判断,将国家工作人员的近亲属以及其他与该国家工作人员关系密切的人纳入受贿罪的主体,是关于受贿罪立法的一个重大突破"②。这一立法的变化,不仅将特定关系人纳入到受贿犯罪之中,而且特定关系人也影响到受贿罪、利用影响力受贿罪及它们之间共同犯罪的认定,导致国家工作人员与特定关系人共同受贿成为理论和司法上的一个难题。国

---

① 参见陈兴良:《贪污贿赂犯罪司法解释:刑法教义学的阐释》,载《法学》2016年第5期。

② 李希慧:《受贿罪立法的重大突破》,载《检察日报》2009年3月2日。

家工作人员与特定关系人共同受贿是有身份者与无身份者共同受贿，还是不同身份者的共同受贿（身份竞合），影响到对共同受贿的性质的认定。

在理论上，有观点认为，利用影响力受贿罪的行为主体是国家工作人员的近亲属或者其他关系密切的人、离职的国家工作人员或者近亲属以及其他关系密切的人，属于身份犯。受贿罪的行为主体是国家工作人员，属于身份犯。所以两罪都是身份犯，当国家工作人员和特定关系人共同受贿时，便会出现身份竞合。① 有观点认为，利用影响力受贿罪的行为主体虽然是非国家工作人员（非身份犯），但有范围限制。② 所以在国家工作人员与特定关系人（非国家工作人员）共同受贿时，属于有身份者和无身份者的共同受贿，不是身份的竞合。也有学者认为，在增设利用影响力受贿罪之前，受贿罪的主体是国家工作人员，是一种纯粹的违法身份，但现在既然非国家工作人员也能单独构成受贿类犯罪，所以国家工作人员和特定关系人都属于不真正的身份（责任身份），否认身份竞合。③

因有关行为人自身的地位、状态这种身份，而对（犯罪）主体存在限制的犯罪类型，称为"身份犯"，一种是关系到犯罪是否成立的"构成身份"或称为"真正身份"，另一种是关系到刑之轻重的"加减身份"或称为"不真正的身份"，所以身份犯也就分为真正身份犯（构成身份犯）和不真正身份犯（加减身份犯）两种类型。④ 从实质上来讲，真正身份（构成身份）是关系到违法性的身份（违法身份），不真正身份犯

---

① 参见张开骏：《利用影响力受贿罪与受贿罪的共犯问题研究》，载《政治与法律》2010 年第 9 期。
② 参见周光权：《刑法各论》（第三版），中国人民大学出版社 2016 年版，第 485 页。
③ 参见陈洪兵：《共犯论的分则思考——以贪污贿赂罪及渎职罪为例》，载《法学家》2015 年第 2 期。
④ 参见〔日〕松原芳博：《刑法总论重要问题》，王昭武译，中国政法大学出版社 2014 年版，第 333 页。

是关系到责任的身份(责任身份)。从实质区分说出发①,违法身份具有违法连带作用。因为"违法身份意味着能够引起(惹起)成为相应犯罪之处罚根据的法益侵害这一地位。就以违法身份为要素的违法身份犯而言,非身份者虽然不可能单独引起法益侵害,但若是介入身份者则可能(间接地)引起法益侵害,在此意义上,就能够奠定非身份者成立关于违法身份之共犯的基础"②。责任身份具有个别作用。因为"责任身份意味着能对所引起的法益侵害加重或者减轻这一地位。从责任的个别性出发,仅对存在这样的身份者来说,才可能为责任的加重或减轻奠定基础"③。

在受贿罪中,真正对受贿罪法益造成侵害的是与国家工作人员这种身份密切关联的职务行为以及与职务行为相关的影响力。所以,国家工作人员属于违法身份当无疑问。在一般情况下,真正的身份犯是以不具有身份的人单独实施相同行为不具有可罚性或者根本不能单独实施该行为为前提。真正的身份犯不存在对应的基本犯,而不真正的身份犯则以无身份者构成基本犯为前提,具有身份者构成加重犯或者减轻犯。④

问题在于,我国刑法不仅对特定关系人规定了独立的构成要件(利用影响力受贿罪)和法定刑,对国家工作人员也规定了独立的构成要件(受贿罪)和法定刑,使得特定关系人是违法身份抑或责任身份在认定上存在困难。然而,利用影响力受贿罪打破了只有国家工作人员才具有公权力职务的职务犯罪的应然要求,在以国家工作人员为主体

---

① 参见〔日〕西田典之:《日本刑法总论》(第2版),王昭武、刘明祥译,法律出版社2013年版,第364页。

② 〔日〕山口厚:《刑法总论》(第2版),付立庆译,中国人民大学出版社2011年版,第330—331页。

③ 〔日〕山口厚:《刑法总论》(第2版),付立庆译,中国人民大学出版社2011年版,第331页。

④ 参见陈兴良:《身份犯之共犯:以比较法为视角的考察》,载《法律科学》2013年第4期。

的犯罪类型中加入了特定关系人(非国家工作人员),给清一色的职务犯罪增加了一剂"异味"。尽管如此,对于贿赂犯罪的理解仍不应当简单地从行为主体的角度去理解,更重要的应当从犯罪性质上去理解。利用影响力受贿罪的行为人虽然是特定关系人,但是行为人仍然不能离开利用国家工作人员的身份、地位所形成的影响力去实施犯罪。[1] 就利用影响力受贿与受贿罪相比较而言,它们的区别主要在于行为的社会危害性程度不同。[2] 利用影响力受贿罪虽然也侵害了国家工作人员职务行为的不可收买性和国民对职务行为不可收买性的信赖,但特定关系人本身不能直接利用职务之便为请托人谋取不正当利益,而是需要借助国家工作人员的职务和地位所形成的影响力才能对法益造成侵害,使得对法益的侵犯具有"间接性",这也是刑法对利用影响力受贿罪规定更低法定刑的实质理由。特定关系人本身并不处在能够引起作为利用影响力受贿罪成立之基础的法益侵害的地位,而是处于对其所引起的法益侵害减轻这一地位。因此,特定关系人只是责任身份而非违法身份,进而利用影响力受贿罪不是真正的身份犯。特定关系人和国家工作人员共同受贿问题实质上是非真正身份者与真正身份者的共同犯罪的问题。

其一,特定关系人与国家工作人员共同实施受贿(非真正身份者与真正身份者共同实施真正身份犯)。在这种情况下,特定关系人与国家工作人员构成受贿罪的共同正犯抑或狭义的共犯?笔者认为,特定关系人(非国家工作人员)由于欠缺受贿罪所必须的构成身份(国家工作人员),不能成立受贿罪的正犯,只能成立受贿罪的狭义共犯,即教唆犯和帮助犯。因为作为真正身份犯中的身份不仅仅在于其表面化的存在,而在于身份所引起的法益侵害的地位,而无身份者虽然

---

[1] 参见刘方:《贪污贿赂犯罪的司法认定》,法律出版社2016年版,第281页。
[2] 参见王作富主编:《刑法分则实务研究(下)》(第四版),中国方正出版社2010年版,第1817页。

与真正身份犯实施相同的行为,但其并不能处于能够独立地引起法益侵害这一地位。① 与此同时,如果特定关系人利用了国家工作人员的地位和职权形成的影响力,索取和收受他人财物,为请托人谋取不正当利益的,其行为本身也构成利用影响力受贿罪的正犯。但对特定关系人与国家工作人员是分别定罪还是按照想象竞合择一重罪处罚存在分歧。陈兴良教授认为,没有身份的人成立的正犯与有身份的人成立的狭义共犯具有竞合性质,在竞合的限度内成立狭义的共犯。但是基于正犯与共犯的竞合,正犯优先于共犯,一般应以正犯论处为原则,对于没有身份的人不应当认定为真正身份犯的共犯,只能认定为非真正身份犯的正犯。② 张明楷教授认为,"由于正犯行为具有相对性,所以,在定罪时应当注意运用想象竞合犯原理"。"无身份者与有身份者的共同故意犯罪行为同时触犯了两个以上罪名的情况下,应当认定为较重罪的共同犯罪。"③笔者认为,正犯优先于共犯应当从违法(连带性)而非责任(个别性)的角度来理解,正犯对法益侵害具有独立的地位,共犯必须通过正犯才能侵害法益,进而达到法益侵害的共通性。从限制从属性说出发,正犯违法是成立共犯的前提条件,从这个角度而言,似乎可以说正犯优先于共犯,但是在罪名的认定上,其并非违法连带性的问题,而是责任个别性的问题。因而,用正犯优先于共犯否认可以将无身份者认定为真正身份犯的共犯是不妥当的。虽然无身份者本身可以成立正犯,但是在其作为真正身份犯的共犯出现时,就已经意味着(真正身份犯)共犯的认识超出了(非真正身份犯)正犯的认识,如果只认定为非真正身份犯的正犯,就可能出现重罪轻罚的不均衡局面。因此,虽然特定关系人的行为也成立利用影响力受贿罪的

---

① 参见林维:《真正身份犯之共犯问题展开——实行行为决定论的贯彻》,载《法学家》2013年第6期。

② 参见陈兴良:《身份犯之共犯:以比较法为视角的考察》,载《法律科学》2013年第4期。

③ 张明楷:《刑法学》(第四版),法律出版社2011年版,第397页。

正犯,但是其同时也满足了受贿罪的共犯,或者说,特定关系人对其行为的认识已经超出了利用影响力受贿正犯的范围,将其认定为受贿罪的共犯,并没有增添额外的评价要素,是符合罪刑法定原则和罪刑均衡原则要求的。当然,具体罪名的认定需要根据数额和情节的不同而有所不同。

其二,特定关系人与国家工作人员共同实施利用影响力受贿(非真正身份者与真正身份者共同实施非真正身份犯)。在此种情形下,需要考察国家工作人员是否利用了本人的身份来判断案件的性质,因为只有国家工作人员是否利用本人的身份才决定着是否侵害相关的法益。因而,在该场合可能存在如下情形:(1)特定关系人和国家工作人员仅利用影响力受贿。由于国家工作人员并没有利用本人的身份(违法身份),而是利用了特定关系人的身份(责任身份),国家工作人员如同非国家工作人员,不具有违法身份。换言之,在没有利用国家工作人员身份的场合,其与特定关系人共同实施利用影响力受贿时,相当于两个非国家工作人员共同实施利用影响力受贿罪,特定关系人与国家工作人员成立利用影响力受贿罪的共同正犯。(2)国家工作人员利用了本人的身份与特定关系人共同实施利用影响力受贿。国家工作人员利用本人的身份的场合,国家工作人员的身份是一种违法身份,根据我国《刑法》第388条的规定:"国家工作人员利用本人职权或者地位形成的便利条件,通过其他国家工作人员职务上的行为,为请托人谋取不正当利益,索取请托人财物或者收受请托人财物的,以受贿论处。"国家工作人员成立受贿罪的正犯,同时,国家工作人员利用本人身份对特定关系人实施利用影响力受贿的行为起到加担作用,因而国家工作人员也成立利用影响力受贿罪的共犯。同样,特定关系人成立利用影响力受贿罪的正犯时,也成立受贿罪的共犯。根据想象竞合犯原理,择一重罪处罚。具体罪名的认定根据数额和情节的不同而有所不同。

值得指出的是,2016年《解释》第16条第2款规定:"特定关系人索取、收受他人财物,国家工作人员知道后未退还或者上交的,应当认定国家工作人员具有受贿故意。"该规定实际上肯定了从是否利用本人身份的角度来判断案件的性质。因为,国家工作人员在知道特定关系人利用自己的职权和地位形成的影响力索取或者收受财物时,未退还或不上交就肯定了特定关系人索取或收受的财物与国家工作人员职务行为之间的对价关系,其实质上就是国家工作人员利用本人身份与特定关系人利用影响力受贿,国家工作人员成立受贿罪的正犯和利用影响力受贿罪的共犯,按照想象竞合犯原理,成立受贿罪正犯,进而肯定具有受贿的故意。

4. 介绍贿赂罪与贿赂共犯问题

自1952年以来,我国就形成了受贿罪、行贿罪、介绍贿赂罪的三元的贿赂犯罪格局。一般情况下,立法和司法以及理论上都是将介绍行为作为共犯对待的。例如,《刑法》第205条第3款规定:"虚开增值税专用发票或者虚开用于骗取出口退税、抵扣税款的其他发票,是指有为他人虚开、为自己虚开、让他人为自己虚开、介绍他人虚开行为之一的。"1994年最高人民法院《关于执行〈全国人民代表大会常务委员会关于禁毒的决定〉的若干问题的解释》第2条第4款规定:"居间介绍买卖毒品的,无论是否获利,均以贩卖毒品罪的共犯论处。"2001年最高人民法院《关于审理非法制造、买卖、运输枪支、弹药、爆炸物等刑事案件具体应用法律若干问题的解释》第1条第2款规定:"介绍买卖枪支、弹药、爆炸物的,以买卖枪支、弹药、爆炸物罪的共犯论处。"当然,在《刑法》中也存在将介绍行为独立成罪的规定。例如,《刑法》第359条、第361条规定了介绍卖淫罪,但其介绍的对象是以对向双方(卖淫行为和嫖娼行为)均不构成犯罪为前提的。将介绍等帮助行为单独规定为独立的犯罪,是因为介绍行为本身具有独立的不法内涵,其具有比一般违法行为更为严重的社会危害性,其对法益的侵害程度已经达到值得用刑法规制的程度①,为了重处这些行为,才将其规定为独立的犯罪。② 但是,在 2016 年《解释》生效之前,介绍贿赂罪所针对的介绍的对向双方(受贿方与行贿方)均成立犯罪,且最高法定刑分别为死刑和无期徒刑,介绍贿赂罪的最高法定刑为 3 年有期徒刑,所以从这一角度来看,介绍贿赂罪并不是不法侵害的程度更为严重,需要加重处罚才规定为独立犯罪的。全国人大常委会法工委的立法理由认为:"介绍贿赂者为行贿受贿犯罪分子牵线搭桥,往往促成权钱交易起了重要作用。在很多情况下,介绍贿赂者甚至是权钱交易者的始作俑者。因此,有必要将介绍贿赂情节严重的规定为犯罪,1979 年《刑法》即规定了介绍贿赂罪。"③然而,这一立法理由认为介绍贿赂罪独立成罪的理由在于介绍贿赂的行为在权钱交易中起了重要的促进作用,但是从介绍贿赂设定轻缓化的刑罚来看,介绍贿赂的重要作用并没有得到体现,也不能将其与受贿罪和行贿罪共犯区分开来,而是与之相反,"在实践中,介绍贿赂罪成为那些原本应该被认定为受贿罪共犯的人规避受贿罪处罚的最好借口。从实际危害来看,介绍贿赂行为的社会危害性远比当初立法所预估的严重得多"④。从刑法体系上来看,对于起着重要作用的介绍贿赂给予较轻的刑罚处罚存在罪刑不均衡的矛盾和体系的不协调,也不符合当前严峻的反腐形势的要求,并且 2016 年《解释》将受贿和行贿的起刑数额都提升到 3 万元,而介绍贿赂的数额原封不动,依然维持 2 万元的标准,之前介绍贿赂的对向双方(受贿方和行贿方)均能够成立犯罪的前提下,才有可能成立介绍贿赂罪的这一模式被改变,而演变成受贿行为和行贿行为均不成立犯罪,介绍贿赂的行为可以成立犯罪。

---

① 参见周光权:《刑法总论》(第三版),中国人民大学出版社 2016 年版,第 326 页。
② 参见张明楷:《受贿罪的共犯》,载《法学研究》2002 年第 1 期。
③ 全国人大常委会法制工作委员会刑法室编:《中华人民共和国刑法:条文说明、立法理由及相关规定》,北京大学出版社 2009 年版,第 794 页。
④ 周光权:《修改介绍贿赂罪,从源头上遏制腐败》,载《检察日报》2016 年 3 月 8 日。

司法解释认为,介绍贿赂是指在行贿人与受贿人之间沟通关系、撮合条件,使得贿赂行为得以实现的行为。① 司法解释的这一界定也成为我国的通说,通说还将介绍贿赂具体分为两种情形:其一,接受行贿人的请托,而向国家工作人员介绍贿赂。在这种形式下,介绍贿赂人主要是寻找行贿对象并力争劝说对方接受贿赂,代送款物。其二,为国家工作人员物色可能的行贿人,居间介绍。在这种形式下,介绍贿赂人主要是寻找可能的行贿人,并劝说对方行贿。② 但是上述介绍贿赂的行为其实并没有与受贿或行贿的共犯有着明确的区分。所以,立法上单独设立介绍贿赂罪所引起的最大问题在于如何区分受贿罪和行贿罪共犯与介绍贿赂罪? 无论是受贿罪的介绍行为抑或是行贿罪的介绍行为,均不能认定为介绍贿赂罪③,否则会造成罪刑极大的不均衡。

为了解决这一问题,学界提出了大致三种解决方案。

第一种解决方案是直接取消介绍贿赂罪的规定(取消论)。因为"介绍贿赂可以分别作为行贿或受贿的教唆犯、帮助犯看待,没有必要规定独立的罪名。如果行贿人或受贿人本无行贿和受贿的意图,只是由于行贿者的教唆才引起这种意图的,那就是行贿或受贿的教唆犯,无疑应该认定为行贿罪或受贿罪。如果双方本来就有行贿、受贿的犯罪意图,行为人明知而又从中进行沟通、撮合,在主观方面就具有了共同的故意,在客观方面又实施了帮助行为,这完全符合共同犯罪的特征"④。并且,介绍贿赂罪过低的法定刑与介绍贿赂的社会危害性不符,尤其是对一些以此为业的介绍贿赂人而言,难

---

① 参见1999年最高人民检察院《关于人民检察院直接受理立案侦查案件立案标准的规定(试行)》第7条的规定。
② 参见王作富主编:《刑法分则实务研究(下)》(第四版),中国方正出版社2010年版,第1829页。
③ 参见张明楷:《受贿罪的共犯》,载《法学研究》2002年第1期。
④ 刘明祥:《简析全国人大常委会〈补充规定〉对贿赂罪的修改》,载《法学》1988年第6期。

以实现罪刑均衡。① 从刑事法网的角度而言,我国贿赂犯罪的刑事法网并没有因为介绍贿赂的行为单独成罪而变得更为严密,反而形成了不必要的矛盾和漏洞。②

第二种解决方案是保留介绍贿赂罪,但应当限制介绍贿赂的范围(保留论)。例如,有观点认为:"介绍贿赂的,目前有'介绍贿赂罪'来加以评价,也一直有人建议取消这一罪名。在职业掮客较为普遍的情况下,取消这一罪名而将其视为受贿犯罪或者行贿犯罪的共犯,在定罪和量刑效果上似乎都不是最佳选择,而且也容易在个案中形成刑法真空,无法追究某些职业掮客的法律责任。因此,保留介绍贿赂罪是必要的。"③当然主张保留介绍贿赂罪的观点必须明确地区分介绍贿赂与受贿和行贿共犯,但是其根本不能将它们区分开来。例如,通说所列举的两种情形的介绍贿赂完全符合受贿罪和行贿罪的共同犯罪的成立条件,并不能作出有效区分。④ 黎宏教授认为,介绍贿赂与受贿和行贿共犯的界限,仅仅限于介绍贿赂在行贿方与受贿方间沟通关系、撮合条件。如果在介绍后又帮助转交财物或者分享贿赂的,就应当认定为行贿共犯或者受贿共犯。⑤ 这一区分标准与实践中以是否获得利益作为区分标准的观点一致,事实上,介绍贿赂的人是否接受财物或者分享贿赂,并不影响可以将其认定为行贿或者受贿的共犯。正是由于介绍贿赂与受贿和行贿共犯的难以区分,又鉴于立法上依然保留着介绍贿赂罪,许多学者认为,介绍贿赂罪的空间是相当有限的,不

---

① 参见陈志军:《我国贿赂犯罪罪名体系完善之建议》,载《中国人民公安大学学报(社会科学版)》2016年第2期。

② 参见黄云波:《论"对称式"贿赂犯罪罪名体系之立法构建》,载《暨南学报(哲学社会科学版)》2016年第2期。

③ 于志刚:《中国刑法中贿赂犯罪罪名体系的调整——以〈刑法修正案(七)〉颁行为背景的思索》,载《西南民族大学学报(人文社科版)》2009年第7期。

④ 具体可参见张明楷:《受贿罪的共犯》,载《法学研究》2002年第1期;张明楷:《刑法分则的解释原理(上)》(第二版),中国人民大学出版社2011年版,第331页;张明楷:《刑法学》(第四版),法律出版社2011年版,第1084页。

⑤ 参见黎宏:《刑法学》,法律出版社2012年版,第969页。

应当将行贿与受贿的共犯行为作为介绍贿赂罪论处。① 所以,在保留观点中,其面临的最大难题就是如何区分介绍贿赂与行贿罪或受贿罪的共犯。

第三种解决方案是修改介绍贿赂罪。周光权教授鉴于介绍贿赂犯罪本身存在的问题以及反腐的需要,建议从立法上对《刑法》第392条进行修改,并给出了两个修改方案。方案一:将《刑法》第392条的规定修改为:"向国家工作人员介绍贿赂,情节严重的,以受贿罪共犯论处。"方案二:保留《刑法》第392条第1款的规定,但增加一款,"有前款行为,同时构成其他犯罪的,依照处罚较重的规定定罪处罚"②。在这两种方案中,方案一其实取消了介绍贿赂的规定,方案二是保留了介绍贿赂罪,将受贿共犯的行为排除在介绍贿赂罪之外。但是其在立法上主张介绍贿赂的行为只能成立受贿共犯,不能成立行贿共犯似乎也存在疑问,忽视了受贿罪与行贿罪属于对向犯这一特性,介绍贿赂的行为不仅可以对受贿方的行为起到帮助或者促进作用,也可以对行贿方的行贿行为起到帮助和促进作用。在取消介绍贿赂罪的修改方案中,可能会导致一些帮助行贿的行为完全无罪,再加上2016年《解释》将受贿起刑数额提升到3万元,可能使得原本可以成立介绍贿赂罪的行为在修改为受贿共犯的规定之后而不成立犯罪。将介绍贿赂罪直接修改为受贿共犯,虽然是共同犯罪原理与想象竞合犯原理等教义学原理的一个必然要求,但也意味着介绍贿赂的行为最高刑可以适用死刑。因而,直接通过立法确定为受贿罪共犯存在的一个重要问题就是没有办法协调罪与刑之间的相互关系,与当前限制死刑适用的政策也不相符合。从这个角度来讲,将介绍贿赂情节严重的行为修改为行贿共犯似乎更能反映出这一政策的需要,当然这样修改并不意味

---

① 参见张明楷:《刑法学》(第四版),法律出版社2011年版,第1086页;周光权:《刑法各论》(第三版),中国人民大学出版社2016年版,第492页。

② 周光权:《修改介绍贿赂罪,从源头上遏制腐败》,载《检察日报》2016年3月8日。

着介绍贿赂情节严重的行为只可以成立行贿共犯,其同样可以成立受贿共犯。方案二是在保留介绍贿赂罪的基础上展开的,其前提是以介绍贿赂罪与受贿共犯和行贿共犯存在想象竞合的情形,与保留论一样,同样面临着需要如何区分介绍贿赂罪与受贿共犯和行贿共犯的问题,但是一定程度上克服了将受贿、行贿共犯的行为认定为介绍贿赂罪所带来的问题,避免了重罪轻罚。整体上而言,这两种修改方案仍然不能完全消解介绍贿赂罪与受贿与行贿共犯之间存在的矛盾和问题。

从长远来看,取消介绍贿赂罪的规定是最为根本、最为彻底的办法。这样不仅有利于贿赂犯罪体系的协调和完善,严密刑事法网,也有利于解决介绍贿赂罪与受贿、行贿共犯区分上存在的难题,还有利于克服介绍贿赂罪带来的负面影响,如有人认为介绍毒品买卖的行为应该无罪,其理由是我国没有将介绍毒品交易的行为规定为独立的犯罪。[1] 当然,彻底取消介绍贿赂罪之后,意味着一些介绍贿赂行为可能会被认定为无罪或者受贿、行贿的共犯。如果认定为无罪,无疑会放纵犯罪,也不符合反腐"零容忍"的刑事政策的要求;如果认定为受贿、行贿共犯,那么到底是认定为受贿共犯还是行贿共犯,或者采用想象竞合犯原理,将其认定为受贿共犯[2],或者根据对哪一方的帮助作用更大一些或者更偏向哪一方来认定受贿或者行贿。[3] 从整体上来看,取消介绍贿赂罪,将原本作为介绍贿赂罪的行为认定为受贿、行贿共犯,其本来就符合共同犯罪的成立条件,反而是将介绍贿赂的行为作为独立的犯罪违背了共同犯罪的教义学原理,即将只能成为共犯的介绍行为拟制为独立的正犯。因而,将介绍贿赂的行为认定为受贿罪、行贿

---

[1] 参见周光权:《修改介绍贿赂罪,从源头上遏制腐败》,载《检察日报》2016 年 3 月 8 日。

[2] 参见张明楷:《受贿罪的共犯》,载《法学研究》2002 年第 1 期。

[3] 参见刘明祥:《简析全国人大常委会〈补充规定〉对贿赂罪的修改》,载《法学》1988 年第 6 期。

罪共犯并没有随意地出入人罪,而是本来就应当如此。由于介绍贿赂者只实施一个行为,同时触犯数个罪名,应当择一重处罚,认定为受贿罪共犯。① 有学者担心,认定为受贿共犯,那么原本只可能判处3年以下有期徒刑、拘役的行为可能被判处最高刑死刑,又难以实现罪行均衡。② 但是这种担心其实是多余的。

当然,择一重罪处罚只解决了罪名的认定问题,还需要从量刑的角度加以协调,以实现罪与刑的相对均衡和协调。笔者的初步思考是:在废除介绍贿赂罪后,将介绍贿赂的行为根据想象竞合犯原理认定为受贿罪共犯。但需要考虑到,受贿与行贿属于对向犯,介绍贿赂的行为不仅对受贿行为起到帮助作用,也对行贿行为起到帮助作用,并且介绍贿赂者属于无身份者。就受贿而言,介绍贿赂者介绍国家工作人员受贿的,属于无身份者帮助身份者实施有身份的犯罪;就行贿而言,介绍贿赂者介绍行贿人向国家工作人员行贿的,属于无身份者帮助无身份者的犯罪。介绍贿赂者将有身份者(受贿人)与无身份者(行贿人)联结起来,与违法相对应的主体形成了这样一种排列关系,即受贿人—行贿人—介绍贿赂者,在定罪时,关注的是与违法身份(国家工作人员)的联系。因为,不管是受贿还是行贿,介绍贿赂者对职务行为不可收买性的侵害都是通过具有违法身份的人(国家工作人员)来实现的。所以,在定罪时,以违法身份来认定介绍贿赂者的行为的犯罪性质是合适的。在量刑时,关注的是非违法性或非类型性因素。③ 由于介绍贿赂者本身作为受贿人和行贿人的联结者,其对非违法性因素的考虑与一般犯罪(非对向犯)不同,在对向双方的犯罪中都应当考虑非违法性因素对量刑的影响。因而,在量刑时不需要考虑介绍贿赂

---

① 参见张明楷:《受贿罪的共犯》,载《法学研究》2002年第1期。
② 参见赵秉志、许成磊:《贿赂罪共同犯罪问题研究》,载《国家检察官学院学报》2002年第1期。
③ 参见陈兴良:《教义刑法学》,中国人民大学出版社2010年版,第26页。

者与违法身份的联系,因为这种违法身份在被认定为受贿罪时已经被评价了一次,否则就重复评价了违法身份。换言之,违法身份对介绍贿赂者犯罪性质的认定和最初法定刑的确定具有指引作用,对量刑则不具有指引作用。而在量刑时真正需要考虑的是介绍贿赂者与无身份者(行贿人)之间的联系,最终在行贿罪与受贿罪法定刑重合的范围内选择适用行贿罪的法定刑。这不仅符合违法是连带的,责任是个别的共同犯罪原理的基本要求;也与我国刑法,尤其是《刑法修正案(九)》之前对介绍贿赂犯罪和行贿罪都规定了相同的特殊宽宥量刑制度是契合的,即介绍贿赂罪与行贿罪在量刑上的同向性;也符合有利于被告人的解释要求;同样也符合限制死刑适用范围的死刑政策的要求。

但是目前介绍贿赂犯罪依然存在,从立法上彻底废除介绍贿赂罪只是未来立法的愿景。在介绍贿赂罪并未废除的背景下,并且如上文所述,由于2016年《解释》将受贿罪和行贿罪的起刑数额都提升到3万元,介绍贿赂罪的起刑数额仍然为2万元,导致介绍贿赂的行为在受贿和行贿的行为都不成立犯罪的前提下,依然能够成立介绍贿赂罪,改变了之前介绍贿赂与受贿和行贿之间的格局,使得介绍贿赂罪似乎成为一个具有填补贿赂犯罪处罚漏洞功能的补充性罪名,即介绍贿赂者不能成立受贿、行贿共犯的场合,但介绍贿赂数额达到2万元以上3万元以下的,可以成立介绍贿赂罪。鉴于此,似乎主张完全从立法上彻底废除介绍贿赂罪也不妥当。因为2016年《解释》已经"歪打正着"地为介绍贿赂的行为成立介绍贿赂罪预留了处罚的空间。因此,将介绍贿赂的行为完全认定为受贿和行贿共犯也同样显得不太妥当。从这一角度来看,罪量要素也就成了限制介绍贿赂罪范围的有效界限,除此之外,都会面临着如何区分介绍贿赂罪与受贿、行贿共犯的难题。在单纯以起刑数额作为罪量要素时,对它们作出区分相对简单。

相对比较复杂的情况是,由于受贿罪和行贿罪采取了"数额+情节"的模式,介绍贿赂罪采取"情节严重"模式,在数额都达不到起刑数额且有其他情节的场合,在数额的基础上还需要根据具体的情况作出判断。例如,在具体数额为 1 万元以上不满 3 万元的场合,如果具有其他的情节且存在交叉与重合时,同样面临着到底成立介绍贿赂抑或受贿与行贿共犯的问题。2016 年《解释》第 1 条第 3 款规定,受贿数额在 1 万元以上不满 3 万元,具有多次索贿的;为他人谋取不正当利益,致使公共财产、国家和人民利益遭受重大损失的;为他人谋取职务提拔、调整的,属于受贿罪中"有其他较重的情节",成立受贿罪。2016 年《解释》第 7 条第 2 款规定,行贿数额在 1 万元以上 3 万元以下,具有向三人以上行贿的;将违法所得用于行贿的;通过行贿谋取职务提拔、调整的;向负有食品、药品、安全生产、环境保护等监督管理职责的国家工作人员行贿,实施非法活动的;向司法工作人员行贿,影响司法公正的;造成经济损失数额在 50 万元以上不满 100 万元的,成立行贿罪。1999 年最高人民检察院《关于人民检察院直接受理立案侦查案件立案标准的规定(试行)》规定,介绍个人向国家工作人员行贿,数额在 2 万元上的,或者数额在 2 万元以下,但具有为使行贿人获取非法利益而介绍贿赂的;3 次以上或者向 3 人以上介绍贿赂的;向党政领导、司法工作人员、行政执法人员介绍贿赂的;致使国家或者社会利益遭受重大损失的,属于介绍贿赂中"情节严重的",可以成立介绍贿赂罪。此时,如果情节之间出现了交叉与重合,那么介绍贿赂者既是介绍贿赂罪的正犯,也是受贿罪、行贿罪的共犯。但如上所述,要明确区分介绍贿赂与受贿、行贿几乎是不可能的,事实上也没有必要进行区分。笔者认为,在该种场合,到底是认定为介绍贿赂罪还是受贿与行贿的共犯,并不会造成罪刑极其不均衡的情况,但其仍然符合想象竞合原理的要求,应择一重罪处罚。但在量刑时,应当在受贿罪、行贿罪的基本法定刑与介绍贿赂罪法定刑重合的限度范围内选择适用刑罚的幅度,即3年以下有期徒刑或拘役,并处罚金。

通过上述分析,笔者认为,介绍贿赂罪仍然具有一定的存在空间,但是其存在范围是相当狭窄的,应当通过罪量要素加以控制。陈兴良教授指出:"罪量是在犯罪构成本体要件的前提下,表明对法益侵害程度的数量要件。"[1]罪量要素虽然不影响法益侵害的有无,但在我国的立法体例之下,罪量要素却反映出法益侵害的程度,只有满足了罪量要素之后才能说明违法行为达到了值得处罚的程度。既然罪量要素是表明法益侵害程度的要件,那么在违法与责任为支柱的阶层体系中,其只能是客观的要素。[2] 这样才能确保区分标准的客观性和稳定性。介绍贿赂的行为无论是从设置的初衷,还是从本罪的体系性位置和法定刑的设置来看,其对法益的侵害程度都要低于受贿和行贿。所以应当将其限制在对法益侵害程度较轻的范围之内,通过表明法益侵害程度的罪量要素限制其存在范围也就是适当的。如果介绍贿赂的行为对法益侵害的程度较重,远远超出了罪量的限制范围,则不宜认定为介绍贿赂罪,而应该认定为受贿罪、行贿罪的共犯,按照想象竞合犯原理最终认定为受贿罪共犯,否则就会造成罪刑的严重不均衡。

---

[1] 陈兴良:《规范刑法学(上册)》(第二版),中国人民大学出版社2008年版,第191页。
[2] 参见张明楷:《犯罪构成体系与构成要件要素》,北京大学出版社2010年版,第241页。

从单一正犯视角看贿赂罪中的共同犯罪疑难问题

刘明祥[*]

一、视角基点:我国刑法采取单一正犯体系且贿赂罪中有规定印证

众所周知,在犯罪参与问题上,我国刑法是采取区分正犯与共犯的区分制,还是采取不做这种区分的单一制,近年来有较大争议。笔者认为,我们采取的是单一制(即单一正犯或单一行为人)体系。[①] 我国刑法在贿赂罪中规定了利用影响力受贿罪和介绍贿赂罪,这是采取区分制的德、日等国家的刑法中所没有的,这也从一个侧面表明我国刑法采取的是单一正犯体系。

(一)刑法规定利用影响力受贿罪与单一制不冲突但与区分制不一致

所谓区分制,是指在数人参与犯罪的场合,将参与者分为正犯与

---

[*] 中国人民大学法学院教授,博士生导师。
[①] 鉴于笔者已在相关论文中对此做过详细论述,在此不赘述。参见刘明祥:《论中国特色的犯罪参与体系》,载《中国法学》2013年第6期。

共犯(即教唆犯和帮助犯),视正犯为犯罪的核心人物,共犯为犯罪的从属(或依附)者,对正犯处罚重、共犯处罚轻。所谓单一制,则是将所有参与犯罪者均视为正犯(即同等的参与者或行为人),而不区分正犯与共犯,只是在量刑时根据各自参与犯罪的性质和参与的程度(即贡献的大小),给予轻重不同的处罚。按照区分正犯与共犯的区分制理论,类似受贿罪之类的真正身份(或构成身份)犯,无身份者不可能单独实施,从而也就不可能单独构成这类犯罪。因为身份(如国家工作人员或公务员)是犯罪的构成要件,只有具有身份的人才能实施构成要件的行为(即实行行为),无身份者不可能实施真正身份犯的实行行为,只可能实施教唆或帮助行为,也就只可能构成受贿罪的共犯(教唆犯和帮助犯)。①

但是,构成受贿罪的共犯必须与作为实行犯的国家工作人员之间有犯意的联络,如果国家工作人员的近亲属等特定关系人,与国家工作人员之间无受贿的犯意联络,仅仅只是利用或通过国家工作人员的职权或职务上的便利为他人谋取利益,自己收受请托者的财物,在这种场合,由于国家工作人员不知情即无受贿的故意,不构成受贿罪,收受请托人财物的特定关系人也就不可能构成受贿罪的共犯。这就会出现刑事政策上的可罚性漏洞。为此,《刑法修正案(七)》在我国《刑法》第388条之一设立了利用影响力受贿罪。② 按照该条规定,国家工作人员的近亲属或者其他与该国家工作人员关系密切的人,通过该国家工作人员职务上的行为,或者利用该国家工作人员职权或者地位形成的便利条件,通过其他国家工作人员职务上的行为,为请托人谋取不正当利益,索取或者收受请托人财物,数额较大或者有其他较重情

---

① "共犯"一词有不同含义。根据我国传统的理解,"共犯"是"共同犯罪"的简称。但在德、日,"共犯"通常指狭义的共犯,即教唆犯和帮助犯。本文中的"共犯",在不同场合也有不同含义,相信读者不难识别。
② 参见陈兴良:《贪污贿赂犯罪司法解释:刑法教义学的阐释》,载《法学》2016年第5期。

节的,构成利用影响力受贿罪。在这种场合,特定关系人就可能单独构成此罪。

毋庸置疑,利用影响力受贿罪与普通受贿罪具有相同的本质,即都侵犯国家工作人员职务行为的不可收买性,只不过普通受贿罪是国家工作人员直接以权换利,其钱权交易具有直接性,可谓是直接侵犯职务行为的不可收买性。而在利用影响力受贿的场合,"特定关系人本身不能直接利用职务之便为请托人谋取不正当利益,而是需要借助国家工作人员的职务和地位所形成的影响力才能对法益造成侵害,使得对法益的侵犯具有'间接性',这也是刑法对利用影响力受贿罪规定更低法定刑的实质理由"[1]。也就是说,特定关系人利用国家工作人员的职权为请托人谋取不正当利益,自己收受请托人的财物,实质上还是以权换利或钱权交易,只不过国家工作人员的权被特定关系人用来换钱,这种权钱交易具有间接性,因而是间接侵犯职务行为的不可收买性。据此可以肯定,利用影响力受贿罪是受贿范畴之内的罪,或者说是受贿犯罪的一种特殊类型,而不可能是与受贿无关的其他性质或类型的犯罪。

那么,能否将这种类型的受贿视为间接正犯呢? 回答显然是否定的。如前所述,按照区分制的理论,在数人参与真正身份犯的场合,无身份者不可能成为正犯。德国的罗克辛教授认为,真正身份犯属于义务犯,在有身份者(有特定义务的人)与无身份者共同犯罪的场合,只能是有身份者成为正犯,无身份者只有可能成为共犯。[2] 而间接正犯是正犯的一种类型,无身份者由于没有有身份者那样的相应的义务,自然也就不能成为属于义务犯的真正身份犯的间接正犯,因此,无身份者不可能成为作为真正身份犯的受贿罪的间接正犯。可见,我国《刑法》第388条之一不可能是关于受贿罪间接正犯的规定。既然利

---

[1] 参见本书《特殊类型贿赂犯罪的体系性及具体问题展开》一文。
[2] 参见周光权:《论身份犯的竞合》,载《政法论坛》2012年第5期。

用影响力受贿罪是无身份者可能单独构成的身份犯,又不可能是间接正犯,按区分制的理论就无法作出合理的解释。

按照单一正犯理论,在数人参与犯罪的场合,"所有行为主体在参与形式上,均为等价",也就是说无论是实施实行行为、教唆行为还是帮助行为者,都是等价的行为主体,不存在谁是核心人物、谁是依附(从属)者的问题。① 并且,"所有的参与者,都对其固有的不法、固有的责任进行答责"②。因此,在认定参与者是否构成犯罪时,认定犯罪的规则与单个人犯罪的场合完全相同。对数人参与真正身份犯的定罪也不例外,只不过无身份者不可能直接实施身份犯的实行行为,不能单独完成犯罪,但是,无身份者可以利用有身份者的行为来完成犯罪则是毋庸置疑的。正如日本著名刑法学家山口厚教授所述,"非身份者虽然不可能单独引起法益侵害,但若是介入身份者则可能(间接地)引起法益侵害"③。这也是对无身份者实施的教唆、帮助乃至其他的利用有身份者的行为,有处罚的必要性并且可以单独定罪处罚的重要原因所在。就受贿而言,如果没有国家工作人员利用职务为请托人谋利,受贿犯罪一般不可能完成,这也是无身份的教唆者、帮助者在通常情况下,要与国家工作人员通谋,并使之利用职务为请托人谋利,才可能达到共同受贿目的的原因。在无身份者利用国家工作人员的职务为请托人谋利,与国家工作人员共谋共同受贿的场合,对其定罪处罚是情理之中的事。当无身份者利用不知情的国家工作人员为请托人谋取不正当利益,自己单独收受请托人财物的,其行为虽有一定的特殊性,但正如前文所述,同样严重侵害国家工作人员职务行为的不可收买性,因而刑法将其规定为独立的犯罪。这与单一正犯理论并不

---

① 参见柯耀程:《参与与竞合》,元照出版有限公司2009年版,第38页。
② 〔日〕高桥则夫:《共犯体系和共犯理论》,冯军、毛乃纯译,中国人民大学出版社2010年版,第25页。
③ 〔日〕山口厚:《刑法总论》(第2版),付立庆译,中国人民大学出版社2011年版,第331页。

冲突。因为在数人参与真正身份犯的场合,按单一正犯理论,无身份的参与者大多是利用有身份者的行为来完成犯罪达到既定目的,至于被利用的对方是否具有责任能力、是否有犯罪的故意或过失、是否违法地实施了行为、实施的行为是否符合构成要件,对利用者能否构成犯罪,不会有任何影响。因此,在数人参与受贿犯罪的场合,无身份者利用国家工作人员的职权收受请托人的财物,无论国家工作人员对此是否知情,都不影响对无身份者定罪,只不过在国家工作人员知情时,无身份者构成受贿罪;在国家工作人员不知情时,无身份者构成利用影响力受贿罪。①

(二)刑法规定介绍贿赂罪与单一制不冲突但与区分制不相容

众所周知,介绍贿赂是在行贿人与受贿人之间沟通关系、撮合条件,使得贿赂行为得以实现的情形。一般认为,受贿与行贿属于对向犯,介绍贿赂的行为不仅对受贿行为起到帮助作用,也对行贿行为起到帮助作用,并且介绍贿赂者属于无身份者。就受贿而言,介绍贿赂者介绍国家工作人员受贿的,属于无身份者帮助身份者实施有身份的犯罪;就行贿而言,介绍贿赂者介绍行贿人向国家工作人员行贿的,属于无身份者帮助无身份者的犯罪。② 按赞成区分制的学者的主张,"凡是行贿罪、受贿罪的帮助行为,都是行贿罪、受贿罪的共犯行为,理当分别认定为行贿罪与受贿罪,而不得以介绍贿赂罪论处"③。况且,按照作为区分制根基的共犯从属性说,只有在正犯已着手实行犯罪即具备实行从属性的条件时,才能处罚作为共犯的教唆犯和帮助犯。而将本来属于帮助受贿、帮助行贿的行为规定为介绍贿赂罪,由于其是

---

① 参见陈兴良:《贪污贿赂犯罪司法解释:刑法教义学的阐释》,载《法学》2016 年第 5 期。
② 参见本书《特殊类型贿赂犯罪的体系性及具体问题展开》一文。
③ 张明楷:《刑法学》(第四版),法律出版社 2011 年版,第 1086 页。

独立的犯罪,作为帮助对象的正犯(直接行贿者、直接受贿者)是否已着手实行行贿或受贿行为,对介绍贿赂罪的成立已无多大意义,这就意味着实行从属性对这种教唆、帮助行为成立犯罪已失去了制约作用,这无疑与共犯从属性说相悖。

但是,正如前文所述,按单一正犯理论,所有犯罪参与者在参与形式上等价,没有核心人物与从属者之分,也不存在实施教唆、帮助行为者从属于实施实行行为者的问题,只要行为人实施了教唆、帮助犯罪的行为,无论被教唆、被帮助者是否已实行犯罪,教唆、帮助者均有可能构成犯罪。[①] 尽管刑法分则规定的故意犯罪行为,大多既包含实行行为,也包含教唆行为、帮助行为,甚至预备行为,一般并不需要对教唆、帮助行为做特别的处罚规定,但是如果某种教唆行为、帮助行为具有不同于一般犯罪的特殊性时,对之单独设处罚规定,以便于司法实践中认定犯罪并给予恰当的处罚,这与单一正犯理论并不冲突。[②] 就介绍贿赂罪而言,由于行为人大多只是在已有犯意的行贿人与受贿人之间进行沟通、撮合,只是为行贿者、受贿者帮忙,自己又不参与瓜分贿赂物,也不为自己谋取利益,这种帮助行为情节较轻、危害性有限,不宜重罚。但我国《刑法》规定的行贿罪、受贿罪的法定刑较高,特别是对受贿罪,司法实践中处罚很重,如果将介绍贿赂者作为行贿与受贿的帮助犯来论,按传统的刑法理论,大多要按受贿罪定罪处罚,不难想象处罚会过重。正是为了避免此种结果的发生,刑法单独设立了介绍贿赂罪,作为贿赂罪的特别减轻犯,规定了较轻的法定刑。

[①] 情节显著轻微、危害不大的,根据《刑法》总则第13条的规定,不认为是犯罪,自然应被排除在外。

[②] 参见刘明祥:《再释"被教唆的人没有犯被教唆的罪"——与周光权教授商榷》,载《法学》2014年第12期。

二、从单一正犯视角看受贿罪中的共同犯罪疑难问题

我国赞成区分制的学者大多认为,单一正犯理论存在明显的缺陷,在身份犯的场合,它会限制共犯的处罚范围。因为"根据这种观点,教唆犯与帮助犯都是正犯,于是,贪污罪、受贿罪等身份犯的教唆犯与帮助犯,也必须具有特殊身份,否则不成立教唆犯与帮助犯"①。但是,按笔者所主张的单一正犯理论,不仅不会出现限制身份犯的共犯处罚范围的问题,而且对受贿罪等身份犯中共同犯罪问题的处理,比用区分制理论来处理,更具有科学合理性。

上述赞成区分制的学者之所以得出单一正犯理论会不当限制身份犯的共犯处罚范围的结论,是因为仍采用区分制的观念来做这样的推论:既然单一正犯体系将所有犯罪参与者都视为正犯,教唆犯与帮助犯当然也是正犯,而真正身份犯的正犯只能是有身份者,贪污罪、受贿罪的正犯就只能是有国家工作人员身份的人,教唆、帮助国家工作人员贪污、受贿的人,大多不具有国家工作人员的身份,不能成为正犯,因而,按单一正犯理论,也就不能构成贪污罪、受贿罪。但是,这显然是对单一正犯体系中的"正犯"与区分正犯与共犯体系中的"正犯"做了相同的理解。实际上,这两种不同体系中"正犯"的含义完全不同。单一正犯体系中的"正犯"包括所有参与犯罪者,与"行为人"(或"犯罪人")同义,因而"单一正犯体系"又被称为"单一行为人"体系②,区分制体系中的"正犯"与"共犯"都包含在单一正犯体系的"正犯"之中。因此,无论是直接实行犯罪者,还是教唆或帮助他人犯罪者,由于都是犯罪的"行为人",自然也都在单一正犯体系的"正犯"范

---

① 张明楷:《刑法学》(第四版),法律出版社 2011 年版,第 354 页。
② 参见柯耀程:《参与与竞合》,元照出版有限公司 2009 年版,第 38 页。

围之中。在实施贪污罪、受贿罪等身份犯的场合,无国家工作人员身份的人固然不能直接实行贪污、受贿行为,但可以实施教唆或帮助国家工作人员贪污、受贿的行为,即可以成为贪污、受贿的行为人(也就是单一正犯体系中的"正犯"),是无可争议的事实,当然也应当认定为构成贪污罪、受贿罪,不可能出现对无身份的教唆者、帮助者无法定罪处罚的现象。不仅如此,按单一正犯理论,还能避免按区分制理论有可能出现的对身份犯的参与者处罚轻重失当、对身份犯的教唆未遂无法定罪处罚,以及对有身份者教唆无身份者实施身份犯难以准确定性的问题。对此,笔者围绕本文的主题,以受贿罪这种真正身份犯为例,分别做简要叙说。

第一,按区分制的理论,在无身份者教唆或帮助有身份者受贿的场合,有身份者是受贿罪的正犯,无身份者只有可能成为受贿罪的共犯(教唆犯或帮助犯),依照德、日等采取区分制的刑法规定,正犯处罚重、共犯处罚轻,不可能反过来,也就是说教唆、帮助受贿者,不可能比有身份的实行受贿者处罚重。由于我国《刑法》并无如何处罚正犯与共犯的规定,只有在共同犯罪的场合,将共同犯罪人分为主犯与从犯并给予轻重不同处罚的规定,认为我国《刑法》也是采取区分制的犯罪参与体系的学者,大多主张将主犯与正犯、从犯与共犯等同化(即正犯是主犯、共犯为从犯)。① 这样一来,就会出现与德、日同样的问题,即教唆、帮助有身份者受贿的,不可能比有身份的正犯处罚更重(只会更轻),就可能出现处罚轻重明显失衡的现象。例如,无身份的乙胁迫有身份的本来不愿受贿的甲受贿,乙收受并独吞了请托人提供的财物。按区分制的观念,有身份的甲是正犯,无身份的乙是共犯。如果将乙认定为帮助犯,那就要参照正犯甲的刑罚减轻处罚,乙的处罚就会比甲轻得多。这自然不具有合理性,也可以说是区分制体系的一大缺陷。但按单一正犯理论,参与者参与犯罪的行为形式,对处罚的轻重

---

① 参见周光权:《"被教唆的人没有犯被教唆的罪"之理解——兼与刘明祥教授商榷》,载《法学研究》2013年第4期。

并不起决定作用,处罚的轻重由其所参与犯罪的性质和参与的程度(即对犯罪的贡献大小)来决定。根据我国《刑法》的规定,在犯罪参与者构成共同犯罪的场合,应以犯罪人在共同犯罪中所起作用的大小为依据,分为主犯与从犯,并给予轻重不同的处罚。据此,将上述乙胁迫甲受贿的案件,认定为双方构成共同犯罪,因乙在共同犯罪中起主要作用而定为主犯,甲起次要作用而定为从犯,对乙的处罚重于甲,这完全符合情理和我国《刑法》的规定,并且做到了同一案件不同参与者之间处罚轻重的协调合理,避免了按区分制理论有可能出现的上述处罚轻重失衡的问题。

  第二,按区分制的理论,在无身份者教唆有身份者受贿而未遂,即被教唆者未犯被教唆的受贿罪的场合,无身份的教唆者不构成犯罪。如前所述,这是因为受贿罪是真正身份犯,无身份者既不可能单独构成受贿罪,也不可能成为受贿罪的间接正犯,并且根据共犯从属性说,被教唆者既然没有着手实行受贿行为,作为共犯的教唆者也就不具有可罚性。但是,教唆受贿而未遂的情况错综复杂,有的情节显著轻微,确实无处罚的必要性;也有的情节很严重,有相当大的处罚必要性。例如,某经济开发区主任 A 的妻子 B 得知大老板 C 申请重大项目需经 A 最后审批,于是找到 C 告诉其若想拿到项目,就得给她钱让她在丈夫 A 面前说情,C 只好给了她 100 万元。B 拿到钱之后,将实情告诉 A,要求 A 保证让 C 拿到项目。A 因担心事发进监狱而拒绝,要求 B 将钱退还给 C。B 不同意并威胁如果不帮忙让 C 拿到项目,使其被迫将钱吐出去,就将 A 与下属通奸的事告发纪委。A 因害怕事情败露,仍要求 B 退钱。后来 B 谎称已退钱,A 按正常程序审批,C 拿到了应拿到的项目。一年之后案发,A 仍不知其妻 B 并未退钱给 C。此案之中,有身份的丈夫 A 因拒绝接受妻子 B 的教唆,没有与之受贿的共同故意,显然不构成受贿罪,这属于无身份者教唆有身份者受贿未遂的情形。按前述区分制的理论,无身份的妻子 B 不可能单独构成受贿罪,也不可能构成其他犯罪。尽管我国《刑法》对国家工作人员的近亲属规定有可以单独构成的利用影响力受贿罪,但本案中 B 为 C 谋取的并非不正当利益,因而不能构成此罪。又由于 B 的行为也不符合诈骗、敲诈勒索等罪的构成要件,同样不可能构成这类犯罪。最终的结果是对 B 无法定罪处罚。但从 B 教唆受贿行为的手段,以及索取数额巨大财物的情节来看,无疑是具有相当严重的社会危害性,自然是应当定罪处罚。可见,按区分制理论处理此案,明显不具有合理性。

如前所述,依据单一正犯的解释论,刑法分则规定的故意犯罪行为大多包含教唆行为和帮助行为,无身份者虽然不能实施真正身份犯的实行行为,因而不能单独完成犯罪,但是,其教唆行为同非身份犯一样也具有侵害法益性,也可能单独构成犯罪。并且,我国《刑法》第 29 条第 2 款明文规定:"如果被教唆的人没有犯被教唆的罪,对于教唆犯,可以从轻或者减轻处罚。"我国通说认为,该条中的"被教唆的人没有犯被教唆的罪",是指被教唆的人没有按教唆犯的意思实施犯罪,即教唆未遂的情形。① 该条规定表明,对所有严重侵害或威胁法益的教唆未遂行为,均应定罪处罚,只是可以从轻或者减轻处罚。上述无身份者 B 教唆有身份者 A 受贿、A 拒绝而没有犯被教唆的受贿罪的情形,无疑也在《刑法》第 29 条第 2 款的范围之内,没有理由不对其定罪并适用该条款的从宽处罚规定。事实上,按单一正犯的定罪规则,上述无身份的 B 教唆有身份的 A 受贿遭拒案件中,B 有教唆 A 受贿的行为,这就具备了受贿罪客观方面的行为要件;同时 B 也有唆使 A 受贿的意思,对其行为可能引起的侵害法益的结果有认识而仍为之,表明其主观上有受贿的犯罪故意,具备受贿罪的主客观要件。至于受贿罪是真正身份犯,这只是表明具有特定身份的人才能实施受贿的实行行为,才能完成犯罪,并不意味着无身份者只可能与有身份者共同构成

---

① 参见刘明祥:《再释"被教唆的人没有犯被教唆的罪"——与周光权教授商榷》,载《法学》2014 年第 12 期。

受贿罪,而不能单独构成受贿罪,相反,无身份者完全有可能因其意志以外的原因(如因有身份者拒绝教唆等),不能与有身份者构成共同受贿罪,却因自己实施的教唆、帮助行为而单独构成受贿罪。

应当指出的是,对上述案件中无身份的 B 虽然应定性为受贿罪教唆未遂,但 B 却占有了请托者 C 提供的大量财物,或许有人会认为,由于受贿罪的既遂是以受贿方取得行贿方提供的财物为标志,既然 B 构成受贿罪并早已取得行贿方提供的大量财物,为何不是受贿罪既遂,却要认定为教唆未遂,适用《刑法》第 29 条第 2 款的规定,还可以从轻或者减轻处罚?笔者认为,这是因为普通受贿罪通常要求国家工作人员利用职权取得了行贿方的财物,才能认定为犯罪既遂。虽然并不一定是犯受贿罪的国家工作人员直接收受财物,完全有可能是其他共犯人,甚至是其不知情的近亲属或其他第三者代为收受,但这种代为收受必须是按受贿的国家工作人员的指使或委托而实施的,或者收受之后得到其认可的,才能视为国家工作人员受贿的实行行为取得了财物。而在上述教唆受贿未遂的场合,国家工作人员拒绝接受教唆,并要求教唆者退还已拿到的请托方提供的财物,这表明国家工作人员并未实施受贿的实行行为,即并未利用职权取得请托方的财物,因而受贿并非已既遂。教唆受贿者 B 在未征得有身份的 A 同意的条件下,先行向请托者索取财物的行为,是一种为共同受贿做准备的行为,由于并非国家工作人员利用职权取得的请托方的财物,不能视为受贿所得之物。有身份的 A 要求 B 将这种财物退还给请托方,B 不予退还却谎称已退还,这属于侵吞不法原因给付物的情形,有可能构成我国《刑法》第 270 条规定的侵占罪。

另外,教唆未遂(即被教唆的人没有犯被教唆的罪)时,对教唆犯来说,是构成预备犯还是未遂犯,在我国刑法学界有不同认识。[①] 笔者

---

① 参见刘明祥:《"被教唆的人没有犯被教唆的罪"之解释》,载《法学研究》2011 年第 1 期。

认为构成预备犯。正因为教唆受贿未遂是属于受贿犯罪预备的情形,比受贿既遂的社会危害性要小得多,尽管我国《刑法》总则规定,原则上处罚所有犯罪的预备犯,但在司法实践中,实际上只对重罪的预备犯才予以处罚。因此,对教唆受贿未遂,情节较轻的,不宜定罪处罚;情节严重的,如教唆受贿手段恶劣、教唆受贿数额巨大、教唆受贿枉法有可能给国家和人民利益造成严重损害的,才有必要定罪处罚。

第三,按区分制的理论,有身份的国家工作人员甲教唆无身份的妻子乙收受了请托者提供的贿赂,虽然认定甲、乙均构成受贿罪不成问题,但各自属于何种犯罪参与形式,即是正犯还是教唆犯或帮助犯,则有较大疑问并存在严重分歧。第一种观点认为,有身份者是间接正犯,无身份者为帮助犯[1];第二种观点认为,有身份者是教唆犯,无身份者为帮助犯[2];第三种观点认为,有身份者是直接正犯,无身份者为帮助犯[3];第四种观点认为,有身份者与无身份者成立共同正犯或共谋共同正犯[4];第五种观点认为,有身份者是教唆犯,无身份者为直接正犯[5]。笔者以为,在区分正犯与共犯的法律体系下,对有身份者教唆无身份者收受贿赂的情形,无论是采取上述哪一种观点或主张,均不具有合理性。

如果仅从行为的客观形式来论,有身份的国家工作人员指使家属代为收受贿赂,这是教唆受贿的行为,因而成立受贿罪的教唆犯;"家属代为收受贿赂的行为,就是受贿罪中的实行行为,理应成立受贿罪的直接正犯"[6]。但是,这样来论,显然是忽视了"无身份者实施的形

---

[1] 参见周光权:《刑法总论》(第二版),中国人民大学出版社2011年版,第215页。
[2] 参见〔日〕曾根威彦:《刑法总论》(第三版),弘文堂2003年版,第265页。
[3] 参见林维:《真正身份犯之共犯问题展开——实行行为决定论的贯彻》,载《法学家》2013年第6期。
[4] 参见黎宏:《刑法学》,法律出版社2012年版,第303页;〔日〕西田典之:《日本刑法总论》(第2版),王昭武、刘明祥译,法律出版社2013年版,第298页。
[5] 参见陈洪兵:《共犯论的分则思考——以贪污贿赂罪及渎职罪为例》,载《法学家》2015年第2期。
[6] 陈洪兵:《共犯论的分则思考——以贪污贿赂罪及渎职罪为例》,载《法学家》2015年第2期。

式上符合构成要件要素的行为(例如受贿罪中的收受财物行为),并不具备身份犯的构成要件行为所必须具备的、基于身份所实现的义务违反性,无身份者的类似行为在单独犯中不可能被评价为实行行为……不能认为原本不能成为单独实行犯的无身份者,可以因为参与到身份者的行为之中",而成为身份犯的实行犯(或正犯)。① 简而言之,无身份的家属虽然收受了请托人的财物,但由于其不是国家工作人员,也无职务上的便利,当然不属于国家工作人员利用职务上的便利收受请托人的财物的行为,因而不是受贿的实行行为,也不能成为受贿罪的实行犯(直接正犯)。况且,将有身份者认定为受贿罪的教唆犯、无身份者认定为受贿罪的正犯,还存在主从颠倒的问题。因为有身份者教唆无身份者收受贿赂,明显是处于犯罪的核心位置,无身份者按其旨意行事,自然是处于犯罪的从属地位,而按区分制的观念,正犯是犯罪的核心角色,包括教唆犯在内的共犯则是犯罪的从属(或依附)者,刑法规定对正犯处罚重、共犯处罚轻。虽然德、日刑法规定对教唆犯的处罚与正犯相同,但在司法实践中,"对于正犯的处罚要重于教唆犯"②。显然,将有身份的教唆受贿者置于从属(或次要)地位,给予比无身份者轻的处罚,无疑是不具有合理性的。

  正因为如此,在区分制的体系下,一些论者不得不做一些变通的解释,而不是纯粹从行为的表现形式,来认定参与犯罪者是正犯还是教唆犯或帮助犯。其中,一种在日本有力的主张是前述第二种观点,即认为有身份者是教唆犯、无身份者为帮助犯。由于教唆犯比帮助犯处罚重,这虽不会造成处罚轻重的失衡,但却出现了"无正犯的共犯"的不合理现象。作为教唆犯与帮助犯存在之基础的正犯不存在,共犯从属于正犯并以正犯着手实行犯罪为成立条件的观念,就无法得到贯

---

① 参见林维:《真正身份犯之共犯问题展开——实行行为决定论的贯彻》,载《法学家》2013年第6期。

② 黄荣坚:《基础刑法学(下)》(第三版),中国人民大学出版社2009年版,第491页。

彻。为了避免出现这样的问题,另有不少学者主张采取前述第一种观点,即认为有身份者是间接正犯、无身份者为帮助犯。因为这"属于有身份者利用无身份者实施身份犯'自己的'犯罪"的情形,以有身份的甲教唆无身份的妻子乙受贿的案件为例,"甲就是利用无特定身份的人实施只有国家工作人员才能构成的犯罪,因此,甲成立受贿罪的间接正犯,乙成立间接正犯的帮助犯"①。但是,德、日传统的通说认为,间接正犯是利用他人作为工具而犯罪的情形,其与教唆犯、帮助犯的最大不同在于,被利用来作为犯罪工具的人要么不成立犯罪,要么成立其他罪,不可能与利用者有相同的犯罪故意构成相同的罪,正如日本著名刑法学家西田典之所述,"诸如公务员让其妻子收受贿赂这种利用'无身份有故意的工具'的情形……有力观点认为,这属于利用'有故意的工具'的间接正犯。但是,由于行为人能充分理解自己行为的意义,很难说是在他人的支配之下实施了该行为",因而不能成立间接正犯。② 正因为如此,包括西田典之教授在内的一些学者提出了另一种解决的方案,就是采取前述第四种观点,认定有身份者与无身份者成立共谋共同正犯。③ 可是,共谋共同正犯的观念与作为区分制根基的传统的限制正犯概念论存在明显冲突,这种完全不以行为的客观形式而以行为人主观上的意思联络(共谋)作为共同正犯成立要件的主张,很难说具有科学合理性。④ 况且,日本的通说认为,参与共谋者中至少要有一人已实行了共谋的犯罪,共谋共同正犯才能成立。但正如前文所述,有身份的甲教唆无身份的妻子乙受贿的案例中,谁是受贿的实行者仍然存有疑问。既然谁是实行行为者,甚至是否有实行行

---

① 周光权:《刑法总论》(第二版),中国人民大学出版社2011年版,第243页。
② 参见〔日〕西田典之:《日本刑法总论》(第2版),王昭武、刘明祥译,法律出版社2013年版,第298页。
③ 参见〔日〕西田典之:《日本刑法总论》(第2版),王昭武、刘明祥译,法律出版社2013年版,第298页。
④ 参见徐伟群:《通往正犯之路:透视正共犯区分理论的思路》,载《台大法学论丛》2011年第40卷第1期。

为都不能确定,并且甲明显不在收受贿赂的现场,又怎么可能与乙构成受贿罪的共谋共同正犯或者普通共同正犯呢？另外,将无身份受指使收受贿赂的妻子乙,与丈夫甲都作为正犯(无论是共谋共同正犯还是普通共同正犯),摆在同样的位置给予同等的评价,自然也不合理。

有鉴于此,一些学者试图运用德国著名刑法学家罗克辛提出的义务犯的理论来做解释。按罗克辛的构想,犯罪类型主要有义务犯与支配犯之分。义务犯与支配犯不同,义务犯之正犯认定,无须考察犯罪支配,仅需有"特定义务违反"。只有具有特定义务的行为人才是正犯。[1] 作为身份犯的受贿罪的本质是侵害了法律赋予身份者的特定义务,因而受贿罪是义务犯。在数人共同犯受贿罪的场合,有义务身份者成立受贿罪的正犯,无义务身份者构成受贿罪的共犯。就上述甲教唆妻子乙收受贿赂的案例来论,我国主张用义务犯理论予以认定的论者中,有学者认为,"甲是受贿罪的间接正犯,乙是受贿罪的帮助犯"[2]。另有认为,甲是受贿罪的直接实行犯(即直接正犯),乙是受贿罪的帮助犯。[3]但是,"从侵害义务来寻求身份犯的本质,其前提本身存在疑问,同时,认为有与通常的犯罪完全不同的正犯原理,应当说也是不妥当的"[4]。

如前所述,对有身份者教唆无身份者收受贿赂的案件,如果以行为人实施的行为的客观表现形式来认定谁是正犯谁是共犯(教唆犯或帮助犯),固然是与作为区分制根基的传统限制正犯概念论相符,但却与正犯是犯罪的核心角色、共犯为犯罪的从属(依附)者的观念相悖。采取变通的方法将有身份者认定为正犯、无身份者认定为帮助犯,虽然与区分制的正犯与共犯的观念一致,并且能实现区分制的宗旨,即

---

[1] 参见许恒达:《身份要素与背信罪的共同正犯——Roxin 构成要件理论的检讨》(上),载《万国法律》2002 年第 123 期。

[2] 陈山:《"共犯与积极身份"之逆向命题的规范分析》,载《中国刑事法杂志》2011 年第 2 期。

[3] 参见林维:《真正身份犯之共犯问题展开——实行行为决定论的贯彻》,载《法学家》2013 年第 6 期。

[4] 〔日〕西田典之:《共犯理论的展开》,成文堂 2010 年版,第 86 页。

对参与者给予轻重协调的不同处罚,但是,上述变通方法都有一个共同的特点,就是脱离行为的客观形式而从实质上来评价行为人实施的行为。众所周知,甲指使乙收受别人提供的财物,行为的特点只是动口而未动手,对这样的行为通常都认定为教唆。而在有身份者对无身份者实施受贿的教唆行为时,将这种教唆者不认定为教唆犯,而认定为正犯(包括直接正犯、间接正犯、共同正犯或共谋共同正犯),显然是考虑到其在所参与的犯罪中的作用(或贡献),比表面上实施的是实行行为的被教唆者大,因而要给予更重的处罚才具有合理性,为此,不得不做与区分制的初衷相违背的判断,即不以参与者参与行为的形式为根据来区分正犯与共犯。这又从一个侧面表明,在数人参与犯罪的场合,以参与行为的形式为根据将参与者区分为正犯与共犯并给予轻重不同的处罚,虽然比较客观且容易判断,能避免法官主观随意地裁判,便于实现罪刑法定主义,但却无法贯彻到底。因为现实生活中的犯罪现象错综复杂,仅从参与行为的形式,有时对不同参与者在犯罪中的作用(贡献)大小,难以做出准确判断。上述有身份的甲教唆无身份的乙收受贿赂就是适例。而采取上述变通的方法,从实质上来做评价,不根据参与行为的形式而以参与者在犯罪中的作用(贡献)大小,来区分正犯与共犯,这样虽能达到对同案中的不同参与者处罚轻重协调的目的,但却不是从参与行为的形式上所做的区分,无疑会动摇区分制的根基。

此外,还应当看到,由于我国《刑法》是采取不区分正犯与共犯的单一制,没有关于正犯和帮助犯的规定,对共同犯罪中的教唆犯,虽有规定但也只是指出应按照其在共同犯罪中所起的作用处罚。因此,即便是按区分制的区分方法,对有身份者教唆无身份者收受贿赂的案件,认定谁是正犯谁是共犯(教唆犯或帮助犯)之后,如何处罚这种正犯、教唆犯或帮助犯,仍是一大难题。

但是,按照我国《刑法》关于共同犯罪的相关规定和单一正犯的理论,区分制所面临的上述难题即可迎刃而解。如前所述,在数人参与犯罪的场合，对参与者的定罪与单个人犯罪采用同样的规则，即根据每个参与者是否具备特定犯罪的主客观要件，来认定其是否构成犯罪。对上述国家工作人员甲教唆妻子乙收受他人提供之贿赂的案件，很容易认定甲客观上有受贿的行为、主观上有受贿的故意，因而构成受贿罪；不具有国家工作人员身份的乙，虽然不能单独实施受贿行为，但在与其丈夫有受贿的意思联络的条件下，认定其主观上有受贿的故意，客观上有帮助受贿的行为，同样因具备受贿罪的主客观要件而成立受贿罪。加上甲与乙之间既有受贿的共同故意，又有受贿的共同行为，当然成立受贿罪的共同犯罪。考虑到甲的行为对受贿犯罪的完成具有决定性的意义，乙只是受其指使而收受请托人提供的财物，对受贿犯罪的完成只起辅助性的作用，因而认定甲是主犯、乙是从犯，对乙的处罚比甲轻一些。至于甲实施的是受贿罪的教唆行为还是实行行为，即甲是教唆犯还是实行犯，乙实施的是受贿罪的帮助行为还是实行行为，即乙是帮助犯还是实行犯，对甲、乙的定罪和处罚，并不具有太大意义。因为只要能够肯定其行为具有国家工作人员利用职务上的便利收受贿赂的性质，无论是属于实行行为、教唆行为还是帮助行为，都不影响受贿罪的成立，并且对其处罚轻重无决定性的意义，因此，在我国，将参与受贿的行为人区分为正犯与共犯（教唆犯或帮助犯），既无法律根据，也无实际意义。

三、从单一正犯视角看特殊类型贿赂罪中的共同犯罪疑难问题

利用影响力受贿罪与介绍贿赂罪是我国刑法规定的两种颇有特色的特殊类型的贿赂罪。这两种犯罪都涉及一些特殊的共同犯罪问题，其中，特定关系人与国家工作人员共同受贿应如何定性，介绍贿赂

罪与行贿罪、受贿罪的共犯应如何区分,是司法实践中经常遇到的疑难问题,需要做进一步的研究。

(一)特定关系人与国家工作人员共同受贿之定性

如前所述,国家工作人员的近亲属等特定关系人,利用国家工作人员的职权,为请托人谋取不正当利益,收受请托人的财物而不告诉国家工作人员,由于国家工作人员无受贿的故意,不构成受贿罪,所以也无法按受贿罪的共犯对特定关系人定罪处罚,这就出现了处罚漏洞。为此,《刑法修正案(七)》增设利用影响力受贿罪,以弥补这一漏洞。增设此罪之后,特定关系人可以单独或与其他人共同构成此罪,自然是无可争议。但是,如果是特定关系人与国家工作人员共谋,利用其职务上的行为,或者利用其职权或地位形成的便利,通过其他国家工作人员职务上的行为,为请托人谋取不正当利益,让特定关系人收受请托人提供的大量财物。对于这类案件的定性,以前大多认为国家工作人员与特定关系人构成受贿罪的共同犯罪;现在则有较大认识分歧。有学者认为,只能认定为受贿罪的共同犯罪,对双方都应按受贿罪定罪处罚。① 另有学者认为,应分别定罪,即对国家工作人员定受贿罪,对特定关系人定利用影响力受贿罪。② 还有学者认为,双方属于共同犯罪,都触犯两个罪名,即受贿罪和利用影响力受贿罪,至于如何处理,又有两种不同主张:一种主张认为,这属于正犯与共犯竞合的情形,受贿罪中国家工作人员是正犯、特定关系人为共犯,利用影响力受贿罪中特定关系人是正犯、国家工作人员为共犯,按正犯优先的原则确定罪名,国家工作人员定受贿罪,特定关系人定利用影响力受贿

---

① 参见陈兴良:《贪污贿赂犯罪司法解释:刑法教义学的阐释》,载《法学》2016年第5期。
② 参见陈洪兵:《共犯与身份的中国问题》,载《法律科学》2014年第6期。

罪。① 另一种主张认为，这属于想象竞合的情形，在"无身份者与有身份者的共同故意犯罪行为同时触犯了两个以上罪名的情况下，应当认定为较重罪的共同犯罪"②。赵春玉博士也赞成后一种主张。③

在笔者看来，首先必须弄清在国家工作人员与特定关系人有共同受贿的犯罪故意的情况下，利用该国家工作人员的职权或职务便利收受贿赂，双方是否还有可能构成（或触犯）利用影响力受贿罪。如果根本不可能构成此罪，那就只能继续遵循过去的做法，即对双方按（共同）受贿罪定罪处罚。如前所述，利用影响力受贿罪是为弥补这样的处罚漏洞而增设的，即在国家工作人员不知情时，特定关系人利用其职权或职务便利收受请托人大量财物却不能定罪处罚。这既是立法的动因（或宗旨）之所在，也是我们在理解和适用该规定时必须牢记的。也就是说，在双方存在受贿的共同故意的场合，由于不存在适用利用影响力受贿罪的前提条件，不仅国家工作人员不能构成（或触犯）此罪，特定关系人也同样如此。

从《刑法》第388条之一的规定来看，利用影响力受贿罪必须是国家工作人员的近亲属等特定关系人，"通过该国家工作人员职务上的行为，或者……通过其他国家工作人员职务上的行为，为请托人谋取不正当利益，索取请托人财物或者收受请托人财物"，这表明该罪只能是特定关系人通过国家工作人员职务上的行为为请托人谋利而自己收受请托人财物，也就是特定关系人受贿，而不是国家工作人员受贿。由于国家工作人员不知道特定关系人要收受或已收受请托人财物，尽管其行为（即为请托人谋取不正当利益）客观上产生了帮助特定关系人受贿的作用，也因过失帮助他人犯罪不可能与之构成共同故意犯罪，而不能成为利用影响力受贿罪的共犯。但

---

① 参见本书《特殊类型贿赂犯罪的体系性及具体问题展开》一文。
② 张明楷：《刑法学》（第四版），法律出版社2011年版，第397页。
③ 参见本书《特殊类型贿赂犯罪的体系性及具体问题展开》一文。

在国家工作人员与特定关系人有受贿的共同故意的情况下,尽管客观行为的表现形式是特定关系人直接收受了请托人提供的财物,正如前文所述,按单一正犯的解释论,还是应该从实质上评价为国家工作人员利用职务上的便利收受了请托人的财物,特定关系人只是代收,即便其独吞了收受的贿赂物,也如同国家工作人员要请托人向第三者提供贿赂物一样,仍然只能视为代国家工作人员收受贿赂物,并且,无论是知情人代收还是不知情人甚至是与国家工作人员无任何关系的人代收,都与国家工作人员直接接收只有形式上的差别,并无实质的不同,都应当认定为国家工作人员受贿。无身份的特定关系人等只可能是帮助或教唆国家工作人员受贿,而不可能代替国家工作人员受贿。既然在国家工作人员与特定关系人有受贿的共同故意的场合,只能视为国家工作人员受贿,不能评价为特定关系人受贿,而利用影响力受贿罪又只能是特定关系人受贿,这就意味着在这种场合特定关系人也不能构成利用影响力受贿罪。只不过由于特定关系人与国家工作人员有受贿的共同故意,并有教唆或者帮助国家工作人员受贿的行为,因而也构成(共同)受贿罪。正如陈兴良教授所述,"国家工作人员与特定关系人共谋,在这种情况下,双方构成受贿罪的共犯是没有疑问的。反之,如果没有这种共谋,则国家工作人员不构成受贿罪,但特定关系人可以单独构成利用影响力受贿罪"①。如果特定关系人事先并没有与国家工作人员共谋,其利用国家工作人员职务上的便利为请托人谋取利益并收受请托人的财物,尔后告诉国家工作人员,国家工作人员知道后未退还或上交的,按照2016年《解释》第16条第2款的规定,"应当认定国家工作人员具有受贿故意",据此,"对于国家工作人员应当以受贿罪论处,与此同时,特定关系人也应当以受贿的共犯论处"②。同样不存在国家

---

① 陈兴良:《贪污贿赂犯罪司法解释:刑法教义学的阐释》,载《法学》2016年第5期。
② 陈兴良:《贪污贿赂犯罪司法解释:刑法教义学的阐释》,载《法学》2016年第5期。

工作人员与特定关系人双方或一方还触犯利用影响力受贿罪,即没有按此罪定罪处罚的余地。

需要进一步研究的是,如果特定关系人通过国家工作人员职务上的行为,为请托人谋取不正当利益,收受请托人大量财物后告诉该国家工作人员,国家工作人员知道后责令其退还,特定关系人谎称已退还而予以独吞,或者是特定关系人教唆国家工作人员受贿遭到拒绝后,仍利用该国家工作人员职务上的行为,为请托人谋取不正当利益,收受了请托人大量财物,但国家工作人员不知道。这属于特定关系人有教唆、帮助国家工作人员受贿的犯意,但遭对方拒绝后,又产生自己单独受贿即利用影响力受贿的犯意的情形。国家工作人员因无受贿罪和利用影响力受贿罪的犯罪故意,当然不可能构成这两种罪。特定关系人有教唆、帮助国家工作人员受贿的故意和行为,但由于国家工作人员拒绝而未实行受贿,属于前述"教唆未遂""帮助未遂"的情形,处于受贿犯罪的预备状态。情节较轻的,不构成犯罪;情节严重的,构成受贿罪。特定关系人后来又产生了自己单独受贿的犯意,向国家工作人员隐瞒收受请托人财物的实情,仍然利用其职务上的行为为请托人谋取不正当利益,这种改变犯意后才实施利用影响力受贿行为的,属于前后实施了两个侵害同一法益的行为(即受贿罪与利用影响力受贿罪)的情形。由于前罪处于预备状态、后罪已既遂,从司法便宜的角度考虑,没有必要数罪并罚,一般按实际完成的犯罪定罪处罚。如同行为人预谋入室抢劫,并带上了将室主捆绑起来后洗劫财物的绳索等作案工具,但入室之后发现室主不在家,搜寻到大量财物后离去。对这种预谋抢劫、实际上盗窃的案件,尽管先后有两个行为,但是由于前行为是抢劫预备、后行为是盗窃既遂,司法实践中,大多只是按盗窃(既遂)罪定罪处罚。基于同样的理由,对特定关系人先后两个行为分别构成受贿(预备)罪与利用影响力受贿(既遂)罪的情形,一般也只按利用影响力受贿一罪定罪处罚。另外,特定关系人还可能只有一个行为而触犯受贿罪与利用影响力受贿罪两罪的情形,上述特定关系人通过国家工作人员职务上的行为,为请托人谋取了不正当利益,收受请托人大量财物后才告诉该国家工作人员,国家工作人员知道后责令其退还,特定关系人后来谎称已退还却予以独吞的,这就是适例。特定关系人的行为只有一个,但与受贿罪和利用影响力受贿罪的客观要件相符,在其有与国家工作人员共同受贿故意时,构成受贿罪;在其仅有独自受贿的故意时,成立利用影响力受贿罪。这属于同一行为因犯意转变而转化为其他罪的情形。由于特定关系人事先基于受贿罪故意的行为,应视为帮助国家工作人员受贿未遂,如果情节严重,可能构成受贿罪的预备犯;而其改变犯意之后的行为,应认定为利用影响力受贿罪的既遂犯。因为只有一个行为,对所触犯的两罪不存在并罚的余地,所以通常应按利用影响力受贿(既遂)罪定罪处罚。

(二)介绍贿赂罪与受贿罪、行贿罪的共犯之区分

如前所述,介绍贿赂罪是我国《刑法》规定的一种特殊的帮助行贿与受贿的犯罪类型,由于其最高法定刑为3年有期徒刑,比受贿罪和行贿罪的最高法定刑(前者是死刑后者为无期徒刑)要轻得多,因而可以视为这两种贿赂罪的特别减轻犯。我国《刑法》分则对犯罪的帮助行为做特别规定的情形并不少见,有的将某种犯罪的帮助行为规定为与实行行为同等对待,如第205条(虚开增值税专用发票罪)第3款;也有的将某种帮助行为规定为独立的犯罪,如第287条之二(帮助信息网络犯罪活动罪);还有的将某种帮助行为规定为独立犯罪并比所实行之犯罪的法定刑更重,如第321条[运送他人偷越国(边)境罪]。① 但是,将某种犯罪的部分帮助行为作为特别减轻犯,规定独立

---

① 参见刘明祥:《论我国刑法不采取共犯从属性说及利弊》,载《中国法学》2015年第2期。

罪名与特别轻的法定刑,这在我国《刑法》中还十分少见。正如前文所述,基于某些犯罪的教唆、帮助行为的特殊性,刑法将其规定为独立的犯罪予以单独处罚,无疑是必要的,并且与单一正犯体系不冲突,只是与区分制体系不相容。当然,即便是在单一正犯体系下,也只能是在某种犯罪的教唆、帮助行为确有特殊性,确实需要刑法做特别规定才便于认定这种犯罪并使之受恰当处罚时,才做特别规定。正是基于此种认识,笔者认为,我国《刑法》并无必要规定介绍贿赂罪。因为在没有介绍贿赂罪的条件下,对介绍贿赂而又有处罚必要性的行为,都可以按行贿罪或受贿罪的共同犯罪来处罚,不会出现处罚漏洞。另外,由于我国《刑法》不是根据犯罪参与者参与行为的形式,而是按照其在共同犯罪中所起作用的大小分为主犯与从犯,分别给予轻重不同的处罚。如果参与者在共同犯罪中所起作用较小,需要给予轻一些的处罚,就可以将其认定为从犯。根据《刑法》第27条第2款的规定,对于从犯一般应当从轻处罚。如果其在共同犯罪中所起的作用特别小,还可以减轻处罚,甚至免除处罚。就介绍贿赂而言,如果行为人介绍贿赂,行贿与受贿的双方虽然都分别构成了犯罪,但只是普通犯、处罚都比较轻,介绍贿赂的情节不严重,对其就可以适用《刑法》总则第13条"但书"的规定,"不认为是犯罪"。如果介绍贿赂的情节很严重,不仅构成犯罪,而且还需要给予较重的处罚,无论是按照(共同)行贿罪,还是(共同)受贿罪定罪处罚,都很容易做到。如果介绍贿赂的行为需要当犯罪处罚,但不能给予同受贿者、行贿者相当的处罚,而需要给予特别轻的处罚,这或许是立法者考虑到绝大多数介绍贿赂属于这种情形,因而将其作为特别减轻犯予以单独规定的原因所在。但是,即便刑法没有规定介绍贿赂罪,将需要给予特别轻处罚的介绍贿赂者,根据案情认定为(共同)受贿罪或(共同)行贿罪的从犯,依照《刑法》第27条第2款的规定减轻处罚,甚至免除处罚,同样可以达到作为减轻犯规定的立法目的。况且,刑法规定的介绍贿赂罪只是将部分帮助行贿、受贿的行为(即介绍行为)纳入此罪的范围,仍有相当一部分帮助行贿、受贿(如帮忙接收移送贿赂物等)被排除在外,这就导致同样的帮助行为却要定不同的罪,并且处罚轻重很难协调。同时,还带来了介绍贿赂罪与因帮助甚至教唆行贿、受贿而成立的(共同)行贿罪、(共同)受贿罪难以区分的问题。

毋庸置疑的是,在刑法尚未取消介绍贿赂罪的情况下,区分介绍贿赂罪与行贿罪、受贿罪的共犯尽管是一大难题,但还是需要正确面对,并尽可能想办法做相对合理的区分。在笔者看来,合理区分的前提是要正确认识介绍贿赂罪是有关贿赂罪的一种特别减轻犯的规定,由于该规定本身存在缺陷,必须做严格限制解释才能适当弥补。如前所述,介绍贿赂只是帮助贿赂中的一种特殊行为,并不包括所有帮助贿赂的行为,因此,区分介绍贿赂与其他帮助贿赂的行为是问题的关键所在。一般来说,所谓介绍贿赂,是指在行贿人与受贿人之间进行引荐、沟通、撮合,使行贿与受贿得以实现。介绍贿赂只能是在双方均有意(即行贿方有意行贿、受贿方有意受贿)的条件下实施。如果仅仅只是在得知一方有行贿或受贿的意思的情况下,为其寻找行贿者或受贿者,最终促成贿赂的实现,如行为人得知某市长有"卖官"挣钱的想法之后,为其找到几位想得到提升的科长,建议他们给该市长送钱,这种帮助受贿者寻找向其行贿之人的情形,属于帮助受贿、教唆行贿,不是介绍贿赂,应按(共同)受贿罪定罪处罚。也就是说,只有在行贿者有向某人行贿的意思,受贿者有收受该行贿者之贿赂的意愿,只是需要有人帮忙沟通一下的场合,行为人也仅仅只是居中做了点沟通的事,这才属于介绍贿赂。例如,某人急于想升职局长,想给有决定权的市长送钱请其帮忙,市长知道其在人选范围内,也想要其给点钱才愿意帮忙,但双方都不知道对方的真实想法。李某作为二人的朋友得知双方的想法之后,分别告诉二人并约他们到一酒店吃饭,想升职的下级向市长送了大量财物。李某因此而构成介绍贿赂罪。

应当注意的是,介绍贿赂者只能是在有意行贿与有意受贿的双方之间居中介绍,这就决定了其不能参与分享贿赂的成果或利益。例如,某公司老板想向某国家工作人员行贿,使在其手中审核的本公司项目能顺利通过,该国家工作人员也希望能趁机收一点钱,国家工作人员的妻子知道后约该老板与其丈夫在一起吃饭,使双方达成了协议、完成了权钱交易。此例之中,由于国家工作人员的妻子是贿赂成果的分享者,不能因为其在有意行贿与有意受贿的双方之间做沟通,使行贿与受贿得以实现,就将其认定为介绍贿赂罪,而应当看到其实质上是帮助其丈夫受贿并与之共同占有受贿所得的赃款赃物,并非纯粹的居中介绍,因而与其丈夫构成受贿的共同犯罪。又如,行为人在有意行贿与有意受贿的双方之间进行沟通,促成了行贿与受贿的实现。行贿方谋取了不正当利益,行为人也跟着受益,只是所获利益少一些。这也同样不能视为居中介绍,应认定行为人构成行贿罪的共同犯罪。

还应当看到,"通常情况下,受贿者作为感谢或者酬劳,可能会从所收受的贿赂中给介绍者一部分",如果所占比例和数额不大,"不能说是介绍者和受贿者共同分享了该贿赂"①,并且若是偶尔实施的,则不影响介绍贿赂罪的成立。但如果是多次实施并获取大量酬劳,甚至已成为"职业掮客"的,有学者认为也应定介绍贿赂罪。② 笔者不赞成这种主张。如前所述,介绍贿赂罪的法定刑很低,属于贿赂罪的特别减轻犯,这就决定了这种犯罪的主观恶性和客观危害性都必须相对较小。也就是说,介绍贿赂有既帮助受贿,也帮助行贿的双重性质,之所以不按(共同)受贿罪或(共同)行贿罪定罪处罚,很重要的原因大多

---

① 黎宏:《刑法学》,法律出版社2012年版,第969页。
② 参见于志刚:《中国刑法中贿赂犯罪罪名体系的调整——以〈刑法修正案(七)〉颁行为背景的思索》,载《西南民族大学学报(人文社科版)》2009年第7期。

是偶尔为熟人朋友帮忙,既不参与贿赂成果或利益的分享,也不从中谋利,因而,情节轻微,不宜重罚。但如果是多次实施获取大量财物,甚至已成为职业掮客,那就表明其主观恶性和客观危害性都已超出了介绍贿赂罪的范围,一般应按(共同)受贿罪定罪处罚。

贿赂犯罪资金追缴问题研究

——以洗钱犯罪为视角

李 春*

贿赂犯罪是古今中外皆严惩的犯罪行为。贪利是贿赂犯罪的原因,利益输送是贿赂双方的运作规则,资金清洗转化使用是最终目的,因此贿赂犯罪的资金追缴是提高犯罪成本,加大犯罪风险,遏制此类犯罪的优化途径。本文以刑法洗钱犯罪为视角,剖析贿赂所得资金追缴现状、制约及完善。

一、追缴现状分析

(一)涉案资金与追缴成效显失均衡

随着经济的发展,贿赂犯罪涉案资金数额越来越大,甚至到令普通民众瞠目结舌的地步,虽然国家也加大了打击贿赂犯罪和追缴赃款赃物的力度,但由于受贿人及其帮助者转换贿赂资金的藏匿空间,潜流暗移,诡秘运行,导致贿赂资金很难被查找和认定。尤其是在国内法律、政策、金融、纪律的严控之下,将贿赂资金转移到境外成为首选。

---

* 云南大学法学院教授,硕士生导师。

资金追缴的成效与涉案资金相比显失均衡。

目前,贿赂犯罪嫌疑人潜逃境外和转移资金的目的地主要集中于北美、澳大利亚、东南亚地区。相当多的外逃者利用我国香港特区世界航空中心的区位优势,以及我国香港特区居民前往原英联邦所属国家可以实行"落地签"的便利,再逃到其他国家。笔者做过的调研资料表明,仅云南携巨款外逃官员就有84人,如某国企旅游集团公司董事长出逃美国涉案资金是3000多万元;某国企卷烟厂厂长61岁出逃美国携款1600万元。但至目前为止,这些犯罪所得资金被追缴情况不太理想,以北京市2012年发布的数据为例,检察机关尽管近年来不断加大职务犯罪境外追赃、追逃以及劝返工作力度,但也只从境外追缴赃款5000余万元。

(二)追缴网络日益严密与追缴难度逐渐增加

当前我国对贿赂犯罪的社会规范控制包括法律规范、政策规范、纪律规范、道德规范。在法治社会,应更强调法律规范的作用和价值。晚近以来,通过刑法规范控制贿赂犯罪的刑事法网日渐严密,犯罪成本提高,如无法证明资金来源合法的"巨额财产来源不明罪",隐瞒、掩饰犯罪所得及犯罪所得收益罪,以及清洗资金来源的"洗钱罪",在刑法的附加刑中还有罚金和没收财产。

虽然刑法规范严密刑事网络,但刑事司法中对犯罪所得资金的追缴难度却与日俱增。其一体现为国内犯罪数量居高不下,以《2014中国企业家犯罪报告》中提到的国内企业家犯罪的罪种和罪名结构特征为例,2014年799名企业家触犯的总罪名数是50余个,国有企业领导触犯的罪名数是22个,主要的罪名集中在贪污贿赂罪,占比接近32%[1];以2015年全国检察机关共立案侦查的案件为例,查办贪污贿

---

[1] 参见《〈2014中国企业家犯罪报告〉发布会实录》,载《河南警察学院学报》2015年第2期。

赂、挪用公款100万元以上案件共4490件,同比上升22.5%。其二,体现在境外追逃追赃方面,由于我国尚未与西方主要发达国家签订双边引渡条约,面临境外追赃步履维艰,追逃追赃成本高昂、经验缺乏等挑战。其三,表现为境内打击境外转移,边追边逃,涉案时间长。近年来外逃人数不断攀升,涉及的国家和地区不断增多,有90余个,同时案件时间久远,信息缺失,线索减少,导致缉捕难度增大。

针对国内国外缉捕涉案人员,追缴资金存在的难点,应当反思我们的法律适用以及国际合作,开拓境内境外追逃追赃的新途径,树立境内境外追逃与追赃并重,犯罪预防与法律惩戒双管齐下的理念。由此,本文以洗钱犯罪为视角,探讨如何在国际社会间形成共识,实现追缴贿赂犯罪所得资金的最优途径。

二、洗钱犯罪在贿赂犯罪资金追缴中的适用及制约

(一)我国《刑法》关于洗钱罪的规定

1997年《刑法》第191条规定:"明知是毒品犯罪、黑社会性质的组织犯罪、走私犯罪的违法所得及其产生的收益,为掩饰、隐瞒其来源和性质,有下列行为之一的,没收实施以上犯罪的违法所得及其产生的收益,处五年以下有期徒刑或者拘役,并处或者单处洗钱数额百分之五以上百分之二十以下罚金;情节严重的,处五年以上十年以下有期徒刑,并处洗钱数额百分之五以上百分之二十以下罚金:(一)提供资金账户的;(二)协助将财产转换为现金或者金融票据的;(三)通过转账或者其他结算方式协助资金转移的;(四)协助将资金汇往境外的;(五)以其他方法掩饰、隐瞒犯罪的违法所得及其收益的性质和来源的。单位犯前款罪的,对单位判处罚金,并对其直接负责的主管人员和其他直接责任人员,处五年以下有期徒刑或者拘役。"2001年

"9·11"事件后,《刑法修正案(三)》将恐怖活动犯罪增加为洗钱罪的上游犯罪,并且在第2款(单位犯罪)条文后增加"情节严重的,处五年以上十年以下有期徒刑"。历经争论后,2006年《刑法修正案(六)》对洗钱罪的上游犯罪在原来的四类犯罪基础上,又增加了贪污贿赂犯罪、破坏金融管理秩序犯罪、金融诈骗犯罪三类犯罪,并对行为要件的表述、处罚规定作了修改。至此,贪污贿赂犯罪成为洗钱罪的上游犯罪。

《刑法》第191条的规定也称为狭义洗钱罪。2009年最高人民法院颁布《关于审理洗钱等刑事案件具体应用法律若干问题的解释》明确了洗钱犯罪的广义概念,即《刑法》第191条、第312条、第349条三条洗钱犯罪条文之间的关系和处罚原则。同时厘清了明知是犯罪所得及其产生的收益而予以掩饰、隐瞒,既构成《刑法》第312条规定的犯罪,又构成《刑法》第191条或者第349条规定的犯罪的,依照处罚较重的规定定罪处罚。并且对《刑法》第191条第1款规定的"以其他方法掩饰、隐瞒犯罪所得及其收益的来源和性质"进一步予以明确,即通过典当、租赁、买卖、投资等方式,协助转移、转换犯罪所得及其收益;通过与商场、饭店、娱乐场所等现金密集型场所的经营收入相混合的方式,协助转移、转换犯罪所得及其收益;通过虚构交易、虚设债权债务、虚假担保、虚报收入等方式,协助将犯罪所得及其收益转换为"合法"财物;通过买卖彩票、奖券等方式,协助转换犯罪所得及其收益;通过赌博方式,协助将犯罪所得及其收益转换为赌博收益;协助将犯罪所得及其收益携带、运输或者邮寄出入境。2016年《解释》为司法机关依法准确有效地打击洗钱犯罪活动提供了实体认定和程序适用依据。

本文以《刑法》第191条(洗钱罪)上游犯罪之一的贿赂犯罪为视角,就贿赂犯罪所得资金的追缴问题进行分析。

(二)洗钱罪在追缴资金中的适用

1. 预防监管机构的协查配合力度与实际司法追缴查处效果相差甚远

反洗钱的实践证明,等到贪污贿赂犯罪定罪后再去追缴犯罪所得,非法资金早已被转移。因此在贿赂犯罪中要强化预防监控体系,通过反洗钱资金监测与分析,及时发现线索,遏制腐败活动的蔓延,防止非法资金外逃。2007 年,中国人民银行与外国金融情报中心签订谅解备忘录(MOU),明确规定相关资金流动的情报交换,追踪外逃资金的流向;协助侦查机关破获的涉嫌洗钱案件中涉嫌腐败犯罪的约占 5.6%。[①] 但与每年定罪判刑的贪污贿赂型案件相比,资金追缴实际执法和洗钱罪的追诉效果并不理想。1997 年至 2009 年,全国法院以《刑法》第 191 条洗钱罪审理并追究刑事责任的洗钱案件仅 20 余件。[②] 由此可见,以洗钱罪追究贿赂犯罪的寥寥无几。

2. 案例实证研究

(1)涉贪洗钱第一案的开创性意义

2008 年 8 月 1 日,重庆市第二中级人民法院对重庆市巫山县交通局原局长晏大彬受贿、其妻傅尚芳洗钱一案公开宣判,认定被告人晏大彬犯受贿罪,判处死刑,剥夺政治权利终身,并处没收个人全部财产;认定傅尚芳犯洗钱罪,判处有期徒刑 3 年,缓刑 5 年,并处罚金 50 万元。此案是我国首例腐败洗钱案,也是中国人民银行反洗钱部门和公安机关经侦部门大力配合国家反腐败工作的典型案例,对我国的反腐败和反洗钱工作均具有重要的指导意义,是洗钱罪设立以来第一例

---

① 参见《加大反洗钱力度 严厉打击洗钱犯罪——人民银行反洗钱局局长唐旭接受中国政府网在线访谈》,载 http://www.pbc.gov.cn/fanxiqianju/135153/135296/2872431/index.html,2016 年 7 月 15 日访问。

② 参见刘为波:《〈关于审理洗钱等刑事案件具体应用法律若干问题的解释〉的理解与适用》,载《人民司法》2009 年第 23 期。

上游犯罪是贪污贿赂罪的洗钱案。① 本案的典型意义在于揭示了当时贿赂资金的主要转移存放形式为现金购买多套房产,用他人名义购买理财产品、人寿保险;因不敢触及金融业已经架设的反洗钱监测网络,被迫选择了将1200万元现金藏匿闲置住宅中的方法。② 由于反洗钱监测网络加强,近年来,大量贿赂犯罪所得资金通过洗钱或掩饰隐瞒等方法被转移至境外,在一定程度上也使得洗钱或掩饰隐瞒的转型升级,变得更为隐蔽。

(2)近年来的司法实践及理论研究

截至2016年4月12日,笔者查询北大法意数据库,其中25个洗钱案例中涉贪贿洗钱的有4例,占比为16%。

由中国人民银行反洗钱局组织编写的《中国洗钱犯罪案例剖析》精选了近年来我国破获的重大典型洗钱案件(不一定是法院审理认定的洗钱犯罪),涵盖了毒品洗钱案例8例;走私洗钱案例5例;腐败洗钱案例9例;金融诈骗洗钱案例12例;地下钱庄洗钱案例17例;税务洗钱案例6例;非法集资、传销案例9例;黑社会、赌博及其他洗钱案例7例在内的共八类73例。其中,腐败洗钱案例占全部案例的12%。

理论研究方面,以中国知网文献检索为例,截至2016年7月15日,输入"贪污贿赂洗钱",结果显示:查询"全文"为233篇,查询"主题"为116篇,查询"篇名"为17篇,查询"关键词"为1篇,查询"摘要"为5篇。同样检索条件,换为输入"贪污贿赂",结果显示:查询"全文"为124080篇,查询"主题"为11386篇,查询"篇名"为1626篇,查询"关键词"为155篇,查询"摘要"为4446篇,仅"篇名"一项的对比,就是贪污贿赂洗钱文献研究总量只占贪污贿赂研究文献总量的

---

① 参见《加大反洗钱力度 严厉打击洗钱犯罪——人民银行反洗钱局局长唐旭接受中国政府网在线访谈》,载http://www.pbc.gov.cn/fanxiqianju/135153/135296/2872431/index.html,2016年7月15日访问。

② 参见严立新:《反洗钱:阻击贪腐黑金》,载《检察风云》2010年第7期。

1%左右。

由此可见,在寥寥无几的洗钱判例中涉贪贿洗钱无论在司法实践抑或理论研究中都有很大的提升空间。

(三)洗钱犯罪在资金追缴中的制约因素

1. 观念制约:重抓人、轻追赃;重境外、轻境内;重《刑法》第312条、轻《刑法》191条

古典刑法学注重理性人对犯罪成本与收益的权衡,认为剥夺生命与自由是最大的风险,在现代社会就表现为对犯罪人自由的限制和生命的剥夺,在实际执法中,更强调对犯罪嫌疑人的缉拿归案,对被告绳之以法,一关了之,昭告天下。洗钱犯罪对资金追缴的运用不足,其实就是体现了传统刑罚中重抓人、轻追赃,重视国际影响、忽略境内"破窗"效应,重视传统"赃物"罪的适用、惰于对新法条的接受运用。司法研究者也承认:依照《刑法》第191条、第312条、第349条被定罪处罚的犯罪人每年均达1万余人。尤其是在2006年《刑法修正案(六)》颁布实施后,以《刑法》第312条追究刑事责任的犯罪人数迅速增加,据统计,2005年至2008年年均递增2.062%。一些司法机关对于依法打击洗钱、恐怖融资犯罪活动的重要性认识不足,重上游犯罪、轻洗钱犯罪以及重《刑法》第312条、轻《刑法》第191条的传统司法观念尚未得到根本转变,实践中对于洗钱犯罪活动的查处仍相对薄弱。上述问题在一定程度上制约了刑事打击洗钱活动的有效性。[①]

但在法经济学的观念中,所有法律活动,包括一切立法和司法以及整个法律制度,事实上是在发挥着分配稀缺资源的作用,因此所有法律活动都要以资源的有效配置和合理利用,即效益最大化为目的,所有的法律活动基于此论断都可以用经济学的方法来分析和指导。

---

① 参见刘为波:《〈关于审理洗钱等刑事案件具体应用法律若干问题的解释〉的理解与适用》,载《人民司法》2009年第23期。

比较各种行为之间经济效益的差异,有助于法律制度改革,最终有效地实现最大的经济效益。

所以,与时俱进,顺应经济和社会的变化,在观念中,传统与创新并重,抓人与追赃并行,境内境外联动并举,加大洗钱罪的适用,可以最大限度发挥贿赂资金追缴的经济效益,强化对贪贿类犯罪的预防教育。

2. 立法制约:洗钱犯罪的主体限制,自洗钱行为人不纳入洗钱罪主体

我国刑法中洗钱罪的主体是否包含上游犯罪的主体,学者间存在争论,争论主要在于对洗钱罪第五种行为方式的理解,即对"以其他方法掩饰、隐瞒犯罪所得及其收益的来源和性质的"理解。《联合国反腐败公约》特别提出,缔约国"可以规定本条第一款所列犯罪不适用于实施上游犯罪的人",即可以规定实施上游犯罪的人不构成洗钱罪的主体。这意味着如果不作这样的规定,实施上游犯罪的人自然成为洗钱罪的主体,因而可以说,就公约的立法本意而言,洗钱罪的主体中包含了实施上游犯罪的主体。我国刑法原则上认为非实施上游犯罪的人才能成为洗钱罪的主体。由此可见,我国刑法中洗钱罪的主体范围相对而言比较狭窄。[①]

在制定 2009 年《洗钱解释》的过程中认为在自洗钱的刑罚化问题上,根据刑法条文的逻辑解读以及吸收犯的一般理论,尚不能得出洗钱犯罪可以适用于上游犯罪人本人的结论;从《刑法》第 191 条关于洗钱罪的主、客观要件的设定逻辑上看,洗钱罪的主观方面为明知,客观方面为提供资金账户等协助行为,只有上游犯罪人以外的其他人才存在对财产属于上游犯罪违法所得及其产生的收益是否明知的问题,也只有上游犯罪人以外的其他人才谈得上提供、协助等问题;洗钱行为

---

① 参见马克昌:《完善我国关于洗钱罪的刑事立法——以〈联合国反腐败公约〉为依据》,载《国家检察官学院学报》2007 年第 6 期。

属于上游犯罪的自然延伸,洗钱罪与其上游犯罪存在着依附、从属及阶段性关系,尽管存在两个犯罪行为,但根据大陆法系关于事后行为不可罚以及吸收犯的一般理论,通常都是以上游犯罪一罪处理。故此,2016 年《解释》未涉及该问题。尽管当前包括大陆法系国家在内的多数国家纷纷将自洗钱行为规定为犯罪,但是未规定自洗钱犯罪在一定程度上也影响到了对外国人在境外实施上游犯罪之后在我国境内进行自洗钱行为的刑事打击。①

3. 司法制约:案源受限,侦查滞后,认定分歧

首先,立案案源限制。贿赂犯罪线索来源于群众举报、侦查机关日常工作中获取、金融机构移送可疑交易信息、纪委移送等。案件侦办管辖部门如检察院反贪部门和公安机关侦查部门,在有限的司法资源配置中优先保障上游犯罪的侦办,很少移送下游犯罪中数量少、信息弱的洗钱犯罪线索。金融机构报送积极性高,但反贪部门和侦查部门反馈延迟,双方交流不畅,即使有案源,但立案侦办需要更多的时间精力和更强的法律素质和金融知识,金融机构大多知难而退。

其次,侦查措施和谋略滞后,难以识别千变万化的洗钱手段。洗钱罪规定的前四种洗钱形式皆以金融机构为主,尚能溯源寻流,发现蛛丝马迹,但第五种"其他"手段就使人无暇应对。当前贿赂资金清洗在地域上分为境内境外,交易形式包括网上网下,转移手段上天入地,挪转时争分夺秒,更何况在实施洗钱活动时,律师、会计师、房产商、珠宝商、离岸公司等专业机构和专业人士出谋划策,亲属朋友形成攻守同盟,取证极难,侦查难以突破。

最后,罪名认定分歧,司法实践中指控上游为贪污贿赂犯罪的洗钱罪较为罕见。其原因与司法机关认定是贪贿罪共犯还是洗钱罪的分歧有关。有学者认为:中国家庭的共同理财习惯导致贪贿资金多交

---

① 参见刘为波:《〈关于审理洗钱等刑事案件具体应用法律若干问题的解释〉的理解与适用》,载《人民司法》2009 年第 23 期。

给配偶和亲属。很多家庭贿赂由丈夫收取,洗钱行为由夫妻二人共同进行。由于我国刑法上将贪污贿赂后的本人洗钱行为理解为事后不可罚行为。在丈夫构成贪污受贿犯罪的场合,夫妻难以共同成立洗钱罪,但根据共同犯罪的犯意共同说和行为共同说以及其各自内部不同分支的不同观点,在共同犯罪上是否只定一个罪名是有分歧的。亦有学者认为这与人们对于金钱在民法和刑法中认识的模糊有关。按照民法的观点,占有贪污贿赂款后行为人自然享有处分权。但在刑法中,严格区分金钱的性质,如公共财产、他人财产;当侵犯的客体不同时,行为人应当负不同的刑事责任。明知是他人贪污贿赂所得将之藏于家中或是存入银行,具有掩饰、隐瞒的性质,应该属于洗钱行为。① 另有学者进一步指出区别受贿共犯和洗钱罪的关键在于,贪官亲属是否与贪官有受贿的共同故意和共同行为,具体表现为是否有受贿犯罪的"通谋"。如果有,则属于受贿共犯;反之,则只能构成洗钱罪。

三、洗钱犯罪在贿赂犯罪资金追缴中完善路径

(一) 观念转变

首先,真正从思想上认识到上游犯罪与下游犯罪并重,行动中体现出抓人与追赃并行,加强取证追诉的沟通协作,共同惩戒贿赂犯罪。注重从资产流向上堵截上游犯罪,这有助于上游犯罪的及时发现和侦破,同时对上游犯罪也是一种有力的震慑,从而起到刑事司法的一般预防作用。

其次,境内重视洗钱罪的适用效果和资金收缴,对于国际公约的规定应立足国情进行甄别取舍,不盲目照搬,纪委、公安、检察院、法院结合国内实际问题,正确及时运用洗钱罪刑法规定以及 2016 年《解

---

① 参见王新:《贪污贿赂犯罪与洗钱——由付尚芳洗钱案想到的》,载 http://article. Chinalawinfo. com/ArticleHtml/Article_43962. Shtml,2016 年 7 月 15 日访问。

释》规定,增强案件侦办的针对性和有效性。

再次,转变资金追缴锱铢必较、分文不让的观念,在境外追赃中运用国际规则进行资产分享,为资金的追缴创造良好的国际合作空间。

最后,在反洗钱监控中,正视敏感地带和网络犯罪。适当扩大预防监控范围,及时制订各行业交易设备指引,引进国外先进技术提升检测分析能力,加大对公众人物、公司高管等特殊人群可疑资金账目的监管力度,采取综合措施遏制网络犯罪等。

(二)法律完善

1. 扩展洗钱罪的行为方式

《联合国反腐败公约》将洗钱罪的行为方式具体规定为转换、转移、隐瞒、掩饰、获取、占有、使用七种洗钱方式,同时将对任何洗钱犯罪的参与、协同或者共谋实施、实施未遂以及教唆、便利和参谋实施也视为本罪的犯罪。然而,我国仅规定了《联合国反腐败公约》中的前四种行为。为了更有效地打击各种洗钱犯罪,我们不应囿于传统理论的限制,而应当从《刑法》惩罚犯罪、维护社会主义经济秩序的本质出发,借鉴《联合国反腐败公约》的相关规定,适当扩充洗钱犯罪的行为方式范围,将"获取、占有、使用"也规定为洗钱罪的行为方式。[①]

2. 扩大洗钱罪的主体范围

我国《刑法》条文中使用"提供""协助"等词语,明确将上游犯罪主体排除在洗钱罪主体外。如前所述,自洗钱行为未被规范的确有所不利,建议我国《刑法》可以考虑作相应的改变,扩大洗钱罪的主体范围。

(三)司法适用

针对现实出现的诸多问题,我国的立法界和司法界给予积极的回

---

① 参见阮晓宇:《〈联合国反腐败公约〉视野下我国反洗钱刑事立法及其完善》,载《法制与社会》2011年第7期。

应并提出相应的解决方法,因此,除了立法的瑕疵需要修正外,司法适用的制约也需改善。以福建福州邓某洗钱案为例,此案上游犯罪为贪污贿赂犯罪,线索来源为破获上游犯罪案件,洗钱类型为提供银行账户、转账、私人放贷,案件认定的难点为邓某主观上是否明知。经过审慎侦查审理,2009年12月28日,福建省福州市中级人民法院对邓某洗钱案终审宣判,认定邓某犯洗钱罪,判处有期徒刑3年,并处罚金5万元。该案是全国首例适用《洗钱解释》宣判的洗钱案件。

经查,2006年至2008年9月,原福建省永泰县政府副县长陈某(另案处理)为逃避纪检和司法部门的查处,先后将人民币410万元存入以其妻弟邓某名义开设的银行账户中。2008年七八月份,陈某得知纪检部门在查办永泰县城峰镇十八坪新村违规开发问题后,将前述410万元人民币存折交邓某保管,并嘱咐当有人问起时,即称此款为邓某本人所有。同年9月,陈某又指使邓某将该款以放利名义,通过转账形式汇至永泰县龙翔出租车公司副经理陈J账户上。后经调查,该410万元人民币中有141万元系陈某受贿所得的赃款。在本案二审过程中,辩方提出两点辩护意见:其一,邓某不明知上述存款中包含犯罪所得;其二,本案与上游犯罪陈某受贿案审理顺序颠倒,应后于陈某受贿案或与之同时审理。

对此,福州市中级人民法院首次适用《洗钱解释》作出裁判:第一,对明知问题,依据该解释第1条,邓某在协助其姐夫陈某转移410万元巨款时,应当认识到此巨款与陈某职业或财产状况明显不符,故符合"明知"认定条件。第二,对程序问题,依据该解释第4条,此案上游犯罪虽尚未依法裁判,但查证属实,故不影响本案洗钱犯罪的审理。①此案是继傅某涉贪贿洗钱第一案之后对司法实践具有重要指导意义的案件,彰显了洗钱罪法网渐密,洗钱罪适用扩大。

---

① 参见《福建福州邓某洗钱案》,载 http://www.pbc.gov.cn/fanxi-qianju/135153/135178/135230/2872875/index.html,2016年7月15日访问。

(四)合作双赢

面对资金追缴的国际化程度加深,我们必须深入开展职务犯罪国际追逃追赃行动,健全与相关部门的协作配合机制,加强与有关国家、地区的司法合作,拓展追捕犯罪嫌疑人和追缴腐败资产的渠道。

自 2014 年 10 月开展专项行动以来,我国司法机关已从 34 个国家和地区遣返、劝返外逃职务犯罪嫌疑人共 124 人,"百名红色通缉令"中的李华波等 17 名重大职务犯罪嫌疑人落入法网。会同有关部门开展打击利用离岸公司和地下钱庄转移赃款专项行动,努力切断向境外转移违法所得通道。坚持追逃与防逃并举、追逃与追赃并重,深化职务犯罪国际追逃追赃专项行动。①

在国际合作中,秉承合作共赢的理念,必然获得更大的收益和更深远的合作空间。早期研究者曾提醒,我国《刑法》中的洗钱罪上游犯罪不包括管辖范围之外的上游犯罪。因为不在我国管辖范围之内的上游犯罪不会影响我国的重大利益,我国司法部门相对缺少管辖的动力。同样情形也会发生在国际社会,洗钱将使巨额贪污款流入其境内,如果配合罪犯所属国实施反洗钱行动,则这笔款项最终会被退回罪犯所属国。因此,西方国家常以各种借口拒绝与有关国家签订引渡条约,这实际上为包括我国在内的相关国家遏制腐败犯罪及其洗钱行为设置了障碍。我国至今有数目惊人的资金被腐败分子携至国外而无法追回就是明显例证。在当今世界各国同为一个利益共同体的背景下某国官员的贪污和腐败行为完全有可能对其他国家造成重大损害。因此,《联合国反腐败公约》规定上游犯罪应当包括在缔约国管辖范围之外的犯罪。因此,建议在我国《刑法》中对有关腐败洗钱的规定

---

① 参见曹建明:《最高人民检察院工作报告——2016 年 3 月 13 日在第十二届全国人民代表大会第四次会议上》,载《中华人民共和国全国人民代表大会常务委员会公报》2016 年第 2 期。

作出相应调整,明确洗钱罪的上游犯罪包括我国管辖权之外的犯罪。①

在国际合作中"互利互赢"是基本共识,我们也需要加强对引渡条约、刑事司法协助条约、财产分享协定等的谈判、缔约、履约进程,与相关国家建立完善的反腐合作机制,共同预防惩戒贪污贿赂犯罪。

综上所述,贿赂犯罪防控是一个系统工程,从顶层设计到途径选择,从执法成本到司法资源,从国际视野到本土国情,从金融监控到日常规范,都需要"大胆假设,小心求证"。洗钱犯罪对贿赂资金追缴的研究仅仅是"管中窥豹",但也期待一水一沙,同筑反腐大厦。

---

① 参见刘守芬、牛广济:《〈联合国反腐败公约〉洗钱犯罪规定在我国的贯彻实施》,载《国家检察官学院学报》2007年第6期。

"半影"之周延:行贿犯罪规制中罚金刑易科的本土化探微

张 晴[*]

2015年11月,《刑法修正案(九)》一施行,就引起了公众对防治腐败犯罪的关注。在《刑法修正案(九)》第45条至第49条中,对多种行贿行为均规定了并科罚金刑,此举无疑是从法治层面进一步加大了国家坚决治理贪污腐败问题的力度。从立法角度来看,《刑法修正案(九)》对行贿罪财产刑的从严设置可有效改变以往司法惩治腐败犯罪时"重受贿、轻行贿"的现象[①];从经济角度来看,财产刑的科处增加了社会总收入,可减少违法犯罪对于社会公共利益的危害;从预防犯罪的角度来看,行贿罪从严惩治可正本清源,斩断腐败犯罪利益链的源头。由此,并科罚金刑的举措完善了行贿犯罪的刑罚体系,实属规制贪腐犯罪的一大进步。但在民众对《刑法修正案(九)》的新规定拍手称快的同时,也存在一个"硬伤"——罚金刑的适用并非万能,特别

---

[*] 厦门市思明区人民法院审判管理办公室科员。

[①] 这一现象主要体现在受贿犯罪的案件数量与涉案人数两项数据和行贿犯罪相比差距较大,根据最高人民检察院历年工作报告来看,这一差距基本达到四五倍之多。而最高人民法院的工作报告显示,随着近年来对行贿犯罪的打击力度加大,二者的差距有所接近。2014年受贿犯罪案件为1.2万件,行贿案件为4115件,差距为3倍左右,但仍存在结构性差异。参见袁春湘:《依法惩治刑事犯罪 守护国家法治生态——2014年全国法院审理刑事案件情况分析》,载《人民法院报》2015年5月7日。

是一直以来存在"高适用率、低执结率"的二律背反①现象,导致其实际执行效果不佳。而罚金难以执行到位也一度异化了罚金刑的功能,"罚如空判"的质疑声不绝于耳,这也造成了对法官刑事审判量刑的掣肘。

一、从争议到效益:罚金刑正当性解构

(一)罚金刑适用的缺憾追问

随着我国刑罚体系朝着犯罪非刑化、刑罚轻缓化、刑罚人性化的趋势发展,无论是在刑法条文中还是在刑事司法中,罚金刑的运用日益广泛,但也因其固有的缺憾素来颇具争议。

1. 边际效用的平等性不一

罚金刑以剥夺犯罪人一定数额的金钱为主要内容,其适用与犯罪人拥有的财产息息相关。从经济学和心理学的角度分析,犯罪人因为经济能力存有差异,金钱产生的边际效用不同,因此对罚金刑带来的刑罚感受也有区别。这导致了对罚金刑罚效果不平等的质疑——同样的罚金对于有钱的犯罪人而言感受不到金钱的丧失,而对于穷困的犯罪人而言就感觉付出了巨大的代价,这样的刑罚对于不同主体有着不同的惩治效果,有悖于司法的客观和权威,更陷入"同罪异罚""罚不当罪""重罚不重教"的泥沼之中。②

2. 刑罚裁量的尺度不一

我国的罚金数额在立法模式上属于抽象罚金制,其是法官根据事实和证据进行主客观综合裁判的结果。司法实践中法官量刑通常采

---

① 二律背反是康德在其代表作《纯粹理性批判》中提出的,意指对同一个对象或问题所形成的两种理论或学说虽然各自成立却相互矛盾的现象。

② 参见孙力:《罚金刑研究》,中国人民公安大学出版社1995年版,第87—89页。

用"经验直觉和被告人的供述"①的方法估计其罚金数额。具体而言,法官需要根据案件情形一次性地估量出对犯罪人应适用的自由刑和罚金刑。由于自由刑的判罚在法律上有分档设置,且日常审判过程中形成了一定的量刑规范化基础,自由刑的判定相对容易,但罚金刑的判罚并没有明确的参考依据,属于法官自由裁量的范畴,容易造成裁量随意性大、裁判尺度不一的现实偏差。

3. 罚金"执行难"的现实困境

从全国各地的调研情况来看,财产刑的执行情况普遍不容乐观,普遍呈现出"高适用率、低执结率"的特点。例如,某市两级人民法院的生效案件中,适用罚金刑的比例逐年增高,基本高于50%,而执结率则不甚理想,比例甚至不到20%,尤其是并科罚金刑的执行到位率更低。这一现实困境的产生具有多方面原因,既包括执行主体混乱、执行时效缺失、执行程序不明确,也包括监督和配套措施不完善等问题,导致了罚金刑的立法、适用、执行、监督等各环节的脱节,起不到罚金刑应有的灵活、快速、普遍、轻缓的刑罚优势。

(二)罚金刑现实效益分析

罚金刑作为短期自由刑的替代手段,被称为"最经济、最无污染的刑罚方法"②,本身具有积极正面的属性。它与同属轻刑性质的短期自由刑相比,具有罚金误判容易纠偏、避免犯罪人在狱中交叉感染、不因自由刑增加标签效应、减少对犯罪人的名誉影响等优点。③

1. 法律效果:惩治犯罪和预防犯罪并行不悖

罚金作为刑罚种类的一种,首要目的应当履行惩治犯罪的作用。从刑罚本质来看,其"建立在赎罪的正当根据上,与以自由、生命赎罪

---

① 代万旭:《罚金刑空判的现状与出路》,载《人民法院报》2008年3月23日。
② 甘雨沛、杨春洗、张文主编:《犯罪与刑罚新论》,北京大学出版社1991年版,第449页。
③ 参见梁根林:《刑罚结构论》,北京大学出版社1998年版,第68页。

在正当性根据上并无实质差别"①。因此,罚金刑并不存在不平等之说,本质都在于剥夺犯罪人的"一种特殊形态的自由的痛苦"②。行为人行贿以金钱物质为基础,罚金刑可使其被迫放弃一定数量的物质享受,对生活质量产生可感知的损失,作为惩罚的这种损失可与罪过的严重性成比例。同时,罚金刑还可起到有效预防行贿犯罪的效果。贪利性质的犯罪以利益为驱动,罚金刑的规定可让意图行贿的人在实施行为之时感到无利可图,在行为被发现之后得不偿失,增加了其犯罪成本,减少犯罪人的犯罪动机,进而预防此类犯罪的产生。

2. 经济效果:社会收益增加和司法成本降低

贪利性质的犯罪以金钱物质为目的,行为过程中将产生灰色利益地带,从而导致某种程度的社会不公。对行贿犯罪进行经济性质的处罚,将使其非法获取的经济利益以上缴国库等形式回归社会,原有的社会不公现象可得到改善,从经济角度来看是普通公众最愿意接受的结果。用财产权评估社会整体利益,能够促使犯罪造成的金钱损失以金钱方式得到弥补,加之恢复社会公正带来的公开透明度增加将促进社会效率的提升,总体社会收益将可有效增加。相对应地,罚金的科处有利于司法成本的降低。因为刑罚的性质与犯罪的性质都属金钱利益,刑罚执行机关的司法难度大大降低,司法成本也随之减少,符合刑罚配置的等价性与适度性的同一性规定。③

3. 社会效果:公众认知和恢复性司法的平衡

社会公众对于行贿受贿犯罪一向持零容忍的态度,关键原因就在于其损害社会公平、侵蚀国家利益,导致社会主流意识形态产生了偏差。从表面上看,对犯罪人的罚金处罚只是行使刑法上的刑罚权,但从更深层次的角度而言,刑罚效果会产生舆论效应,社会公众对于行

---

① 阮齐林:《再论财产刑的正当理由及其改革》,载《法学家》2006 年第 1 期。
② 林山田:《刑法学》,台北商务印书馆 1983 年版,第 279 页。
③ 参见邱兴隆:《刑罚理性评论》,中国政法大学出版社 1999 年版,第 471 页。

贿犯罪的总体认识将得以改观。对处于利益链源头的行贿犯罪施以更为严苛的处罚可以切断其衍生贪污腐败等问题,避免陷入过往"重受贿、轻行贿"的错误思维之中。此外,罚金刑有利于平衡发展恢复性司法理念。着重刑罚的同时也要兼顾犯罪人的社会回归,不至于使犯罪人落入"犯罪→惩罚→再犯罪→再惩罚"的恶性循环之中。行贿人如想利用金钱再次犯罪,科处罚金实际上剥夺了其再次利用金钱犯罪的能力。而罚金刑不会给犯罪人带来标签效应,犯罪人在刑罚执行完毕后可回归正常的生活,有效达到复归社会的目的。

综上,从法理、经济、社会的角度解构,罚金刑的适用对于惩治行贿犯罪具有正向增益效用,展现出多元化的现实效益。因此,在行贿犯罪中增加罚金刑设置合理、科学、高效,有助于形成多角度、全方位、立体化的刑罚规制体系,万不可由于罚金刑的缺憾而"因噎废食"。

二、难以周延的"半影":罚金刑之实践困局

(一)法条不周延带来的"三难"——扩张罚金刑的缺憾

《刑法修正案(九)》中,对于行贿犯罪增加了并科罚金的条款,第45条至第49条均增加了"并处罚金"的表述,这说明我国采取并科罚金刑的立法模式,但除此以外再无相关配套措施,使罚金刑有再次陷入争议之虞。

1. 法官下判难:罚金数额未予确定

从《刑法修正案(九)》的条文设置来看,各类行贿犯罪的刑罚中均增加的是"并处罚金"的表述,但与贪污受贿类犯罪自由刑量刑过程可按照情节严重的程度分档不同的是,罚金刑的数额并无明确的分档规定,完全凭借法官自由裁量。这种不确定性的表述直接引发前文提到的裁量尺度偏差问题。

《刑法修正案(九)》规定的行贿犯罪的罚金刑属于无限额罚金制,实质上就是一种不确定的刑罚,刑法赋予法官罚金刑的自由裁量权远大于有期自由刑的自由裁量权,既违背了罪刑法定的基本原则,又无限放大了法官的自由裁量权,容易发生法官恣意裁判的现象。事实上,行贿犯罪因地域、时间、对象、案情而异,行贿过程投入的金钱数额不等,除了现金、存款、股权、理财等金钱形式,通常还存在字画、珠宝、不当好处等价值不确定的财产性利益,在不同案件中犯罪的目的和受益的结果也因人而异,罚金刑的科处却不能参照自由刑量刑的规范进行分类讨论,造成放大了原有对罚金刑裁判尺度的争议,使得实践操作遭遇难题。

2. 服判息诉难:罚金判决不易接受

我国传统刑罚理念中,犯罪人往往认为自由刑与罚金刑不应同时存在,二者并处过于严格,也就是"打了不罚,罚了不打"的思维方式。而在行贿犯罪中并科罚金刑是基于判处自由刑的前提,犯罪人既要被判处自由刑,又要被并处罚金刑,自然会产生抵触情绪。这也导致现实中被判处自由刑的犯罪人不易再接受罚金判决,更不愿主动缴纳罚金,特别是以罚金判罚不合理为理由上诉的案件更不在少数。

行贿犯罪是为了谋取不正当利益,对症"利益"二字也应施予"利益"的对策。为了使得罚金刑易于接受,各地在实践中也衍生出许多做法,尤其以"预交罚金"的做法为典型,简而言之,就是犯罪人在自愿的前提下,在判决前向法院预交一定数额的金钱,以在刑事判决后折抵罚金,并以此争取法官量刑时从宽处理的做法。但这种预交罚金的方式再次回到了罚金刑效用不平等的老问题上,而且对"以罚抵刑"的正当性争议甚大,使得司法实践中法院噤若寒蝉,预交罚金只能是"潜规则"般进行。

3. 执行过程难:操作混乱,规则失范

与罚金数额未明确分档类似,《刑法修正案(九)》中也未明确规定行贿犯罪罚金刑的执行方式。这导致了现实中的执行失范：一是执行主体不统一，目前各地法院负责财产刑执行的部门较为混乱，主要是刑事审判庭和执行局负责，有的地方法警也负责执行；二是执行程序不完备，并没有完善的刑事案件财产刑执行启动程序，判决后有的法院既不查询犯罪人的财产线索，也不对犯罪人采取强制执行措施，罚金刑的执行形同虚设；三是执行结案方式单一，刑事案件的财产刑规定了随时追缴原则，既不可能与犯罪人协商进行执行和解，也不可能因为犯罪人当时无财产可供执行而终结执行，因此只有当罚金刑的内容全部执行完毕时才可算结案。

法院内部囿于执行资源的限制，导致财产刑的执行难以落实。主要体现在：执行主体无法准确划归，如主体为刑事审判庭将造成审执不分，难以同时兼具裁判者和执行者的角色，而主体为执行庭则可能带来案件量陡增的压力。执行程序中对财产刑的移交时间和操作程序、是否穷尽执行手段措施、财产如何上缴国库等问题均没有明确的操作规程，再比如执行措施中是否可以采取民事财产的执行方式，如何确定罚金与追缴退赔赃款赃物竞合时的优先顺序，如何依据随时追缴这种看似有力实则乏力的原则开展执行工作等问题均考验法院的司法能力，法官确实背负着诸多利益衡量，面对执行问题时显得心有余而力不足，这也致使财产刑执行被束之高阁。

（二）"半影推理"理论的解释学推导——限缩罚金刑的缺憾

"半影推理"（penumbral reasoning）是司法实务领域对于结构解释方法的经典运用。"半影"原为光学和天文学的术语，是指光源被部分遮挡住后形成的半明半暗的阴影，衍生为法律推理的概念意指规范含义的模糊地带。"半影推理"的重点在于寻找数条相关规范的"半影"，探究这些"半影"所共同构成的范围中所反映的规范意涵，恰可在立法不周延之时采用。①

上述有关行贿犯罪中科处罚金刑存在的实践缺憾,如果能够通过"半影推理"进行部分结构性诠释,那么就可以妥善解决一些司法实践中的问题,势必降低立法修订的难度,减少司法操作的盲目性。

1. 罚金量刑的原则性依据

《刑法修正案(九)》中罚金的量刑没有分档的法条规定,但在《刑法》和最高人民法院《关于适用财产刑若干问题的规定》中存在较为原则性的判罚依据。其中《刑法》第52条"判处罚金,应当根据犯罪情节决定罚金数额",《财产刑规定》第2条又进一步具化,在犯罪情节中具体列举了"违法所得数额"和"造成损失的大小"等因素。

这些条文实际上构成了较为基本的评价原则,也即罚金刑量刑应当围绕犯罪情节展开。从行贿犯罪的特点来看,以财产刑规制非法财产性利益,可以根据其行贿数额的大小,获得不正当利益的多少和社会危害程度等因素综合考量,同时也应注意结合当地、当时的经济发展水平和居民收入水平,形成较为全面的综合量刑因素。因此即使在没有罚金分档的明确规范的情况下,基本的原则性依据也可以合理限缩法官的自由裁量,并形成较为合理的罚金刑量刑规范。

2. "担保"罚金的法理思辨

我国并未规定判决之前预先缴纳罚金的具体制度,但在2012年12月20日最高人民法院《关于适用〈中华人民共和国刑事诉讼法〉的解释》第285条规定"为保证判决的执行,人民法院可以先行查封、扣押、冻结被告单位的财产,或者由被告单位提出担保",某种程度上可认为单位犯罪主体可以提供金钱作为罚金的担保。

虽然以上条文只是规定了单位犯罪可以采取罚金担保的方式,但如果以公法债权和民法担保理论为基础展开分析,也可认为罚金刑的性质

---

① 参见冯健鹏:《"半影推理"与"几何学模型"——美国宪法解释中的结构解释方法及其启示》,载《暨南学报(哲学社会科学版)》2013年第11期。

当属公法上的债权,同时可参照民法债权的保护方式。因此罚金可以视为被告人对国家和地区所负的债务,国家和地区则对于被告人享有公法上的债权。① 合法的债权理应受到正当的保护,因而在刑事立法上可以借助民法债权的担保制度,使用担保罚金保障最终财产刑的执行,从而确保公法上债权的实现,以此方式也可以解释实践中"预交罚金"的正当性问题。

三、制度的完善与延伸:增设罚金刑易科制度

尽管有些问题可以通过"半影推理"得到结构性解释,但罚金刑难以完全执行到位的缺憾仍无法解决,各国和地区也为此精研应对良方,罚金刑易科制度在这种背景下应运而生。罚金刑易科制度的设立是为了保证犯罪人及时有效地缴纳罚金,一旦发生犯罪人有能力缴纳而故意不缴纳罚金的情况,则法院可裁定将罚金刑易科为自由刑或者采取其他替代罚金刑执行。② 主要形式有罚金易科剥夺自由、劳役、自由劳动、训诫等,近来还有学者提出罚金易科公益劳动等新形式。③

(一)行贿犯罪适用易科制度的现实基础

行贿犯罪人不履行罚金刑的后果,远比其他刑事犯罪"罚如空判"的影响恶劣,将产生"有钱行贿,无钱交罚金"的矛盾现象,结果既难以服众,也无法保障司法公正,严重影响司法权威。前文已提到行贿犯罪属贪利性质的特殊犯罪,对行贿人科处罚金具有良好的经济效果,

---

① 参见肖建国:《论财产刑执行的理论基础——基于民法和民事诉讼法的分析》,载《法学家》2007年第2期。
② 参见邵维国:《罚金刑论》,吉林人民出版社2004年版,第301页。
③ 参见曹绍锐:《我国罚金执行制度的检讨与罚金易科制度的建构》,载《广西政法管理干部学院学报》2006年第5期。

因此对其适用罚金刑易科也具有天然的优良性。与普通刑事犯罪人经济状况较差、经济能力低于一般普通人的平均水准不同的是，行贿人必须具有一定的资本基础才可能着手实施行贿犯罪行为，因此行贿人的经济能力客观上较好，构成了适用罚金刑易科制度的现实土壤。换言之，行贿人的经济状况不应成为不按时缴纳罚金的理由，通过易科将对行贿人形成较强的威慑力，促使其自觉履行缴纳义务。

(二)我国港澳台地区易科制度盛行的经验借鉴

1. 我国港澳台地区易科制度的盛行

我国香港特区、澳门特区、台湾地区的刑事相关规定中均规定了罚金刑易科制度。我国香港特区《刑法》规定，法院既可以判处罚金以替代其他刑罚，也可以在被告人不支付罚金时判处监禁。《澳门刑法典》规定，科处之徒刑不超过6个月者，须以相等日数之罚金或以其他可科处之非剥夺自由之刑罚替代之，但为预防将来犯罪而有必要执行徒刑的，不在此限；被判刑者如不缴纳罚金，须服所科处之徒刑。此外还详细规定将不缴纳之罚金转换为监禁以及相关计算方法等。台湾地区"刑法"则规定，"犯最重本刑为3年以下有期徒刑以下之刑之罪，而受6个月以下有期徒刑或拘役之宣告，因身体、教育、职业或家庭之关系，执行显有困难的，可易科罚金"，"罚金应于裁判确定后两个月内完纳……其无力完纳者，易服劳役"。[①]

2. 易科制度具有促进执行之效果

罚金刑与自由刑从本质上是相当的，均可以起到对犯罪人的惩治作用，因此在罚金刑和自由刑之间转换，并不存在二者不平等的障碍。从世界各国和地区来看，各种缺乏有效执行方式的刑罚，如保护观察、

---

① 鲍永红：《易科制度比较与借鉴》，载《山西省政法管理干部学院学报》2010年第1期。

社会服务令、矫正劳动、限制自由等,都最终依赖于剥夺自由刑得以执行。① 易科制度是不执行罚金刑的替代措施,根本目的是促进罚金执行而非易科为自由刑,但也远比不执行刑罚具有正面效果。

我国大陆与港澳台地区具有地质亲缘性,传统文化一脉相承,刑事制裁政策也有融会贯通之处。其一,罚金刑易科符合普通民众的畏罪心理。从中华民族传统文化出发,犯罪人被判处财产刑和被判处自由刑的心理承受结果和旁人认同度是截然不同的,如果罚金可以易科,自然会对犯罪人造成更大的心理压力,也能打消其试图通过转移财产躲避刑罚的侥幸心理。其二,罚金刑易科有助于缓解当前案件量大、司法资源有限的客观实际。素知当前我国大陆与港澳台地区的诉讼爆炸已挤占了大量的司法资源,一旦犯罪人为达到不缴纳罚金的目的挥霍、隐匿、转移资产,导致司法机关需要花费大量人力、物力和财力调查执行,司法成本未免太高。假如能在发现犯罪人有恶意逃避、拒不缴纳罚金情形之时就采取易科形式,将可节约大量的刑罚执行成本。

(三) 多方行为博弈结果符合立法初衷

博弈论中的一个既证观点是——凡是博弈都会有均衡,行贿犯罪中罚金刑易科也能产生正向博弈的结果。影响博弈各方决策的主要效用值由成本和收益构成,施行罚金易科制度后,行贿人和法院都会对自身行为全面博弈分析,进而产生适用罚金刑效率高的均衡结果。

1. 行贿犯罪人博弈后选择缴纳罚金的概率上升

一旦确立易科制度,理性的行贿犯罪人面对是否缴纳罚金就会产生博弈思考:一则是对自身的偿付能力与罚金刑数额的博弈,偿付能

---

① 参见马克昌主编:《刑罚通论》,武汉大学出版社 1999 年版,第 570—571 页。

力的限制使得罚金征收成本随着罚金数额上升而上升,因此一旦罚金刑对犯罪人造成的负担过重,其将选择非金钱制裁;二则是罚金的痛苦感与剥夺人身自由的博弈,犯罪人仍然会选择有利于自身利益的行为,其也需要考虑重归社会的成本、因自由刑可能受到的交叉感染,以及犯罪标签等现实及预期的损失。两个博弈结果的综合使得行贿人采取缴纳罚金的可能性较高,现实中一个"视金钱胜于生命"的行贿人比较罕见。

2. 法院博弈后选择判处罚金刑的概率上升

司法实践中法院受到实用主义法学理论和法律经济学思潮的影响,增加了对罚金刑的应用意愿,但是否能选择罚金刑也受到执行效果的影响。

从经济学角度来看,鼓励适用罚金不仅仅因为罚金创造了国家或地区收入,还在于自由刑的社会成本远高于罚金刑。对于法院而言,易科的适用将使得罚金具有更高的价值:一是对监禁成本和罚金程序的博弈,监禁的诉讼程序比之罚金刑冗长,自由刑所要修复的社会关系更复杂,易科制度本身可以防止司法机关的执行被动,加强其适用罚金的信心;二是对风险偏好的博弈,易科制度成为了罚金刑的保障后,行贿犯罪科处罚金的现实目的可以体现,对大量的行贿犯罪人判处罚金刑将成为风险厌恶者的选择,以此增加社会总收益。两个博弈结果的综合使得法院顺应自身和社会需求,选择判处罚金刑的概率上升,亦符合对行贿犯罪从严治罪的立法初衷。

综上,从罚金刑易科的法理基础、比较分析和博弈论的思维切入,其适用均具有可行性,且行贿犯罪的特殊性具备引入罚金易科制度的现实土壤,率先在行贿犯罪领域试点易科罚金刑制度,也是针对我国罚金刑执行难现状的有益改良。

四、本土化探微：罚金刑易科制度的方向解析

在行贿犯罪规制中增设罚金刑易科制度，一则是顺应当前对行贿犯罪从严治罪的立法需求，避免"罚如空判"现象；二则是符合民众罚当其罪的朴素正义观；三则是完善刑罚体系中的刑罚执行救济措施。在增设罚金刑易科制度时，尤其应当充实和完善以下环节。

（一）条件限制与释明

1. 罚金刑易科的适用条件

罚金刑易科并非自由适用，实行该制度的国家和地区大多有严格的条件限制。笔者建议，我国大陆的易科制度也应建立相对严谨规范的条件限制，有条件地限缩适用，主要应具备四个要素：一是时间要素。犯罪人未在规定时间内向有关部门缴纳法院判决的罚金。二是主观要素。犯罪人故意未缴纳罚金，其十分清楚自己受到的罚金判决，并知道必须缴纳的期限。三是支付能力要素。被告人在经济上有足够能力支付所科处的罚金。四是穷尽措施要素。必须考虑其他诸如延长支付期限、分期缴纳、减少罚金等方法，只有当这些方法都已失败，才能最后考虑罚金易科自由刑。① 刑法作为调整社会秩序的"最后手段"，具有谦抑性，而易科是"最后的最后"。因此，易科制度的适用条件可概括为"客观上有能力缴纳罚金，而主观上拒不缴纳罚金的犯罪人，在法定期限内未能完整执行，且通过各种执行方法或变通措施仍无法实现罚金刑的执行"，直至满足所有条件才可采取易科作为惩罚。

---

① 参见高铭暄主编：《刑法专论》，高等教育出版社2002年版，第590页。

2. 法院的释明义务

罚金刑易科同样需要法院履行释明义务。罚金刑与自由刑都是对犯罪行为的刑事评价①,这种同质性也是不同刑种之间转换的纽带。司法执行障碍常常源于社会公信力的缺失,加之法院释明不到位,当事人抱有侥幸心理,使得财产刑的执行进展困难。笔者建议,增设罚金易科制度后法院的释明说理义务应适当强化,主要包括:法院判决之时告知犯罪人有申诉上诉等救济权利;判决生效之时对犯罪人应履行的缴纳刑罚义务进行释明,并就故意不执行的后果予以提示,力尽法院的本职。刑罚的威慑性不在于严苛性而是不可避免性,如果犯罪人仍然拒不执行,确属恶意逃避刑罚,法院则可立足于刑罚的价值坐标,依法将其易科为其他刑罚。

(二)易科的形式与种类

我国香港、澳门特区的易科制度以监禁、徒刑为内容,而我国台湾地区则以非刑罚内容为主,易科的形式是以剥夺自由的自由刑为主还是以劳役性质的非刑种方式为主值得研判。笔者建议我国大陆仍应以自由刑为易科的内容,原因在于:其一,从罚金刑易科制度的立法理念来看,易科是刑罚的救济途径,而非刑罚的内容,因此易科的形式也应遵循刑种,不可单独设置新刑种;其二,对我国大陆的司法现状而言,犯罪人缴纳罚金的积极主动性和自动履行率较低,劳役、自由劳动、公益劳动、训诫等内容本身的威慑力不足,仍需以剥夺自由作为执行罚金的后盾;其三,我国大陆对劳役劳动等非刑罚内容缺乏体系化的执行规范,如执行机关、执行场所、执行标准的确定,劳役劳动如何监督监管等实务操作均存在空白,极有可能因为操作障碍反致易科制度无法施行。因此,以易科自由刑为内容将更加符合我国大陆的刑事

---

① 参见林亚刚、周娅:《罚金刑易科制度探析》,载《法制与社会发展》2002年第1期。

司法特色。

(三)细化易科流程

判决罚金刑的主体是法院,执行罚金刑的主体亦是法院,因此决定易科的主体也应当是法院。法院判决行贿罪成立之时负有释明的义务,此时可以根据量刑的程度、案件的情节、社会危害程度等综合考虑,向犯罪人出具一份"告知书"。告知的内容包括:按照法律规定犯罪人应被执行的刑罚、罚金缴纳的时点、如确属无支付能力情况下申请延长支付期限或分期支付的程序、如仍未按时交纳罚金将采取易科的程序等。一旦发生确属需要易科的事由法院应根据案情作出裁定或决定,明确罚金易科自由刑的比例、易科的刑种、刑期、起止点等内容。根据前文建议,我国大陆应以易科自由刑为主要方式,因此自由刑的期限也应在裁定书或决定书中予以明确。例如,易科剥夺自由的最长期限需要明确,无论未执行到位的罚金数额有多少,都不得超过特定的徒刑期限,此举也是对犯罪人权利的保障,具体技术规范有待进一步研讨,此处不再赘述。

(四)兜底覆盖"半影"

易科制度要体现其刑罚最后防线的功能,必须实现兜底的作用。其防线设置应分为三个层次:第一层次是以易科自由刑的威慑力来保障罚金刑执行,并在法院判刑的"告知书"中确立,提升自动执行罚金刑的效率;第二层次是在罚金无法执行到位时,以裁定或决定的方式易科自由刑确立法律效力,确保犯罪人受到法律制裁;第三层次是易科自由刑并不代表对原有罚金刑的免除,在易科自由刑完成之后仍需完成罚金的执行。规定第三层次是为了实现易科制度的兜底作用,使其完全覆盖难以解释周全的"半影"。从法理角度来看,易科只是对犯罪人拒不执行罚金刑这一新行为的主观评价,不代表对原刑罚义务的履行,因此如果在易科完成后发现犯罪人有执行能力的,仍要继续原罚金刑的执行。

此外,"半影推理"解释不周延之处仍有社会学问题,应在易科制度中兜底体现,使其成为行之有效的制度。例如,在易科的法律效力和再社会化问题上应与其他自由刑有所区别,易科自由刑与普通自由刑犯罪本质不同,因此从保护犯罪人的角度出发可以规定易科自由刑的前科消灭制度,但不可对此类犯罪人的易科行为贴标签,避免影响犯罪人复归社会。

结　语

改良罚金刑执行难困局是系统性的工程,而易科制度将起到"以小见大"之功用。考虑到目前全面铺开推广易科制度条件尚不成熟,恰可借助《刑法修正案(九)》修订,社会对行贿犯罪高度关注的契机,以此为试点构建本土化的易科制度。在具体制度运作过程中,可试行"四要素+告知书+兜底"模式,树立刑事司法权威,形成立体化的刑罚规制体系。

贿赂犯罪的实践面向

以法治精神为引领
　　——职务犯罪侦查工作发展的应然向度

行贿罪司法控制策略实证考察

性贿赂腐败行为犯罪化探析

查办防控监狱系统贿赂犯罪问题研究

惩治与预防:大数据时代的高校腐败犯罪

刍议城乡拆迁领域"公共权力"的非公共使用及存在的问题
　　——以行受贿职务犯罪为样本调查分析

以法治精神为引领

——职务犯罪侦查工作发展的应然向度

李世清[*]

精神是指人的意识、思维观念和心理活动。从此意义出发,法治精神指的就是人的法治意识、法治思维和法治心理等一系列心理活动和态度。法治包括制度和精神两个层面的内容,法治和人治的根本区别不在于制度规范的多少,而在于是否具有法治精神,单有制度规范而欠缺法治精神的社会无论如何都不能被称为法治社会。在我国,传统的管理和领导体制有一个总的特点,就是高度集中。以行政命令为主体的管理体制和运作方式,一是导致干部队伍习惯于用行政命令以及简单高效的方式来组织、管理社会,解决问题,而不是用法治思维和法治方式解决问题。行政解决就是请示领导,上级开个会、发个文,或者领导讲几条意见,下面照办,即可完成管理活动。其优点是简洁明快、效率高,执行力强,动员力强。但是社会纠纷往往十分复杂,上级有时掌握情况不准、不全,民主讨论协商不充分,考虑不周密。时间紧迫来不及调研和广泛征求意见,意气用事、情绪化、意见不统一而强行决策等情况难以避免,决策就会有失误。

法治方式就是讲民主平等地协商、沟通、说理、辩论,讲证据、讲程

---

[*] 云南省普洱市人民检察院党组书记、检察长,法学博士。

序、讲条文规定、讲尊重人权、讲利益平衡、讲公平公道。这种方式更严肃、更规范、更慎重、更使人心情舒畅、更能够全面稳妥地作出决定。所以,丘吉尔曾说,法治是人类至今发明的最不坏的制度。当然,法治也有它的不足之处。例如决策时间长、程序烦琐、成本高(法治是一种高消费的治理方式),需要全社会培养良好的法治意识及配套相应的监督机制等。二是干部专制主义和经验主义的做法比较明显,习惯摆平。摆平的方式无外乎花钱或者哄骗或者施压。表面上看解决了问题,实际上埋下了更大的麻烦和隐患。中央总结说,维稳最核心的是维权,通过维权才能真正实现维稳,长治久安。反过来,如果是在行政主义、经验主义这种管理模式和领导方式下,维稳往往高于维权,我可以牺牲你的权利有利于我的管理,也可以限制你的权利来维护暂时的稳定。最终就会引发更大的不稳定。为什么?因为矛盾并未化解,只是被压制、掩饰、拖拉,暂时没有爆发,但从长远来看,矛盾反而被刺激、发酵、复杂化了。这方面教训很多、很惨痛。例如孟连"7·19"事件,胶农和橡胶公司的矛盾由来已久,多次发生冲突,但当地政府简单地以治安案论处,反复动用警力介入来压制摆平,而不是从源头上解决双方利益冲突。最后引起大规模胶农上访,政府动用警察来进行处置,导致警察与胶农发生冲突,造成重大人员伤亡、财产损失。又如晋宁事件,因开发商与村民就征地补偿问题一直没有解决,村民与建设施工方素有矛盾,在这个过程中政府没有出面解决矛盾,当村民与施工方发生大规模冲突时,政府就派警察抓人,激化矛盾,造成8人死亡、18人受伤的严重群体性事件。以上两个案例反映出,在传统管理模式下,发生矛盾不是靠法治方式解决纠纷,而是凭经验办事,用行政手段企图通过摆平达到暂时的稳定,结果适得其反。最后这两件事的妥善处理,仍然要回到法治轨道上来,通过协商谈判,就胶价或者征地价格达成协议,并由政府监督执行,才能最终使矛盾双方心平气和、公平合理地解决问题。

通过长期以来的经验教训总结,我们现在已经逐步意识到简单粗暴的行政命令、靠经验主义摆平问题的方法、维稳高于维权的管理模式已经行不通了。世情、社情、民情都发生了改变,所以党中央顺应时势,提出了依法治国,要用法治思维和法治方式管理国家、治理社会、全面依法治国、从严依规治党,这是历史经验教训的总结。从严治党不仅仅是加强党纪的执行力度,要想反腐败,这只是治标手段。更重要的是改革党的领导方式和执政方式,加强党的制度建设,整理完善党规党纪,改变党的执政方式,依法治党、依法管党,教育广大党员干部学会依法行政、依法用权、依法办事,从而提升党的执政能力,最后实现依法治国。

具体到职务犯罪工作中,虽然经过一段时期的努力,职务犯罪侦查工作的制度建设已日臻完备,但由于精神层面建设的滞后,长期以来,靠人海战术、靠领导重视、靠违法违规办案依然成为主导职务犯罪侦查工作的精神指引和现实逻辑,由此产生的种种问题,不仅引发了学界对检察职务犯罪侦查权旷日持久的讨论和质疑,而且由于对"人治"方式的路径依赖,受结构性障碍和供给侧需求二者看似不可调和的矛盾支配,职务犯罪侦查工作一再陷入了口供依赖—办案数量下降—违法办案—口供依赖的恶性循环,使得职务犯罪侦查结构性转型升级目标始终难以落实到位。党的十八大、十八届四中全会提出,弘扬社会主义法治精神,建设法治中国的奋斗目标,全面落实依法治国基本方略要求,首次将法治精神提升到实现"依法治国"战略任务的新高度,明确提出了纪检监察和刑事司法办案标准和程序衔接,依法严格查办职务犯罪案件的新格局。对职务犯罪侦查工作进一步摒弃人治思维,树立法治精神,依法办案,促进公正文明司法有着积极而重要的地位和意义。与此同时,也对职务犯罪侦查工作提出了更新的历史任务和挑战,如何运用法治精神引领新时期新常态下反腐败工作发展新格局,实现从思维理念、执法方式、办案模式等方面的全面升级转向,成为了职务犯罪工作的重要命题和使命。

一、以法治思维正确认识和把握职务犯罪侦查工作的形势和格局

当前,职务犯罪侦查工作发生了一定的波动起伏,据云南省 2015 年 1—8 月的数据显示,职务犯罪侦查办案件数和人数分别同比下降了 4.9% 和 2.5%。一般而言,这个小幅下降是正常的,受各种因素影响,办案数量会随着年份不同在 10% 的幅度内上下波动。纵观近几年,云南省年均查办职务犯罪案件(含反贪、反渎)为 1500 件、2000 人左右,除去迪庆藏族自治州人民检察院、昆明铁路运输检察院这两个特殊办案单位(这两个单位客观上案件数量少、案值小、人口少),大体各州市年均查办职务犯罪案件 100 件上下、120 人左右,昆明偏高,怒江、版纳、德宏相对偏低,增减 10% 即为 110 件或八九十件,分摊到 134 个办案单位则平均增减不到 1 件、1 人,影响不大。如果增减 30%,则可能分摊到各办案单位,大约每个院都增减 3 件、3 人。一般云南省基层检察院年均办案 7~10 件,减少 3 件的办案量在年均办案量中所占比例较大,可能会看出办案力度发生较大变化。[①] 另外,近几年办案数在逐年小幅上升,大要案数也在上升,办案质量与安全的要求与投入也逐年加大,可以说办案的压力与风险已处于较高位运行状态。如果办案数量再作较大幅度的增长,在缺乏人力物力的有效支撑的情况下,质量和安全的风险将会更大。所以,办案数小幅波动问题不大,关键是看大要案数、起诉数、有罪判决率、挽回损失数这几个质量、效果的指标有增长,再加上无罪、办案安全事故减少,总体上就可以认为办案态势势头良好、平

---

① 数据来源:2015 年云南省检察机关执法档案。

稳健康。据统计,全省纪检监察部门2013年立案审查违纪3063件,对3215人作出党政纪处分;2014年立案4311件,处分4603人;2015年立案5197件,处分5442人。2015年处分厅级干部50人,处分处级干部254人。纪检部门三年平均立案4190件,平均处理4420人。相比之下,检察机关立案件数占纪委处分件数的35.79%。立案人数占纪委立案人数的45.25%。其中,2015年检察机关查办厅级干部28人,占纪委处分的56%,处级115人,占纪委处分的45.26%。[①]检察机关立案侦查办理的人员,绝大多数最终都包含在纪检监察立案查处的人数之中。从比例来看,还是比较高的。检察立案高于纪委立案数量的1/3,人数则接近一半。今后的格局可能就是加大执纪问责的力度。一部分原先检察立案侦查的小案则可以转入党政纪处理,以确保立案追刑的都是重点打击的大要案,这是符合中央要求的。因此,在中央强调保持反腐败高压态势的情况下,部分检察机关办案数量仍出现波动甚至下降的情况,主要是因为办案格局发生了变化:

一是通过红脸出汗、扯扯袖子、拉拉衣角、批评与自我批评、思想政治工作、批评教育、诫勉谈话、通报批评、检讨、组织调整等方式,大部分违纪违规的干部就这样处理了。

二是少数违纪违规相对严重的干部,作了党纪政纪的轻处分。这里边包括的情况很多,例如有的是工作失误造成了一定负面影响;有的是违反中央八项规定或纪律作风问题,情节严重程度一般;有的是能力水平不高导致工作质量效果不佳等。但组织上仍然给出路、给机会,仍然团结他们共同开展工作。将来这些同志改正了错误,克服了缺点,做出了成绩,仍然可以使用。

三是对极少数违纪违法比较严重的干部,作党纪政纪重处分,如双开、撤职、降级。这里有的是本应追究刑事责任但数额较小,两三万

---

① 参见2013年、2014年云南省纪委工作报告。

元或者虽然数额较大但有自首、退赃、检举、立功；有的是从犯，或者在一个团伙或窝案、串案中地位相对次要，作用相对较小，情节相对较轻的人员，需要对他们区别对待。刑责可免，党政纪责任相对就处理重一点，体现法律责任的递进衔接，是科学的。

四是极少数严重违纪违法的案件才由检察机关或其他侦查机关立案侦查，依法追究刑事责任。

除此之外，还有一个重要因素是法律的调整。《刑法修正案（九）》将1997年《刑法》贪污贿赂定罪量刑的具体数额标准作了修改。原来法律及司法解释、量刑标准中规定5000元以上可以立案定罪，1万元以上要判刑，5万元以上可能要实刑，10万元以上必须10年以上刑期，当然还有各种情节的相互作用等。这些具体标准将不再执行。量刑标准将授权法院裁量掌握。立法上只规定了数额较大、数额巨大、数额特别巨大以及情节特别严重等三个原则性的档次。因此，原来检察机关立案侦查办理的一批小案、情节较轻的或有从轻减轻情节的，将可能转入纪检监察程序处理，而不再进入司法程序。这些都是政策法律转变、格局调整带来的正常变化。相比较过去那种漫无目的、眉毛胡子一把抓，碰着什么是什么，大案也查、小案也查，查成功的也有、查废掉的也有的查处方式，这种变化是健康、正常、良性的。纪委在查，审计监察部门在查，公安、检察院也在查，工作出现交叉重复，相互协调统一不够，造成人力物力、司法资源消耗。最后下来一算账，大要案率、起诉率、实刑率、挽回经济损失这几个关键指标都比较低，整个办案工作的质量、效果不尽如人意。跟那种状态比，集中力量查办大要案，集中力量针对重点部门、重点行业、重点人员，对犯罪情节恶劣、危害严重的、人民群众反映强烈的、十八大后仍不收敛不收手的，处理极少数，教育挽救大多数，是一种更为科学、合理的策略，也是我们党历来不断积累、总结形成的斗争经验和斗争策略。具体到反腐工作中，纪检监察部门、司法机关各司其职、各负其责，各管一个阶段，相互配合、各有特色,各有自己的规章制度和程序,不包办代替,不搞纪检、司法混为一体。当然,检察机关办案数量是相对于大的格局而言的,不是说检察办案的绝对数量就一定会减少,或者大幅下滑,这也不正常。相反,在局部地区或局部环节上,办案数量还可能明显上升。例如湖南贿选案,发案以后追究刑责的人数比去年同期肯定明显上升,但相对于全案被处理问责的人数(党政纪处理466人),检察立案侦查的仍然是少数(追刑69人,不到被处理问责总人数的15%),这是一个相对的概念。

随着实践的探索,从上到下都更进一步认识到纪委办案或者有关行政执法机关、行政监察、审计等部门办案与司法机关依法办案是有区别的。两者职能不同、依据的法律法规不同、程序不同、办案人员的素质和思维方式不同。相对来说,检察机关办案程序更严格,行动更审慎、冷静,各方面制约和要求也高。毕竟,追究刑事责任比党政纪处分更涉及当事人的基本人权,也涉及司法公正和社会稳定。司法是最后一道防线,司法公正是社会公正最后的保障。因此检察机关办案的责任风险更大,更需要严以用权、依法用权、审慎而为。这也是刑事诉讼谦抑性、最后性原则的体现。所以中纪委强调,纪委办案不能包办、代替、吃干榨净。纪委重点管党纪政纪处理,其他涉及犯罪的移送司法机关处理。由反腐格局的调整,可联想到整个国家治理体系的现代化和依法治国的推进问题。十八大报告中讲到,要健全现代治理体系,现代治理体系的核心是依法治国,全党上下要学会用法治思维和法治方式处理问题、解决纠纷、管理社会、推进工作。党的执政理念、执政方式、执政能力要有一个历史性的提升、历史性的转变,就是依法治国、依规治党。法治是我国迈向社会主义现代化强国,实现中国梦所必须面对的课题,是必须跨越的历史阶段,回避不了也照搬不了,还得我们自己面对、探索、学习、实践。

新格局的变化,把司法机关和纪检监察部门的职能区分开,更有利于依法反腐、规范反腐,也是推进依法治国的必然要求。反映出我国反腐纠风法律制度及其运行的健全与科学。首先,党纪政纪挺在法律前面,发挥党思想政治工作和组织工作优势,区别对待,团结大多数,孤立打击少数,尽最大努力教育挽救干部,改变"今天是同志,明天是阶下囚"的两种极端。其次,体现法网的严密与衔接。纪检监察部门与检察司法机关的工作配合衔接。这是党反腐斗争成熟化、规范化、法治化的表现。检察机关查办职务犯罪案件,在整个反腐格局中的作用就是捏紧拳头打击重点,集中力量打歼灭战,做到伤其十指不如断其一指。办案数量有所下降,也就是追究刑事责任的人数下降,相对地党纪政纪处理的人数会增多。因此,即便对办案下滑这一普遍现象,如果能从法治思维角度深度思考,作一些具体原因分析,正确认识和把握职务犯罪侦查工作的形势和格局,就能做明白人,在工作中做到思路清晰,跟中央保持一致,跟反腐格局保持一致,才能更积极主动、清醒地引导职务犯罪侦查工作向前推进。

二、以法治理念深入分析和领会职务犯罪侦查工作的定位

从狭义上来讲,司法指的是法院及其审判活动。在我国,《宪法》将检察院和检察权也列入了司法的范畴。判断一种权力是否为司法权,不仅看权力的法律渊源,是宪法还是行政法赋予,是独立还是附属于行政权,这是形式方面的因素,关键还要看权力实质上的功能作用是什么、达到什么目的、用什么方式行使。司法权的特点主要是:(1)解决具体个案纠纷,不提出政策法律;(2)按诉讼程序法的规定进行,讲证据,讲人权保障(包括上诉等救济程序);(3)进行被动的独立判断,而且以法庭判决为典型的最终处理方式。从这三点出发,我国《刑事诉讼法》规定司法机关及司法人员取广义,包括公检法监狱安全

等,还是科学合理的。但是对于职务犯罪侦查权,由于其侦查属性,有人就理所当然地认为职务犯罪侦查权是行政权,应遵循行政权的理念和原则进行工作,以管理为目标,追求实质理性,更加积极主动,更具有侵略性和攻击性。与司法乃至法治精神所要求的中立性、被动性、程序性关系不大。其实不然,侦查权实质上仍然是司法权,只不过授权行政机关行使而已。既然是授权,也就意味着侦查权可以收回,也可以单设,或另行授权其他机关行使。因此,侦查权从本质上、法理上讲应由启动刑事诉讼的指控机关即检察机关行使(如果以审判为中心来观察刑事诉讼制度则更是如此。这也是司法改革的方向)。即便国外在组织上将侦查机关编入行政机关(有的没有编入),检察机关不直接行使,也要保留抽象的侦查权及侦查指挥权,如我国1979年《刑事诉讼法》第13条的规定及德国、法国、苏联、韩国的刑事诉讼体制,都体现出检察机关的侦查权主体地位。为什么呢?因为侦查是司法活动而不是行政管理活动。它依据刑法、刑诉法进行,它要由法庭来检验和作最终处理(行政权则可由行政机关作终局性处理决定)。侦查活动有上命下从、组织指挥等运作方式,但这只是它的运作方式,这些并不能决定侦查权的目的、功能与司法性质。[①] 例如,审判长组织指挥庭审、维持法庭秩序,表面上也像是行政管理活动(主持会议),但这些活动不是目的,是为行使审判司法权服务的一种手段。审判权的核心仍然是审理和裁判,是司法权。侦查权的司法属性还有一条,就是它的被动性、谦抑性、最后手段性,这一点往往容易被忽视。人们往往强调侦查的主动进攻性,认为有嫌疑就主动侦查,甚至有人说侦查采用"有罪推定"的思维方式,这些看法是不妥当的。首先,侦查的启动是被动的、有条件的,甚至是迫不得已的。无论是有举报控告、转办交办,还是自己发现线索,都要符合立案条件,要有初查或初步证据,要

---

① 参见林钰雄:《检察官论》,法律出版社2008年版,第2—7页。

权衡判断确有侦查之必要,才能启动侦查,所以它是被动的。其次,侦查中严守程序、依法取证、保障人权等要求,说明侦查活动仍然贯彻无罪推定、审慎谦抑的思考方式,而不是有罪推定。不允许凭空、无依据的侦查,不允许不符合法定条件而采取强制措施。至于判断存在某项有罪证据,而设法获取的行动,并不能体现有罪推定,只是一种积极的侦查措施。相应地,侦查机关也要积极获取无罪、罪轻的证据。总之,侦查要独立、中立、依法进行,要注意人权保障,要受到监督制约。因此,提侦查的中立性、被动性、司法性,可能更为准确,也更为合理。要树立这种新的侦查理念,不能片面强调侦查活动的主动性、行政指挥性或"有罪推定"的思维。也就是说,要从法治的要求来理解这些问题。有程序要求、有人权保障的要求,我们不认真落实,就会导致侦查活动中发生司法不公行为。要从司法公正的角度来理解和执行有关制度规范:一是办案结构不在于数量有多多,而在于大要案比率有多高。二是要体现侦办的重点和目标,要降低缓免刑率,提高实刑率,以体现办案的法律效果。如果还出现较高的缓免刑率,那就是自相矛盾,对极少数打击的重点,应当体现"轻其轻者,重其重者"的原则,要从重处罚。《刑法修正案(九)》对判处死缓刑的贪污贿赂者改判无期徒刑后,实行终身监禁,正是体现了从重打击少数的政策。三是注重办案质量,提高初查成案率。也就是执法者自己首先要遵守规范,带头执法。只有涉嫌犯罪确实是比较明显、有一定证据、比较突出的才展开初查,一般的线索例如不具体的、听说的、有反映的等原则上就不再铺开初查,可以转其他机关处理。

这种新的检察权、职务犯罪侦查权定位,其核心是贯彻法治理念,依法反腐。所以它必然更加强调依法办案,规范执法;更加强调提高办案质量,注重办案安全;更加强调理性、平和的态度与处置方式;更加注重保障国家社会公共利益与保障当事人人权的平衡;更加强调依法取证,排除非法证据,避免刑讯逼供和其他非法取证活动;更加重视提高职务犯罪侦查部门的制度化、规范化建设,以及干警的依法侦查、依法办案的业务能力和业务水平,总之更加强调法治化,而上述都是法治的基本要求。转变传统基于老经验、老方法的办案模式,即只要有举报、分析有问题,就进行恐哄吓诈,甚至采取一些不正当的方式,例如冻饿晒烤,个别搞刑讯逼供,诈出口供再找些证据,案子就算办结。这大约是20世纪80年代我们刚起步查办职务犯罪时的状况。这是经验主义,不是法治方式。没有相应证据证实涉嫌犯罪,证实有犯罪事实发生,需要追究刑事责任,凭什么立案?立案是需要具备法定条件的,不能仅靠分析怀疑就轻易立案。如果不具备法定条件,对举报材料经过审查,认为没有犯罪事实发生,不需要追究刑事责任的,或者虽有违法违纪事实甚至轻微犯罪事实,但依法不需要追究刑事责任或者可以免除刑事责任的,就不需要展开初查或初查后就应当及时终结初查,不采取立案措施。相关举报材料可以答复举报人或转有关机关处理。这里面情况很复杂,需要慎重仔细地进行区别判断。这就是一种司法权性质的分析判断,才更能体现依法侦查,体现侦查的法治化特征。最近网上有讨论"以审判为中心"的诉讼制度改革,一般理解为是以庭审为中心、庭审实质化、以证据为核心的庭审裁判。[①] 尽管这些理解都对,但都不够全面彻底,只讲到一些侧面。以审判为中心即以法院或法官为中心,案件的最终处理,由他们作决定。整个程序围绕这个决定权来设计和运行。就法院而言,独立审判并承担司法责任,似乎公平合理,但独立审判并不等于或足以保证公正。另外,如果没有党委政府,社会各界的理解、支持、配合,没有包括检察机关、律师在内的各种监督制约机制,那么司法责任法院和法官也无法承担。只讲独立中立、不受监督制约的审判中心主义在理论上是片面的,在实

[①] 参见陈广计:《试论以审判为中心诉讼模式的内涵和法理基础及检察机关宏观应对》,载胡卫列、韩大元主编:《以审判为中心的诉讼制度改革与检察工作发展——第十一届国家高级检察官论坛论文集》,中国检察出版社2015年版。

践中是行不通的。例如法院的执行权,民事行政审判权(包括调解权),受检察机关的监督制约少,法官自由裁量空间大,相对于刑事审判,法院在这方面受到"司法不公"的批评更多,出现的问题也更多,说明监督制约不仅对党政机关的权力公正行使是必须的,对保障审判权的公正行使也是必须的。侦诉机关的作用体现在审判前程序中,也是一种司法判断权。主要是程序性和证据性的选择判断权,余地不大,但影响重大。例如,国外有一种青少年司法程序叫作"程序分流"①,就是区分成年人与未成年人、正式程序与简易程序、刑事立案还是非刑事处理、重罪还是轻罪程序等。这种"程序分流",表面上是为了减少案件数量,实质上是一种司法性质的选择判断,关系到当事人的人权。所以,以审判为中心,并不排斥审前、审中、审后、执行、监督程序中公安、检察等其他司法机关的审查判断与决定权,并不是一切都由法庭决定。进一步思考,侦查的立案决定权及检察机关的立案监督权,都是类似于"程序分流"的司法性决定权,都贯彻法治原则。

三、以法治标准认真审视和检讨当前职务犯罪侦查工作中存在的问题

法治的最低标准就是要做到依法办事、依法办案。检察机关作为司法机关、法律监督机关,更要率先做到执法者先守法,最基本的要求就是要依法办案、公正司法,在某种程度上,依法办案甚至不能算是引导、指导我们工作的一种高层次的理念或思想意识。它其实是对检察职务犯罪侦查工作提出的最低标准,是最基本的职业操守或常识。但

---

① 程序分流,最早见于1967年美国官方文件中,目的是在正式审判程序之前使被追诉人从繁琐的程序中解脱出来,以避免不必要的折磨和痛苦。参见曾庆敏:《未成年人刑事案件诉前程序分流机制》,载《法制与社会》2015年第8期。

恰恰是在这个基本常识面前,我们并未交上令人满意的答卷,仍然主要存在着如下问题:

(一)司法理念、作风方面

(1)职责使命感不强,担当精神不足。

(2)就案办案。人权保障、程序公正、依法收集审查运用证据、强化自身办案监督、自身保护等意识不强。

(3)重实体轻程序,不重视保障当事人合法权益和律师诉讼权利、不重视听取当事人和律师意见。

(4)对待来访群众耐心不够,不注重释法说理工作。

(二)司法行为方面

(1)案件线索处理不规范,超期回复或不回复线索办理情况。未及时将收到的举报线索在 7 日内移送举报中心,或不及时将查办情况回复举报中心。收到的举报线索存在不通过系统流转的情况。

(2)法律文书格式不统一、文书制作马虎草率、不规范甚至错误,或适用法律文书错误。例如侦查终结报告、起诉意见书等法律文书格式不统一,用语不规范,未注明涉案财物的处理意见;讯问笔录没有侦查人员签名等。

(3)未按照业务应用系统内文书种类拟制法律文书。装卷文书缺项、少页、顺序混乱。例如,不拟制侦查计划和安全预案;扣押涉案财物没有扣押手续或扣押手续没有送案管部门登记;扣押清单上没有见证人的签名。这点有的检察院是有教训的,扣押清单上没有见证人签名、没有搜查笔录,最后在法庭上辩护人提出异议,产生了很多麻烦。

(4)不严格规范执法行为。例如,一个人单独办案或办案人员没有检察官资格;不依法传讯犯罪嫌疑人、超时讯问、询问、收集物证、书证不符合法定程序。

(5)录音录像的制作、密封、归档保存不规范。未在讯问开始时告知犯罪嫌疑人将对其讯问过程进行全程同步录音录像;录音录像未经犯罪嫌疑人当场签字确认封存。虽对犯罪嫌疑人的每次讯问都进行了同步录音录像,但未对每次讯问进行刻录,仅刻录传唤、拘留、逮捕等重要的几次录音录像。

(6)办案安全责任落实不到位。看审分离、审录分离制度坚持不严。例如,由于警力不足,笔者所在市的全市检察机关均未做到看审分离,办案人员既是审讯人员也是看守人员。市检察院存在审录不分情况。

(7)指定居所监视居住措施未坚持慎用、短用的原则,居审不分离。为采取该措施,随意掌握"犯罪嫌疑人无固定居所"或扩大"涉嫌犯罪数额在50万元以上"的法定条件。

(8)不严格规范保障律师会见权。擅自扩大特别重大贿赂犯罪案件范围,限制律师会见。

由上可见,职务犯罪侦查部门及人员司法行为不规范的问题最突出、最普遍,形势非常严峻,与依法反腐的大格局是不适应的。若不及时整改到位,不少人将会因为触犯查办职务犯罪的"八项禁令",甚至被严肃追究责任,造成不可挽回的损失。"八项禁令"是职务犯罪侦查部门依法侦查、依法办案、依法反腐的重点。执行好"八项禁令"基本上就可以说是做到了依法侦查、依法办案、依法反腐。纪委和行政执法机关把案件移送到检察机关,就希望通过司法程序依法处理,否则他们之前就可以处理了。在依法处理的环节如果我们不依法处理,那就是破坏法治。例如,惑哄吓诈、冻饿晒烤、刑讯逼供、不办手续、不批准会见、不及时调查取证、不固定证据、退侦材料不理。如果遇到检察机关侦办的案件,侦监部门提出不捕、公诉部门提出不诉、法院提出不定罪不重判,就威胁要告状,说执法不严、司法不公。不从自己身上找原因,只是找别人的原因。不是自己案子办得不好,而是别人包庇、放纵犯罪,自己没有问题,问题在别人。这种行为和心态在职务犯罪侦查队伍中还是比较突出的。照镜子照不出自己的缺点,只照出自己的优点。实际上是胆小、自卑、心虚,不敢承认自己案子办得不好,都怪别人,大家都有理由。例如,自侦案件中缓免刑的比率比较高,当然这有法院掌握尺度不到位的原因,还有原来立法上规定10万元以上判处10年以上有期徒刑太低太机械、渎职罪情节严重、后果严重标准不明确等原因[目前《刑法修正案(九)》已经作出修改,从原来的5000元到现在的贪污或者受贿数额在3万元以上不满20万元]。但主要还是办案质量、侦查取证不到位的问题。很多案件跟法院协商后,大方向定了,但是法院只能降格判。因为证据不过关,例如司法会计鉴定、价格评估没有做、没有告知或者做得不严谨,数额认定就有困难。有一个制度比较好,就是职务犯罪案件法院开庭时侦查人员到庭旁听或出庭作证。旁听自己侦查案件的法庭审判或出庭作证,从中可以学到很多东西。另外可以参与侦监部门、公诉部门对办理相关案件的讨论,可以参与检委会的讨论,提出侦查部门的意见,同时也能够听到相关部门对办案的不同意见和批评意见。

司法规范说起来容易,做起来难。如办案安全就很难做到百分之百防止和避免。世界各国都有越狱、逃跑、袭警、自杀的事故①,防范再严密也不会十全十美。办案安全事故的发生往往有一定的客观原因,绝对杜绝是很困难的,只能说尽量预防。在实际办案中应该采用防灾减灾的理念和办法,而不是说杜绝灾害事故。也不宜夸大安全事故的负面作用。网上有炒作,当事人有闹事,我们也要冷静客观,依法处理,不受这些事件所左右。只有这样,炒作、闹事的事件才会减少。关键是处理上是否公正合法,是否及时公布。第一,日常工作中要加强

---

① 如美国2014年共发生52000起袭警案,125名警察被杀。参见《美国今年发生52000起袭警案,超半数系黑人所为》,载人民网(http://world.people.com.nc/n/2014/1229/c1002 - 26291231.html),2021年12月访问。

教育,健全制度,明确责任标准。第二,出了事故调查取证,查找主观过错和责任人,严肃处理。第三,总结经验教训,该追究的追究,该问责的问责,起到警示教育作用,逐步提高安全防控水平。但处理要审慎,侧重于教育、挽救、吸取教训、健全制度。目标是要稳定队伍、鼓舞士气、顺应客观、继续前进。重点是针对不同的问题和原因,采取相适宜的措施,改进执法的不规范。例如,人员少,就通过增强人手,提高素能,完善侦查计划等方式解决问题;责任心不强,就通过健全监督机制、加强管理指挥、批评教育、更换人员等方式解决问题;技术设施不健全,就通过投入改造来解决。处理人是手段,不是目的,单纯靠处理人也解决不了问题。笔者认为,反贪、反渎也应出台一两项制度,但重点是抓好原有制度的贯彻执行。例如看审分离制度,要及时调剂法警、补充合同制书记员和协警。同步全程录音录像制度,要通过加强设备技术来抓落实,该录的录音录像几十盘、几百盘也要录。还有律师会见制度,躲得过初一躲不过十五,还不如坦然面对。

四、关于进一步抓好新时期职务犯罪侦查工作的若干思考

(一)超时讯问问题

这是一个长期以来困扰理论界和实务界的重大难题。实践中,职务犯罪侦查办案往往表现为时间不够,案子突破不了。传统的办案方式:一是传唤12个小时,再拘传12个小时,然后转为拘留或取保候审或指定居所监视居住。二是与纪委联合办案,通过纪委"双规"突破案件。这样立案前谈话有的达到几个月、半年,时间充裕,但风险大。取证又需要立案后再转换,证据往往有争议。三是自愿协助调查。当事人自愿配合到检察机关协助调查。笔者认为,根据目前法律规定和实际需要,先自愿接受谈话12个小时、再传唤12个小时、然后立案并决

定拘传12个小时,总共36个小时,一般可以认为有法律依据,在此期间依法获取的供述应当采纳。这个时间与世界各国或地区的规定相比,也不算太长。我国香港特区廉政公署传唤讯问可以持续3天,即72个小时。当然其间律师可以来会见或在场。3天后报法官决定是否羁押。我国内地警察可以留置盘问72个小时,英、美等国不一致,以48个小时者居多。总之,我国内地法定传唤、拘传12个小时时间偏短。时间适当延长一点,另外加上律师、检察院批捕部门的监督,这样设计制度就比较平衡合理。总之,合法的拘留前讯问时间可以达到48小时,这也不算长。老是把眼睛盯在时间长短上边,好像时间长了就是侵犯人权、短了就是保障人权,其实是一种狭隘性思维。法定传唤时间是一种侦查手段,不是越短越好,而是要有利于侦查与人权之间实现最佳平衡,切合实际。为什么又从12个小时改回到24个小时?为什么又冒出个指定居所监视居住?为什么搞纪委联合办案"双规"?说到底就是法定传唤讯问时间不够,大多数(约70%)案件无法在12个小时之内审讯突破,于是就冒出这些五花八门的办法,打法律的擦边球。如果法律不切合实际,它就不可能真正地得到执行,违法就是必然的。笔者认为,立法应当规定72个小时传唤讯问时间,辅之以律师必须在此期间会见一次,而且检察院侦查监督部门应当介入询问,到场监督一次。此后必须改变强制措施或者放人。如果立法上动不了,可以考虑从判例或者司法解释中实际上认可72个小时,认可这期间的讯问笔录是合法的,不得以"讯问超时"为由加以排除。四是指定居所监视居住。该措施是传唤讯问时间不够而使用的替代措施,比较好用。该措施的使用要注意立案手续要全、地点要合法、时间不要太长。但存在安全隐患,所以时间不宜过长。笔者认为,根据实践经验和相关法律规定,可以分为三个时间点来掌握:第一个时间点是3天,比照公安的留置盘问时间;第二个时间点是7天,相当于公安拘留报捕的时间;第三个时间点是15天,比照检察机关拘留报捕时间。15天还不能突破,原则上该拘留拘留,该放人放人。因侦查比较灵活,若遇转机,如调取一份证据、等待一份鉴定意见,可以延长到20天,20天不行就延长到30天,不能超过1个月。突破1个月基本上可以说明监视居住是不成功的,质量不高,而且是没有必要的,甚至可以认为是变相剥夺犯罪嫌疑人的人身自由,不是侦查的必需和必要。可以通过案例统计来确定这些时间点。例如3天内突破占多少？这些案例具备哪些特征条件？7天突破占多少？这类案件又具备什么特征条件？15天突破占多少？这类案件又是什么特征或情况？20天突破的是哪些情形？30天突破的是哪些情形？这样就总结出适用该措施的经验和条件了。当然这是一种观点,大家可以讨论。将来司法解释应当总结案例,细化不同时间阶段的不同法定条件,以便于更精细更公正更理性地适用这一强制措施。

(二) 追逃工作

对于追逃,一定采取布控、监控、动员家属做工作、给予一定政策、加强线索摸排、奖励举报等方式尽快归案。有的人虽然潜逃十多年,但都有家属,十多年不跟家人联系是不正常的。一方面是感情上的联系。可能跟其他亲属关系不好不联系,但不可能十多年不和家人联系。另一方面是基于经济方面的联系。一个人漂泊在外,没有经济来源,最有可能与为他提供钱的人发生联系。所以要抓住这些关键点,使工作有所突破。

(三) 追赃工作

有的检察院追赃是不力的,主要原因在于追赃的思路不对,跟着嫌疑人的辩解走,他说什么就相信什么,追赃要采取硬性措施,不是听嫌疑人说,而是要通过查封、扣押、冻结、划拨将赃款追回来。国家对犯罪所得、赃款赃物行使无穷追及权,是强制性的,要无限制地进行追及,依法不受善意取得制度的限制。这与民法上的善意取得是有区别的。民法上的善意取得,是指动产占有人以动产所有权的转移或其他物权的设定为目的,转移占有于善意第三人时,即使动产占有人无处分动产的权利,善意受让人仍可取得动产所有权或其他物权。善意第三人具有对抗原物所有人的权利,即善意取得抗辩权,意思是原物占有人转让给善意第三人时,善意第三人一般可取得原物的所有权,原所有权人不得请求善意第三人返还原物,核心是可以对抗"原物返还请求权"。这与刑法上的追赃工作是有区别的。善意取得制度依法不适用于违法犯罪所得的赃款赃物、作案工具、违禁品等的流转交易。首先是原来那个"无权处分人"是违法犯罪的行为人或其同伙。其次他的处分行为目的是洗钱、销赃、毁证、转移、隐瞒、掩饰犯罪所得,是违法行为。民法或任何法律,都不会保护违法行为。所以,国家要行使"无穷追及权"。赃款和违法所得,欠交的税款,无论转到哪个账户上、归还什么债务,都可以查封、扣押、冻结、追缴。赃物也是如此,国际追赃合作的法理依据也在这里。只要外国承认并执行请求国的司法文件,就等于它与请求国一样认为赃款赃物及违法所得的转移是非法的。有些人将盗窃的机动车卖到边远地区,司法机关找到原物,本可以依法扣押,但买赃车的人抵制,让我们拿钱来"赎回"。如果你不强制收缴,就会放任这些人以"不明知",是"善意取得"为由,以违法和低价的方式收购赃物,而这种收购又反过来刺激了犯罪,这就是"有买卖,就会有杀戮"的道理。所以,受贿所得拿去投资入股的,要冻结那个入股公司的账户,让受贿人退出股款,不能手软。欠税不交的,首先要明确它的交税数额、期限。可以考虑延期,不要一下子把企业搞垮。但是责任要明确,不允许含糊、推托。地税收不上来,是否存在玩忽职守的行为。国家的法律制度要严肃、要严守,这是底线,我们不能动摇。最近,最高人民法院刑二庭一名法官讲道,主动坦白认罪退赃的,刑罚可能会大幅削减。相反拒不交代贪污贿赂赃款去向,致使赃款无法追回的,或者将贪污贿赂违法所得用于赌博、挥霍及其他非法活动的,都将作为从重量刑情节,可以对数额较低的被告人判处更重的刑罚。

(四)惩治行贿犯罪

加大行贿惩罚力度是对的、必要的。但执行中容易大而化之,抽象笼统。行贿是有区别的,情况复杂,要具体分析、认真研究。行贿分为几种情形:一是有些人是恶意行贿,要达到非法或不正当的目的或者造成重大事故、重大损失;造成假药假食品流向社会,毒害公众;造成恶劣的政治影响,败坏国家形象等。如不合格的人要提拔当官、不合条件的人要参军入伍、通过考试作弊被录取,都是通过行贿达到非法目的。无资质的、投标条件最差的企业反而中标,会产生不正当竞争,社会影响恶劣。这种行贿要依法打击,从重处理。例如向海关、公安、工商、食药监局人员行贿,目的是走私贩卖、非法运输冰冻食品或野生动植物及其制品,即行贿人谋取非法利益。湘西贿选案,用公款送礼送钱买官当。云南有的官员送茶叶、送玉石买官当。这个危害极大,破坏了政治生态,形成了劣币驱逐良币。即使数额不够,也可以按"情节严重"予以追究。这就是从重从严查处行贿的重点。二是主动行贿谋取的利益是否正当处于模糊状态,难以判断。如办户口、规划许可证、土地证、贷款等,按程序都是可以办理的,只是因为要排队、要办手续,也可能被故意拖延。时间拖得长、手续复杂,但又急于开工、急于用钱,就主动行贿。此种情况有些可能构成行贿,有些不构成行贿,要看谋取利益是否正当。要认真分析,不是受贿一方构成犯罪,送钱送物一方也构成犯罪,行贿和受贿不是对等的,不是对偶犯。行贿必须以谋取不正当利益为前提,凡是给钱都构成行贿罪的说法是不成立的。三是被动行贿。被勒索不构成行贿这个没有问题。但特殊情况下,比如事情不好办、手续复杂,但也不是不给办,行贿人内心本来不情愿行贿,但担心不行贿事情办不成。比如供货方本不打算给回扣,但不给回扣甲方就中止进货,或者找别的供应商进货,或者暗示索贿,或者不付款,最后乙方只好给钱。这个与事先主动给钱来争取供货权是不同的。后者就是不正当竞争、谋取不正当利益。最后被动行贿,通过协调事情办成了。这种情况要看谋取的是正当利益还是不正当利益,如果是正当利益则不构成行贿罪,如果是不正当利益,且情节恶劣的,则可以定行贿罪。有些也不一定立案追究,或者即使追究,也可以考虑酌情从宽处理。比如,入学分差一点,且也在审批权范围内,只要给了钱,就批准你入学了。说不正当也可以,毕竟挤占了别人的名额;说正当也勉强符合行政程序和人之常情,历来都有特批特招。如果主动说清,配合调查,还是不认定为行贿为好。根本理由就是,在这种关系中双方地位是不平等的,行贿方处于被动地位、处于弱势,受贿方具有决定权和支配权。为了体现法律的公平,对弱势地位者适当宽缓是公正的。四是行贿人在被追诉前主动投案,主动供认行贿事实,配合侦查取证的,可以不追究。刑法对此有规定,也符合刑事政策,也有利于侦查工作的推进。五是要区分单位行贿与个人行贿,即是单位对个人行贿还是单位对单位行贿,是个人对个人行贿还是个人对单位行贿。这几种情况下,构成行贿罪的数额标准即立案标准或称为"起刑点"不同,另外从重情节的数额标准也不同。由于行贿数额巨大的大多发生于市场经济、商业来往领域,这些领域中活动的主体一般都是企业、单位,很少是个人,一般要定单位犯罪(看数额是否达到10万元以上。今后单位行贿受贿的立案标准可能会大幅提升。达不到立案标准的,如果性质上仍是行贿、受贿的,可以按违法行为,由工商部门或其他行政主管部门、纪检监察部门处理)。六是居间介绍贿赂也很复杂,中间人不配合,连受贿也难定。可能会认定中间人有违法所得或者诈骗。七是行贿、受贿未遂的问题。有行贿意思表示,也准备了财物,但未交付财物或者交付后又退回,怎么定?例如送股权,但股权未变更登记给受贿人,也未交付股权证,也未分红,即使口供一致,可能也只是行、受贿未遂。昆明市中级人民法院判云铜集团原董事长邹绍禄一案中有此判例。八是对商业贿赂中的行贿认定条件不一样。所以对行贿犯罪,在立案前一定要认真审查,在处理时也要讲究策略。

(五)查办惠农扶贫专项领域的职务犯罪

突出表现为套取专项资金后,没有发票、单据,说不清资金去向,无法审计,也查不清资金用途,这类案件定贪污、挪用、侵占都比较难。非法占有的行为证据不足,认识有分歧。"失控说"认为,原所有人(国家、单位)失去控制即为非法占有;"实际控制说"认为,要行为人实际占有、控制财物才行;还有自己"个人占有说"①,这个更严格,要明确赃款去向为个人占有。理论上有分歧,法院在个案中掌握尺度也不同。类似案件,要转变观念,可以从滥用职权、玩忽职守造成的损失方面考虑。另外,这个损失要做司法会计鉴定才能认定。

(六)注意办案方式,努力维护经济发展正常秩序

当前经济下滑压力很大,一些企业经营困难,发不出工资,这会影响社会稳定,也影响到检察办案工作。因此,检察职务犯罪侦查工作更要坚持严格司法与促进发展、保护改革相统一,慎重把握办案节奏和时机。对法律政策界限不明、罪与非罪界限不清的,要审慎稳妥处理,及时请示报告,不能不讲策略、造成不良影响。办案中要考虑企业对当地经济社会发展的作用,对企业相关人员的传唤、拘留、逮捕及扣押、冻结账户要慎重。在案件实体性处理方面,影响经济发展和民生工程的,可以考虑慎办、少办、缓办。若办了,就要注重轻缓,主要在于挽回经济损失。通过办案,为企业加强管理,开展生产经营提供支持帮助,而不是就案办案、机械执法。

---

① 张明楷:《刑法学》(第四版),法律出版社2011年版,第887页。

行贿罪司法控制策略实证考察

王志远*　杨遇豪**

随着我国"反腐"工作的不断深入,要求加大对行贿罪处罚力度的呼声越来越高。相关的研究表明,行贿是诱发贿赂犯罪的主要根源[①],因此只有加大对行贿的处罚,才能从根本上遏制腐败犯罪的不断滋长。与此同时,《刑法修正案(九)》修改了行贿罪的相关内容,我国对行贿罪的治理由此进入一个新的阶段。但值得思考的问题是,现阶段下我们应采取何种行贿罪治理方式才能取得更好的司法治理效果。笔者尝试通过对2013—2016年行贿罪裁判文书的梳理,根据相关实证数据总结出我国目前行贿罪司法治理的现状,进而分析我国目前在行贿罪治理上的特点,并据此提出相关建议。希望为行贿罪的司法治理提供些许新的思路。

---

* 吉林大学法学院教授,博士生导师。
** 吉林大学法学院刑法学博士研究生。
① 根据笔者对2013—2015年吉林省贿赂犯罪的数据统计,93.3%的受贿犯罪是由行贿人的行贿行为引起的。参见王志远、邹玉祥:《吉林省贪污贿赂犯罪实证考察与司法治理方式之完善(2013—2015)》,载《净月学刊》2016年第4期。

一、数据整理:行贿罪司法治理现状

笔者在把手案例网①以"行贿罪"为搜索关键词,通过再次设定条件:将"案由"限定为"行贿罪",年份分别设置为"2013年""2014年""2015年"以及"2016年(截止到2016年6月份)",最后共检索出1812份行贿罪裁判文书。然后经进一步筛选,除去刑事裁定、决定以及一审、二审重复案件,共得出1485份有效的行贿罪裁判文书,其中分别为2013年115份、2014年667份、2015年629份、2016年74份。经过对该1485份行贿罪裁判文书的梳理和分析②,笔者发现在2013—2016年间我国行贿罪司法治理的数据特征如下。

(一)低数额③案件占较大比重,犯罪数额与量刑结果之间呈弱相关性

1. 低数额案件比重较大

在随机抽取④的100份行贿罪裁判文书中,共涉及行贿罪被告人

---

① "把手案例网"为吉林大学司法数据应用研究中心自主开发的裁判文书数据搜索平台。
② 笔者是通过总结关键词,然后根据关键词搜索的方式来获取相关数据。
③ 笔者对于数额高低程度的划分主要是依据2012年12月26日最高人民法院、最高人民检察院颁布的《关于办理行贿刑事案件具体应用法律若干问题的解释》。根据该司法解释的规定,行为人向国家工作人员行贿1万元以上即成立行贿罪;行贿数额在20万元以上不满100万元的为"情节严重";行贿数额在100万元以上的为"情节特别严重"。因此笔者将在1万元~20万元(含1万)之间的行贿数额定为"低数额",在20万元~100万元(含20万)之间的行贿数额定为"较高数额",在100万元以上(含100万)的行贿数额定为"高数额"。
④ 特别说明:由于裁判文书中数字的分布呈无规律性,且加之裁判文书书写的欠规范性,导致文书中的数字或以阿拉伯文字出现,或以汉字大写形式出现。因此,通过关键词搜索的方式难以获得相关数据。笔者以年份为参考值,通过计算每年份裁判文书所占总量的百分比,然后依据所占比例,从1485份裁判文书中随机抽取100份。对所抽取的100份行贿罪裁判文书采取逐一梳理的方法分析行贿数额的分布规律以及与其他变量之间的关系。所抽取的100份裁判文书得出之数据必然不如全样本状态下得出之数据准确,但基本上数据所呈现的规律仍可以反映出一定的司法治理规律,并具有一定的参考价值。

106人。经逐一分析,其中低数额(1万~20万元)行贿犯罪为57件,较高数额(20万~100万元)行贿犯罪为38件,高数额(100万元以上)行贿犯罪为11件,其中各自占总量的比例分别为53.77%、35.85%、10.38%(见图1)。由此可知,低数额行贿犯罪占据了所有行贿犯罪的一半以上,而情节特别严重的高数额行贿犯罪只有总量的1/10左右。同时,需要特别指出的是,经笔者进一步梳理,在38份"较高数额"之中,数额在20万~50万元(含20万元)的行贿犯罪有25件。因此,加之前文提到的低数额案件数,数额低于50万元的行贿犯罪占到总量的77.36%。

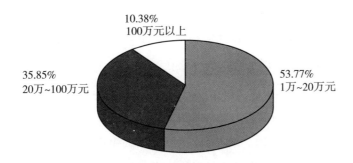

图1 100年行贿案中行贿数额及占比

2. 犯罪数额与量刑结果之间呈弱相关性

根据我国《刑法》第390条以及2012年《解释》第1条、第2条、第4条对行贿罪犯罪数额及其处罚的规定:行贿数额达到1万元即应被追究刑事责任,应处5年以下有期徒刑或者拘役,并处罚金;行贿数额在20万元以上不满100万元的,属于情节严重,应处5年以上10年以下有期徒刑,并处罚金;行贿数额在100万元以上的,属于情节特别严重,应处10年以上有期徒刑或者无期徒刑,并处罚金或者没收财产。①笔者在所抽取的100份裁判文书中,对犯罪数额与最终量刑结果的关

---

① 对行贿罪的处罚增加罚金刑是在《刑法修正案(九)》颁布之后,因此2013年、2014年、2015年(部分)在对行贿罪的处罚上并无罚金刑的适用,因此笔者在统计行贿罪的刑罚适用时,考虑到数据的统一对比,未统计与分析罚金刑的适用情况。

系进行了相关性分析。

经过梳理后的数据显示：第一，在57件低数额行贿犯罪中，有1人被判处5年有期徒刑（存在"向三人以上行贿"的加重处罚情节）；有1人被判处6年有期徒刑（存在"造成严重后果"的加重处罚情节）；其余55件则皆是被处以5年有期徒刑以下的刑罚（含拘役和免于刑事处罚），其中判处拘役的案件为5件，被免于刑事处罚的案件为11件。第二，在38件较高数额行贿犯罪中，有7人被判处5年以上10年以下有期徒刑，其余31人皆被处以5年以下有期徒刑，其中包括1人被免予刑事处罚。第三，在11件高数额行贿犯罪中，仅1人被处以10年以上有期徒刑，其余10件皆被处以10年以下有期徒刑，其中包含有6人被处以5年以下有期徒刑。在这11件行贿犯罪中，最高行贿数额为400万元人民币，该被告人因存在自首和坦白情节，被处以5年有期徒刑；最低刑罚配置为有期徒刑1年，缓刑两年，且该被告人行贿金额为163.68万元人民币。最后，在随机抽取的100件行贿罪裁判文书、106名被告人之中，被判处5年以下有期徒刑（不含拘役和免于刑事处罚）的有80人，其中最高行贿金额为400万元，最低行贿金额为1.5万元；被判处5年以上10年以下有期徒刑的有9人；此外还有5人被处以拘役，12人被免予刑事处罚。由上可知，抽样案件中的量刑结果幅度较为集中，以5年以下有期徒刑为主，并且其中涉案金额差距悬殊。因此，虽然行贿数额一定程度上影响最终的量刑，但相关性较弱。

（二）涉案领域广泛，但分布相对集中

笔者将对行贿罪涉案领域的分析采取了与上文中考察行贿罪行为方式时的方法，即预先将行贿罪的涉案领域分为9类，即医药管理、食品生产、工程与招标、矿业开采、环境保护、考试教育、税务、个体工商、其他。通过相关关键词的搜索，行贿罪分布领域的状况大致如下：医药管理领域有147件，约占行贿罪裁判文书总量的10.08%；食品生产领域有27件,约占总量的1.85%;工程与招标领域有689件,约占总量的47.26%;矿业开采领域有35件,约占总量的2.40%;环境保护领域有57件,约占总量的3.91%;考试教育有121件,约占总量的8.30%;税务领域有43件,约占总量的2.95%;个体工商领域有170件,约占总量的11.66%;其他领域有196件,约占总量的13.20%。因此,由分析数据可以得出,行贿罪涉及的领域较为广泛,几乎延伸到生产生活的主要行业或者领域,但同时行贿罪在部分领域分布相对比较集中,比如工程与招标领域,其百分比约为47.26%,几近总量的1/2,除此之外,医药管理领域(约占10.08%)和考试教育领域(约占8.30%)所占比例都相对较高(详见图2)

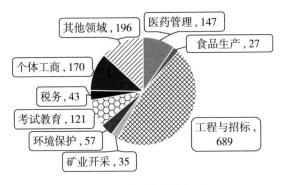

图2 行贿罪的分布领域

同时,由于"工程与招标"领域所占比重较大,笔者进而考察了在此领域内,行贿罪的量刑结果分布情况。在笔者随机抽取的100份行贿罪裁判文书之中,涉及"工程与招标"领域的案件共有37份,其中被判处缓刑的被告人有15名,被免于刑事处罚的被告人有7名。在这37份裁判文书之中,最高的量刑结果为10年有期徒刑,其中被告人的行贿数额为288万元人民币。由此可见,在"工程与招标"领域中行贿罪的量刑结果分布并无规律性,在已知的37份裁判文书之中,各个被告人之间的量刑幅度差距较大。因此,行贿罪发生的领域并没有对被告人最后的量刑结果产生特别影响。

(三) 从轻与减轻情节的大量适用

笔者在上文中已经提到,在随机抽样的 100 份行贿罪裁判文书当中,刑罚的适用普遍较低,多集中在 5 年以下的有期徒刑,而造成这一现象的主要原因之一便是从轻与减轻情节的大量适用。笔者分别观察和分析了随机抽取的 100 份样本中从轻与减轻情节的适用情况和全样本 1485 件中从轻与减轻情节的适用情况,发现两者的数据具有高度相似性,即从轻与减轻情节确实存在大量的适用。下文笔者将以全样本 1485 份裁判文书的数据为例简要说明。

我国《刑法》第 390 条第 2 款规定对行贿罪的特别宽宥政策①,《刑法》总则第 67 条和第 68 条对于自首和立功的规定,加之司法实践中常用的一些酌定从轻减轻情节,笔者将司法实践中对行贿罪的处罚时从轻减轻情节总结为以下五类:退赃情节;被追诉前主动交代(以下简称"主动交代");自首;立功;初犯。在 1485 份裁判文书中通过关键词的方式检索该四类从轻减轻情节的适用,最后得出的数据如下:

表 1 从轻减轻情节的适用

情节 年份	退赃情节		主动交代		自首		立功		初犯	
	数量	适用率	数量	适用率	数量	适用率	数量	适用率	数量	适用率
2013	10	8.70%	26	22.61%	35	30.43%	16	13.91%	10	8.70%
2014	36	5.40%	131	19.64%	246	37.33%	84	12.59%	69	10.34%
2015	46	7.31%	155	24.64%	245	38.95%	81	12.88%	64	10.17%
2016 (部分)②	4	5.41%	8	10.81%	29	39.19%	9	12.16%	10	13.51%
总计	96	6.40%	320	21.55%	555	37.37%	190	12.79%	153	10.30%

---

① 《刑法》第 390 条第 2 款规定:"行贿人在被追诉前主动交待行贿行为的,可以从轻或者减轻处罚。其中,犯罪较轻的,对侦破重大案件起关键作用的,或者有重大立功表现的,可以减轻或者免除处罚。"

② 对 2016 年裁判文书的选择日期截至 2016 年 6 月 30 日。

从表 1 中可以看出:第一,所归纳的四种从轻减轻情节在各年的案件总量中的适用率幅度差距较小,基本保持一致,反映出我国司法实践中对从轻减轻情节的适用基本采取了相同的做法,同时也表明从轻减轻情节的大量适用不是某地区或者某年份的一种特殊现象,而是我国司法实践在行贿罪处罚上的一种普遍现象。第二,在所归纳的五种从轻减轻情节中,适用率最高的为自首情节,比例约为 37.37%,其中适用率最高年份为 2016 年,适用率为 39.19%,退赃情节和初犯的适用比例相对较低。但需要指出的是,在司法实践中上述从轻减轻情节可能交叉适用,也可能单一适用,因此在除去一部分交叉适用,只考虑单一适用的情况下,在案件适用从轻减轻情节的仍占很大比重。

(四)量刑相对集中,缓刑存在大量适用

1. 量刑相对集中,刑罚配置较低

在随机抽取的 100 份裁判文书中,案件最终的量刑结果比较集中,5 年以下有期徒刑占绝大比例,约占 80.19%。为继续说明这一现象,笔者又在全样本 1485 件裁判文书中通过关键词分别搜索和统计了"免于刑事处罚""拘役""十年以上有期徒刑"(以下简称"十年以上")和"无期徒刑"的适用情况,最后检索出的数据如下(见表 2 以及图 3):

表 2 量刑结果

量刑\年份	2013	2014	2015	2016（部分）	总计	百分比
免于刑事处罚	2	5	5	0	12	0.8%
拘役	10	25	18	9	62	4.2%
十年以上	2	23	9	0	34	2.3%
无期徒刑	0	0	0	0	0	0.0%

在对于行贿罪刑罚的裁量上,极低的量刑结果(含免于刑事处罚

和拘役)和高的量刑结果(包含 10 年以上和无期徒刑)都占较小比例,分别为 5.0% 和 2.3%。因此 10 年以下有期徒刑的量刑结果基本占了所有行贿罪案件的 90%。

2. 缓刑的大量适用

笔者在统计了 2013—2016 年行贿罪缓刑适用情况的结果后,得出数据如下:2013 年为 83 件;2014 年为 471 件;2015 年为 461 件;2016 年为 46 件。其各自占当年行贿罪案件总量的比例为 62.16%;73.29%;70.61%;72.17%(见图3)。同时,缓刑在总样本 1485 份裁判文书中的平均适用率为 71%,即在处罚行贿罪时,有超过一半的案件适用了缓刑。由此可见,司法实践在对行贿罪的处罚上大量运用了缓刑制度。

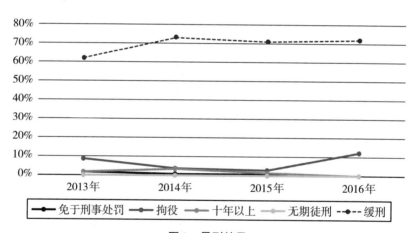

图 3　量刑结果

二、数据分析:行贿罪司法治理的特点

上文通过对 2013—2016 年期间行贿罪裁判文书的梳理与分析,旨在说明目前我国行贿罪司法治理的现状,并以此来分析当前行贿罪的司法控制策略。所谓司法控制策略,是指司法系统在针对特定犯罪

采取刑事制裁措施过程中,在打击策略、打击重点、打击强度等方面所体现出来的整体性的方法。因而,行贿罪的司法控制策略则是指在当前状态下,司法实践在对行贿罪采取刑事制裁措施过程中,其打击策略、打击重点、打击强度所体现出的整体性特点。笔者意在通过实证研究的方法,即通过对上文中实证数据的分析与归纳来进一步解释此种整体性特点,并同时对该整体性特点的成效做深层次的思考。因此,在上述视角下,通过对上文中各项数据的分析,我国目前行贿罪司法治理的特点如下。

(一)定罪量刑过程中的"非唯数额论"

我国传统的犯罪成立模式是"定性+定量"模式,即不仅要求行为人的行为具有社会危害性,同时这种行为的社会危害性还需要达到一定的"量",否则就不构成犯罪,仅是一般的行政违法行为。与此同时,在罪名的法定刑设置上,"量"的重要性就愈加明显,其是划分不同量刑幅度的重要标准。贪污贿赂犯罪对"量"的要求主要表现在数额上。"计赃定罪"是我国处理贪污贿赂犯罪的传统立法方式,而这一传统在新中国成立后的贪污贿赂犯罪立法例中得到了继承,其或以法律明确规定犯罪数额与定罪量刑的关系,或通过司法解释加以明确

因此,我国司法实践在贪污贿赂犯罪的定罪和量刑上存在"唯数额论"的弊病,这一点也饱受社会各界的质疑和批评。《刑法修正案(九)》修改了部分贪污贿赂犯罪的法定刑设置模式,由传统的"量刑数额"改为"量刑情节",这表明我国试图从立法上扭转在贪污贿赂犯罪定罪量刑过程中的"唯数额论"思维模式。而笔者通过对1485份行贿罪裁判文书的统计与分析,发现数额因素在行贿罪的定罪量刑,特别是在量刑方面,其作用有减弱的趋势。

正如文章第一部分所指出,行贿罪的犯罪数额与最终量刑结果之间呈弱相关性,这表明虽然行贿罪的犯罪数额在一定程度上影响了行

贿罪的量刑结果,但其并不是最终量刑结果的决定性因素。同时,司法实践在对行贿罪的量刑过程中,大量地适用了从轻、减轻情节,在笔者归纳的五种从轻减轻情节中,适用率最高的自首情节已占到37.37%。暂且不讨论这种从轻减轻情节的大量适用是否规范,上述情况基本上表明了在行贿罪的定罪量刑过程中,数额已不再是唯一因素,更不是决定性因素,而相关重要的量刑情节越来越受到司法实践的关注。

(二)量刑情节缺乏规范运用

1. 对加重情节认定的缺失

我国《刑法》第390条①规定了对行贿罪的处罚,其中刑罚加重的条件包含了四种情节:"情节严重""使国家利益遭受重大损失""情节特别严重""使国家利益遭受特别重大损失"。同时,在2012年《解释》中对上述四种情节做出进一步的解释,以"情节严重"为例②:2012年《解释》第2条除第1款规定了"情节严重"的数额之外,还规定了其他几项性质同等严重的"非数额"情节,例如"向三人以上行贿""将违法所得用于行贿"等,但笔者通过在全样本1485份行贿罪裁判文书中检索,发现存在上述加重处罚情节认定的裁判文书非常之少,其中因具有"向三人以上行贿"情节而加重处罚的案件在2016年有2份、在

---

① 《刑法》第390条第1款规定:"对犯行贿罪的,处五年以下有期徒刑或者拘役,并处罚金;因行贿谋取不正当利益,情节严重的,或者使国家利益遭受重大损失的,处五年以上十年以下有期徒刑,并处罚金;情节特别严重的,或者使国家利益遭受特别重大损失的,处十年以上有期徒刑或者无期徒刑,并处罚金或者没收财产。"

② 2012年《解释》第2条规定:"因行贿谋取不正当利益,具有下列情形之一的,应当认定为刑法第三百九十条第一款规定的'情节严重':(一)行贿数额在二十万元以上不满一百元的;(二)行贿数额在十万元以上不满二十万元,并具有下列情形之一的:1. 向三人以上行贿的;2. 将违法所得用于行贿的;3. 为实施违法犯罪活动,向负有食品、药品、安全生产、环境保护等监督管理职责的国家工作人员行贿,严重危害民生、侵犯公众生命财产安全的;4. 向行政执法机关、司法机关的国家工作人员行贿,影响行政执法和司法公正的;(三)其他情节严重的情形。"

2015年有5份、在2014年有7份、在2013年有1份。例如,在有的裁判文书中可以发现,在"法院查明"部分仍显示被告人曾向多人行贿,但在最终的裁判结果中却并没有体现这一情节。司法实践对行贿罪加重处罚情节考量的缺失,不仅架空了司法解释的运用,同时也导致行贿罪刑罚裁量上的不公正。如在两名被告人行贿数额相同的情况下,其中一人有向3人以上行贿的加重的情节,如不考虑其他因素,有加重处罚情节的被告人应当比没有该情节的被告人刑罚更重,但由于加重情节考量的欠缺,即仅考虑两名被告人的数额问题,这种情况下做出的量刑结果必然是不公正的。

2. 对从轻减轻情节的过度适用

与上文论述内容有所不同的是,司法实践在对行贿罪从轻减轻情节的运用上存在过度适用的现象,这是"缺乏对重要情节规范运用"的另一显著特征。如上文所提到,从轻减轻情节的大量适用首先造成了行贿罪的量刑结果集中且普遍较低,皆集中在5年以下的有期徒刑。量刑较为集中且普遍偏低并不能直接说明司法实践在行贿罪刑罚裁量上的不公正,其可能是受"刑罚轻缓化"趋势影响的结果。但因此而带来的同案异判却表明从轻、减轻情节的过度适用造成了实践中量刑不均衡。以两份具体的案例作简要说明。根据笔者对王某弘行贿罪案与张某勇行贿罪案的分析与对比,两名被告人皆因行贿罪而被判处5年有期徒刑,其中两名被告人的行贿罪同样发生于"投标领域",同时都存在从轻减轻情节(王某弘具有"自首"和"坦白"两项酌定从轻减轻情节,张某勇具有"被追诉前主动交代"一项酌定从轻减轻情节),但不同的是王某弘的行贿数额为400万元,而张某勇的行贿数额为21.98万元。因此,两件行贿数额相差近20倍,且本属于不同量刑幅度的行贿罪案件,只因前者多一项酌定从轻减轻的情节,而导致最终量刑结果一致,这种情况表明在司法实践中,存在对从轻减轻情节的适用不规范以及过度运用的现象。虽然笔者并不提倡"重刑罚,反行贿",支持行贿罪刑罚裁量时的轻缓化,但此种由于对从轻减轻情节的不规范运用而引起的"行贿轻刑化"并非实质意义上的"轻刑",而是一种"畸刑"。这不仅造成了行为人的罪刑不均衡,更造成了刑罚适用上的不公正,无助于刑罚目的的实现。

(三)司法缺乏对行贿罪多发领域的灵活应对[①]

上文在分析当前行贿罪涉案领域时提到,行贿罪虽然涉案领域广泛,但是分布仍是相对集中。在笔者总结的九类涉案领域中,"工程与招标"领域的行贿罪案件占了案件总量的近1/2,而"医药管理"领域和"考试教育"领域所占比重虽比之"工程与招标"领域稍低,但相对比例仍比较高,因此总体来说,行贿罪的涉案领域仍比较集中。基于此,如果想要加大行贿罪的打击力度,进一步遏制行贿罪的发生,那么必定要对上述行贿罪发生较为集中的领域有所侧重,以此才能实现对行贿罪良好的打击和遏制效果。同时,这一做法也符合相关司法解释条文设置的规范目的,2012年《解释》第2条明确规定,当行贿数额在10万元以上不满20万元时,具有"……(3)为实施违法犯罪活动,向负有食品、药品、安全生产、环境保护等监督管理职责的国家工作人员行贿,严重危害民生、侵犯公众生命财产安全的;(4)向行政执法机关、司法机关的国家工作人员行贿,影响行政执法和司法公正……"等情

[①] 同样的情况还体现在对行贿手段的打击上。笔者在总结、分析部分案例之后,将行贿手段的类型暂定为六种,包括:赠送礼物;卡类交易;收取回扣;现金交易;盈利抽取;其他。其分别对应的搜索关键词为:"送礼""过年";"购物卡""银行卡";"回扣";"现金";"盈利"。经过对1485份行贿罪裁判文书筛选之后发现,其中采取"赠送礼物"方式的有86件,"卡类交易"方式的有116件,"收取回扣"方式的有99件,"现金交易"方式的有797件,"盈利抽取"方式的有7件,其他方式有380件。六种行贿手段所占总量的百分比分别是:5.79%;7.81%;6.67%;53.67%;0.47%;25.59%。综上可知,随着我国反腐形势的严峻,行贿人或者受贿人为了躲避司法机关的追查,所采取的贿赂手段不再是以往单纯的现金交付,行贿手段更加复杂多样,行为方式也更加隐蔽,因而查处这类案件与查处其他刑事案件相比难度更大。但是,面对行贿手段呈多元化、发散状的趋势,司法实践碍于侦查手段等因素的影响,在对行贿罪手段的打击上仍以打击传统的行贿方式——现金交易为主。

形的,属于《刑法》第390条规定的"情节严重",应当加重处罚。该司法解释明确指出了对于发生在"食品""药品""安全生产"等领域以及可能影响行政执法与司法公正的行贿行为应当重点打击。

但与法条规定所不同的是,司法实践缺乏对行贿罪多发领域的灵活应对,并没有对行贿罪产生的高发领域重点打击,即行贿罪发生的领域对被告人的定罪或者量刑并没有太大影响。此外,司法实践中对行贿罪多发领域缺乏灵活应对这一特点在最高人民法院和最高人民检察院的年度报告中也略有体现。最高人民法院在其2015年的年度报告中指出,要严惩发生在群众身边的腐败犯罪,严惩食品药品管理、生态环境、安全生产、土地出让等领域的职务犯罪和商业贿赂犯罪。[①] 但对于发生在相关领域的行贿罪打击情况,报告中并没有特别指出。同时,在2015年的最高人民检察院的工作报告显示,2015年最高人民检察院开展危害食品药品安全犯罪专项立案监督,在食品药品生产流通和监管执法等领域查办职务犯罪2286人⋯⋯开展破坏环境资源犯罪专项立案监督,在生态环境保护领域查办职务犯罪1229人。[②] 在两次专项行动中,最高人民检察院所涉及的仅为包含受贿罪在内的职务犯罪,而对于行贿罪的追诉情况并未介绍。同时笔者查阅了2014—2016年间"两高"的工作报告,其中内容都只是简单地提出要加大对行贿罪的处罚力度,但并没有对一些行贿罪的高发领域开展有效打击。可见,司法缺乏对行贿罪多发领域的灵活应对在实践中是一种普遍现象。

行贿罪产生于某些行业领域的程度较高,表明该行业领域诱发行贿与受贿发生的因素较为严重,同时该行业领域也可能属于法治监管

---

① 参见《2015年最高人民法院工作报告》,载 http://www.court.gov.cn/fabu-xiangqing-13879.html,2016年7月15日访问。

② 参见《2015年最高人民检察院工作报告》,载 http://www.spp.gov.cn/gzbg/201503/t20150324_93812.shtml,2016年7月15日访问。

的薄弱环节。如果在打击行贿罪时不加以区分重点,那么行贿罪在分布较为集中的行业领域将得不到有效的打击和遏制。因此对司法实践应该根据行贿罪产生和分布的领域特点灵活应对,这有助于一定程度上遏制行贿罪高发的势态。

(四)社区矫正制度的不完善导致缓刑制度实践失范

笔者在上文中指出,在行贿罪的刑罚裁量过程中,存在着缓刑的大量适用。根据我国刑法的相关规定,缓刑适用于一些犯罪情节较轻且符合特定条件的被告人,这有助于被告人的改造和回归社会,也是适应刑罚轻缓化的体现。与此同时,根据《刑法修正案(八)》的规定,被宣告缓刑的被告人应当依法实行社区矫正。由此可见,社区矫正制度的完善是保障缓刑制度规范实施的必要前提。近年来,虽然实践中在社区矫正基本制度的探索上取得了有益进步。但是,由于社区矫正制度的具体操作方法在司法实践中仍具有一定的争议,因此社区矫正制度的构建仍不完备,同时这也造成了缓刑适用的实践失范。换言之,缓刑在实践中并没有发挥其应有的作用和功能,并在一定程度上造成了"缓刑=免罚"的社会公众错觉。

社区矫正制度作为非监禁刑罚执行方式,其不仅是对被告人实行监管,同时承担着更为重要的任务,即对被告人"教育矫正"和"再社会化"的任务。有学者通过对社区矫正制度的实证调查发现,我国目前的社区矫正制度存在对社区矫正认识有偏差,适用的对象偏少;现行法律规定滞后;矫正工作人才匮乏;社区矫正工作矫正教育不足等问题。[①] 然而上述问题的存在,使社区矫正的存在流于形式,其监管效力尚无法完全实现,更不用说对被告人的"教育矫正"和"再社会化"。社区矫正的制度缺陷必然导致缓刑适用的空洞化。在对行贿罪的量

[①] 参见苏彩霞、邵严明:《我国社区矫正试点工作中的问题与对策——对武汉市社区矫正试点工作的实证调查》,载《暨南学报》2009 年第 6 期。

刑结果中大量适用缓刑本是为了帮助行贿罪人更好地回归社会、进行改造,但缓刑的实践失范,使缓刑的作用趋同于"免于刑事处罚",这样不仅使刑罚丧失了威严性,同时更无助于实现刑罚的目的。

三、行贿罪司法治理的策略评判与完善对策

(一)"非唯数额论"的正确性

行贿罪定罪量刑过程中的"非唯数额论"特征是我国在处置贪污贿赂犯罪方式上的一大进步。虽然数额在反映行为人社会危害性上具有一定的代表性,但是以数额为中心,而不考虑其他情节对定罪和量刑的影响,会造成一定的司法困境。首先,数额在时间上的滞后性。上文中指出,根据犯罪数额来对贪污贿赂犯罪定罪量刑是我国传统的立法模式,但是我国的社会经济发展迅速,公众的生活水平不断改善,国家的货币政策也将随之变化,此时已经被写入立法规范的量刑数额必然不符合社会实际,但是由于法律不能频繁修改和变化,因此数额在应对行贿罪上会具有一定的滞后性。其次,数额在地区上的不确定性。我国地区之间经济发展不均衡,人均收入水平差异较大,此时各个地区之间对于数额的认识和要求必然不同。因此如果我们不考虑地区之间的差异性,而仅规定统一的定罪或者量刑数额,就无法实现良好的犯罪打击效果,但如果我们将各个地区的差异性都考虑在内,又会造成数额在立法上的不确定性。再次,数额本身的有限性。行贿罪不单纯是一种经济犯罪,其也侵害了国家工作人员职务的不可收买性,因此对于该项法益的侵害程度,仅仅依靠数额无法完整体现;同时,随着行贿手段的不断增多和复杂化,一些行贿方式也无法单纯依靠数额量化,比如性贿赂。最后,以数额为中心易造成罪刑不均衡。对于行贿罪的处罚,除了要考虑行贿人的行贿数额之外,还应考虑行

贿人是否存在加重处罚情节或者从轻减轻情节,在以数额为中心的思维模式下,对于情节的考量会被弱化。由于最后的量刑结果仅体现为数额要素,就会造成具有不同情节的被告人的罪刑不均衡。

我国刑法对行贿罪构成要件的规定以及对行贿罪的法定刑配置都不是"唯数额论"的模式,同时2012年《解释》在细化对行贿罪的量刑时采取的也是"数额+情节"的量刑模式,可见无论是立法还是司法解释都在试图扭转"唯数额论"的错误做法,这同时也说明了司法实践在对行贿罪的定罪和量刑上,采取"非唯数额论"思维模式的正确性。

(二)行贿罪司法治理对策的完善

通过对上文中我国行贿罪的司法治理特点的说明,可以发现虽然我国对行贿罪的治理在一定程度上摆脱了"唯数额论"思维模式的束缚,但在司法实践中仍存在问题,导致对行贿罪的打击和治理无法取得更好的效果。笔者结合上文中行贿罪现行司法治理的几项特点进行分析,认为我们应从以下几个方面完善对行贿罪的治理措施。

1. 注重对量刑情节的规范运用

上文中提到缺乏对量刑情节的规范运用,容易造成量刑不均衡。缺乏对量刑情节的规范运用,是指在司法实践中,对某些酌定或者法定的量刑情节缺乏考量或者过度运用的现象。虽然司法实践对从轻、减轻情节的适用较多,但对这些情节的运用又有消减因行贿数额过高而造成的刑罚量过高的目的,因此实质上是在高数额行贿罪领域对从轻、减轻情节的一种过度适用。因此无论是对加重情节运用的缺失,抑或是对从轻减轻情节的过度适用,都是对量刑情节不合理的运用,其最大的弊端莫过于导致量刑不均衡和"同案异判"的产生。

加大对行贿罪的打击力度仍要坚持罪刑均衡的原则,因此如果在量刑过程中仅考虑数额的影响,缺乏对量刑情节的规范运用,那么最终的量刑结果可能违反罪刑均衡的原则。因此,在司法实践中,应当按照2012年《解释》与最高人民法院、最高人民检察院《关于常见犯罪的量刑指导意见(试行)》,合理划定加重情节和减轻情节的运用幅度,实现行贿数额、量刑情节与刑罚裁量之间的对应和规范化。

2. 在对行贿罪高发领域的打击上有所侧重

行贿罪的发生领域分布都较为集中,因此重点较为突出,如果对于行贿罪的高发领域处以严厉打击,那么行贿罪的司法治理可以取得更为良好的效果。首先,如果欲实现更好的犯罪打击与控制效果,那么对某项犯罪的打击与控制必然要顺应该项犯罪在司法实践中产生与发展的司法规律。从实证调查所得出的数据可以反映出,行贿罪的发生领域较为集中,即行贿罪的产生和发展都具有一定的司法规律性。因此,为实现对行贿罪更好的打击与控制效果,我们应当根据行贿罪在一些领域分布的特点,打击上有所侧重。其次,2012年《解释》明确规定,对产生于某些特定领域的行贿罪,司法机关应当加重处罚。虽然在我国司法解释的效力并不能等同于立法,违背司法解释之规定不能算是违背罪刑法定原则,但该司法解释本条之规定具有相当的合理性,而且其背后的规范目的也在于通过对某些特定领域行贿罪的重点打击,以保证国家监督管理部门能更好地履行职责,保证公众的生命财产安全不受侵犯。最后,对行贿罪的高发领域打击有所侧重,也是在当前反腐形态下,重点打击行贿罪,严密法网的一项积极做法。因此在司法实践中,应当针对行贿罪发生的分布规律在打击上有所侧重,灵活应对,以实现对行贿罪更好地遏制。

3. 完善社区矫正制度

社区矫正制度的完善是保证缓刑得以正确执行的前提,而其作为一项在我国刑罚制度中出现较晚的非监禁刑罚执行方式,在理论与实践上存有较多争议。笔者认为,社区矫正制度的目的不仅是对矫正人实行监管,更多的是在"社会"中实现矫正人的"教育改造"和"再社会化"。因此,欲更快、更好地构建社区矫正制度,我们应注重以下几个方面。首先,普及新的刑罚观念。由于我国历史上"重刑"的传统以及公众朴素的正义观念,公众对"判刑之后"不用被收押入狱的社区矫正制度多半持怀疑态度,认为这是对犯罪的放纵。而社区矫正制度主要是依靠社会力量的参与,但在新的制度与旧的观念冲突下,公众不愿意参与到社区矫正工作中来,导致社区矫正的目的无法顺利实现。其次,细化和明确社区矫正的管理制度与执行办法。我国相关法律规定,社区矫正由司法行政机关负责指导管理,社会工作人员和志愿者参与,村(居)委会以及矫正人的单位和家庭等协助,同时又由公安机关作为社区矫正制度的执法机关。而在实践中,社区矫正工作由于管理机关的重叠性和社区志愿者的缺乏,导致效率低下,管理形式化。因此应当明确社区矫正制度的管理机构,权责明晰,同时细化社区矫正制度的工作办法,以防止部门之间的相互推诿。最后,加大对社区矫正志愿者的培训和相关投入。目前我国社区矫正工作最大的瓶颈在于志愿者数量的缺乏以及专业性不足。而这两项不足都为推动社区矫正工作的进一步开展带来了较大困难。因此,应当加大对社区矫正工作志愿者的培训,充分发挥社会力量的作用,真正实现社区矫正参与力量的"社会化"。

随着《刑法修正案(九)》的颁布,我国刑罚制度不断完善,刑罚执行方式从以监禁刑为主向多元化方向发展。而在这个过程中,社区矫正作为一种刑罚执行方法适应了这种发展的需要,应当被更加重视。

四、余思:对打击行贿罪两种思潮的反思

我国的反腐工作在取得巨大成效的同时稳步向前推进,在"无禁区、全覆盖、零容忍"的反腐态度下,以往被司法实践所忽视的行贿罪越来越受到公众的关注。而对于处置行贿罪的合理方式,在理论和实

践中存有较大争议,无法达成共识。就目前来看,对于行贿罪的打击策略主要分为以下两种:一是加重对行贿罪的刑罚力度,坚持"惩办行贿与惩办受贿并重"的刑事政策①;二是基于立法效果论的立场,认为应当取消行贿罪。② 笔者对上述两种行贿罪的打击策略都持质疑的态度,认为上述两种策略都不是在全面分析行贿罪司法治理规律后得出的结论,难免有失偏颇。笔者将结合《刑法修正案(九)》对行贿罪之新规定,在下文中对上述两种打击策略作详细论述。

《刑法修正案(九)》增加了对行贿罪的罚金刑和严格了从宽情节的适用条件。其中罚金刑采用的是"并科"的处罚方式,而严格从宽情节的适用条件也将一定程度上限缩法官对于量刑的自由裁量权。因此,《刑法修正案(九)》对行贿罪之修改,可能会导致行贿罪量刑结果的普遍加重。笔者认为,行贿罪作为一项严重且高发的贿赂犯罪,应当加大对其的打击力度,但应从严密刑事法网、扩大犯罪圈的角度切入,一味地加大对行贿罪处以"重刑",并不能取得良好的治理效果。目前来看,虽然《刑法修正案(九)》在一定程度上加大了对行贿罪的处罚力度,但这仍在可接受范围之内。因此,在当前情况下,我们对于行贿罪合理的打击策略应当是:在现有的立法前提下规范司法,以实现对行贿罪更好地控制。而要求坚持"惩办行贿与惩办受贿并重",对行贿罪"重刑处之"或者取消行贿罪的观点,都无法取得良好的对行贿罪的打击效果。

首先,持"惩办行贿与惩办受贿并重"观点的学者认为,单纯的重刑打击受贿罪不会起到良好的反腐效果,因此应从"源头上"治理贿赂犯罪,严厉打击作为受贿罪产生"原因"的行贿罪。③ 进而指出,我们

---

① 参见高诚刚:《实证研究视角下"行贿从轻"的实效》,载《政治与法律》2016年第5期;李少平:《行贿犯罪执法困局及其对策》,载《中国法学》2015年第1期。
② 参见姜涛:《废除行贿罪之思考》,载《法商研究》2015年第3期。
③ 参见李少平:《行贿犯罪执法困局及其对策》,载《中国法学》2015年第1期。

应当采取"惩办行贿与惩办受贿并重"的刑事政策,以此加大对行贿罪的处罚力度。但笔者认为,行贿和受贿两个犯罪行为互为因果、同消共长,因此如果简单地认为行贿是受贿的"原因",且行贿是贿赂犯罪的"源头",则略有偏激。同时,过度地关注行贿与受贿之间孰为因果,难免会进入"是先有鸡还是先有蛋"的逻辑悖论。

　　同时,"惩办行贿与惩办受贿并重"的打击策略还存在以下问题。第一,对行贿罪的这一打击策略在实践中未起到良好的治理效果。一方面,"惩办行贿与惩办受贿并重"这一打击策略只是单纯地强调对行贿罪重刑处罚,容易造成"厉而不严"的打击局面。换言之,如果仅仅强调对行贿罪实施重刑,而不通过严密刑事法网,提高追诉率等方法,那么行贿罪仍不会受到有效打击。另一方面,由于长期受"重受贿,轻行贿"刑事政策的影响,司法实践在真正对行贿罪处以重刑时,又心有余悸,于是有所保留,在一定程度上导致了从轻减轻情节的过度适用。由于司法实践在行贿罪刑事政策选择上的摇摆不定,从而造成同案异判或者量刑不均衡等现象。第二,从行贿罪产生的原因分析,重刑打击行贿无法从根源上解决问题。改革开放之后,我国积极推进社会主义市场经济的完善、民主政治与法治的建设,取得巨大成效。但目前,公权力体系仍十分庞大,一些社会资源的分配仍是由政府主导。因此,当社会分配某些有限资源时,因为是由国家公权力主导分配或者国家公权力对分配影响较大,那么某些处于特定行业领域的人为获得更多的利益,必然会对权力趋之若鹜,对拥有权力的人极尽谄媚,因而实施行贿。同时还需要指出的是,面对如此庞大且集中的公权力,我国的权力监督制度始终有所欠缺,由于社会公众缺乏对官员行为的有效监督,部分国家工作人员的作风出现偏差,造成官强民弱的倒挂体制。① 本是国家"主人"的公民却总是不得已"有求于"国家工作人员,

---

① 参见何荣功:《"行贿与受贿并重惩罚"的法治逻辑悖论》,载《法学》2015 年第 10 期。

进而出现行贿行为。因此,虽然行贿罪一定程度上"诱发"了受贿罪,但导致受贿罪产生的根源并非行贿罪,而是亟须完善的权力监督制度。因此,行贿罪的频发也是源于我国权力监督机制的不完善,如果单纯地依靠重刑处罚,不可能从根源上解决行贿问题。

意大利刑法学家贝卡里亚曾指出:"从预防和遏制犯罪的效果看,对于犯罪最强有力的约束力量不是刑罚的严酷性,而是刑罚的必定性。"①因此,刑罚在打击行贿罪中的作用更应被关注的是它的有效性,而不是严厉性。刑罚的有效性主要是刑罚的必需性以及刑罚能否有效地教育、改造罪犯,促使其改过自新。② 因此,如果较轻的刑罚既已可以实现对行贿罪的遏制效果,那么我们便无须借助重刑来实现这一目的。

其次,建议取消行贿罪的学者认为,基于"立法效果论"的考量,将行贿行为非罪化会使行贿人与受贿人之间产生"囚徒困境",从而有助于更好地打击受贿罪并达到预防受贿罪的目的。③ 笔者认为,该观点存在对"囚徒困境"④理论的过度解读。在实践中,行贿罪发生的场合和手段都较为隐蔽,通常只有行贿者和受贿者双方知情,因此在司法机关打击行贿罪或者受贿罪时,会由于在证据采集上存有许多困难,从而无法追究一些行贿者或者受贿者的刑事责任。因此,为了破解这一难题,有学者认为在行贿罪或者受贿罪的处罚上应着重打破两者之间的"攻守同盟"。而在应对这一问题时,多数学者都会采用"囚徒困境"理论来阐释两者的关系。根据"囚徒困境"理论,我们需要对行贿

---

① 〔意〕贝卡里亚:《论犯罪与刑罚》,黄风译,中国法制出版社2002年版,第68页。
② 参见王志远、杨遇豪:《反腐败的根本路径及策略保障》,载《净月学刊》2015年第4期。
③ 参见姜涛:《废除行贿罪之思考》,载《法商研究》2015年第3期。
④ "囚徒困境"理论,是指两个共谋犯罪的人被关入监狱,并且不能互相沟通。如果两个人都不揭发对方,则由于证据不确定,每个人都坐牢1年;若一人揭发,而另一人沉默,则揭发者因为立功而立即获释,沉默者因不合作而入狱5年;若互相揭发,则因证据确实,二者都判刑两年。由于囚徒无法信任对方,因此倾向于互相揭发,而不是同守沉默。

者或者受贿者一方适当地保持刑罚轻缓,适用特别宽宥政策。只有造成两者之间刑罚配置的相对不均衡,才会一定程度上破坏行贿者与受贿者之间的信任,从而瓦解两者之间的"攻守同盟",提高贪污贿赂案件的处罚率。由此可见,如果想要瓦解行贿者与受贿者之间的"攻守同盟",在一定程度上只需使这两者的刑罚配置不均衡即可,完全不至于也没有必要通过"赦免"其中一方来实现目的,因此持此观点者实际上是对"囚徒困境"理论的过分解读。需要进一步指出的是,取消行贿罪对于打击贪污贿赂犯罪不仅不会起到一定的推动作用,还可能会引起一系列的刑法规范失守。第一,取消行贿罪,有违罪责刑相适应的基本原则。考虑到行贿罪与受贿罪的对合关系,两者在实践中往往相伴而生,互为因果。因此,在目前我国"重拳反腐"的态势下,如果只是单纯地加大对受贿罪的处罚力度,而对与之相应的行贿罪放纵轻判,那么反腐效果只能是事倍功半。行贿罪和受贿罪的本质相同,都是利用国家权力谋取不正当的利益,侵害了国家工作人员职务的廉洁性。因此,作为侵害同一法益的行贿罪与受贿罪,在打击力度上不应相差过于悬殊。而取消行贿罪,则是对行贿人严重侵害法益的行为不予处罚,违背了刑法的罪责刑相适应的基本原则。第二,刑法规范除了作为一种裁判规范存在,同时还是一种行为规范,其通过对某些行为的规整来为社会公众提供正确的行为模式。如果刑法在对行贿罪规整上过于宽松,行贿人便会因不用为自身的行贿行为付出相应的代价,而变得"变本加厉"。同时,还可能为社会公众提供不正确的引导,即行贿是一件"正确"的事,或者最起码是一件可以被社会"容忍"的事。因此,上述做法不仅不能发挥刑法规范的教育功能,同时也会造成我国的反腐工作难以取得良好的效果。

综上所述,笔者对"惩办行贿与惩办受贿并重"或者取消行贿罪的观点都持质疑态度。上述两种行贿罪打击策略都无法全面反映当前行贿罪的司法治理特点,因此不能在打击和遏制行贿罪上取得良好的效果。以取消行贿罪来破解治理贪污贿赂犯罪的难题，是一种"饮鸩止渴"的危险做法，但同时我们也不能因此而走向依赖"重刑"打击行贿罪的另一个极端。《刑法修正案（九）》的颁布，在一定程度上加大了对行贿罪的处罚力度，笔者认为当前的处罚力度已经可以达到治理行贿罪的良好效果，无须再给予行贿罪更多或者更严厉的刑罚。造成我国目前行贿罪治理困境的原因不在于立法，而在于司法上的不规范。如文中所提到，我国目前在行贿罪的治理上对量刑情节缺乏规范运用，实践对行贿罪多发领域缺乏灵活应对，社区矫正制度的不完善导致缓刑制度实践失范等司法问题。因此，根据我国目前的反腐形势以及我国治理行贿罪的司法特点，我们应在现有的立法前提下注重规范司法，完善行贿罪的司法治理对策，如此才能取得更好的治理效果。

性贿赂腐败行为犯罪化探析

李晓明*　尹文平**

党的十八大强调,反对腐败、建设廉洁政治,是党一贯坚持的鲜明政治立场,是人民关注的重大政治问题。这个问题解决不好,就会对党造成致命伤害,甚至亡党亡国。性贿赂即权色交易,是当前我国滋生腐败的主要根源之一,近年来有愈演愈烈之势,几乎到了凡有腐败,必有性贿赂的地步,原中纪委常委祁培文曾指出:"在中纪委查处的大案中,95%以上都有女人的问题。"[①]随着雷政富案、刘志军案、刘铁男案等浮出水面,性贿赂腐败行为再次引起人民群众以及刑法理论界和实务界的广泛关注。性贿赂导致官德沦丧,侵犯了国家工作人员职务行为的廉洁性,严重腐蚀了国家公权力,严重损害了党和政府的形象与公信力,其社会危害程度与财产性贿赂相比有过之而无不及。但是,我国现行《刑法》未把性贿赂等非财产性贿赂纳入调整范围,对其制裁限于党纪政纪处分或组织处理层面上,性贿赂发生频率之高与国家惩治力度之弱形成了鲜明的对比,使得性贿赂腐败行为日益猖獗,已经到了非刑罚措施不足以遏制的地步。对于性贿赂犯罪化的问题,我国刑法学界以及司法实务界一直存在激烈的争议,但是许多西方国

---

* 苏州大学王健法学院教授,博士生导师。
** 江苏省张家港市公安局纪委监察室主任,苏州大学王健法学院刑法学博士研究生。
① 刘义昆:《绝对权力导致的情欲》,载《信息时报》2009年7月10日。

家早已将性贿赂入罪作为遏制权色交易的有效措施。性贿赂已成为一种非常普遍的权力腐败形式,具有严重的社会危害性,符合犯罪的本质特征,性贿赂入罪具有现实可操作性,符合行为入罪的立法条件。性贿赂入罪是贯彻十八大精神的必然要求,是有效打击腐败、建设法治国家的重要保证,是顺应世界发展的潮流。

一、性贿赂概述

(一)性贿赂的概念

《现代汉语词典》将贿赂解释为"用财物来买通别人或者用来买通别人的财物",将性贿赂解释为"以满足有权势的人的性欲为手段变相进行的贿赂"①。关于性贿赂的概念,不同学者有不同的见解,有学者认为性贿赂是指国家工作人员接受色情服务,为相对人(他人)谋取不当利益,或行为人或单位谋取不正当利益而给予国家工作人员以性服务。② 也有学者认为性贿赂是指为了谋取非法利益,给国家工作人员提供性服务的行为,是对国家工作人员职务的廉洁性的侵害,具有严重的社会危害性。③ 还有学者认为"性受贿是为国家工作人员利用职务上的便利,接受他人提供非正当性服务为他人谋取利益;性行贿则应该定义为为了谋取不正当利益,给予国家工作人员以非正当性服务"④。

笔者认为,性贿赂属于贿赂的一种特殊形式而已,包含性行贿和性受贿,根据我国《刑法》第 389 条对行贿罪的规定、第 385 条对受贿

---

① 中国社会科学院语言研究所编:《现代汉语词典》(第 6 版),商务印书馆 2012 年版,第 1461 页。
② 参见金卫东:《应设立"性贿赂罪"》,载《江苏公安专科学校学报》2000 年第 6 期。
③ 参见周勇、徐彬:《性贿赂探讨》,载《河北法学》2001 年第 5 期。
④ 谭正煜:《性贿赂行为入刑的几点思考》,载《法制博览》2015 年第 1 期。

罪的规定,性行贿可定义为"为谋取不正当利益,通过自身或他人向国家工作人员提供性服务",性受贿可定义为"国家工作人员利用职务上的便利,索取性服务,或者接受他人提供的性服务为他人谋取利益"。性贿赂并非当今社会的新现象,而是潜在于古往今来。性贿赂具有非物质性、隐蔽性、腐化性等特点,其本质是权色交易,主要表现为以权谋色、以色谋利,属于贿赂的一种特殊形式而已。

(二) 我国性贿赂的现状

随着我国经济社会的快速发展,人们的需求趋于多样化,贿赂的形式也日新月异,从贿赂金钱、车子、房子、股票、干股到性服务、名家字画、珍奇古玩、升学、亲属就业、招工指标、户口迁移以及"雅贿"等,形形色色的贿赂充斥着当今社会。其中,性贿赂近年来有愈演愈烈之势,甚至有的腐败贪官对于性贿赂有恃无恐,并乐在其中,这对党和政府以及国家公职人员形象产生较大的负面影响,成为反腐败工作的一个重要关注点。

最高人民检察院原副检察长赵登举曾透露,最高人民检察院查办的省部级干部大案中,几乎每人都有情妇,性贿赂目前在行贿犯罪中已相当普遍。2006年"两会"期间,有代表提交的一组数据更说明了性贿赂在中国的猖獗程度:被查处的贪官污吏中95%都有情妇,腐败的领导干部中60%以上与包"二奶"有关,甚至有的女领导干部接受男下属性贿赂。例如,深圳市公安局罗湖分局原局长安惠君多次以外出考察的名义,指定年轻英俊的男警员单独跟随她外出,其间向下属作出性暗示,如顺其要求,回深圳后将迅速升迁,反之则升职无望,理由是"有待磨炼"。更有甚者,有的领导干部包养情妇数量之多让人瞠目结舌。南京市车管所原所长查金贵虽年近花甲,居然包养了13个情妇,并经常在熟人面前炫耀其有"金陵十三钗"。福建周宁县原县委书记林龙飞先后和22名女性长期保持不正当的两性关系。江苏省建设厅原厅长徐其耀先后包养的情妇多达140余人。在有的领导干部头脑里,以权谋色已经成为一种时尚、身份、地位甚至成功的象征。正如南京某副厅级贪官金维芝创立的金式"情妇逻辑"所言:"像我这样级别的领导干部谁没有几个情人?这不仅是生理的需要,更是身份的象征,否则,别人会打心眼里瞧不起你。"①有些领导干部的情人明目张胆地与领导干部保持特殊关系,足见性贿赂之嚣张。党的十八大以来所查处的省部级及厅局级的官员中,多数都存在包养情妇、官员与情妇共同受贿、官商勾结的现象。② 上述情况还不包括邀请嫖娼等性贿赂,这充分说明国家工作人员涉及性贿赂并非特例或者少数,而是具有普遍性,甚至触目惊心,几乎到了凡有腐败必有性贿赂的程度。

二、我国目前对性贿赂的规制

(一)我国大陆对性贿赂的规制

现行《刑法》对于贿赂的规定都是针对财物贿赂犯罪作出的,未规定对性贿赂的定罪处罚。目前,对性贿赂的规制主要以党纪、政纪为主,道德约束为辅。

1. 党纪对性贿赂的规制

2015年修订的《中国共产党纪律处分条例》规定了对违反生活纪律行为的处分,其中第127条规定:"与他人发生不正当性关系,造成不良影响的,给予警告或者严重警告处分;情节较重的,给予撤销党内职务或者留党察看处分;情节严重的,给予开除党籍处分。利用职权、教养关系、从属关系或者其他相类似关系与他人发生性关系的,依照

---

① 树荫下:《贪官情妇的"吉尼斯纪录"》,载《政府法制》2006年第21期。
② 参见牛雨来:《性贿赂入刑的必要性、可行性及基本途径》,载《法制博览》2014年第12期。

前款规定从重处分。"第 129 条规定："有其他严重违反社会公德、家庭美德行为的,应当视具体情节给予警告直至开除党籍处分。"由此可以看出,若党员有性贿赂行为,显然违反党纪,应受党纪处分。

2. 政纪对性贿赂的规制

《行政机关公务员处分条例》第 29 条第 1 款规定："有下列行为之一的,给予警告、记过或者记大过处分;情节较重的,给予降级或者撤职处分;情节严重的,给予开除处分:……(三)包养情人的;(四)严重违反社会公德的行为。"《事业单位工作人员处分暂行规定》第 21 条第 1 款规定:"有下列行为之一的,给予警告或者记过处分;情节较重的,给予降低岗位等级或者撤职处分;情节严重的,给予开除处分:……(五)包养情人的……(七)其他严重违反公共秩序、社会公德的行为。"虽然以上条例和规定未提到性贿赂,但其列举的包养情人、严重违反社会公德含有规制不正当男女关系的成分。因此,行政机关公务员或事业单位工作人员若涉及性贿赂,显然违反政纪,应受政纪处分。

3. 道德对性贿赂的规制

如果为了谋取不正当利益而以性作为交易内容,或者利用职务上的便利索取性服务,或者接受他人提供的性服务为他人谋取利益,显然违背了道德伦理,应受道德规制。但是道德由于缺少强制力的支撑,在约束力上不及法律。

(二)我国港澳台地区关于性贿赂犯罪立法

香港特区《防止贿赂条例》第 2 条规定,公务员索取和接受任何其他服务等利益的构成受贿罪。这里虽然把贿赂的范围限定在"利益",但并没有规定不包括非物质性利益。2003 年,香港特区高级警司冼锦华因接受免费性服务而被判刑入狱,成为香港特区因接受性贿赂而被定罪的第一人。① 澳门特区《刑法典》第337条规定,公务员亲身或透过另一人而经该公务员同意或追认,为自己或第三人要求或答应接受其不应收之财产利益或非财产利益,又或要求或答应接受他人给予该利益之承诺,作为违背职务上之义务之作为或不作为之回报者,处1～8年徒刑。② 澳门特区《刑法典》把贿赂犯罪的范围界定为财产利益及非财产利益,可见性贿赂是被澳门特区刑法所规制的。台湾地区"刑法"第121条规定,公务员或者仲裁员对于职务上之行为,要求、期约或收受贿赂或其他不正当利益者,处7年以下有期徒刑,得并科5000元以下罚金。台湾地区受贿犯罪的范围包括一般意义上的贿赂和不正当利益,性贿赂是在台湾地区刑事规范规制范围内的。

三、国际公约及其他国家关于性贿赂犯罪立法的概况

(一)《联合国反腐败公约》关于性贿赂犯罪立法

《联合国反腐败公约》是联合国历史上通过的第一个指导国际反腐败斗争的法律文件。《联合国反腐败公约》第15条规定:"各缔约国均应当采取必要的立法措施和其他措施,将下列故意实施的行为规定为犯罪:(一)直接或间接向公职人员许诺给予、提议给予或者实际给予该公职人员本人或者其他人员或实体不正当好处,以使该公职人员在执行公务时作为或者不作为;(二)公职人员为其本人或者其他人员或实体直接或间接索取或者收受不正当好处,以作为其在执行公务时作为或者不作为的条件。"《联合国反腐败公约》已把非物质利益纳入

---

① 参见翁里、王梦茹:《性贿赂入罪若干问题初探》,载《浙江警察学院学报》2010年第5期。

② 参见梁国庆主编:《国际反贪污贿赂理论与司法实践》,人民法院出版社2000年版,第923页。

了贿赂犯罪的范围。2005年10月27日,第十届全国人大常委会第十八次会议以全票通过批准加入公约。《联合国反腐败公约》于2006年2月12日对我国生效,故自然成为我国的法律渊源,对我国公民具有约束力。①

(二)其他国家关于性贿赂犯罪立法

在国外,也有将"性贿赂"入罪的立法例。《德国刑法典》第331条规定,公务员或从事特别公务的人员,对于现在或将来的职务上的行为要求、期约和收受利益者,均为受贿者。② 此处的"利益",不仅是指财产性利益,还包括性贿赂在内的非财产性利益。《美国刑法典》规定,公务员等收受任何有价值的东西构成受贿罪,其中性服务是作为有价值的东西规定于后款解释中的。《日本刑法典》第197条规定,"公务员或仲裁人关于职务上的事情,收受、要求或约定贿赂的是受贿罪",其贿赂的范围在司法实践中定义十分广泛,包括"满足人们需求、欲望的一切利益""艺妓的表演艺术""男女亲密交往"③等内容,将"性贿赂"纳入了刑事制裁范围。日本某法院在1915年提出了一个关于"异性间的性交也可能成为贿赂罪的目的物"的判定,开启了性贿赂行为在司法实践中的运用基础。《英国公共机构贿赂法》第11条规定,公共机构的成员、官员或者雇员……索取接受或者同意接受任何礼品、贷款、酬金、报酬或者好处的,构成受贿罪。④ 另外,法国、意大利、瑞士、罗马尼亚、泰国、印度等国家的刑法亦有类似规定。

由上可见,《联合国反腐败公约》、一些发达国家或地区和发展中国家或地区关于贿赂的规定,均把贿赂犯罪的范围扩大到非物质利

---

① 参见《联合国反腐败公约》,载中央纪委监察部网站(http://www.ccdi.gov.cn/special/lygz),2016年7月15日访问。
② 参见徐久生、庄敬华:《德国刑法典》,中国法制出版社2000年版,第227页。
③ 李慧翔:《国外有无"性贿赂",怎么治理?》,载《新京报》2012年12月22日。
④ 参见陈国庆主编:《新型受贿犯罪的认定与处罚》,法律出版社2007年版,第90页。

益,突破了财产的范围。性贿赂虽无统一的世界立法标准,但大多数国家和地区未将其排除在刑事立法的范围之外。

四、性贿赂犯罪化的可行性

对于性贿赂行为是否犯罪化问题,多年以来学术界争议较大,存在两种截然不同的观点,即肯定说和否定说。法国杰出的启蒙思想家、法学家孟德斯鸠指出,"一切有权力的人都容易滥用权力,这是万古不易的一条经验。要防止滥用权力,就必须以权力约束权力"①。法律是治国之重器,良法是善治之前提。笔者认为,不管是肯定说还是否定说,都不能否认性贿赂的社会危害性,党纪、政纪、道德谴责和舆论监督等手段已不足以遏制性贿赂,不能因为性贿赂隐蔽性强、难以取证和定罪量刑等原因,就漠视其严重社会危害性,立法应与时俱进,性贿赂犯罪化势在必行。

(一)性贿赂犯罪化是贯彻十八大精神,推进依法治国和反腐败的必然要求

党的十八大强调,始终保持惩治腐败高压态势,坚决查处大案要案,着力解决发生在群众身边的腐败问题。不管涉及什么人,不论权力大小、职位高低,只要触犯党纪国法,都要严惩不贷。党的十八届四中全会作出了全面推进依法治国的决策部署,明确提出加快推进反腐败国家立法,完善惩治和预防腐败体系,坚决遏制和预防腐败现象。依法治国的基本要求是有法可依、有法必依、执法必严、违法必究。有法可依要求法律完备,可供遵循,这是依法治国的首要前提和保证。

---

① 〔法〕孟德斯鸠:《论法的精神》(上册),张雁深译,商务印书馆1961年版,第154页。

坚决惩治和预防腐败是党和国家一直常抓不懈的一项重要政治任务,反腐败斗争具有长期性、复杂性、艰巨性。党的十八大以来,党中央坚持"老虎""苍蝇"一起打,坚持有腐必惩、有贪必肃,严厉惩治腐败,反腐败成为新常态。但是,随着时代和社会经济的发展,精神生活和非财产性利益越来越受重视,权与色的交易成为贿赂犯罪的新宠。性贿赂的社会危害性甚至超过财物贿赂,而现行《刑法》关于贿赂的范围界定仅限于财物,性贿赂成为法律上的一个空白与死角,使得性贿赂腐败行为日益猖獗。因此,对价值和利益的理解不能再局限于物质性财富,在利用大量非物质性利益实行贿赂的今天,如果仍然因循守旧,置贿赂犯罪的新形式、新特点于不顾,将非物质性利益排除出贿赂的范围,就势必减弱我国从严惩治贪污贿赂犯罪的刑事政策的执行力度。① 性贿赂腐败行为具有严重社会危害性,明显违背法治社会的基本要求。法律法规是建设法治中国的有力保障,随着依法治国基本方略的不断推进,依靠法律法规和制度反腐是顺应历史潮流的必然选择。因此,性贿赂犯罪化是新形势下贯彻落实十八大精神,全面推进依法治国,深入推进反腐败的必然要求。

(二)道德谴责和党纪、政纪不足以遏制性贿赂

有学者认为,依靠道德谴责和党纪、政纪等其他手段就可以防治性贿赂,无须刑法介入。多年来的实践证明,对一些腐败分子,只讲道德和党纪、政纪已经疗效不大,不足以遏制性贿赂腐败行为的发生、蔓延,性贿赂俨然只是一些官员东窗事发后的副产品。

道德由于不具强制性,刚性力度不够,在规范人们的行为方面存在与生俱来的缺陷,故无法有效解决性贿赂问题。中国以道德规范人们的行为历来做得比其他国家更持久、彻底,国家工作人员对于性贿

---

① 参见金泽刚:《性贿赂入罪的十大理由》,载《东方早报》2013年7月5日。

赂应该知晓是违背道德伦理的。有的领导干部台上大谈反腐,台下却大搞腐败。依靠道德防治性贿赂是在法外寻求出路,此种做法犹如画饼充饥,无助于解决现实问题。性贿赂导致权力异化、权力变质,早已超出了道德的调整范围,须由法律来规范和调整,以震慑违法犯罪分子。

《中国共产党纪律处分条例》《行政机关公务员处分条例》等党纪、政纪颁行多年来,性贿赂未见减少迹象,权色交易屡屡见诸报刊、广播电视以及网络、手机报等新媒体。实践表明,依靠党纪、政纪代替法律制裁来遏制性贿赂,是与虎谋皮,势必会放纵腐败犯罪。有学者指出,"今天是法治时代,我们不能仅指望用党纪来约束官吏的色腐败。过去几十年的历史已经表明,对利用权势奸淫者给予党纪处分根本不能较好地阻止色腐败,反而纵容了此种腐败"①。因此,在通过道德以及党纪、政纪等手段遏制性贿赂无济于事的情况下,通过刑罚惩治性贿赂便是最后的选择。

(三)性贿赂具有严重社会危害性,符合犯罪的本质特征

柏拉图认为,没有什么快乐比色欲更大、更强烈、更疯狂。②"饱暖思淫欲",随着我国社会经济的日益发展和物质生活水平的提高,贿赂不再以财物等财产性利益为主,非财产性利益、精神需求等成为贿赂犯罪新的内容,其中性贿赂的诱惑力往往大于财物贿赂的诱惑力,故性贿赂成为许多行贿者的首选,呈现出成为重要贿赂方式之趋势。

实践证明,性贿赂屡屡成为重大腐败事件的组成部分,成为一种非常普遍的权力腐败形式,甚至触目惊心,性贿赂的社会危害性和持续性往往比财物贿赂更严重。性贿赂通常使受贿者在接受性贿赂后

---

① 彭文华:《性贿赂犯罪化的理性分析》,载《法治研究》2014年第4期。
② 参见〔古希腊〕柏拉图:《理想国》,郭斌和、张竹明译,商务印书馆2007年版,第65页。

迷失自我,置国家、党和人民的利益于不顾,凭借权力为性行贿人谋取利益,作出危害国家和社会的犯罪行为,并且性贿赂既遂后,具有多次为性行贿人谋求不正当利益、多次危害社会的特性。性贿赂导致官德沦丧,常常伴随着权色交易,滋生腐败,侵犯了国家工作人员职务行为的廉洁性、不可收买性,也侵袭到政治、社会、经济、文化以及道德等各个方面,严重腐蚀了国家公权力,严重损害了党和政府的形象与公信力,已不再属于个人隐私、道德问题。有人将权色交易的严重社会危害总结为四个方面:一是腐蚀国家公职人员,导致一系列贪腐恶果;二是导致卖官鬻爵,冲击人事制度的权威性,干扰正常的干部选拔程序;三是导致司法腐败;四是挑战婚姻道德,影响了社会和谐。① 此种见解是较客观的。

刑事古典学派大师贝卡里亚曾说:"衡量犯罪的真正标尺,即对社会的危害性。"② 根据我国刑法学界关于犯罪特征的通说,犯罪的基本特征是社会危害性(有学者称为法益侵害性)、刑事违法性和应受刑罚处罚性。③ 其中社会危害性是犯罪的本质特征。根据刑事立法原理,将一行为规定为犯罪,主要是因该行为具有社会危害性。既然性贿赂已成为一种非常普遍的权力腐败形式,具有严重的社会危害性,符合犯罪的本质特征,那么用刑法规制性贿赂腐败行为是有法理根据的,符合行为入罪的立法条件。

(四)性贿赂罪符合犯罪构成

根据我国刑法理论中犯罪构成的通说,从犯罪的四个构成要件上来讲,性贿赂罪符合犯罪构成。(1)在犯罪客体方面,性贿赂犯罪侵犯

---

① 参见禹燕:《惩防并举遏制权色交易腐败》,载《检察日报》2009年5月5日。
② 郑俊娥:《试析性贿赂入罪的必要性及其立法建议》,载《柳州职业技术学院学报》2014年第2期。
③ 参见高铭暄主编:《刑法学》,法律出版社1982年版,第66—69页。

了国家工作人员的职务廉洁性。(2)在犯罪客观方面,性贿赂双方以发生性关系作为媒介,性行贿人为谋取不正当利益,通过自身或他人向国家工作人员提供性服务;性受贿人利用职务上的便利,索取性服务,或者接受他人提供的性服务为他人谋取利益。(3)在犯罪主观方面,性贿赂双方均存在主观故意。(4)在犯罪主体方面,性受贿人的受贿行为是职务犯罪,其主体是特殊主体,即国家工作人员;性行贿人是一般主体,包括具备刑事责任能力的自然人或单位。

(五)性贿赂犯罪化具有现实可操作性,可以探索解决取证难和定罪量刑难等问题

某种行为能否定罪,除了看其是否具有社会危害性,还要考虑将要设置的新罪名在立法实践和司法实践中操作的难度。

其一,关于性贿赂入罪后取证难问题。对于犯罪的隐蔽性、可变性、隐私性等问题,许多犯罪都客观存在,刑法上取证难的罪名也不少,如洗钱罪,但是就连精神损害这个抽象问题如今也可确定出对应的赔偿。取证难并不代表无法取证,正是由于性贿赂取证难,才更应该将其入罪,这才可以动用侦查手段中最强的刑事侦查手段来进行调查取证,才能够突破性贿赂案件。[①] 同时,可通过司法机关提高取证技能技巧、运用高科技侦查手段(如监听或监控)、举证责任倒置等措施加以解决。

其二,关于性贿赂入罪后定罪量刑难问题。我国刑法规定的许多犯罪,如诽谤罪,其定罪量刑与性贿赂一样,虽然无法量化,但这不影响对其定罪量刑。性贿赂中的性具有非财产性的特点,因此,不以财产利益的衡量标准对其进行量化和计算,而以性贿赂行为所导致的社会危害程度作为定罪量刑的根据,并综合考虑性受贿人利用职务之便

---

① 参见刘岩:《性贿赂入罪问题探析》,河南大学2014年硕士学位论文,第22页。

为性行贿人谋取的非法利益大小、造成国家财产损失的大小以及性贿赂的人数、次数等情节,增强可操作性,定罪量刑问题便迎刃而解,同时也减轻取证的难度。① 另外,对于性贿赂入罪后的立法条款设计问题,有学者主张在刑法中设置一个独立罪名(性贿赂罪),有学者主张在贿赂犯罪下设立"性贿赂"一款,还有学者主张把刑法贿赂罪相关条文款项中的"财物"改为"利益"或者"不正当好处"。笔者认为,随着理论探讨和司法实践不断深入,性贿赂的定罪量刑问题肯定会得到恰当的解决。

综上所述,无论是从取证还是定罪量刑问题上,性贿赂均具有刑事立法的可行性和可操作性。

(六)性贿赂犯罪化不违背刑法的谦抑性原则

刑法谦抑性,是指"立法者应当力求以最小的支出——少用甚至不用刑罚,进而用其他刑罚替代措施,以便获取最大的社会效益——有效地预防和控制犯罪"②。根据刑法的谦抑性原则,一行为是否入罪,需考虑最恰当的标准。性贿赂符合刑法定罪中严重社会危害性的要求,符合贿赂犯罪的本质特征和目的特征,性关系原本属于道德问题,但是当性关系成为权力交易的对价时,刑法就有了介入的正当理由,以遏制腐败分子为了追逐性享受而背弃职务行为的公正性和廉洁性。性贿赂犯罪化体现了刑法的与时俱进,这不违背刑法谦抑性的要求,刑法的谦抑性原则不能成为阻碍打击性贿赂腐败行为的挡箭牌。

(七)比较法借鉴

如前所述,《联合国反腐败公约》将贿赂界定为"不正当好处",把

---

① 参见周清明、周宁:《"性贿赂罪"立法的理性思考》,载中国法院网(http://old.chinacourt.org/html/article/200502/05/149701.shtml),2016年7月15日访问。

② 陈兴良:《刑法的价值构造》,中国人民大学出版社1998年版,第353页。

非物质利益纳入了贿赂犯罪的范围,这为打击贿赂犯罪提供了扩大解释的依据;一些发达国家或地区及发展中国家或地区既有将贿赂犯罪的范围扩大到非物质利益,突破了财产的范围的范例,也有"性贿赂入罪"的范例。在日本、德国、美国、澳大利亚、马来西亚等国及我国香港特区都有关于性贿赂的案例。在日本,1915年,一警官因索取性要求释放要犯而被定罪;1982年,一法官因让女犯陪睡3天而枉法减刑也被定罪;1998年,前大藏省官员井坂武彦因接受野村证券公司价值258万日元的"行贿性招待"而被定罪。在美国,2006年,洛杉矶机场官员利兰·王因为给市长詹姆斯·哈恩支付性按摩费,帮客户牵线搭桥签订市政合同而被起诉。境外性贿赂犯罪立法例与司法判例为性贿赂犯罪化提供了范例,可供我们借鉴,将性贿赂入罪并非标新立异,而是反腐败的现实需要,符合国际反腐败的总体趋势。

五、余论

在社会舆论看来,将性贿赂入罪似乎不持异议。但是,性贿赂的取证和认定等技术层面似乎有一定困难和障碍,也即其操作性的法律层面存在一定问题。因此笔者建议,如果一下子不能够进入刑法典的罪名,是否可以进入"轻罪体系"。因为,相对而言,轻罪不仅在证据要求上没有刑法上的犯罪那么高,而且也不需要达到"排除一切合理怀疑",甚至不需要进入刑事登记,如此既解决了"证据瓶颈"的难题,也解决了认定上的"困难",甚至匹配或符合了证据要求或认定准确的"非刑事登记"罪名,比较合理稳妥。

查办防控监狱系统贿赂犯罪问题研究

黄春红*

监狱作为关押和教育改造罪犯的特殊场所,由于其地域偏远性和监管权力运行的封闭性等特点,造成"监狱系统是司法行政系统中违纪违法和职务犯罪案件的多发易发领域,监狱警察违纪违法和职务犯罪比例占绝对多数"①。驻司法部纪检组监察局调研组在开展对司法行政系统职务犯罪问题专题调研后得出的这一结论,确实令人震惊。分析监狱系统职务犯罪案发情况,其中贿赂犯罪多发易发又成为突出问题。就此,以刑事执行检察机关查办监狱系统贿赂犯罪情况为切入点,提出防控监狱系统贿赂职务犯罪的研究思路。

一、监狱系统贿赂犯罪的特点

(一)权力寻租空间大,贿赂犯罪多发易发

1. 呈报罪犯减刑、假释、保外就医暂予监外执行环节

监狱作为刑罚执行机关,对罪犯减刑、假释、暂予监外执行具有提

---

* 广西壮族自治区桂林市城郊地区人民检察院副检察长。
① 余仁、李帮龙:《监狱警察职务犯罪针对性预防机制探究》,载《犯罪研究》2011年第6期。

请申报权。监管实践中,在目前《罪犯计分考核办法》实行思想考核和劳动考核双百分的制度下,罪犯提请减刑、假释、暂予监外执行,主要依据其平时思想改造、生产学习、日常行为表现及遵守监管纪律、服刑改造态度等情况进行综合考核和评定计算其每月的基础分和奖励分,在累计达到一定考核分数后才具备提请减刑、假释、暂予监外执行的资格。而罪犯工种、岗位、平时表现、劳动工作量、行政奖励分标准虽有规定,但监狱都有增减的自由裁量幅度,即计分考核决定权由监狱警察支配,这就为权力寻租提供了极大空间。一些罪犯为了提前减刑、假释、暂予监外执行,往往在其基础分和奖励分不够的情况下,通过向监区分管警察特别是分监区长、教导员提供财产性利益来换取虚假加分或多计分;或者在计分已满、但减刑指标不够的情况下,在监狱提请减刑的当个季度提前找到具体分配减刑、假释名额的监狱领导,通过行贿要求其增拨名额以达到减刑目的。有的罪犯为提前减刑、假释、暂予监外执行,甚至通过其亲属找到监狱的上一级机关去送礼行贿。如最高人民检察院2016年6月陆续通报的广西司法厅原副厅长、监狱管理局原局长梁振林(副厅级)涉嫌玩忽职守、滥用职权、受贿、非法持有弹药案;广西监狱管理局原党委书记、政委钟世范(副厅级)涉嫌滥用职权、受贿案;广西监狱管理局原副局长曾爱东(副厅级)涉嫌玩忽职守、受贿案就是显例。

2. 罪犯特殊工种安排环节

按照规定,罪犯中的组长等计分考核的岗位系数较高,每月所得行政奖励分也相应较多,相比一般罪犯其所获得的减刑幅度和概率较高,且其工种安排较轻松、工作量较低、劳动时间少、劳动强度不大。为此,一些罪犯特别是职务犯罪罪犯、涉黑和金融犯罪罪犯等"有权人、有钱人"为被安排在特殊轻松岗位而向监狱分管警察行贿。

3. 罪犯违反监规纪律处理环节

有的罪犯不服改造,违反监规,本应按照《监狱法》和《监狱服刑人员行为规范》等监管规定进行处罚,同时扣减相应的考核分,个别罪犯为不影响减刑、假释和暂予监外执行,通过向监狱警察行贿而逃避处罚,应扣减的基础分和奖励分也被保留,有的监狱警察在受贿后甚至编造虚假的立功材料来掩盖罪犯违反监规的问题。

4. 罪犯入监分配监区环节

如有的罪犯入监后为分配到劳动强度不大、改造条件较好的监区,即由其家属出面找到监狱负责分配监区的管教部门警察通过送礼行贿以求得到特殊照顾。有的罪犯在服刑一段时间后通过向其行贿调整至条件较好、工作较轻松的监区。

5. 监狱生产经营和事务管理环节

当前监狱实行以生产经营为主要内容的劳动改造,监狱本身承接来料加工等生产经营活动,且监狱日常大宗物品采购、迁址重建等基建项目较多、涉及金额巨大,加之监狱作为相对独立和封闭的单位,在垂直领导的管理体制下,其财务和监督制度相对薄弱和不透明。有的监狱警察特别是掌握经营管理权的监狱领导在从事生产经营活动中通过收取回扣、好处费等方式受贿,或在工程招投标、工程分包活动中收受建设单位贿赂。

6. 监狱人事管理环节

随着近年来全国监狱布局调整的推进,过去一些地处交通不便的偏远地区的监狱被撤并搬迁至中心城市或交通干线附近,少数监狱警察为解决两地分居或希望调至条件较好的监狱,通过向监狱领导行贿而达到调动目的。有的监狱领导在干部提拔使用、岗位调整过程中也利用职务之便非法收受他人财物。

(二)犯罪双方当事人地位悬殊,案件查办难度增大

监狱系统贿赂犯罪的当事人具有地位的不对等性,即犯罪嫌疑人一方是掌握罪犯提请减刑、假释申报权和日常管理决定权的监狱警察,而作为证人一方的则是被执行刑罚的罪犯,在管制与被管制的悬殊地位差别下,作为关键证人的行贿人即罪犯在整个案件的查处过程中往往处于弱势地位。而且监狱系统贿赂犯罪与监狱外贿赂犯罪不同的是,监狱内行贿方往往为提前或不当甚至违法获得减刑、假释、暂予监外执行的罪犯,其行贿付出的财产性利益直接关联到其人身自由,即罪犯为逃避或减少刑罚执行以获取自由的不正当利益对其本人影响巨大。在双方都有违法性的情况下,一旦案件被查处对贿赂犯罪双方当事人都会造成不可逆转的直接利益损害以致失去人身自由或延长获得人身自由的时间。故监狱系统贿赂犯罪的双方当事人为逃避刑事追究往往形成较为牢固的利益共同体,为保全其利益而选择对抗侦查,罪犯一般也不会轻易举报监狱警察受贿情况。其他罪犯在失去自由处于被改造监管的境地下,为防止监狱警察可能的打击报复出于自保也不愿或不会提供证言。另外,贿赂犯罪的一对一特性以及监狱系统贿赂犯罪中大部分系由监狱外罪犯直系亲属行贿的特殊性,也给监狱系统贿赂犯罪的查办工作带来困难。此外,监狱系统监管活动所具有的考核权与审批权分离、决策权与管理权相对分散等特性,也使单起贿赂犯罪的难度加大,继而形成监狱系统贿赂犯罪窝案、串案增多,群体性的共同犯罪现象趋显。面对腐败,利益团伙为逃避侦查而订立攻守同盟、毁证串供及警察职业本身所具备的反侦查意识和能力,也造成案件查处难度和阻力大、成案率低。

(三)监狱权力运行具有封闭性,造成案件发现难、证据收集固定难、案件突破难

1. 案件发现难

监狱作为垂直管理、独立系统运行的刑罚执行机关,所关押罪犯与看守所、拘役所不同,一般都是被判处有期徒刑 6 个月以上或余刑 3 个月以上的罪犯,且监狱一般地处城市郊区,场所相对封闭隔离、警戒森严,外界难以介入和参与监狱执法活动。除检察机关刑事执行检察监督外,对监狱执法活动的监督制约更多体现为内部监督,且面对监狱动辄关押上千名罪犯、监狱警察按警囚比例15%配备达数百名的实际情况,依靠驻监狱检察室的3~5名检察人员进行监督完全力不从心。因此,在监狱执法活动透明度相对较低的情况下,监狱内贿赂犯罪案件的发生更具隐蔽性。相关监狱警察出于利益或其他因素考虑,往往形成利益共同体,难以从中突破查处案件。且在当前绩效考核一票否决的机制下,监狱领导为不影响单位考核和绩效资金发放,往往将犯罪案件作违纪或内部处理。罪犯为确保自身可期待直接利益如减刑、假释、暂予监外执行或被安排在特殊岗位或获得特殊关照,也不愿、不会、不敢举报,造成案件线索发现难。

2. 证据收集固定难

贿赂犯罪本身具有的智能性、隐秘性、关系性和技术性等特征,也使查办监狱系统贿赂犯罪在证据收集固定方面的难度加大。一方面,贿赂犯罪的即时性完成特点使检察机关事后收集证据较难,且银行、通信运营商等在保留监控录像、短信、通话记录等电子证据方面都有时限规定,往往因时过境迁而无法提取证据;另一方面,监狱系统贿赂犯罪中罪犯一方在服刑期间为获取调岗、加分等各种不正当利益所给予的贿赂款一般次数较多、金额不等,有的甚至行贿次数达数十次,但每次数额不多、时间地点不定,这就为累计受贿数额并收集固定相关证据增加了难度,在行受贿双方在贿赂数额、时间、地点、次数交代不一致的情况下,难以形成完整的证据链条和排他性证据。此外,在查办监狱系统贿赂犯罪时,一些罪犯已刑满释放且流动性较大,这为找寻证人和查证案件事实增加了难度。而在押的罪犯特别是刑期较长的罪犯如前所述存在较多思想顾虑,出于自身利益考虑和现实危险即使作证也极易翻供。

3. 案件突破难

查办监狱系统贿赂犯罪过程中，由于监狱管理的封闭性也使查办工作一旦接触犯罪嫌疑人或证人则立即引发其警觉，相关犯罪嫌疑人本身高学历、高智商，有丰富的反侦查经验，即会采取一切可能的反侦查措施如恐吓利诱相关证人、相互串供、毁坏隐匿相关证据等。在没有获取物证和电子证据的情况下，面对本身作为执法人员的犯罪嫌疑人较为牢固的心理防线和事前充分的反侦查反审讯准备，难以在法律规定时限内通过审讯突破案件获取有力口供。

二、监狱系统贿赂犯罪之侦查应对

(一) 强化经营意识，积极拓展案件线索

检察机关应加强对监狱系统贿赂犯罪的模型分析，通过对案例的系统分析结合本地特点，准确把握监狱在刑罚执行和监管活动及生产经营、人事管理等环节易发多发贿赂犯罪的内在规律，认真分析以往案件举报材料和案件线索，形成案件线索库，对重点有价值的案件线索树立长期经营意识，加强线索比对和拓展。特别是要有意识地对监狱在迁建、大宗物品采购、生产经济往来中的贿赂犯罪线索进行收集经营，如掌握有关承建商、承包商信息、工程招投标信息、主管领导信息等。检察机关特别是刑事执行派出检察院要积极发挥派驻监狱检察室直接接触罪犯和监管警察掌握一线情况的优势，充分调动派驻检察人员积极性，鼓励引导其在日常检察活动中，对罪犯举报申诉和日常巡查检察活动中发现的案件线索及时收集整理上报。同时，要强化情报意识，在条件许可的情况下，在监狱中有正义感的罪犯、警察中物色发展耳目、线人，同时加大检务公开和检察宣传力度，积极鼓励动员社会力量和监狱内罪犯、警察举报贿赂犯罪。要加强与监狱纪委的办

案协作机制,对监狱纪委立案查处的违纪案件可能涉嫌犯罪的,督促其及时移交检察机关立案侦查。要提高线索的敏感度,在日常生活中通过新闻报道、网帖、论坛、路人闲聊等积极发现挖掘案件线索。要加强线索管理,强化保密意识和责任意识。对主动发现上报线索的检察人员和有关人员,要通过不同形式予以奖励;对工作失职导致案件线索隐瞒不报、压案不查的,要追究责任。对因积极举报提供线索受到打击报复的监狱罪犯或警察,检察机关应提供法律保护。

(二)强化初查意识,提高案件成案率

检察机关应根据案件经营情况,综合分析研判案件线索,在过滤筛选有较高成案价值的案件线索后认真开展案件初查。初查工作中,要认真吃深、吃透案情,形成详细系统的初查方案,对初查的对象、范围、方向、目的、重点及相应的步骤、方法、措施做好全面可预见性的计划安排,对可能发生的各类情况制订应急预案,做好全案整体布局统筹,力争通过前期初查为后期案件突破夯实基础。其中,在初查对象研判上,要认真分析其家庭婚姻财产情况、成长历程、性格特点、工作经历等情况。在初查对象选择上,要针对监狱管理封闭性特点,尽可能从已刑满释放的罪犯特别是距监狱所在地较远的外省籍罪犯的外围查证入手,由外到内进行初查。在监狱内开展初查时,应尽可能选择与嫌疑对象关系不好或有矛盾的警察进行初查。在初查谋略上,不应过早暴露初查方向和初查对象,检察机关可根据案件情况示伪藏真,故意模糊初查意图,让初查对象放松警惕,确保初查工作保密开展。同时,应根据《刑法修正案(九)》颁布后最高人民法院、最高人民检察院对贿赂犯罪立案标准从5000元上调到3万元的变化,认真研透司法解释精神,对涉嫌受贿1万元以上未达3万元但有多次索贿或为他人谋取职务提拔、调整等情节的,只要查实其多次受贿累计数额达1万元,即可立案以提高成案率。同时,对行贿数额在1万元以上

未达3万元但有向三人以上行贿,通过行贿谋取职务提拔、调整,向司法工作人员行贿影响司法公正等情节的,也应及时立案,并适时采取强制措施。

(三)强化证据意识,依法规范查办案件

在当前以审判为中心的诉讼制度改革图景下,查办监狱系统贿赂犯罪中应注重树立权力制衡理念,从过去的"由供至证"的侦查模式向"由证至供"的侦查模式转变,即要弱化口供在案件侦查中的决定性地位,重视客观证据在案件侦查中的运用。要强化科技强检观念,增加侦查工作的科技含量,积极依托大数据技术发现和收集证据,如通过话单分析系统对犯罪嫌疑人与行贿人的通话情况进行分析,特别在检察机关介入后可查明犯罪嫌疑人是否与行贿人联系订立攻守同盟;通过手机定位系统分析,可查犯罪嫌疑人的活动轨迹,为明确侦查思路和侦查方向提供技术支持和决策辅助。要树立证据观念,注重侦查办案中收集固定证据的合法性,坚决排除非法证据。既要收集和采信有罪的证据,也要收集和采信无罪及罪轻的证据。要坚持讯问过程全程录音录像制度,确保讯问的合法性和规范性。要全面落实证据裁判规则,着力强化侦查阶段收集证据的合法性、全面性、客观性和及时性,通过侦查监督和公诉提前介入引导侦查,将证据合法性问题解决在侦查环节。要注重律师在侦查中的作用发挥,认真听取律师意见,保障律师的会见权、调查权。要注重审讯谋略,针对贿赂犯罪一对一的情况,利用犯罪嫌疑人不掌握对方现实情况的心理薄弱环节,加强政策宣讲和证据展示,适时突破其心理防线。一旦对监狱系统贿赂犯罪嫌疑人立案并决定采取刑事拘留等强制措施,为避免串供、翻供,应及时对其实行异地羁押,积极营造法律震慑氛围以利于案件深入查办。此外,鉴于查办监狱系统贿赂犯罪难度较大的实际情况,刑事执行派出检察院应发挥侦查一体化优势,既积极争取市级检察院支持,又充分

调动全院力量分工协作集中突破办理案件,必要情况下应通过上级检察院参办、督办、交办等突破办案阻力。

三、监狱系统贿赂犯罪之防范对策

监狱作为教育改造罪犯的特殊场所,如发生贿赂等职务犯罪势必对刑罚执行的公信力造成严重损害,并造成恶劣社会影响。因此,有效防控监狱系统贿赂犯罪须引起高度重视。

(一)完善法律,健全制度,强化对权力的监督制约

分析监狱系统贿赂犯罪发生的成因,固然与犯罪嫌疑人本身的主观原因有直接关系,但与体制机制制度上监督制约乏力也密切相关。体制上,目前监狱系统由省、自治区监狱管理局直接管理,省级党委、纪委只是向省级监狱管理局所属的司法厅派驻纪检组,省级监狱管理局和下辖监狱设纪委作为内设部门,实行部门党委管理。实践中,省级党委、纪委派驻省司法厅纪检组与省级监狱管理局纪委非领导与被领导关系,在工作沟通、业务指导等方面难以理顺关系,也难以履行对省级监狱管理局的监督责任。机制上,监狱作为相对封闭的特殊单位,监管权力长期自转缺乏外部监督,监狱执法活动的相对不透明为贿赂犯罪提供了犯罪空间。同时,《人民警察法》关于人民警察执行职务依法接受人民检察院和行政监察机关监督的规定落实不到位,虽然检察机关在监狱都派驻检察室,但行政监察机关由于管理体制原因无法向监狱派驻监察机构,而监狱内设的纪委监察室又不能行使监察职权,由此造成对监狱警察的行政监督乏力缺乏刚性约束。制度上,《监狱法》虽颁布多年但缺乏配套实施细则,造成制度操作力不强、执行难以到位,从而为贿赂犯罪发生预留实施空间。此外,监狱警察既履行

司法权,又负责监狱企业的生产经营活动,在严肃的监管改造活动中引进市场化、企业化因素,不利于监管活动的正常开展,也为个别监狱警察在生产经营活动中收受贿赂提供了便利条件。

另外,修订后的《刑事诉讼法》虽然增加了刑事执行检察权能,如强制医疗检察权、羁押必要性审查权、死刑临场监督权、指定居所监视居住执行检察权等,但对于监狱等刑罚执行机关的检察监督权更多体现为事后监督权,缺乏细化规定,对减刑、假释、暂予监外执行等刑罚变更执行实行同步监督还处于探索阶段,并未形成具体性、可操作性的法律规定。例如,对于易发生贿赂犯罪的罪犯提请减刑、假释、暂予监外执行环节,2012年修正的《刑事诉讼法》第263条只是规定"人民检察院认为人民法院减刑、假释的裁定不当,应当在收到裁定书副本后二十日内,向人民法院提出书面纠正意见"。虽然2012年修订的《人民检察院刑事诉讼规则(试行)》明确有关检察机关对监狱等执行机关提请人民法院裁定减刑、假释不当或违法情形的,及在收到执行机关抄送的减刑、假释建议书副本后进行审查,有权提出书面检察建议和下发纠正违法通知书的规定,但相比高阶位的《刑事诉讼法》,《人民检察院刑事诉讼规则(试行)》作为最高人民检察院司法解释的法律效力和约束力明显不足。就此,提出以下建议。

(1)建议在未来修改《刑事诉讼法》时结合检察机关开展减刑、假释、暂予监外执行等刑罚变更执行同步监督的成功经验,将由监狱提请减刑、假释、暂予监外执行情况和日常监管活动公开化,通过听证、公开审查等方式增强其透明度,从而减少和压缩监狱警察利用提请减刑、假释、暂予监外执行权和管理权收受贿赂的寻租空间。在论证成熟的情况下,建议制定我国单独的"刑事执行法",与《刑法》《刑事诉讼法》构成完整刑事法律体系。在刑事执行立法一体法中要细化有关监管规定,从法律制度上形成权力监督制约机制防止权力滥用,有效防止贿赂犯罪案件发生。

(2)建议顺应纪律检查体制改革潮流,对关押罪犯达到一定规模的大中型监狱实行当地党委、纪委派驻纪检组的新模式,增强外部监督的监督力度。同时,应建立监狱行政监察机构,切实按照《人民警察法》的规定加强对行政执法活动的监督。

(3)建议在适当条件下将监狱生产经营活动与监狱监管活动相剥离,监狱专司对罪犯的教育改造和挽救教化,对罪犯的劳动改造不应体现为监狱生产经营活动的产值利润指标和数据。

(二)强化刑事执行检察监督,积极惩治和预防监狱系统贿赂犯罪

2014年12月,最高人民检察院监所检察厅更名为刑事执行检察厅;2015年5月,最高人民检察院时隔7年召开全国检察机关刑事执行检察工作会议;2015年11月,全国人大常委会首次听取最高人民检察院关于刑罚执行监督工作的专项报告,以上都折射出刑事执行检察监督对于顺应当前人民群众对公正司法的强烈诉求、保障和维护人权具有的重要作用。刑事执行检察机关在对监狱等执行机关开展检察监督工作中,既要通过派驻、巡回、巡视检察真正把刑罚执行机关和刑罚执行各个环节纳入监督范围,又要针对监狱等刑事执行机关是司法腐败多发易发环节的实际问题,积极查办贪污贿赂等职务犯罪。同时,要分析监狱系统贿赂犯罪的特点规律,坚持标本兼治、惩防并举,发挥案例的警示教育作用。在深入查办监狱系统贿赂犯罪的同时,坚持办案一件、教育一片,通过提出预防建议协助监狱建制补漏,扎紧权力运行的笼子,减少监狱警察利用行政管理、人事管理、事务审批、财务监管、生产经营管理等方面的制度漏洞实施贿赂犯罪的机会,避免产生"集体无意识"的腐败小环境。

(三)加强监狱自身建设,全方位防范贪贿犯罪发生蔓延

有关监狱应当认真吸取本单位警察发生贿赂犯罪的深刻教训,要切实加强监狱警察队伍建设,完善日常廉政教育机制,注重提高开展预防警示教育的针对性,加强反面典型剖析,促进队伍建设风清气正。要客观界定监狱警察权力运行界限,健全权力事项公开制度,明晰权力清单、规范权力内容,科学合理地设定警察执行的自由裁量空间,通过构建监狱警察日常执法办案的权力运行流程图和具体实施规范,健全完善权力运行跟踪监督机制,形成权力风险预警和防控的常态化管控机制,提前预防、及时预警、有效整改,从而促使监狱警察不能也难以利用职务便利收受贿赂。要加强对关键岗位、重点人员的预防监督,事实证明权力的膨胀性与人的贪欲性相结合会产生权力腐败。要预防监狱警察贿赂犯罪,就要加强对权力行使人的预防监督。监狱在提拔使用干部以及任用关键部门、重要岗位警察时要坚持公开公正、严格组织程序,要建立健全日常廉政考核机制,通过落实关键岗位和重要部门人员流动轮换机制,防范少数警察因驻岗过久而形成权力利益共同体和以权换钱的利益交换格局。要加强监狱信息化建设,将日常监管活动纳入内控管理的信息化管理平台,使每一项管理决定权都有具体的网上流程,通过对监狱监管活动的网上录入、网上管理、网上监督、网上公开的全程监控和同步预警及建立检察院、法院、监狱办理减刑、假释、暂予监外执行案件的共享信息平台,有利于打破部门之间的信息壁垒,强化相互监督制约,杜绝暗箱操作,使权力处处留痕、有迹可查,从制度上有效防止钱权交易的操作空间,减少贿赂犯罪发生的概率。要严格制度落实,提高制度执行力建设,对监狱业务管理、廉政建设、民主决策、选人用人、生产经营、罪犯考核评价等制度进行优化,提高制度执行的科学性、可行性和操作性。

惩治与预防:大数据时代的高校腐败犯罪[*]

程 莹[**]

近年来,高校规模不断扩大,资金大量流入。监督与管理的相对缺失,使得高校这片"圣洁之地"不再那么纯净。高校腐败案件不断被曝出,并且呈现易发高发的态势。据统计,仅 2014 年至少有 39 所高校领导因涉嫌腐败犯罪被立案调查,主要集中于基建、人力、采购等分管领域。[①] 高校腐败犯罪会严重损害高校声誉,破坏高校的公平与秩序,威胁高校的可持续发展。大数据时代的到来,在影响和改变人们生活、工作和思维的同时,也为高校腐败犯罪的惩治和预防提供了一种新思路。如何利用大数据有效规制高校腐败犯罪,大力推进高校廉政建设将成为当前一项非常重要的课题。

---

[*] 本文为中央高校基本科研业务费专项资金资助项目"刑事立法的进展与实证研究"(2013221033)和河南理工大学博士基金项目"未成年人社区矫正研究"(SKB2015 – 8)的研究成果。

[**] 河南理工大学文法学院讲师,硕士生导师。

[①] 参见欧兴荣:《2014 年 39 位高校领导被查处 涉嫌受贿为最大共性》,载人民网(http://edu.people.com.cn/n/2014/1231/c367001 – 26308763.html),2016 年 4 月 9 日访问。

一、大数据与高校腐败犯罪的内涵及关系

大数据(Big Data),通常是指数据规模巨大或者结构复杂,无法运用常规方式获取和适用。这种数据集合、处理和应用的非常规方式就是大数据技术。随着云计算的出现和物联网的兴起,数据开始呈现指数级增长。这些数据本身并没有太多价值,只是通过数字、文字、声音、图像等形式对某个事件、物体或者现象进行记录。然后,这些数据会被筛选、清理、加工和提炼①,整合为辅助决策的信息,将虚拟世界和现实世界连接起来,成为适时分析和判断的重要依据。② 大数据强调的是数据的完整性和关联性,而非偶然性和因果性。高校腐败犯罪,是指高校中从事领导和管理工作的人员利用职务之便,实施贪污公共财物、收受贿赂、挪用公款、渎职等行为,侵犯高校领导和管理人员的职务廉洁性以及公私财产所有权。高校腐败犯罪可分为经济腐败犯罪、行业腐败犯罪和学术腐败犯罪三类。其中,经济腐败犯罪主要涉及高校基建、财务、物资采购、后勤管理等领域;行业腐败犯罪常发生在高校招生、学生管理等部门;学术腐败犯罪主要出现在高校科研项目和科研成果评审过程中。③

大数据的应用将对高校腐败犯罪的惩治和预防产生重大影响。首先,大数据可以提高高校腐败犯罪的惩治率。高校腐败犯罪通常属于无被害人犯罪,侦查机关不能依照常规犯罪的侦查方式勘验、检查

---

① 参见张春艳:《大数据时代的公共安全治理》,载《国家行政学院学报》2014年第5期。

② 参见胡洪彬:《大数据时代国家治理能力建设的双重境遇与破解之道》,载《社会主义研究》2014年第4期。

③ 参见李锡海、盛兆林:《高校腐败犯罪研究》,载《河南警察学院学报》2011年第2期。

犯罪现场,寻找破案线索。而高校腐败犯罪的隐蔽性和智能性,使得侦查机关很难收集到实物证据,找到在场证人。[1] 随着大数据的不断推进,侦查机关可以根据案件需求和数据资源状况选择最适合的侦破方式[2],快速侦破案件。大数据还将扩展和改变证据种类和取证方式,为高校腐败犯罪的认定和裁量提供更多参考,提升高校腐败犯罪的审判质量。随着信息平台的构建以及数据的不断整合和挖掘,高校腐败犯罪的追逃追赃问题也将有所缓解。其次,大数据可以有效降低高校腐败犯罪的可能性。高校腐败犯罪属于典型的事后犯,常常涉及巨额资金,甚至严重影响学校发展和学生教育。大数据可以通过对高校腐败犯罪趋势和模式的客观分析,准确把握高校腐败犯罪的发生领域、岗位、阶段、频率、主体等规律,实现对高校腐败犯罪有针对性的预防。事实上,高校腐败犯罪的产生并非偶然,通常会经历一个逐步演化的过程。大数据的应用可以突破时间和空间的限制,实现数据和行为的可追溯性,压缩各种权力"寻租"空间,减少因信息不对称造成的高校腐败犯罪的发生。

二、大数据对高校腐败犯罪的惩治

随着云计算的成熟和发展,大数据已成为重要的生产力,开启了一个时代的转型,甚至被定义为"未来的新石油"。大数据将在未来高校腐败犯罪的惩治中承担愈来愈重要的角色,推动侦破方式、审判质量以及惩治效果的改变和大幅提升,成为揭露犯罪、证实犯罪、惩罚犯

---

[1] 参见朱立恒:《腐败犯罪案件侦查制度所面临的挑战及其应对》,载《政法论坛》2010年第3期。
[2] 参见李蕤:《大数据背景下侵财犯罪的发展演变与侦查策略探析——以北京市为样本》,载《中国人民公安大学学报(社会科学版)》2014年第4期。

罪的客观要求和必然选择。

(一)改进侦破方式

高校腐败犯罪的主体属于高知群体。他们通常拥有较高的学历背景和扎实的专业知识,具有较强的反侦查能力。高校腐败行为本身又较为隐蔽,大多发生在"一对一"的场合,很难发现作案痕迹。这也使得侦查机关在司法实践中饱受发现难、取证难、查处难等问题困扰。为了侦破案件,侦查机关往往需要投入大量的时间、人力、物力和财力,耗费较高的司法成本,并且依赖于侦查人员丰富的办案经验。大数据的广泛运用,在改进侦破方式的同时,有利于降低司法成本,缓解侦查机关在高校腐败犯罪中面临的"三难"困境①,提升腐败案件的侦破率。例如,大数据海量的数据规模和高效快速的分析能力,可以弥补司法资源的局限,使得犯罪认定更加客观真实。大数据强调"以数据为中心"的侦破方式,依靠各类侦查技术,有利于改变"一张嘴、一支笔"的传统侦查方式和"由供到证"的办案模式。大数据要求侦查机关在侦破案件的过程中,除了利用传统的档案、走访资料、电话记录外,还可以借助微博、微信以及互联网上的信息。侦查机关可以通过对来源不同的各种证据和线索的筛选、统计和分析,全方位多角度地对案件展开侦查,找出突破口,进而侦破案件。②

与传统证据相比,电子证据的优势也将不断显现,并且在高校腐败犯罪案件的惩治中扮演越来越重要的角色。因为电子证据有助于还原整个案件的发展过程,为侦破案件寻找突破口。司法实践中,常见的搜集电子证据的方式包括提取电子合同、电子发票信息,还原完

---

① 参见彭新林、毛勇:《论我国腐败犯罪特殊侦查措施之完善》,载《法学杂志》2014年第3期。
② 参见张俊岳:《"大数据"背景下侦查工作的变革》,载《北京警察学院学报》2014年第4期。

整的交易转账过程等。当然,事物总是双面的。犯罪分子也可能利用大数据逃避制裁,最大限度地隐匿相关罪证,伪造证据制造假象。① 事实上,犯罪分子的这些行为及其前兆性行为的数据依然会被记录和储存。侦查机关通过搜集这些数据,进行分析和挖掘,就可能发现行为背后的真相,完成对高校腐败案件的侦破。为了提高侦破率,侦查机关还可以建立高校腐败犯罪数据库,存储高校违法犯罪人的身份信息,归纳、总结他们的行为轨迹和行为规律。这对于侦查机关判断高校腐败犯罪趋势、甄别犯罪嫌疑人具有非常重要的价值。②

(二)提高审判质量

高校腐败犯罪的社会危害性有无及其大小在一定程度上是通过腐败数额体现的。腐败数额对高校腐败犯罪的认定和裁量至关重要。2015 年《刑法修正案(九)》将我国腐败犯罪的认定模式规定为"数额+情节"模式,最大限度地消除高校腐败犯罪认定的不确定性。③由于社会经济发展是一个动态的过程,这就需要高校腐败犯罪数额的设置与之相匹配。数额的确定性又意味着数额本身不能随意更改、经常变动。这就要求法官在审理高校腐败案件时权衡犯罪情节、危害后果、对国家和社会利益的损害和影响等非数额标准,准确定罪量刑,实现罪刑均衡。但是,这些非数额标准本身又较为模糊、抽象,容易扩大法官的自由裁量权,给定罪带来不可预知的随意性。

大数据的引入将为破解这一审判难题带来契机。大数据分析和处理的对象是"全体"数据而非"样本"数据。通过对分散的海量数据的收集和加工,大数据可以对数据进行全方位的分析和研究,提高分

---

① 参见宋红彬:《扼制腐败犯罪 重在制度建设》,载《人民论坛》2014 年第 23 期。
② 参见贾永生:《大数据视野下犯罪现场概念及其应用探讨》,载《政法学刊》2013 年第 4 期。
③ 参见林竹静:《受贿罪数额权重过高的实证分析》,载《中国刑事法杂志》2014 年第 1 期。

析的客观性和准确性,实现对数据的深度利用。① 这种海量数据的处理结果作为定罪量刑的参考依据,有助于提高审判质量,使高校腐败犯罪的认定以及刑罚适用更加准确、客观。也许有人会问:"大数据的核心价值在于预测,用大数据得出的高度盖然性的结论惩治犯罪是否太过武断,甚至违反罪刑法定这一刑法基本原则?"事实上,我们这里所强调的"数据挖掘"是对犯罪行为社会危害性的考察和判定。社会危害性,是指犯罪行为对刑法所保护的社会关系的侵犯程度。社会危害性并不是随意确定的,是在客观、全面分析犯罪行为以及其他因素的基础上得出的。司法机关利用大数据得出的结论有利于对高校腐败犯罪的准确认定和适当量刑,并未违反罪刑法定原则。当然,我们还要警惕大数据的不可靠性,不能过分依赖大数据,迷信、滥用大数据,从而导致"数据独裁",影响司法机关的理性判断和科学裁量。因为大数据提供的不是最终答案,只是参考答案。大数据是对相关数据的分析,不能用因果关系来推定或者赋予其本身并不具有的意义和价值。②

(三)提升惩治效果

高校腐败犯罪的客体具有复杂性,属于双重客体。高校腐败犯罪侵犯了国家工作人员的职务廉洁性、公私财物的财产性权利以及公民的人身权利、民主权利等。尤其在经济方面,高校腐败犯罪通常会给国家造成巨大的经济损失,阻碍经济健康有序的发展。③ 而有效查证并追缴高校腐败犯罪的非法所得,既是完善证明高校腐败犯罪证据链的需要,也是确保高校腐败犯罪主体在经济上无法获得非法利益,在

---

① 参见赵宇、李建:《大数据技术与国际警务合作》,载《中国人民公安大学学报(自然科学版)》2014年第3期。
② 参见彭知辉:《大数据:开启公安情报工作新时代》,载《公安研究》2014年第1期。
③ 参见赵秉志:《中国反腐败刑事法治的若干重大现实问题研究》,载《法学评论》2014年第3期。

心理上产生压力而放弃实施犯罪的需要。① 随着世界经济的全球化发展,高校腐败犯罪的犯罪嫌疑人往往采取逃往境外、转移赃款赃物到境外等方式,逃避法律责任。② "追赃追逃"已成为阻碍高校腐败犯罪惩治的亟待克服的难题。该问题的解决会直接影响高校腐败犯罪的惩治和责任追究,以及司法效能的提高。

大数据时代的到来将有利于缓解这一困境。司法机关可以通过庞大的数据和先进的技术在网上追赃追逃。例如,通过智能 APP 等软件程序搜集分散的信息,在分析相关性的基础上判断因果联系,在网上扩展追赃追逃的范围。或者借助表格、图形等方式完善犯罪心理画像,归纳已有的犯罪事实,预测同类型犯罪发生的概率,利用公安信息和社会管理信息等。③ 为了加大追赃追逃合作,打击跨境腐败行为,我国还不断探索建立涉案财物集中管理信息平台,完善涉案财物处置信息公开机制。我国不仅推动成立了亚太经济合作组织(APEC)反腐执法合作网络,共享对正在接受腐败调查官员的出境信息及其非法获取财产等信息,还建立了动态的外逃腐败犯罪人员数据库,及时掌握外逃腐败犯罪人员的情况。2014 年 12 月 9 日,中纪委网站还开通了"反腐败国际追逃追赃专栏"。随着大数据应用的不断深入,大数据在高校腐败犯罪追赃追逃方面的重要性将逐渐显现,从而使高校腐败犯罪的惩治效果得到大幅度提升。

三、大数据对高校腐败犯罪的预防

高校腐败犯罪的规制除了惩治,还需要罪前预防。这在某种程度

---

① 参见向泽选:《腐败型犯罪资产的追回进路》,载《河南社会科学》2012 年第 12 期。
② 参见赵琳琳:《论反腐败犯罪中的特殊侦查手段——以内地和澳门特区为主要视角的分析》,载赵秉志主编:《腐败犯罪的惩治与司法合作》,北京师范大学出版社 2013 年版,第 378 页。
③ 参见王文帅:《大数据时代背景下网上追逃的探讨》,载《河北公安警察职业学院学报》2014 年第 4 期。

上与大数据的核心价值不谋而合。大数据的核心价值在于预测,通过"数据挖掘"揭示数据背后的规律,预测未来,预防犯罪。相较于对因果关系的渴求,大数据更倾向于对相关关系的探寻。这同时也为高校腐败犯罪的预防提供了依据和可能。大数据对高校腐败犯罪的预防主要体现在以下三个方面。

(一)全面监测、重点防控

大数据时代,人们将时刻暴露于"第三只眼"的监督之下。我们的行为、位置、偏好,甚至身体等信息都可能被记录和分析。这也是为什么京东商城会向我们推荐可能需要的商品;当当网会知道我们喜欢的图书;百度会了解我们的浏览习惯;社交网络会熟悉我们的整个生活。① 基于大数据的这一特性,各高校可以根据腐败现象发生的频率和危害程度建立数据库,设定不同的监测点和监测等级。对于容易发生腐败的岗位和工作,诸如重大事项决策、重要干部任免、重要项目安排以及大额度资金使用等,各高校要予以重点防控;对于比较容易发生腐败的岗位和工作,如一般人事任免、基本建设工程、物资设备采购、财务经费管理、学生教育和管理等,各高校要予以全面监测,并且注意及时转为重点防控;对于其他腐败风险较小的岗位和工作,各高校也要予以全面监测,防微杜渐。② 在监测点下,各高校可以设置不同的监测指标,主要包括权责落实、教职工参与、个人收入申报、个人违法违纪、信访举报、执法监察和内部审计等。监测指标的设定应当兼顾高校本身的特点以及高校行政部门与院、系等教学业务部门的差异,为综合分析和准确评估高校腐败犯罪

---

① 参见杨先碧:《大数据时代,福尔摩斯如何破案》,载《科学大众(中学生)》2013年第11期。
② 参见刘怀俊:《风险管理理论与高校腐败风险防范机制构建》,载《学校党建与思想教育》2009年第4期。

信息奠定基础,增强分析、评判的针对性和有效性。各高校在对这些监测点和监测指标实施动态监测的同时,还应当注重保护部门信息和个人隐私。

(二)科学分析、准确评估

大数据来源广泛、形式多样、规模庞大,具有较低的价值密度。也就是说,我们在海量的数据中往往只能提取出少量有价值的信息。这就需要我们对大数据进行专业系统地分析,在探求其背后规律的基础上,得到真正有用的信息,实现对数据价值的创造。数据也因此不再静止和陈旧,而是突破时间和空间的限制,更深层次地接近事实真相。由此可见,数据收集只是高校腐败犯罪事前预防的第一步。分析数据,挖掘数据背后隐含的、潜在有用的信息才是我们的目的所在。因为数据挖掘可以更为准确地预测高校腐败犯罪事件、犯罪区域和犯罪趋势,发现高校腐败犯罪主体的某些行为习惯和可能作出的决定,诸如与高校腐败犯罪可能相关的信息与行为轨迹等。[1]

在数据挖掘的基础上,我们还应当对高校腐败犯罪的相关信息进行准确评估。在信息评估过程中,评估人员会对来源不同的各种证据和线索进行梳理,找出最有用的证据和线索。例如,通过应用系统还原行为人违法违规操作的痕迹,利用信息搜集比对其他相关业务的处理结果,判断该行为是否涉嫌高校腐败犯罪。具体而言,我们可以通过定量分析和定性分析两种方式进行信息评估。其中,定量分析主要是运用概率分析等方式,对信息进行量化整理与数值评估。定性分析主要是由高校的纪检、采购、审计、人事、建筑、教育、法律等专业人员组成分析评判平台,定期召开联席会议,对各种可能涉及高校腐败犯

---

[1] 参见贾永生:《大数据视野下犯罪现场概念及其应用探讨》,载《政法学刊》2013年第4期。

罪的信息进行专题和综合分析,进而作出科学准确的评估和预测,并且提出相应的对策。①

(三)及时反馈、积极应对

大数据不仅仅是对数据的收集、处理和挖掘,更重要的是对数据的应用,实现数据的价值。虽然大数据分析的准确率不可能达到100%,但仍然具有极高的准确率,可以作为高校腐败犯罪预防的重要依据。为了使数据在预防高校腐败犯罪中发声,我们应当将上述评价结果及时反馈给相关部门及其工作人员,以便他们快速回应,作出解释和说明,从而有效遏制高校腐败犯罪的发生。这里的"及时"并不等于"立即"。重大问题应当立即反馈,而一般情况可以考虑积累反馈。反馈信息时,依据岗位和人员不同,我们还需要采用适当的方式,例如书面反馈、个别谈话、召开领导班子民主生活会和教职工会等。针对反馈的信息,我们还应当积极应对,实现对高校腐败犯罪的有效控制和预防。从宏观方面,我们要不断健全完善相关高校管理制度,明确权责,规范操作,消除高校腐败犯罪滋生的土壤。从微观方面,我们可以根据问题性质、相关人员平时表现等因素对异常情况和存在腐败的人员进行研判。② 其中,对于问题较为严重的人员,应当发放行政监察建议书、纪律检查建议书等加以督察警示。如果相关人员不适合担任领导或者从事该岗位,可以转任、降职或者责令辞职;对于问题较轻的人员,可以对本人警示提醒、诫勉谈话等,帮助、教育并限期改正。③

---

① 参见李文册:《构建高校廉情预警机制的思考》,载《学校党建与思想教育》2009年第5期。

② 参见潘楚雄:《"大数据"时代背景下海关廉政治理能力现代化初探》,载《海关与经贸研究》2014年第2期。

③ 参见刘永丰:《高校反腐预警系统的构建——以成都理工大学为例》,载《西南民族大学学报(人文社科版)》2005年第7期。

刍议城乡拆迁领域"公共权力"的非公共使用及存在的问题
——以行受贿职务犯罪为样本调查分析

盛 波[*]

法治文化和廉政建设及其中衍生出来的廉政文化息息相关,从"官省则事省,事省则民清;官烦则事烦,事烦则民浊。清浊之由,在于官之烦省"(《周书·苏绰传》)到"院司贪,守令不能不贪。利莫大于阜民财,害莫深于夺民食。使上司不贪,则州县不致以苛累病民,何待督责敲扑愁痛之声入人骨髓哉!今或有抗差殴役生事变矣,此非百姓之过,有司之过也,亦非有司之过,大吏之过也",从管宁割席断交,"与邪佞人交,如雪入墨池,虽融为水,其色愈污"到修剪冗枝,去残枝败叶,除疯枝病桠,大树才能茁壮生长,成参天之材;不攀比、不折腾、不摆阔、不奢靡,走正道,官员才会有底蕴和政声,无一不显露出自古代以来先贤们的法治思想和廉政文化,本文结合城郊拆迁来谈以法治思维和法治方式推动廉政建设,提取文化积极的一面,去除糟粕的一面,使法治在党风廉政建设和反腐败斗争中发挥更大的作用。

以往谈到城郊拆迁,很多人第一印象就是大拆大建。确实在以往城市建设过程中,存在着"大拆大建出大变"等诸多不符合经济规律和

---

[*] 济南市发改委经济体制综合改革处处长。

科学发展的误区,导致资源浪费、形象工程甚至引发群访群诉。实际上,城郊拆迁领域出现的问题不能仅仅停留于表面,要从问题背后入手深入分析。从理论上看,由拆迁引发的问题呈现蔓延和扩散趋势,主要体现在涉及拆迁领域的行政复议、诉讼案件和刑事犯罪。行政复议、行政诉讼和刑事犯罪体现的侧重点不同,行政复议和诉讼更多地体现政府机关体制、管理、运作规范等方面,而刑事犯罪方面更多体现的是"人"的问题,是更深层次的。但是这二者并不是孤立割裂的,而是相互关联的,甚至在有些情况下是你中有我,我中有你,需要仔细加以甄别和判断。但无论怎样,由拆迁领域引发的问题需要引起各级政府的警觉。笔者主要分析城郊拆迁背后的行政复议诉讼和刑事职务犯罪问题,结合实地调研掌握的数据材料,详细阐释了城郊拆迁领域存在的问题、现状、特点等不同方面,浅显之言,以期与诸君共勉。

一、行政语境下城郊拆迁领域问题和特点

随着互联网的普及和群众权利意识的增强,许多以前因信息闭塞、渠道不畅而掩盖的拆迁领域问题逐渐浮出了水面,诸如未批先拆、暴力拆迁、补偿偏低、不当安置等不时见于网络报端,引起社会持续强烈关注,"倒逼"地方政府必须正视这一领域存在的种种乱象和问题并尽早地拿出切实可行的解决方案。现实中拆迁工作是由地方政府特别是基层政府和项目单位为主导进行,由于现实情况复杂多变等各方面因素,拆迁工作大多不能一蹴而就,中间过程冗长繁杂且始终伴随着各种矛盾、问题,特别是在当今法律意识普遍增强的环境下,由拆迁引发的行政复议和行政诉讼越来越多,其中存在的问题和表现出的趋势值得各级政府提高警惕。

以我省某城市 A 为例,表 1 是城市 A 有关拆迁类行政诉讼案件情

况统计表:

表1 城市A有关拆迁类行政诉讼案件情况统计表

拆迁补偿类案件	2012年	2013年	2014年
案件数量(件)	49	56	90

表2是城市A中级人民法院2014年受理的涉及不动产征收、补偿、拆迁一审行政案件数量及在所有一审案件中所占比例。

表2 城市A中院2014年受理的涉及不动产征收、补偿、拆迁一审行政案件数量及占所有一审案件的比例

计量类别	诉征收决定	诉补偿决定	诉强制拆迁	诉行政违法迫使拆迁	诉信息公开	诉行政裁决、行政复议、行政告知、行政不作为等	合计
案件数量(件)	15	5	11	9	6	28	74
所占比例(%)	5.4	1.8	3.9	3.2	2.1	10	26.4

通过上表,我们可以清楚地看到,涉及拆迁领域的行政诉讼案件数量一直处于增长态势,且增长幅度明显,在该法院受理的一审行政诉讼案件数量中,涉及拆迁的行政诉讼案件超过了1/4,且诉求种类较多、分布广泛。据我们调查了解,涉及拆迁领域的行政诉讼案件败诉率也始终高于全部案件的平均败诉率,属于败诉案件比较集中的领域,这反映了地方政府在拆迁领域确实存在问题。涉及城乡发展和人民群众利益的城乡建设项目,因为拆迁问题引发行政案件较多,而且是群访群诉,甚至是群体性事件多发领域。究其原因:一是土地征收拆迁补偿领域,主要以政策指导为主,缺少法律规范,工作机制和体制没有理顺,容易造成矛盾集聚。二是重结果轻过程,导致对当事人在拆迁补偿过程中应当享有的正当程序权利保护不足。如对当事人的

知情权、申辩异议权等缺乏有效保障,甚至直接忽视。三是征收、搬迁的具体实施行为亟待规范。拆迁行为缺乏必要管控约束,容易采取极端手段造成矛盾激化,而有的政府机关对这种行为采取默许纵容的态度,进一步增加了矛盾化解的难度。

如果说上述内容只是反映了拆迁领域问题的一个方面,那么我们再以A城市某市级政府组成部门B为例,该部门B的职能中并没有涉及拆迁领域的职权,但负责从宏观层面就相关建设项目诸如可行性报告或申请进行批复,在工作流程上存在一定的前后关联性。

表3是以部门B最近三年参与的因拆迁引发的行政复议、行政诉讼案件为统计样本:

表3 部门B最近三年参与的因拆迁引发的行政复议、行政诉讼案件数量及占当年B部门全部行政复议、行政诉讼案件的比例

年份 \ 门类	因拆迁引起的行政复议案件数量(件)	占当年部门B全部行政复议案件比例	因拆迁引起的行政诉讼案件数量(件)	占当年部门B全部行政诉讼案件比例
2013年	8	100%	2	100%
2014年	4	100%	0	0
2015年第一季度	2	100%	3	100%

通过表3可以看到,虽然部门B并不负责拆迁领域工作,但是其作为行政复议被申请人和行政诉讼被告的案件缘由全部都是拆迁问题。经过我们调查了解,会出现这种情况有着多方面的原因,包括群众对前置审批的内涵、政策、流程、作用不了解,缺乏正确引导等。但是不可否认的是,这足以说明拆迁领域存在的问题如若处理不当就会蔓延和扩大。结合部门B的实际情况,具体分析具有以下特点。

一是案件均因拆迁领域问题引起。部门B是部分建设项目政府审批的环节之一(另外可能还有立项、国土、规划、环保、地震等环节,不同项目要件不同),其所出具的批复多数是从国家政策和经济社会全局出发作出某种认可或否定判断,不涉及具体拆迁问题。细分起来,拆迁环节多数属于建设项目具体执行过程,与审批中的多数环节分属不同的阶段。通俗地讲,审批多数解决的是能不能建的问题,拆迁则是解决建得怎么样的问题。法律主张因果关系,拆迁违规违法并不代表审批违规违法,但是现实中这种因对拆迁过程不满而状告审批的情况时有发生,呈现愈演愈烈之势。

二是案件波及和影响范围扩大。早期因拆迁引发的矛盾冲突,被拆迁人往往紧盯负责具体拆迁的基层政府、拆迁部门或者项目单位,主要采取上访手段诉求解决问题。但是随着依法治国的推进和权利意识的觉醒,被拆迁人逐渐将视角延伸到拆迁行为的其他阶段——立项、国土、规划、地震、环评等环节,并形成了一定的解决问题模式——先申请政府信息公开,后提起行政复议,再就复议结果提起行政诉讼,并且将上述审批环节涉及的部门全部都提起行政复议和行政诉讼,这就无形中使得可能原本只在拆迁过程出现的阶段性问题演变成了整体全局性问题,增加了解决问题的成本,一定程度上损害了地方政府的权威性和公信力。

三是存在鉴别、规范、疏导的问题。如何保护诉权和规范诉权的问题是此类复议诉讼始终绕不开的话题。以部门B参与的某行政诉讼案件为例,村民因为在拆迁测量时,就地上附属物是否应纳入补偿范围与拆迁部门发生争执,村民认为应当纳入,而拆迁部门认为地上附属物属于原告擅自加盖,不应纳入补偿范围,争执不下,村民以拆迁所依附项目审批违法为由(起诉书没有附任何证据,唯一事实就是对自身地上附属物拆迁不合法),向包括部门B在内的所有审批环节部门提起了行政复议,经复议,上级机关维持了有关行政决定,村民不服又向人民法院提起了行政诉讼,一审驳回原告起诉,原告不服又向中级人民法院提起二审,直到二审宣判维持一审裁定此案才告一段落。

这里就存在争议问题,我国法律保护公民、法人、社会组织的诉权,同时也对诉权进行了必要的规范限制。当事人必须在满足法律规定的条件下才能行使诉权。立案登记制使得诉权"门槛"降低了,但是这并不意味着行使诉权没有任何条件,只要告就要收案、就要立案,否则法律上也不会规定立案审查期限了,笔者认为正是有了这种立案登记制的改革,反而更加要求有关机关强化对诉权的审慎义务,防止滥用诉权的情况发生。类似上述行政复议诉讼,没有提交有关证据,无法证明自身权益是否与上述所有政府部门批复有关,缺乏关联性证明,能否达到立案标准值得商榷(虽然起诉要求的证据标准较低,但不是没有标准,最起码应当符合因果关系的证据要求)。笔者认为,在起诉门槛降低的情况下,对于立案形式审查要件应当严格落实,缺乏必要要件不能立案,防止诉权滥用。如果纵容这种情况实际上是造成了一种新的不公平,特别是在当前案多人少、资源有限的大环境下,这无论是对复议被申请人、诉讼被告,还是对其他有正当诉求、符合立案条件的当事人来说,其正当空间都无端被挤压、占用。政府部门、审判机关、法律服务机构等有关方面都应对类似这种问题加以重视,通过宣传、教育等手段,让当事人真正用好手中的权利,采用正确的法律手段和渠道,这样才能提高解决问题的效率,化解矛盾的效果才能更好。

上述主要是从行政复议、行政诉讼的角度进行阐释,其中反映的现状和问题不仅有政府自身的,也有其他主体需要加以引导的,其中更多的是从体制机制角度来看待拆迁领域的问题,下面笔者重点就拆迁领域背后的行受贿职务犯罪问题进行阐述,这也是本文的中心部分。

二、城郊拆迁领域职务犯罪的特点

近年来,在由政府有关部门主导的征地拆迁过程中,少量公职人员利用拆迁户数多、拆迁周期长、拆迁工作复杂、拆迁户对拆迁补偿政策不甚了解、监管部门对具体的拆迁工作和补偿款发放监管不力等漏洞，大肆侵吞拆迁补偿款，扰乱正常有序的拆迁秩序。征地拆迁领域成为了公职人员职务犯罪的高发区，而且大要案发案率比较高。因此，研究征地拆迁领域职务犯罪的高发原因、特点规律和遏制措施，对于进一步减少该领域职务犯罪案件的高发，规范征地拆迁秩序，净化征地拆迁市场，引导有关部门和人员合理、合法和有序拆迁具有积极意义。

（一）基本特点

1. 犯罪嫌疑人身份特点突出

（1）受贿罪犯罪主体主要涉及拆迁工作的国家工作人员。拆迁过程中，房屋产权的认定和面积的丈量都是确定最终拆迁款的重要依据。因此，直接负责征地动迁和监督管理的一线人员往往成为重要的受贿对象。在拆迁的后续过程中，房屋拆除工程发包、确定拆迁评估机构等也可以利用职务便利，为他人谋取不合法利益。由于有关部门掌握的国家公共权力对于核定拆迁款的重要作用，有关国家工作人员成为拆迁案中受贿罪的主要构成主体。

（2）行贿罪犯罪主体大多是拆迁户。为谋取个人私利，多套取补偿款，拉拢腐蚀国家干部，通过向有关国家工作人员行贿，获得多套取补偿款的便利。随着近年来经济步伐的加快、城市化进程的推进，拆迁成为城市化过程中的重要组成部分，也是少数人眼中的一块巨型"蛋糕"。少数不法分子通过非正当途径获取拆迁的内部消息后，违规建房，扩大房屋的使用面积，甚至更改房屋本来的用途，以期获得更多的补偿款。由于这些行为本身的不合法性，想要获得更多的拆迁补偿款，不法分子往往选择对相关的国家工作人员行贿，其也因此成为拆迁案中行贿罪的主要构成主体。

（3）贪污罪犯罪主体主要是有关国家机关工作人员和基层自治组

织的领导人员,较少情况下也包括基层自治组织的普通工作人员,有些地区发生的一些案件会将通过拉拢腐蚀国家干部多套取拆迁补偿款的普通村民以贪污罪共犯的形式论处。主要表现为涉案人员与拆房公司勾结,以虚增合同款的方法贪污劳务费,或利用手中职权,在丈量动迁面积时,虚增面积,虚报动迁土地的附属物,甚至虚报拆迁户,出具虚假证明,侵占动迁款。

(4)挪用公款罪的犯罪主体为管理拆迁款的国家工作人员或者协助政府管理拆迁款的基层组织工作人员。目前房价居高不下,使得拆迁款不断攀升,这笔巨额的资金往往成为极大的诱惑。一些负责管理拆迁款的国家工作人员,利用职务便利,挪用公款进行谋利行为,获取非法利益。表面上看,这种行为的危害性似乎不大,但是如果在发放拆迁款前不能将钱款归于原位,则会造成极大的混乱,民众对政府的信任度也会随之降低,对政府后续政策的推行极易造成不利影响。由于拆迁款由专门人员负责,也决定了挪用公款罪主体的特定性。

2. 城郊拆迁领域职务犯罪扰乱了城镇化秩序

城镇化是我国目前发展的必然趋势,在城镇化进程中,拆迁是其重要组成部分。同时,拆迁的顺利进行不仅关系到城镇化推进的速度,也关系到拆迁户未来的安置和生活问题。如果不能有效地遏制城郊拆迁领域的职务犯罪,将扰乱城郊改造、发展的秩序,损坏人民群众的切身利益,严重影响政府在公民心目中的形象和地位,对未来城镇化的进程产生极大的阻碍。

3. 作案动机和犯罪心理

拆迁在我国已是较为常见的社会活动,大部分人对拆迁都不会陌生,但是具体到每个面临拆迁的家庭,往往面临改变居住环境和居住地的境况,对这些拆迁户来说,拆迁关系到未来的生计,很可能成为生活的重大转折点,而这个转折点又依赖于城市化进程,所以对一户家庭甚至一个地区来说,这种转折点非常难得。因此少数拆迁户想趁机

"暴发"一笔,这种追求一夜暴富的心态实际上是有风险的,加上受到不良风气的影响,对自身行贿行为的违法性认识不到位,盲目追求经济利益,而忽视法律风险。一些官员利用手中的职权,抱着侥幸心理,不但对少数拆迁户的行为不加以制止,反而共同犯罪。

(二)作案手段特点

(1)无中生有,虚增设施和面积。这是拆迁领域中套取补偿款最常用的手段,有关国家工作人员和拆迁户协商篡改房屋调查表,变更真实数据或虚增楼层增加房屋面积,虚增地下室、树木、大门等设施,更有甚者,凭空捏造出根本不存在的房屋套取补偿款。

(2)变更房屋性质,套用更高的补偿标准。房屋拆迁补偿标准从高到低一般分为:有证面积(有房产证、在房产证上有标示的面积),无证加盖面积(在有房产证的房屋上违法加盖或在有房产证的地基上违法加盖的面积)和无证面积(没有房产证的面积)。不同性质的房屋面积补偿标准往往差距很大,所以少数拆迁户通过贿赂国家工作人员或者部分基层组织工作人员,利用其职务便利,将房屋性质由低补偿标准类别变更为高补偿标准类别,达到多套取补偿款的目的。

(3)利用保管大额拆迁补偿款的职务便利,暗度陈仓,将本该专款专用的拆迁补偿款挪作他用。

(三)发案特点

1. 发案环节

(1)丈量阶段。房屋拆迁款多少与房屋性质、房屋面积大小密切相关。由于房屋性质的改变操作难度远高于房屋面积的更改,所以更多的拆迁案件中,行贿人选择通过贿赂工作人员,将自己的房屋面积变大,以求得到更多的补偿款。一些拆迁户虚增拆迁面积,工作人员不但不认真审核,反而与拆迁户达成共识,为拆迁户提供虚假的证明文件,更有甚者,工作人员直接虚增拆迁面积,将额外的得来的补偿款收入自己囊中。例如,在南方某地级市旧城改造过程中,有十余家被拆迁户篡改土地使用证上的土地面积,并以篡改后的土地证复印件申请补偿,而该市旧城改造指挥部办公室工作人员在履行旧城改造拆迁土地审核过程中,接受上述被拆迁户宴请和有关人员说情、贿赂后,在审核时不与国土部门存档资料核对,仅凭被拆迁户提供的土地证复印件即确认其实际用地面积、建筑占地面积,致使上述被拆迁户经篡改权证资料而虚增的千余平方用地面积获得补偿,给国家造成损失 60 余万元损失。

(2)补偿协议签订时。按照国家规定,在签订补偿协议时,需要对证明材料与原件核对,以防止拆迁过程中虚假现象的发生。拆迁户与不法工作人员想要使自己的目的达成,就需要通过这最后一关。但是,很多负责审核的人员正是利用自己手中这作为拆迁审核的最后一道屏障来谋取私利,虚列拆迁户,虚增拆迁面积,套取拆迁资金。例如,2006 年 8 月至 2007 年 2 月间,南方某县级市某办事处主任李某,在全面负责辖区某船厂二期扩建工程项目拆迁征地过程中,擅自决定并授意办事处征地拆迁办公室副主任张某某、某村支部书记纪某、某拆迁服务公司周某等人,采取隐瞒事实真相、虚列拆迁户、伪造拆迁协议等手段套取拆迁安置资金,造成国有财产损失 48 万余元。

2. 窝串案多发,危害极大

由于拆迁工作涉及多个部门,各个部门之间具有直接或者间接的监督关系,只要其中一个部门严格按照法律法规执行,就可以有效避免拆迁过程中给国家和个人造成的损失。因此,拆迁案的发生,有时会出现多个部门之间相互勾结的现象,只是不同案件中不同部门发挥的作用不同,就会导致表现形式不同,但是不能更改其共同犯罪的本质。这种窝串案的爆发,由于涉及的部门和人员众多,造成政府公信力急剧下降,对社会造成的恶劣影响和制度的破坏效应极大。

3. 犯罪数额惊人，容易造成国家财产巨额损失

拆迁案件中，由于涉及的部门和人员众多，所以涉案金额数通常很大。以北方某地级市为例，2013年前后城郊拆迁补偿标准中有证面积5000元每平方米左右，无证加盖面积2000元每平方米，无证面积300元每平方米左右，虚增几平方米可能就多套取上万元补偿款，可以说犯罪预期收益极大，涉案金额数十万元非常普遍。2011年该市查办的某动迁总指挥李某，利用拆迁补偿等职务便利贪污、受贿近千万元之多，令人瞠目。

三、拆迁领域职务犯罪的原因

诱发拆迁领域职务犯罪的原因是多方面的，笔者从主观和客观两个角度，进行深入分析。

(一)主观因素

1. 拆迁人员来源复杂，拆迁小组具有临时性

由于拆迁人员来源复杂，其中既包括国家正式机关工作人员，又有从其他社会组织借调的人员，这就导致有些人缺乏相应的专业知识。同时，拆迁工作具有临时性，拆迁工作小组或指挥部等并不是一个常设机构，而是为了应对某片区拆迁事宜组建的临时机构，这种临时性组织，权力和责任划分不明确，彼此之间容易出现推诿的现象，也不便于上级的监督管理，在问题发生以后，亦很难找到相应的责任人。因此有的人利用这些漏洞，在拆迁过程中相互勾结，损公肥私，使国家财产遭受重大损失。

2. 部分基层干部综合素质不高，法治观念淡薄

由于土地资源的稀缺性，房价居高不下，拆迁补偿价格也随之水

涨船高,拆迁带来的利益变得越来越大。少数国家公职人员在工作过程中缺乏责任心,受到外界不良风气的影响,个人私欲极度膨胀,同时抱着侥幸的心理,漠视法律的制裁,利用手中职权为自己谋取私利,将国家利益抛到脑后。对自己的行为所触犯的法律也不甚了解,并没有认识到自身行为对国家经济利益和政府公信力的危害,对问题的严重性认识不足。从南方某区的案发情况看,涉案的拆迁工作人员平均年龄为49岁,受教育程度普遍不高,在利益驱动下,铤而走险。如某区工业园区二期基地指挥部动迁办工作人员刘某,原本是务农人员,后经政府讨论研究后,派往该基地参与动迁工作。当动迁户张某向其咨询动迁政策时,刘某玩弄权力,对其称"可补可不补",并主动索要"活动费"1万元,后张某通过刘某和拆迁签约组组长陈某(另案处理)为其违规确定虚增补偿款17万元。在发放补偿款时,刘某急不可耐,随张某一同前往银行领取"好处费",又额外强行索得6.5万元,这充分暴露刘某贪婪的一面。

(二)客观因素

1. 相关制度不健全

农村拆迁中,一部分后来迁入农村的居民为了住宅需要,没有按照国家的法律法规建房,对于这部分违规建造的房屋补偿标准不明确。同时,国家对于个人财产中不动产保护方面的法律也有着矛盾之处。随着2007年《物权法》的颁布,原有的《城市房屋拆迁管理条例》(已失效)被质疑的内容有18条,其部分规定与《宪法》《物权法》中保护公民房屋及其他不动产的原则和具体规定存在矛盾,导致城市发展与个人财产权保护、集体土地征收拆迁之间相冲突,但《物权法》实施后并没有停止执行这些冲突性规定,拆迁"乱象"还是没有得到根本改变。如果在拆迁领域不能制定健全合理的法律,就没有执法的标准,也就很难对违规现象进行惩处。法律的漏洞所造成的损失远远比个人中饱私囊造成的漏洞更可怕。

2. 监督不严

目前我国针对拆迁工作已经制定了一部分相应的法律法规,但是拆迁过程中涉及的部门众多,缺乏必要的机制和手段,使监管流于形式。对于一些重点部门和关键环节,监督不到位,造成权力集中失范,让不法分子有机可乘。有的单位虽制定了一整套规章制度,但实际操作过程中却有章不循、放任自流。有的单位对具有一定职务,又有一定实权的关键岗位人员缺乏监督制约机制。有的单位领导在"拆平就是水平"的片面思想指导下,"重工作结果,轻工作过程",放松了对拆迁工作人员的廉政监督。这些都在客观上为少数工作人员的职务犯罪留下了"空子"和"漏洞"。监督管理体系在拆迁工作中充当着重要职能,如果监督管理到位,即使前面的工作出现漏洞和违规违法现象,都可以得到及时有效弥补和制止。换句话说,监督管理工作是确保拆迁工作合法有序的"杀手锏"。

3. 流程不规范

有些单位对拆迁的流程缺乏有效要件,尤其是缺少公开、公正的透明度,流程运作不透明很容易导致腐败的滋生,"暗箱操作"也使本应遵守的制度形同虚设。拆迁是一项涉及公众的行为,其中不仅涉及国家的经济利益,也与社会的公共利益有关。对于这种公共行为,如果缺乏公开公正的流程,对房屋的产权认定、面积核算和使用用途的确定不经过公示,而由少部分国家工作人员决定,就很容易造成公众的不信任,甚至引发群体性事件。有些单位在拆迁过程中,对于缺少合法性证件的房屋,不按照规定的流程进行处理,而是通过私下运作,让其具有正规的资格,骗取拆迁款。如果制度不能有效地贯彻落实,腐败的滋生就会成为一种必然的趋势。

四、预防和减少城郊拆迁领域职务犯罪的对策

(一)坚持预防为主,在源头上解决问题

1. 加强队伍建设,提高拆迁队伍人员素质

目前,在各地拆迁安置工作过程中,往往事先成立临时性的拆迁机构,从其他部门抽调工作人员参与。因此,选人、用人这个环节是前提和保证,要综合考察被选人员的政治素质、业务能力、群众基础。其中,政治素质是应该优先考虑和最重要的因素。要建立一支政治素质高、业务能力强、群众基础牢的专业队伍。坚决杜绝人品素质低、群众反响差的人员进入拆迁队伍,对于这样的工作人员,即便其业务能力再强,也要一票否决,防止其进入拆迁队伍影响拆迁工作大局。之所以特殊强调拆迁工作人员的政治素质和人格品行,是因为房屋拆迁领域因为涉及资金多、经手环节多、参与人数多,一直是贪腐案件的高发区域。拆迁工作人员自身素质的高低、作风立场的坚定与否将在很大程度上影响拆迁工作能否顺利开展。

2. 开展多种形式教育,增强拆迁工作人员和被拆迁户的知法守法意识

(1)对拆迁工作人员、基层组织领导成员进行廉政警示教育。通过廉政课堂、网络视频等,组织相关人员接受廉政教育、典型案例警示、现身说法等多种形式进行廉政宣传,引导上述人员树立正确的金钱观、权力观、价值观,提高政治素养,提升拒腐防变的能力。

(2)对拆迁环节各参与方开展法治宣传教育。加强基本法律知识的学习,有条件的要进行系统法律知识培训,使拆迁环节各参与方对自己的行为有清醒的价值判断,做到知法、守法、用法。而且在城郊征地拆迁前,通过各种喜闻乐见、通俗易懂的方式加强对被拆迁户的法

治宣传教育,不仅有利于知法、守法,也有利于有效预防少数拆迁工作人员利用该时机进行职务犯罪。

3. 大力推行征地拆迁安置"阳光工程",确保群众的知情权和参与权

(1)增加征地拆迁工作的透明度,严格履行公示公告程序,预先公告征地拆迁工作的有关政策和程序,公布征地拆迁补偿标准和补偿安置方案,让被拆迁人了解正当的程序和标准,公布监督电话,实行透明行政,保证拆迁活动在阳光下进行。

(2)规范征地拆迁工作流程。严格审查制度,丈量人、计价人、审核人、审批人要认真核对审核和确定拆迁户的户数、面积、拆迁补偿款金额,各负其责,防止错误发生;确保资料准确,对征地拆迁建(构)筑物及附属设施的丈量、调查,必须由两名以上工作人员进行,丈量绘图、数据资料要由不同人员实行二次丈量复核,计价、核价不能由同一人承担,减少人为操作空间。经办人、复核人和拆迁户必须在图纸、资料上签名确认,以确保拆迁补偿数据、资料的真实性、准确性;建立抽查制度和多重复核签名制度,由专人定期或不定期抽查、审核征地拆迁资料的真实性、完整性、准确性,特别是对拆迁户提出的因错量、漏量、后期加盖需要重新丈量的请求,两名经办人必须实地进行测量,复核人要对测量结果进行严格审查,同时必须至少由两名复核人签字确认,严禁复核过程中的"一支笔"现象,互相监督,杜绝弄虚作假。

(3)制定公平合理的补偿方式和补偿标准。征地拆迁补偿政策的核心是补偿标准,应根据现时社会发展状况,及时修订拆迁补偿方案,细化补偿评估计价标准。同时,补偿方案应尽可能地征求群众意见,通过沟通达成共识,合情合理地按照实际情况规定各种标的物的补偿标准,使补偿计价不但便于执行,而且可以减少自由操作空间,提高补偿标准的可操作性和确定性,确保公平公正。制订出合理的且让拆迁户尽可能满意的拆迁补偿标准对抑制拆迁领域职务犯罪具有积极

作用。

(4)建立拆迁档案资料的收集、固定、备查制度。在公安、国土、城建、房管等部门之间建立必要的信息共享机制,保证被拆迁户的人口数量、被拆迁房产的权属等相关信息的准确性,避免不法分子虚构相关情况骗取拆迁款。同时,做好原始资料的固定工作,对于房屋、补偿内容等应采取录像、拍照等方式予以固定。另外,要做好拆迁资料的备查制度,对于拆迁补偿有关的房屋测绘图、土地使用证、房产证、补偿协议、补偿公告等原始资料不能随意涂改,由相关责任人员签名后存档,以备查验和事后监督。

4. 强化对征地拆迁过程的监督

(1)加强舆论监督,内部简讯和新闻报道相结合,通过宣传有影响的拆迁领域职务犯罪典型案件产生威慑力;对一些重大拆迁工程邀请新闻媒体介入。

(2)深化建设、房管、审计、规划、纪委、监察等之间的联系配合,建立联席会议制度,对拆迁过程进行全程跟踪监控,确保整个拆迁过程依法合规进行。同时对已经查处的房屋拆迁领域职务犯罪案件进行分析总结,积极发挥互联网作用,建立网络预防系统,通过信息网络发布办理房屋拆迁领域职务犯罪案件的成果,大量收集职务犯罪以及形成职务犯罪原因的相关信息,积极构建多部门共同预防的大格局。

(3)加强群众监督,在房屋拆迁过程中邀请群众,特别是被拆迁户参与监督,建立健全举报机制,畅通各种举报渠道,形成合力,充分发挥广大群众在监督城郊拆迁领域的作用。

(二)深入打击城郊拆迁领域职务犯罪,净化拆迁工作环境

1. 加强城郊拆迁职务犯罪线索收集工作

近年来城市化进程的加快使得城郊房屋拆迁的规模不断扩大,补偿标准不断提高。监督体系不健全是导致该领域职务犯罪呈明显上

升趋势的重要原因之一。其中,职务犯罪线索的缺乏是发现打击该领域犯罪的瓶颈。要有效解决这种局面,必须加强线索的收集工作。纪检等监管机构应该整合各个方面优势,争取对所属行政区域内规模较大的城郊征地拆迁项目在工程开始之前提前派驻人员全程给予监督,在项目的各个不同阶段,通过实地走访、热线电话、网络微博等渠道注意收集被拆迁户对拆迁工作的意见,听取被拆迁户对拆迁工作人员的反映,对群众集中反映的可能存在违法问题的拆迁环节和人员要进行系统分析,尽量掌握全面情况,对其中可能涉及职务犯罪的线索及时反馈给有关部门。

2. 坚持宽严相济刑事政策,准确把握打击力度

拆迁领域的职务犯罪多以贪污、受贿、行贿居多。国家工作人员是贪污罪和受贿罪的主体,而行贿罪的主体多以被拆迁户居多,但是在现实中,某些被拆迁户与拆迁工作人员串通,事先许诺给予拆迁工作人员好处,希望在房屋、地下室、地上附属物等方面给予面积增加、虚构等照顾,拆迁工作人允诺后,被拆迁户最终多拿了国家拆迁补偿款,同时被拆迁户将部分多得的拆迁补偿款作为好处费送给拆迁工作人员以示答谢。对于这种行为,拆迁工作人员构成贪污罪是没有疑问的,但是对于被拆迁户是否因与国家工作人员共同犯罪从而构成共同贪污是有一定争议的。下面结合一起典型案件对这个争议问题进行分析。

在某市办理的一起被拆迁户和拆迁工作人员串通,骗取国家补偿款案中,被拆迁户杨某在拆迁补偿前向拆迁工作人员马某提出了在自己房屋被拆时多分点补偿款的请求并承诺会给马某好处,后来马某通过多增加杨某房屋和地下室面积的方式帮助杨某多领到了补偿款。事后杨某为感谢马某在这件事上的帮助,拿出了部分补偿款送给马某作为感谢费。笔者认为,对于杨某的这种行为,应该界定为行贿行为合适。原因在于:从主观上看,杨某一开始就是想为自家的房屋多领

取拆迁补偿款而找到了马某,符合行贿罪的"为谋取不正当利益"的主观条件;从犯罪手段上看,当初杨某找到马某就是为了多获得一些房屋补偿款,对于马某将采用哪些手段和方式帮助自己,并不是杨某所关心的,其唯一也是最终目的就是多获得些拆迁补偿款,最终马某是通过为杨某虚加房屋面积、附属物等手段帮助杨某达到了目的,这些犯罪手段都是马某通过自己的职务便利来完成的,杨某没有从中为马某提供过帮助。杨某在拿到多领取的房屋补偿款之后,将其中一部分送给马某,也完全符合行贿罪的"给予国家工作人员以财物"的构成要件。因此对于杨某的这种行为,应该界定为行贿罪。如果将拆迁户的这种行为界定为与国家工作人员勾结从而贪污公共财产,不仅打击力度过大,不利于社会稳定,而且也与贪污罪的具体规定不相符合。

杨某除了上述行为之外,还曾经利用向马某谎称自己有几套房屋漏量、复印他人的房产证等方式虚构自家房屋套数,后马某在明知道杨某虚构自家房屋套数的情况下,仍然伪造了这些虚构房屋的拆迁补偿材料,最终帮助杨某利用根本不存在的房子骗取了国家拆迁补偿款,事后杨某将骗得的部分拆迁补偿款送给了马某作为好处费。此种情况下,对于杨某和马某相互勾结,骗取国家拆迁补偿款的行为,应该界定为贪污罪更为适宜。笔者认为,杨某之所以构成贪污罪,是因为杨某明知道房屋在实际不存在的情况下,仍然通过复印他人的房产证、谎称自己房屋漏量等方式来"证实"自己的房屋,行为的实质就是欺骗,其一系列欺骗行为的目的就是骗取国家拆迁款从而多得好处。同时马某在很快知道了杨某所说的几套房屋并不存在的情况下,其仍然利用职务便利为几套根本就不存在的房子伪造了材料,用意也是骗取国家拆迁补偿款,而且杨某提供他人的房产证也为马某具体操作整个事件起到了帮助作用,这都充分说明了杨某主观上具有伙同马某贪污的故意,而且两者相互勾结实施的一系列行为完成了贪污补偿款的整个过程。二者的行为完全符合贪污罪的构成要件,应该依法认定杨某的行为是贪污罪。综上,此类案件在实际过程中判断被拆迁户的行为是行贿还是贪污必须要充分了解其实施的具体行为和主观心态,严格依照法律规定,做到不枉不纵,实现既能准确打击犯罪又能维护社会稳定的双重效果。

五、结语

随着我国全面改革的不断深入和城镇化的持续推进,城郊拆迁会越来越多地渗入到政府和群众互动中,进而影响政府决策和经济社会发展。从短期看,创新工作思路和模式,合理引导拆迁工作有序发展是减少和避免此类问题发生的有效措施。但从长期看,改革有关机制,严格依法拆迁,是真正解决此类问题的根本之道。更重要的是,要从拆迁领域窥见法治在党风建设和反腐大业中的作用及地位,推动法治思维和法治方式更多地融入作风建设、思想建设、经济社会建设中去。

附 录

贿赂犯罪有关法律规定与司法解释

一、《刑法》

第一百六十三条 【非国家工作人员受贿罪】公司、企业或者其他单位的工作人员,利用职务上的便利,索取他人财物或者非法收受他人财物,为他人谋取利益,数额较大的,处三年以下有期徒刑或者拘役,并处罚金;数额巨大或者有其他严重情节的,处三年以上十年以下有期徒刑,并处罚金;数额特别巨大或者有其他特别严重情节的,处十年以上有期徒刑或者无期徒刑,并处罚金。

公司、企业或者其他单位的工作人员在经济往来中,利用职务上的便利,违反国家规定,收受各种名义的回扣、手续费,归个人所有的,依照前款的规定处罚。

国有公司、企业或者其他国有单位中从事公务的人员和国有公司、企业或者其他国有单位委派到非国有公司、企业以及其他单位从事公务的人员有前两款行为的,依照本法第三百八十五条、第三百八十六条的规定定罪处罚。

第一百六十四条 【对非国家工作人员行贿罪;对外国公职人员、国际公共组织官员行贿罪】为谋取不正当利益,给予公司、企业或者其他单位的工作人员以财物,数额较大的,处三年以下有期徒刑或者拘役,并处罚金;数额巨大的,处三年以上十年以下有期徒刑,并处罚金。

为谋取不正当商业利益,给予外国公职人员或者国际公共组织官员以财物的,依照前款的规定处罚。

单位犯前两款罪的,对单位判处罚金,并对其直接负责的主管人员和其他直接责任人员,依照第一款的规定处罚。

行贿人在被追诉前主动交待行贿行为的,可以减轻处罚或者免除处罚。

第一百八十四条 【公司、企业人员受贿罪】银行或者其他金融机构的工作人员在金融业务活动中索取他人财物或者非法收受他人财物,为他人谋取利益的,或者违反国家规定,收受各种名义的回扣、手续费,归个人所有的,依照本法第一百六十三条的规定定罪处罚。

国有金融机构工作人员和国有金融机构委派到非国有金融机构从事公务的人员有前款行为的,依照本法第三百八十五条、第三百八十六条的规定定罪处罚。

第三百八十三条 【对犯贪污罪的处罚规定】对犯贪污罪的,根据情节轻重,分别依照下列规定处罚:

(一)贪污数额较大或者有其他较重情节的,处三年以下有期徒刑或者拘役,并处罚金。

(二)贪污数额巨大或者有其他严重情节的,处三年以上十年以下有期徒刑,并处罚金或者没收财产。

(三)贪污数额特别巨大或者有其他特别严重情节的,处十年以上有期徒刑或者无期徒刑,并处罚金或者没收财产;数额特别巨大,并使国家和人民利益遭受特别重大损失的,处无期徒刑或者死刑,并处没收财产。

对多次贪污未经处理的,按照累计贪污数额处罚。

犯第一款罪,在提起公诉前如实供述自己罪行、真诚悔罪、积极退赃,避免、减少损害结果的发生,有第一项规定情形的,可以从轻、减轻或者免除处罚;有第二项、第三项规定情形的,可以从轻处罚。

犯第一款罪,有第三项规定情形被判处死刑缓期执行的,人民法院根据犯罪情节等情况可以同时决定在其死刑缓期执行二年期满依法减为无期徒刑后,终身监禁,不得减刑、假释。

第三百八十五条 【受贿罪】国家工作人员利用职务上的便利,索取他人财物的,或者非法收受他人财物,为他人谋取利益的,是受贿罪。

国家工作人员在经济往来中,违反国家规定,收受各种名义的回扣、手续费,归个人所有的,以受贿论处。

第三百八十六条 【对犯受贿罪的处罚规定】对犯受贿罪的,根据受贿所得数额及情节,依照本法第三百八十三条的规定处罚。索贿的从重处罚。

第三百八十七条 【单位受贿罪】国家机关、国有公司、企业、事业单位、人民团体,索取、非法收受他人财物,为他人谋取利益,情节严重的,对单位判处罚金,并对其直接负责的主管人员和其他直接责任人员,处五年以下有期徒刑或者拘役。

前款所列单位,在经济往来中,在帐外暗中收受各种名义的回扣、手续费的,以受贿论,依照前款的规定处罚。

第三百八十八条 【受贿罪】国家工作人员利用本人职权或者地位形成的便利条件,通过其他国家工作人员职务上的行为,为请托人谋取不正当利益,索取请托人财物或者收受请托人财物的,以受贿论处。

第三百八十八条之一 【利用影响力受贿罪】国家工作人员的近亲属或者其他与该国家工作人员关系密切的人,通过该国家工作人员职务上的行为,或者利用该国家工作人员职权或者地位形成的便利条件,通过其他国家工作人员职务上的行为,为请托人谋取不正当利益,索取请托人财物或者收受请托人财物,数额较大或者有其他较重情节的,处三年以下有期徒刑或者拘役,并处罚金;数额巨大或者有其他严重情节的,处三年以上七年以下有期徒刑,并处罚金;数额特别巨大或者有其他特别严重情节的,处七年以上有期徒刑,并处罚金或者没收财产。

离职的国家工作人员或者其近亲属以及其他与其关系密切的人,利用该离职的国家工作人员原职权或者地位形成的便利条件实施前款行为的,依照前款的规定定罪处罚。

第三百八十九条 【行贿罪】为谋取不正当利益,给予国家工作人员以财物的,是行贿罪。

在经济往来中,违反国家规定,给予国家工作人员以财物,数额较大的,或者违反国家规定,给予国家工作人员以各种名义的回扣、手续费的,以行贿论处。

因被勒索给予国家工作人员以财物,没有获得不正当利益的,不是行贿。

第三百九十条 【对犯行贿罪的处罚;关联行贿罪】对犯行贿罪的,处五年以下有期徒刑或者拘役,并处罚金;因行贿谋取不正当利益,情节严重的,或者使国家利益遭受重大损失的,处五年以上十年以下有期徒刑,并处罚金;情节特别严重的,或者使国家利益遭受特别重大损失的,处十年以上有期徒刑或者无期徒刑,并处罚金或者没收财产。

行贿人在被追诉前主动交待行贿行为的,可以从轻或者减轻处罚。其中,犯罪较轻的,对侦破重大案件起关键作用的,或者有重大立功表现的,可以减轻或者免除处罚。

第三百九十条之一 【对有影响力的人行贿罪】为谋取不正当利益,向国家工作人员的近亲属或者其他与该国家工作人员关系密切的人,或者向离职的国家工作人员或者其近亲属以及其他与其关系密切的人行贿的,处三年以下有期徒刑或者拘役,并处罚金;情节严重的,或者使国家利益遭受重大损失的,处三年以上七年以下有期徒刑,并处罚金;情节特别严重的,或者使国家利益遭受特别重大损失的,处七年以上十年以下有期徒刑,并处罚金。

单位犯前款罪的,对单位判处罚金,并对其直接负责的主管人员和其他直接责任人员,处三年以下有期徒刑或者拘役,并处罚金。

第三百九十一条　【对单位行贿罪】为谋取不正当利益,给予国家机关、国有公司、企业、事业单位、人民团体以财物的,或者在经济往来中,违反国家规定,给予各种名义的回扣、手续费的,处三年以下有期徒刑或者拘役,并处罚金。

单位犯前款罪的,对单位判处罚金,并对其直接负责的主管人员和其他直接责任人员,依照前款的规定处罚。

第三百九十二条　【介绍贿赂罪】向国家工作人员介绍贿赂,情节严重的,处三年以下有期徒刑或者拘役,并处罚金。

介绍贿赂人在被追诉前主动交待介绍贿赂行为的,可以减轻处罚或者免除处罚。

第三百九十三条　【单位行贿罪】单位为谋取不正当利益而行贿,或者违反国家规定,给予国家工作人员以回扣、手续费,情节严重的,对单位判处罚金,并对其直接负责的主管人员和其他直接责任人员,处五年以下有期徒刑或者拘役,并处罚金。因行贿取得的违法所得归个人所有的,依照本法第三百八十九条、第三百九十条的规定定罪处罚。

二、司法解释

2008 年 11 月 20 日最高人民法院、最高人民检察院《关于办理商业贿赂刑事案件适用法律若干问题的意见》

为依法惩治商业贿赂犯罪,根据刑法有关规定,结合办案工作实

际,现就办理商业贿赂刑事案件适用法律的若干问题,提出如下意见:

一、商业贿赂犯罪涉及刑法规定的以下八种罪名:(1)非国家工作人员受贿罪(刑法第一百六十三条);(2)对非国家工作人员行贿罪(刑法第一百六十四条);(3)受贿罪(刑法第三百八十五条);(4)单位受贿罪(刑法第三百八十七条);(5)行贿罪(刑法第三百八十九条);(6)对单位行贿罪(刑法第三百九十一条);(7)介绍贿赂罪(刑法第三百九十二条);(8)单位行贿罪(刑法第三百九十三条)。

二、刑法第一百六十三条、第一百六十四条规定的"其他单位",既包括事业单位、社会团体、村民委员会、居民委员会、村民小组等常设性的组织,也包括为组织体育赛事、文艺演出或者其他正当活动而成立的组委会、筹委会、工程承包队等非常设性的组织。

三、刑法第一百六十三条、第一百六十四条规定的"公司、企业或者其他单位的工作人员",包括国有公司、企业以及其他国有单位中的非国家工作人员。

四、医疗机构中的国家工作人员,在药品、医疗器械、医用卫生材料等医药产品采购活动中,利用职务上的便利,索取销售方财物,或者非法收受销售方财物,为销售方谋取利益,构成犯罪的,依照刑法第三百八十五条的规定,以受贿罪定罪处罚。

医疗机构中的非国家工作人员,有前款行为,数额较大的,依照刑法第一百六十三条的规定,以非国家工作人员受贿罪定罪处罚。

医疗机构中的医务人员,利用开处方的职务便利,以各种名义非法收受药品、医疗器械、医用卫生材料等医药产品销售方财物,为医药产品销售方谋取利益,数额较大的,依照刑法第一百六十三条的规定,以非国家工作人员受贿罪定罪处罚。

五、学校及其他教育机构中的国家工作人员,在教材、教具、校服或者其他物品的采购等活动中,利用职务上的便利,索取销售方财物,或者非法收受销售方财物,为销售方谋取利益,构成犯罪的,依照刑法

第三百八十五条的规定，以受贿罪定罪处罚。

学校及其他教育机构中的非国家工作人员，有前款行为，数额较大的，依照刑法第一百六十三条的规定，以非国家工作人员受贿罪定罪处罚。

学校及其他教育机构中的教师，利用教学活动的职务便利，以各种名义非法收受教材、教具、校服或者其他物品销售方财物，为教材、教具、校服或者其他物品销售方谋取利益，数额较大的，依照刑法第一百六十三条的规定，以非国家工作人员受贿罪定罪处罚。

六、依法组建的评标委员会、竞争性谈判采购中谈判小组、询价采购中询价小组的组成人员，在招标、政府采购等事项的评标或者采购活动中，索取他人财物或者非法收受他人财物，为他人谋取利益，数额较大的，依照刑法第一百六十三条的规定，以非国家工作人员受贿罪定罪处罚。

依法组建的评标委员会、竞争性谈判采购中谈判小组、询价采购中询价小组中国家机关或者其他国有单位的代表有前款行为的，依照刑法第三百八十五条的规定，以受贿罪定罪处罚。

七、商业贿赂中的财物，既包括金钱和实物，也包括可以用金钱计算数额的财产性利益，如提供房屋装修、含有金额的会员卡、代币卡（券）、旅游费用等。具体数额以实际支付的资费为准。

八、收受银行卡的，不论受贿人是否实际取出或者消费，卡内的存款数额一般应全额认定为受贿数额。使用银行卡透支的，如果由给予银行卡的一方承担还款责任，透支数额也应当认定为受贿数额。

九、在行贿犯罪中，"谋取不正当利益"，是指行贿人谋取违反法律、法规、规章或者政策规定的利益，或者要求对方违反法律、法规、规章、政策、行业规范的规定提供帮助或者方便条件。

在招标投标、政府采购等商业活动中，违背公平原则，给予相关人员财物以谋取竞争优势的，属于"谋取不正当利益"。

十、办理商业贿赂犯罪案件,要注意区分贿赂与馈赠的界限。主要应当结合以下因素全面分析、综合判断:(1)发生财物往来的背景,如双方是否存在亲友关系及历史上交往的情形和程度;(2)往来财物的价值;(3)财物往来的缘由、时机和方式,提供财物方对于接受方有无职务上的请托;(4)接受方是否利用职务上的便利为提供方谋取利益。

十一、非国家工作人员与国家工作人员通谋,共同收受他人财物,构成共同犯罪的,根据双方利用职务便利的具体情形分别定罪追究刑事责任:

(1)利用国家工作人员的职务便利为他人谋取利益的,以受贿罪追究刑事责任。

(2)利用非国家工作人员的职务便利为他人谋取利益的,以非国家工作人员受贿罪追究刑事责任。

(3)分别利用各自的职务便利为他人谋取利益的,按照主犯的犯罪性质追究刑事责任,不能分清主从犯的,可以受贿罪追究刑事责任。

2010 年 5 月 7 日最高人民检察院、公安部《关于公安机关管辖的刑事案件立案追诉标准的规定(二)》(节选)

第十条 [非国家工作人员受贿案(刑法第一百六十三条)] 公司、企业或者其他单位的工作人员利用职务上的便利,索取他人财物或者非法收受他人财物,为他人谋取利益,或者在经济往来中,利用职务上的便利,违反国家规定,收受各种名义的回扣、手续费,归个人所有,数额在五千元以上的,应予立案追诉。

第十一条 [对非国家工作人员行贿案(刑法第一百六十四条)] 为谋取不正当利益,给予公司、企业或者其他单位的工作人员以财物,个人行贿数额在一万元以上的,单位行贿数额在二十万元以上的,应予立案追诉。

1999年9月16日最高人民检察院《关于人民检察院直接受理立案侦查案件立案标准的规定(试行)》(节选)

一、贪污贿赂犯罪案件

……

(三)受贿案(第385条、第386条、第388条、第163条第3款,第184条第2款)

受贿罪是指国家工作人员利用职务上的便利,索取他人财物的,或者非法收受他人财物,为他人谋取利益的行为。

"利用职务上的便利",是指利用本人职务范围内的权力,即自己职务上主管、负责或者承办某项公共事务的职权及其所形成的便利条件。

索取他人财物的,不论是否"为他人谋取利益",均可构成受贿罪。非法收受他人财物的,必须同时具备"为他人谋取利益"的条件,才能构成受贿罪。但是为他人谋取的利益是否正当,为他人谋取的利益是否实现,不影响受贿罪的认定。

国家工作人员在经济往来中,违反国家规定,收受各种名义的回扣、手续费,归个人所有的,以受贿罪追究刑事责任。

国有公司、企业中从事公务的人员和国有公司、企业委派到非国有公司、企业从事公务的人员利用职务上的便利,索取他人财物或者非法收受他人财物,为他人谋取利益,或者在经济往来中,违反国家规定,收受各种名义的回扣、手续费,归个人所有的,以受贿罪追究刑事责任。

国有金融机构工作人员和国有金融机构委派到非国有金融机构从事公务的人员在金融业务活动中索取他人财物或者非法收受他人财物,为他人谋取利益的,或者违反国家规定,收受各种名义的回扣、手续费归个人所有的,以受贿罪追究刑事责任。

国家工作人员利用本人职权或者地位形成的便利条件,通过其他国家工作人员职务上的行为,为请托人谋取不正当利益,索取请托人财物或者收受请托人财物的,以受贿罪追究刑事责任。

涉嫌下列情形之一的,应予立案:

1. 个人受贿数额在 5 千元以上的;

2. 个人受贿数额不满 5 千元,但具有下列情形之一的:

(1)因受贿行为而使国家或者社会利益遭受重大损失的;

(2)故意刁难、要挟有关单位、个人,造成恶劣影响的;

(3)强行索取财物的。

(四)单位受贿案(第 387 条)

单位受贿罪是指国家机关、国有公司、企业、事业单位、人民团体,索取、非法收受他人财物,为他人谋取利益,情节严重的行为。

索取他人财物或者非法收受他人财物,必须同时具备为他人谋取利益的条件,且是情节严重的行为,才能构成单位受贿罪。

国家机关、国有公司、企业、事业单位、人民团体,在经济往来中,在账外暗中收受各种名义的回扣、手续费的,以单位受贿罪追究刑事责任。

涉嫌下列情形之一的,应予立案:

1. 单位受贿数额在 10 万元以上的;

2. 单位受贿数额不满 10 万元,但具有下列情形之一的:

(1)故意刁难、要挟有关单位、个人,造成恶劣影响的;

(2)强行索取财物的;

(3)致使国家或者社会利益遭受重大损失的。

(五)行贿案(第 389 条、第 390 条)

行贿罪是指为谋取不正当利益,给予国家工作人员以财物的行为。

在经济往来中,违反国家规定,给予国家工作人员以财物,数额较大的,或者违反国家规定,给予国家工作人员以各种名义的回扣、手续费的,以行贿罪追究刑事责任。

涉嫌下列情形之一的,应予立案:

1. 行贿数额在1万元以上的;

2. 行贿数额不满1万元,但具有下列情形之一的:

(1)为谋取非法利益而行贿的;

(2)向3人以上行贿的;

(3)向党政领导、司法工作人员、行政执法人员行贿的;

(4)致使国家或者社会利益遭受重大损失的。

因被勒索给予国家工作人员以财物,已获得不正当利益的,以行贿罪追究刑事责任。

(六)对单位行贿案(第391条)

对单位行贿罪是指为谋取不正当利益,给予国家机关、国有公司、企业、事业单位、人民团体以财物,或者在经济往来中,违反国家规定,给予上述单位各种名义的回扣、手续费的行为。

涉嫌下列情形之一的,应予立案:

1. 个人行贿数额在10万元以上、单位行贿数额在20万元以上的;

2. 个人行贿数额不满10万元、单位行贿数额在10万元以上不满20万元,但具有下列情形之一的:

(1)为谋取非法利益而行贿的;

(2)向3个以上单位行贿的;

(3)向党政机关、司法机关、行政执法机关行贿的;

(4)致使国家或者社会利益遭受重大损失的。

(七)介绍贿赂案(第392条)

介绍贿赂罪是指向国家工作人员介绍贿赂,情节严重的行为。

"介绍贿赂"是指在行贿人与受贿人之间沟通关系、撮合条件,使贿赂行为得以实现的行为。

涉嫌下列情形之一的,应予立案:

1. 介绍个人向国家工作人员行贿,数额在 2 万元以上的;介绍单位向国家工作人员行贿,数额在 20 万元以上的;

2. 介绍贿赂数额不满上述标准,但具有下列情形之一的:

(1)为使行贿人获取非法利益而介绍贿赂的;

(2)3 次以上或者为 3 人以上介绍贿赂的;

(3)向党政领导、司法工作人员、行政执法人员介绍贿赂的;

(4)致使国家或者社会利益遭受重大损失的。

(八)单位行贿案(第 393 条)

单位行贿罪是指公司、企业、事业单位、机关、团体为谋取不正当利益而行贿,或者违反国家规定,给予国家工作人员以回扣、手续费,情节严重的行为。

涉嫌下列情形之一的,应予立案:

1. 单位行贿数额在 20 万元以上的;

2. 单位为谋取不正当利益而行贿,数额在 10 万元以上不满 20 万元,但具有下列情形之一的:

(1)为谋取非法利益而行贿的;

(2)向 3 人以上行贿的;

(3)向党政领导、司法工作人员、行政执法人员行贿的;

(4)致使国家或者社会利益遭受重大损失的。

因行贿取得的违法所得归个人所有的,依照本规定关于个人行贿的规定立案,追究其刑事责任。

……

四、附则

……

(五)本规定中有关贿赂罪案中的"谋取不正当利益",是指谋取违反法律、法规、国家政策和国务院各部门规章规定的利益,以及谋取违反法律、法规、国家政策和国务院各部门规章规定的帮助或者方便条件。

2003年11月13日最高人民法院《全国法院审理经济犯罪案件工作座谈会纪要》(节选)

三、关于受贿罪

(一)关于"利用职务上的便利"的认定

刑法第三百八十五条第一款规定的"利用职务上的便利",既包括利用本人职务上主管、负责、承办某项公共事务的职权,也包括利用职务上有隶属、制约关系的其他国家工作人员的职权。担任单位领导职务的国家工作人员通过不属自己主管的下级部门的国家工作人员的职务为他人谋取利益的,应当认定为"利用职务上的便利"为他人谋取利益。

(二)"为他人谋取利益"的认定

为他人谋取利益包括承诺、实施和实现三个阶段的行为。只要具有其中一个阶段的行为,如国家工作人员收受他人财物时,根据他人提出的具体请托事项,承诺为他人谋取利益的,就具备了为他人谋取利益的要件。明知他人有具体请托事项而收受其财物的,视为承诺为他人谋取利益。

(三)"利用职权或地位形成的便利条件"的认定

刑法第三百八十八条规定的"利用本人职权或者地位形成的便利条件",是指行为人与被其利用的国家工作人员之间在职务上虽然没有隶属、制约关系,但是行为人利用了本人职权或者地位产生的影响和一定的工作联系,如单位内不同部门的国家工作人员之间、上下级单位没有职务上隶属、制约关系的国家工作人员之间、有工作联系的不同单位的国家工作人员之间等。

(四)离职国家工作人员收受财物行为的处理

参照《最高人民法院关于国家工作人员利用职务上的便利为他人谋取利益离退休后收受财物行为如何处理问题的批复》规定的精

神,国家工作人员利用职务上的便利为请托人谋取利益,并与请托人事先约定,在其离职后收受请托人财物,构成犯罪的,以受贿罪定罪处罚。

(五)共同受贿犯罪的认定

根据刑法关于共同犯罪的规定,非国家工作人员与国家工作人员勾结,伙同受贿的,应当以受贿罪的共犯追究刑事责任。非国家工作人员是否构成受贿罪共犯,取决于双方有无共同受贿的故意和行为。国家工作人员的近亲属向国家工作人员代为转达请托事项,收受请托人财物并告知该国家工作人员,或者国家工作人员明知其近亲属收受了他人财物,仍按照近亲属的要求利用职权为他人谋取利益的,对该国家工作人员应认定为受贿罪,其近亲属以受贿罪共犯论处。近亲属以外的其他人与国家工作人员通谋,由国家工作人员利用职务上的便利为请托人谋取利益,收受请托人财物后双方共同占有的,构成受贿罪共犯。国家工作人员利用职务上的便利为他人谋取利益,并指定他人将财物送给其他人,构成犯罪的,应以受贿罪定罪处罚。

(六)以借款为名索取或者非法收受财物行为的认定

国家工作人员利用职务上的便利,以借款为名向他人索取财物,或者非法收受财物为他人谋取利益的,应当认定为受贿。具体认定时,不能仅仅看是否有书面借款手续,应当根据以下因素综合判定:

(1)有无正当、合理的借款事由;

(2)款项的去向;

(3)双方平时关系如何、有无经济往来;

(4)出借方是否要求国家工作人员利用职务上的便利为其谋取利益;

(5)借款后是否有归还的意思表示及行为;

(6)是否有归还的能力;

(7)未归还的原因;等等。

（七）涉及股票受贿案件的认定

在办理涉及股票的受贿案件时，应当注意：

（1）国家工作人员利用职务上的便利，索取或非法收受股票，没有支付股本金，为他人谋取利益，构成受贿罪的，其受贿数额按照收受股票时的实际价格计算。

（2）行为人支付股本金而购买较有可能升值的股票，由于不是无偿收受请托人财物，不以受贿罪论处。

（3）股票已上市且已升值，行为人仅支付股本金，其"购买"股票时的实际价格与股本金的差价部分应认定为受贿。

2007年7月8日最高人民法院、最高人民检察院《关于办理受贿刑事案件适用法律若干问题的意见》

为依法惩治受贿犯罪活动，根据刑法有关规定，现就办理受贿刑事案件具体适用法律若干问题，提出以下意见：

一、关于以交易形式收受贿赂问题

国家工作人员利用职务上的便利为请托人谋取利益，以下列交易形式收受请托人财物的，以受贿论处：

（1）以明显低于市场的价格向请托人购买房屋、汽车等物品的；

（2）以明显高于市场的价格向请托人出售房屋、汽车等物品的；

（3）以其他交易形式非法收受请托人财物的。

受贿数额按照交易时当地市场价格与实际支付价格的差额计算。

前款所列市场价格包括商品经营者事先设定的不针对特定人的最低优惠价格。根据商品经营者事先设定的各种优惠交易条件，以优惠价格购买商品的，不属于受贿。

二、关于收受干股问题

干股是指未出资而获得的股份。国家工作人员利用职务上的便利为请托人谋取利益，收受请托人提供的干股的，以受贿论处。进行了股权转让登记，或者相关证据证明股份发生了实际转让的，受贿数额按转让行为时股份价值计算,所分红利按受贿孳息处理。股份未实际转让,以股份分红名义获取利益的,实际获利数额应当认定为受贿数额。

三、关于以开办公司等合作投资名义收受贿赂问题

国家工作人员利用职务上的便利为请托人谋取利益,由请托人出资,"合作"开办公司或者进行其他"合作"投资的,以受贿论处。受贿数额为请托人给国家工作人员的出资额。

国家工作人员利用职务上的便利为请托人谋取利益,以合作开办公司或者其他合作投资的名义获取"利润",没有实际出资和参与管理、经营的,以受贿论处。

四、关于以委托请托人投资证券、期货或者其他委托理财的名义收受贿赂问题

国家工作人员利用职务上的便利为请托人谋取利益,以委托请托人投资证券、期货或者其他委托理财的名义,未实际出资而获取"收益",或者虽然实际出资,但获取"收益"明显高于出资应得收益的,以受贿论处。受贿数额,前一情形,以"收益"额计算;后一情形,以"收益"额与出资应得收益额的差额计算。

五、关于以赌博形式收受贿赂的认定问题

根据《最高人民法院、最高人民检察院关于办理赌博刑事案件具体应用法律若干问题的解释》第七条规定,国家工作人员利用职务上的便利为请托人谋取利益,通过赌博方式收受请托人财物的,构成受贿。

实践中应注意区分贿赂与赌博活动、娱乐活动的界限。具体认定时,主要应当结合以下因素进行判断:(1)赌博的背景、场合、时间、次数;(2)赌资来源;(3)其他赌博参与者有无事先通谋;(4)输赢钱物的具体情况和金额大小。

六、关于特定关系人"挂名"领取薪酬问题

国家工作人员利用职务上的便利为请托人谋取利益,要求或者接受请托人以给特定关系人安排工作为名,使特定关系人不实际工作却获取所谓薪酬的,以受贿论处。

七、关于由特定关系人收受贿赂问题

国家工作人员利用职务上的便利为请托人谋取利益,授意请托人以本意见所列形式,将有关财物给予特定关系人的,以受贿论处。

特定关系人与国家工作人员通谋,共同实施前款行为的,对特定关系人以受贿罪的共犯论处。特定关系人以外的其他人与国家工作人员通谋,由国家工作人员利用职务上的便利为请托人谋取利益,收受请托人财物后双方共同占有的,以受贿罪的共犯论处。

八、关于收受贿赂物品未办理权属变更问题

国家工作人员利用职务上的便利为请托人谋取利益,收受请托人房屋、汽车等物品,未变更权属登记或者借用他人名义办理权属变更登记的,不影响受贿的认定。

认定以房屋、汽车等物品为对象的受贿,应注意与借用的区分。具体认定时,除双方交代或者书面协议之外,主要应当结合以下因素进行判断:(1)有无借用的合理事由;(2)是否实际使用;(3)借用时间的长短;(4)有无归还的条件;(5)有无归还的意思表示及行为。

九、关于收受财物后退还或者上交问题

国家工作人员收受请托人财物后及时退还或者上交的,不是受贿。

国家工作人员受贿后,因自身或者与其受贿有关联的人、事被查处,为掩饰犯罪而退还或者上交的,不影响认定受贿罪。

十、关于在职时为请托人谋利,离职后收受财物问题

国家工作人员利用职务上的便利为请托人谋取利益之前或者之后,约定在其离职后收受请托人财物,并在离职后收受的,以受贿

论处。

国家工作人员利用职务上的便利为请托人谋取利益,离职前后连续收受请托人财物的,离职前后收受部分均应计入受贿数额。

十一、关于"特定关系人"的范围

本意见所称"特定关系人",是指与国家工作人员有近亲属、情妇(夫)以及其他共同利益关系的人。

十二、关于正确贯彻宽严相济刑事政策的问题

依照本意见办理受贿刑事案件,要根据刑法关于受贿罪的有关规定和受贿罪权钱交易的本质特征,准确区分罪与非罪、此罪与彼罪的界限,惩处少数,教育多数。在从严惩处受贿犯罪的同时,对于具有自首、立功等情节的,依法从轻、减轻或者免除处罚。

2000年7月13日最高人民法院《关于国家工作人员利用职务上的便利为他人谋取利益离退休后收受财物行为如何处理问题的批复》

国家工作人员利用职务上的便利为请托人谋取利益,并与请托人事先约定,在其离退休后收受请托人财物,构成犯罪的,以受贿罪定罪处罚。

2003年1月13日最高人民检察院《关于佛教协会工作人员能否构成受贿罪或者公司、企业人员受贿罪主体问题的答复》

佛教协会属于社会团体,其工作人员除符合刑法第九十三条第二款的规定属于受委托从事公务的人员外,既不属于国家工作人员,也不属于公司、企业人员。根据刑法的规定,对非受委托从事公务的佛教协会的工作人员利用职务之便收受他人财物,为他人谋取利益的行为,不能按受贿罪或者公司、企业人员受贿罪追究刑事责任。

2003年4月2日最高人民检察院法律政策研究室《关于集体性质的乡镇卫生院院长利用职务之便收受他人财物的行为如何适用法律问题的答复》

经过乡镇政府或者主管行政机关任命的乡镇卫生院院长,在依法

从事本区域卫生工作的管理与业务技术指导，承担医疗预防保健服务工作等公务活动时，属于刑法第九十三条第二款规定的其他依照法律从事公务的人员。对其利用职务上的便利，索取他人财物的，或者非法收受他人财物，为他人谋取利益的，应当依照刑法第三百八十五条、第三百八十六条的规定，以受贿罪追究刑事责任。

2012年12月26日最高人民法院、最高人民检察院《关于办理行贿刑事案件具体应用法律若干问题的解释》

为依法惩治行贿犯罪活动，根据刑法有关规定，现就办理行贿刑事案件具体应用法律的若干问题解释如下：

第一条 为谋取不正当利益，向国家工作人员行贿，数额在一万元以上的，应当依照刑法第三百九十条的规定追究刑事责任。

第二条 因行贿谋取不正当利益，具有下列情形之一的，应当认定为刑法第三百九十条第一款规定的"情节严重"：

（一）行贿数额在二十万元以上不满一百万元的；

（二）行贿数额在十万元以上不满二十万元，并具有下列情形之一的：

1. 向三人以上行贿的；

2. 将违法所得用于行贿的；

3. 为实施违法犯罪活动，向负有食品、药品、安全生产、环境保护等监督管理职责的国家工作人员行贿，严重危害民生、侵犯公众生命财产安全的；

4. 向行政执法机关、司法机关的国家工作人员行贿，影响行政执法和司法公正的；

（三）其他情节严重的情形。

第三条 因行贿谋取不正当利益，造成直接经济损失数额在一百万元以上的，应当认定为刑法第三百九十条第一款规定的"使国家利益遭受重大损失"。

第四条 因行贿谋取不正当利益,具有下列情形之一的,应当认定为刑法第三百九十条第一款规定的"情节特别严重":

(一)行贿数额在一百万元以上的;

(二)行贿数额在五十万元以上不满一百万元,并具有下列情形之一的:

1. 向三人以上行贿的;

2. 将违法所得用于行贿的;

3. 为实施违法犯罪活动,向负有食品、药品、安全生产、环境保护等监督管理职责的国家工作人员行贿,严重危害民生、侵犯公众生命财产安全的;

4. 向行政执法机关、司法机关的国家工作人员行贿,影响行政执法和司法公正的;

(三)造成直接经济损失数额在五百万元以上的;

(四)其他情节特别严重的情形。

第五条 多次行贿未经处理的,按照累计行贿数额处罚。

第六条 行贿人谋取不正当利益的行为构成犯罪的,应当与行贿犯罪实行数罪并罚。

第七条 因行贿人在被追诉前主动交待行贿行为而破获相关受贿案件的,对行贿人不适用刑法第六十八条关于立功的规定,依照刑法第三百九十条第二款的规定,可以减轻或者免除处罚。

单位行贿的,在被追诉前,单位集体决定或者单位负责人决定主动交待单位行贿行为的,依照刑法第三百九十条第二款的规定,对单位及相关责任人员可以减轻处罚或者免除处罚;受委托直接办理单位行贿事项的直接责任人员在被追诉前主动交待自己知道的单位行贿行为的,对该直接责任人员可以依照刑法第三百九十条第二款的规定减轻处罚或者免除处罚。

第八条 行贿人被追诉后如实供述自己罪行的,依照刑法第六十七条第三款的规定,可以从轻处罚;因其如实供述自己罪行,避免特别严重后果发生的,可以减轻处罚。

第九条 行贿人揭发受贿人与其行贿无关的其他犯罪行为,查证属实,依照刑法第六十八条关于立功的规定,可以从轻、减轻或者免除处罚。

第十条 实施行贿犯罪,具有下列情形之一的,一般不适用缓刑和免予刑事处罚:

(一)向三人以上行贿的;

(二)因行贿受过行政处罚或者刑事处罚的;

(三)为实施违法犯罪活动而行贿的;

(四)造成严重危害后果的;

(五)其他不适用缓刑和免予刑事处罚的情形。

具有刑法第三百九十条第二款规定的情形的,不受前款规定的限制。

第十一条 行贿犯罪取得的不正当财产性利益应当依照刑法第六十四条的规定予以追缴、责令退赔或者返还被害人。

因行贿犯罪取得财产性利益以外的经营资格、资质或者职务晋升等其他不正当利益,建议有关部门依照相关规定予以处理。

第十二条 行贿犯罪中的"谋取不正当利益",是指行贿人谋取的利益违反法律、法规、规章、政策规定,或者要求国家工作人员违反法律、法规、规章、政策、行业规范的规定,为自己提供帮助或者方便条件。

违背公平、公正原则,在经济、组织人事管理等活动中,谋取竞争优势的,应当认定为"谋取不正当利益"。

第十三条 刑法第三百九十条第二款规定的"被追诉前",是指检察机关对行贿人的行贿行为刑事立案前。

1999年3月4日最高人民法院、最高人民检察院《关于在办理受贿犯罪大要案的同时要严肃查处严重行贿犯罪分子的通知》(节选)

……

一、要充分认识严肃惩处行贿犯罪,对于全面落实党中央反腐败工作部署,把反腐败斗争引向深入,从源头上遏制和预防受贿犯罪的重要意义。各级人民法院、人民检察院要把严肃惩处行贿犯罪作为反腐败斗争中的一项重要和紧迫的工作,在继续严肃惩处受贿犯罪分子的同时,对严重行贿犯罪分子,必须依法严肃惩处,坚决打击。

二、对于为谋取不正当利益而行贿,构成行贿罪、向单位行贿罪、单位行贿罪的,必须依法追究刑事责任。"谋取不正当利益"是指谋取违反法律、法规、国家政策和国务院各部门规章规定的利益,以及要求国家工作人员或者有关单位提供违反法律、法规、国家政策和国务院各部门规章规定的帮助或者方便条件。

对于向国家工作人员介绍贿赂,构成犯罪的案件,也要依法查处。

三、当前要特别注意依法严肃惩处下列严重行贿犯罪行为:

1. 行贿数额巨大、多次行贿或者向多人行贿的;
2. 向党政干部和司法工作人员行贿的;
3. 为进行走私、偷税、骗税、骗汇、逃汇、非法买卖外汇等违法犯罪活动,向海关、工商、税务、外汇管理等行政执法机关工作人员行贿的;
4. 为非法办理金融、证券业务,向银行等金融机构、证券管理机构工作人员行贿,致使国家利益遭受重大损失的;
5. 为非法获取工程、项目的开发、承包、经营权,向有关主管部门及其主管领导行贿,致使公共财产、国家和人民利益遭受重大损失的;
6. 为制售假冒伪劣产品,向有关国家机关、国有单位及国家工作人员行贿,造成严重后果的;
7. 其他情节严重的行贿犯罪行为。

四、在查处严重行贿、介绍贿赂犯罪案件中,既要坚持从严惩处的方针，又要注意体现政策。行贿人、介绍贿赂人具有刑法第三百九十条第二款、第三百九十二条第二款规定的在被追诉前主动交代行贿、介绍贿赂犯罪情节的，依法分别可以减轻或者免除处罚；行贿人、介绍贿赂人在被追诉后如实交待行贿、介绍贿赂行为的，也可以酌情从轻处罚。

五、在依法严肃查处严重行贿、介绍贿赂犯罪案件中，要讲究斗争策略，注意工作方法。要把查处受贿犯罪大案要案同查处严重行贿、介绍贿赂犯罪案件有机地结合起来，通过打击行贿、介绍贿赂犯罪，促进受贿犯罪大案要案的查处工作，推动查办贪污贿赂案件工作的全面、深入开展。

六、各级人民法院、人民检察院要结合办理贿赂犯罪案件情况，认真总结经验、教训，找出存在的问题，提出切实可行的解决办法，以改变对严重行贿犯罪打击不力的状况。工作中遇到什么情况和问题，要及时报告最高人民法院、最高人民检察院。

2016年4月18日最高人民法院、最高人民检察院《关于办理贪污贿赂刑事案件适用法律若干问题的解释》

为依法惩治贪污贿赂犯罪活动，根据刑法有关规定，现就办理贪污贿赂刑事案件适用法律的若干问题解释如下：

第一条 贪污或者受贿数额在三万元以上不满二十万元的，应当认定为刑法第三百八十三条第一款规定的"数额较大"，依法判处三年以下有期徒刑或者拘役，并处罚金。

贪污数额在一万元以上不满三万元，具有下列情形之一的，应当认定为刑法第三百八十三条第一款规定的"其他较重情节"，依法判处三年以下有期徒刑或者拘役，并处罚金：

（一）贪污救灾、抢险、防汛、优抚、扶贫、移民、救济、防疫、社会捐助等特定款物的；

（二）曾因贪污、受贿、挪用公款受过党纪、行政处分的；

（三）曾因故意犯罪受过刑事追究的；

（四）赃款赃物用于非法活动的；

（五）拒不交待赃款赃物去向或者拒不配合追缴工作，致使无法追缴的；

（六）造成恶劣影响或者其他严重后果的。

受贿数额在一万元以上不满三万元，具有前款第二项至第六项规定的情形之一，或者具有下列情形之一的，应当认定为刑法第三百八十三条第一款规定的"其他较重情节"，依法判处三年以下有期徒刑或者拘役，并处罚金：

（一）多次索贿的；

（二）为他人谋取不正当利益，致使公共财产、国家和人民利益遭受损失的；

（三）为他人谋取职务提拔、调整的。

第二条 贪污或者受贿数额在二十万元以上不满三百万元的，应当认定为刑法第三百八十三条第一款规定的"数额巨大"，依法判处三年以上十年以下有期徒刑，并处罚金或者没收财产。

贪污数额在十万元以上不满二十万元，具有本解释第一条第二款规定的情形之一的，应当认定为刑法第三百八十三条第一款规定的"其他严重情节"，依法判处三年以上十年以下有期徒刑，并处罚金或者没收财产。

受贿数额在十万元以上不满二十万元，具有本解释第一条第三款规定的情形之一的，应当认定为刑法第三百八十三条第一款规定的"其他严重情节"，依法判处三年以上十年以下有期徒刑，并处罚金或者没收财产。

第三条 贪污或者受贿数额在三百万元以上的，应当认定为刑法第三百八十三条第一款规定的"数额特别巨大"，依法判处十年以上有期徒刑、无期徒刑或者死刑，并处罚金或者没收财产。

贪污数额在一百五十万元以上不满三百万元，具有本解释第一条第二款规定的情形之一的,应当认定为刑法第三百八十三条第一款规定的"其他特别严重情节",依法判处十年以上有期徒刑、无期徒刑或者死刑,并处罚金或者没收财产。

受贿数额在一百五十万元以上不满三百万元,具有本解释第一条第三款规定的情形之一的,应当认定为刑法第三百八十三条第一款规定的"其他特别严重情节",依法判处十年以上有期徒刑、无期徒刑或者死刑,并处罚金或者没收财产。

第四条 贪污、受贿数额特别巨大,犯罪情节特别严重、社会影响特别恶劣、给国家和人民利益造成特别重大损失的,可以判处死刑。

符合前款规定的情形,但具有自首、立功,如实供述自己罪行、真诚悔罪、积极退赃,或者避免、减少损害结果的发生等情节,不是必须立即执行的,可以判处死刑缓期二年执行。

符合第一款规定情形的,根据犯罪情节等情况可以判处死刑缓期二年执行,同时裁判决定在其死刑缓期执行二年期满依法减为无期徒刑后,终身监禁,不得减刑、假释。

第七条 为谋取不正当利益,向国家工作人员行贿,数额在三万元以上的,应当依照刑法第三百九十条的规定以行贿罪追究刑事责任。

行贿数额在一万元以上不满三万元,具有下列情形之一的,应当依照刑法第三百九十条的规定以行贿罪追究刑事责任:

(一)向三人以上行贿的;

(二)将违法所得用于行贿的;

(三)通过行贿谋取职务提拔、调整的;

(四)向负有食品、药品、安全生产、环境保护等监督管理职责的国家工作人员行贿,实施非法活动的;

(五)向司法工作人员行贿,影响司法公正的;

(六)造成经济损失数额在五十万元以上不满一百万元的。

第八条 犯行贿罪,具有下列情形之一的,应当认定为刑法第三百九十条第一款规定的"情节严重":

(一)行贿数额在一百万元以上不满五百万元的;

(二)行贿数额在五十万元以上不满一百万元,并具有本解释第七条第二款第一项至第五项规定的情形之一的;

(三)其他严重的情节。

为谋取不正当利益,向国家工作人员行贿,造成经济损失数额在一百万元以上不满五百万元的,应当认定为刑法第三百九十条第一款规定的"使国家利益遭受重大损失"。

第九条 犯行贿罪,具有下列情形之一的,应当认定为刑法第三百九十条第一款规定的"情节特别严重":

(一)行贿数额在五百万元以上的;

(二)行贿数额在二百五十万元以上不满五百万元,并具有本解释第七条第二款第一项至第五项规定的情形之一的;

(三)其他特别严重的情节。

为谋取不正当利益,向国家工作人员行贿,造成经济损失数额在五百万元以上的,应当认定为刑法第三百九十条第一款规定的"使国家利益遭受特别重大损失"。

第十条 刑法第三百八十八条之一规定的利用影响力受贿罪的定罪量刑适用标准,参照本解释关于受贿罪的规定执行。

刑法第三百九十条之一规定的对有影响力的人行贿罪的定罪量刑适用标准,参照本解释关于行贿罪的规定执行。

单位对有影响力的人行贿数额在二十万元以上的,应当依照刑法第三百九十条之一的规定以对有影响力的人行贿罪追究刑事责任。

第十一条 刑法第一百六十三条规定的非国家工作人员受贿罪、第二百七十一条规定的职务侵占罪中的"数额较大""数额巨大"的数额起点,按照本解释关于受贿罪、贪污罪相对应的数额标准规定的二倍、五倍执行。

刑法第二百七十二条规定的挪用资金罪中的"数额较大""数额巨大"以及"进行非法活动"情形的数额起点，按照本解释关于挪用公款罪"数额较大""情节严重"以及"进行非法活动"的数额标准规定的二倍执行。

刑法第一百六十四条第一款规定的对非国家工作人员行贿罪中的"数额较大""数额巨大"的数额起点，按照本解释第七条、第八条第一款关于行贿罪的数额标准规定的二倍执行。

第十二条 贿赂犯罪中的"财物"，包括货币、物品和财产性利益。财产性利益包括可以折算为货币的物质利益如房屋装修、债务免除等，以及需要支付货币的其他利益如会员服务、旅游等。后者的犯罪数额，以实际支付或者应当支付的数额计算。

第十三条 具有下列情形之一的，应当认定为"为他人谋取利益"，构成犯罪的，应当依照刑法关于受贿犯罪的规定定罪处罚：

（一）实际或者承诺为他人谋取利益的；

（二）明知他人有具体请托事项的；

（三）履职时未被请托，但事后基于该履职事由收受他人财物的。

国家工作人员索取、收受具有上下级关系的下属或者具有行政管理关系的被管理人员的财物价值三万元以上，可能影响职权行使的，视为承诺为他人谋取利益。

第十四条 根据行贿犯罪的事实、情节，可能被判处三年有期徒刑以下刑罚的，可以认定为刑法第三百九十条第二款规定的"犯罪较轻"。

根据犯罪的事实、情节，已经或者可能被判处十年有期徒刑以上刑罚的，或者案件在本省、自治区、直辖市或者全国范围内有较大影响的，可以认定为刑法第三百九十条第二款规定的"重大案件"。

具有下列情形之一的，可以认定为刑法第三百九十条第二款规定的"对侦破重大案件起关键作用"：

（一）主动交待办案机关未掌握的重大案件线索的；

（二）主动交待的犯罪线索不属于重大案件的线索，但该线索对于重大案件侦破有重要作用的；

（三）主动交待行贿事实，对于重大案件的证据收集有重要作用的；

（四）主动交待行贿事实，对于重大案件的追逃、追赃有重要作用的。

第十五条 对多次受贿未经处理的，累计计算受贿数额。

国家工作人员利用职务上的便利为请托人谋取利益前后多次收受请托人财物，受请托之前收受的财物数额在一万元以上的，应当一并计入受贿数额。

第十六条 国家工作人员出于贪污、受贿的故意，非法占有公共财物、收受他人财物之后，将赃款赃物用于单位公务支出或者社会捐赠的，不影响贪污罪、受贿罪的认定，但量刑时可以酌情考虑。

特定关系人索取、收受他人财物，国家工作人员知道后未退还或者上交的，应当认定国家工作人员具有受贿故意。

第十七条 国家工作人员利用职务上的便利，收受他人财物，为他人谋取利益，同时构成受贿罪和刑法分则第三章第三节、第九章规定的渎职犯罪的，除刑法另有规定外，以受贿罪和渎职犯罪数罪并罚。

第十八条 贪污贿赂犯罪分子违法所得的一切财物，应当依照刑法第六十四条的规定予以追缴或者责令退赔，对被害人的合法财产应当及时返还。对尚未追缴到案或者尚未足额退赔的违法所得，应当继续追缴或者责令退赔。

第十九条 对贪污罪、受贿罪判处三年以下有期徒刑或者拘役的，应当并处十万元以上五十万元以下的罚金；判处三年以上十年以下有期徒刑的，应当并处二十万元以上犯罪数额二倍以下的罚金或者没收财产；判处十年以上有期徒刑或者无期徒刑的，应当并处五十万元以上犯罪数额二倍以下的罚金或者没收财产。

对刑法规定并处罚金的其他贪污贿赂犯罪,应当在十万元以上犯罪数额二倍以下判处罚金。

第二十条 本解释自2016年4月18日起施行。最高人民法院、最高人民检察院此前发布的司法解释与本解释不一致的,以本解释为准。